慶應義塾中等部

〈収録内容〉

2024年度 …………………… 算・理・社・国

2023年度 …………………… 算・理・社・国

2022年度 …………………… 算・理・社・国

2021年度 …………………… 算・理・社・国

2020年度 …………………… 算・理・社・国

2019年度 …………………… 算・理・社・国

平成30年度 …………………… 算・理・社・国

平成29年度 …………………… 算・理・社・国

DL 平成28年度 …………………… 算・理・社・国

DL 平成27年度 …………………… 算・理・社・国

DL 平成26年度 …………………… 算・理・社・国

DL 平成25年度 …………………… 算・理・社・国

DL 平成24年度 …………………… 算・理・社・国

便利なDLコンテンツは右のQRコードから

解答用紙

過去年度

国語の問題は
紙面に掲載

⇒

※データのダウンロードは2025年3月末日まで。

※データへのアクセスには、右記のパスワードの入力が必要となります。 ⇒ 498873

〈合格最低点〉

※学校からの合格最低点の発表はありません。

本書の特長

実戦力がつく入試過去問題集

- ▶ 問題 …………… 実際の入試問題を見やすく再編集。
- ▶ 解答用紙 …… 実戦対応仕様で収録。
- ▶ 解答解説 …… 詳しくわかりやすい解説には、難易度の目安がわかる「基本・重要・やや難」の分類マーク つき（下記参照）。各科末尾には合格へと導く「ワンポイントアドバイス」を配置。採点に便利な配点つき。

入試に役立つ分類マーク

基本 確実な得点源！
受験生の 90%以上が正解できるような基礎的、かつ平易な問題。
何度もくり返して学習し、ケアレスミスも防げるようにしておこう。

重要 受験生なら何としても正解したい！
入試では典型的な問題で、長年にわたり、多くの学校でよく出題される問題。
各単元の内容理解を深めるのにも役立てよう。

やや難 これが解ければ合格に近づく！
受験生にとっては、かなり手ごたえのある問題。
合格者の正解率が低い場合もあるので、あきらめずにじっくりと取り組んでみよう。

合格への対策、実力錬成のための内容が充実

- ▶ 各科目の出題傾向の分析、合否を分けた問題の確認で、入試対策を強化！
- ▶ その他、学校紹介、過去問の効果的な使い方など、学習意欲を高める要素が満載！

解答用紙ダウンロード 解答用紙はプリントアウトしてご利用いただけます。弊社ＨＰの商品詳細ページよりダウンロードしてください。トビラのＱＲコードからアクセス可。

UD FONT 見やすく読みまちがえにくいユニバーサルデザインフォントを採用しています。

慶應義塾 中等部

生徒数　732名
〒108-0073
東京都港区三田2-17-10
☎ 03-5427-1677
山手線・京浜東北線田町駅、
都営三田線・都営浅草線三田駅、
南北線麻布十番駅　各徒歩15分
都営大江戸線赤羽橋駅　徒歩25分

慶應義塾初の共学中学校
受験に左右されない自由な校風
知的好奇心を満たす独自の授業

URL	https://www.kgc.keio.ac.jp/

プロフィール　自ら考え行動する たくましい人物に

1858（安政5）年、福澤諭吉により開かれた「蘭学塾」を母体とする慶應義塾。1898（明治31）年、幼稚舎（小学校）から大学までの一貫教育体制が整う。新学制がスタートした1947（昭和22）年に、慶應義塾の女子教育の一端として、慶應義塾初の男女共学校として開校した。

「独立自尊」を建学の精神とし、自ら考え、自ら判断し、自ら行動して、その結果に責任を持てる自立した人物の育成に努める。幅広く学問の基礎を学び、円満な人格と豊かな人間性を持ち、将来、社会の中枢で活躍する素養を培っている。

慶應義塾の一貫校は他に、慶應義塾普通部、慶應義塾湘南藤沢中等部がある。

環境　普通教室にもスクリーン プロジェクターを導入

都心にある学校として、敷地は決して広くはないが、施設を徐々に増やしながら教育環境の充実を図っている。普通教室が入った本館のほか、特別教室棟、体育館、プールなどを完備。校舎から少し離れた場所に、グラウンド、武道館もある。また、「ポプラ館」「FUTURE館」には、特別教室が設置され、様々なメディアを駆使した授業が行われている。普通教室にも大型スクリーン・プロジェクターが導入されている。

コンピュータを用いた授業も行う

カリキュラム　教室の外にも 学習の場を持つ

生徒の自発性をうながすために、個人指導を心がけ、強制的な補習授業は行っていない。慶應義塾大学への進学に配慮し、基礎学力を充実させると共に、3年次には選択授業を実施し、週35時間の授業を履修する。

週5～6時間を設けた英語では、各学年とも週2時間、ネイティヴスピーカーと日本人の教員が一緒に授業を行うティームティーチングを実施。この授業でのコミュニケーションの手段は主に英語である。さらに週1時間、生徒の習熟度を考慮した少人数のクラス編成による授業が行われ、実践的な英語の運用能力を高めている。

数学は、週5～6時間を設定。放課後に随時質問を受けたり、2・3年次には分割授業も行うなど、生徒の意欲と能力に応じた指導を徹底している。

また、歌舞伎などの古典芸能鑑賞を国語の授業に取り入れたり、社会・理科教育の一環として、工場や各種公共施設の見学を実施。外部から特別講師を招き、文学、演劇、音楽、歴史、自然科学、スポーツなどの講話を聞く講演会も設けている。

学校生活　課外活動で 自主精神を養う

自らが判断して行動するという習慣を養うため、比較的規則が少ないのが特色。入学式や卒業式など、式典の時は基準服を着用するが、ふだんの登校の時は制服というものがない。

学校行事も、大切な課外学習の一環と考え、生徒会や校友会（クラブ）が中心になって行うものもある。

夏には学年ごとの林間学校がある

校友会には、学芸部21、運動部17があり、生徒はそれぞれ自分に適したクラブに所属して個性を発揮し、充実した学校生活を送っている。春に学年単位の遠足があり、1年生には、クラスメイトと親睦を図る初めての機会となる。春と秋の2回、サッカーやバスケットボール、ソフトボールなどの校内大会がクラス対抗の形で行われる。1学期の終わりには、林間学校を各学年で実施。11月には学芸部を中心として研究成果を発表する展覧会がある。そのほか長期休暇時には、海外研修旅行も実施している。

進路　慶應義塾の各高校に 推薦入学できる

中学校の課程を修了した男子生徒は、推薦を受けて慶應義塾高等学校、慶應義塾志木高等学校、慶應義塾ニューヨーク学院高等部のいずれかに、女子生徒は、慶應義塾女子高等学校、慶應義塾ニューヨーク学院高等部のいずれかに進学できる。

また、いずれの高等学校からも、慶應義塾大学に推薦入学ができる。

2024年度入試要項

試験日　2/3（1次）
2/5（2次、1次合格者のみ）
試験科目　国・社・理・算（1次）
面接＋体育（2次）

2024年度	募集定員	受験者数	合格者数	競争率
男子/女子	約120/約50	722/349	142/56	5.1/6.2

過去問の効果的な使い方

① **はじめに**　ここでは，受験生のみなさんが，ご家庭で過去問を利用される場合の，一般的な活用法を説明していきます。もし，塾に通われていたり，家庭教師の指導のもとで学習されていたりする場合は，その先生方の指示にしたがって，過去問を活用してください。その理由は，通常，塾のカリキュラムや家庭教師の指導計画の中に過去問学習が含まれており，どの時期から，どのように過去問を活用するのか，という具体的な方法がそれぞれの場合で異なるからです。

② **目的**　言うまでもなく，志望校の入学試験に合格することが，過去問学習の第一の目的です。そのためには，それぞれの志望校の入試問題について，どのようなレベルのどのような分野の問題が何問，出題されているのかを確認し，近年の出題傾向を探り，合格点を得るための試行錯誤をして，各校の入学試験について自分なりの感触を得ることが必要になります。過去問学習は，このための重要な過程であり，合格に向けて，新たに実力を養成していく機会なのです。

③ **開始時期**　過去問との取り組みは，通常，全分野の学習が一通り終了した時期，すなわち6年生の7月から8月にかけて始まります。しかし，各分野の基本が身についていない場合や，反対に短期間で過去問学習をこなせるだけの実力がある場合は，9月以降が過去問学習の開始時期になります。

④ **活用法**　各年度の入試問題を全問マスターしよう，と思う必要はありません。完璧を目標にすると挫折しやすいものです。できるかぎり多くの問題を解けるにこしたことはありませんが，それよりも重要なのは，現実に各志望校に合格するために，どの問題が解けなければいけないか，どの問題は解けなくてもよいか，という眼力を養うことです。

算数

どの問題を解き，どの問題は解けなくてもよいのかを見極めるには相当の実力が必要になりますし，この段階にいきなり到達するのは容易ではないので，この前段階の一般的な過去問学習法，活用法を2つの場合に分けて説明します。

☆偏差値がほぼ55以上ある場合

掲載順の通り，新しい年度から順に年度ごとに3年度分以上，解いていきます。

ポイント1…問題集に直接書き込んで解くのではなく，各問題の計算法や解き方を，明快にわかるように意識してノートに書き記す。

ポイント2…答えの正誤を点検し，解けなかった問題に印をつける。特に，解説の **基本** **重要** がついている問題で解けなかった問題をよく復習する。

ポイント3…1回目にできなかった問題を解き直す。同様に，2回目，3回目，…と解けなければいけない問題を解き直す。

ポイント4…難問を解く必要はなく，基本をおろそかにしないこと。

☆偏差値が50前後かそれ以下の場合

ポイント1～4以外に，志望校の出題内容で「計算問題・一行問題」の比重が大きい場合，これらの問題をまず優先してマスターするとか，例えば，大問2までをマスターしてしまうとよいでしょう。

理科

理科は1から順番に解くことにほとんど意味はありません。理科は，性格の違う4つの分野が合わさった科目です。また，同じ分野でも単なる知識問題なのか，あるいは実験や観察の考察問題なのかによってもかかる時間がずいぶんちがいます。記述，計算，描図など，出題形式もさまざまです。ですから，解く順番の上手，下手で，10点以上の差がつくこともあります。

過去問を解き始める時も，はじめに1回分の試験問題の全体を見通して，解く順番を決めましょう。得意分野から解くのもよいでしょう。短時間で解けそうな問題を見つけて手をつけるのも効果的です。くれぐれも，難問に時間を取られすぎないように，わからない問題はスキップして，早めに全体を解き終えることを意識しましょう。

社会

社会は1から順番に解いていってかまいません。ただし，時間のかかりそうな，「地形図の読み取り」，「統計の読み取り」，「計算が必要な問題」，「字数の多い論述問題」などは後回しにするのが賢明です。また，3分野(地理・歴史・政治)の中で極端に得意，不得意がある受験生は，得意分野から手をつけるべきです。

過去問を解くときは，試験時間を有効に活用できるよう，時間は常に意識しなければなりません。ただし，時間に追われて雑にならないようにする注意が必要です。“誤っているもの”を選ぶ設問なのに“正しいもの”を選んでしまった，“すべて選びなさい”という設問なのに一つしか選ばなかったなどが致命的なミスになってしまいます。問題文の“正しいもの”，“誤っているもの”，“一つ選び”，“すべて選び”などに下線を引いて，一つ一つ確認しながら問題を解くとよいでしょう。

過去問を解き終わったら，自己採点し，受験生自身でふり返りをしましょう。できなかった問題については，なぜできなかったのかについての分析が必要です。例えば，「知識が必要な問題」ができなかったのか，「問題文や資料から判断する問題」ができなかったのかで，これから取り組むべきことも大きく異なってくるはずです。また，正解できた問題も，「勘で解いた」，「確信が持てない」といったときはふり返りが必要です。問題集の解説を読んでも納得がいかないときは，塾の先生などに質問をして，理解するようにしましょう。

国語

過去問に取り組む一番の目的は，志望校の傾向をつかみ，本番でどのように入試問題と向かい合うべきか考えることです。素材文の傾向，設問の傾向，問題数の傾向など，十分に研究していきましょう。

取り組む際は，まず解答用紙を確認しましょう。漢字や語句問題の量，記述問題の種類や量などが，解答用紙を見て，わかります。次に，ページをめくり，問題用紙全体を確認しましょう。どのような問題配列になっているのか，問題の難度はどの程度か，などを確認して，どの問題から取り組むべきかを判断するとよいでしょう。

一般的に「漢字」→「語句問題」→「読解問題」という形で取り組むと，効率よく時間を使うことができます。

また，解答用紙は，必ず，実際の大きさのものを使用しましょう。字数指定のない記述問題などは，解答欄の大きさから，書く量を考えていきましょう。

慶應中等部の算数

——出題傾向と対策 合否を分けた問題の徹底分析——

出題傾向と内容

出題分野1　〈数と計算〉

「還元算」を含めて「四則計算」は，毎年，出題されている。この他，「数の性質」・「概数」・「単位の換算」・「演算記号」の問題が，幅広く出題されている。毎日，計算問題を解こう。

2　〈図形〉

「平面図形」の問題は毎年，出題されており，「立体図形」はいうまでもなく，「図形や点の移動・対称な図形」・「相似」・「グラフ」も出題率が高い。

3　〈速さ〉

「速さの三公式と比」の問題もほぼ毎年，出題されている。

4　〈割合〉

「割合と比」の問題も毎年，出題されており，「濃度」・「売買算」・「相当算」・「仕事算・ニュートン算」も出題率が高く，広範囲に出題されている。

5　〈推理〉

「論理・推理」・「場合の数」・「数列・規則性」の問題が，よく出題されている。

6　〈その他〉

出題率はそれほど高くないが，「平均算」・「鶴カメ算」が複数年，出題されているほか，「消去算」・「過不足算」・「差集め算」・「方陣算」など，幅広く出題されている。

出題率の高い分野

❶平面図形・面積　❷速さの三公式と比　❸立体図形　❹割合と比　❺数の性質

来年度の予想と対策

出題分野1　〈数と計算〉…計算問題で失点するわけにはいかない。出題される計算問題は，それほど複雑な問題ではないが，過去問を利用して問題のレベルに慣れておこう。

2　〈図形〉…「平面図形」の出題率が突出している。標準問題を中心にして，応用問題まで練習しよう。この他，「立体図形」・「相似」・「図形の移動」の応用問題，融合問題を練習しよう。「水量変化のグラフ」も重要である。

3　〈速さ〉…比を使って解く問題，「速さの鶴カメ算」も練習しよう。

4　〈割合〉…「速さの比」・「面積比」・「比の文章題」の応用問題を練習しよう。

5　〈推理〉…「論理・推理」・「場合の数」・「数列・規則性」の問題を，基本レベルから標準レベルまで練習しよう。

6　〈その他〉…「平均算」・「鶴カメ算」が出題されやすい。これらの他，「和差算・過不足算・差集め算」・「年令算」・「植木算・方陣算」・「消去算」も，標準問題を中心に練習しよう。

学習のポイント

●大問数5～7題　小問数20題前後　　●試験時間45分　満点100点

●「平面図形」・「割合と比」・「速さ」を中心に幅広く標準問題をマスターしよう。

年度別出題内容の分析表 算数

（よく出ている順に，☆◎○の3段階で示してあります。）

出題内容		27年	28年	29年	30年	2019年	2020年	2021年	2022年	2023年	2024年
数と計算	四則計算	○	○	○	○	○	○	○	○	○	○
	単位の換算	◎	◎	☆	☆	◎	☆	◎	○	◎	☆
	演算記号・文字と式	◎									
	数の性質	○	○	☆	☆	◎	○	◎	☆	☆	☆
	概　数								○		
図形	平面図形・面積	☆	☆	☆	☆	☆	☆	☆	☆	☆	☆
	立体図形・体積と容積	☆	○	☆	○	☆	☆	○	☆	☆	☆
	相似（縮図と拡大図）	○	◎	○	◎	☆	◎	☆	◎	◎	◎
	図形や点の移動・対称な図形	☆	☆	○	○	☆	○	○		○	○
	グラフ	◎	◎	◎	◎	◎	◎	◎	☆	◎	☆
速さ	速さの三公式と比	☆	☆	☆	☆	☆	◎	☆	☆	◎	○
	旅人算		☆		○	☆	○	○	○		○
	時計算		○			○		○			
	通過算						○				○
	流水算	◎								○	
割合	割合と比	◎	○	○	☆	○	◎	☆	☆	☆	☆
	濃　度			○	○	○		○	○	○	○
	売買算				○						
	相当算		○	○				○	○		
	倍数算・分配算										
	仕事算・ニュートン算			○				○	○		○
	比例と反比例・2量の関係										
推理	場合の数・確からしさ	◎	◎	○	○	◎	◎	◎	○	○	◎
	論理・推理・集合		○	○		○				◎	
	数列・規則性・N進法	○			☆		☆	◎		○	○
	統計と表			○							
その他	和差算・過不足算・差集め算	○							○		
	鶴カメ算		○				○	○			
	平均算			○						○	
	年令算	○				○		○			
	植木算・方陣算			○					○		
	消去算	○	○			○	○			○	

慶應義塾中等部

2024年度 慶應義塾中等部 合否を分けた問題 算数

【3】(3)〈平面図形〉

> 問題には「三角形の底辺の長さ」を求める手がかりがないのに，
> 「面積の和」を求めよ，とは，一体どうすればよいのか？

【問題】

右図のように，おうぎ形と直角三角形を組み合わせた。色がついた部分の面積の和は何cm^2か。

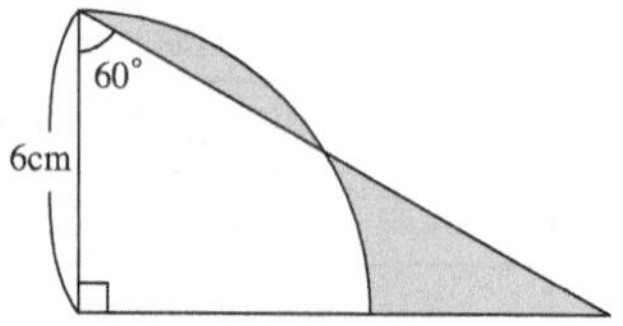

【考え方】

CA…6×2＝12(cm)

CB…6cm

等しい面積…ア＝イ＋ウ，ア＋エ＝イ＋ウ＋エ

ウ＋エ＝ア＋エ－イ＝イ

したがって，ウ＋エの面積は6×6×3.14÷12

＝3×3.14＝9.42(cm^2)

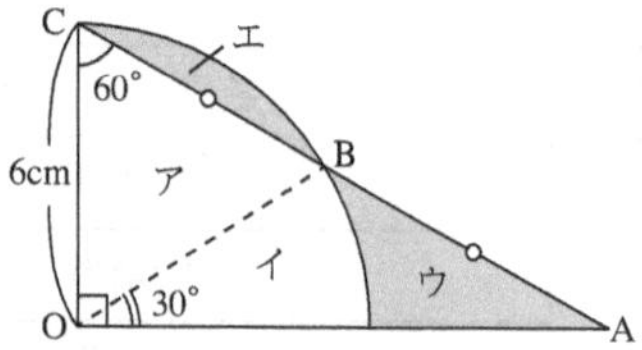

【別解】 右図を利用する ――→

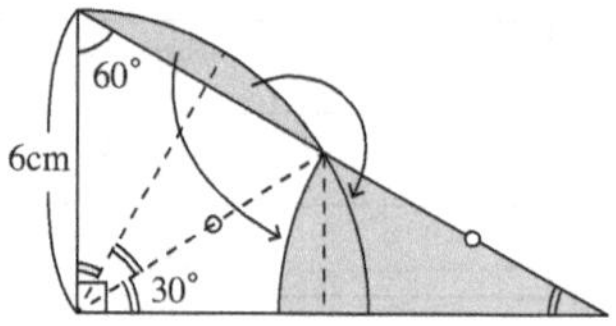

受験生に贈る「数の言葉」―――――――――――「ガリヴァ旅行記のなかの数と図形」

作者 ジョナサン・スウィフト(1667～1745)

…アイルランド ダブリン生まれの司祭

リリパット国…1699年11月，漂流の後に船医ガリヴァが流れ着いた南インド洋の島国

①人間の身長…約15cm未満 ②タワーの高さ…約1.5m

③ガリヴァがつながれた足の鎖の長さ…約1.8m ④高木の高さ…約2.1m

⑤ガリヴァとリリパット国民の身長比…12：1 ⑥ガリヴァとかれらの体積比…1728：1

ブロブディンナグ国…1703年6月，ガリヴァの船が行き着いた北米の国

①草丈…6m以上 ②麦の高さ…約12m ③柵(さく)の高さ…36m以上

④ベッドの高さ…7.2m ⑤ネズミの尻尾(しっぽ)…約1.77m

北太平洋の島国…1707年，北緯46度西経177度に近い国

王宮内コース料理 ①羊の肩肉…正三角形 ②牛肉…菱形 ③プディング…サイクロイド形

④パン…円錐形(コーン)・円柱形(シリンダ)・平行四辺形・その他

2023年度 慶應義塾中等部 合否を分けた問題 算数

【1】(5)〈場合の数〉

> 「4つのサイコロがすべて異なる目の出方」…簡単ではないが難しいレベル問題ではない。なるべくよい方法で，正解に達したい。

【問題】

赤・青・黄・緑のサイコロを同時に1回，投げたとき，4つのサイコロの目がすべて異なる目の出方は，全部で何通りあるか。

【考え方】

6個の目から出ない目2個を選ぶ組み合わせ…$6\times5\div2=15$(通り)

← ここがポイント

4個の異なる目が4色のサイコロのうちのどれに出るか…$4\times3\times2\times1=24$(通り) ← 順列

したがって，求める目の出方は$24\times15=360$(通り)

受験生に贈る「数の言葉」―――――――――バートランド・ラッセル(1872～1970)が語るピュタゴラス(前582～496)とそのひとたちのようす(西洋哲学史)

①ピュタゴラス学派のひとたちは，地球が球状であることを発見した。

②ピュタゴラスが創った学会には，男性も女性も平等に入会を許された。
財産は共有され，生活は共同で行われた。科学や数学の発見も共同のものとみなされ，ピュタゴラスの死後でさえ，かれのために秘事とされた。

③だれでも知っているようにピュタゴラスは，すべては数である，といった。
かれは，音楽における数の重要性を発見し，設定した音楽と数学との間の関連が，数学用語である「調和平均」,「調和級数」のなかに生きている。

④五角星は，魔術で常に際立って用いられ，この配置は明らかにピュタゴラス学派のひとたちにもとづいており，かれらは，これを安寧とよび，学会員であることを知る象徴として，これを利用した。

⑤その筋の大家たちは以下の内容を信じ，かれの名前がついている定理をかれが発見した可能性が高いと考えており，それは，直角三角形において，直角に対する辺についての正方形の面積が，他の2辺についての正方形の面積の和に等しい，という内容である。
とにかく，きわめて早い年代に，この定理がピュタゴラス学派のひとたちに知られていた。かれらはまた，三角形の角の和が2直角であることも知っていた。

2022年度 慶應義塾中等部 合否を分けた問題 算数

【6】(1)〈数の性質〉

> 「5または6の一方のみを加えてもよいとき，つくることができない最大の整数」を求める問題であり，珍しい問題ではない。

【問題】

5＋6＝11，5＋6＋6＝17のように5と6をいくつかずつ加えて整数をつくる。
また，5＋5＝10，6＋6＝12のように，5または6のどちらか一方の数のみを加えてもよいことにする。
このとき，つくることができない最大の整数は何か。

【考え方】

5，6，5×2＝10，5＋6＝11，6×2＝12，5×3＝15，
11＋5＝16，11＋6＝17，6×3＝18，5×4＝20より，
21以下は整数が連続する。　この図を利用する⇒

1	2	3	4	5	6
7	8	9	10	11	12
13	14	15	16	17	18
19	20	21	22	23	24

したがって，5，6を加えてもできない最大の整数は19

受験生に贈る「数の言葉」

数学者の回想　高木貞治1875～1960

数学は長い論理の連鎖だけに，それを丹念にたどってゆくことにすぐ飽いてしまう。論理はきびしいものである。例えば，1つの有機的な体系というか，それぞれみな連関して円満に各部が均衡を保って進んでゆかぬかぎり，完全なものにはならない。

ある1つの主題に取り組み，どこか間違っているらしいが，それがはっきり判明せず，もっぱらそればかりを探す。神経衰弱になりかかるぐらいまで検討するが，わからぬことも多い。夢で疑問が解けたと思って起きてやってみても，全然違っている。そうやって長く間違いばかりを探し続けると，その後，理論が出来ても全く自信がない。そんなことを多々経験するのである。(中略)

技術にせよ学問にせよ，その必要な部分だけがあればよいという制ちゅう (限定) を加えられては，絶対に進展ということはあり得ない。「必要」という考え方に，その必要な1部分ですらが他の多くの部分なくして成り立たぬことを理解しようとしないことがあれば，それは全く危険である。

慶應中等部の理科

——出題傾向と対策
合否を分けた問題の徹底分析——

出題傾向と内容

出題数は大問が4～5題で小問が30題程度である。物理，化学，生物，地学の4領域から広く出題されているが，年度によって多い分野と少ない分野がある。解答形式は番号選択式が多いが，同じ形式で数値そのものを答える問題もある。2021年度以降，短い文章で答える論述形式の問題も出題されている。問題のレベルは標準レベルのものが大半で，計算問題の出題は少ない。試験時間は25分で長くはないが，基本的な問題が多く出題されるため十分全問解答可能であると思われる。しかしながら，問題文が長めなので，時間配分は十分に考えて解答したい。

物理的領域　基本的な考え方をていねいに問う問題が多く，練習問題を多く解くことが対策となる。昨年度はふりこの問題，今年度は電磁石の問題であった。内容は標準的なレベルであった。現象の原理をしっかりと理解しよう。

化学的領域　例年身近な物質が出題されている。化学領域からの出題は多めである。今年はいろいろなプラスチック材料を取り上げた問題であった。問題文中に条件が与えられ，基礎知識を使って考えを進める問題も多い。実験や観察を題材にした問題に慣れておくとよいであろう。

生物的領域　身近な動植物が，花や実，羽や触覚など，部分的な図とともに登場することが多い。具体的な例を取り上げることが多いため，日頃から季節感を大切にしつつ，実物や映像，図録などを利用して見慣れるとともに，科などの分類に着目するなどして体系的に知識を蓄えておく必要がある。

地学的領域　基本的な問題であるが，星座，太陽と月，気象など身近な生活を素材にした問題が多い。その年に起こった天体現象や気象現象などが出題されることが多く，そのようなニュースにも関心を持ってもらいたい。基本的な典型問題をよく練習しておくことが必要である。

学習のポイント

●日常生活で見られる理科の現象に興味を持ち，基礎知識を柔軟に応用できる力を身につけよう。時事問題や環境関連の問題も見られるので，ニュースなどで取り上げられる理科関連の話題に注意するようにしたい。

来年度の予想と対策

各季節で身近にみられる動植物，観測できる星や星座などの名前や特長などの具体的な知識を知っておくことは大切である。また，その年に起きた理科に関係する出来事にも興味を持って，その原因や理由を理解するようしたい。日ごろから身のまわりの出来事に関心を持つとともに，ニュースで取り上げられる理科関連の問題に注意を向けるようにしたい。また。家庭でできる実験を題材にした問題も多く，実験の機会があるときは積極的に参加して，いろいろな体験をするようにしたい。

暗記重視の学習ではなく，基礎基本の考え方をていねいに習得することが大切である。そのためには，問題を解くときに「なぜ」をよく考え，解答に至る根拠を明らかにしながら解く習慣が重要である。

また，問題文の意味が読み取りにくい問題も出題されるので，確かな読解力も重視される。実験データの読み取りなどの問題を数多くこなしておくのも有効である。さらに，計算問題は少ないものの，基礎的な計算力は必要である。

年度別出題内容の分析表 理科

（よく出ている順に，☆◎○の3段階で示してあります。）

出 題 内 容		27年	28年	29年	30年	2019年	2020年	2021年	2022年	2023年	2024年
生物的領域	植物のなかま	○		◎	☆		○	☆		☆	
	植物のはたらき	◎			○	☆	○				
	昆虫・動物	◎	○	◎	☆		○	◎	☆		◎
	人　体	○	◎					◎			
	生態系										
地学的領域	星と星座		☆	○			☆			☆	☆
	太陽と月			◎	☆	◎	○	☆	☆		
	気　象	◎				◎					◎
	地層と岩石					◎					
	大地の活動										
化学的領域	物質の性質	◎	◎	○				☆		◎	☆
	状態変化	◎				○	○	○	◎		○
	ものの溶け方	◎	◎			○	☆				
	水溶液の性質		◎	☆		☆		☆			
	気体の性質		◎	○	○		○	○			
	燃　焼				☆	◎		○			
物理的領域	熱の性質							○			
	光や音の性質										
	物体の運動	◎				☆					
	力のはたらき	◎		○	☆	○				☆	
	電流と回路					○	☆		◎		
	電気と磁石		☆	☆							☆
その他	実験と観察	◎	◎	◎	◎	◎	◎	◎	◎	☆	
	器具の使用法										
	環　境										
	時　事			○							
	その他										

慶應義塾中等部

2024年度 慶應義塾中等部 合否を分けた問題 理科

■この問題で，これだけは取ろう！

【1】	星座	標準	この分野が得意な人にとっては，簡単な内容であった。できるだけ多くの正解を目指したい。
【2】	プラスチックの性質	標準	比重の意味やマイクロプラスチックといった時事問題の知識が必要であった。
【3】	電流と回路	標準	実験をテーマにした問題であった。問題を正確に読み取って，完全正解を目指したい。
【4】	昆虫・動物	基本～標準	基本的な内容なので，全問正解したい。

■鍵になる問題は【1】の(2)～(5)だ！

(2)　それぞれの季節の大三角を表すA・B・C・E・Iにあてはまる星を次の中から選び，番号で答えなさい。(問題文と選択肢は省略)

「南の低い空には，さそり座の明るくて赤い星(D)が見えます。」(問題文一部抜粋)

(3)　Dにあてはまる星を次の中から選びなさい。(選択肢は省略)

「オリオン座の目印は三つ星です。この三つ星を囲むオリオン座の4つの星のうち，左上の赤い星が(E)，右下の青い星が(F)です。…アルデバランの右上には5，6個の星がかたまって見える星団(J)が見えます。」(問題文一部抜粋)

(4)　F･Jにあてはまる星または星団の名前を次の中から選び，番号で答えなさい。(選択肢は省略)

(5)　G・H・Kにあてはまる星座の名前を次の中から選び，番号で答えなさい。(問題文と選択肢は省略)

【解説】

これらの問題は，星座や星の具体的な知識がないと解答できない。夏や冬の大三角を構成する星や，それらの星を含む星座の名前を覚えておく必要がある。

夏の大三角は，はくちょう座のデネブ，こと座のベガ，わし座のアルタイルからなる。冬の大三角は，オリオン座のベテルギウス，おおいぬ座のシリウス，こいぬ座のプロキオンの3つでできる。オリオン座の三ツ星を囲む4つの星のうち，左上の赤い星がベテルギウスで，右下の青い星がリゲルである。おうし座のアルデバランのそばにある星が5，6個かたまったような星団がすばるである。すばるはプレアデス星団とも呼ばれる。カストル，ポルックスの2つの明るい星は，双子座の星である。ポルックスは1等星であるが，カストルは2等星である。

夜空を見上げて星を観測する機会が少なくなったかもしれないが，星や星座の名前がわかると天体への関心も深くなると思われる。

2023年度 慶應義塾中等部 合否を分けた問題 理科

■この大問でこれだけ取ろう！

【1】	植物	標準	植物の分類についての知識と理屈に基づいた想像力が試されている。会話文中にヒントが隠されているので，会話文のどこに注目するのかとらえる必要がある。(1)(3)(4)(5)(6)(8)は基本知識の問題なのでできてほしい。
【2】	星と星座	基本	南中したときの夏の大三角の位置関係，夏の大三角をつくる星座と1等星の名前は覚えるべき知識事項である。ここはすべて正解してもらいたい。
【3】	物質の性質	標準	A～Cグループの特性をまず考えなければならない。それぞれのグループに書かれている具体例から，その特性を考えよう。
【4】	力のはたらき	標準～やや難	今回最も難しかったのはこの大問である。(1)～(5)は基本的な知識，考え方で解くことができる。(2)(3)は表2を見比べながら解いていこう。(6)(7)も基本問題の仲間であるが，問題文の意図を読み取るのが難しい。丁寧に問題文を読んで，何の作業を行えばよいのか考えよう。

■鍵になる問題は【4】だ！

今年度は，昨年度と違い，そのほとんどが基本知識を問われたり，基本の考え方で正解できる出題であった。難度の高い問題はなく，標準よりちょっと難しい問題が2，3問みられる程度であった。そのため，やさしい問題でのミスが大きく差をつけると考えられる。基本の問題をすべて正解するのは当たり前であり，ほんの少しの応用問題でいかに得点するかが大きな決め手となった。今年は【1】～【3】までは基本的な問いで，そのほとんどを正解してもらいたい出題である。【3】は多少難度が高いがそれぞれのグループの特性がわかればできない問題ではない。その中で基本＋少しの応用問題である【4】の正解率は合否に大きく影響を与えていると考えられる。(1)は基本問題であり，ミスはしないでもらいたい。(2)(3)は表2と見比べて，選択肢の何が正解にふさわしいかを考える問題である。表2のふりこの長さと周期を見比べれば必ず選べる問題である。(5)は基本問題である。(6)はやや難しく，まずは問題文の意味を正確にとらえ，2パターンの時間を丁寧に導き出せば正解できる。(7)は(6)よりもやさしい。(6)同様，振り子の周期は矢印4個分で表せることを知っておけば解けない問題ではない。

試験時間が短いので，まずはわかるところから解く習慣を身につけよう。時間内に効率よく自分が正解できる問題を探す作業はとても役に立つ。難しい問題は後回しにする勇気も時には必要である。

2022年度 慶應義塾中等部 合否を分けた問題 理科

■この大問で，これだけ取ろう！

【1】	動物	基本	AとBの生物は問題文を読むだけで頭に思い浮かばなくてはいけない。メダカのオスとメスの違いは覚えておくべき基本知識である。
【2】	力のはたらき	基本	支点，力点，作用点を丁寧に考えれば解ける問題である。図2の6が見方によって作用点にもなり，力点にもなることはしていてもらいたい。
【3】	生態系	標準	二酸化炭素の性質を知っていれば(1)(2)は解ける。また，(3)も理科的な考えをもった想像力でカバーできる。
【4】	電流と回路	やや難	今回最も難しかったのはこの大問である。時間内に解くためにこの問題を飛ばして次に取り掛かる勇気も必要である。
【5】	太陽と月	標準	昨年度におこった月食を題材とした問題である。目立つような天体現象，気象現象には注目しておく必要がある。

■鍵になる問題は【5】だ！

今年度は，難度の高い問題と基本問題，そして，時事問題の出題となった。そのため，例年と同様に，やさしい問題でのミスが大きく差をつけると考えられる。基本の問題をすべて正解するのは当たり前であり，ほんの少しの応用問題でいかに得点するかが大きな決め手となった。その中で【4】は出題全体から見て難度が非常に高く，これに時間を取られないことが今回の合否に大きく影響を与えたと考えられる。【4】はできなくても，他の出題で得点を重ねたい。特に今年は【1】～【3】までは，基本的な問いで，すべて正解してもらいたいところである。その中で基本＋少しの応用問題である【5】の正解率は合否に大きく影響を与えていると考えられる。(1)は基本問題であり，ミスはしないでもらいたい。(2)も，満月の月の出の時刻と月の一日の動きから考えることができる。(3)は夏至に近い時期に問題文に挙げられた各都市が東京より西側にあると，気がつくと記述をかくことができる。(4)はニュースなどで見る機会のあった現象であるが，満月が昇りながら消えていく様子をイメージすると正解できる。(5)は，太陽が大きく見え，月が小さく見えればよいということに気がつけば選択することができる。

試験時間が短い。まずはわかるところから解く習慣を身につけよう。時間内に効率よく自分が正解できる問題を探す作業はとても役に立つ。難しい問題は後回しにする勇気も時には必要である。

慶應中等部の社会

——出題傾向と対策 合否を分けた問題の徹底分析——

出題傾向と内容

今年度は大問数が前年より1つ増えて5題になり，小問数も解答欄の数では約30から約40に増えた。解答形式を分析すると，今年度は記号選択が30問，作図を含む語句記入が9問，記述問題が2問だった。問題のレベルとしては全体的には比較的平易であり，ちょっとしたケアレスミスが合否を左右すると言えるが，制限時間が25分と短いため，あせって本来の実力を発揮できなかった，ということがないようにしたい。

地　理　【4】で出題され，小問数は13問。東北地方に関連する地理総合問題で，国土の地形や農林水産業などが出題された。特に水産業に関連する問題の割合が多め。問3では，青森県の地図を描き，半島名と青函トンネルの入り口を記入する問題が出題された。

歴　史　【1】と【2】で出題され，小問数は20問。【1】は日本と外国との歴史上のかかわりに関する問題，【2】は地震に関連する問題で，このうち1問は省庁の地方移転に関する2023年の時事問題だった。記述問題は，字数指定に幅があって自由度が高いものの，火事の延焼を防ぐ防火帯の知識があるかないかで正誤が大きく分かれた。

政　治　【3】と【5】で出題され，小問数は8問。【3】は，2022年以降続いている円安ドル高を踏まえ，円安や円高が生活にどのような影響が出るかを問う問題，【5】は，近年国際社会で話題になっているフェアトレードに関連する問題。どちらの大問も時事問題の色合いが濃く，日ごろからニュースに関心を寄せているかどうかで得点に差がついたと思われる。

学習のポイント

- ●短時間でスピーディに解く練習を日ごろから心がけていこう。
- ●難易度に差があるので，できる問題から解き，迷う問題は後回しにしよう。
- ●時事問題には日ごろから関心を持つ。福沢諭吉関連は確実に押さえよう。

来年度の予想と対策

2024年度入試から，大問数・小問数に変化があったため，来年度もそうなることを想定しておいた方がよい。問題の難易度についてはおそらく変化はなく，短時間で解きながらもいかにケアレスミスを少なくできるかの勝負になるだろう。普段から制限時間を短くしながら解く訓練を重ねたい。

地　理　地名，産業，自然などの基本事項を，用語だけでなく場所や背景まで押さえておきたい。2024年入試で問われた，自分で地図を描く問題は今後も出題される可能性は大いにあるため，地図帳を使った学習や，実際に白地図を作ってみるなどの練習は可能なだけ行うとよい。また，世界地理も出題される可能性が高いので，日本と特に密接な関係にある国々や，ニュースに出てきた国々は要注意である。

歴　史　旧石器時代から現代まで，幅広い時代の総合問題が予想される。大問ごとに大まかなテーマはあるものの，マニアックな知識が問われる可能性は低い。ただし，本校の特徴として，福沢諭吉に関連する問題は頻出なうえ，難易度が高いこともあるので，この問題に関しては確実に押さえておくべきである。

政　治　日本の政治の仕組みや日本国憲法など，オーソドックスな内容も出題されるため，基本的な内容は通して学習しておきたい。それ以上に経済に関する問題や，近年話題となっている時事問題に関しては深く問われる可能性が高いため，注意が必要である。手がかりがリード文にある問題も予想されるため，文章を素早く正確に読む練習もするとよい。

年度別出題内容の分析表 社会

（よく出ている順に，☆◎○の3段階で示してあります。）

出題内容				27年	28年	29年	30年	2019年	2020年	2021年	2022年	2023年	2024年
地理	日本の地理	テーマ別	地形図の見方				○			◎		○	
			日本の国土と自然	◎	◎	☆	◎	☆			☆	◎	☆
			人口・都市										○
			農林水産業		◎	◎			◎			○	☆
			工　業	◎	○	○							
			交通・通信	☆	○						☆		○
			資源・エネルギー問題										
			貿　易			○							
		地方別	九州地方									◎	
			中国・四国地方									○	
			近畿地方	○									
			中部地方	◎	◎								
			関東地方	○							☆		☆
			東北地方	○									
			北海道地方										
	公害・環境問題			○		○			☆		○	◎	○
	世界地理					◎		◎	◎	○			
日本の歴史	時代別	旧石器時代から弥生時代		◎	○	○	○		○	◎		◎	○
		古墳時代から平安時代			○	○	◎	◎	◎	◎	◎	○	○
		鎌倉・室町時代			◎		○	◎	◎			○	○
		安土桃山・江戸時代			○	○	◎	◎	◎	☆	☆	◎	◎
		明治時代から現代		☆	○	◎	◎	☆		☆	☆		☆
	テーマ別	政治・法律		○	☆	○	◎	☆	◎	☆	☆	○	
		経済・社会・技術		○	○	○		◎	◎	☆	○		
		文化・宗教・教育		◎	◎	○	◎	◎		☆	☆	☆	◎
		外　交			○	○	◎	◎	☆	◎	◎	○	○
政治	憲法の原理・基本的人権			○	☆		○		◎				
	国の政治のしくみと働き			◎			◎			○	◎		
	地方自治												
	国民生活と社会保障												
	財政・消費生活・経済一般												◎
	国際社会と平和						○	○		○		◎	○
時事問題				◎		○	○	◎		◎		☆	○
その他				☆	◎	☆	◎	◎	◎	☆	◎	◎	◎

慶應義塾中等部

2024年度 慶應義塾中等部 合否を分けた問題 社会

【1】 問1，問2，問4　【3】 問3

【1】は日本と外国との歴史上のかかわりに関する問題。問1と問2については日本と諸外国との貿易，問4については日本とキリスト教との関係を押さえておきたい。

問1と問2については下のようにまとめておくとよい。

飛鳥時代　607年遣隋使，聖徳太子が小野妹子を隋に派遣
630年第一回遣唐使，663年白村江の戦い
平安時代　894年菅原道真の提案で遣唐使廃止
1173年平清盛の日宋貿易　輸出…砂金，刀剣など　輸入…宋銭，陶磁器，生糸など
鎌倉時代　1274年文永の役・1281年弘安の役(元寇)
室町時代　1392年朝鮮国成立，日朝貿易　輸出…銅，硫黄など　輸入…木綿
1404年足利義満の勘合貿易　輸出…銅，硫黄など　輸入…明銭，陶磁器，生糸など
安土桃山時代　1543年ポルトガル船が種子島に漂着し，鉄砲を伝える
1549年スペイン人フランシスコ・ザビエルが鹿児島に上陸し，キリスト教を伝える
織田信長らによる南蛮貿易　輸出…銀など　輸入…中国産の生糸や絹織物など
1600年イギリス人ウィリアム・アダムズとオランダ人ヤン・ヨーステンが来航
江戸時代　1604年徳川家康による東南アジア地域との朱印船貿易
1858年日米修好通商条約，同様の条約を米・英・露・仏・蘭とも結ぶ。
輸出…生糸・茶　輸入…毛織物・綿織物

また，問4の日本とキリスト教徒の関係は以下のようになる。
1549年フランシスコ・ザビエル(スペイン，カトリックのイエズス会)が鹿児島に伝える
1582年天正遣欧少年使節団派遣(伊東マンショ・千々石ミゲル・原マルチノ・中浦ジュリアン)
1587年バテレン追放令
1612年天領内で禁教令，1613年全国で禁教令
1624年スペイン船の来航禁止
1629年絵踏が始められる
1635年海外渡航禁止令
1637年島原・天草一揆
1639年ポルトガル船の来航禁止
1641年長崎の出島にオランダ商館を移す

【3】は円高と円安に関連する経済の問題。問3については下の表を参考にしてほしい。

	輸出	輸入	日本からの海外旅行
円高のとき	不利	有利	有利
円安のとき	有利	不利	不利

以上のものは，本校だけでなく，他校の入試でも頻出の内容。自分で年表を作ったり，図にしてみたりして，紛らわしいものの定着をしていこう。

2023年度 慶應義塾中等部 合否を分けた問題 社会

【1】，【3】

【1】はプラスチックごみに関連する環境問題に関する問題，【3】はウクライナ問題に関する問題で，どちらもほぼ時事的な内容の問題。【3】には国際連合関連の政治の問題も含む。どちらの大問の内容にしても，今年受験をする6年生ならば日頃からテレビや新聞，インターネットなどのニュースで目にしてきたような内容が並んでいる。そのようなものについて，言葉だけは知っているが，どういうものかはわからないという状態だとこれらの問題を解くのには，苦しいことになってくる。

【1】のプラスチックごみに関する問題は，本文を読み，空欄補充および，内容理解を問う形式の問題になっている。空欄補充は空欄に当てはまる語句の組み合わせを選択肢から選ぶ形式。問1では問題となっているプラスチックについて，マイクロプラスチック，バイオマスプラスチック，生分解性プラスチック，ワンウェイプラスチックという用語を適切に使い分けができるかどうかが問われている。ただし，ここは，全てについて正確に知らないとできないというものではなく，最初のマイクロプラスチックがわかってしまえば，選択肢を選ぶことができるので，他のものについてはさほど知らないでも正答可能である。また問2も同様でカーボンニュートラル，資源循環促進法という用語を完成させるもので，ここもどちらかがわかれば選択肢は選べる。問3がいわゆる3Rとリニューアブルという語の意味を問うもので，ここもどれかの意味を知っていさえすれば，実は選択肢は選ぶことは可能なので，焦らずに選べるかどうかが勝負所といえる。問4が特定プラスチック使用製品の店での提供を抑える工夫に関して，選択肢の中から誤りを選ぶもの。ここも，落ち着いて選択肢を読んでいけば，明らかに誤りのものはわかると思われるので，冷静に問題を解き進められれば何とかなる。

【3】のウクライナ問題に関する問題は，1991年の旧ソ連の解体から後のロシアとウクライナの問題を簡単な年表で示し，その年表の空欄補充をさせていくもの。ここも基本的にはほぼすべて選択肢になっているので，全てを正確に知らなくてもある程度は何とかなる。問1はウクライナの首都と現在のウクライナ問題の発端となったことがらを知っていればできる問題。首都のキーウとウクライナのNATOへの加盟に関することを知っていれば十分だが，ここはどちらかがわかれば正解は選べる。問2はウクライナとロシアの大統領，国連の事務総長が誰かの知識。ここはウクライナとロシアの大統領の組み合わせがわかったうえで，国連の事務総長が誰かを知っていれば正解にたどり着ける。ここはさすがに外せない問題である。問3は安全保障理事会と総会を空欄に入れるもので，安全保障理事会を入れるべきところの文脈をおさえていて，ロシアが□権を行使したことで否決ということから，こちらに安全保障理事会が入り，もう一方が総会と判断できるかどうかがポイント。この次の問4が□権の□に拒否を入れさせる問題で，問3，問4は国連についてしっかりと勉強していれば答えられる問題なので，これらも外したくはない問題といえる。厄介なのが問5。2022年の中でのウクライナ情勢の推移を正しい順に並べ替える問題。知識として順番を知らないにしても，冷静に判断すれば，ロシアの軍事行動開始と，ロシアがウクライナの東部と南部の4州併合のどちらが先かは，軍事行動の方が普通は先であろうと判断でき，国連での安全保障理事会と総会での採択がどちらが先かについても，安全保障理事会で拒否権を使われたから総会での決議になったと判断できれば順番がわかる。この段階で選択肢が4つから2つには減る。更に年表を見て，4番目に来るものの後ウクライナの4州をロシアが併合したことへの国連の行動があることから考えれば，時間的にあまり離れていないタイミングで併合があったのではと判断すれば答えは一つに絞り込める。短時間でこのように考えるのは難しいとは思うが，できないものでもない。問6はこのウクライナ戦争の影響として不適切なものを選ぶ問題で，ここはていねいに読めば誤りはわかる。いずれにしても，正確に読んで考えていけば正答できなくはないものなので，それをコンスタントにできるか否かが勝敗を分けると言えるであろう。

2022年度 慶應義塾中等部 合否を分けた問題 社会

【4】

【4】は江戸時代から現代までの交通の発展に関する歴史の問題。

鉄道などに興味がある受験生とそうでない受験生とで，この問題はそもそも出来具合が異なるかもしれないが，一番大きな差を生むポイントは問題を素早く正確に読み込んでいき，問われていることを的確に把握できるかどうかであろう。

問1は交通の歴史に関する本文を読みながら，その空欄に入れるのに適切な語を選択肢の中から選んでいくもの。空欄は7つあり，選択肢を選ぶのに迷うようなものはまずない。この種の問題の場合に，空欄ごとに選択肢を見て選んでいくような解き方は，時間がかかるので，まずは本文を読みながら空欄に入れるのに適切な語を自分で考えていった方がはやい。ズバリ，この言葉というのを思いつかなくても，だいたいこんなものというのを読みながら考えてしまった方が，選択肢を選ぶ際にも速い。文章全体の流れをしっかりと把握していけば，空欄に当てはまりそうな語を考えていくのは難しくはない。このタイプの問題で一番まずいのは本文を通して読まずに空欄の部分だけを拾い読みしていくもの。答えられなくはないが，文脈を的確に把握して考えていく方がはるかに速いし正確さが違う。

問2は江戸周辺の関所で注意していた「入鉄砲に出女」を答えるもの。これは知っていれば絶対に速いし，正確に答えられるが，設問の文章をよく読めばヒントになっているので，そこまで正確に読んで考えていくことが大事。ここは決まった表現のものなので知識がないと対応しづらい。

問3は北関東（特に群馬県）と東京や横浜を結ぶ鉄道を早期に他の鉄道路線よりも優先して開通させた理由を説明するもの。これも知識の有無でかなり差がでるもの。設問の問題文で「北関東地方（特に群馬県）」としている地域が意味するものと，横浜が意味するものがわかれば，知識は無くても考えてでも答えは出せるかもしれないが，いずれにしても何もこのあたりの知識がないと，ちょっと答えるのは無理なものかもしれない。

問4は都心に集中する放射状の高速道路とそれらの高速道路を環状につなぐ高速道路の存在についての設問の文章を読んで，この環状の道路の存在が及ぼす都心部の環境への利点を文章で答えるもの。正直，設問の文章を読んだだけで正解を思いつくのはかなり大変かもしれないが，設問の図を見れば，だいたいのことはわかるかもしれない。

図を見れば，一目瞭然だが，都心を中心とした放射状の高速道路と環状高速道路との位置関係がわかれば，要は，環状高速道路を使うことで都心を経ないで他の放射状の高速道路へと乗り入れができる。まずはこのことを理解した上で，設問をよく見る必要があり，「環状高速道路が建設されたことによって東京の都心部の環境が得る利点を，20字以上50字以下で説明しなさい」とあり，都心部を通らないで他の放射状高速道路へ乗り入れができることで，都心の環境が受ける恩恵を説明することが求められている。都心を経ずに他の放射状高速道路へ乗り入れができることで，都心の交通量が減少することが考えられれば，都心を走る車の数が減れば環境にどういう影響がありうるかは考えることは容易であろう。走っている自動車の数が減れば，大気汚染は軽減されるであろうし，車の量が減れば渋滞も緩和され，騒音も軽減される。こういったことがわかればそれを規定の字数の中に納まるように書けばよい。さほど難しいことのようには見えないかもしれないが，これを他の問題も含め25分という時間内で解答していくとなるとなかなか大変なものといえる。

慶應中等部の国語

――出題傾向と対策　合否を分けた問題の徹底分析――

出題傾向と内容

文の種類：小説，論説文，随筆文

大問5問のうち，長文読解が2題，文学史が主に出題された随筆文が1題，知識問題（ことばの用法，漢字の書き取り）が2題であった。長文は文学的文章（小説）と論理的文章が1題ずつ出題された。内容は比較的読みやすいが，深い読解力が要求される設問が多い。知識問題に関しては，幅広い範囲から出題されている。

設問形式：選択式と記述式

記述式は1題のみと漢字の書き取りで，ほとんどが選択式である。選択問題は内容の要旨や心情を問うものから，空欄補充，内容真偽に関するもの，漢字の知識に関するものなどさまざまな角度から出題されている。

漢字，知識問題：難易度は高い

難易度が高い漢字・知識問題が出題される。表現技法やことばの使い方やその意味，使い慣れない言い回しのことばの意味など，さまざまな角度から知識を試されている。さまざまな言葉や表現に触れて，日本語の幅をひろげておきたい。有名な文学作品と著者もおさえておこう。

出題頻度の高い分野

❶論説文　❷小説　❸随筆文　❹国語全般の知識（ことわざ・慣用句・四字熟語，漢字の書き取り，表現技法，文学史など）　❺文章の細部表現の読み取り　❻内容真偽

来年度の予想と対策

出題分野：文学的文章，論理的文章，国語知識など

○論理的文章と文学的文章はどちらも必ず出題されるので，それぞれの読解の進め方をしっかり身につけておこう。論理的文章では筆者の考えを的確に読み取れるよう，段落ごとの要旨をおさえながら読み進める。文学的文章では心情の動きを正確にとらえ，心情の背景にある根拠も自分の言葉で説明できるようにしておく。

○選択問題が中心であるが，選択肢の文章が長いものが多いので，各選択肢の文章を最後までていねいに読んで，要旨をしっかりとらえるようにし，必ず本文と比較しよう。

○知識問題は非常に幅広く出題されることが予想される。俳句や短歌，詩などの基本的事項，慣用句やことわざだけでなく，敬語やことばの使い方，日本の暦や干支，伝統芸能に関するものといった日本語としての幅広い知識もたくわえておきたい。

○漢字は使い慣れない言葉が出題される場合があるので，漢字だけの練習ではなく新聞なども読んで文章として意味を理解して勉強しておこう。

学習のポイント

●問題数が多いので，知識問題から解いていくなど時間配分に気をつけよう。
●選択肢の文章は気を抜かずにていねいに確認し，本文としっかり照らし合わせていこう。
●漢字やことばの意味，慣用句など知識問題は早い時期からしっかりたくわえておこう。

年度別出題内容の分析表 国語

（よく出ている順に，☆◎○の３段階で示してあります。）

出題内容		27年	28年	29年	30年	2019年	2020年	2021年	2022年	2023年	2024年
設問の種類	主題の読み取り										
	要旨の読み取り		○	○	○	○	○	○	○	○	○
	心情の読み取り	◎	○	◎	◎	◎	◎	◎	○	○	◎
	理由・根拠の読み取り	○		○	○	○	◎	◎	○	◎	◎
	場面・登場人物の読み取り			○	○			○	○		○
	論理展開・段落構成の読み取り	◎	○			○	◎	○		○	
	文章の細部表現の読み取り	☆	☆	☆	☆	☆	☆	☆	☆	☆	☆
	指示語		○			○				○	
	接続語	○	○			○		○			
	空欄補充	☆	☆	◎	◎	◎	◎	◎	◎	☆	☆
	内容真偽	◎	◎	◎		○		○		○	○
	根拠：文章の細部からの読み取り	☆	☆	☆	☆	☆	◎		◎	◎	◎
	根拠：文章全体の流れからの読み取り	○	○	○	○	○	○	○	○	○	○
設問形式	選択肢	☆	☆	☆	☆	☆	☆	☆	☆	☆	☆
	ぬき出し				○						○
	記　述	○	○	○	○	○	○	○	○	○	○
記述の種類	本文の言葉を中心にまとめる					○		○	○	○	○
	自分の言葉を中心にまとめる	○	○	○	○		○				
	字数が50字以内	○	○	○	○	○	○	○	○	○	○
	字数が51字以上										
	意見・創作系の作文										
	短文作成	○									
語句・知識	ことばの意味	☆	◎		○	○		○		☆	◎
	同類語・反対語										
	ことわざ・慣用句・四字熟語	◎	○	☆	○	◎	◎	◎	☆	◎	
	熟語の組み立て				○						
	漢字の読み書き	☆	☆	☆	☆	☆	☆	☆	☆	☆	☆
	筆順・画数・部首										
	文と文節										
	ことばの用法・品詞	◎	◎		◎	○					○
	かなづかい										
	表現技法		○								◎
	文学史					○	○	◎		◎	◎
	敬　語	○	○								
文章の種類	論理的文章（論説文，説明文など）	○	○	○		○	○	○	○	◎	○
	文学的文章（小説，物語など）	○	○	○	○			○	○	○	○
	随筆文				○	○	○				○
	詩（その解説も含む）		○								○
	短歌・俳句（その解説も含む）	○		○					○		
	その他	○									

慶應義塾中等部

2024年度 慶應義塾中等部 合否を分けた問題 国語

【一】 問五

★合否を分けるポイント

――E「この雰囲気が気持ちいい」とあるが，この気持ちと同じような健太の心情が描かれている一文を本文中から探し，はじめと終わりの三字を書きぬく問題である。この時の健太の心情がどのようなものであるかを読み取るとともに，物語全体の展開をしっかり読み取れているかがポイントだ。

★心情に着目して，物語全体の心情の変化をとらえる

サッカー部の後輩からドリブルの相談を受け，参考になる選手のDVDを貸してやると言っただけだが，後輩から頼りにされ，それに応えるということに，健太はEのように感じていることが描かれている。Eそのものの説明であれば，E前で描かれているように，「この雰囲気」すなわち，後輩とのやり取りを通して感じたことが「気持ちいい」ということになる。だが，この設問では，Eと「同じような健太の心情」について問われているので，このE前後の場面から探すのではないことに注意する必要がある。物語はこの後，音楽会の合唱の練習の場面になり，男子のパートをパートリーダーとして何とかしてと裕子から言われていることで，健太は憂鬱になっていたが，サッカーグラウンドで後輩にアドバイスしたことを思い出し，「やる気さえあれば自分からどんどんうまくなろうとするはずなんだ。サッカー部の後輩たちが，俺のつたないアドバイスでもスポンジが水を吸うが如く，吸収していくみたいに」と確信している。そして，アフリカの飢餓に苦しむ子どもたちを救うために，大スターたちが集まって曲を完成させたメイキングビデオのDVDを男子たちに見せ，やる気を起こせたことで，「男子の半分以上はやる気満々」になっている状態に「俺自身，なんかすごく充実していて楽しい。」という健太の心情が描かれている。この心情が，Eと同じような心情ということである。サッカー部での場面と合唱での場面は，自分がきっかけを与えることで，相手がやる気を起こす，ということが共通しており，その時健太は同じような心情になっている，ということを読み取る。何を問われているかを確認し，傍線部付近だけでなく，本文全体の展開もとらえておくことが重要だ。

【二】 問八

★合否を分けるポイント

本文の内容に合っていれば1を，合っていなければ2を記入する内容真偽の問題である。選択肢の内容と本文をていねいに照らし合わせているかがポイントだ。

★選択肢の説明と本文の内容とのていねいな照らし合わせが重要

「新型コロナウイルスの影響」と「海外」との関係は述べていないので，アが合っていないことは判断しやすい。「関東大震災」が「新しい風を受け入れやすくするきっかけをつくった」ことは「かつての江戸は……」から続く2段落で，関東大震災によって過去とのつながりを強制的に絶たれたことで，過去の空白地帯が東京に生まれ，その溝をうめたのが新しい西洋からの文化だったことを述べているので，イは合っていることが読み取れる。「震災は文学界にも新風を起こし，科学技術の発展とともに新しい表現方法が生み出され」たことは「新しい風が……」から続く2段落で，新しい感覚の言葉として，擬人化的表現が用いられた横光利一の文章を例に述べているので，ウも合っていることが読み取れる。最後の段落では，現実は，かつての江戸の名所や伝統芸能，芸術の継承者は年々少なくなり，歴史の空白地帯が再び生まれようとしており，これからの新しい百年を生きていく諸君に，東京を今後どのような都市にしていきたいと考えているか，という問いかけをしているだけで，「日本独自の文化や伝統を絶やさないようにしてほしい」ということは述べていないので，エは合っていないということになる。合っていると思われる選択肢と本文の内容を確認するとともに，合っていないと思われる選択肢では，本文でそこまで述べているか，要旨として正しく説明しているかをていねいに確認しよう。

2023年度 慶應義塾中等部 合否を分けた問題 国語

【一】 問七

★合否を分けるポイント

拓朗のお父さんが言いたかったことは何か，設問の指示に従って指定字数以内で答える記述問題である。お父さんが最も言いたかったことを的確に読み取れているかがポイントだ。

★具体例と考えを見極める

拓朗のお父さんは拓朗から良夫のことを聞いて，〈(拓朗が)いい友達を持てたということは，拓朗もなかなかいいやつだ〉，〈良夫くんみたいに，身近な人とも対等な関係で，その人のことを気遣うことができれば，世の中はもっと平和になると考えられる〉，〈『ドラえもん』のジャイアンのように，人のことを敬意もなく見下していると，……のくせに，という気持ちになりがちで，大きな視点で考えてみると，国と国同士でも同じような理由で戦争が起きていると思っている〉ということを話している。これらの話を確認すると，「『こうも考えられるぞ』」以降で良夫くんを例に挙げながら〈良夫くんみたいに，身近な人とも対等な関係で，その人のことを気遣うことができれば，世の中はもっと平和になると考えていること〉が最も言いたかったことであり，『ドラえもん』のジャイアンやのび太の話，国と国同士で戦争が起きてしまう話は言いたかったことをわかりやすく補うために話していることが読み取れる。具体的な事物を通して，何を言いたかったのかということを的確に読み取っていこう。

【三】 問六

★合否を分けるポイント

本文の内容と照らし合わせて合っているものを選ぶ選択問題である。短くまとめられている本文の要旨を的確につかんでいるかがポイントだ。

★短い文章の文意を読み取る

本文は新聞のコラムで，短い論説文といった形になっている。新聞のコラムは決められた字数の中で，必要最低限の情報をコンパクトに伝えているので，その内容を的確に読み取る必要がある。本文では「日本文学者のドナルド・キーンさん」の「生誕100年」を記念し，ドナルド・キーンさんの一生を紹介した内容になっている。ドナルド・キーンさんは16歳のころに漢字と出会い，表意文字の世界に引きこまれ，画数の多い字を書けた日は爽快だった→開催中の「ドナルド・キーン展」で，中国で使った名刺には自分の名前を中国語表記で当て字にし，日本での署名も姓を多彩な漢字に書きわけた→右手に銃，左手に和英辞典を抱えた写真もあり，日本兵が手投げ弾で玉砕する姿に衝撃を受ける一方，辞世の歌や遺書の格調に驚き，のちに日本の古典の日記の研究につながる→思い出すのは，米コロンビア大で傍聴したキーン教授のゼミで，日本語と英語を駆使して解説し，話題は古今和歌集から楊貴妃，三島由紀夫へ自在に飛び，驚嘆の2時間だった→ゼミは東日本大震災の直後で，『奥の細道』で東北をたどる旅をしていることからも，被災地を心配し，退職後には日本に永住したいと語り，日本国籍を得て，晩年を東京で暮らした→あすで生誕100年，たぐいまれな才能が「叡智」や「憂鬱」といった漢字と出会った僥倖をあらためてかみしめる，という内容になっている。▼が段落の改行の役割をしており，それぞれの段落内容は端的にまとめられているのが特徴だ。これらの内容と照らし合わせると，選択肢の1と5が合っていることが読み取れる。2の「写真」の説明，3の「画数の多い漢字だけは苦手で，古典文学作品の研究を志すも断念」，4の「叡智」と「憂鬱」の漢字の説明はいずれも本文の内容と合っていないことがわかる。短い文章で端的に述べている場合，筆者の思いや考えをくみ取りながら，その文意を読み取っていくことが重要だ。

2022年度 慶應義塾中等部 合否を分けた問題 国語

【一】 問七

★合否を分けるポイント

——D「とんだ木乃伊《みいら》取りだぜ」とあるが，このセリフについて説明したものとしてもっともふさわしいものを選ぶ選択問題である。言葉の意味を正確にとらえ，その言葉にこめられた心情を読み取れているかがポイントだ。

★正確な言葉の意味と，場面を的確に読み取る

まず「木乃伊取り」が，人を探しに行った者が戻ってこないために逆に探される立場になること，あるいは，相手を説得しに行ったにもかかわらず，逆に説得されて相手と同意見になってしまうこと，という意味であることをとらえておく必要がある。ケンジとタクヤを尾行していた遠藤が，おじさんやケンジとタクヤにさそわれるままに，結局おじさんの店に寄り道して三人で過ごすことになったことを，タクヤが面白がって話している，ということなので3が正解となる。Dは1の「皮肉」ともとれるが，タクヤとケンジは「いつもの丸椅子に遠藤座らせ」「……こいつにも最高の贈り物をしてやろう」と思っているのでふさわしくない。「木乃伊取り」の意味をふまえていない2, 4もふさわしくない。5は「木乃伊取り」の意味はふまえているが，「妬ましく思っている」ことは描かれていないのでふさわしくない。

言葉の意味を正確にとらえ，その言葉にどのような心情がこめられているか，描かれている場面を確認して的確に読み取っていくことが重要だ。

【二】 問五

★合否を分けるポイント

本文を通じて筆者の言いたかったことはどんなことか，もっともふさわしいものを選ぶ選択問題である。さまざまな具体例を通して筆者が何を言いたかったか，本文全体の論の流れと要旨を的確につかんでいるかがポイントだ。

★本文の要旨をとらえ，選択肢の説明とていねいに照らし合わせる

本文は，①座右の銘を聞かれた筆者→②座右の銘はいつも心にあって忘れることのない大切な言葉で，ことわざや標語みたいなものでは格好がつかないし，思い浮かんだ「花鳥諷詠」「古壷新酒」は高浜虚子の言葉なので，座右の銘としては微妙である→③「気品の泉源，智徳の模範」に行き着く→④座右の銘を検索してみると，銀メダルを獲得した山田美幸選手は渋沢栄一の言葉を座右の銘にしていた→⑤座右の銘を意識することで，銀メダルを引き寄せたのだろう→⑥座右の銘の検索でヒットした就職活動向けのページで，自分の指針として心に秘めておくのが本来のあり方である座右の銘をリストアップしていることに違和感を覚える→⑦ただ，付け焼き刃だとしても，座右の銘との出会いは自信を持って自分の道を歩んでいく裏づけにもなる→⑧四十代の筆者にとって至言との出会いは後半生をより充実したものにするチャンスであり，高い心構えで読むもの聞くものに向き合いたい，という論の流れになっている。座右の銘を考えることをきっかけに，筆者は⑦，⑧を言いたかったことが読み取れるので，3が正解となる。1は④，⑤の内容にあてはまらない。2は全文，3の「下品」「積極的に活用するべき」，5の「見識を疑われる」も述べていない。

選択肢の説明は本文の要旨になっているので，正解であっても本文そのままの文章ではない。また，本文の語句を用いて説明していても，選択肢の説明としてあてはまらないものもある。選択肢の文脈を正確に読み取ることが重要だ。

MEMO

大切なことはメモしておこうネ！

2024年度

★★★★★★★★★★★★★★★★★★★★★★★

入　試　問　題

2024年度

慶應義塾中等部入試問題

【算　数】（45分）　　＜満点：100点＞

【1】 次の □ に適当な数を入れなさい。

(1)　$3\frac{17}{24}-2\frac{2}{63}\div\left(1\frac{5}{9}\div2\frac{1}{12}\div0.7\right)=\boxed{\text{ア}}\frac{\boxed{\text{イ}}}{\boxed{\text{ウ}}}$

(2)　$(2.88\times7.43+2.57\times1.44\div0.5)\div\frac{\boxed{\text{ア}}}{\boxed{\text{イ}}}=1.2\times56$

(3)　6で割っても14で割っても5余る整数のうち，620にもっとも近い数は □ です。

(4)　0，1，2，3，4の5個の数字の中から，異なる3個の数字を選んでつくることができる3桁《けた》の奇《き》数《すう》は，全部で □ 通りです。

(5)　縮尺が1：25000の地図上で18㎠の畑があります。この畑の実際の面積は $\boxed{\text{ア}}.\boxed{\text{イ}}$ ㎢です。

【2】 次の □ に適当な数を入れなさい。

(1)　2％の食塩水150ｇと10％の食塩水 □ ｇを混ぜると，5％の食塩水になります。

(2)　A，B，Cの3人で行うと，9日間で終わる仕事があります。この仕事を，A，Bの2人で行うと18日間で終わり，Aだけで行うと45日間で終わります。この仕事を，まずCだけで9日間行い，次にBだけで7日間行い，残りをAだけで行うと，Cが仕事を始めてから □ 日目にこの仕事は終わります。

(3)　1辺が5㎝の正方形を底面とする直方体の容器に水を入れ，鉄球を完全に沈《しず》めたところ，水があふれ出ることはなく，水位が2㎝上昇《じょうしょう》しました。1㎤あたりの鉄の重さを7.9ｇとすると，この鉄球の重さは □ ｇです。

(4)　長さ320ｍの列車Aが時速75㎞の速さで走っています。列車Aが長さ400ｍの列車Bとすれ違《ちが》うのに15秒かかったとき，列車Bの速さは時速 $\boxed{\text{ア}}.\boxed{\text{イ}}$ ㎞です。

(5)　父が2歩であるく距離《きょり》を子は3歩であるきます。また，父が4歩あるく間に子は5歩あるきます。いま，子が先に家を出発して20歩あるいたところで，父が家を出発して子を追いかけると，父は □ 歩で子に追いつきます。

【3】 あとの □ に適当な数を入れなさい。ただし，円周率は3.14とします。

(1)　［図1］のように，正方形の内側と外側に正三角形を2つ組み合わせました。このとき，角 x の大きさは □ 度です。

［図1］

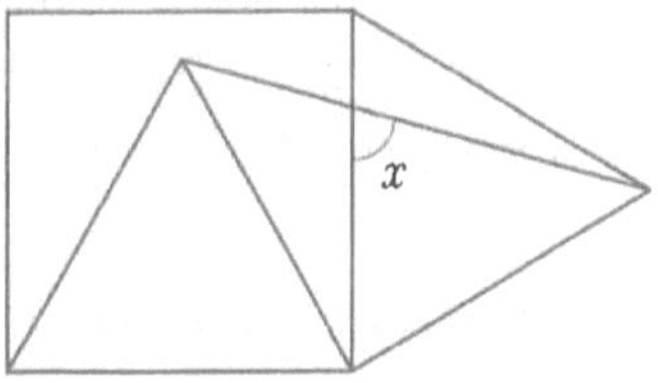

(2) ［図２］のように，平行四辺形に対角線をひき，さらに底辺を三等分する点のうちの１つと平行四辺形の頂点を結んで，平行四辺形を４つの部分あ～えに分けました。いの部分とうの部分の面積の和が26cm² であるとき，この平行四辺形の面積は ア$\frac{\text{イ}}{\text{ウ}}$ cm² です。

［図２］

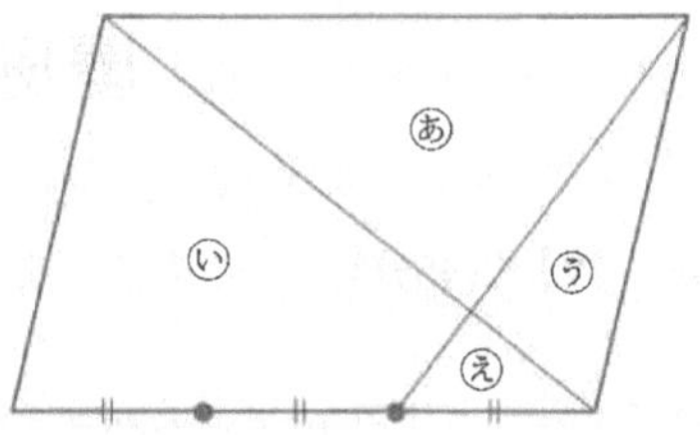

(3) ［図３］のように，おうぎの形と直角三角形を組み合わせました。色のついた部分の面積の和は ア．イ cm² です。

［図３］

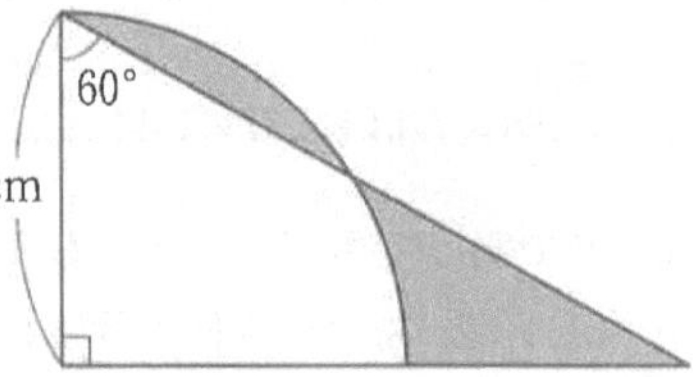

(4) ［図４］のような台形を，直線ABを軸《じく》として１回転させてできる立体の表面の面積は ア．イ cm² です。

［図４］

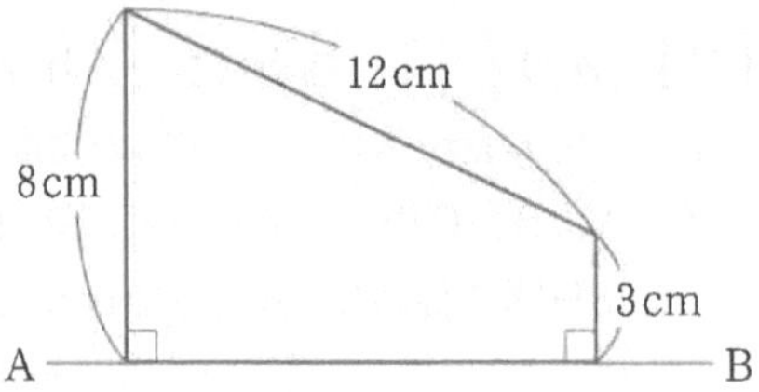

【４】 ある規則に従って，以下のように分数を並べました。

$$\frac{1}{2},\ \frac{1}{4},\ \frac{3}{4},\ \frac{1}{8},\ \frac{3}{8},\ \frac{5}{8},\ \frac{7}{8},\ \frac{1}{16},\ \cdots$$

次の □ に適当な数を入れなさい。

(1) $\frac{31}{64}$ははじめから数えて □ 番目の分数です。

(2) はじめから数えて50番目から60番目までの分数をすべて加えると ア$\frac{\text{イ}}{\text{ウ}}$ になります。

【５】 ２つの貯水槽《そう》A，Bにはそれぞれ水が320L，710L入っています。これから，２つの貯水槽からそれぞれ一定の割合で，常に水を排出していきます。また，それぞれの貯水槽には，貯水槽内の水量が200Lになると６時間続けて水が補給されますが，貯水槽A，Bに毎時補給される水量は等しいものとします。［図１］は現在の時刻からの経過時間と，各貯水槽内の貯水量の関係を表したものです。このとき，次の □ に適当な数を入れなさい。

（［図１］は次のページにあります。）

(1) 貯水槽A，Bに水が補給されているとき，それぞれに毎時 □ Lの水が補給されます。

(2) 貯水槽Bにはじめて水が補給されるのは，現在の時刻から ア 時間 イ 分後です。

⑶　貯水槽A，Bの貯水量が２回目に等しくなるのは，現在の時刻から ア$\dfrac{\text{イ}}{\text{ウ}}$ 時間後です。

［図１］

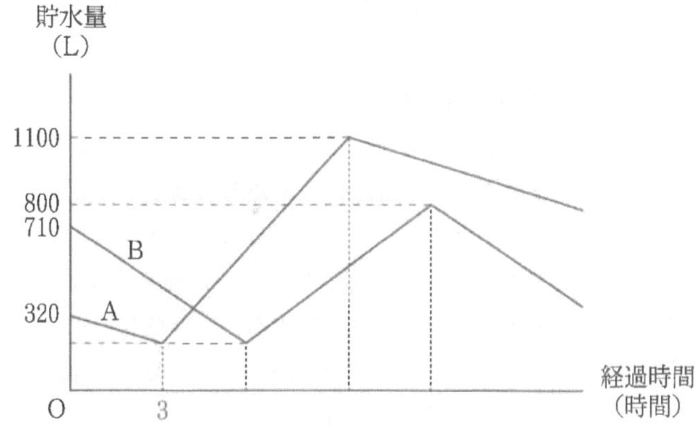

【６】 同じ大きさの白色の正方形のタイルがたくさんあります。また，白色のタイルと同じ大きさの黒色の正方形のタイルもたくさんあります。これらのタイルの辺と辺をはり合わせて平面上に並べて図形をつくります。例えば，正方形のタイルを５枚はり合わせるとき，［図１］の図形と［図２］の図形は，平面上で回転させると同じ図形になるので，１種類の図形とみなしますが，［図１］の図形と［図３］の図形は，平面上で回転させても同じ図形にならないので，異なる図形とみなします。また，［図１］の図形と［図４］の図形は，色の配置が違うので，異なる図形とみなします。このとき，次の □ に適当な数を入れなさい。

［図１］　［図２］　［図３］　［図４］

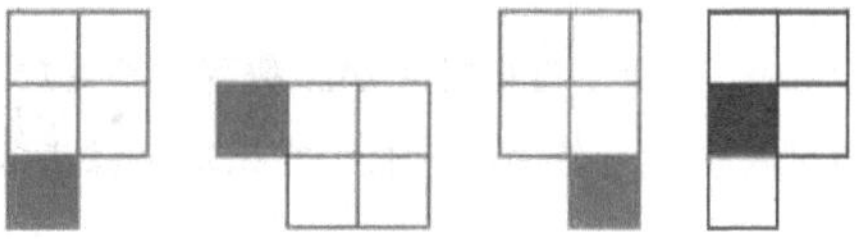

⑴　白色の正方形のタイルを４枚はり合せると，異なる図形は全部で □ 種類できます。

⑵　白色の正方形のタイルと黒色の正方形のタイルの両方を使って，４枚のタイルをはり合せると，異なる図形は全部で □ 種類できます。

【理　科】（25分）　＜満点：50点＞

【1】 次の①，②の文章は，それぞれある季節に東京から見える星座を説明したものです。文章を読んであとの問いに答えなさい。

① まずは東の空の高いところにある大三角が明るく見やすいので，はくちょう座の（A）・こと座の（B）・わし座の（C）を見つけましょう。（A）は「しっぽ」を意味していて，（B）と（C）の中間に，はくちょうの「くちばし」にあたる二重星アルビレオがあります。途中で左右に羽が伸《の》びて，全体としては十字を描《えが》くので，はくちょう座は北十字とも言われています。

南の低い空には，さそり座の明るくて赤い星（D）が見えます。さそりの心臓です。（D）の名前の由来は近くを通る火星（アレス）に対抗《こう》するという意味です。

さそり座の隣《となり》には，いて座があります。いて座を見つけるときは，北斗《と》七星のようなひしゃくの形をした６つの星，南斗六星が目印になります。

② まずは南の空のオリオン座と大三角を見つけましょう。オリオン座の目印は三ツ星です。この三ツ星を囲むオリオン座の４つの星のうち，左上の赤い星が（E），右下の青い星が（F）です。さらに三ツ星を左下にのばしたところにある白い星は（G）座のシリウスです。

大三角はシリウスと（E）を結んで，左の方に正三角形を作るようにすると，（H）座の明るい星（I）が見つかります。

（E）と（F）を結んで右上に三角を作ると，おうし座の明るい星アルデバランが見つかります。アルデバランの右上には5，6個の星がかたまって見える星団（J）が見えます。

（E）と（I）を結んだ線の左上には仲良く並ぶ２つの明るい星が見えます。（K）座のカストルとポルックスです。

オリオン座を中心とした多くの星座が見られるのがこの季節の特徴《ちょう》ですね。

⑴ 夏の星座を表しているのは①②のどちらですか。数字で答えなさい。

⑵ それぞれの季節の大三角を表すA・B・C・E・Iにあてはまる星を次の中から選び，番号で答えなさい。

1　アルタイル　　2　スピカ　　3　デネブ
4　プロキオン　　5　ベガ　　6　ベテルギウス

⑶ Dにあてはまる星を次の中から選び，番号で答えなさい。

1　アキレス　　2　アークトゥルス　　3　アンタレス
4　デネボラ　　5　レグルス

⑷ F・Jにあてはまる星または星団の名前を次の中から選び，番号で答えなさい。

1　カペラ　　2　すばる　　3　リゲル

⑸ G・H・Kにあてはまる星座の名前を次の中から選び，番号で答えなさい。

1　うお　　2　かに　　3　こいぬ
4　こぐま　　5　おおいぬ　　6　おおぐま
7　ふたご

⑹ 神話では，オリオンはある動物に殺されてしまうために，星座となってもその動物を恐《おそ》れて同じ夜空には現われないと言われています。この，星座になっている動物を①，②の文章の中から抜《ぬ》き出して答えなさい。

【2】 プラスチックは私たちの生活に関わるいろいろなところに使われています。ひと口にプラスチックと言っても，さまざまな種類があり，性質も少しずつ異なります。次の表1を参考にして，あとの問いに答えなさい。

表1　主なプラスチックの略号と性質、使いみち

番号	プラスチックの名称《しょう》	略号	比重	耐《たい》熱温度 燃えやすさ	薬品に対する強さ	使いみち
1	アクリル樹脂《し》	PMMA	1.17～1.20	60～80℃ 燃えにくい	強いアルカリ性に弱い	定規、水槽《そう》、 眼鏡のレンズ
2	ポリエチレン	PE	0.91～0.97	70～110℃ 燃えやすい	酸性にやや弱い	レジ袋《ぶくろ》、ラップ、 バケツ
3	ポリエチレン テレフタレート	PET	1.38～1.40	85～200℃ 燃えやすい	とても強い	ペットボトル、 卵の容器
4	ポリ塩化ビニル	PVC	1.16～1.45	60～80℃ 燃えにくい	強い	消しゴム、水道管、 ホース
5	ポリスチレン	PS	1.04～1.07	70～90℃ 燃えやすい	強い	DVD ケース、 食品トレイ
6	ポリプロピレン	PP	0.90～0.91	100～140℃ 燃えやすい	強い	ペットボトルのふた、 ストロー

※「比重」とは、同じ体積の水の重さを1としたときの重さです。
※ 耐熱温度とは、その形を保っていられる限界の温度です。
※ 薬品とは、強い酸性、または強いアルカリ性の水溶液を指しています。

⑴ プラスチックは金属の仲間と性質が異なることが多く，それぞれその性質が適することに使われています。次にあげる性質が，一般的に表1にあるプラスチックにあてはまるものであれば「1」を，金属にあてはまるものであれば「2」を解答欄《らん》に書きなさい。

（ア）比重が小さい　（イ）電気を通さない　（ウ）熱をよく伝える
（エ）不透《とう》明で，独特のつやがある　（オ）たたくとのびたり広がったりする

⑵ 表1の6種類のプラスチックの中から水にしずむものをすべて選び，その番号をかけ合わせた数と足し合わせた数の合計を次の例を参考に答えなさい。

例）1番と2番と5番を選んだとすると，(1×2×5)+(1+2+5)=18となるので，その場合は「0 1 8」と書きます。

⑶ プラスチックが海洋生物に悪影響《きょう》をあたえる原因として考えられているものを次の中から1つ選び，番号で答えなさい。

1　海水に溶ける。
2　微《び》生物のえさになる。
3　水に溶けている酸素を吸収する。
4　紫《し》外線によってボロボロになる。
5　酸性雨に反応して，有毒ガスを出す。

⑷ PETが飲料など液体の容器に採用されている理由として，どのようなことが考えられますか。表1を参考にして10字以内で解答欄に書きなさい。

【3】 皆さんは鉄の棒に巻いたエナメル線（コイル）に電流を流すと，磁石のはたらきをすることを知っていますね。Kくんは，スイッチを切りかえるとコイルの近くに置いた方位磁石の針が反対向きになる装置を作ろうと考えました。このことについて次の問いに答えなさい。各問題の図のコイルの上にある○は方位磁石を表しています。

(1) 鉄の棒にエナメル線を１本だけ巻いたコイルと電池をつないで電流を流すと，方位磁石の針が**図１**の（ア）（イ）のようになりました。**図１**の（ア）のとき，コイルの端《はし》Aは磁石の何極になっていますか。次の中から選び，番号で答えなさい。なお，電流が流れていないときの方位磁石は**図２**のようになっています。

1　プラス極　　**2**　マイナス極　　**3**　N極　　**4**　S極

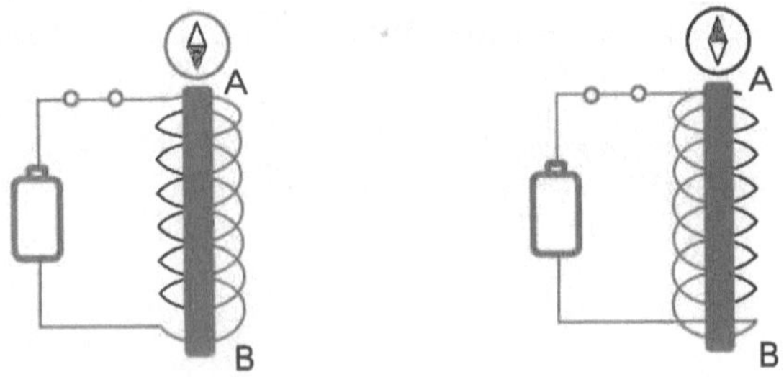

（ア）エナメル線はAから見て時計回りに巻いてある。

（イ）エナメル線はAから見て時計と反対回りに巻いてある。

図１

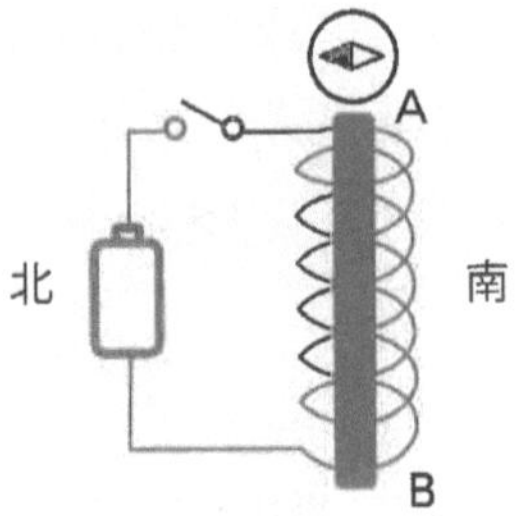

図２

(2) Kくんは，鉄の棒にエナメル線を２本重ねて巻くという方法を思いつきました。次の①～④のつなぎ方で，スイッチを切りかえると方位磁石の針の向きが変わる場合は**1**を，変わらない場合は**2**を解答欄に書きなさい。なお，鉄の棒に巻いてある２本のエナメル線はスイッチの部分以外ではつながっていません。

①・②　→　**ア**から**イ**のエナメル線は**A**から見て時計回りに，**ウ**から**エ**のエナメル線は時計と反対回りに巻いてある。

③・④　→　**ア**から**イ**のエナメル線も**ウ**から**エ**のエナメル線も**A**から見て時計回りに巻いてある。

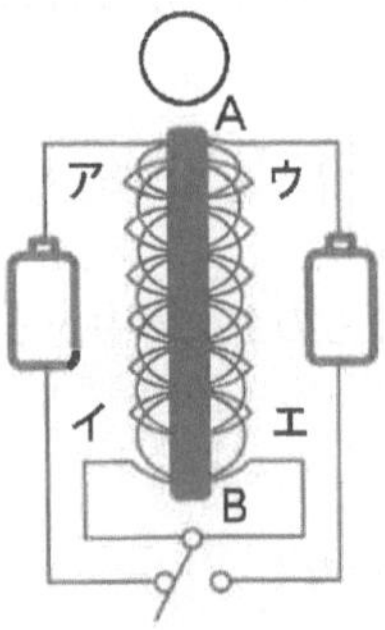

①

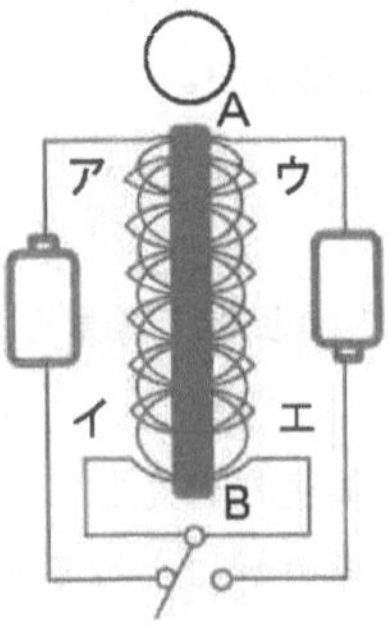

②

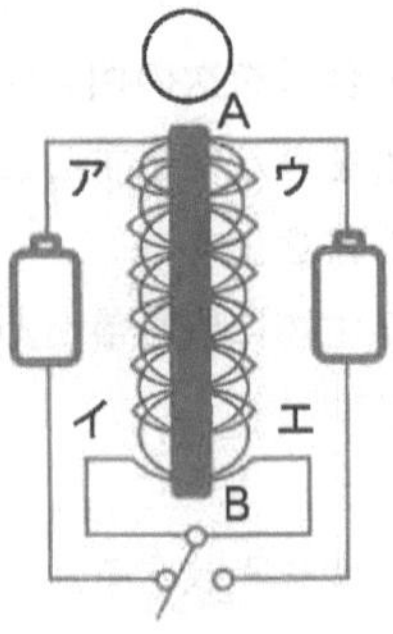

③

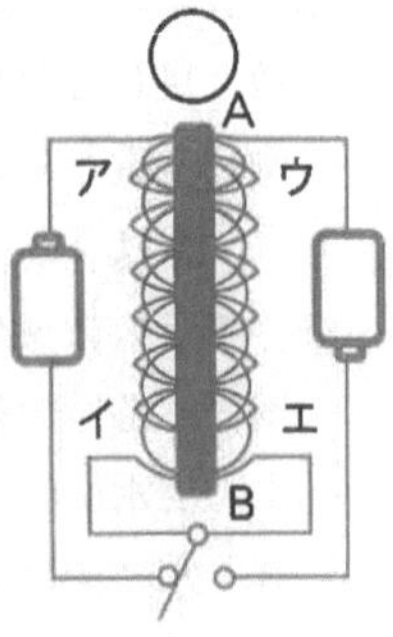

④

(3) 鉄の棒に巻くエナメル線が１本でも目的に合うしくみができました。そのしくみを次のページの**1**～**3**の中から１つ選び，番号で答えなさい。

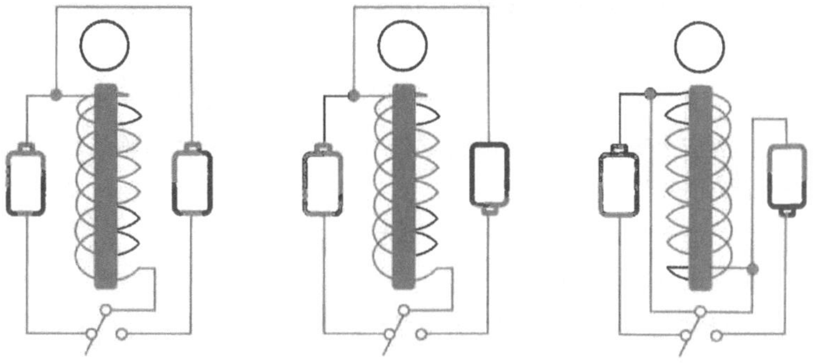

1　　2　　3

【4】 次の中等部生３人の会話を読んで次のページの問いに答えなさい。

カズナリくん： 僕《ぼく》はこの１年間で身長が12㎝も伸びたよ。

ユキコさん　： 私たち成長期だからね。同じ生きものでも，昆《こん》虫の中には成長して大きくなるだけでなく，形が変わるものもいるよね。幼虫からさなぎ，成虫と変化するアチョウみたいにさ。

タカシくん　： 生きものは成長することで変化するけど，生きものの歴史にも変化の話はあったよね。たしか，環《かん》境の変化に適応できる生きものは繁《はん》栄して，環境の変化に適応できなかった生きものは絶滅《めつ》した…というような。

ユキコさん　： 進化の歴史の話だね。でも，悲しいことだけれどイ人間が関わることで絶滅してしまった動物もいるんだよね。しかも，そのせいで生態系のバランスまで崩《くず》れてしまうこともあるとか…。

カズナリくん： そういえばこの前，日本でシカが増えすぎて被《ひ》害が出ているってニュースで見たよ。

ユキコさん　： 人間も環境を守るために変わっていかないといけないよね。

タカシくん　： ところで生きもの以外のことだけど，時間や季節で変化するものもあるね。

カズナリくん： 何だろう？

タカシくん　： たとえば，人の影は昼間より夕方の方が（　A　）し，同じ時刻でも（　B　）より（　C　）の方が長いよね。

ユキコさん　： 地球はその軸《じく》が傾《かたむ》いた状態で太陽のまわりを回っているからだったよね。大きさが変わるわけじゃないけど，考えてみれば季節がめぐるのだって変化だよね。

カズナリくん： それならウ虹《にじ》なんかも突《とつ》然現れたり消えたりするよね。考え出したら身のまわりにあるものでも変化するものってたくさんあるなあ。

ユキコさん　： エ水だってペットボトルに入れて冷凍《とう》庫で冷やすとカチカチに凍《こお》るもんね。

タカシくん　： しかも氷は水に入れると浮《う》くというのも面白いよね。

カズナリくん： 色々なものが変化していく世界。でも，どれだけ世界が変わってしまっても僕たち３人の友情だけはいつまでも変わらないぜ！

ユキコさん　： 相変わらずカズナリくんは調子いいこと言うんだから。

タカシくん　： でも，いつまでも仲良しでいたいね。

⑴ 下線部アのチョウのように，さなぎの時期を経て成虫になる昆虫を次の中から３つ選び，小さい番号から順に答えなさい。

1 アリ　2 カ　3 カマキリ　4 テントウムシ　5 トンボ　6 バッタ

⑵ 下線部イにあるように，歴史上多くの動物が絶滅してきました。次の中から絶滅した動物を１つ選び，番号で答えなさい。

1 ニホンオオカミ　2 ニホンカナヘビ　3 ニホンカモシカ

4 ホンドキツネ　5 ホンドタヌキ

⑶ （Ａ）に入る適切な言葉は次のどちらか。番号で答えなさい。

1 長い　2 短い

⑷ （Ｂ）（Ｃ）に入る適切な言葉の組み合わせを次の中から選び，番号で答えなさい。

1 Ｂ 春 Ｃ 秋　2 Ｂ 秋 Ｃ 春　3 Ｂ 夏 Ｃ 冬　4 Ｂ 冬 Ｃ 夏

⑸ 下線部ウについて，虹を観察している人に対して太陽はどの方向にありますか。次の中から選び，番号で答えなさい。

1 正面　2 背後　3 真横

⑹ 下線部エでペットボトルに水をいっぱいに入れて，ふたを閉めてから凍らせると，ペットボトルはどうなりますか。次の中から選び，番号で答えなさい。

1 ふくらむ　2 へこむ　3 変わらない

【社　会】（25分）　＜満点：50点＞

【1】 日本と外国との歴史上のかかわりについて述べたⅠ～Ⅶの文を読み，各問に答えなさい。

Ⅰ	聖徳太子は，豪族の蘇我氏と協力しながら，数回にわたって中国に使節を派遣《はけん》し，中国の進んだ文化や制度を取り入れようとしました。また，この時代に日本に伝わってきた仏教を信仰《こう》したので，飛鳥地方を中心に，おもに朝鮮半島からの（　ア　）の子孫によって，①多くの寺や仏像が作られました。
Ⅱ	平清盛は，武士として初めて太政大臣となって絶大な権力を誇《ほこ》りました。同時に，宋との貿易による利益に目を付け，（　イ　）が廃《はい》止されてから正式な国交が行われなくなっていた日中間の交易を積極的に進めるため，兵庫の港を整備しました。
Ⅲ	足利義満は，西日本の武士や商人，漁民たちによって作られた，倭寇と呼ばれる海賊《ぞく》集団の取り締《し》まりを（　A　）から求められたため，これをきっかけに（　A　）から与《あた》えられた（　ウ　）という証明書を正式な貿易船に持たせて，貿易を始めました。
Ⅳ	ポルトガル人を乗せた中国船が種子島に流れ着いたり，（　B　）人のキリスト教宣教師であるフランシスコ・ザビエルが日本にやって来たりしたことをきっかけに，（　エ　）貿易と呼ばれる貿易が行われるようになりました。また，キリスト教の宣教師も次々に来日し，積極的に布教活動を行いました。しかし，後に豊臣秀吉は，キリスト教の布教を危険視して（　オ　）を出しました。
Ⅴ	徳川家康は，日本船の渡《と》航を許す（　カ　）を発行し，ルソン（現在のフィリピン）・安南（現在のベトナム）・シャム（現在のタイ）など東南アジア諸国との貿易の発展に努めました。この貿易を（　キ　）貿易といいます。また，新たに（　C　）やイギリスからの貿易の願いを許すなどもしていました。
Ⅵ	日本と（　D　）は，朝鮮半島の権益をめぐって対立を深め，戦争が始まりました。日本はこの戦争に勝利し，下関条約が結ばれました。この条約で日本は（　D　）から遼東半島・台湾・澎《ほう》湖諸島を獲《かく》得しましたが，中国東北部への進出をねらう（　E　）が，ドイツ・フランスとともに遼東半島を（　D　）に返還《かん》するよう勧《かん》告してきました。これを（　ク　）といいます。この圧力に対抗《こう》することができなかった日本は，勧告を受け入れざるを得ませんでした。
Ⅶ	日露戦争後，日本は中国東北部での勢力確保に成功し，経済的な権益の拡大に力を注いでいました。しかし，中国でこの地域の権益を日本から取り戻《もど》そうとする動きが強まったため，日本軍は軍事行動を起こし，この地域の主要部を占《せん》領しました。そして，（　D　）の最後の皇帝を元首とする（　F　）国の建国を宣言し，実質的に支配しました。しかし，このことが（　ケ　）で認められなかったため，日本は（　ケ　）を脱《だっ》退しました。

問1　（A）～（F）に当てはまる国名を答えなさい。中国の場合は，その時代の国名を**漢字**で答え

ること。

問2　(ア) ～ (ケ) に当てはまるものを選びなさい。

1　勘合　2　遣唐使　3　国際連盟　4　三国干渉　5　朱印状

6　朱印船　7　渡《と》来人　8　南蛮　9　バテレン追放令

問3　下線部①について，この時代に作られたものを選びなさい。

1

2

3

4

問4　Vの内容に続く，鎖国に至る流れを古い順に並べたときに，**2番目**と**4番目**のものを選びなさい。

1　家康が全国に禁教令を出す　2　オランダ人を出島に移す

3　島原・天草一揆が起こる　4　スペイン船の来航を禁止する

5　ポルトガル船の来航を禁止する

【2】 次の文章を読み，各問に答えなさい。

日本は地震《しん》のとても多い国です。全世界のマグニチュード6以上の地震のうち，2割弱が日本付近で発生しています。そのため，日本は地震大国ともいわれています。

今から100年ほど前の1923年，関東大震災が発生しました。このときの地震は，マグニチュード7.9とされています。土曜日の午前11時58分に発生したため，家屋が密集した下町では特に被《ひ》害が拡大しました。そこで①当時の東京市は，対策として大小多くの公園を作りました。

遠く離《はな》れた場所で発生した地震の被害を受けることもあります。1960年には，南アメリカの(　あ　) で発生したマグニチュード9.5 (観測史上最大) の大地震が津《つ》波を起こし，それが日本の太平洋側の地域にまで大きな被害をもたらしたこともありました。

首都圏《けん》への一極集中が進む中，再び巨《きょ》大災害へのリスクが懸《け》念されています。2023年，②明治維新以来初めて省庁の地方移転が行われましたが，これにはそのリスクを軽減する働きも期待されています。

問1　「防災の日」はいつですか。

1　1月17日　2　3月11日　3　4月14日　4　9月1日

問2　(あ) に入る国名を答えなさい。

問3　下線部①について，当時の東京市がこのような対策をとったのはなぜですか。20字以上50字以内で説明しなさい。

問4　下線部②について，移転した省庁を1～4の中から，移転先を5～8の中からそれぞれ選びなさい。

1　スポーツ庁　2　デジタル庁　3　復興庁　4　文化庁

5　京都府　6　大阪府　7　広島県　8　福岡県

【３】 次の文章を読み，各問に答えなさい。

日本を含《ふく》む世界中の国々には，それぞれ自分の国のお金があります。そのお金は，原則として自分の国の国内でしか使えないため，海外旅行をしようとしたり，外国の品物を買おうとしたりする場合には，自分の国のお金と，相手国のお金を売り買いして交換《かん》する必要があります。こうして，各国のお金を様々な目的のために売買しているのが，外国為替《かわせ》市場です。以下，日本の円とアメリカのドルの場合で説明します。

円とドルの交換比率は，様々な原因によって変動します。その変動を引き起こす一例として，銀行にお金を預ける時につく金利＝預金金利をもとに考えてみます。

銀行にお金を預ける個人や企《き》業にしてみれば，預金金利が高い方が望ましいことは言うまでもありません。そこで，日本の銀行の預金金利がアメリカの銀行のそれよりも大幅《はば》に低い場合，どのようなことが起《お》こるでしょうか。

この場合，（　ア　）の銀行より（　イ　）の銀行にお金を預けた方が得ですね。そこで，多くの個人や企業が持っている（　ウ　）を（　エ　）に交換して（　イ　）の銀行にお金を預けるでしょう。つまり，（　ウ　）を売る人が増えるわけですから，外国為替市場では，（　ウ　）の価値は（　オ　）ことになる，すなわち（　カ　）となっていくわけです。

次に，具体的に数字を挙げてみましょう。例えば，ある時期に１ドル＝140円だったものが，１ドル＝150円に変動したとします。そうすると，これまで10ドルの品物を買うのに，日本円に直すと1,400円かかったものが1,500円になり，それだけ円の価値は（　a　）ことになります。すなわち（　b　）になっている，ということです。逆に，１ドル＝150円が１ドル＝140円になると，10ドルの品物を買うのに，日本円に直すと1,500円かかったものが1,400円になり，それだけ円の価値は（　c　）ことになります。すなわち（　d　）になっている，ということです。①こうした変動が，日米の経済に非常に大きな影響《えいきょう》を与えるのです。

問１　（ア）～（カ）の正しい組み合わせを選び，数字で答えなさい。

1　（ア）アメリカ　（イ）日本　（ウ）円　（エ）ドル　（オ）下がる　（カ）円安

2　（ア）日本　（イ）アメリカ　（ウ）円　（エ）ドル　（オ）下がる　（カ）円安

3　（ア）日本　（イ）アメリカ　（ウ）ドル　（エ）円　（オ）上がる　（カ）円高

4　（ア）アメリカ　（イ）日本　（ウ）ドル　（エ）円　（オ）上がる　（カ）円高

問２　（a）～（d）の正しい組み合わせを選び，数字で答えなさい。

1　（a）下がった　（b）円高　（c）上がった　（d）円安

2　（a）上がった　（b）円安　（c）下がった　（d）円高

3　（a）下がった　（b）円安　（c）上がった　（d）円高

4　（a）上がった　（b）円高　（c）下がった　（d）円安

問３　下線部①について，正しいものを**すべて選び**，記号で答えなさい。

A　一般《ぱん》に円安の動きが進むと，輸出関連企業の利益が増える

B　一般に円安の動きが進むと，日本からの海外旅行にかかる費用が割安になる

C　1980年代，アメリカは対日貿易赤字を減らすため，円安が進むように国際社会に働きかけた

D　2023年からの日本の物価上昇《しょう》は円安による輸入品の価格上昇が原因のひとつに挙げられる

【４】 A先生とBさんの会話を読んで各問に答えなさい。

A：「今日は東北地方について学習しましょう。それではBさん，調べたことを発表してください。」

B：「はい。東北地方は，中心を南北に（　あ　）山脈が走り，その東西に北上高地と（　い　）山地がそれぞれ伸《の》びています。（　あ　）山脈から流れ出した①河川は，途中に盆地や平野を形成しながら太平洋または日本海に注ぎます。北海道との間の津軽海峡に面したところには，②津軽半島と下北半島，太平洋側には（　う　）半島が突《つ》き出しています。海岸線は，日本海側は比較《かく》的単調で直線的であり，（　え　）半島が突き出しています。一方で太平洋側はそれとは様子が違《ちが》います。」

A：「確かにそうですね。東北地方の太平洋側に長さ約600㎞にわたって続く海岸を三陸海岸といいます。「三つの陸」と書きますが，陸奥国が明治元（1868）年に５国に分割された際の「陸奥・陸中・③陸前」に由来します。」

B：「調べてみてわかったのですが，その範《はん》囲は一般的に，青森県八戸市から宮城県の（　う　）半島までとされているそうです。沿岸部一帯が「三陸復興国立公園」に指定されています。」

A：「海岸の様子は，宮古市より北側と南側で大きく異なります。北側では断崖《がい》絶壁《へき》が多くて，海岸に沿って階段状の地形が続いています。それに対して，④南側はせまい湾と入り江が入り込んだリアス海岸となっています。」

B：「その沖《おき》合は，とても良い漁場であることでも知られています。それは⑤親潮と黒潮がぶつかる（　㋐　）となっているからです。」

A：「その通り。北ヨーロッパの「ノルウェー沖」，カナダ・ニューファンドランド島沖の「グランドバンク」と並び，「三陸・金華山沖」は世界三大漁場のひとつに数えられており，世界にある漁場の中でも漁獲種が特に多く，豊かな海となっています。そのため，三陸海岸には大きな漁港があちこちに見られます。Bくん，代表的な漁港を紹介《しょうかい》してください。」

B：「例えば，（　㋑　）漁港は近海漁業だけでなく，遠洋カツオ，マグロ漁業なども盛んです。昔からサンマなどの水揚《あ》げが多く，フカヒレの原料となる（　㋒　）もよく獲《と》れます。」

A：「そうですね。話は変わりますが，この三陸海岸の沿岸のうち，慶應義塾は南三陸町に学校林を保有しています。その森は2015年に国際認証のFSC認証を受けました。これはきちんと管理された森林から作られた木材や製品に与えられる認証マークです。南三陸町は年降水量が少ない地域ですが，⑥春から夏にかけて吹《ふ》く北東の風の影響によって森の木々が丈夫に成長しています。」

B：「南三陸町の志津川湾は⑦ラムサール条約に登録されいます。特に水鳥の生息地である湿《しつ》地（海岸や干潟なども含む）の保全を目的としています。毎年，コクガンの渡来地になっていますが，これは自然が豊かな証拠《こ》ですね。」

A：「都市についてはどうでしたか？」

B：「県庁所在地について調べました。（　A　）市は江戸時代に伊達氏が治めた城下町で，現在でも東北の経済の中心です。（　B　）市は，アメリカの新聞社が選ぶ「2023年に訪れるべき世界の52カ所」において，イギリスのロンドンに次いで第２位に輝《かがや》きました。（　C　）市とその周辺では，秋になると伝統の芋煮《いもに》が行われ，河原が大勢の人でにぎわいます。」

問１　（あ）～（え）の正しい組み合わせを次のページから選び，数字で答えなさい。

1　あ　奥羽　い　出羽　う　男鹿　え　牡鹿
2　あ　出羽　い　奥羽　う　牡鹿　え　男鹿
3　あ　奥羽　い　出羽　う　牡鹿　え　男鹿
4　あ　出羽　い　奥羽　う　男鹿　え　牡鹿

問2　下線部①について，次の河川のうち，河口が日本海側にあるものを**すべて選び**，記号で答えなさい。

A　阿武隈川　B　雄物川　C　最上川　D　米代川

問3　下線部②について，大まかに図で示してそれぞれの半島名を書き込み，さらに青函トンネルの入り口のところに◎で印をつけなさい。

問4　全国の品目別農業産出額（2021年度）について，米，果樹，野菜，畜《ちく》産の円グラフのうち，果樹は1～4のどれですか。

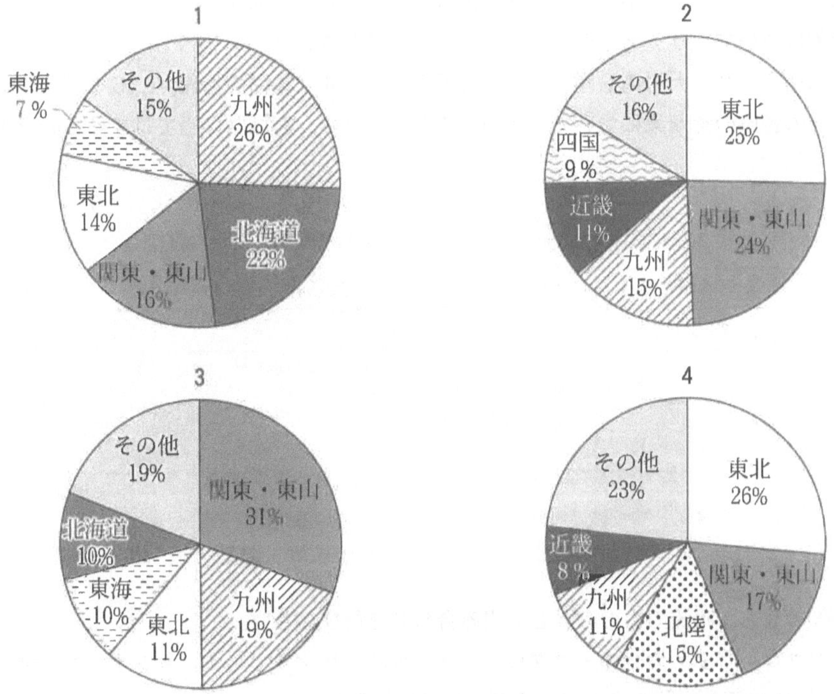

※東山地方は長野県・山梨県

（東北農政局「東北の農業の特徴」より作成）

問5　東北地方の各県の農業についてまとめた次のページの表のうち，青森県と福島県に当てはまるものを選びなさい。

農業産出額の品種別ランキング（2021年度）

	1		2		3		4		5		6	
1位	りんご	1,027	ブロイラー	621	米	634	米	876	米	701	米	574
2位	米	389	米	460	肉用牛	264	豚	166	おうとう	319	もも	146
3位	ブロイラー	227	豚	318	鶏卵	157	鶏卵	92	ぶどう	148	鶏卵	138
4位	鶏卵	223	肉用牛	280	豚	129	肉用牛	52	豚	137	肉用牛	133
5位	豚	221	生乳	234	生乳	122	りんご	38	肉用牛	133	きゅうり	98

（単位：億円）

（農林水産省「農業産出額及び生産農業取得（都道府県別）」より作成）

問6　下線部③は，おもに現在の何県にあたりますか。

1　青森県　　2　岩手県　　3　宮城県　　4　福島県

問7　下線部④について，リアス海岸ではないものを選びなさい。

1　宇和海沿岸　　2　大村湾沿岸　　3　志摩半島　　4　駿河湾沿岸　　5　若狭湾沿岸

問8　東北地方の各県の養殖業についてまとめた次の表のうち，宮城県に当てはまるものを選びなさい。

海面で養殖《しょく》された収穫量（2021年度）

	ぎんざけ	ほたてがい	かき類	ほや類	こんぶ類	わかめ類	のり類
1	—	78,552	—	144	—	37	—
2	—	—	6,208	1,464	6,937	13,442	—
3	15,806	7,335	22,335	4,355	933	19,024	13,022
4	—	—	—	—	5	203	—

（単位：トン）

※収穫量のごく少ないもの・集計値のないものは「—」で表している

（東北農政局「東北の海面養殖業の収穫量（令和３年度）」をもとに作成）

問9　下線部⑤のうち，暖流のものの正しい組み合わせを選びなさい。

1　サケ・マグロ　　2　カツオ・マグロ　　3　カニ・サンマ　　4　カツオ・サンマ

問10　(ア)～(ウ)の正しい組み合わせを選び，数字で答えなさい。

1　㋐　潮目　　㋑　石巻　　㋒　カレイ

2　㋐　潮目　　㋑　気仙沼　　㋒　サメ

3　㋐　渦《うず》潮　　㋑　石巻　　㋒　サメ

4　㋐　渦潮　　㋑　気仙沼　　㋒　カレイ

問11　下線部⑥の風を**ひらがな３字**で答えなさい。

問12　下線部⑦について，**登録されていない**のはどれですか。

1　釧路湿原（タンチョウの生息地）

2　佐渡島（トキの生息地）

3　琵琶湖（ガンカモの渡来地）

4　中海（コハクチョウの渡来地）

問13　(A)～(C)の正しい組み合わせを選び，数字で答えなさい。

1　A　仙台　　B　盛岡　　C　山形

2　A　盛岡　　B　仙台　　C　山形

3　A　仙台　　B　秋田　　C　盛岡

【5】 次の文章を読み，各問に答えなさい。

コーヒーやカカオ（チョコレートの原料），サトウキビ，（　あ　）は，おもに赤道付近の東南アジアやアフリカ，中南米の国々で育てられます。こうした地域の多くはかつて植民地であったことから，プランテーションが行われてきました。プランテーションとは単一作物の栽培を行う大規模農園のことです。

近年では，プランテーションにおいても農薬を抑《おさ》えたオーガニック栽培《さいばい》が行われている農園があったり，労働環境の改善，公正な価格での取引などを目指した様々な取り組みが行われるようになったりしてきました。

また，過度な森林伐《ばっ》採を防ぐ取り組みもみられるようになりました。例えば，東南アジアのスマトラ島やカリマンタン島では，パーム油を手に入れるためにアブラヤシのプランテーションが行われています。森林伐採が進むことで（　い　）の数が減少してしまったため，森林を保護する動きがみられます。ちなみに，（　い　）はマレー語で「森の人」という意味があります。

他にも，アフリカ南部のザンビアで育てられた（　あ　）の茎《くき》から取り出された繊維《せんい》をもとに，「（　あ　）ペーパー」が作られるようになりました。それまでは（　あ　）の実だけが取引されていましたが，廃棄《はいき》されるだけであった茎の繊維を利用するのです。このように，途《と》上国の貧困問題の解決と野生動物の保護を目的とした興味深い取り組みもみられます。

このようにして作られた商品には，①消費者も見分けやすいように認証マークが付けられています。

問1　(あ)に入るくだものを選びなさい。

1　バナナ　　2　ブドウ　　3　モモ　　4　リンゴ

問2　(い)に入る動物を答えなさい。

1　オランウータン　　2　ゴリラ　　3　チンパンジー　　4　テナガザル

問3　下線部①について，以下の問に答えなさい。

(1)　「発展途上国の人々の生活が成り立つように，「公正な価格」で取引された商品」にはどの認証マークが付いていますか。

1　　2　　3　　4

(2)　商品に認証マークが付いていると，消費者はそれがどのような商品であるのかを知ることができます。では，その商品を売る企業にとって，認証マークを付けることにはどのような意味があると考えますか。20字以上50字以内で答えなさい。

【五】 ――のカタカナを、正しい漢字に直しなさい。

ア　この作品はヒョウバンがよい

イ　彼《かれ》はシュウセイ向上心を失わなかった

ウ　レンメンと続いた伝統を守る

エ　フクジ的な問題が生じる

オ　寒さでコキザみにふるえる

カ　かるたの取りフダを並べる

キ　免許《めんきょ》をコウフする

ク　デンピョウに記入する

ケ　郊外《こうがい》にテンキョする

コ　二人の考えはキせずして一致《いっち》した

サ　フクシンの部下

シ　クラスイチガンとなって取り組む

ス　ソウバン解決するだろう

セ　親コウコウをする

ソ　畑をタガヤす

問七 ――G「四季の代表的な景物」について、次の問いに答えなさい。

(1) 「雪月花」それぞれが表している季節の組み合わせとしてもっともふさわしいものを、次の1～5から選び番号で答えなさい。

1 雪：春　月：秋　花：冬
2 雪：春　月：冬　花：秋
3 雪：秋　月：冬　花：春
4 雪：冬　月：春　花：秋
5 雪：冬　月：秋　花：春

(2) [H] にあてはまる言葉としてもっともふさわしいものを、次の1～5から選び番号で答えなさい。

1 燕《つばめ》　2 時鳥《ほととぎす》　3 啄木鳥《きつつき》　4 白鳥　5 鶯《うぐいす》

(3) 「雪月花」の本文中での説明としてもっともふさわしいものを、次の1～5から選び番号で答えなさい。

1 「琴詩酒」よりも大切にされてきた日本の伝統文化のこと。
2 日本独自の文学から生まれ発展してきた日本人の風雅《ふうが》思想のこと。
3 時の経過とともに疎遠《そえん》になってしまった友人との惜別《せきべつ》の情のこと。
4 移りゆく季節の流れに対して感じるある種の儚《はかな》さのこと。
5 自然を身近な生活の中に感じ取る日本人の美意識のこと。

【四】 次のA～Fの――部の語について、後の各問いに答えなさい。

A 木が倒《たお》れる。　B スマホがある。
C 合唱曲を歌う。　D 母に似る。
E 薬が効く。　F 部屋の明かりが消える。

問一 A～Dの――部の語に、「～ている」をつけるとどうなるか。その説明としてもっともふさわしいものを、次の1～4から一つずつ選び番号で答えなさい。

1 動作が進行中だということを表す。
2 動作や作用の結果を表す。
3 いまの状態を表すが、――部のままの形で使われることは少ない。
4 「～でいる」の形にすることができないが、「た」をつけると発見や気づきを表す。

問二 E・Fの――部の語について説明した次の文章の空欄《くうらん》にあてはまるもっともふさわしい言葉を、後の【語群】1～6から一つずつ選び番号で答えなさい。

E、Fのそれぞれの――部に「ている」をつけると、変化が起きた結果、その状態が持続していることを表す。Eの文では、話し手が今まさに変化を [ア] しているにちがいない。ただし、E、Fそれぞれの文でもその状態が永遠に続くわけではない。

それでは、「た」をつけるとどうなるだろうか。Eの文は、薬をのんだ結果、すでにその作用は [イ] していて、それ以前の状態が持続していないことを表している。Fの文では、変化が起きた [ウ] に焦点《しょうてん》があてられ、その状態が持続していることを表している。動作や作用の過程で時間の制約がありそうだ。

【語群】
1 瞬間《しゅんかん》　2 時間　3 実感
4 完了《かんりょう》　5 経験　6 錯覚《さっかく》

になって、雪、月、花に対しながら、これをともに見て楽しむ友として、切に君（殷氏）のことを思う、というのだ。

　この詩がもとで、日本では「琴詩酒」とか、ことに「雪月花」とか、言われるようになった。言わば、日本人の風雅《ふうが》思想の形成の上で、この詩句は大事な役割を果《はた》したと言える。それに、その後日本人がG四季の代表的な景物を言うとき、この三つに夏の［H］をも加えて挙げるのが常で、今も私たちは何かというと雪月花と言っている。

（『現代の随想《ずいそう》　28　山本健吉《やまもとけんきち》集』より）

（注1）「白楽天」…白居易のこと。中唐（唐代中期）の詩人。

（注2）「人口に膾炙し」…人々の口にのぼって、広く世間に知られているさま。

（注3）「殷協律ニ寄ス」…白楽天の部下であり友人の殷協律に寄せるという意。

（注4）「江南」…中国の地域の名前。

問一　――A「川端康成」の作品の冒頭部《ぼうとう》であるものを、次の1～5から一つ選び番号で答えなさい。

1　高瀬舟《たかせぶね》は京都の高瀬川を上下する小舟《こぶね》である。

2　吾輩《わがはい》は猫《ねこ》である。名前はまだない。

3　禅智内供《ぜんちないぐ》の鼻と云《い》えば、池の尾《お》で知らない者はない。

4　メロスは激怒《げきど》した。

5　国境の長いトンネルを抜《ぬ》けると雪国であった。

問二　――B「ノーベル文学賞」を受賞した日本人を、次の1～5から一つ選び番号で答えなさい。

1　夏目漱石《なつめそうせき》　2　与謝野晶子《よさのあきこ》　3　森鷗外《もりおうがい》

4　大江健三郎《おおえけんざぶろう》　5　樋口一葉《ひぐちいちよう》

問三　［C］にあてはまる言葉を、次の1～5から一つ選び番号で答えなさい。

1　新しい　2　美しい　3　正しい　4　小さな　5　おかしな

問四　――D「にべもない」の意味としてもっともふさわしいものを、次の1～5から選び番号で答えなさい。

1　愛想《あいそ》のない　2　品のない　3　忖度《そんたく》のない

4　自信のない　5　飾《かざ》り気《け》のない

問五　――E「枕草子」の冒頭部（序段）であるものを、次の1～5から一つ選び番号で答えなさい。

1　やまとうたは、人の心を種《たね》として、万《よろず》の言《こと》の葉《は》とぞなれりける。

2　いまはむかし、たけとりの翁《おきな》といふ《う》ものありけり。野山にまじりて竹をとりつつ、よろづ《ず》のことにつかひ《い》けり。

3　つれづれなるままに、日くらし、硯《すずり》にむかひ《い》て、心にうつりゆくよしなし事を、そこはかとなく書きつくれば、あやしうこそものぐるほ《お》しけれ。

4　春はあけぼの。やうやう《ようよう》しろくなりゆく山ぎは《わ》、すこしあかりて、紫だちたる雲のほそくたなびきたる。

5　祇園精舎《ぎおんしょうじゃ》の鐘《かね》の声、諸行《しょぎょう》無常の響《ひびき》あり。沙羅双樹《しゃらそうじゅ》の花の色、盛者必衰《じょうしゃひっすい》の理《ことわり》をあらは《わ》す。

問六　［F］にあてはまる表現技法を、次の1～5から一つ選び番号で答えなさい。

1　反復　2　倒置《とうち》　3　比喩《ひゆ》　4　対句《ついく》　5　体言止め

と。

問六　――5「擬人法という表現技法」とあるが、その表現技法と同じものを、次の1～5から一つ選び番号で答えなさい。

1　父の頭に霜《しも》がおりてきたなあ。
2　閉会後、門は固く口を閉ざした。
3　聞こえるよ、器楽部の演奏が。
4　国破れて山河あり。城春にして草木深し。
5　ダンス部の踊《おど》りは、まるで打ち上げ花火のようだ。

問七　――6「焼け野原」とほぼ同じ意味で使われている表現を、次の1～5から一つ選び番号で答えなさい。

1　倒壊や津波　　2　樹木伐採《ばっさい》計画　　3　大東京
4　緑の都市　　5　過去の空白地帯

問八　次のア～エについて、本文の内容に合っていれば1を、合っていなければ2を記入しなさい。

ア　新型コロナウイルスの影響で海外とのパイプが遮断《しゃだん》され、日本独白の文化が花開くようになった。
イ　関東大震災は東京に大きな被害をもたらしたが、皮肉なことに新しい風を受け入れやすくするきっかけをつくった。
ウ　震災は文学界にも新風を巻き起こし、科学技術の発展とともに新しい表現方法が生み出されることになった。
エ　筆者は過去と現在をわけてとらえ、新しい百年は震災が起こっても日本独自の文化や伝統を絶やさないようにしてほしいと願っている。

【三】　次の文章を読んで、後の各問いに答えなさい。

「雪月花《せつげっか》の時最も友を思ふ《(う)》。」

これはA川端康成氏がBノーベル文学賞を受けた時、スウェーデン学士院で行った「 C 日本の私」という講演の中に挿入《そうにゅう》した詩の一行であった。自然の景物を友とするところに成立する日本人の美意識を、いろんな和歌や詩を挙げながら説いていた中で、この詩の一節もまことに適切な引用句として挿《はさ》まれていたことを思い出す。

この詩句について、あるとき私は、川端氏に誰《だれ》の作かと尋《たず》ねたことがある。すると氏は、あの大きな眼をぎろりと光らせて、

「そんなこと、知るもんですか」

と、Dにべもない返事だった。だが私は間もなく、それが矢代幸雄《やしろゆきお》氏の名著『日本美術の特質』から孫引きされた(注1)白楽天《はくらくてん》の詩句であり、原詩が少し間違って引用してあることを知った。さらにまた、その詩が和漢朗詠《ろうえい》集に収められていて、平安時代にその詩句はきわめて(注2)人口に膾炙《かいしゃ》し、E枕草子《まくらのそうし》にはそれについての一挿話《そうわ》を書きつけていることに気づいた。

きわめて日本人的な美意識とはいえ、その原作者は中唐《ちゅうとう》の高名な詩人であった。もっとも白楽天の詩句など、とくに日本人に好かれやすい性質を持っているのかも知れない。朗詠には「交友」の章に、

琴詩酒《きんししゅ》ノ友皆我《ともみなわれ》ヲ抛《なげう》チ
雪月花ノ時最《ときもっと》モ君《きみ》ヲ憶フ《おも(う)》

という F として挙げられている。詩の題は「(注3)殷協律《いんけいりつ》ニ寄《よ》ス」。(注4)江南《こうなん》で生活していたころ、琴《こと》、詩、酒をともに楽しんでいた友だちは、すべて私を見棄《みす》てどこかへ行ってしまった。自分は今ひとり

周辺、上野、浅草一帯はすべて6焼け野原となった。夢二は震災後の焼け跡《あと》を歩いて数々のスケッチも残している。

　新しい百年を生きていく諸君よ。自分たちが学び、生活する東京を、今後どのような都市にしていきたいと考えているか。この百年で私たちの生活は確かに便利になった。今や手のひらの中で最先端の情報にふれられる。実際にふれたい、手に入れたいとあらば、クリック一つで世界中の商品を購入《こうにゅう》できる世の中である。都市の再開発は加速度を増し、かつて江戸の人々の心を癒《いや》した自然樹木や景観の名所は人の手によって少しずつ姿を消している。伝統芸能、芸術の継承《けいしょう》者は年々少なくなり、やがてまた起こるであろう震災を待たずして、歴史の空白地帯が再び生まれようとしているこの現実は、もはや人ごとではあるまい。

問一　——1「狭義《きょうぎ》」の対義語を、次の1～5から一つ選び番号で答えなさい。

1　異議　2　意義　3　語義　4　広義　5　会議

問二　[A]～[E]にあてはまるもっともふさわしい表現を、次の1～9からそれぞれ一つずつ選び番号で答えなさい。

1　科学技術　2　自然の猛威《もうい》　3　短文の効果
4　花のお江戸　5　二種類の主語　6　既成概念《きせいがいねん》
7　新しい感覚　8　姉妹《しまい》都市　9　名高い場所

問三　——2「今まで入れなかったものがすっと入ってくるようになる」とはどういうことか。もっともふさわしいものを、次の1～5から選び番号で答えなさい。

1　歴史の空白地帯となったところに外国からの文化を取り込んだこと。
2　江戸を中心に上方の芸能が大衆芸能として花開いたこと。
3　浅草周辺に西洋文化の影響を受けた若者が集まるようになったこと。
4　焼け野原となった東京を復興させて新しい街づくりを推進したこと。
5　銀座一帯に外国のものが集中し、半ば強制的に近代化を遂げてきたこと。

問四　——3「新しい風が吹いたのは、なにも空間や人間の生活に対するものだけではない」とあるが、本文の内容をふまえた上で「空間」「人間の生活」に含めないものを、次の1～5から一つ選び番号で答えなさい。

1　銀座　2　擬人法　3　モボ・モガ
4　映画スター　5　芸術の継承者

問五　——4「『満員』という群衆が私たちの周りに日常的に登場するのはこの頃が初めて」とあるが、この説明としてもっともふさわしいものを、次の1～5から選び番号で答えなさい。

1　浅草や銀座周辺は常に人でごったがえしていたということ。
2　新しい機械文明のおかげで人びとの生活が豊かになったということ。
3　科学技術の発展によって人びとの移動手段が変わったということ。
4　都市の再開発が人びとに与えた影響ははかり知れないということ。
5　蒸気機関車は一般の人びとには縁のない乗り物だったということ。

る庶民のためのもので、浅草一帯を中心に生き生きと繁栄《はんえい》を遂《と》げてきた。ところが、大衆のつくり上げてきた歴史が、文化が、そして生活が、一瞬《いっしゅん》にして崩壊《ほうかい》する日がやってくる。そう、関東大震災《しんさい》である。

かつての江戸は明治になって東京へと改称《かいしょう》。そして一九二三（大正十二）年九月一日、午前十一時五十八分。マグニチュード七・九の巨大《きょだい》地震が東京や神奈川を中心に襲《おそ》いかかり、大都市に大きな被害《ひがい》をもたらした。江戸以来の伝統に馴染んできた人々の暮らしが、街並みが、一気に消え失《う》せた。しかし、過去の積み重ねが消えたことで、2今まで入れなかったものがすっと入ってくるようになる。

繁華街《はんかがい》は浅草から銀座に移行し「モガ」「モボ」という言葉も生まれた。これはモダンガール、モダンボーイの略で、西洋文化の影響《えいきょう》を受けた若い男女が、最先端《せんたん》のファッションに身を包み銀座を闊歩《かっぽ》する映像や写真が象徴的《しょうちょうてき》であろう。和装（着物）は洋装へ。足袋《たび》は靴下《くつした》、ストッキングに。草履《ぞうり》は靴に。化粧《けしょう》の仕方も外国の映画スターを真似《まね》たようなスタイルに大きく変化する。大震災によって、外国のものが入りやすくなってきたのである。人間の服装を一つ変えるにしても大変な社会変動であるが、このように、過去とのつながりを C によって強制的に絶たれたことで、過去の空白地帯が東京に生まれ、その溝《みぞ》をうめたのが新しい西洋からの文化だったのである。

3新しい風が吹《ふ》いたのは、なにも空間や人間の生活に対するものだけではない。言葉もまた、時代によってとぎすまされ、 D を生むことになる。大震災の翌年、大正十三年十月、「文芸時代」という雑誌が創刊された。すでに新人作家として認められていた横光利一《よこみつりいち》、川端康成《かわばたやすなり》といった面々が参加した。世の中が新しい状況《じょうきょう》の中で発行された雑誌は、人々の期待で注目されることになる。中でも横光利一の短編「頭ならびに腹」は、たちまち話題になった。

「真昼である。特別急行列車は満員のまま全速力でかけていた。沿線の小駅は石のように黙殺《もくさつ》された。」

この文章のどこが新しいのだろう。それは簡潔に示される E ではないか。まず、「特別急行列車」という、東海道線の蒸気機関車を主語にしている。当時、もっとも進んだ科学技術であり、重工業の代表とでもいうべき機械が「全速力でかけていた」と、擬人化《ぎじんか》的表現を用いて重工業の先端をゆくものを人間のようにとらえている。また、「黙殺」される「沿線の小駅」は、より擬人化が強調されているようにも読める。今でこそ、小学生でさえ、「満員」電車やバスに揺《ゆ》られて通学している児童がいるが、そもそも4「満員」という群衆が私たちの周りに日常的に登場するのはこの頃《ころ》が初めてであり、多くの人間が固まって行動するようになるのは、科学技術の発展が契機《けいき》になったことはいうまでもない。

こうして、文学の世界にも群衆や新しい機械文明が取り入れられ、5擬人法という表現技法が D を生んだ。こうした文学の一派を新感覚派と呼ぶ。関東大震災によって、文学作品にも新しい流れの一つの節目が起こったのである。

かつて江戸の繁華街であった場所はすべて消えた。画家の竹久夢二《たけひさゆめじ》は震災直後の灰色の東京を見下ろして「新しく造られる大東京は、緑の都市でなくてはならない」とつぶやいたといわれている。

関東大震災では、震源地の近くでは激震による建物の倒壊《とうかい》や津波《つなみ》による流失があったと言われているが、実際のところ、東京や横浜では火災による消失が甚大《じんだい》であった。江戸の芸能、文化の中心地であった隅《すみ》田《だ》川

問四　――D「吐き捨てるようにひとりごちて」とあるが、そうなる理由としてもっともふさわしいものを、次の1～5から選び番号で答えなさい。

1　早くグラウンドに行って、後輩たちとサッカー部の練習に参加したかったから。

2　男子の歌声がうまくそろわないのは自分のせいなのに、どうすることもできないから。

3　裕子に頼りにされたにもかかわらず、良い対策が浮かばない自分に腹を立てたから。

4　校内音楽会には生身の人間だけでボカロは参加できない決まりに腹を立てたから。

5　裕子が自分のことを勝手にパートリーダーにしてしまって、憎《にく》たらしいから。

問五　――E「この雰囲気が気持ちいい」とあるが、この気持ちと同じような健太の心情が描かれている一文を本文中から探し、はじめと終わりの三字を答えなさい。ただし、句読点や符号《ふごう》も一字と数える。

問六　――F「いや、待てよ」とあるが、健太はこの時どうすることを思いついたか。本文中の言葉を用いて「～こと。」に続くように、二十字以上二十五字以内で答えなさい。ただし、句読点や符号も一字と数える。

問七　――G「どうでもよく感じられる」とあるが、こうした気持ちになる理由としてもっともふさわしいものを、次の1～5から選び番号で答えなさい。

1　教科の成績よりも、裕子を見返してやりたいと考える気持ちの方が大きかったから。

2　チャットGPTは情報が不正確なこともあり、その場しのぎのアイテムだから。

3　突然翌日の早朝に集めたにもかかわらず、男子がひとり残らず教室に来てくれたから。

4　自分が考えて行ったことで成果を得られたという充実感が、より大きいものだったから。

5　社会科は、テストの成績も良く、レポートなどの提出物で点数を稼《かせ》ぐ必要がないから。

【二】　次の文章を読んで、後の各問いに答えなさい。（問題作成の都合上、表記を一部改めた部分がある）

慶應義塾中等部は、港区三田《みなとくみた》にある。学校周辺の観光名所といえば、東京タワー、六本木ヒルズ、東京ミッドタウンなど、映画やテレビドラマのロケ地でもお馴染《なじ》みの場所が浮《う》かぶに違《ちが》いない。「名所」とは、古くは和歌を読むときに用いる歌枕《うたまくら》の場所を指していたが、1狭義《きょうぎ》の意味を離《はな》れて、近世には人々が見物しに訪《おとず》れる［A］を指すようになる。諸君にとって思い出のある場所はどこだろうか。

新型コロナウイルス感染症《かんせんしょう》による世界的な混乱も明け、「日常」を取り戻《もど》しつつあるここ東京は、かつて江戸《えど》と称《しょう》された。徳川家康が一五九〇（天正十八）年に江戸《えど》に入り城を築いて以来、幕藩《ばくはん》体制の中心地として急速に発展してきた場所だ。百年後の元禄《げんろく》年間には、「［B］」と称され、江戸や上方（大阪や京都）を中心に文学や文化、歌舞伎《かぶき》などの演劇が大衆芸能として花開いていく。江戸の文化・芸能は、庶民《しょみん》の庶民によ

うと、俺は『(注5)WE《ウィー》 ARE《アー》 THE《ザ》 WORLD《ワールド》』のドキュメンタリー形式のメイキングビデオを見せた。いやー何回見ても(注6)レイ・チャールズは渋《しぶ》い。クラスの何人かには凄《すさ》まじく、他のヤツらにもほどほどに。みんなで心を一つにして合唱を作り上げることの大切さが伝わったようだ。

さあ、やる気は起こせた。あとは音取りの練習あるのみ。ピアノなんか使えなくても、伴奏《ばんそう》の音源さえあれば練習はいくらでもできる。男子の半分以上はやる気満々だ。残りの半分も雰囲気に引っ張られて何とかやれている状態。それでいい。罰ゲームではないんだ。俺自身、なんかすごく充実《じゅうじつ》していて楽しい。チャ爺さん丸写しの社会のレポートなんかGどうでもよく感じられる。

さぁ、いよいよ女子と音を合わせて練習する日がやってきた。俺は自信満々だ。他の男子たちも見てろよという顔をしている。いいぞ。試合に臨《のぞ》むサッカー部と同じ雰囲気だ。

この曲を作曲した人が、ピアノ伴奏の子にもスポットを当てさせたいという意図が丸見えのキラキラしたピアノの前奏が始まった。俺たちの頭の中にはもう歌いだしの、早朝の白い靄《もや》がかかった山々の新緑に朝日が当たって輝《かがや》いているという、はっきりとしたイメージが浮かんでいる。あとは『今、別れの時——』のところで俺たちの爆音《ばくおん》を待つのみだ。

これを喰らってみろ、ヒロ！

(注1)「ボカロ」…ボーカロイドの略。パソコンなどに入力されたメロディーと歌詞をもとに、曲に合わせた歌声を合成するアプリのこと。また、その曲を歌うアニメーションやCGによるキャラクターのこと。

(注2)「三苦選手」…三苦薫。世界で活躍《かつやく》するプロサッカー選手。そのドリブル突破《とっぱ》力、アシスト力とゴール力には定評がある。

(注3)「岡部将和」…ドリブルデザイナー。世界の一流選手も相談に来るほどのテクニックを持っている。

(注4)「メッシ」…アルゼンチン出身の世界で活躍するプロサッカー選手。

(注5)「WE ARE THE WORLD」…一九八五年にアフリカの飢《き》饉《きん》と貧困《ひんこん》を救うために作られたチャリティーソング。当時世界中の著名なアーティスト四十五名が参加。

(注6)「レイ・チャールズ」…アメリカの著名なブルースの第一人者。

問一 ——A「そもそも」とあるが、これを言い換《か》えた言葉としてもっともふさわしいものを、次の1～5から選び番号で答えなさい。

1 いわんや　2 いわゆる　3 ついつい
4 だいたい　5 しばしば

問二 ——B「ぬかして」と同じ使い方をしている表現としてもっともふさわしいものを、次の1～5から選び番号で答えなさい。

1 一字ぬかしてタイプしてしまった。
2 一匹《ぴき》をぬかしてみんなメスだった。
3 最後の一人をぬかしてリレーは優勝だ。
4 びっくりして腰《こし》をぬかしてしまった。
5 何をぬかしておるのやらわからない。

問三 [C] に入る言葉としてもっともふさわしいものを、次の1～5から選び番号で答えなさい。

1 にわかに　2 さすがに　3 まさしく
4 閑話休題《かんわきゅうだい》　5 さてしも

わ。とりあえず、ドリブルデザイナー（注3）岡部将和《おかべまさかず》さんのＤＶＤがあるから今度貸してやるよ。まずは基本テクニックから地道に練習するんだな」

「さすが、健太先輩っす。あざーす」雄太は元気に走ってピッチに戻《もど》っていった。

　後輩から受けた相談には必ず何らかのリアクションを返してやることにしている。何のことはない。ＤＶＤを貸してやるって言っただけだ。でも、自分で言うのもなんだが、後輩からは結構頼りにされているとも思う。もしかしたら、Ｅこの雰囲気《ふんいき》が気持ちいいから、引退してからも毎日グラウンドへ足を運んでいるのかもしれない。

　それに比べて明日の放課後は少し憂鬱《ゆううつ》だ。うちのクラスにピアノ室が割り当てられている音楽会の練習の日だからだ。ふとさっきのヒロの言葉を思い出して気が重くなる。

「ちょっとー、ケンちゃん、男子ぜんぜん声出てないじゃない。なんとかしてよ」口を尖《とが》らせたヒロの顔が迫《せま》ってくる。

「うるさいな。何とかしてって言われたって、俺だってみんなに声出すように言っているよ。そうかといって怒鳴《どな》ったり脅《おど》したりして声が出るようなもんでもないだろ。いったいどうすりゃいいってんだよ」

「ケンちゃん、いつもサッカーグラウンドで後輩に上手にアドバイスしているじゃない。同じようにできないの」ヒロの顔がだんだん紅潮してくる。

「無茶《むちゃ》言うなよ。いきなりサッカーのド素人を三苫や（注4）メッシにできるわけないじゃん。それと同じことだよ。チャ爺さん使ってちゃっちゃとレポート書くのとはわけが違うんだぜ」

　Ｆいや、待てよ。サッカーグラウンドで後輩にアドバイスだ？　そうだ。それだ！

「よーし。今日の男子の練習はおしまい。その代わり、明日は学校に朝一時間早く来ること。わかったら、解散」突然《とつぜん》俺は男子に解散令を出した。

　はじめはきょとんとした表情で一瞬《いっしゅん》静止状態になった男子達《たち》だが、一人が帰り始めるとそのあとに続いてぞろぞろとピアノ室を出て行った。鳩《はと》が豆鉄砲《まめでっぽう》喰らったような表情から、今や赤鬼《あかおに》と化したヒロが怒鳴った。

「ちょっと、ケンちゃん。何やってるのよ」

「いいから任せておけって」

　そう、人間、やる気さえあれば自分からどんどんうまくなろうとするはずなんだ。サッカー部の後輩たちが、俺のつたないアドバイスでもスポンジが水を吸うが如《ごと》く、吸収していくみたいに。

　翌早朝。教室には眠《ねむ》そうな顔したヤツも結構いたが、曲がりなりにも全員がそろった。

「いいか、今からＤＶＤを見るから寝《ね》るんじゃないぞ。寝たいヤツは今すぐ帰ってくれ」そう、俺はみんなをやる気にさせるのは結構得意なのだ。

「この中でアメリカのロックとか好きなヤツいるか。今から見るのはな、ちょうど四十年くらい前にアフリカの飢餓《きが》に苦しむ子どもたちを救おうと、当時の大、大、大スターたちが集まって曲を完成させた凄《すご》いビデオだ。マイケル・ジャクソンの名前くらいは知っているだろう」とい

【国　語】（四五分）〈満点：一〇〇点〉

【一】　次の文章を読んで、後の各問いに答えなさい。

「ねぇ、ねぇ、ケンちゃん。社会のレポートの宿題、終わった」

「ぜんぜん」

「えー、だって明日提出じゃなかったっけ」

「そういうヒロはどうなんだよ」

「わたしは昨日終わらせたわよ。夜中までかかっちゃったんだから。ケンちゃん、どうするつもり」

「なあに、チャ爺《じい》さんにお願いすれば、ものの三秒さ」

「またチャットGPTに頼《たよ》るつもり。先生が使っちゃダメだって言ってたじゃない」

「絶対バレないって」

　俺《おれ》と裕子《ひろこ》はご近所さんで、昭和風な言い方でいえば幼馴染《おさななじみ》ってやつだ。今でも一日の生活のすべてがサッカー部関係のことでまわっている俺と違《ちが》って、裕子は陸上部には所属していたものの引退するまではきっちりと部活と学習を両立して堅実《けんじつ》な生き方をしていた。性格もまったく違う二人だが、幼いころから一緒《いっしょ》によく遊んでいるせいか、異性ということを必要以上に意識してしまうこの年頃《としごろ》でも、なぜか気軽に話ができる存在だ。何事に対しても堅《かた》すぎるのが玉にキズだが。

「ぜんぜん話変わるけどさ。男子パートの音取り何とかしてよね。ケンちゃんパートリーダーでしょ」

「なんだよ、いきなり。女子だって、まだ歌えてないヤツたくさんいるじゃん」

「『今、別れの時――』から先が一番いいところなのに、男子がケンちゃん以外はボロボロじゃない。今年は中学校生活最後の年だから、絶対に校内音楽会で最優秀《ゆうしゅう》賞を獲《と》るんだから。頼《たよ》りにしてるんだからね、頼んだわよ。じゃーね」と言い残して裕子は教室の方に走っていってしまった。

　ヒロのヤツ、何が頼りにしているだよ。勝手に言いたいことばかりいいやがって。Aそもそも、もとはといえば俺はパートリーダーなんて柄《がら》じゃないし、全くやりたくなかったのに。あいつが勝手に指揮者に立候補して、その挙句、指揮者にパートリーダーの指名権があるなんて勝手なことをBぬかして。おかげでこの有り様だ。

　確かに、男子の歌声はヒロのいう通りひどいものだ。でも、それは自分のせいじゃない。これがサッカーだったらチームを盛り上げていく手だてが思い浮《う》かぶんだが、合唱となると、どこから手をつけてよいのか皆目《かいもく》見当もつかない。いつもレポートでお世話になっている、万能《ばんのう》の神、チャ爺さんも［C］ここでは役に立たない。

「ちぇっ。俺以外男子は全員（注1）ボカロじゃだめか」D吐《は》き捨てるようにひとりごちて、グラウンドへ向かった。

「健太先輩《せんぱい》、ちょっと相談があって」

　グラウンドに着くやいなや、後輩《こうはい》の雄太《ゆうた》が走り寄ってきた。俺自身は世代交代でこの夏、もう引退した身である。でも毎日練習に出て、後輩の面倒《めんどう》を見ている。言わば、サッカーバカだ。

「ドリブルしている途中《とちゅう》、相手にボールを奪《うば》われてしまうことが多いんで、日本代表の（注2）三苫《みとま》選手みたいに抜《ぬ》ける方法ってあるんですかね」

「おまえ、バッカじゃねーか。そんな簡単に三苫になれたら苦労しない

MEMO

大切なことはメモしておこうネ！

2024年度

解　答　と　解　説

《2024年度の配点は解答欄に掲載してあります。》

＜算数解答＞《学校からの正答の発表はありません。》

【1】 (1) ア 1　イ 45　ウ 56　(2) ア 3　イ 7　(3) 635　(4) 18
(5) ア 1　イ 125

【2】 (1) 90　(2) 28　(3) 395　(4) ア 97　イ 8　(5) 80

【3】 (1) 75　(2) ア 44　イ 4　ウ 7　(3) ア 9　イ 42
(4) ア 643　イ 7

【4】 (1) 47　(2) ア 8　イ 5　ウ 64

【5】 (1) 190　(2) ア 5　イ 40　(3) ア 22　イ 2　ウ 21

【6】 (1) 7　(2) 70

○推定配点○

【1】 各4点×5　他 各5点×16　計100点

＜算数解説＞

【1】 (四則計算，数の性質，場合の数，相似，割合と比，単位の換算)

(1) $3\frac{17}{24}-\frac{128}{63}\div\left(\frac{14}{9}\times\frac{12}{25}\times\frac{10}{7}\right)=3\frac{17}{24}-\frac{128}{63}\times\frac{15}{16}=3\frac{17}{24}-1\frac{19}{21}=1\frac{45}{56}$

(2) $\frac{\boxed{ア}}{\boxed{イ}}=2.88\times10\div(1.2\times56)=288\div(12\times56)=\frac{3}{7}$

重要 (3) 6，14の最小公倍数…42
したがって，求める数は42×15＋5＝635

重要 (4) 3ケタの奇数…2×3×3＝18(通り)

重要 (5) 18×25000×25000÷(100×100)×(1000×1000)＝18×25×25÷(100×100)＝11250÷(100×100)＝1.125(km^2)

重要 【2】 (割合と比，濃度，仕事算，平面図形，立体図形，速さの三公式と比，通過算，旅人算，単位の換算)

(1) 150×(5－2)÷(10－5)＝90(g)

(2) 全体の仕事量…9，18，45の最小公倍数90
A1日の仕事量…90÷45＝2
B1日の仕事量…90÷18－2＝3
C1日の仕事量…90÷9－(2＋3)＝5
Aだけで行う日数…{90－(5×9＋3×7)}÷2＝12(日)
したがって，求める日数は9＋7＋12＝28(日目)

(3) 5×5×2×7.9＝395(g)

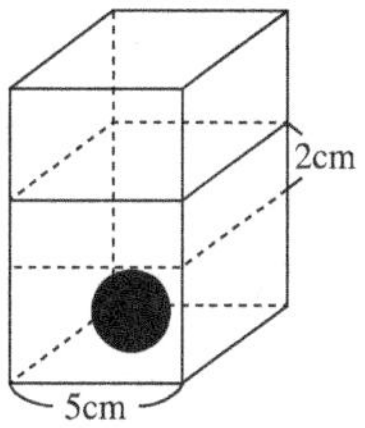

(4) 列車Aの秒速…75000÷3600＝$\frac{125}{6}$(m)

列車Bの秒速…$(320+400)\div 15-\frac{125}{6}=\frac{163}{6}$(m)

したがって，列車Bの時速は$\frac{163}{6}\times 3600\div 1000=97.8$(km)

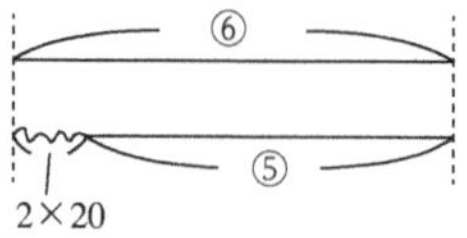

(5) 父・子の歩幅の比…3：2

父・子の歩数の比…4：5

父・子の速さの比…(3×4)：(2×5)＝6：5

したがって，父の歩数は2×20×(6－5)×6÷3＝80(歩)

【3】 (平面図形，相似，立体図形，図形や点の移動，割合と比)

重要 (1) 図1

60＋60－45＝75(度)

[図1]

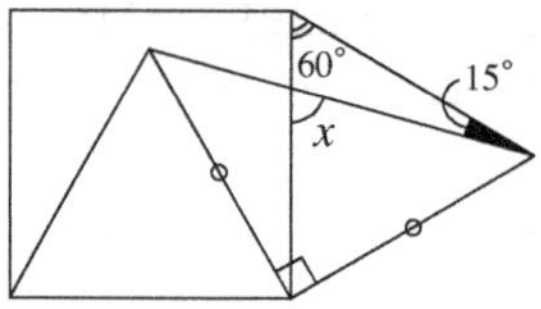

(2) 図2

三角形AFDとCFEの面積比…3：1

三角形AEFとDFCの面積…③

三角形ABEの面積…(③＋①)×2＝⑧

26cm²…⑧＋③×2＝⑭

したがって，平行四辺形の面積は

$26\div 14\times(8+4)\times 2=\frac{312}{7}=44\frac{4}{7}$(cm²)

[図2]

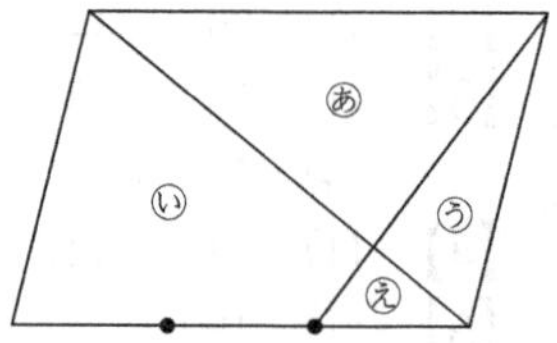

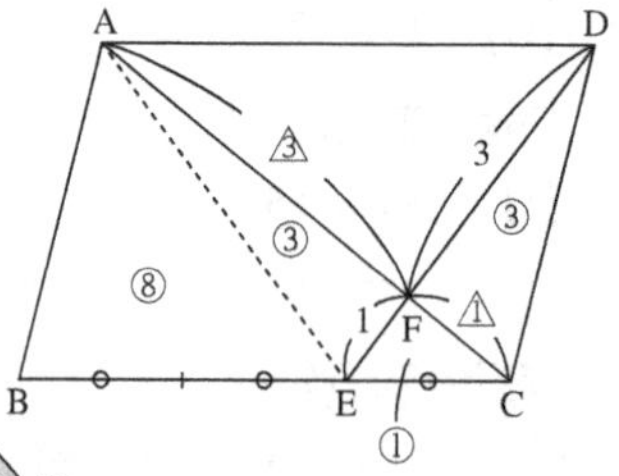

やや難 (3) 図3

CA…6×2＝12(cm)

CB…6cm

等しい面積…ア＝イ＋ウ，ア＋エ＝イ＋ウ＋エ

ウ＋エ＝ア＋エ－イ＝イ

したがって，ウ＋エの面積は6×6×3.14÷12

＝3×3.14＝9.42(cm²)

[図3]

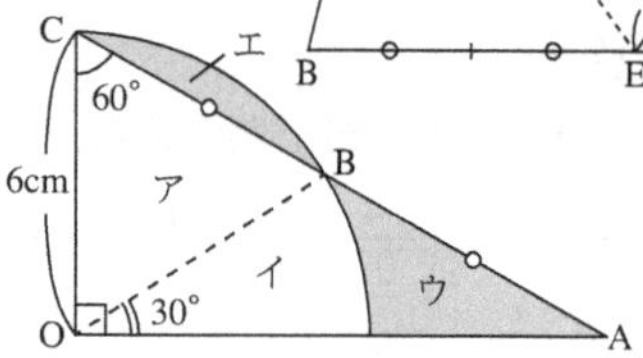

【別解】 右図を利用する →

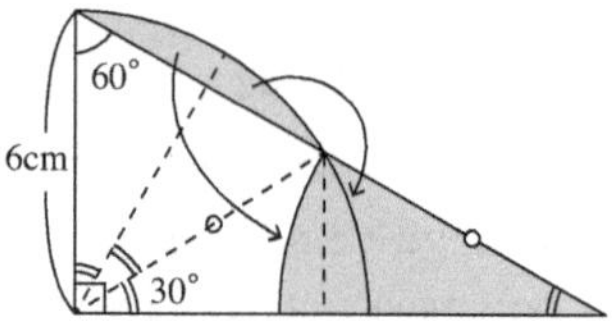

重要 (4) 右図

円M＋Qの面積…(8×8＋3×3)×3.14

＝73×3.14(cm²)

全体の円錐の側面積…(12＋7.2)×8×3.14

＝153.6×3.14(cm²)

小さい円錐と全体の円錐の面積比…(3×3)：(8×8)

＝9：64

円錐台の側面積…153.6×3.14÷64×(64－9)

＝132×3.14(cm²)

したがって，表面積は(73＋132)×3.14

＝205×3.14＝643.7(cm²)

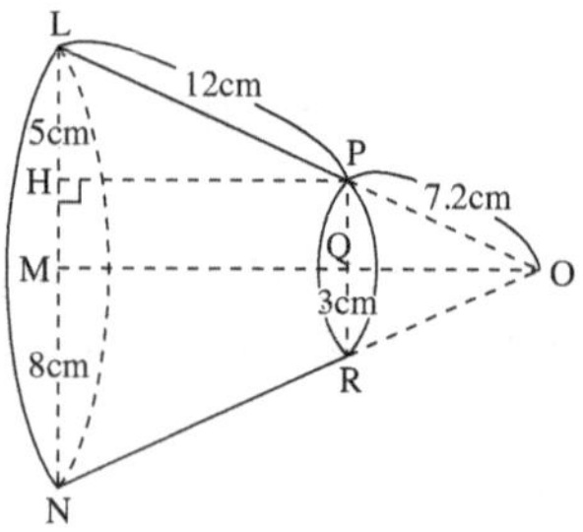

重要 【4】 (数の性質，規則性)

(1) 分母が32までの分数の個数…1＋2＋4＋8＋16＝31(個)

1～31までの奇数の個数…32÷2＝16(個)

したがって，$\frac{31}{64}$は31＋16＝47(番目)

$\frac{1}{2}$，$\frac{1}{4}$，$\frac{3}{4}$，$\frac{1}{8}$，$\frac{3}{8}$，$\frac{5}{8}$，$\frac{7}{8}$，$\frac{1}{16}$，…

(2)　50番目の分数…$\frac{37}{64}$

60番目の分子…37＋2×10＝57

したがって，求める分数の和は(37＋57)×(60－49)÷2÷64

$=47\times11\div64=\frac{517}{64}=8\frac{5}{64}$

【5】 (平面図形，立体図形，割合と比，グラフ，単位の換算)

A・Bの貯水量…それぞれ200Lになると排水しながら

6時間同量ずつ給水

重要　(1)　Aの1時間の排水量…グラフより，(320－200)÷3

＝40(L)

したがって，1時間の給水量は40＋(1100－200)÷6

＝40＋150＝190(L)

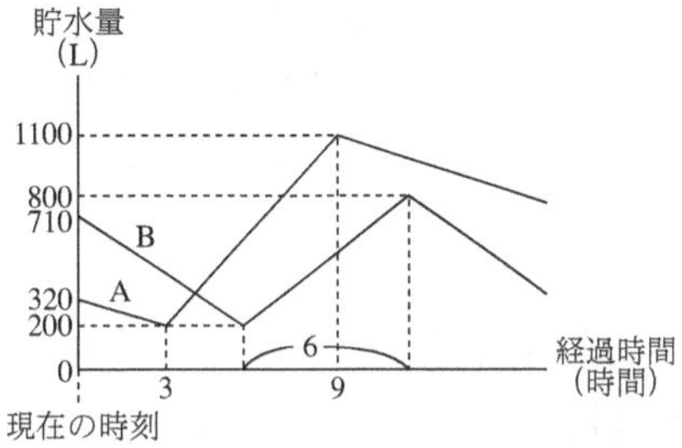

(2)　Bの1時間に増える水量…(800－200)÷6＝100(L)

Bの1時間の排水量…(1)より，190－100＝90(L)

したがって，求める時刻は(710－200)÷90

$=5\frac{2}{3}$(時間後)　　すなわち5時間40分後

やや難　(3)　Bの2回目に給水が始まる時刻

$\cdots11\frac{2}{3}+(800-200)\div90$

$=18\frac{1}{3}$(時間後)

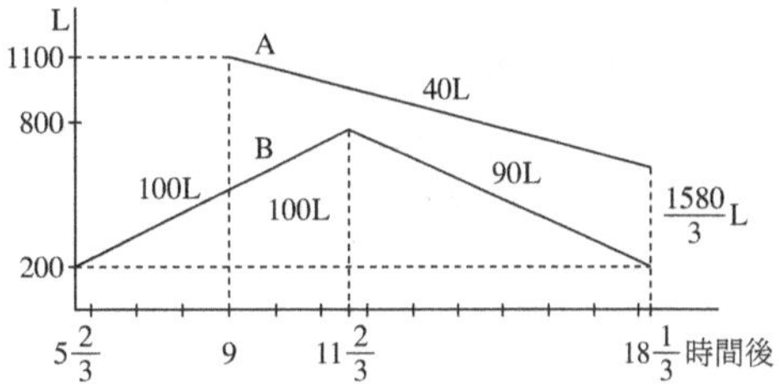

$18\frac{1}{3}$時間後の貯水量の差

$\cdots1100-200-40\times\left(18\frac{1}{3}-9\right)$

$=\frac{1580}{3}$(L)

したがって，求める時刻は$18\frac{1}{3}+\frac{1580}{3}\div(40+100)$

$=18\frac{1}{3}+3\frac{16}{21}=22\frac{2}{21}$(時間後)

【6】 (場合の数，平面図形)

平面上で回転して同じ図形になるもの…1通り

重要　(1)　下図の7通り

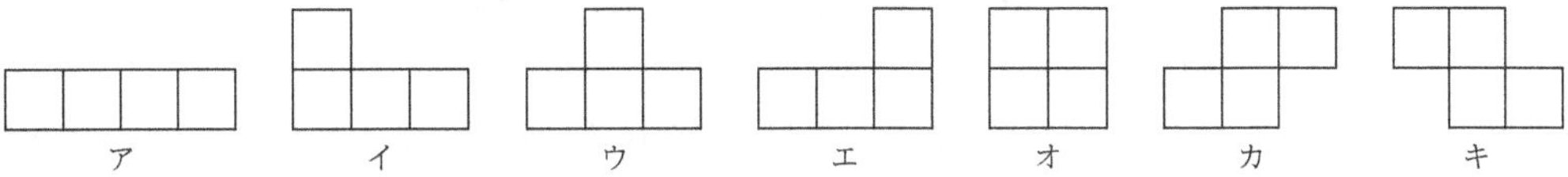

やや難　(2)　アの場合→8通り

白3個…2通り　白2個…4通り　白1個…2通り

イ・エの場合→(6＋4×2)×2＝28(通り)

白3個…4通り　白2個…6通り　白1個…4通り

ウの場合→12通り

白3個…4通り　白2個…4通り　白1個…4通り

オの場合→4通り

白3個…1通り　白2個…2通り　白1個…1通り

カ・キの場合→(2×2+5)×2＝18(通り)

白3個…2通り　白2個…5通り　白1個…2通り

したがって，全部で8＋28＋12＋4＋18＝70(通り)

★ワンポイントアドバイス★

やや難しい問題は【3】(3)「色がついた部分の面積の和」，【5】(3)「2回目に貯水量が等しくなる時刻」，【6】(2)「白・黒のタイルを使う場合の数」である。自分にとって解きやすい問題を優先して解くことが，ポイントである。

＜理科解答＞ 《学校からの正答の発表はありません。》

【1】 (1) 1　(2) A 3　B 5　C 1　E 6　I 4　(3) 3　(4) F 3　J 2　(5) G 5　H 3　K 7　(6) さそり

【2】 (1) ア 1　イ 1　ウ 2　エ 2　オ 2　(2) 073　(3) 4
(4) 薬品にとても強い

【3】 (1) 4　(2) ① 1　② 2　③ 2　④ 1　(3) 2

【4】 (1) 1・2・4　(2) 1　(3) 1　(4) 3　(5) 2　(6) 1

○推定配点○

【1】 (3)，(6) 各2点×2　他 各1点×11　【2】 (1) 各1点×5　他 各2点×3

【3】 各2点×6　【4】 各2点×6　計50点

＜理科解説＞

【1】 (星と星座―星座)

基本 (1)　はくちょう座，こと座，わし座は夏の星座で，オリオン座は代表的な冬の星座である。

重要 (2)　はくちょう座のデネブ(A)，こと座のベガ(B)，わし座のアルタイル(C)でできる三角形が夏の大三角である。オリオン座の左上の赤い星はベテルギウス(E)で，右下の青い星がリゲル(F)である。冬の大三角は，シリウスとリゲルとプロキオン(I)からできる。

(3)　さそり座の赤く輝く1等星はアンタレスである。

(4)　オリオン座の右下の青い星はリゲル(F)であり，おうし座のアルデバランの右上にある星のかたまりは，すばる(プレアデス星団)である。

(5)　シリウスはおおいぬ座の星であり，プロキオンはこいぬ座の星である。カストルとポルックスは双子座の星である。

(6)　オリオンはギリシャ神話に出てくる青年で，サソリにかかとを刺されて死んだとされる。さそり座は夏の星座で，オリオン座は冬の星座であり，両者が出会うことはない。

【2】 (物質の性質―プラスチックの特長)

基本 (1)　表からわかるように，プラスチックの比重は1前後のものが多く比較的小さい。金属の性質は，電気や熱を伝え，伸びたり，広がったりする。金属の光沢がある，といったものである。それらの性質はプラスチックにはない。

(2)　比重が1より大きいものは水に沈む。表では1，3，4，5が水に沈む。それで，(1×3×4×5)＋(1＋3＋4＋5)＝60＋13＝73になる。答えは指示通り「073」と答えること。

(3)　プラスチックの海洋汚染問題には，プラスチックが細かく分解されてマイクロプラスチックとなり，海洋生物の体内に蓄積されたりするものがある。紫外線によって細かなプラスチックに分解される。

(4)　PETは薬品に対する強さが強いので，それらの保存に適する。

【3】（電気と磁石―電磁石）

基本　(1)　コイルに電流を流すと，電流の向きに対して右ねじの進む方向が電磁石のN極側になる。図1の(ア)では，エナメル線がAから見て時計回りに巻いてあるので，右ねじの進む方向はBになりコイルのA側はS極になる。それで図中の方位磁石の向きもA側にN極が向いている。

重要　(2)　①では，電流の向きが同じで，コイルのエナメル線を巻く向きが逆なので，方位磁石の向きは変わる。②では電流の向きもコイルの向きも逆なので，方位磁石の向きは変わらない。③では，電流の向きもコイルの向きも同じなので，方位磁石の向きは変わらない。④では電流の向きが逆でコイルの向きは同じなので，方位磁石の向きは逆になる。

(3)　スイッチを切りかえると方位磁石の向きが逆になる仕組みのものは2である。1ではスイッチを切りかえても電流の向きが同じになり，方位磁石の向きは変わらない。3ではどちらにスイッチを入れてもコイルに電流が流れない。

【4】（総合問題―昆虫・動物・太陽・状態変化）

基本　(1)　さなぎの時期を経て成虫になる昆虫を完全変態という。アリ，カ，テントウムシは完全変態である。カマキリ，トンボ，バッタは不完全変態の昆虫である。

(2)　ニホンオオカミは，明治時代の末期ころ絶滅したとされている。

(3)　人の影は昼間より夕方の方が長くなる。夕方には太陽の光線が斜めからやってくるためである。

(4)　季節によって影の長さが変わるのは，季節によって太陽の高さが異なるためである。冬は太陽の高さが低いので，太陽光が斜めからやってくるため影が長くなる。

(5)　空気中に水滴が多く含まれると，太陽の光がプリズムを通ったときのように分解され虹になる。人が虹に向いているとき，太陽は観察者の背後にある。

(6)　水は凍ると体積が膨張する。そのためペットボトルはふくらむ。

★ワンポイントアドバイス★

基本問題がほとんどで，日常での出来事の理由を尋ねるような問題も出題されている。地学や生物分野での具体的な知識が求められる。

＜社会解答＞ 《学校からの正答の発表はありません。》

【1】 問1 A 明 B スペイン C オランダ D 清 E ロシア F 満州
問2 ア 7 イ 2 ウ 1 エ 8 オ 9 カ 5 キ 6 ク 4
ケ 3 問3 3 問4 (2番目) 4 (4番目) 5

【2】 問1 4 問2 チリ 問3 (例) 火災が広がるのを防ぐ防火帯になるうえ，人々の避難場所や災害に備えた物資を備蓄する場所にするため。
問4 (省庁) 4 (移転先) 5

【3】 問1 2 問2 3 問3 A，D

【4】 問1 3 問2 B，C，D 問3 解説参照 問4 2
問5 (青森県) 1 (福島県) 6 問6 3 問7 4 問8 3 問9 2
問10 2 問11 やませ 問12 2 問13 1

【5】 問1 1 問2 1 問3 (1) 2 (2) (例) 途上国の貧困問題や野生動物の保護などの社会問題の解決に前向きである企業だと消費者に広く知らせる意味。

○推定配点○
【1】 各1点×17(問4完答) 【2】 問3 4点 他 各1点×3(問4完答) 【3】 問3 2点 他 各1点×2 【4】 問2・問3 各2点×2 他 各1点×11(問5完答) 【5】 問3(2) 4点 他 各1点×3 計50点

＜社会解説＞

【1】 (日本の歴史―日本と外国との歴史上のかかわりに関する問題)

重要 問1 A 足利義満は，倭寇の取り締まりを明から求められたことをきっかけに，1404年，明との貿易を始めた。 B イエズス会の宣教師であるフランシスコ・ザビエルはスペイン人で，1549年に鹿児島へ上陸し，日本にキリスト教を伝えた。 C 徳川家康の時代以降，スペインやポルトガル以外に交流があったヨーロッパの国々は，イギリスとオランダである。このうち，オランダは3代将軍徳川家光が鎖国を完成したあとも，日本との関係を保った。 D 1894年，日本と清は朝鮮半島の権益をめぐって日清戦争を起こし，翌年1895年に下関条約が結ばれた。 E 日本が下関条約で獲得した遼東半島は，ロシア・ドイツ・フランスの圧力によって清へ返還した。
F 1931年の満州事変の後，1932年に日本は満州国の建国を宣言した。

重要 問2 ア 古墳時代から飛鳥時代にかけて，朝鮮半島から日本に渡ってきた人々を渡来人といい，大陸のすぐれた技術や文化を日本に伝えた。 イ 894年，菅原道真の提案により，遣唐使が廃止されると，日本と中国との交流が途絶えた。 ウ 日明貿易は，正式な貿易船に勘合という合い札を発行し，倭寇と区別したことから，勘合貿易ともいう。 エ 安土桃山時代，ポルトガルやスペインなどヨーロッパの国と行った貿易を南蛮貿易という。 オ 豊臣秀吉は，キリスト教の布教を危険視して，1587年にバテレン追放令を出した。しかし，貿易は続けられたので，禁教対策は不十分な結果に終わった。 カ・キ 徳川家康は，貿易を行うことを認めた船に朱印状を発行した。そのため，この東南アジア諸国との貿易を朱印船貿易という。 ク ロシアがドイツ・フランスとともに遼東半島を清に返還するよう日本に求めたことを三国干渉という。
ケ 1932年に建国された満州国は，国際連盟で認められなかったうえ，満州からの日本軍の撤退を決議された日本は，1933年に国際連盟を脱退した。

問3 飛鳥時代に作られたものは，3の法隆寺釈迦三尊像である。なお，1は鎌倉時代の東大寺金剛力士像，2は奈良時代の東大寺大仏，4は奈良時代の唐招提寺鑑真和上像である。

重要 問4　1は1613年，2は1641年，3は1637年，4は1624年，5は1639年である。よって，古い順に1→4→3→5→2となり，2番目は4，4番目は5となる。

【2】（日本の歴史―地震に関連する問題や2023年の時事問題）

問1　1923年9月1日，相模湾を震源とする関東大震災が発生し，東京とその周辺に大きな被害を出した。震災が発生した9月1日を「防災の日」とし，各地で避難訓練などが行われている。

問2　1960年，南アメリカの国であるチリの沖合で，観測史上最大規模の地震が発生し，それに伴う津波が日本を含めた環太平洋地域の多くの場所で被害をもたらした。

やや難 問3　関東大震災は昼食の準備をしている昼どきに発生したために火災が発生し，家屋が密集した下町では特に被害が拡大した。当時の東京市は，今後の対策として大小多くの公園を作り，火事の延焼を防ぐための役割を持たせたり，近隣住民の避難場所や災害物資の備蓄場所としての役割を持たせたりした。

問4　現在首都圏に集中している中央省庁を地方に分散させる計画の一環として，2023年3月に文化庁が京都府へ移転した。ちなみに，文化庁は文部科学省の外局である。

【3】（政治―円高と円安に関連する経済の問題）

問1　日本の銀行の預金金利がアメリカの銀行のそれよりも大幅に低い場合，日本の銀行よりアメリカの銀行にお金を預けたほうが得なので，手持ちの円をドルに交換してアメリカの銀行に預ける。このため，手持ちの円を売る人が増えるので，円の価値は下がり，円安となる。

問2　1ドル＝140円が1ドル＝150円に変動すると，10ドルの品物を買うのに1400円でよかったものが1500円も必要になるので，それだけ円の価値は下がったことになり，円安になったと言える。逆に1ドル＝150円が1ドル＝140円になると，10ドルの品物を買うのに1500円必要だったものが，1400円ですむので，それだけ円の価値は上がったことになり，円高になったと言える。

重要 問3　一般に円安の動きが進むと，輸出先での価格が低くなって売り上げが増えるため，輸出が有利になる一方，輸入品の国内価格が上がるため，輸入は不利になる。よって，AとDが正しい。なお，Bは円安の動きが進むと，日本からの海外旅行にかかる費用は割高になるので誤りで，Cでは，日本の輸出を不利にするためにアメリカが行ったのは，円安でなく円高が進むような働きかけであるので誤り。

【4】（日本の地理―東北地方に関連する地理総合問題）

問1　東北地方は，中心に奥羽山脈が，その東に北上高地，西に出羽山地がそれぞれ南北に伸びている。また，太平洋側の宮城県にあるのが牡鹿半島で，日本海側の秋田県にあるのが男鹿半島である。よって，3の組み合わせが正しい。

問2　Bの雄物川とDの米代川は秋田県に，Cの最上川は山形県に河口がある。なお，Aの阿武隈川は，宮城県に河口がある。

問3　青森県の北東部には下北半島が，北西部には津軽半島があり，青函トンネルは津軽半島の北端付近から海底を通る。よって右図のようになる。

問4　果樹は青森県や山形県，福島県のある東北地方と，千葉県や茨城県，長野県や山梨県を含む関東・東山地方が上位になる。よって2が正しい。なお，1は九州地方と北海道が上位なので畜産，3は関東・東山地方と九州地方が上位なので野菜，4は東北地方と関東・東山地方，北陸地方と続くので米のグラフである。

基本 問5　青森県は，りんごの生産が全国1位で産出額が最も高いので1，福島県は，ももの生産が山梨県についで全国2位なので6となる。なお，2は畜産の割合が高い岩手県，3は米の産出額が全国5

位の宮城県，4は米の産出額が全国3位，東北地方1位の秋田県，5はおうとう[さくらんぼ]の産出額が全国1位の山形県である(すべて2021年)。

問6　明治時代に旧陸奥国が5つに分割されたうち，陸前国は現在のほぼ宮城県にあたる。なお，陸奥国は現在の青森県，陸中国は現在の岩手県とほぼ同じで，他には岩代国と磐城国が現在の福島県である。

問7　リアス海岸とは，山地が海に水没することで形成された，海岸線が複雑に入り組んだ海岸のことで，青森県から宮城県にかけての三陸海岸や福井県の若狭湾，三重県の志摩半島や愛媛県の宇和海，長崎県の大村湾などが有名である。静岡県の駿河湾は特に西側がまっすぐな海岸線になっていて，リアス海岸ではない。

問8　宮城県は，かき類の養殖が広島県に次いで全国2位(2021年)なので，表の3が当てはまる。なお，ほたてがいの収穫量が多い1は青森県，こんぶ類の収穫量が多い2は岩手県，4は秋田県である。

問9　暖流の魚の代表例として，マグロやカツオ，ブリやサバなどがあるので2が正しい。なお，寒流の魚の代表例としては，サケ・マス，サンマやカニ，タラやニシンなどがある。

問10　ア　寒流の親潮と暖流の黒潮がぶつかるところを潮目[潮境]という。　イ　三陸海岸の漁港として，宮城県には石巻港や気仙沼港のどちらも存在する。　ウ　フカとはサメの別名であり，フカヒレはサメのヒレから作られる。アとウの組み合わせより，2を正答として選ぶ。

基本　問11　三陸海岸など，東北地方の太平洋側に春から夏にかけて吹く北東の風をやませという。やませは，寒流の親潮の上を通るさいに冷やされて吹くため，気温が上がらず冷害を引き起こす。

問12　ラムサール条約とは，水鳥の生息地として貴重な湿地などを保護する条約で，日本では釧路湿原や琵琶湖，中海などが登録されている。2の佐渡島(新潟県)は，トキの生息地として有名だが，ラムサール条約の登録地ではない。

問13　A　江戸時代に伊達氏が治めた城下町は仙台市である。なお，盛岡市は南部氏が治めた城下町である。　B　アメリカの新聞社が選ぶ「2023年に訪れるべき世界の52か所」の第2位に輝いたのは，盛岡市である。　C　秋に伝統の芋煮が行われるのは，山形市とその周辺の都市である。よって，1の組み合わせが正しい。

【5】 (政治―国際社会のさまざまな問題など)

問1　おもに赤道付近の東南アジアやアフリカ，中南米の国々で育てられるとあることから，熱帯性作物である1のバナナが正しい。なお，これまで廃棄されてきたバナナの茎からバナナペーパーを作る取り組みが進んでいる。

問2　東南アジアのスマトラ島やカリマンタン島に生息し，マレー語で「森の人」という意味の動物は1のオランウータンである。オランウータンは，生息地である森林が開発により減少することで個体数は減少している。

やや難　問3　(1)　発展途上国の人々の生活が成り立つように，公正な価格で取引することをフェアトレードという。マークの下部に「FAIRTRADE」と書かれてある2のマークが正しい。なお，1はレインフォレスト・アライアンスマーク，3はRSPOマーク，4は有機JASマークである。　(2)　認証マークは，本文後半にあるような，途上国の貧困問題の解決や野生動物の保護を目的とした取り組みに対して作られた商品などに付けられている。そのため，認証マークの付いた商品を売る企業が，このような社会問題に対して関心を持っていて，解決に前向きな企業であることを世間にアピールして良い印象を与えることができるという意味があると考えられる。

★ワンポイントアドバイス★
比較的やさしい問題が多いものの，問題数が多いため，25分という短時間で全て解き切るのは難易度が高く，練習が必要である。
残り時間を常に意識しながら，スピーディに解く訓練を繰り返そう。

＜国語解答＞ 《学校からの正答の発表はありません。》

【一】 問一 4　問二 5　問三 2　問四 3　問五 俺自身～しい。
問六 (例) 男子の合唱へのやる気を起こすためにDVDを見せる(こと。)　問七 4
【二】 問一 4　問二 A 9　B 4　C 2　D 7　E 5　問三 1　問四 2
問五 3　問六 2　問七 5　問八 ア 2　イ 1　ウ 1　エ 2
【三】 問一 5　問二 4　問三 2　問四 1　問五 4　問六 4　問七 (1) 5
(2) 2　(3) 5
【四】 問一 A 2　B 4　C 1　D 3　問二 ア 3　イ 4　ウ 1
【五】 ア 評判　イ 終生　ウ 連綿　エ 副次　オ 小刻(み)　カ 札
キ 交付　ク 伝票　ケ 転居　コ 期(せずして)　サ 腹心　シ 一丸
ス 早晩　セ 孝行　ソ 耕(す)

○推定配点○
【一】 問一～問三 各2点×3　問六 5点　他 各3点×3
【二】 問一・問四・問六 各2点×3　問二 各1点×5　問八 5点(完答)　他 各3点×3
【三】 各2点×9　【四】 各1点×7　【五】 各2点×15　計100点

＜国語解説＞

【一】 (小説—心情・場面・細部の読み取り，空欄補充，ことばの意味，記述力)

基本 問一 ——Aは改めて問題の起きた理由などに立ち戻るときに用いられ，4も「もとは言えば」という意味で用いる。

問二 ——Bは相手に嫌味としていう言葉で「言う」という意味なので5が適切。1は間をとばす，2は入れない，3は追い越す，4は力などを失う，という意味。

問三 Cには，認めながらもこの状況では当てはまらない，ということを表現する2が入る。1は急に，突然に，3は間違いなく，4は話を本題にもどすときに使う言葉，5はそれにしても，という意味。

重要 問四 ——D前で，裕子に男子のパートリーダーとして頼りにしていると言われたものの，「サッカーだったら……手だてが思い浮かぶんだが，合唱となると，どこから手をつけてよいのか皆目見当もつかない」と思いながら，Dのようにひとりごとを言っているので3が適切。自分に腹を立てていることを説明していない他の選択肢は不適切。

重要 問五 「そう，人間，……」で始まる段落で，——Eについて「やる気さえあれば自分からどんどんうまくなろうとするはずなんだ。サッカー部の後輩たちが，俺のつたないアドバイスでも……吸収していくみたいに」と健太は感じており，「さあ，やる気は……」で始まる段落でも，男子の合唱練習で男子たちに「やる気を起こせた」ことで「俺自身，なんかすごく充実していて楽しい。」という一文で，同様の心情が描かれている。

やや難 問六 「翌早朝。……」で始まる場面の健太の行動から，「男子のやる気を起こすためにDVDを見せること」というような内容で，——Fで思いついたことを指定字数以内で具体的に説明する。

問七 DVDを見せて男子たちに合唱の「やる気は起こせた」ことで「チャ爺さん丸写しの社会のレポート」は——Gと感じた，ということなので4が適切。「チャ爺さん」すなわちチャットGPTに頼ることより，自分で考え行動し結果につながったことの充実感の大きさを感じていることを説明していない他の選択肢は不適切。

【二】 (論説文—要旨・細部の読み取り，空欄補充，内容真偽，反対語，表現技法)

基本 問一 せまく限定するという意味の「狭義」の反対語は，広くとらえるという意味の4。1は意味が異なること。2は意味や内容，また固有にもつ価値や重要性。3は言葉の意味。5は会合して相談，議論すること。

問二 Aは近世での「名所」のことなので9が入る。Bは文化や芸能が花開いていく江戸のことなので4が入る。Cは関東大震災のことなので2が入る。「こうして……」で始まる段落で，Dを生んだ「文学の一派を新感覚派と呼ぶ」と述べているので，Dは7が入る。E直前の文章について，Eのある段落で主語である「特別急行列車」と「沿線の小駅」について述べているので，Eは5が入る。

重要 問三 ——2について直後の段落で，関東大震災によって過去とのつながりを強制的に絶たれたことで，「過去の空白地帯が東京に生まれ，その溝をうめたのが新しい西洋からの文化だったのである」と述べているので1が適切。この段落内容をふまえていない他の選択肢は不適切。

問四 ——3の説明として3から続く2段落で，横光利一の文章を例に「擬人化的表現を用いて」いることを取り上げているので2が適切。

重要 問五 ——4のある段落で，「もっとも進んだ科学技術であり，重工業の代表ともいうべき」「蒸気機関車」によって，「多くの人間が固まって行動するようになるのは，科学技術の発展が契機になったことはいうまでもない」と述べているので3が適切。「科学技術の発展」を説明していない他の選択肢は不適切。

問六 2は「門」を人間がするように「口を閉ざした」と表現しているので，擬人法を用いている。1は白髪を「霜」に直接たとえているので隠喩法。3は文節を入れかえているので倒置法。4は「国破れて山河あり」と「城春にして草木深し」が対句になっている。5は「ようだ」を用いて「踊り」を「打ち上げ花火」にたとえているので直喩法。

問七 関東大震災で火災による被害が甚大だった東京の様子である——6を，「繁華街は……」で始まる段落で「過去の空白地帯が東京に生まれ……」と述べているので5が適切。

やや難 問八 アは述べていない。イは「かつての江戸は……」から続く2段落，ウは「新しい風が……」から続く2段落でそれぞれ述べている。最後の段落で，「新しい百年」は「歴史の空白地帯が再び生まれようとしている」と述べているが，エのように「日本独自の文化や伝統を絶やさないようにしてほしい」とは述べていない。

【三】 (随筆文・詩—要旨の読み取り，空欄補充，表現技法，文学史)

重要 問一 5は川端康成の『雪国』の冒頭である。1は森鷗外の『高瀬舟』，2は夏目漱石の『吾輩は猫である』，3は芥川龍之介の『鼻』，4は太宰治の『走れメロス』の冒頭である。

問二 大江健三郎は，1994年に「詩的な想像力によって，現実と神話が密接に凝縮された想像の世界を作り出し，読者の心に揺さぶりをかけるように現代人の苦境を浮き彫りにしている」という理由でノーベル文学賞を受賞した。

基本 問三 C直後で述べているように，川端康成が行ったこの講演では「日本人の美意識を……説いていた」ので，Cには2があてはまる。

問四 ——Dは，愛想のない，冷たい，という意味。「ニベ」という魚の浮き袋はねばり気が強いことから，「膠(にかわ)」と呼ばれる接着剤の原料で，膠の強力な粘着力を人と人とのつながりに例え，他人に愛想がないことを「にべもない」と呼ぶようになったといわれている。

問五　『枕草子』の冒頭は4である。1は『古今和歌集』の序文，2は『竹取物語』，3は『徒然草』，5は『平家物語』の冒頭である。

問六　F直前の2行の詩は，「琴詩酒ノ友」と「雪月花ノ時」，「皆我ヲ抛チ」と「最モ君ヲ憶フ」がそれぞれ対応している対句になっている。1は同じ語句をくり返すこと。2は文節を入れかえること。3は他のものにたとえること。5は文の最後を体言(名詞)で終わらすこと。

やや難　問七　(1)　「雪月花」は，冬の雪，秋の月，春の花を意味する言葉。

(2)　2は夏を表し，俳句では夏の季語。他の鳥が表す季節は，1・5は春，3は秋，4は冬。

(3)　ノーベル文学賞を受賞した際の講演で，川端康成が「自然の景物を友とするところに成立する日本人の美意識を，いろんな和歌や詩を挙げながら説いていた中で」，「雪月花」もその引用句であることを述べているので5が適切。「日本人の美意識」を説明していない他の選択肢は不適切。

【四】（空欄補充，ことばの用法）

やや難　問一　Aは「倒れている」となるので2が適切。Bは「スマホがあっている」の形にできないが，「あった」の形で発見したことを表すので4が適切。Cは「歌っている」となるので1が適切。Dはいまの状態として「似ている」と使われ，「似る」のままで使われることは少ないので3が適切。

重要　問二　アは「話し手が今まさに変化を」感じている，ということなので3があてはまる。イは「効いた」にすると，Eは薬をのんだ結果，その作用が完全に終えている，ということなので4があてはまる。ウはFの「部屋の明かりが消える」という変化が起きたその時という意味で1があてはまる。

重要　【五】（漢字の書き取り）

アは世間の批評やうわさ。イは一生を終えるまでの間。ウは長くつながり続いて絶えないさま。エは本来の物事から派生したものであるさま。オは短い間かくで動作をくり返し行うさま。カの音読みは「サツ」。熟語は「表札」など。キは国や役所などが手続きをさせて書類などを発行すること。クは金銭の出入や取引内容などを記入する書類。ケは引っ越して住居を変えること。コの「期せずして」は思いがけず，偶然にという意味。サは深く信頼すること。シは心を一つにして力を合わせて行うさま。スは，そのうち，いずれいつかは，という意味。セの「孝」を「考」などとまちがえないこと。ソの音読みは「コウ」。熟語は「農耕」など。

★ワンポイントアドバイス★

文学史では，さまざまな時代の代表的な作品について，題名だけでなく内容にもふれておこう。

MEMO

大切なことはメモしておこうネ！

2023年度

入　試　問　題

2023年度

慶應義塾中等部入試問題

【算　数】（45分）　＜満点：100点＞

【1】 次の □ に適当な数を入れなさい。

(1) $1\frac{29}{36}\div\left(6.3-\frac{7}{15}\right)\times5.6-3.43\div2\frac{5}{8}=\frac{\boxed{ア}}{\boxed{イ}}$

(2) $\left(4.3\div\frac{\boxed{ア}}{\boxed{イ}}\right):\left(1.02\times5\frac{11}{15}\right)=45:9$

(3) 33と93のどちらをわっても３あまる整数をすべて加えると □ になります。

(4) ３，２，７，６，５，３，２，７，６，５，３，２，７，……と規則的に並んでいる数の列で，47番目までの数の総和は □ です。

(5) 赤色，青色，黄色，緑色のサイコロが１つずつあります。これらのサイコロを同時に１回投げたとき，４つのサイコロの目がすべて異なるような目の出方は，全部で □ 通りあります。

【2】 次の □ に適当な数を入れなさい。

(1) 12％の食塩水600ｇから200ｇを捨てて，代わりに同じ量の水を加えました。よくかき混ぜた後，今度は食塩水を □ ｇ捨てて，代わりに同じ量の水を加えたところ，5.6％の食塩水になりました。

(2) 一定の速さで流れる川沿いに72km離《はな》れたＡ町とＢ町があります。Ａ町とＢ町の間を船で往復するのに，上りは８時間，下りは６時間かかります。この船の静水時の速さが一定だとすると，この川の流れの速さは時速 ア ． イ kmです。

(3) 太郎《たろう》君が今までに受けた □ 回のテストの平均点は77点でした。今回のテストで38点をとったので，平均点は３点下がりました。

(4) 今日の映画館の入場者は783人で，昨日の入場者と比べると，大人は10人減り，子供は17％増えて，全体では８％増えていました。今日の子供の入場者は □ 人です。

(5) １辺が１㎝の正方形をすき間なく敷《し》きつめて，縦《たて》が８㎝，横が28㎝の長方形をつくります。この長方形の対角線を１本ひくと，２つの部分に分かれる正方形は全部で □ 個です。

【3】 次の □ に適当な数を入れなさい。ただし，円周率は3.14とします。

(1) ［図１］において，同じ印をつけた角の大きさがそれぞれ等しいとき，角 x の大きさは ア ． イ °です。

［図１］

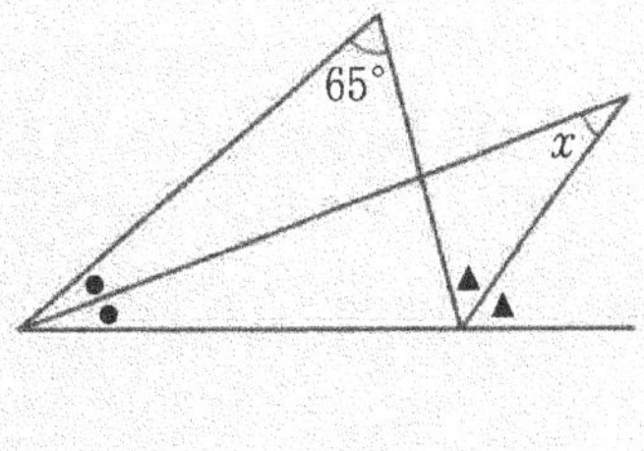

(2) ［図２］のように，３つの合同な正三角形を組み合わせて，直線PDをひきました。辺AQ，QCの長さがそれぞれ３㎝，４㎝のとき，辺PBの長さは $\boxed{ア}\dfrac{\boxed{イ}}{\boxed{ウ}}$ ㎝です。

［図２］

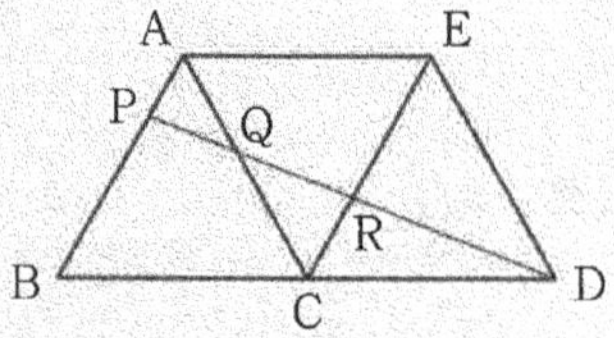

(3) ［図３］のように，正方形と円を組み合わせました。正方形の面積が162㎠のとき，色のついた部分の面積は $\boxed{ア}$ ． $\boxed{イ}$ ㎠です。

［図３］

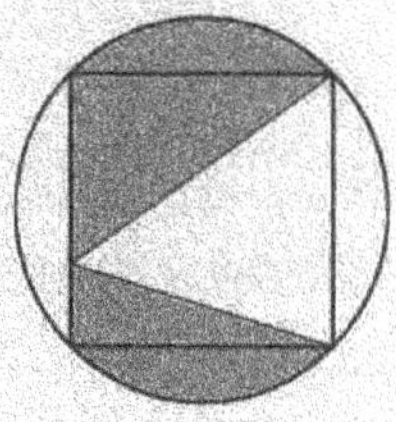

(4) ２辺AB，ACが等しい二等辺三角形と長方形を［図４］のように組み合わせました。この図形を直線PQのまわりに１回転させてできる立体の表面の面積は $\boxed{ア}$ ． $\boxed{イ}$ ㎠です。

［図４］

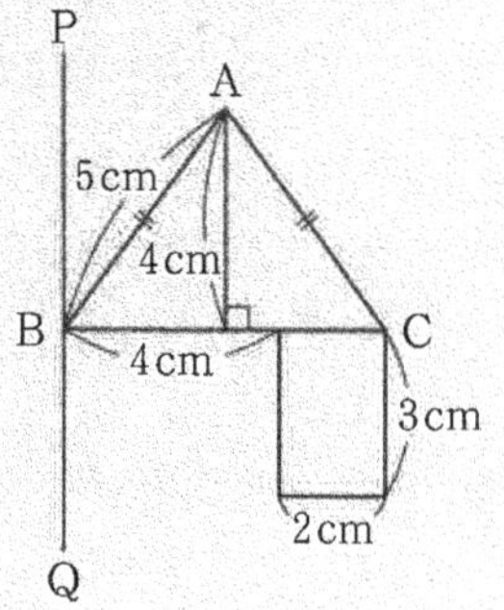

【４】 太郎《たろう》君は，家から峠《とうげ》まで登るのに１時間30分かかり，峠から家まで下るのに54分かかります。太郎君の家と峠の間には，記念碑《ひ》があります。ある日，太郎君が家から峠まで登るのに，記念碑と峠とのちょうど真ん中の地点で忘れ物に気付き，すぐに家まで戻《もど》りました。そして，家で忘れ物を取り，すぐに峠に向かったところ，はじめに家を出発してから３時間36分後に峠に着きました。太郎君は，登るときと下るときはそれぞれ一定の速さで歩くものとして，次の $\boxed{}$ に適当な数を入れなさい。

(1) 太郎君の家から忘れ物に気付いた地点までの距離《きょり》は，太郎君の家から峠までの距離の $\dfrac{\boxed{ア}}{\boxed{イ}}$ にあたります。

(2) 太郎君が記念碑の前で忘れ物に気付き，すぐに家まで戻ってから再びすぐに峠に向かったとすると，太郎君ははじめに家を出発してから $\boxed{ア}$ 時間 $\boxed{イ}$ 分後に峠に着きます。

【5】［図1］のような直方体の水槽《すいそう》の底面が，底面に対して垂直で高さの異なる仕切り板によって3つの部分A，B，Cに分けられています。A，B，Cの底面積の比は2：1：3です。Aの部分には毎分0.8Lの割合で，Cの部分にも一定の割合で，同時にそれぞれ水を入れていったところ，水を入れ始めてから72分後にこの水槽は満水になりました。［図2］のグラフは，水を入れ始めてからの時間と，Aの部分に入っている水の深さの関係を示したものです。仕切り板の厚さは考えないものとして，次の □ に適当な数を入れなさい。

［図1］

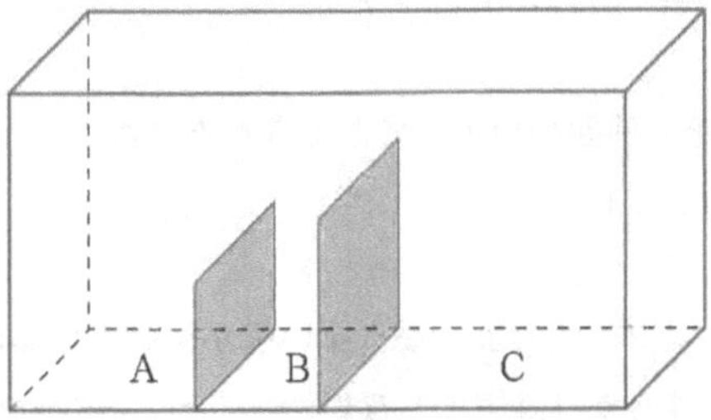

［図2］

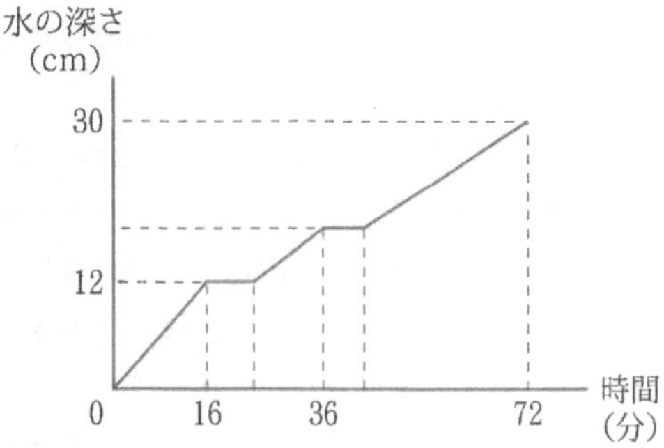

(1) Cの部分には，毎分$\frac{\text{ア}}{\text{イ}}$Lの割合で水を入れました。

(2) 水を入れ始めてから40分後に，Cの部分の水の深さは ア$\frac{\text{イ}}{\text{ウ}}$cmになりました。

【6】［図1］，［図2］のような筆算で表せる3桁《けた》の整数の計算を考えます。9つの数字1，2，3，4，5，6，7，8，9を図の○の位置に1つずつ置いて，正しい計算になるようにします。それぞれの図において，同じ数字は用いないものとして，次の □ に適当な数を入れなさい。

(1) ［図1］の筆算で表せるような3桁の整数の和を考えます。その和は最も小さい場合で □ になります。

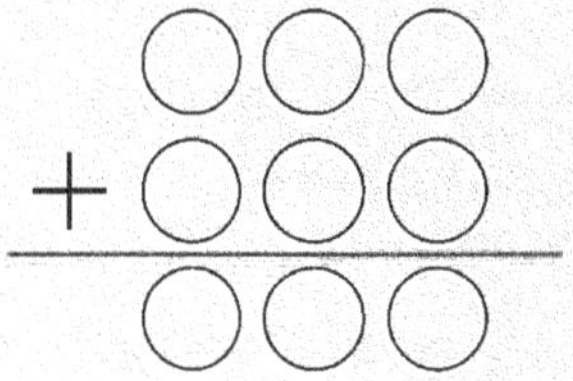

［図1］

(2) ［図2］の筆算で表せるような3桁の整数の差を考えます。その差は最も大きい場合で □ になります。

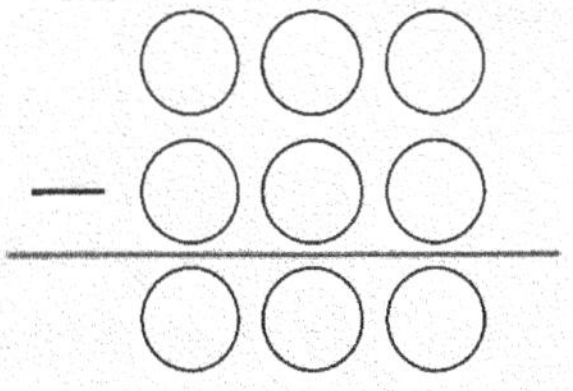

［図2］

【理　科】（25分）　＜満点：50点＞

【1】 次の会話文を読み，あとの問いに答えなさい。

フクスケ：今日はおめでたい植物の代名詞にもなっている「松竹梅」に関わることを話題にしてみよう。

マツゾウ：うな重なら松が一番高いんだよね。

ウ メ コ：すぐ食べ物の話をするんだから…。今は理科の時間だから，植物としての松竹梅のことを話すのよ。

タケチヨ：マツがおめでたい植物に選ばれたのは，冬でも青い葉をつけていることが大きな理由らしい。

ウ メ コ：(　ア　）の仲間ということね。でも，その仲間の樹木ってたくさんあるわ。

フクスケ：種子が貴重な食料になることも関係があるらしい。

マツゾウ：えーっ!?　マツの種って食べられるの？

フクスケ：アカマツやクロマツの種子は小さくて，プロペラのようなうすい膜《まく》が付いているので，くるくる回りながら落ちるんだ。これらはあまり食用にしないが，ゴヨウマツという種類のマツの種子は大きくて，アーモンドのような味でなかなかおいしいよ。

タケチヨ：マツの種子は松ぼっくりの中にたくさん入っているんだよね。

フクスケ：マツの花には雌《め》花と雄《お》花があって，雌花が咲くときにはすでに小さな松ぼっくりの形をしたものがあり，花が終わったあとにだんだん大きくなってくるんだ。

ウ メ コ：雄花の方は花粉を飛ばしたら，すぐに枯《か》れてしまうのよ。

タケチヨ：マツの木そのものが枯れてしまう病気もあるらしいね。

フクスケ：松枯れ病というんだけれど，この病気は，菌《きん》類が原因と考えられていたこともあったけれど，カミキリムシに運ばれてマツの木に入り込んだ線虫が仮道管という管を詰《つ》まらせて起こることがわかっている。人でいえば，血管が詰まって死に至る病気のようなものだね。

マツゾウ：竹の話はいつ出てくるの？

フクスケ：そうだった。では竹の話をしよう。タケというと，樹木にも草にも分類できない植物といわれるけれど，どんなところが樹木とちがうのかな？

ウ メ コ：タケの幹は中が空洞《どう》になっていて，節があって，そのかわり樹木の様な（　イ　）がないわね。

フクスケ：そうだね。つまり，タケは年ごとに太くなることはないということなんだ。

タケチヨ：タケといえば，エジソンが電球を作るときに日本のタケを使ったというよ。

フクスケ：よく知っているね。ただ，タケをそのまま使ったわけではなくて，電気を通しやすくなるようにある処理をして使ったんだ。金属以外で電気を通すものといえば何かな。

マツゾウ：シャープペンの芯《しん》は電気を通すんだよね。ところでタケにも花は咲くの？

ウ メ コ：60年に１回花をつけると聞いたことがあるわ。

フクスケ：タケは（　ウ　）と同じ仲間だから，目立たないが花をつける。だが，めったに咲くわけではなく，60年から120年くらいの長い期間に一度だけ咲くらしい。調査によると，花が咲くのはタケノコが出てくる季節だ。

マツゾウ：タケノコ…食べたいなぁ。梅なら梅干しだね。

ウ メ コ：また食べものの話？　梅干しのことで私が思ったのは，酸っぱいのに，アルカリ性食品と言われるのはなぜかということなんだけど。

フクスケ：もっともな疑問だね。実は，酸性食品とアルカリ性食品の区別は，（　エ　）を調べることで判断しているからで，その中に梅干しの酸っぱさのもとのクエン酸は含まれていないんだ。同じようにトマトやダイズ，ワカメ，シイタケなどもアルカリ性食品なんだよ。

タケチヨ：梅干しの種はふつう食べないけれど，ウメの仲間で，種子の中身を食べる植物もあるよね。

マツゾウ：えーっ，何だろう。ぼくならスイカの種は食べちゃうけど。

ウ メ コ：やっぱり食いしん坊《ぼう》だわ。

(1)　マツの花粉を運ぶものは何ですか。次の中から選びなさい。

1　鳥　　2　昆虫　　3　風　　4　川や海の水　　5　リス

(2)　初夏のころ，マツの木の周りに落ちている茶色いイモムシのようなものは何ですか。次の中から選びなさい。

1　雄花の花がら　　2　受粉しなかった雌花

3　はがれ落ちた樹皮　　4　マツケムシの死がい

(3)　マツの種子を運ぶものは何ですか。次の中から選びなさい。

1　鳥　　2　昆虫　　3　風　　4　川や海の水　　5　リス

(4)　「松枯れ病」の直接の原因になっているものは何ですか。次の中から選びなさい。

1　マツノモザイクウイルス　　2　マツノザイセンチュウ　　3　マツノマダラカミキリ

(5)　（ア）にあてはまる最も適切な単語を次の中から選びなさい。

1　針葉樹　　2　広葉樹　　3　常緑樹　　4　落葉樹　　5　裸《ら》子植物　6　被《ひ》子植物

(6)　（イ）にあてはまる単語を書きなさい。

(7)　エジソンが作った電球には，タケをどのようにして使っていたのでしょうか。次の中から選びなさい。

1　食塩水に浸《ひた》した　　2　蒸し焼きにした

3　磁石でこすった　　4　金づちでたたいた

(8)　（ウ）にあてはまる植物を次の中から選びなさい。

1　イチョウ　　2　イネ　　3　クリ　　4　スギ　　5　ハス　　6　ラン

(9)　（エ）にあてはまる語句を次の中から選びなさい。

1　アルコールで抽《ちゅう》出したもの　　2　乾燥《かんそう》させたもの　　3　燃えカス

(10)　ウメと同じ仲間で，種子の中のものを食用にしている植物の名前を会話文の中から抜《ぬ》き出して書きなさい。

(11)　「パイナップル」は，ある植物の実に形が似ていることからその名がつきました。会話文中にある，その植物の名前を抜き出して書きなさい。

【２】 2022年９月15日の夜８時，東京ではちょうど頭上に夏の大三角がありました。次の問いに答えなさい。

⑴ 夏の大三角を構成している星を次の中から３つ選びなさい。答えは番号の小さい方から順に書くこと。

1 アルタイル　2 アルデバラン　3 アンタレス　4 シリウス
5 デネブ　6 プロキオン　7 ベガ　8 ベテルギウス

⑵ ⑴で選んだ星を含《ふく》む星座を次の中から３つ選びなさい。答えは番号の小さい方から順に書くこと。

1 おうし座　2 おおいぬ座　3 オリオン座　4 こいぬ座
5 こと座　6 さそり座　7 はくちょう座　8 わし座

⑶ 上の問題文の下線の日時に，南を正面にして頭上の星を観察したとすると，夏の大三角を構成する３つの星を含む星座の位置関係はどのように見えますか。次の中から選びなさい。

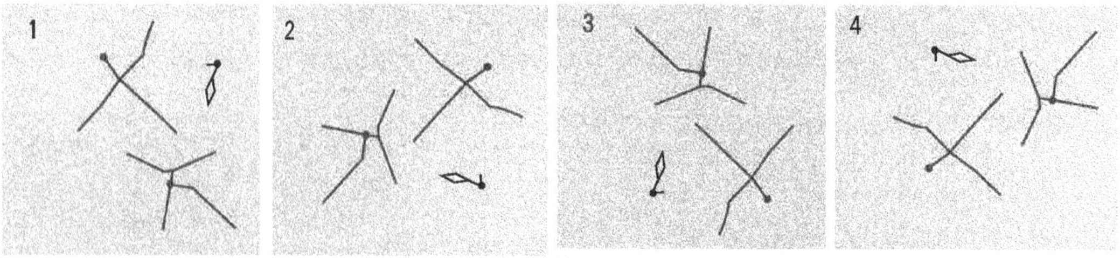

⑷ この日の夜11時には夏の大三角はどの方角に傾《かたむ》いて見えますか。次の中から選びなさい。

1 東　2 西　3 南　4 北

⑸ オーストラリアのアデレードは南緯《い》約35度で，経度が東京と同じ東経約139度にある都市です。問題文の下線の日時に南を正面にして頭上の星を観察したとすると，⑶で選んだ夏の大三角はアデレードではどのように見えますか。次の中から選びなさい。

1 東京で見たものと同じ高度に同じ向きで見えた
2 東京で見たものと同じ高度に上下逆向きに見えた
3 東京で見たものと同じ向きで北の地平線に寄って見えた
4 東京で見たものと同じ向きで南の地平線に寄って見えた
5 東京で見たものと上下逆向きで北の地平線に寄って見えた
6 東京で見たものと上下逆向きで南の地平線に寄って見えた

【３】 身の回りにある固体と液体の物質の組み合わせを，それらを混ぜ合わせたときの様子を見て，大きく３つに分類しました。それに従って９通りの固体と液体の物質の組み合わせを分類したところ，表１のようになりました。これを見てあとの問いに答えなさい。

表１

Ａグループ	Ｂグループ	Ｃグループ
ベーキングパウダーと食酢《す》	砂糖と食酢	食塩と食用油
ドライアイスと水	氷と水	鉄粉と水
鉄粉と５％塩酸	食塩と５％塩酸	木炭と５％塩酸

(1) アルミ箔《はく》と5％水酸化ナトリウム水溶《よう》液の組み合わせはどのグループに入ると考えられますか。次の中から選びなさい。

1 Aグループ　2 Bグループ　3 Cグループ

(2) 水酸化ナトリウムと5％塩酸の組み合わせはどのグループに入ると考えられますか。次の中から選びなさい。

1 Aグループ　2 Bグループ　3 Cグループ

(3) 5％塩酸と組み合わせたとき，Cグループに入るものを次の中から選びなさい。

1 スチールウール　2 氷　3 銅粉　4 砂糖

【4】 1往復する時間がちょうど2秒になる振《ふ》り子を作るため，最初に，おもりの重さを60g，長さを20㎝の試作品Aを作り，振れ幅《はば》を60度にしたところ，1.0秒で1往復するものになりました。

そこで，振り子の1往復する時間が何によってどのように変わるかを調べるために，さらに試作品を作って実験をしました。これらの試作品の設定条件と1往復する時間を示した表2を見て，あとの問いに答えなさい。

表2

試作品		A	B	C	D	E	F
設定条件	おもりの重さ［g］	60	60	80	80	40	40
	振り子の長さ［cm］	20	60	20	60	40	80
	振れ幅［度］	60	40	20	60	80	60
1往復する時間［秒］		1.0	1.7	1.0	1.7	1.4	1.9

(1) 設定条件のうち，どれが振り子の1往復の時間を決めるものと考えられますか。次の中から選びなさい。

1 おもりの重さ　2 振り子の長さ　3 振れ幅

(2) 試作品Aの設定条件のうち，(1)で答えたものをある数値に変えると，1往復の時間は2.1秒になりました。その数値を次の中から選び，番号を書きなさい。

1 30　2 50　3 70　4 100

(3) 完成品として1往復が2秒になる振り子を作成するには，(1)で答えた設定条件を次のどの値に変えれば良いと考えられますか。番号を書きなさい。

1 63　2 71　3 87　4 105

(4) 試作品Aは振れ幅が60度になるようにしたが，それよりも10度振れ幅を大きくした場合，どうなりますか。次の中から選びなさい。

1 支点の真下を通過するときのおもりの速さは変わらないが，1往復する時間は短くなる

2 支点の真下を通過するときのおもりの速さは変わらないが，1往復する時間は長くなる

3 1往復する時間は変わらないが，支点の真下を通過するときのおもりの速さは速くなる

4 1往復する時間は変わらないが，支点の真下を通過するときのおもりの速さは遅くなる

5 1往復する時間も，支点の真下を通過するときのおもりの速さも，変化がない

⑸　図１ａのように支点の真下に杭《くい》を用意しました。図１ａのおもりから手を離したとき，最初の振れで振り子のおもりはどの位置まで達しますか。図１ｂ中の番号で答えなさい。

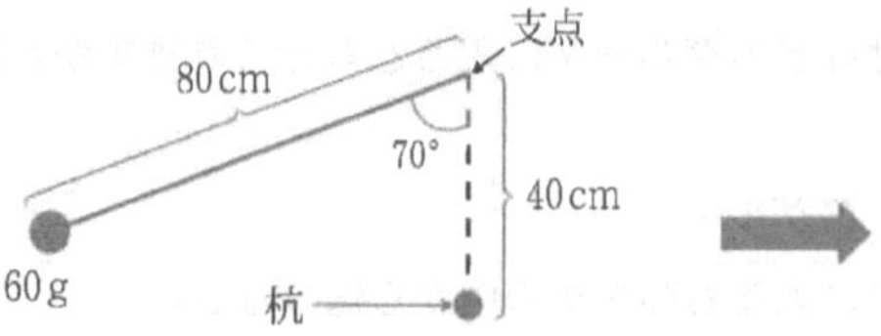

図１ａ

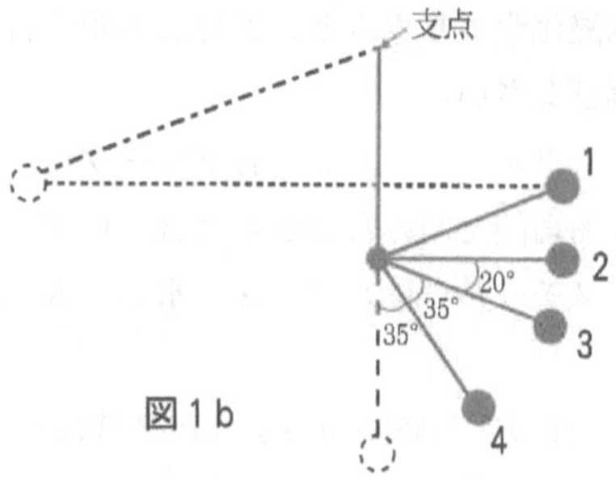

図１ｂ

⑹　図２はこの振り子が折り返す瞬《しゅん》間を表しています。振り子が支点の真下から左側に振れ，再び真下に戻ってくる時間は，杭にあたった瞬間から右側に振れ，再び真下に戻ってくる時間の何倍になると考えられますか。次の中から選びなさい。

１　0.5倍　　２　0.9倍　　３　1.1倍　　４　1.4倍　　５　1.9倍

⑺　図２の杭の位置を移動したら，振り子の１往復する時間が1.65秒になりました。杭は，振り子の支点から何cm下の位置にしたと考えられますか。次の中から選びなさい。

１　30cm　　２　40cm　　３　50cm　　４　70cm

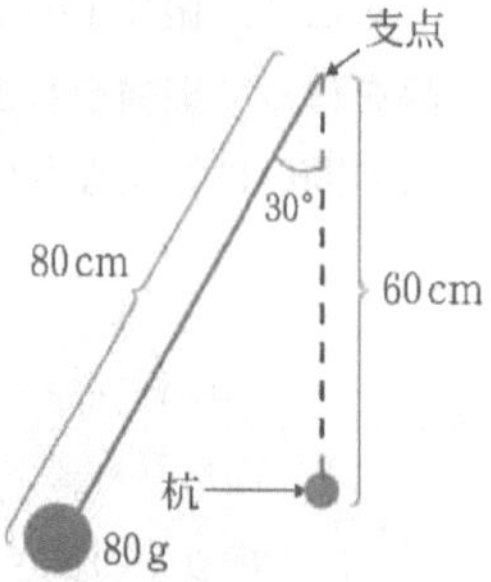

図２

【社　会】（25分）　＜満点：50点＞

【1】次の文章を読み，各問に答えなさい。

プラスチックは石油から作られるため，燃やすと温室効果ガスが出てしまいます。近年では，海で漂《ただよ》ううちに細かく砕《くだ》かれてできた（　あ　）プラスチックが海洋生物の体内に取り込まれてしまうことが問題となっています。この対策として，プラスチックの代わりに，紙や木材などの環境に優しい素材へ切りかえる動きがみられます。また，植物から作られた（　い　）プラスチックを使用することで，大気中の二酸化炭素の総量を増やさない「カーボン・（　A　）」という方法も注目されています。他にも，（　う　）プラスチックと呼ばれる，自然の中で分解されるプラスチックの導入も始まっています。

日本では，2022年4月からプラスチック（　B　）促《そく》進法という法律が施《し》行されました。この法律は，これまでの①3R（リデュース・リユース・リサイクル）にリニューアブルも加えて，環境に優しい社会の実現を進めていくために定められました。例えば，コンビニエンスストアなどでもらえる（　え　）プラスチックのスプーンやストローを減らすことや，リサイクルまで考えた商品の開発をすることなどがあげられます。また②「特定プラスチック使用製品」として12品目が定められ，お店やホテルにはこれらを環境負荷にならないように提供する工夫が求められています。

問1　（あ）～（え）の正しい組み合わせを選び，数字で答えなさい。

	（　あ　）	（　い　）	（　う　）	（　え　）
1	生分解性	ワンウェイ	マイクロ	バイオマス
2	バイオマス	生分解性	ワンウェイ	マイクロ
3	マイクロ	バイオマス	生分解性	ワンウェイ
4	ワンウェイ	マイクロ	バイオマス	生分解性

問2　（A）・（B）の正しい組み合わせを選び，数字で答えなさい。

	（　A　）	（　B　）		（　A　）	（　B　）
1	イコール	ゴミリサイクル	2	セーブ	ゴミ循《じゅん》環
3	ニュートラル	資源循環	4	リミテッド	資源リサイクル

問3　下線部①について，語句の意味を正しく説明している組み合わせを選び，数字で答えなさい。

	リデュース	リユース	リサイクル	リニューアブル
1	くり返し使う	作り変える	再生可能	減らす
2	再生可能	減らす	くり返し使う	作り変える
3	作り変える	再生可能	減らす	くり返し使う
4	減らす	くり返し使う	作り変える	再生可能

問4　下線部②について，お店やホテルの工夫として**ふさわしくないもの**を選び，数字で答えなさい。

1　飲食店は，マイはしやマイボトルを持ちこんだお客に商品を提供しないようにする。
2　クリーニング店は，ハンガーを店頭で回収し，リユースやリサイクルをする。
3　コンビニエンスストアは，プラスチック製のスプーンやフォークを有料で提供する。
4　ホテルは，歯ブラシやくしなどを宿泊《はく》客がロビーで必要な分だけ持っていけるようにする。

【2】 次の文章を読み，各問に答えなさい。

日本列島に住む人々の食文化は時代とともに移り変わってきました。旧石器時代は，人々は大型の動物や植物の実をとって食べていました。長野県の［遺跡A］では，木で作ったやりなどと一緒《しょ》にナウマンゾウの牙《きば》やオオツノジカの角の化石がみつかっています。続く①縄文時代の貝塚からは貝や魚だけでなく，木の実などを土器で煮炊《にた》きをした痕跡《こんせき》もみられます。青森県の［遺跡B］ではクリの木を植林して建物の柱に使っていたことがわかっています。

弥生時代になると大陸から稲作が伝わり，コメを中心とした食文化が始まりました。飛鳥時代以降，②仏教が国内に広がるとともに，牛や馬，鶏《とり》などを殺したり食べたりすることがしばしば禁止されました。こうしたできごともあって，肉食を避《さ》けてコメを中心とする食文化が根付いていったのです。

鎌倉時代に③臨済宗を開いた栄西が中国から茶の苗《なえ》などを持ち帰ると本格的な茶の栽《さい》培が始まりました。室町時代には，貴族や武士の間にも茶が好まれるようになり，④茶の湯の文化が発展していきました。その頃《ころ》になると，海産物などからとっただしや⑤しょうゆ・みそなどの調味料を料理に使うようになりました。これらの調味料は，江戸時代には大量につくられるようになり庶《しょ》民も好んで使いました。だしやしょうゆで味付けをしたうどんやそばなどのめん類は江戸の町なかで人気の料理でした。

⑥江戸時代の中期以降は，畑作も広がって各地で商品作物の生産がみられるようになり，大都市には全国の特産物が集まりました。さらに後期になると，飢饉《ききん》などの影響《えいきょう》でやせた土地でも育つソバやヒエ，キビなどの⑦救荒《こう》作物の生産がさかんになりました。様々な食材が育てられるようになると，各地で独自の⑧郷土料理が発展していきました。

問1 ［遺跡A］と［遺跡B］を選び，それぞれ数字で答えなさい。

1 岩宿遺跡　2 三内丸山遺跡　3 野尻湖遺跡　4 吉野ヶ里遺跡

問2 下線部①について，関東平野の貝塚が内陸にも多い理由を20字以上35字以内で説明しなさい。

問3 下線部②について，仏教を深く信仰《こう》し，動物を狩《か》ることを禁止したり，大仏の造立を命じたりした奈良時代の天皇の名前を**漢字**で答えなさい。

問4 下線部③について，**鎌倉仏教でないもの**を選び，数字で答えなさい。

1 時宗　2 浄土宗　3 浄土真宗　4 真言宗　5 曹洞宗　6 日蓮宗

問5 下線部④について，元商人で豊臣秀吉に仕えて茶の湯を大成した人物の名前を**漢字**で答えなさい。

問6 下線部⑤について，しょうゆの一般《ぱん》的な製法を選び，数字で答えなさい。

1 蒸したもち米と米麹《こうじ》にアルコールを混ぜて熟成させる。

2 蒸した大豆と炒《い》った小麦でつくった麹に食塩水を混ぜて熟成させる。

3 蒸した米などから作ったアルコールを種酢《たねず》と混ぜて熟成させる。

4 蒸してつぶした大豆に麹と塩を混ぜて熟成させる。

問7 下線部⑥について，次の1～4のできごとのうち**3番目に古いもの**を数字で答えなさい。

(1) 1 大塩平八郎が，貧しい人々の救済を訴《うった》えて大阪で反乱を起こした。

2 田沼意次が，商工業を発展させるために株仲間を積極的に公認した。

3 徳川吉宗が，幕府の財政再建のために，享保の改革を行った。

4　松平定信が，農村を立て直すため，寛政の改革を行った。

(2)　1　阿部正弘が，老中筆頭としてアメリカとの和親条約に調印した。

2　福澤諭吉が，日米修好通商条約の批准《じゅん》書交換《かん》に随《ずい》行し，咸臨丸でアメリカに上陸した。

3　ペリーが，アメリカの使節として日本の開国を求めて浦賀に来航した。

4　ラクスマンが，ロシアの使節として日本との貿易を求めて根室に来航した。

問8　下線部⑦について，青木昆陽が栽培をすすめた「甘藷《かんしょ》」とは何か，**ひらがな5字**で答えなさい。

問9　下線部⑧について，東京の地名が由来の郷土料理を選び，数字で答えなさい。

1　ずんだもち　　2　ちくぜん煮　　3　つくだ煮　　4　もんじゃ焼き

【3】 次の年表は，ロシアとウクライナについてまとめたものです。年表の（**う**）～（**か**）には，下のA～Dのいずれかの事がらが当てはまります。各問に答えなさい。

1991年	12月	ソ連が解体し、ウクライナが独立する。
2014年	3月	ロシアが、ウクライナの（　あ　）半島を併合する。
2021年	12月	①ロシアが、②ウクライナの（　い　）非加盟を求める条約案を発表する。
2022年	2月24日	（　う　）
	2月25日	（　え　）
	3月2日	（　お　）
	9月30日	（　か　）
	10月12日	③国連の総会で、ロシアによるウクライナ東部・南部4州の併合を違法だとする決議案が賛成多数で採択される。

A　ロシアが，ウクライナの東部と南部の4州の併合を宣言する。

B　ロシア軍が，ウクライナ領内での「特別軍事作戦」を開始する。

C　国連の（　c　）で，ロシア軍の完全撤退《てっぱい》を求める決議案が賛成多数で採択される。

D　国連の（　d　）で，ロシア軍の即《そく》時撤退を求める決議案が提出されるが，ロシアが□□権を行使したために否決される。

問1　（**あ**）と（**い**）の正しい組み合わせを選び，数字で答えなさい。

	（あ）	（い）		（あ）	（い）
1	キーウ	NATO	2	クリミア	NATO
3	バルカン	WTO	4	マリウポリ	WTO

問2　下線部①と②の大統領の名前，③の事務総長，の正しい組み合わせを選び，数字で答えなさい。

	①	②	③
1	ゼレンスキー	プーチン	グテーレス
2	ゼレンスキー	プーチン	パン・ギムン
3	プーチン	ゼレンスキー	グテーレス
4	プーチン	ゼレンスキー	パン・ギムン

問３　（ｃ）と（ｄ）の正しい組み合わせを選び，数字で答えなさい。

	（ｃ）	（ｄ）
1	安全保障理事会	国際司法裁判所
2	安全保障理事会	総会
3	国際司法裁判所	総会
4	総会	安全保障理事会

問４　Ｄの文中の □ に当てはまる語句を**漢字２字**で答えなさい。

問５　（う）～（か）に当てはまる事がらの正しい組み合わせを選び，数字で答えなさい

	（う）	（え）	（お）	（か）
1	A	B	C	D
2	A	B	D	C
3	B	D	A	C
4	B	D	C	A

問６　2022年にロシアがウクライナ領内で大規模な軍事作戦を始めたことによって引き起こされたと考えられる事がらとして，**正しくないもの**を選び，数字で答えなさい。

1　EU加盟国の多くが，ロシアからの天然ガスの輸入を禁止・制限した。

2　原油の国際価格が大幅《はば》に上昇した。

3　小麦の国際価格が大幅に下落した。

4　１千万人を超えるウクライナの人々が周辺の国々へ避難した。

【４】 次の小泉くん，高橋さん，先生の会話を読み，各問に答えなさい。

小泉「2022年の夏は，①日本各地で記録的な大雨に見まわれたというニュースを見たよ。社会の授業でも，日本の雨の多い地域と少ない地域を学習したね。」

先生「②（　あ　）県の屋久島は，日本で年間降水量が最も多い場所のひとつです。そのため，縄文杉などたくさんの杉が，島内に生いしげっています。③世界自然遺産にも登録されているね。江戸時代には，薩摩藩の特産品としてたくさんの杉が伐《ばっ》採されましたが，近年では，屋久島の生態系の保全と観光の発展を両立させる Ａ もさかんです。」

高橋「 Ａ は日本各地でさまざまな取り組みがなされていて，いま話題の④SDGsとも関連が深いよね。」

小泉「ところで，日本で雨が少ない地域はどこだろう。たしか（　い　）地方だと習ったよ。そのため，香川県の（　う　）平野には，いまでもたくさんのため池が残っているそうだね。」

高橋「そういえば香川県は，うどんの消費量が全国で最も多いらしいよ。どうして香川県でうどんづくりがさかんになったのかな。」

先生「香川県は，一年を通して雨が少ないので，うどんの原料となる（　え　）の栽培が昔からさかんでした。また，うどんの「めん」をつくるには（　お　）も必要ですが，海水を利用して浜辺でつくることができ，めんつゆの「だし」をとるための（　か　）も近海で入手しやすかったのです。」

高橋「なるほど。人と自然がうまく共存していくヒントがかくされていて，興味深い話でした。」

問1　（あ）（い）（う）に当てはまる語句の正しい組み合わせを選び，数字で答えなさい。

	（あ）	（い）	（う）
1	沖縄	瀬戸内	播磨
2	沖縄	北陸	讃岐
3	鹿児島	瀬戸内	讃岐
4	鹿児島	北陸	播磨

問2　（え）（お）（か）の正しい組み合わせを選び，数字で答えなさい。

	（え）	（お）	（か）
1	小麦	塩	小魚（煮干し）
2	小麦	しょう油	かつお（かつお節）
3	そば	塩	こんぶ
4	そば	しょう油	さば（さば節）

問3　下線部①に関連して，短時間に局地的な大雨をもたらす現象の直接的な原因とされているものを選び，数字で答えなさい。

1　オホーツク海高気圧の勢力の強まり　　3　太平洋高気圧の勢力の強まり

2　線状降水帯の発生　　4　梅雨前線の停滞《たい》

問4　下線部②に関連して，次の問に答えなさい。

屋久島と種子島は，約20㎞しか離《はな》れていませんが，年間降水量は，屋久島の方がはるかに多くなっています。その理由について，下の地形図と次のページの雨温図を参考にして，島の地形，島にふく風のことにふれながら，30字以上60字以内で答えなさい。

図1　屋久島と種子島周辺の地形図

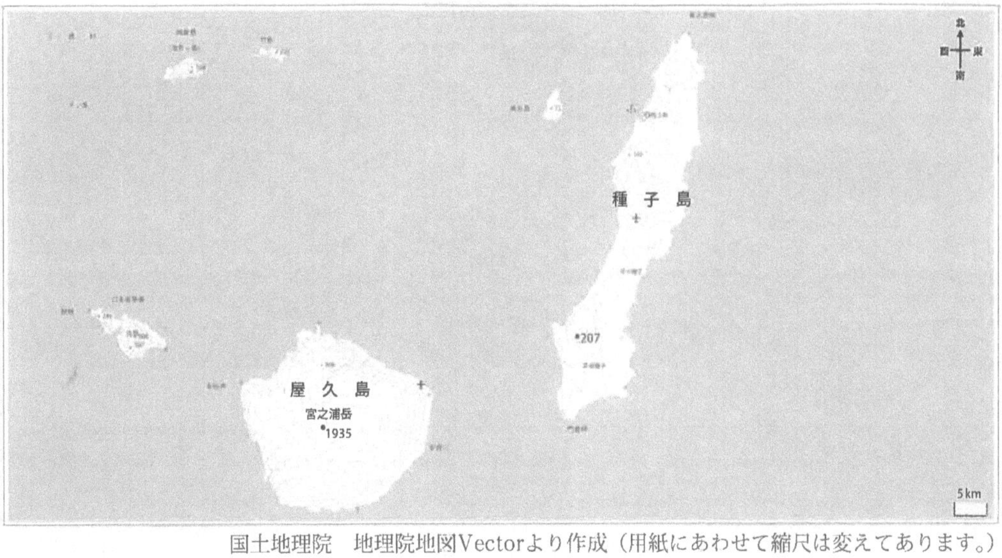

国土地理院　地理院地図Vectorより作成（用紙にあわせて縮尺は変えてあります。）

図2　屋久島・種子島の雨温図

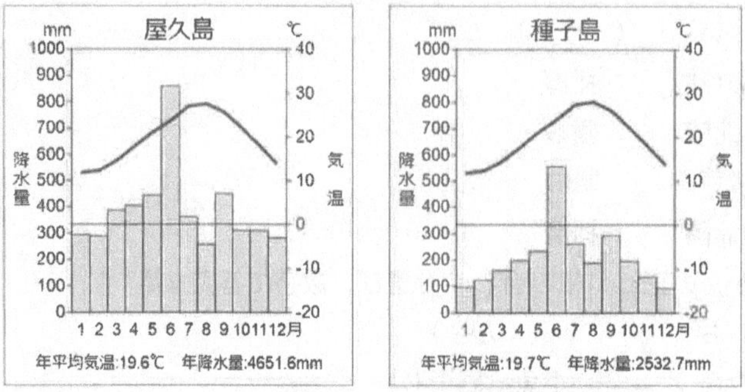

問5　下線部③に関連して，2023年２月現在，世界自然遺産に登録されている場所は，次の６か所のうち何か所ありますか。数字で答えなさい。

知床半島	白神山地	小笠原諸島	富士山	紀伊山地	西表島

問6　会話文中の［A］に当てはまる語句を**カタカナ７字**で答えなさい。

問7　下線部④に関連して，慶應義塾の創設者である福澤諭吉は，いまから130年ほど前に私財を投じて，故郷のある場所の貴重な自然景観を環境破壊《かい》から守るという，今日のSDGsにも通じる活動をしていました。ある場所とはどこか選び，数字で答えなさい。

1　釧路湿原（北海道）　　2　狭山丘陵（埼玉県）

3　天神崎（和歌山県）　　4　耶馬溪《けい》（大分県）

【語群】

1 挙動　2 衛生　3 自他　4 危急　5 故障

6 植樹　7 機関　8 増減　9 再開

【五】――のカタカナを、正しい漢字に直しなさい。

ア マンジョウ一致《ち》で決まった

イ トトウを組んで行動する

ウ ヘンキョウの地へ行く

エ このままでは組織の分裂《れつ》はヒッシだ

オ 試合を前にしてフルい立つ

カ 独立自尊が私のシンジョウだ

キ おおよそサンダンがつく

ク 命令にハイハンする

ケ レンリツ内閣が成立する

コ 弓の名手が正確に的をイる

サ 私のカンケンの限りでは見当たらない

シ 隣《りん》国同士でキョウテイを結ぶ

ス 世間のジモクを集める

セ 新事業への資金をクメンする

ソ 役者の好演に舌をマく

問四　――D「古今和歌集」に入っている和歌はどれか。次の1～5から一つ選び番号で答えなさい。

1　ちはやぶる神代もきかず竜田《たつ》川からくれないに水くくるとは

2　屋根の上に積もった雪が音たてて崩《くず》れゆくなりわが愛に似て

3　不来方《こずかた》のお城の草に寝《ね》ころびて空に吸は《(わ)》れし十五の心

4　韓衣裾《からころもすそ》に取りつき泣く子らを置きてそ来ぬや母《おも》なしにして

5　満開の桜のジュータン踏《ふ》むころはきっとあなたは「変身」している

問五　E にあてはまる言葉としてもっともふさわしいものを、次の1～6から選び番号で答えなさい。

1　土佐《さ》日記　　2　源氏物語　　3　竹取物語

4　万葉集　　5　奥《おく》の細道　　6　伊勢《せ》物語

問六　本文の内容と照らし合わせて合っているものを、次の1～5から二つ選び番号で答えなさい。**ただし、解答らんには、左から順に小さい番号から書くこと。**

1　画数の多い字を書けた日は気分が晴れやかになり、アメリカ人として生まれながらも、やがて日本人として日本の文学作品を研究していくことになった。

2　右手に銃、左わきで和英辞典を抱えた写真は、ペンは剣《けん》よりも強いことを世の中に訴《うった》えるために自主的に撮影《さつえい》したもので、大戦中の日米両国に衝撃を与えた。

3　ドナルド・キーンは、画数の多い漢字だけは苦手で、古典文学作品の研究を志すも断念し、日本に移住して全国各地を旅行することに人生の喜びを感じるようになった。

4　「叡智」と「憂鬱」は、画数も多く難解であり、外国人の姓名を書き表す時に多用される文字として使用される。

5　ドナルド・キーンは、十六歳のときに漢字と出会い、やがて画数の多い字も書けるようになり、退職後は日本に永住することにつながった。

【四】　次の①～⑧の用語は、私たちの地球を次世代に引きつぐために欠かせない取り組みにかかわるものである。そのあとに続く説明を参考にして、【A】～【I】にあてはまる漢字一字を含《ふく》む二字熟語を、後の【語群】1～9から選び番号で答えなさい。

①アップサイクル…温【A】知新で新しいものをつくりだそう。

②オーガニック…化学物質の使用を抑《おさ》えた土壌《じょう》で有【B】栽培《さいばい》をおこなう。

③コンポスト…【C】ゴミから腐《ふ》葉土をつくることができ、ゴミも【D】らすことができる。

④グリーンエネルギー…風力や地熱などからつくられる【E】【C】可能なエネルギーを創造する。

⑤AI導入…将来は電車やバスなどの乗り物も自【F】運転になるだろう。

⑥フェアトレード…製品を買って生産者の自立を支援《えん》することは利【G】の精神につながる。

⑦【H】林…温室効果ガスを減らすために森を育てる。

⑧気候【I】【B】への対策…化石燃料の使用を【D】らし、地球温暖化をくい止める。

教養を身につけてもらいたいということ。

3　現代社会の中で、あらためて古典の偉大さを認識し、その偉大さを伝えてもらいたいということ。

4　古典を通して先人たちの思考と知恵に触れ、現代社会を生き抜いてもらいたいということ。

5　古今東西の古典に隠《かく》されている普遍《ふへん》的な教訓を、生涯《がい》探しつづけてもらいたいということ。

【三】　次の文章は、朝日新聞「天声人語」（二〇二二年六月十七日付）である。この文章を読んで、後の問いに答えなさい。

日本文学者のドナルド・キーンさんが漢字と出会ったのは16歳《さい》のこと。アルファベットとは異なる［A］の世界に引きこまれた。好きだったのは画数の多い字。「叡智《えいち》」や「憂鬱《ゆううつ》」を書けた日は爽《そう》快だった▼神奈川近代文学館で開催《さい》中の「ドナルド・キーン展」を見た。米軍将校として派遣された中国・青島《チンタオ》で使った名刺《し》には「(注1)金唐納」のB当て字。日本で署名する際も、姓《せい》キーンを多彩《さい》に書きわけた。鬼院、奇韻、希飲、祈因、嬉胤……▼右手に銃《じゅう》、左わきで和英辞典を抱《かか》えた写真もある。大戦中、アリューシャン列島に上陸し、日本兵が手投げ弾《だん》を胸にたたきつけて玉砕《さい》する姿に衝撃《しょうげき》を受ける。一方で、日本兵の手紙や日記を解読し、辞世の歌や遺書の格調に驚《おどろ》く。のちに紀貫之《きのつらゆき》や芭蕉《ばしょう》らの日記を読み込《こ》む研究につながっていった▼ゆかりの品々を見て思い出すのは、米コロンビア大で一度だけ傍聴《ぼうちょう》したキーン教授のゼミのこと。「あだし心とは浮《うわ》気心」―「C比翼連理《ひよくれんり》は男女の深い(注2)契《ちぎ》り」。日英両語を駆《く》使して解説していく。話題はD古今和歌集から楊貴妃《ようきひ》、三島由紀夫へ自在に飛ぶ。驚嘆《きょうたん》の2時間だった▼傍聴したのは2011年3月、東日本大震《しん》災の直後。「若いころ『［E］』をたどる旅をして、東北には思いがある。被《ひ》災地が心配」。退職後は日本に永住したいと語り、その言葉通り日本国籍《せき》を得て、晩年を東京で暮らした▼あすで生誕100年。たぐいまれな才能が、「叡智」や「憂鬱」と出会った(注3)僥倖《ぎょうこう》を改めてかみしめる。

（注1）「金唐納」…ドナルド・キーンの中国語表記。
（注2）「契り」…生まれる前からの約束。
（注3）「僥倖」…予想もしなかったような幸運。

問一　［A］にあてはまる言葉としてもっともふさわしいものを、次の1～6から選び番号で答えなさい。

1　ヒエログリフ　　2　オノマトペ　　3　絵文字
4　表意文字　　5　和語　　6　アラビア文字

問二　――B「当て字」とあるが、ここでいう当て字とは、漢字本来の意味に関係なくその音をかりて、ある語を書き表したものである。これと同様の当て字の具体例としてもっともふさわしくないものを、次の1～6から選び番号で答えなさい。

1　珈琲（コーヒー）　　2　金平糖（コンペイトウ）
3　型録（カタログ）　　4　天婦羅（テンプラ）
5　演説（スピーチ）　　6　加須底羅（カステラ）

問三　――C「比翼連理」は白居易と楊貴妃が誓《ちか》い合った夫婦仲の良さを表現する中国の故事である。出典を、次の1～5から一つ選び番号で答えなさい。

1　紅楼夢《こうろうむ》　　2　長恨歌《ちょうごんか》　　3　史記
4　三国志演義　　5　水滸伝《すいこでん》

問三　――C「彼が言い放った言葉が忘れられない」のはどうしてか。その説明としてもっともふさわしいものを、次の1～5から選び番号で答えなさい。

1　自分が考えたこともない言葉を堂々と発する姿に、衝撃《しょうげき》を受けたから。

2　返ってきた反応が思っていたよりも薄《うす》かったので、心配になったから。

3　クラス全体で一生懸《けん》命説明をしてあげた光景が、微笑ましかったから。

4　これまでに授業をほめられたことがなかったので、とても感動したから。

5　彼の言葉を受け、古典の偉大さについて考えるきっかけになったから。

問四　Ⅰ・Ⅱにあてはまる言葉の組み合わせとしてもっともふさわしいものを、次の1～6から選び番号で答えなさい。

1　Ⅰ顔　Ⅱ首　　2　Ⅰ胸　Ⅱ首

3　Ⅰ頭　Ⅱ首　　4　Ⅰ顔　Ⅱ背

5　Ⅰ胸　Ⅱ背　　6　Ⅰ頭　Ⅱ背

問五　――D「リベラル・アーツ」とはどのようなものだと定義されているか。その定義としてもっともふさわしいものを、次の1～5から選び番号で答えなさい。

1　古代ギリシアの時代にすべての人間が身につけるべきとされた学問、芸術。

2　豊かな人生を歩んでいくのに必要不可欠な、人間性を育むための学問、芸術。

3　自分のやりたいことを自由に好きなだけ満喫《きつ》するために必要な学問、芸術。

4　古代ギリシア時代に奴隷の身分から自らを解放するために求められた学問、芸術。

5　時間を持て余した自由人が、その時間を有効に使うために打ち込《こ》んだ学問、芸術。

問六　Ⅲ・Ⅳにあてはまる言葉としてもっともふさわしいものを、次の1～5から一つずつ選び番号で答えなさい。

1　むしろ　　2　まさに　　3　ただし

4　さて　　5　つまり

問七　――E「このような能力」とはどのような能力だと本文で説明されているか。その説明としてもっともふさわしいものを、次の1～5から選び番号で答えなさい。

1　世界中のネットワークを有効活用して、考えを発信する能力。

2　一個人として自立するために、絶えず自己啓《けい》発していく能力。

3　目の前の様々な変化に立ち向かい、課題を解決していく能力。

4　歴史的、芸術的価値のある情報か否《いな》かを、瞬時に見極める能力。

5　常識や「当たり前」を疑い、新しい発想を生み出していく能力。

問八　本文を通じて筆者が伝えたかったことはどのようなことか。もっともふさわしいものを、次の1～5から選び番号で答えなさい。

1　古典作品の持つ古い価値観に縛《しば》られることなく、新しい解釈《しゃく》を創造してもらいたいということ。

2　現代社会の抱《かか》える様々な問題点や変化に対応することで、古典的

「最も偉《い》大な授業だ」

それまで「なんで古文をやるんですか？」という質問や「暗唱のテスト合格しなきゃ～……」という嘆《なげ》きを受けることの方が多かったものだから、この言葉を聞いたときには［Ⅰ］が熱くなると同時に、［Ⅱ］筋の伸びる思いがした。そして、この出来事は、古典を「最も偉大な授業だ」と自信を持って言える精神性はどのように育まれたのか、また、古典を学ぶ意義とは何か、について考える機会を私に与《あた》えてくれた。

それから、古典を学ぶ意義について考えていくなかで、「Dリベラル・アーツ」という言葉に出会った。「リベラル」は、「自由な」という意味で、「アーツ」は、「学芸」、聞きなじみのある言葉に言い換《か》えれば「学問」、「芸術」という意味である。［Ⅲ］、リベラル・アーツとは、広義には、「人を自由にするための学問、芸術」のことを指し、その起源は古代ギリシアにまで遡《さかのぼ》る。そこでは、奴隷《どれい》と自由人とを区別するものが学問、芸術の有無であった。リベラル・アーツは、奴隷という身分から自立した存在へと解放されるために必要なもので、［Ⅳ］、自らを自由にするものだったのである。

近年、このリベラル・アーツの重要性が指摘《てき》されている。人やモノだけでなく、知識・情報も世界を瞬《しゅん》時に飛び交う現代社会、さらに新型感染症《せんしょう》によりこれまでの常識が通用せず「当たり前」が大きく変化していく状況《きょう》下にあって、様々な情報を見極める力、変化に立ち向かい、課題を解決する力がより一層求められている。ここでは、ものごとの本質をつかみ、課題を自ら設定し、行動することによってその課題を解決していかなければならない。リベラル・アーツを身につけることは、Eこのような能力を養うことに繋《つな》がると期待されているのだ。そして、リベラル・アーツを身につける上で、重視されていることの一つが古今東西の優れた古典に触《ふ》れることなのである。

古典とは、現在まで長い年月を経てもなおその歴史的、芸術的価値が風化せずに認められてきた先人たちの思考と知恵《え》の結晶《しょう》だ。時代と場所を越《こ》えて、先人たちがどのような課題に直面し、その課題をどのように解決してきたかを知ることは、現代社会に生きる私たちが、様々な情報を見極め、変化に立ち向かおうとするときの判断や決断についての手がかりを知ることでもある。そして、古典を通じて身につけたリベラル・アーツは、現代社会において、私たちが直面する様々な課題を解決する際の羅《ら》針盤《ばん》となり、現代社会とそこに生きる私たち自身を自由な存在として解放してくれるものになるはずである。

あの日、彼が教えてくれた「古典は、最も偉大な授業だ」ということの真意に触れた今、古典を学び教える者としての世界が広がったような気がしている。皆《みな》さんにも改めて「古典を学ぶ意義」について考えてもらいたい。このことについて考え始めるときが、自由への大きな一歩を踏《ふ》み出す瞬間になることを信じてやまない。

問一　――A「つたない」の意味としてもっともふさわしいものを、次の1～5から選び番号で答えなさい。

1　生き生きとした　2　とってつけた　3　とるに足らない
4　くち賢《さか》しい　5　わざとらしい

問二　――B「シコウ」を漢字に直したものとして正しいものを、次の1～5から選び番号で答えなさい。

1　試行　2　指向　3　思考　4　志向　5　私行

3　これまでの新型コロナウイルスに対する感染対策に嫌《いや》気がさしていたから。

4　必死になって守りに入って抵抗《ていこう》はしてみたが、論破できそうにないから。

5　自分で話しながらもなんだか言い訳がましく感じられたから。

問五　次の文章は、本文中の（ア）～（オ）のいずれかに入る。この文章が入る場所としてもっともふさわしいところを、後の1～5から選び番号で答えなさい。

> 用務員の梅沢さんは事情を聞くとバケツと雑巾をなんと十枚以上束で貸してくれた。俺は拓朗と一緒にリュックの中の水を、テレビ番組の「池の水ぜんぶ抜く」みたいに、雑巾ですべて吸い取って、何とか事なきを得た。

1　（ア）　2　（イ）　3　（ウ）　4　（エ）　5　（オ）

問六　E にあてはまる言葉としてもっともふさわしいものを、次の1～6から選び番号で答えなさい。

1　小遣いの少なさ　2　包容力のなさ
3　落ち着きのなさ　4　メンタルの弱さ
5　記憶《おく》力のなさ　6　視野の狭《せま》さ

問7　拓朗のお父さんが言いたかったことは何か。「～ということ。」につづくように、二十五字以上三十字以内で答えなさい。ただし、句読点や符号も一字と数える。

【二】　次の文章を読んで、後の各問いに答えなさい。

教職に就《つ》いたばかりの頃《ころ》だから何年前のことだろうか。私が担当する国語（古典）の授業に、イギリスからきた短期留学生の男の子が参加した時のことだ。Aつたない英語力を駆《く》使して、自己紹介《しょうかい》と、この授業が「国語＝ジャパニーズ」であることを説明し、その日は『平家物語』の授業に入った。しばらくすると彼《かれ》の周りの生徒たちがざわつきだした。

「何か困ってる?」

「伊野《いの》さん！『古文』って英語でなんて言うんですか?」

どうやら彼に『平家物語』の説明を英語でしてあげようとBシコウ錯《さく》誤《ご》していたみたいだ。

「ねえ、みんな。『古文』って英語でどう言ったらいいかな?」

「古い日本語だからオールド・ジャパニーズとか?」

「なかなかいい線いってるね。じゃあ『古典』は?」

「そう言われるとわかんないな～」

「英語の辞書持ってる人いたら『古典』を辞書で引いてみて」

「あった！　クラシックだって！」

「そう。クラシック音楽とかは聞いたことあるでしょ」

このようなやり取りが教室で続いた後、留学生の彼に『平家物語』は、「ジャパニーズ・クラシック」だと説明した。すると彼は、「うんうん」と嬉《うれ》しそうにうなずき、さらに、イギリスでは、シェイクスピアの作品が古典の代表だということも教えてくれた。

ここまでの一連の流れも非常に楽しいやり取りで、振《ふ》り返ってみても微笑《ほほえ》ましい光景なのだが、この出来事が私の記憶《おく》に今もなお鮮《せん》明に残り続けているのは、最後にC彼が言い放った言葉が忘れられないからだ。

るんだなぁ。人のことを見下しているとその見下した相手が何か自分の意にそわないことをしたとき、……のくせに、という気持ちになりがちなんだ。マンガの『ドラえもん』の中でよくジャイアンが、「のび太のくせに」、って言うだろう。そのセリフが出てくるときは、のび太への敬意はみじんもないときだよ。そのことをもっと大きな視点で考えてみると、例えば国と国同士の関係で、隣《りん》国のことを見下しているとする。その見下されている方の国が独自の考えを持ったりしたとき、○○国のくせに、となり、そんな理由もあって戦争が起きているとお父さんは思っているんだ」

　なんだかお父さんの話は内容が広がりすぎな感じがしたけど、僕も大人になったら世の中に対して、こういうふうな理解の仕方ができる人になりたいなとなんとなく思った。

「おはようございます、青柳さん」

「ああ、おはよう。期末テスト頑《がん》張れよー」

「ありがとうございます」

　今朝は校門を通るとき、良夫と一緒《しょ》に元気よく挨拶ができた。なんだか気分が良い。卒業までに学校で働いている人全員の名前を覚えるのが、僕の新たな目標になった。

(注1)「立哨」…建物の入り口などに立って監《かん》視を行う業務のこと。

問一　A に入る言葉としてもっともふさわしいものを、次の1～5から選び番号で答えなさい。

1　騒々《そうぞう》しい　　2　清々《すがすが》しい　　3　元気のない

4　おちゃらけた　　5　無感情な

問二　――B「いたって」とあるが、これを言い換《か》えた言葉としてもっともふさわしくないものを、次の1～5から選び番号で答えなさい。

1　極端《たん》に　　2　はなはだ　　3　きわめて

4　非常に　　5　とても

問三　――C「僕はなんだかドキドキしてきた」とあるが、その理由としてもっともふさわしいものを、次の1～5から選び番号で答えなさい。

1　今の話を階段の陰《かげ》で誰《だれ》かが聞き耳を立てているかもと思うと、不安だったから。

2　二人で階段を急いで駆《か》け上がったため、息が上がって心臓の拍《はく》動が激しかったから。

3　どんなタイプの人が嫌《きら》いか、という良夫の本音を知ることができるかもしれないから。

4　なんとなく自分のことを言われているように感じて、不安になってきたから。

5　せっかく自分にだけ話してくれていることの秘密を、守れるのかが不安だから。

問四　――D「自分でもむなしく感じられた」とあるが、そう感じられた理由としてもっともふさわしいものを、次の1～5から選び番号で答えなさい。

1　シャイな性格の人の例が自分のことを表現しているように感じたから。

2　その場しのぎの答えしか言えない自分自身の方が腹黒いと思えてきたから。

と、通りかかった拓朗がリュックをのぞき込んで言った。

「これは湖だな。急いで用務員室に行って、雑巾《きん》を借りてこなきゃぁ」

と言いながら、もう体は廊《ろう》下に向かって走り出していた。俺も倒《たお》れないようにリュックを床に置くと拓朗の後を追った。

（イ）

梅沢《ざわ》さんはびしょびしょに濡《ぬ》れてしまったノートのことも気にかけてくれて、ドライヤーを貸してくれた。

（ウ）

結局、濡れたノートはドライヤーとベランダ天日干しの甲斐《かい》があって、多少変形はしたが何とか書いてあることが読める程度にまでは復活した。拓朗もそれで許してくれた。

（エ）

用務員室に、借りていたものを返しに行ったときに、梅沢さんはいなくて、他の人しかいなかった。俺はすごくお世話になったし、直接お礼を言いたかったのだが、この時初めてバケツと雑巾、ドライヤーまで貸してくれた人の名前を知らないという事実に気づいた。

（オ）

「すみません。三年G組の只野《ただ》良夫と言いますが、先ほど親切にバケツとかを貸してくれた用務員さんの名前を教えてくれませんか。とても助かったので、できれば直接お礼が言いたいのですが」

「そういうことなら」と言って、そのもう一人の用務員さんはにっこりした。

「というわけさ」良夫は照れくさそうにした。「それから俺は、学校の先生以外の人の名前調べを始めたんだ。自分たちの生活を支えてくれている人たちを、まとめて用務員さんとか、警備員さんというふうに呼ぶよりも、一人ひとりの名前をわかっていて、挨拶とかの言葉を交わしたいと思ったんだよね。ちなみにさっきの警備員さんは青柳《やぎ》さんだよ。とても親切な人で、遠くから俺たちの登校してくる姿を見かけると、信号待ちが短くなるようにいつも校門前の横断歩道の押《お》しボタンをあらかじめ押しておいてくれるんだ」

拓朗は普《ふ》段の自分の E との差に打ちひしがれながら良夫の話を聞いていた。なんで良夫はそんなにいろいろと考えて行動することができるのだろう。なんで自分は世の中の流れに乗っているだけで、ほとんど何も考えないで日々を過ごしているんだろう。

「拓朗、どうした学校で何かあったのか」と夕食の時お父さんから声をかけられた。いつもの僕ならろくな返事もせずに適当に流すところであったが、その時は何故《なぜ》かお父さんにも話を聞いてもらいたい気持ちになった。僕は良夫のことや自分が考えたことをかいつまんで話した。

お父さんは僕の話を聞いた後、しばらく黙《だま》って考えていたが、おもむろに「お前はいい友達を持ったな」と言った。

「お前がいい友達を持てたということは、お前もなかなかいいやつだということだ」と続けた。それを聞いて、僕は胸のあたりがなんだか少しだけ温かくなった。

「こうも考えられるぞ」とお父さんの喋《しゃべ》りはまだまだ続く。「みんなが良夫くんみたいに、身近な人とも対等な関係で、その人のことを気遣《づか》うことができればだな、世の中はもっと平和になるとお父さんは考えてい

【国　語】（四五分）〈満点：一〇〇点〉

【一】次の文章を読んで、後の各問いに答えなさい。

「おはようございまーす」

一瞬《しゅん》、びっくりして足が止まってしまった。良夫のあまりにも堂々としていて、 A 挨拶《あいさつ》だった。

つい先日、中学校の最高学年である三年生になったと思ったら、もう一学期も終わりに近づき、あとは学期末テストと林間学校を残すのみとなっていた。部活動も活動停止期間に入り、僕《ぼく》は良夫と、あさ早めに学校に行って勉強することにした。今日はその初日である。早朝にもかかわらず気温と湿《しつ》度は高いままの、どんよりとした梅雨空が垂れさがっている感じで、二人とも駅からたった十分歩いただけなのに、校門にたどり着くころにはからだ中から汗《あせ》が噴《ふ》き出していた。

うちの学校は私立中学で、校門には警備員さんが（注1）立哨《しょう》している。いつもは遅刻《ちこく》ギリギリに登校しているので、同じようにギリギリに来る大集団の中の一人として校門を通り抜《ぬ》けている。警備員さんが立っているのは知っているが、挨拶をしたり会釈《えしゃく》をしたりした記憶《おく》はほとんどない。

「ヨッシーっていつもあんな風に警備員さんにきちんと挨拶しているの」

教室に向かう階段を上りながら僕はにわかに聞いてみた。

「だって気持ちよくなーい？」

良夫の答えはBいたってシンプルである。

「拓《たく》朗にだけ俺《おれ》の本音を言うとだね、先生にだけ愛想よく挨拶しまくって点数を稼《かせ》いでさぁ、警備員さんはじめ、ほかの学校を支えている人たちを無視しているやつっているじゃん。俺はそういうやつって苦手なんだよね」

うわぉっ、C僕はなんだかドキドキしてきた。良夫はさらに続ける。

「そういうやつってさぁ、自分の親が学校に払《はら》っている学費であんたたちの生活を支えてやっているっていう、まぁそこまでは意識していないのかもしれないけど、なんかそういう人たちを自分より下に見ている感じがして、人間としての醜《みにく》さ百倍って感じに思っちゃうんだよね」

「いやいや、警備員さんにきちんと挨拶できない人が、みんなそんな腹黒い感じじゃないんじゃないかなぁ。例えば、シャイな性格で、人前で大きな声を出せないとか。あっ、そうだ。コロナだから人前で大声を出しちゃダメって言われているし」

僕は守りに入って、ちょっと言い返してみたが、その言葉の内容はD自分でもむなしく感じられた。

ふと気づくと机の横にかけてあるリュックサックから液体が滴《したた》っていた。あちゃー、お母さん、また水筒《とう》の中蓋《ぶた》を閉め忘れたな。と思うや否《いな》や同じリュックに入っているはずの友達の拓朗から借りたノートが心配になった。おそるおそるリュックの蓋《ふた》を開けてみる。底の方に小さな池ができていて、その水たまりにお気に入りの消しゴムがプカプカ浮《う》いているのが見える。

（ア）

わぁー、どうしよう。のっぴきならない状況《きょう》にパニックになっている

MEMO

大切なことはメモしておこうネ！

2023年度

解　答　と　解　説

《2023年度の配点は解答欄に掲載してあります。》

＜算数解答＞ 《学校からの正答の発表はありません。》

【1】 (1) ア 32 イ 75 (2) ア 5 イ 34 (3) 66 (4) 212 (5) 360

【2】 (1) 180 (2) ア 1 イ 5 (3) 12 (4) 468 (5) 32

【3】 (1) ア 32 イ 5 (2) ア 5 イ 1 ウ 11 (3) ア 127 イ 17
(4) ア 489 イ 84

【4】 (1) ア 7 イ 8 (2) ア 3 イ 18

【5】 (1) ア 8 イ 15 (2) ア 15 イ 1 ウ 3

【6】 (1) 459 (2) 784

○推定配点○

各5点×20　　計100点

＜算数解説＞

【1】 (四則計算，数の性質，規則性，場合の数)

(1) $\frac{65}{36}\times\frac{6}{35}\times\frac{28}{5}-\frac{98}{75}=\frac{26}{15}-\frac{98}{75}=\frac{32}{75}$

(2) $\frac{\boxed{ア}}{\boxed{イ}}=4.3\div\left(1.02\times\frac{86}{15}\times5\right)=4.3\div29.24=\frac{5}{34}$

基本 (3) 33−3＝30，93−3＝90の最大公約数30の約数のうち，5以上の和は5＋6＋10＋15＋30＝66

重要 (4) 5個の数が反復して現れ，47÷5＝9…2より，求める総和は3＋2＋7＋6＋5＝23，23×9＋3＋2＝212

重要 (5) 6個の目から異なる目である2個を選ぶ組み合わせ…6×5÷2＝15(通り)
したがって，4個のさいころの目が異なる目の出方は4×3×2×1×15＝360(通り)

重要 【2】 (割合と比，濃度，速さの三公式と比，流水算，平均算，消去算，数の性質)

(1) 1回目の処理後…12÷600×(600−200)＝8(％)の食塩水600g
したがって，2回目に捨てた重さは600÷8×(8−5.6)＝180(g)

(2) 上りの時速…72÷8＝9(km)　　下りの時速…72÷6＝12(km)
したがって，流速は(12−9)÷2＝1.5(km)

(3) 右図より，色がついた部分の面積が等しく
前回までのテストの回数は(77−3−38)÷3＝36÷3＝12(回)

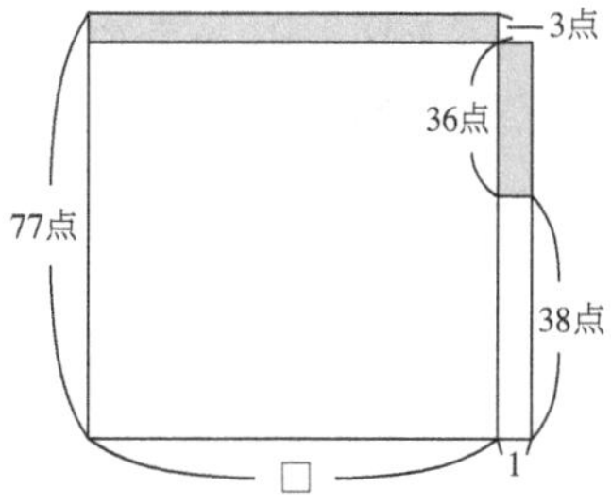

(4) 今日の入場者のうち大人の人数を□，子供の人数を△で表す。

□＋△＝783…ア

□＋10＋△÷1.17＝783÷1.08＝725より，□＋△×$\frac{100}{117}$＝715…イ

アーイより，△は$(783-715)\div\frac{17}{117}=468$（人）

(5)　8＝4×2，28＝4×7より，右図から，区切られる正方形のすべての個数は(7＋1)×4＝32（個）

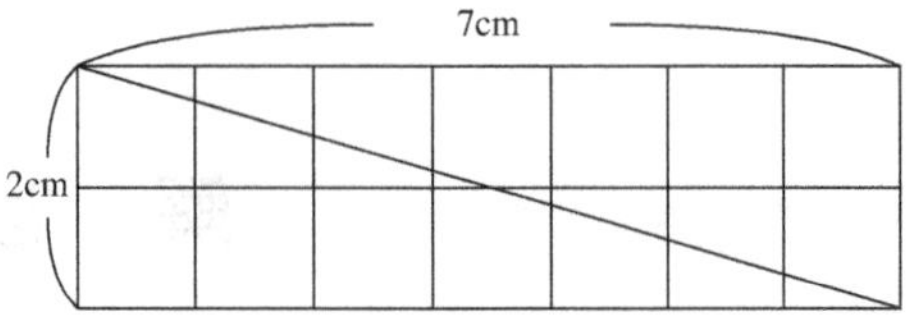

重要【3】（平面図形，相似，立体図形，図形や点の移動，割合と比）

図1

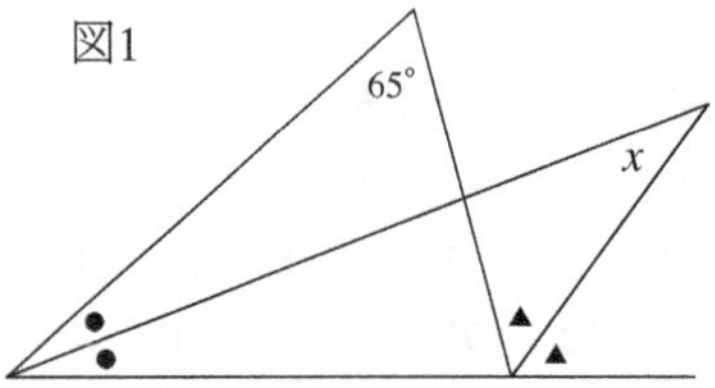

図2

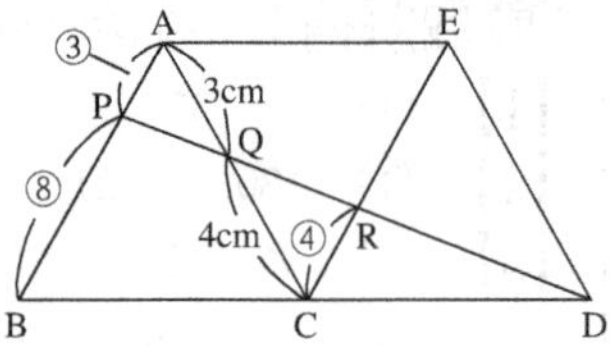

(1)　図1より，▲＝●＋32.5

したがって，x＝32.5（度）

(2)　図２より，三角形APQとCRQ，三角形PBDとRCDはそれぞれ相似である。

したがって，APが③のとき，ABは③＋④×2＝⑪であり，PBは$7\div11\times8=\frac{56}{11}=5\frac{1}{11}$(cm)

図3

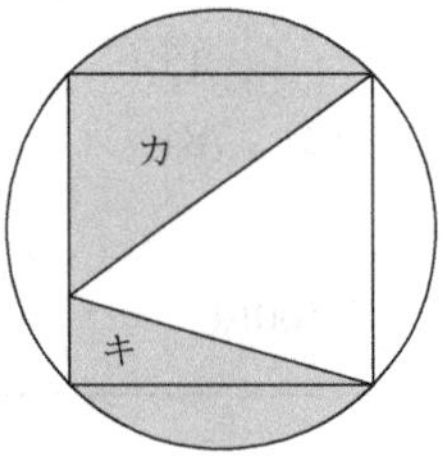

図ア

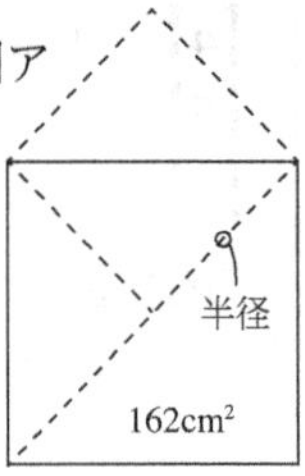

(3)　三角形カ＋キの面積…図3より，162÷2＝81（cm^2）

半径×半径の面積…図アより，81cm^2

したがって，求める面積は81＋81×3.14÷2－81＝127.17（cm^2）

(4)　右図の回転体の表面積について計算する。

高さ8cmの円錐部分の側面積…6×10×3.14＝60×3.14（cm^2）

高さ3cmの円柱部分の側面積…(12＋8)×3.14×3＝60×3.14（cm^2）

半径6cmの円の面積…6×6×3.14＝36×3.14（cm^2）

したがって，表面積は(60×2＋36)×3.14＝156×3.14＝489.84（cm^2）

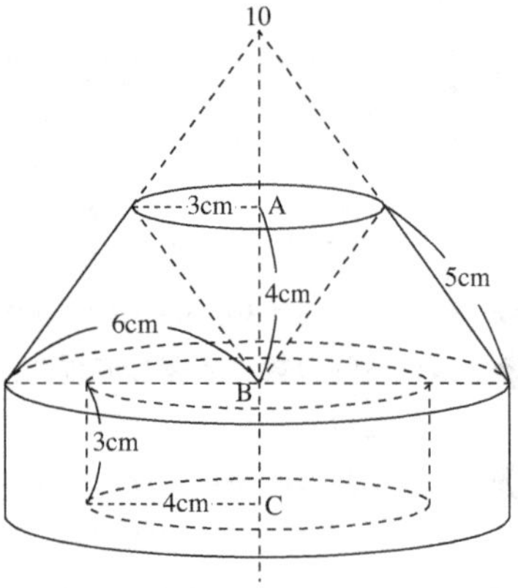

重要【4】（速さの三公式と比，割合と比，単位の換算）

(1)　登りと下りの速さの比…54：90＝3：5

右図より，Aまで往復した時間…3時間36分－1時間30分＝2時間6分＝126（分）

Aまで登った時間…126÷(5＋3)×5＝78.75（分）

したがって，Aまでの距離の割合は$78.75\div90=\frac{7}{8}$

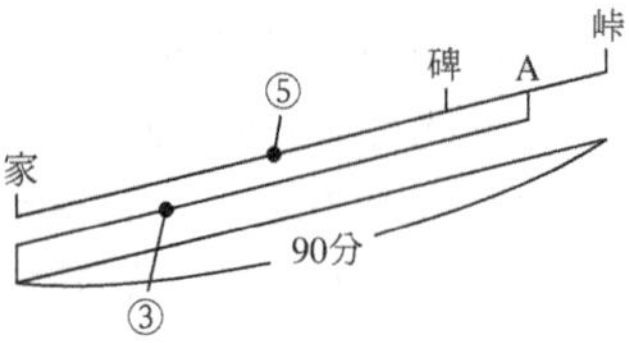

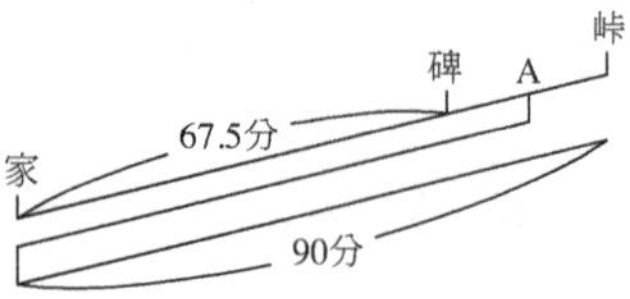

(2)　家からAまでの距離と家から峠までの距離…(1)より，6：8＝3：4

したがって，求める時間は90＋90÷4×3×(1＋0.6)＝198（分）　すなわち3時間18分

重要 **【5】** **(平面図形，立体図形，割合と比，グラフ，単位の換算)**

(1)　Aの底面積

$\cdots 800\times16\div12=\frac{3200}{3}(\mathrm{cm}^2)$

水槽の底面積$\cdots\frac{3200}{3}\div2\times(2+1+3)=3200(\mathrm{cm}^2)$

したがって，Cに入る毎分の給水量は$3200\times30\div72-800=\frac{1600}{3}(\mathrm{cm}^3)$　すなわち$\frac{1600}{3}\div1000=\frac{8}{15}(\mathrm{L})$

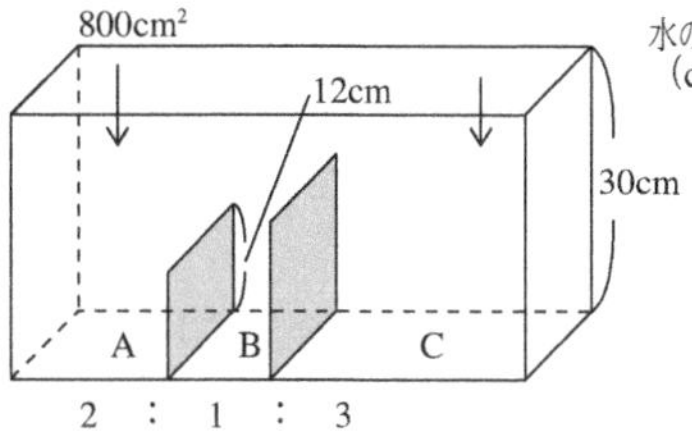

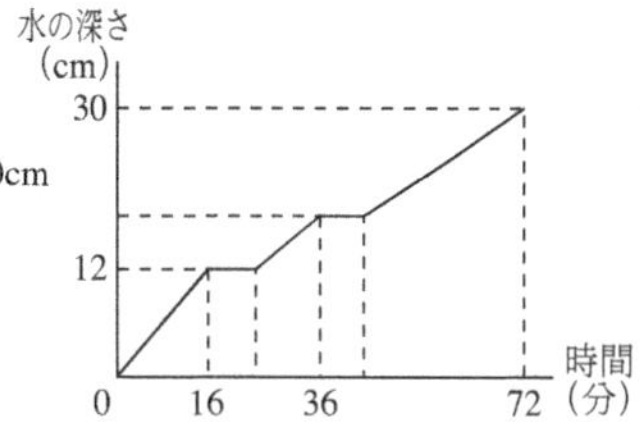

(2)　Cの底面積$\cdots\frac{3200}{3}\div2\times3=1600(\mathrm{cm}^2)$

したがって，グラフより，Cの深さは$\left\{800\times(40-36)+\frac{1600}{3}\times40\right\}\div1600=15\frac{1}{3}(\mathrm{cm})$

やや難 **【6】** **(数の性質，論理)**

(1)

$$\begin{array}{r}1\bigcirc\bigcirc\\+2\bigcirc\bigcirc\\\hline3\bigcirc\bigcirc\end{array}$$

左の計算にあてはまる数の組み合わせがないので，右の計算にあてはまる数の組み合わせを求める。

$$\begin{array}{r}1\bigcirc\bigcirc\\+2\bigcirc\bigcirc\\\hline4\bigcirc\bigcirc\end{array}$$

したがって，$183+276=459$

(2)　(1)と同様に試行錯誤すると，$936-152=784$が求められる。

★ワンポイントアドバイス★

【6】筆算は簡単ではないが，場合によっては短時間に正解を見つけられる可能性がある。他の問題も，よく出題される問題であり，まず【1】と【2】で全問正解を目指して取り組もう。自分にとって解きやすい問題を優先して解くこと。

＜理科解答＞ 《学校からの正答の発表はありません。》

【1】 (1) 3　(2) 1　(3) 3　(4) 2　(5) 3　(6) 形成層　(7) 2
(8) 2　(9) 3　(10) アーモンド　(11) マツ

【2】 (1) 1・5・7　(2) 5・7・8　(3) 1　(4) 2　(5) 3

【3】 (1) 1　(2) 2　(3) 3

【4】 (1) 2　(2) 4　(3) 3　(4) 3　(5) 1　(6) 5　(7) 2

○推定配点○

【1】 (1)～(9) 各2点×9　(10)・(11) 各1点×2　【2】 各2点×5((1)・(2)各完答)

【3】 各2点×3　【4】 各2点×7　計50点

＜理科解説＞

【1】（生物的領域―植物）

重要 (1)　マツは風媒花である。

(2)　初夏のころ，マツの木の周りに落ちている茶色いイモムシみたいなものは，雄花の花がらである。

重要 (3)　問題文の初めから8番目のフクスケの会話文中に，マツの種子は風が運ぶヒントになる文が書かれている。

重要 (4)　問題文の初めから13番目のフクスケの会話文に，松枯れ病の原因はカミキリムシによって運ばれた線虫が原因だと書かれている。

重要 (5)　冬でも青い葉をつけている樹木を常緑樹という。

重要 (6)　タケには形成層がない。

(7)　エジソンはタケを蒸し焼きにして，フィラメントとして使用した。

重要 (8)　タケはイネと同じ単子葉植物である。

(9)　酸性食品とアルカリ性食品の区別は燃えカスを調べることで判断している。

(10)　ウメと同じ仲間で，種子の中のものを食用としているのはアーモンドである。

(11)　パイナップルは，マツの実と形が似ていることから，その名がついた。パインとは英語でマツをあらわす。

重要 【2】（地学的領域―星と星座）

(1)・(2)　夏の大三角は，わし座のアルタイル，はくちょう座のデネブ，こと座のベガを結んだものである。

(3)　夏の大三角を南を正面としてみると1の形に見える。

(4)　星は同じ日に観察すると，1時間で15度東から西に動くので，2022年9月15日の夜11時には西の空に夏の大三角が見られる。

基本 (5)　南半球から見ると，星座の向きは上下左右がさかさまに見える。南半球では星は北中する。

基本 【3】（化学的領域―物質の性質）

(1)　Aグループは混ぜると気体が発生する。Bグループは混ぜると固体が液体に溶ける。Cグループは混ぜても固体は液体に溶けない。アルミ箔と5%の水酸化ナトリウム水溶液は反応すると気体が発生するので，Aグループである。

(2)　水酸化ナトリウムは5%の塩酸に溶けるので，Bグループである。

(3)　5%の塩酸に溶けないのは銅粉である。

重要 【4】（物理的領域―力のはたらき）

(1)　振り子の周期は，振り子の長さによって決まる。

(2)　振り子の長さが80cm(F)のとき，周期は1.9秒なので，周期が2.1秒なのは，選択肢の中から4の100cmであると考えられる。

(3)　振り子の長さが80cm(F)のとき周期は1.9秒であり，振り子の長さが(2)から100cmのとき周期は2.1秒であると考えられる。よって，周期が2秒になるのは，選択肢の中から3の87cmであると考えられる。

(4)　振れ幅を変えても周期は変化しない。しかし，振れ幅が大きくなるほど，支点の真下を通過するときのおもりの速さは速くなる。

(5)　振り子は，支点の真下に杭があったとしても，おもりの手放した高さと同じ高さまで上がる。

やや難 (6)　振子の周期は，図1のように矢印4個の距離を移動するのにかかった時間である。

図2から，振り子が支点の真下から左側に振れ，再び真下になる時間は矢印(→)2個分なので，表

2から1.9(秒)÷2＝0.95(秒)である。杭にあたった瞬間から右側に振れ，再び真下に戻ってくる時間は，振り子の長さが20cmで矢印(⇒)2個分なので，表2から1.0(秒)÷2＝0.5(秒)である。よって，時間は，0.95(秒)÷0.5(秒)＝1.9(倍)となる。

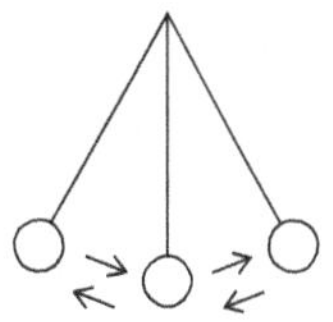
図1

やや難 (7) 80cmの長さの矢印2個分の時間は0.95秒なので，長さが変わった振り子の矢印2個分の時間は，1.65(秒)－0.95(秒)＝0.7(秒)である。この時間を矢印4個分にすると振り子の周期は0.7(秒)×2＝1.4(秒)であるので，杭によって長さが変わった振り子の長さは表2から40cmとなる。よって，杭はふりこの支点から40cm下に移動したと考えられる。

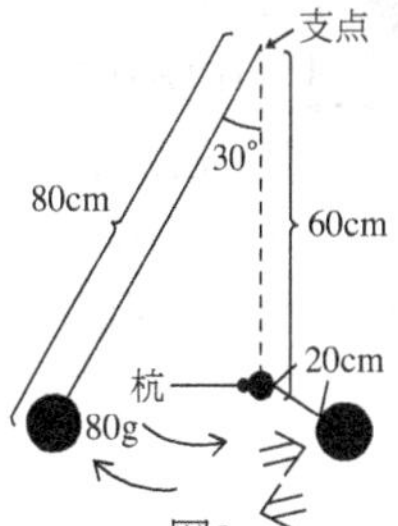

図2

★ワンポイントアドバイス★

問題文の意味を素早く正確に把握しよう。

＜社会解答＞ 《学校からの正答の発表はありません。》

【1】 問1 3 問2 3 問3 4 問4 1

【2】 問1 (遺跡A) 3 (遺跡B) 2 問2 当時は現在より温暖で海岸線が現在よりも内陸に入り込んでいたため。 問3 聖武天皇 問4 4 問5 千利休 問6 2
問7 (1) 4 (2) 1 問8 さつまいも 問9 3

【3】 問1 2 問2 3 問3 4 問4 拒否 問5 4 問6 3

【4】 問1 3 問2 1 問3 2 問4 屋久島には標高が高い宮之浦岳があり，山の斜面を湿った風が上昇する際に雲ができ，多くの雨を降らせるから。 問5 4 問6 エコツーリズム 問7 4

○推定配点○

【1】 各2点×4 【2】 問1，問4，問6，問7 各1点×6 他 各2点×5 【3】 各2点×6
【4】 各2点×7 計50点

＜社会解説＞

【1】 (総合—3R，環境問題に関連する問題)

問1 3 あ マイクロプラスチックはプラスチックごみが自然界に放置されて紫外線等で劣化し細かく砕けたもの。ただ完全に分解し自然に帰ることがないのが問題。 い バイオマスプラスチックは石油ではなく植物由来のプラスチックでこれは仮に燃やしても，原料が植物で成長過程で二酸化炭素を吸収してきているということで，燃やした際に発生する二酸化炭素は相殺されるという考え方で奨励されている。 う 生分解性プラスチックは微生物の力で分解され，分子レベルまで分解され，最終的には二酸化炭素と水になるもの。 え ワンウェイとは一方通行で，要は使い捨てということ。

問2　A　ニュートラルとは本来，「中立」の意味で，その立ち位置が離れている，関わらない状態。カーボンニュートラルも二酸化炭素を増やすこととは無関係という意味。　B　資源循環はリサイクルやリユースなどを通じて限りある資源を繰り返し使えるようにするというもの。

基本　問3　4　reduceは「減らす，縮小する」，reuseは「再び使う，再使用する」，recycleは「再利用する，再資源化する」，renewableは「回復できる，再生できる」という意味。

重要　問4　1　マイはしやマイボトルの使用はむしろ歓迎すべきことなので誤り。

【2】（日本の歴史―日本の食文化に関連する問題）

問1　遺跡Aは旧石器時代のものなので長野県の野尻湖遺跡。遺跡Bは縄文時代のものの青森県の三内丸山遺跡。

やや難　問2　氷河期が終わった後の縄文時代の頃は，比較的温暖で，海水面が現在よりも高く，関東地方についていえばかなり内陸の方にまで水際が入り込んでいたため，貝塚が内陸部にもみられる。

問3　奈良時代に大仏を造立させた天皇は聖武天皇。大仏造立の詔が出されたのが743年。

基本　問4　4　真言宗は平安時代初期に空海が伝え，開いたもの。

問5　千利休は堺の商人出身で，自治を行っていた会合衆の一人とされる。織田信長に茶頭として召抱えられ，茶道の方で名を残すようになる。

問6　1は日本酒，3は酢，4は味噌の作り方。

重要　問7　(1)　3→2→4→1の順。　　(2)　4→2→1→3の順。

問8　さつまいもを青木昆陽が飢饉対策の作物として勧めるようになるのは，享保の改革の際のこと。

問9　3　つくだ煮は，東京の中央区の佃の名称がついたもの。隅田川の河口の鉄砲洲を埋め立ててできたあたりの地名で，もともとは摂津(現在の大阪北中部から兵庫県にかけての地域)の佃村の住民が江戸に移住してできた地名。

【3】（時事問題―ウクライナ問題に関する問題）

問1　2　あ　クリミア半島はクリム半島ともいい，黒海の北側にウクライナから出ている半島。　い　NATOは北大西洋条約機構の略で，かつての冷戦時にはソ連を中心とする東側のワルシャワ条約機構に対抗する軍事同盟として存在。冷戦終結後に，ワルシャワ条約機構は消滅したが，NATOは存続し，現在ではかつてのワルシャワ条約機構に所属していた国も加盟している。

基本　問2　3　①　ロシアの大統領がウラジーミル・プーチン。　②　ウクライナの大統領はヴォロディミル・ゼレンスキー。　③　国連の事務総長は現在はアントニオ・グテーレス。

問3　4　安全保障理事会と総会のどちらで悩むところだが，dの方がロシアが□権を行使しとあるので，dが安全保障理事会で，cが総会とわかる。

重要　問4　安全保障理事会でロシアなどの常任理事国が持つのが拒否権。

やや難　問5　4　B　ロシアがウクライナ領内のロシア人保護を名目に軍事行動を起こす。→D　国連の安全保障理事会でロシアの撤退を求める決議案が出されてロシアが拒否権を行使し，安全保障理事会が動けない状態に。→C　安全保障理事会が動けないので総会での決議を行う。→A　ロシアがロシアに近いウクライナ東部と黒海に面する4つの州を一方的に併合。

問6　3　ウクライナは世界中に小麦を輸出していた国であり，その輸出が滞ったことで，世界的な小麦不足となり小麦の価格が上昇したので下落ではない。

【4】（日本の地理―九州と四国地方に関する問題）

問1　3　あ　屋久島があるのは鹿児島県。　い　日本で雨が比較的雨が少ないのは瀬戸内地方と中部地方の中央高地。香川県があるのは瀬戸内。　う　香川県のあたりの昔の国の名が讃岐。

問2　1　え　うどんの原料は小麦粉。　お　瀬戸内のあたりでは古くから海水から塩をつくるのが盛んに行われていた。　か　だしに使う煮干しの多くはいわしが原料。

問3　2　近年局地的な大雨の原因とされて注意が払われているのが線状降水帯。線状降水帯は次々と発生する積乱雲が線状につらなり，同じ場所をこれが通過することで比較的長時間集中豪雨が局地的に発生する。

やや難　問4　屋久島の中央の宮之浦岳は標高が1935mあり，九州地方で最も高い山になっている。これに対して種子島には地図を見る限り最高所でも207mしかない。屋久島の宮之浦岳は海の中から高くそびえているようなもので，このため島に吹く風はこの山の斜面に沿って動くので，山の上には雨雲が形成され，雨を降らす原因となる。

重要　問5　選択肢の中で世界自然遺産として登録されているのは，知床半島，白神山地，小笠原諸島，西表島の4つ。富士山と紀伊山地は世界文化遺産に登録されている。

問6　エコツーリズムは自然や歴史などに触れる体験をさせる観光とその自然環境や歴史的なものを保全する活動を共存させるもの。

問7　4　耶馬渓は大分県中津市の山国川の中流から上流にある渓谷で，日本の三大奇勝の一つとされる奇岩の連なる絶景。福澤諭吉は中津藩の蔵屋敷にいた武士の家に生まれるが，幼少期に中津で過ごす。

★ワンポイントアドバイス★

記号選択が多いが，記述が2問あるので，25分という短時間でこなさねばならないことを考えると，かなり大変である。記述を書く時間を確保することを考えると記号選択の問題は，問われていることを瞬時に把握していかないと，高得点にはつながらないので，過去問での練習が必要であろう。

＜国語解答＞　《学校からの正答の発表はありません。》

【一】　問一　2　問二　1　問三　4　問四　5　問五　2　問六　6
問七　（例）　みんなが対等な関係で相手を気遣えれば，世の中は平和になる(ということ。)

【二】　問一　3　問二　1　問三　5　問四　5　問五　4　問六　Ⅲ　5　Ⅳ　2
問七　3　問八　4

【三】　問一　4　問二　5　問三　2　問四　1　問五　5　問六　1・5

【四】　①　A　5　②　B　7　③　C　2　D　8　④　E　9　⑤　F　1　⑥　G　3
⑦　H　6　⑧　I　4

【五】　ア　満場　イ　徒党　ウ　辺境　エ　必至　オ　奮(い)　カ　信条
キ　算段　ク　背反　ケ　連立　コ　射(る)　サ　管見　シ　協定
ス　耳目　セ　工面　ソ　巻(く)

○推定配点○

【一】　問一・問二　各2点×2　問七　6点　他　各4点×4
【二】　問三・問五・問七・問八　各4点×4　他　各2点×5　【三】　問六　4点(完答)
他　各1点×5　【四】　各1点×9　【五】　各2点×15　計100点

＜国語解説＞

【一】（小説―心情・場面・段落構成・文章細部の読み取り，空欄補充，ことばの意味，記述力）

問一　Aに対して「『ヨッシーって……』」で始まる言葉で「『きちんと挨拶している』」と「僕」が話しているので，さわやかで気持ちがいいという意味の2が適切。「『きちんと』」をふまえていない他の選択肢は不適切。

基本　問二　「いたって」は程度がはなはだしいさまを表すので，1はふさわしくない。

問三　――C前で「警備員さん」に「挨拶をしたり会釈をしたりした記憶はほとんどない」と思っているところに，良夫が「『警備員さん……を無視しているやつって……苦手なんだよね』」と話したため，「僕」は自分のことを言われているように感じて「うわぉっ」と驚きCのようになっているので，4が適切。C前の「僕」の心情をふまえていない他の選択肢は不適切。

重要　問四　「僕」は良夫の言う「『学校を支えている人たちを無視しているやつ』」を自分のことのように感じているので，「『いやいや……』」と反論しても，ただの言い訳のようで――Dのように感じているので5が適切。良夫への反論が言い訳がましくなっていることで「むなしく感じられた」ことを説明していない他の選択肢は不適切。

問五　設問の文章に「梅沢さんは事情を聞くとバケツと雑巾を……貸してくれた」とあるので，リュックに水たまりができてしまったという事情が直前で描かれ，直後でその後の梅沢さんの対応が描かれている2の（イ）に入る。

問六　E直後で「なんで良夫はそんなにいろいろと考えて行動することができるのだろう。なんで自分は……何も考えないで日々を過ごしているんだろう」という「僕」の心情が描かれていることから，思考や観察などのおよぶ範囲が狭いという意味の6が適切。E直後の「僕」の心情をふまえていない他の選択肢は不適切。

やや難　問七　「『みんなが良夫くんみたいに……』」で始まる言葉で「『身近な人とも対等な関係で，その人のことを気遣うことができればだな，世の中はもっと平和になる』」と話していることをふまえて，お父さんが言いたかったことを指定字数以内にまとめる。

【二】（論説文―大意・要旨・文章の細部の読み取り，指示語，ことばの意味，慣用句・四字熟語）

問一　――Aは，大したことない，うまくないという意味で3が適切。

基本　問二　「試行錯誤」は，さまざまなことを試みて失敗をくり返しながら目的に近づいていくという意味。

問三　「それまで……」で始まる段落で，彼が古典を「『最も偉大な授業だ』」と言い放ったことで，「古典を学ぶ意義」などを「考える機会を私に与えてくれた」と述べているので5が適切。この段落内容をふまえていない他の選択肢は不適切。

問四　Ⅰは感動がこみ上げるという意味で「胸」，Ⅱは気合いが入り，気持ちを引きしめるという意味で「背」があてはまる。

重要　問五　――Dのある段落で「リベラル・アーツ」の「起源は古代ギリシアにまで遡」り，「奴隷という身分から自立した存在へと解放されるために必要なもので」あり「自らを自由にするものだった」ことを述べているので，4が適切。D後の説明をふまえていない他の選択肢は不適切。

問六　Ⅲは直前に内容を言いかえた内容が続いているので「つまり」，Ⅳは間違いなく，確かにという意味で「まさに」がそれぞれあてはまる。

問七　――Eは「様々な情報を見極める力，変化に立ち向かい，課題を解決する力が……求められている」現代社会において，「ものごとの本質をつかみ，課題を自ら設定し，行動することによってその課題を解決」する力のことなので，このことをふまえた3が適切。E前の説明をふまえていない他の選択肢は不適切。

やや難 問八　最後の2段落で，「古典を通じて身につけたリベラル・アーツは，現代社会において，私たちが直面する様々な課題を解決する際の羅針盤となり，……私たち自身を自由な存在として解放してくれる」こと，「古典を学ぶ意義」を「考え始めるときが，自由への大きな一歩を踏み出す瞬間になることを信じて」いることを述べているので4が適切。この2段落の内容をふまえていない他の選択肢は不適切。

【三】（論説文―空欄補充，内容真偽，文学史）

問一　Aには，漢字のように一字一字が一定の意味を表す文字という意味で4があてはまる。1は古代エジプトの象形文字の一種。2は擬態語などさまざまな状態や動きなどを音で表現した言葉。3は絵を文字のように用いて表したもののこと。5は元々日本で使われていた言葉。6はアラビア語などの文字。

基本 問二　5の「演説」を英語で「スピーチ(speech)」といい，音も表していないのでふさわしくない。

やや難 問三　――Cは白居易によって作られた漢詩である2が出典。1は中国の古典小説。3は司馬遷によって編さんされた中国の歴史書。4は中国の明代の歴史小説。5は中国の明代の長編小説。

問四　――Dに入っているのは1で，作者は在原業平朝臣。2は作者，出典不明。3は『一握の砂』からで作者は石川啄木。4は『万葉集』の防人の歌。5は短歌雑誌掲載の作品。

問五　Eは直後に「東北には思いがある」と述べているので，俳句を詠みながら東北～北陸を旅した紀行文である5があてはまる。

重要 問六　1と5は冒頭，「▼右手に……」，「▼傍聴した……」で始まる部分で述べている。2の「ペンは……与えた」，3の「苦手で……断念し」，4はいずれも述べていない。

【四】（空欄補充，漢字の書き取り）

①の「温【故】知新」は昔のことを研究し，そこから新しい知識や道理を見つけ出すこと。②の「有【機】栽培」は化学肥料や農薬を使わず，動植物質の有機肥料のみを利用した栽培方法。③は野菜くずや食材の調理など台所から出る水分を含んだごみである「【生】ごみ」を利用することでゴミも【減】らすことができるということ。④「【再】【生】可能」は一度利用しても短期間に再生が可能なこと。⑤の「自【動】運転」は人間が運転操作を行わなくても自動で走行できること。⑥の「利【他】の精神」は自分のことより相手を優先して尽くす心構え。⑦の「【植】林」は山林でない土地などへ苗木を植えたり，種子をまいたりすること。⑧は気候【危】【機】への対策では，化石燃料の使用を【減】らし，地球温暖化をくい止めるということ。

重要 **【五】（漢字の書き取り）**

アの「満場一致」はその場にいる全員の意見が一つになること。イはある目的のために仲間などを組むこと。ウは国などの中央から遠く離れた地帯，国境。エは必ずそうなること。オの音読みは「フン」。熟語は「奮起」など。カはかたく信じて守っている事がら。キは工夫してよい方法や手段を考えること。クは従うべきものにそむくこと。ケは二つ以上のものが並び立つこと。コの音読みは「シャ」。熟語は「反射」など。サは自分の見解や考えをへりくだっていう言葉。シは協議や相談などをして決めること。特に，国家間の取り決めで，あまり厳重な手続きをしないで結べるもの。スは多くの人々の注意や注目。セはなんとか工夫して金銭を用意すること。ソの音読みは「カン」。熟語は「圧巻」など。

★ワンポイントアドバイス★

慣用句や四字熟語，当て字など文字に関する言葉，文学史などの知識は日ごろからしっかりと蓄えておこう。

MEMO

大切なことはメモしておこうネ！

2022年度

★★★★★★★★★★★★★★★★★★★★★★★

入　試　問　題

2022年度

慶應義塾中等部入試問題

【算　数】（45分）　＜満点：100点＞

【1】 次の □ に適当な数を入れなさい。

(1) $21+50\times\{6.25\times0.24-3.896\div(5+0.6\times7.9)\}=$ □

(2) $3\frac{1}{6}-\left(4-1\frac{3}{5}\right)\div\frac{\boxed{\text{ア}}}{\boxed{\text{イ}}}=\frac{1}{2}$

(3) 2.453÷0.28の商を小数第２位まで求めると［ア］.［イ］で，このときの余りは小数第［ウ］位までの数です。

(4) ８で割ると６余り，11で割ると９余る２桁《けた》の整数は □ です。

(5) 0，2，3，6，7の５つの数字を１回ずつ使って，５桁《けた》の整数をつくります。このとき，偶《ぐう》数は全部で □ 通りつくることができます。

【2】 次の □ に適当な数を入れなさい。

(1) 長さ4.76mの丸太を34cmずつの長さの丸太に切り分けます。丸太を１回切るのに５分かかり，丸太を１回切り終えてから次に切り始めるまでに42秒ずつ休むことにします。２本以上の丸太を同時に切ることはしないことにすると，丸太を切り始めてから全部切り終えるまでには［ア］時間［イ］分［ウ］秒かかります。

(2) ６％の食塩水が270ｇあります。これに，食塩を □ ｇ溶《と》かしたところ，15.4％の食塩水になりました。

(3) ある本を読むのに，１日目は全部のページ数の$\frac{5}{8}$よりも30ページだけ少なく読み，２日目は残りの0.6倍よりも５ページだけ少なく読み，３日目は残りの$\frac{17}{25}$よりも５ページだけ多く読んだところ，35ページ残りました。この本は全部で □ ページあります。

(4) 毎分 □ Ｌの割合で水がわき出ている池があります。この池の水は，毎分30Ｌずつくみ上げるポンプを使うと12分でなくなり，毎分25Ｌずつくみ上げるポンプを使うと18分でなくなります。

(5) 下の図の９つのマスに数を１つずつ入れて，縦《たて》，横，斜《なな》めに並んだ３つの数の和がすべて等しくなるようにします。このとき，Ａのマスに入る数は □ です。

28	76	A
		4

【3】 次の □ に適当な数を入れなさい。ただし，円周率は3.14とします。

(1) ［図1］のように，長方形の紙をその対角線で折りました。㋐の角と㋑の角の大きさの比が7：4であるとき，角 x の大きさは □°です。

［図1］

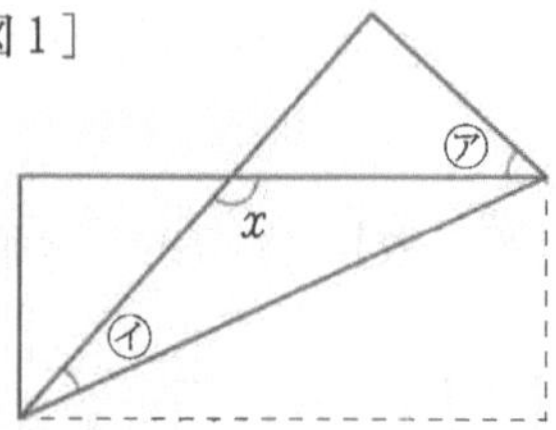

(2) ［図2］のように，面積が60cm²で2辺AB，ACが等しい三角形と，正方形を組み合わせました。この正方形の1辺の長さは $\boxed{ア}\dfrac{\boxed{イ}}{\boxed{ウ}}$ cmです。

［図2］

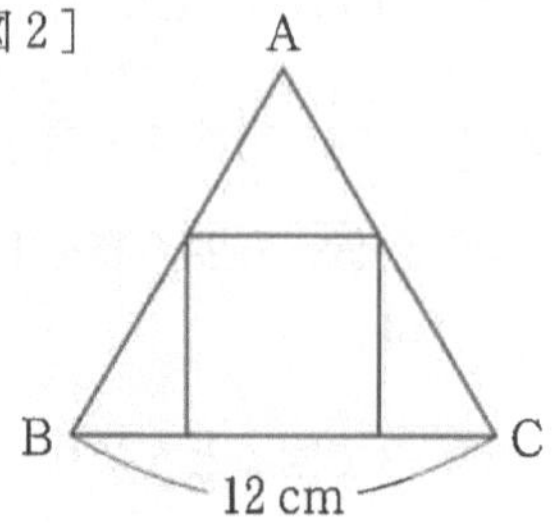

(3) ［図3］のように，2つの正方形を組み合わせました。辺EHの長さが8cmで，辺AHと辺AEの長さの差が2cmであるとき，三角形AEHの面積は □ cm²です。

［図3］

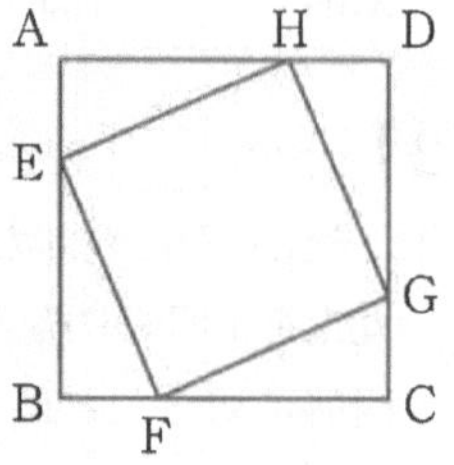

(4) ［図4］のような台形があります。この台形を直線ADのまわりに1回転してできる立体の表面の面積は，この台形を直線ABのまわりに1回転してできる立体の表面の面積の $\dfrac{\boxed{ア}}{\boxed{イ}}$ 倍です。

［図4］

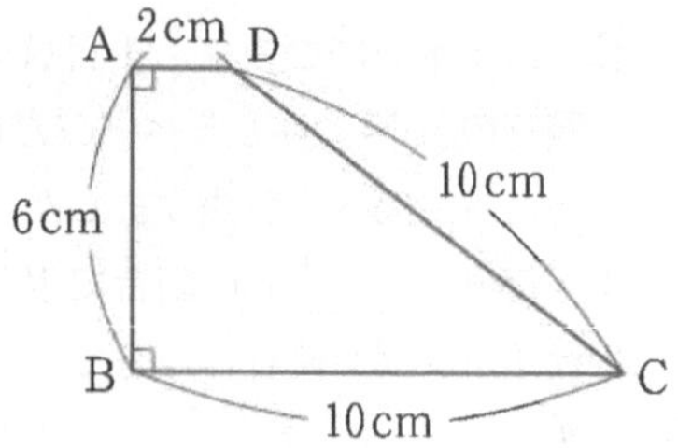

【4】 次のページの図のような縦《たて》6cm，横5cm，高さ13cmの直方体があります。辺AE上にAP＝3cmとなる点Pをとり，辺BF上にBQ＝7cmとなる点Qをとって，3点D，P，Qを通る平面でこの直方体を切り，2つの立体に分けます。次の □ に適当な数を入れなさい。

(1) 3点D，P，Qを通る平面が辺CGを切る点をRとするとき，四角形QFGRの面積は □ cm²です。

(2) 切り分けられた2つの立体のうち，大きい方の体積は □ cm³です。

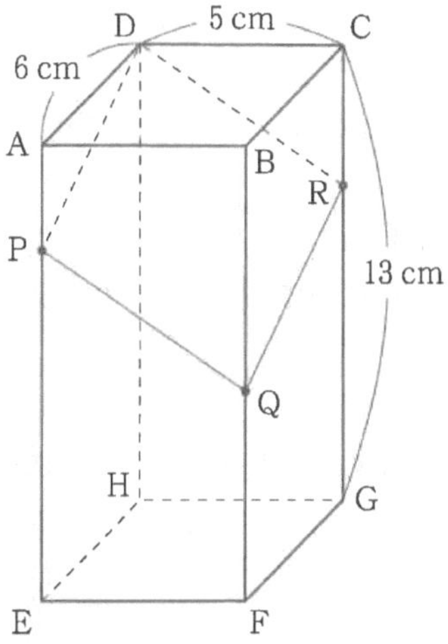

【5】 太郎《たろう》君，次郎《じろう》君，花子さんの３人の家は，学校までのまっすぐな一本道に面しています。太郎君，次郎君，花子さんがこの順にそれぞれの家を出発して，学校までの道をそれぞれ一定の速さで歩き，学校に行きました。右のグラフは，太郎君が家を出発してからの時間と，太郎君と次郎君の間の距離《きょり》の関係を表したものです。次の □ に適当な数を入れなさい。

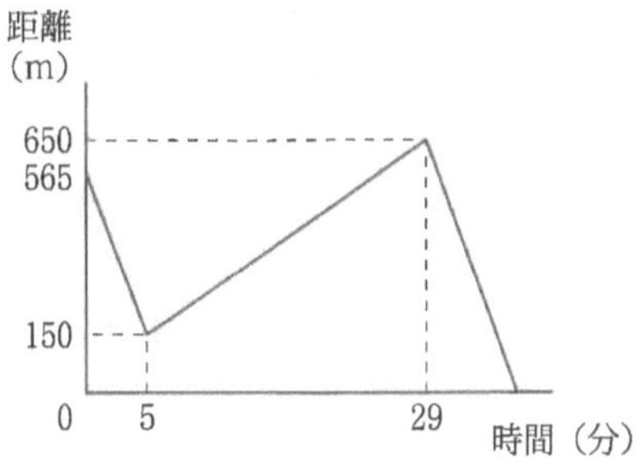

(1) 次郎君が歩く速さは分速 $\boxed{\text{ア}}\frac{\boxed{\text{イ}}}{\boxed{\text{ウ}}}$ mで，次郎君の家から学校までの距離は $\boxed{\text{エ}}$ mです。

(2) 太郎君が家を出発してから７分後に花子さんは家を出発し，その５分後に花子さんは次郎君に追い越《こ》されました。それからさらに10分後に，花子さんは太郎君に追い越されました。花子さんが歩く速さは分速 $\boxed{\text{ア}}\frac{\boxed{\text{イ}}}{\boxed{\text{ウ}}}$ mで，花子さんの家から学校までの距離は $\boxed{\text{エ}}.\boxed{\text{オ}}$ mです。

【6】 次の □ に適当な数を入れなさい。

(1) ５＋６＝11，５＋６＋６＝17のように，５と６をいくつかずつ加えて整数をつくります。また，５＋５＝10，６＋６＝12のように，５または６のどちらか一方の数のみを加えてもよいこととします。このとき，つくることができない最大の整数は □ です。

(2) 11＋13＝24のように，11と13をいくつかずつ加えて整数をつくります。11も13も必ず１つは加えるとき，つくることができない最大の整数は □ です。

【理　科】（25分）　＜満点：50点＞

【1】 次のAとBの会話文を読み，あとの問いに答えなさい。

A：はじめまして。

B：やぁ，君はまだ生まれて間もないね。

A：そうなんだ。卵のときから水の中にいて，（　ア　）した卵からは10日くらいして出てくることができたよ。

B：食事はどうしているんだい？

A：生まれてすぐはお腹のところにふくらみがあり，その中には（　イ　）が入っているので，２～３日は何も食べなくても大丈夫なんだ。でも，今はミジンコや藻《も》とかを食べているよ。

B：ところで君は一人？

A：いや，群れで生活しているよ。

B：みんなと一緒だと，敵から身を守りやすいよね。ふと気になったけど，君の目はずいぶんと顔の高い位置にあるね。

A：よく気がついたね。それがAという名前の由来になっているんだよ。

B：知らなかったな。あれ！　君，ケガしてない？　背びれが切れちゃってるよ。

A：これはケガじゃないよ。生まれつき切れているのと切れていないのがいるよ。

B：そうなんだ。安心したよ。

A：そういえば君はずっと水面の上に立っているんだね。すごいなぁ。どうして立っていられるの？

B：それはね，からだが軽いのと（　ウ　）

A：すごいな！

B：それにしても，君たちの群れには久しぶりに会ったな。

A：実は，段々と仲間が減ってきていてね。

B：僕らもだよ。同じように日本にいる絶滅《めつ》しそうな生き物は（　エ　）など，いろいろいるみたいだよ。お互いがんばろうな！

A：うん，またね。

⑴　（ア）と（イ）に入る言葉を漢字２文字で書きなさい。

⑵　Aの生物名は何ですか。カタカナで書きなさい。

⑶　Aはオスかメスか，次の番号で答えなさい。

　1　オス　　2　メス

⑷　Bの生物名は何ですか。次の中から選び，番号で答えなさい。

　1　アメンボ　　2　イモリ　　3　カゲロウ

　4　カルガモ　　5　ギンヤンマ　　6　ゲンゴロウ

⑸　（ウ）にあてはまるセリフを次の中から選び，番号で答えなさい。

　1　あしの先に空気を入れる浮き輪みたいなものがついているからさ。

　2　あしの先に油のついた細かい毛が生えているからさ。

　3　あしを素早く動かしているからさ。

　4　あしの先が広がっている形をしているからさ。

⑹　（エ）にあてはまらない生き物を次の中から選び，番号で答えなさい。

1　イリオモテヤマネコ　　2　ニホンジカ　　3　タガメ

4　オオサンショウウオ　　5　ライチョウ

【２】　てこの原理は身のまわりの様々な道具に利用されています。はさみとつめ切りについて，次の問いに答えなさい。

⑴　はさみの力点は図１のどの部分ですか。図１の番号で答えなさい。

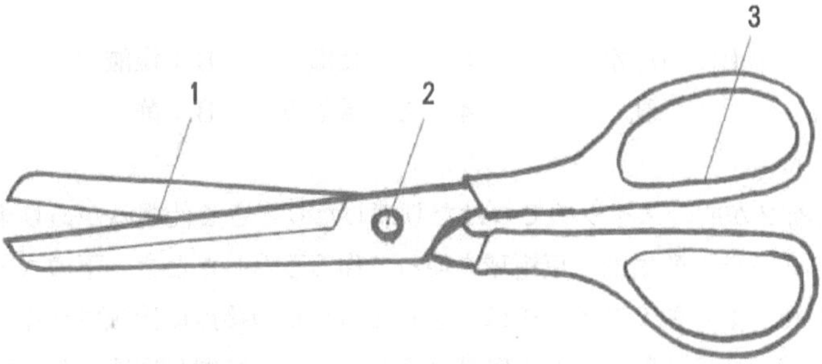

図１

⑵　庭木の枝を切るのに使う高枝切りばさみで枝を切るとき，最も小さな力で切るには，刃《は》のどの部分を使えば良いですか。次の中から選び，番号で答えなさい。

1　先の方　　2　真ん中　　3　元の方

⑶　つめ切りを表した図２の７の力点に対応する作用点はどの点ですか。図２の番号で答えなさい。

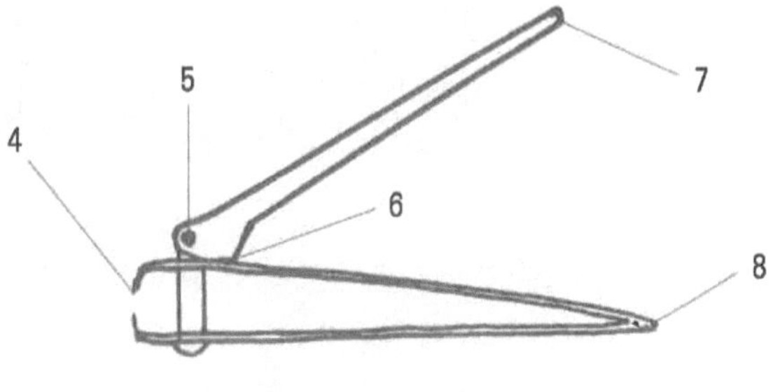

図２

⑷　図２の４の作用点に対応する力点はどの点ですか。図２の番号で答えなさい。

【３】　容積１Ｌのチャック付きのポリ袋《ぶくろ》に様々なものを入れて密閉し，その後の袋の様子を観察しました。ポリ袋を密閉した時と，袋の様子を観察した時の室温は25℃として，次の問いに答えなさい。

⑴　ポリ袋の中に約300mLの水を入れたあと，静かに二酸化炭素約300mLをポリ袋に入れ，密閉してから約30秒間振《ふ》り混ぜました。ポリ袋を観察した時の様子を次の中から選び，番号で答えなさい。

1　ポリ袋は振り混ぜる前よりもふくらんでいた。

2　ポリ袋は振り混ぜる前よりもしぼんでいた。

3　ポリ袋の様子は変わらない。

⑵　ポリ袋の中に約100mLの空気とドライアイスの小片を入れて密閉しました。30分後のポリ袋の様子を次の中から選び，番号で答えなさい。

1　ポリ袋ははじめよりもふくらんでいた。

2　ポリ袋ははじめよりもしぼんでいた。

3　ポリ袋の様子は変わらない。

⑶　ポリ袋の中に粉末Aとペットボトルキャップに入れた液体Bを入れ，密閉してから振り混ぜると，ポリ袋がふくらんでいました。AとBは何か，正しい組み合わせを次の中から選び，番号で答えなさい。

1	A：砂糖	B：石灰水	2	A：食塩	B：塩酸
3	A：小麦粉	B：牛乳	4	A：重そう	B：酢

【4】　1つの電灯を2か所のスイッチでつけたり消したりできる仕組みがあります。このような仕組みを切り替《か》えスイッチと乾《かん》電池，豆電球を使って作ろうとしたとき，下のA～Iのような9通りの配線を考えました。切り替えスイッチは，必ずどちらかの接点に接触《しょく》させるものとし，あとの問いに答えなさい。使っている乾電池と豆電球はそれぞれすべて同じ性能とし，豆電球に電流が流れているときは必ず点灯するものとします。

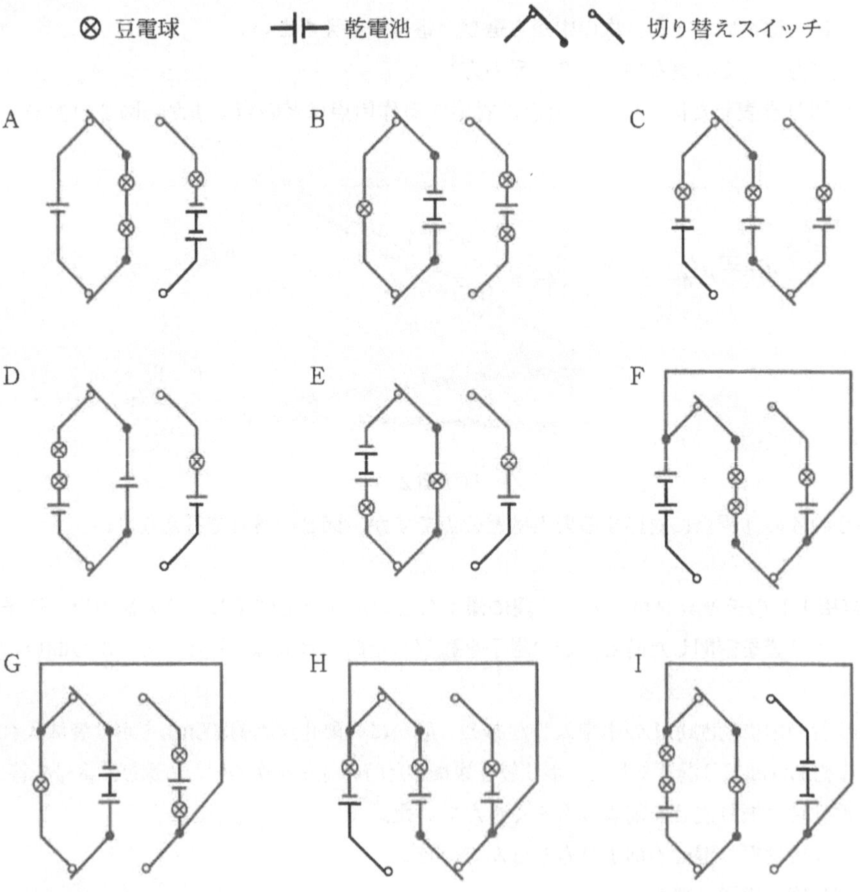

⑴　A～Ｉの９通りの配線のうち，次の条件に当てはまるものの数をそれぞれ書きなさい。

㋐　２つのスイッチがどちらの接点についていても，豆電球が少なくとも１個は点灯するもの。

㋑　スイッチを切り替えるたびに，必ず，点灯する豆電球の数が変わるもの。
ただし，１回の切り替えでは２つのスイッチの片方だけを動かすものとします。

㋒　３個の電池が均等に消もうする回路にすることができるもの。

⑵　A～Ｉの豆電球をそれぞれ直流用のモーターに取り換《か》えました。スイッチの切り替えによって，モーターの回転の向きが変わるものがA～Ｉの中でいくつあるか，その数を答えなさい。

【５】　日食と月食について，次の問いに答えなさい。

⑴　下の図の「A」「B」「C」は太陽・月・地球のどれかを示していると考えて，日食と月食のときの太陽・月・地球の位置関係で正しいものを，次の中からそれぞれ選び，番号で答えなさい。

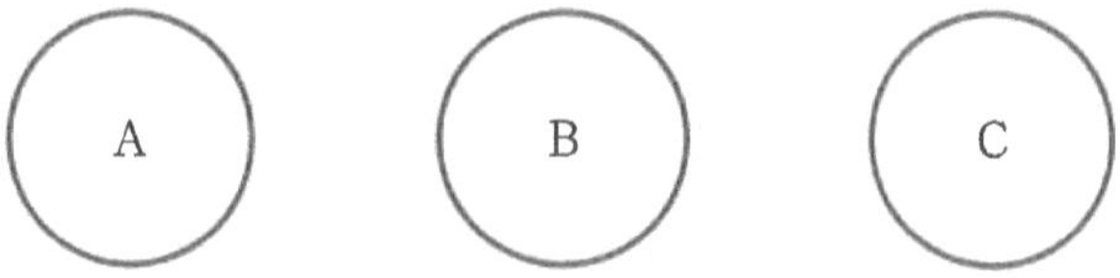

1　A：太陽　　B：月　　C：地球

2　A：太陽　　B：地球　　C：月

3　A：月　　B：太陽　　C：地球

⑵　2021年５月26日の20時10分ごろから20時25分ごろまで皆既《かいき》月食でしたが，残念ながら慶應義塾中等部がある東京都港区では皆既月食の間は月と雲が重なり，その様子を見ることができませんでした。もし，この皆既月食を見ることができたとすると，その時の月はどれくらいの高度のところに見えますか。次の中から選び，番号で答えなさい。

1　０～30度　　2　30～60度　　3　60～90度

⑶　⑵の皆既月食は晴れていれば東京や仙台では月が欠け始めたところから見ることができましたが，札幌や福岡，那覇では晴れていても欠け始めを見ることができませんでした。欠け始めを見ることができなかった理由を20文字以内で書きなさい。

⑷　⑵の日に日本国内のある都市で月食を観察していたところ，下の図のように見えました。観測した順に番号を並べなさい。５は皆既月食の状態を表しています。

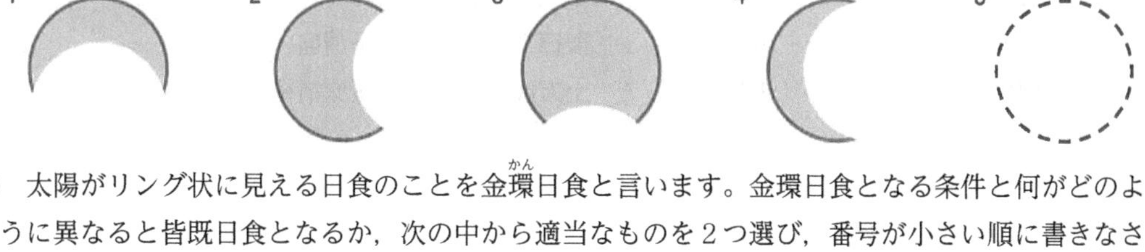

⑸　太陽がリング状に見える日食のことを金環《かん》日食と言います。金環日食となる条件と何がどのように異なると皆既日食となるか，次の中から適当なものを２つ選び，番号が小さい順に書きなさい。

1　太陽と地球の距離《きょり》が大きくなる

2　太陽と地球の距離が小さくなる

3　月と地球の距離が大きくなる

4　月と地球の距離が小さくなる

【社　会】（25分）　＜満点：50点＞

【１】 次のＡ～Ｆの建物や施《し》設について，各問に答えなさい。

A	ある一門があつく信仰《こう》した，海上に社殿《でん》がある神社
B	お堂の内外のほぼ全面に金ぱくがはられた阿弥陀堂
C	西洋の知識が取り入れられた星形の城
D	猫《ねこ》や猿《さる》，スズメなどの色鮮《あざ》やかな装飾《しょく》のある神社
E	幕府によってオランダ商館が設置された人工島
F	福沢諭吉が本格的に蘭学を学んだ私塾

問１　Ａ～Ｆがある場所を次の地図上からそれぞれ選びなさい。

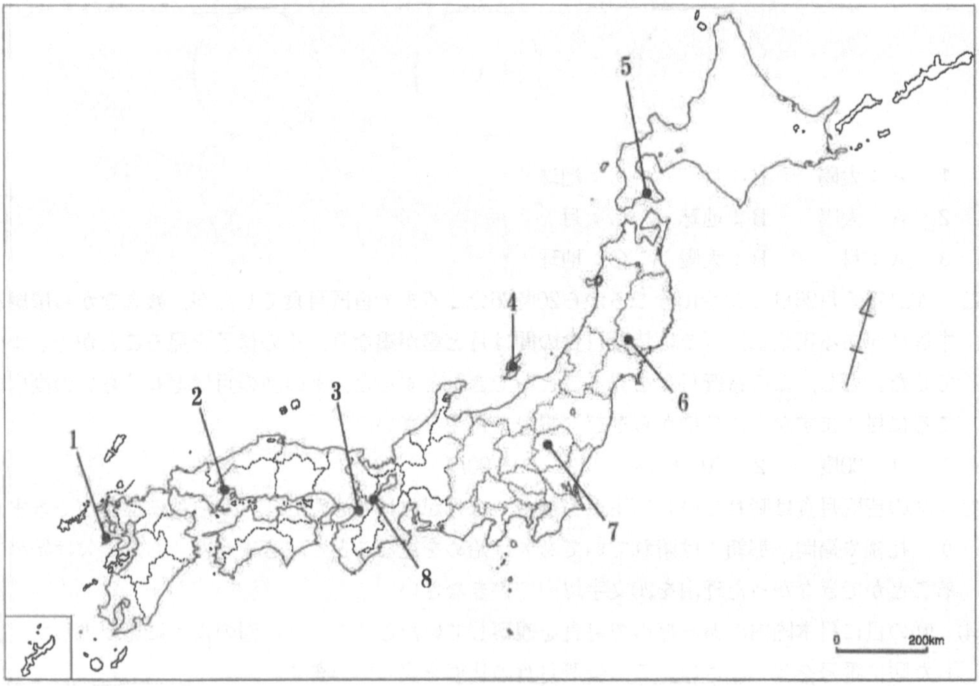

問２　Ａ～Ｆにもっともかかわりのある人物をそれぞれ選びなさい。

１　緒方洪庵　　２　シーボルト　　３　聖徳太子　　４　平清盛
５　徳川家康　　６　ハリス　　７　土方歳三　　８　藤原清衡

【２】 戦後の日本についての各問に答えなさい。

問１　次のできごとを古い順に並べたときに３番目のものを選びなさい。

１　沖縄の返還《かん》を実現しました
２　サンフランシスコ平和条約に調印しました
３　所得倍増計画を発表しました
４　太平洋戦争の降伏《ふく》文書に調印しました
５　日ソ共同宣言を発表しました

問２　沖縄の返還を実現したときの内閣総理大臣を選びなさい。

１　池田勇人　　２　佐藤栄作　　３　鳩山一郎　　４　東久邇宮稔彦　　５　吉田茂

問３　次のできごとを古い順に並べたときに３番目のものを選びなさい。

１　九州・沖縄サミットを開催《さい》しました

２　国鉄を分割して民営化しました

３　1955年以来，初めての非自由民主党連立内閣となりました

４　日中共同声明を発表しました

５　初めて消費税を導入しました

問４　日中共同声明を発表したときの内閣総理大臣を選びなさい。

１　竹下登　　２　田中角栄　　３　中曽根康弘　　４　細川護熙　　５　森喜朗

問５　(1)　次の文章を読み，（あ）～（お）に入る語句を選びなさい。

> 2021年10月４日に召《しょう》集された（　あ　）会において，衆参両院の内閣総理大臣の（　い　）選挙で岸田文雄自由民主党総裁が選出され，同日の夜，天皇によって第100代内閣総理大臣に（　う　）されました。召集から10日後の同14日には衆議院が解散され，同19日に㋐公示，㋑解散から17日後の同31日に衆議院議員総選挙の投開票が実施されることが決まりました。総選挙を受け，11月10日には（　え　）会が召集され，内閣が（　お　）すると，内閣総理大臣の（　い　）選挙が行われ，再び選出された岸田氏が第101代内閣総理大臣に（　う　）されました。

> 【語句】　１　指名　　２　総辞職　　３　特別　　４　任命　　５　臨時

(2)　下線部㋐について，説明が正しいものを選びなさい。

１　公示のあった日から選挙期日の当日までは，法律が定めている選挙運動が行える

２　公示のあった日から10日間は，選挙管理委員会で立候補が受け付けられる

３　公示とは，憲法７条に記載《さい》されている天皇の国事行為の一つである

４　公示とは，あらゆる選挙の期日を広く国民に知らせることである

(3)　下線部㋑について，次の憲法54条の条文内の（Ａ）・（Ｂ）に入る数字を答えなさい。なお，条文は現代仮名づかいになおしてあります。

> 衆議院が解散されたときは，解散の日から（　Ａ　）０日以内に，衆議院議員の総選挙を行い，その選挙の日から（　Ｂ　）０日以内に，国会を召集しなければならない。

【３】　関東地方の自然について述べた次の文章を読み，各問に答えなさい。

関東平野は，日本最大の平野です。利根川・荒川・多摩川などの大きな川が，北部や西部の山地を源に東または南東に向かって流れ，海に注いでいます。地形のうち，最も広い面積を占《し》めるのは（　あ　）で，その地表面は，㋐関東ロームにおおわれています。（　い　）は，㋑東京都の東部から千葉県の北西部の沿岸付近にかけての地域に広大なものがみられる他，河川の流路に沿った地域に見られます。気候は，ほとんどの地域が，夏から秋に降水量が多くなる一方，冬は晴天が続き，空気が乾燥《そう》する太平洋側の気候です。㋒秋の終わりから冬にかけて，山地から平野に向けて強い北

風が吹《ふ》きこんでくる日も多いですが，房総半島や三浦半島は，沿岸部を中心に（　う　）の影響《えいきょう》を受けて冬でも比較《かく》的温暖です。夏には内陸部では（　え　）現象によって40℃近い高温となる日がある他，東京などの大都市では，㋓ヒートアイランド現象が発生して，夜間にも気温が下がらず，寝《ね》苦しい日が多くなっています。

問１　（あ）～（え）に当てはまる語句を次の中から選びなさい。

1　埋《うめ》立地　　2　季節風　　3　丘陵《りょう》　　4　黒潮

5　台地　　6　低地　　7　フェーン　　8　放射冷却《きゃく》

問２　下線部㋐の性質によって，関東地方で冬に地表面から地中にかけてよくみられる現象を，**ひらがな５字**で答えなさい。

問３　下線部㋑の地域について述べた文として，正しいものを**すべて**選びなさい。

1　主に荒川とかつての利根川が運んできた土砂が，海を埋め立てて形成された

2　海面より標高が低い，いわゆる「海抜《ばつ》０メートル地帯」が広がっている

3　鎌倉時代から本格的な発展が始まった

4　関東大震災と太平洋戦争で，特に大きな被《ひ》害を受けた

5　関東ロームが分厚く堆《たい》積している

問４　下線部㋒について，この北風の呼び方を**２つ**答えなさい。

問５　下線部㋓について，ヒートアイランド現象の対策について，（Ａ）・（Ｂ）にあてはまる言葉をそれぞれ**漢字１字**で答えなさい。

・道路の舗《ほ》装を（　Ａ　）をたくわえられる素材に変える

・空調機器や自動車などの人工物から出される（　Ｂ　）を低減させる

【４】江戸時代から現在までの交通の発展について述べた次の文章を読み，各問に答えなさい。

江戸時代になると，徳川家康は，それまでに形作られていた街道網《もう》を生かして，五街道と，そこから遠方へと続く脇《わき》街道の整備に取りかかりました。街道沿いには（　あ　）を認定し，旅人達が泊《と》まれるようにしました。また，旅人達の目印となるよう，距《きょ》離を示す（　い　）が作られた他，道沿いには松や杉《すぎ》の並木が植えられました。当時の人々の移動手段で最も多かったのが徒歩で，他には馬や（　う　）が使われました。㋐江戸の防衛のために各所に関所を設けた他，東海道では，主要河川には橋を架《か》けず，船または徒歩で渡《わた》るようにしていました。

明治になると，近代化を推し進めるため，政府は民間の力も併《あせ》せて，鉄道を整備していきました。関東地方では，特に㋑埼玉・群馬・栃木の北関東地方と，東京および横浜を結ぶ路線の建設に力を注ぎ，早期に開通させました。こうして，これまで船に頼《たよ》っていた大量の物資の輸送が，陸の上でも行えるようになりました。また，都市内部での人々の移動手段として，多くの大都市で（　え　）が次々に普及《ふきゅう》しました。一方，日本には古代から明治に至るまで，（　お　）の文化がなかったことから，道路の整備は，鉄道に比べあまり進みませんでした。

太平洋戦争の終結後，戦後の復興と発展のため，新たに大規模な交通政策がほどこされるようになりました。特に，1950年代以降，それまで少なかった（　か　）が急速に普及し始めたため，遅《おく》れがちだった道路の整備が進みました。国道を皮切りに道路の舗装が急ピッチで進められた他，1960年代には㋒高速道路の建設も始まりました。こうした流れの中で，これまで大都市内部の中心的な移動手段であった（　え　）は，交通渋《じゅう》滞を引き起こす原因になることなどから次第に姿を消

し，代わって（　き　）が建設されることが多くなりました。1964年には，東海道新幹線が完成し，その後昭和から平成にかけて，全国に新幹線のネットワークが広がっていきました。

問１　（あ）～（き）に当てはまるものを選びなさい。

１　一里塚《づか》　２　かご　３　自動車　４　宿場　５　人力車

６　地下鉄　７　馬車　８　路面電車　９　路線バス

問２　下線㋐について，江戸の防衛のために，武器を江戸に持ち込《こ》ませないことや，江戸に住まわせている大名の夫人たちを勝手に領国に帰らせないようにするための，関所の役割を表した言葉に，

「（　A　）に（　B　）」

というものがあります。（A）・（B）のそれぞれに当てはまる言葉を答えなさい。

問３　下線㋑について，政府が北関東地方（特に群馬県）と東京・横浜を結ぶ鉄道を他の路線に優先して建設した理由を，20字以上50字以下で説明しなさい。

問４　下線㋒について，関東地方では，まず東京と地方を結ぶ高速道路が東京を中心に放射状に建設され，続いてこれらの高速道路どうしをその途《と》中から環《かん》状に結ぶ高速道路が建設されました（下の図を参照）。このとき，環状高速道路が建設されたことによって東京の都心部の環境が得る利点を，20字以上50字以下で説明しなさい。

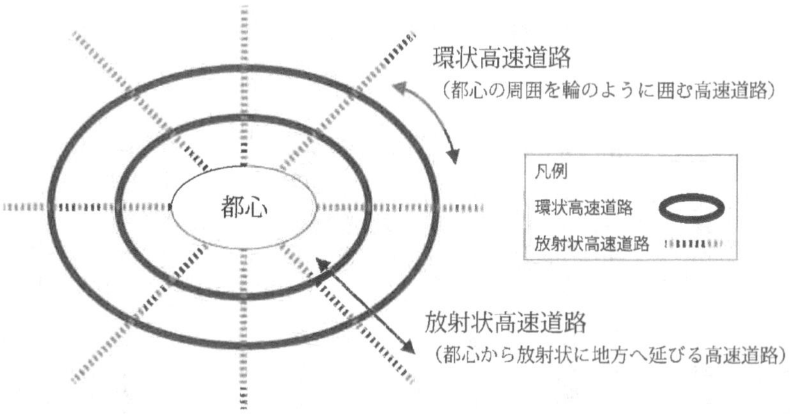

図　都心周辺の高速道路の模式図

＊実際の道路を反映した図ではありません

耳はもう聞こえていると言われればドレミの歌をうたってやりぬ

（　　ア　　）

（　　イ　　）

新生児ふかふか眠る焼きたてのロールパンのごと頭並べて

（　　ウ　　）

記憶《おく》には残らぬ今日も生きている子に含《ふく》ませる一匙《さじ》の粥《かゆ》

この夏は猛《もう》暑の予感ぐらゆらとつかまり立ちを始めるおまえ

（　　エ　　）

竹馬のように一歩を踏《ふ》み出せり芝生《しばふ》を進む初めての靴《くつ》

（　　オ　　）

子の語彙《い》に「痛い」「怖《こわ》い」が加わって桜花びら見送る四月

1　秋はもういい匂《にお》いだよ早く出ておいでよ八つ手の花も咲《さ》いたよ

2　外に出て歩き始めた君に言う大事なものは手から離《はな》すな

3　一、二、三、四秒立った五、六、七、八秒立った昨日今日明日

4　ぽんと腹をたたけばムニュと蹴《け》りかえす、なーに思ってるんだか、夏

5　年末の銀座を歩けばもとはみな赤ちゃんだった人たちの群れ

6　もう乳はいらぬと舌で押《お》し返す小さき意志は真珠《じゅ》の白さ

【四】　次のカ～コの言葉は、在校生が、SDGsにかかわる内容を、ことわざや慣用句をもとに創作したものである。それぞれの□にあてはまるもっともふさわしいことばを、後の1～6から選び番号で答えなさい。

カ　□は一時の苦、浪《ろう》エネは一生の苦（聞くは一時の恥《はじ》、聞かぬは一生の恥）

キ　地球の□も二度まで（仏の顔も三度まで）

ク　募《ぼ》金は百円でも□五回分（山椒《しょう》は小粒《つぶ》でもぴりりと辛《から》い）

ケ　ペットボトルから□（瓢箪《ひょうたん》から駒《こま》）

コ　人の□見てわが食事見直せ（人の振《ふ》り見てわが振り直せ）

1　ワクチン　　2　フードロス　　3　太陽光

4　省エネ　　5　フリース　　6　気温上昇《しょう》

【五】　——のカタカナを、正しい漢字に直しなさい。

ア　ごショウワください

イ　リンジでバスが出る

ウ　金銭感覚のケツジョ

エ　キュウトウ設備の点検

オ　力をもてアマす

カ　ナンカンの資格試験

キ　シンキ一転出直す

ク　サイクは流々

ケ　大統領カッカとお会いする

コ　チュウガエりして着地

サ　ユウキョウ費を減らす

シ　トウカクを現す

ス　アンウンが垂れこめる

セ　百科ジテンで調べる

ソ　電車の座席がアく

4　俳人にはよく知られた名言で、自分だけのものにしてしまうのはためらわれたから。

5　俳人としての自分を表すには良い言葉だが、慶應義塾の出身者というイメージがわかないから。

問三　――c「ユニーク」とあるが、筆者は何をユニークと感じたのか。その説明としてもっともふさわしいものを、次の1～5から選び番号で答えなさい。

1　悪く言われることの多い「欲」の良い面を積極的に認めたところ。

2　勝ちたいときこそ無欲になった方が良いと気持ちを静めてくれるところ。

3　新しい紙幣《へい》の顔となる渋沢栄一の名言をいち早く取り入れたところ。

4　偉人の名言を金言ととらえたことが、銀メダル獲得につながったところ。

5　無欲は美徳とされているが、それだけでは目標を見失ってしまうところ。

問四　――d「違和感」とあるが、その説明としてもっともふさわしいものを、次の1～5から選び番号で答えなさい。

1　自分の習慣や思考にもっともふさわしいのは、自分自身の経験を通して編み出された造語であるはずだ。

2　座右の銘は実用的な場面で利用しても良いが、むしろ現実離《ばな》れした夢を思い描けるところに意味がある。

3　座右の銘は子供の頃《ころ》から心に持っておくべきで、就職活動中にあわてて探しているようでは遅《おそ》すぎる。

4　座右の銘は他人にアピールするためのものではなく、どのように生きたいか自覚するためにあるはずだ。

5　就職活動のアドバイスをしている大人たちですら、偉人の名言をどれほど理解できているか疑わしい。

問五　本文を通じて筆者の言いたかったことはどんなことか。もっともふさわしいものを、次の1～5から選び番号で答えなさい。

1　渋沢栄一は水泳のアドバイスとして「無欲は怠惰の基である」と言ったわけではなく、今回の銀メダルは山田選手の努力のたまものだ。

2　若い頃にはまったく理解できなかった偉人の言葉が、多くの社会経験を積み苦労を重ねることで輝《かがや》いて見えてくる。

3　ことわざや標語で他人の気をひこうとするのは下品だが、自分の将来を左右する場面ではむしろ積極的に活用するべきだ。

4　たとえその場しのぎのためだったとしても、名言や格言と向き合うことは自分の生き方に自信を持つきっかけになるので良い。

5　四十代にもなって、「継続は力なり」「初心忘るべからず」といったありきたりの言葉を座右の銘としているようでは見識を疑われる。

【三】　次の歌群は、俵万智《ち》の歌集『生まれてバンザイ』より抜粋《ばっすい》したものである。子どもの成長をたどるように順番に右から左に並べたとき、ア～オにあてはまる短歌としてもっともふさわしいものを、後の1～6から一つずつ選び番号で答えなさい。

熊《くま》のように眠《ねむ》れそうだよ母さんはおまえに会える次の春まで

は物事に悪く作用するととらえられがちですが、それを逆手に取ったところがcユニークです。言われてみれば、少し欲張って高い目標を掲《かか》げた方が、何事にも一生懸《けん》命になれます。この金言を常に意識することで、山田選手は銀メダルを引き寄せたのでしょう。

ところで、私が面白いと思ったのは、座右の銘を検索したときに就職活動向けのページがたくさんヒットしたことです。こうしたサイトでは、履《り》歴書の自己アピールに、あるいは面接対策に、座右の銘を用意するようアドバイスしています。そして、先ほど紹介《しょうかい》したような言葉が解説つきでリストアップされているのです。これには、なるほどという思いのほかに、ちょっとしたd違《い》和感も覚えました。それは、座右の銘というのはもっと個人的なものではないかということです。もっとも、これは天に唾《つば》するような疑問です。私自身、アンケートのために人目を意識した急ごしらえの座右の銘をひねり出したわけですから。それはともかく、やはり座右の銘は他人にひけらかすようなものではなく、自分の指針として心に秘めておくのが本来のあり方だと思います。ただし、付け焼き刃《ば》だとしても、新たに座右の銘を持とうとすることまで悪いと言うつもりはありません。なぜなら、言葉と結びつけて自分を理解することが、自信につながると思うからです。自らの習慣や思考にふさわしい言葉を探し求める過程で、自分でも意識せず大切にしていたことが見えてくるかも知れません。そしてさらに、それが名言と結びつくことで、今度は自覚的な行動につながる可能性もあります。例えば、自分でも高望みと思えるような夢ばかり思い描《えが》いていた人が、渋沢栄一の「無欲は怠惰の基である」と出会ったとしたらどうでしょう。夢を追いかけることを肯《こう》定的にとらえて、一層迷いなく打ち込むようになるかも知れません。つまり、座右の銘との出会いは、自信を持って自分の道を歩んでいく裏付けにもなり得るのです。

四十代の私にとって、「気品の泉源、智徳の模範」という至言との再会は、後半生をより充《じゅう》実したものにするチャンスかも知れません。まして、就職活動中の大学生が名言を意識することは、間違いなく飛躍《やく》に向けた助走になるでしょう。言葉との出会いが未来の自分を作る、高い心構えで読むもの聞くものに向き合いたいものです。

問一 ――a「座右の銘」とあるが、筆者は座右の銘をどのように理解しているか。その説明としてもっともふさわしいものを、次の1～5から選び番号で答えなさい。

1 ありきたりの内容でない自分だけの大切な記憶
2 古くさくてたいそうな言葉を刻み込んだ墓石
3 身近な問題を知ってもらうため自分自身で考えた標語
4 好きな色など日常生活で聞かれたことのない質問
5 どんな時でも決して忘れることのない大事な言葉

問二 ――b「少し微妙」とあるが、なぜ筆者はそのように考えているのか。その説明としてもっともふさわしいものを、次の1～5から選び番号で答えなさい。

1 一日、二日なやんだ程度では、一生の宝物になるような格言に出会えるものではないから。
2 どちらも俳句とは何かを言い表した言葉で、自分自身に向けた指針とは言えないから。
3 ことわざや標語のようにありきたりな言葉では、一般《ぱん》読者に対して格好がつかないから。

問七　――D「とんだ木乃伊取りだぜ」とあるが、このセリフについて説明したものとしてもっともふさわしいものを、次の1～5から選び番号で答えなさい。

1　寄り道の現場をおさえられてしまったことへの悔《くや》しさを晴らすために、何とか皮肉を絞り出している。

2　敵対していた遠藤と仲直りの場を作ってくれ、友情の大切さを教えてくれたおじさんに感謝している。

3　寄り道を取り締《し》まりに来たはずの張本人が、不覚にも寄り道をしてしまっていることを面白がっている。

4　久しぶりに訪れた店での遠藤のふるまいのおかげで、寂《さび》しげだったおじさんの表情が明るくなったことを喜んでいる。

5　二人を捕まえに来たはずの遠藤がかえっておじさんに気に入られてしまい、妬《ねた》ましく思っている。

【二】　次の文章を読んで、後の各問いに答えなさい。

　ある俳句雑誌が私を取り上げてくれることになり、自分でも五ページほど原稿《こう》を用意することになりました。といっても、一ページは写真付きの扉《とびら》、二ページは新作の俳句十句、そして残りの二ページが「私と俳句」という緩《ゆる》やかなテーマの文章で、どれもさほど面倒《どう》には思われません。そう高をくくっていました。

　ところが、締《しめ》切直前、最後の最後で扉ページのアンケートに手こずらされる羽目になりました。好きな色、食べ物といったふだん聞かれることのない質問にも困りましたが、極めつけは「a座右の銘《めい》は？」というものでした。それにしても、座右の銘とはたいそうな言葉です。座右とは、読んで字のごとく、身近ということです。銘は刻み込《こ》まれた言葉のことで、墓碑《ひ》銘といえばお墓に刻まれた文章ですし、銘記するといえば心にしっかり記憶《おく》することです。つまり、いつも心にあって忘れることのない大切な言葉を聞かれているわけです。ことわざや標語みたいなものでは格好がつきませんし、俳句関連で何か思いつかないか、などと一日、二日なやみました。俳句に関する言葉なら、「花鳥諷詠《ふうえい》」や「古壺《こ》新酒」など、いくつか思い浮《う》かぶものがあります。どちらも高浜虚《はまきょ》子の言葉ですが、俳句の本質を明らかにした造語で、自分自身の座右の銘というにはb少し微妙《びみょう》です。それに、俳人にとっては有名過ぎてありきたりに思われるかも知れません。結局、私が行き着いたのは「気品の泉源、智《ち》徳の模範《はん》」という言葉でした。これは福澤諭吉の「慶應義塾の目的」という文章の一節で、慶應義塾に学ぶ人間は、泉から水が溢《あふ》れるように気品に満ちていて、知識はもちろん道徳的にも模範となる人物でなければならないと述べたものです。私はその境地にはほど遠いですが、中学一年生のとき以来、忘れたことのない言葉であるのは間違《ちが》いありません。それに、俳句界隈《わい》の読者にとって、慶應義塾の出身者としての私をイメージできる言葉でもあります。間に合わせにしては上々の回答ではないでしょうか。こうして、どうにかこうにか目鼻がついたのでした。

　その後、気になって座右の銘についてインターネットで検索《さく》してみました。「継《けい》続は力なり」、「初心忘るべからず」といった格言や「有言実行」などの四字熟語、さらには有名人、偉《い》人の名言がずらりと並んでいました。例えば、「無欲は怠惰《たいだ》の基《もと》である」。これは渋沢《しぶさわ》栄一の言葉で、東京パラリンピック競泳女子五十メートル背泳ぎで銀メダルを獲《かく》得した山田美幸選手の座右の銘だそうです。「無欲の勝利」などと言われるように欲

どうにでもなれというように飴をほおばった。三人の少年たちは、誰も予想していなかった時間を過ごすことになった。タクヤが「Dとんだ木乃伊《みいら》取りだぜ」とつぶやいた。

問一　i ～ iii にあてはまる言葉としてもっともふさわしいものを、次の1～8から一つずつ選び番号で答えなさい。

1　まさか　2　さして　3　たびたび　4　かえって
5　切に　6　さすがに　7　さも　8　はるかに

問二　X ・ Y には、それぞれ次の1～6の■にあてはまる漢字一字が入る。もっともふさわしいものを、1～6から選び番号で答えなさい。

1　■裏を合わせる　2　■学問　3　■先三寸
4　借金の■代わり　5　■くじらを立てる　6　■っ柱が強い

問三　あ ～ え にあてはまる言葉としてもっともふさわしいものを、次の1～6から一つずつ選び番号で答えなさい。

1　何でおじさんて俺たちによくしてくれるんだろ
2　今日もおじさんのところに寄れて本当に良かったぜ
3　本当だよ。オアシスだぜ、俺たちのオアシス
4　俺もしっかり勉強はやろうと思うよ
5　やっぱり俺たちと話すのが楽しいんじゃないかな
6　おじさんとこ寄れないのは、俺、困るな

問四　――A「面倒な事」とは、どのようなことか。その説明としてもっともふさわしいものを、次の1～5から選び番号で答えなさい。

1　尾行してきた遠藤が二人の寄り道を先生に報告し、注意を受ける羽目になること。
2　自分の尾行について追及《きゅう》された遠藤が怒って先生に報告し、無理やり仲直りさせられること。
3　遠藤の尾行に気づかずに寄り道したことを知った先生から苦情がいき、おじさんに迷惑《めいわく》がかかること。
4　尾行されてもなお二人が寄り道を決してやめないことを先生に知られ、諦《あきら》めない気持ちをほめられること。
5　遠藤に尾行されることを心底楽しんでいることを先生に知られ、やめるように叱《しか》られること。

問五　――B「遠藤のしていること」について、このときのケンジはどう考えているか。その説明としてもっともふさわしいものを、次の1～5から選び番号で答えなさい。

1　先生の指示の下で、つらい役目でありながらも忠実にやり遂《と》げようとする姿勢に感銘《めい》を受けている。
2　先生の注意を少しの疑問も持たずに素直に聞いている姿を少しうらやましく思っている。
3　自分の行うべき将来の仕事をこんなにも早く見つけて頑《がん》張っている姿に多少の好感を抱《いだ》いている。
4　自分がすべきだと決めたことをとにかく懸《けん》命にやり抜こうとする姿勢については認めている。
5　自分たちを捕《つか》まえることを決してあきらめようとしない執《しゅう》着心に恐れをなしている。

問六　――C「納得の仕方」とあるが、それはどう考えることか。「～と考えること。」につづくように、二十字以上二十五字以内で答えなさい。ただし、句読点や符《ふ》号も一字と数える。

くだらない話をべらべらとしゃべっているタクヤに適当に相槌《づち》を打ちながら、ケンジは考え込んでいた。野田先生の言っていることの意味は分かる。それが正しいとも思う。また、B遠藤のしていることも、いろいろと腹立たしいところもあるが、あいつの正義の中での行動という点においては正しいとも思う。それじゃあ、自分はどうなのだろう。ケンジはとたんにわからなくなる。自分のやっていることは、間違《ちが》っているのだろうか。たとえば、周りが決めたルールにのっとることが正しいことなのか。あるいは、周囲など気にせずに、自分のしたいことをひたすらやり抜《ぬ》けばそれでよいのか。それとも、自分の行動が自分以外の誰《だれ》かのためであれば、それが正しさの証《あかし》になるのだろうか。誰かのため……。

ケンジは、二人を招き入れるときのおじさんのあのぎこちない笑顔を思い出した。自分が店に立ち寄ることで、おじさんは喜び、そして笑顔になる。おじさんのためなのだから、誰かのためなのだから、だったら自分の行動だって……と考え始めたところで、それがなんだかずるいことのように感じられてきた。そう思うことで安心できるようなものが、正しさとは言えないような気がしてきた。そんなC納得の仕方は、とにかくカッコ悪いと思えてきたのだ。だって、自分がおじさんのところに寄るのは、自分がおじさんに会いたいからじゃないのか。

「おい、今日は寄る気かよ」

タクヤが少し驚《おどろ》いたように言った。ケンジは自然とあの分岐点を曲がろうとしていた。タクヤに言われて立ち止まったが、ケンジは意を決して言った。

「うん、やっぱり寄って行こうぜ。一緒に」

タクヤの表情が、ぱっと明るくなった。

「そう来なくっちゃ。それでこそ、ケンジ！　あっ、でも……」

タクヤが後ろを振り返り言う。「スパイが今日もついてきてるぞ」

「いいんだ、行こうぜ」

ケンジは、もう口当りのよい甘《あま》えた考えで自分を安心させようとは思わなかった。この一歩は、たしかに自分の意志だった。

二人は振り返り、遠藤をしっかりと認めてから歩き出した。店の前まで来ると、おじさんはめずらしく熱心に自転車を修理していたが、まもなく二人に気づくと、不器用な微笑《ほほえ》みを浮かべ手招きをした。二人は店に入った。

おじさんは、すすけた缶を手に取り、少しだけ恥《は》ずかしそうに「よう」と言った。二人もちょっと照れたようにうなずく。

店の前には、おろおろしながらもついてきた遠藤がいた。

「お、おい、君たち、い、いいのかい。現行犯だぞ」

遠藤に気づいたおじさんは、初めて見る顔だなとつぶやいた。

「二人の友達か。君も入って来なさい」

遠藤は「友達」ということばにびくっとし、うろたえていた。いいからおいで、とおじさんに促《うなが》され、観念したようによろよろと入って来る。まるで捕《とり》物だった。ケンジはいつもの丸椅子に遠藤を座らせると、「形勢逆転！」と言ってタクヤと笑った。そうだ、せっかく来たんだから、こいつにも最高の贈《おく》り物をしてやろう。

「おじさん、いつものあれちょうだい」

はいよ、と言いながら、おじさんは持っていた缶から飴を取り出し、三人に手渡した。遠藤には、初めてだからと特別に二つ渡していた。ケンジとタクヤはすぐに包み紙をはがし、飴をほおばった。遠藤も、もう

さんの解説を聞いたり、昔の野球選手の逸《いつ》話を覚えさせられたりした。おじさんの気持ちが乗ってくると、飴玉のお代わりや煎餅《せんべい》の追加支給があるので、二人してどうおじさんに楽しく話してもらうかを研究したこともあった。そして、おじさんは決まって最後に、「いいか、勉強だけはしっかりやれよ。学問が人間を作るんだからな」と言って肩を叩《たた》き、「またな」と不愛想に二人を送り出す。こんなやり取りが、二人にとっては心地よい時間だった。そして、おじさんにとっても楽しいものなのだろうと、ケンジはたしかに思っていた。

「［　あ　］」

「［　い　］」

よほど気に入ったのか、タクヤは何度もそのことばを繰《く》り返した。

「でもさ、［　う　］。俺たちが自転車を買い替《か》えるわけでもないのに」

「それは……、［　え　］」

「たしかに、ケンジはおじさんに気に入られてるからな。たまに俺より一粒《つぶ》多く飴もらってるし」

タクヤがいたずらっぽく笑う。二人はちょうどおじさんの店がある通りに出るための分岐《き》点にさしかかった。顔を見合わせた二人は、一瞬《しゅん》の間のち、今日は曲がることなく通学路に沿ってまっすぐ帰った。

翌週の帰りの会で、また同様の注意が野田先生からあり、つづけて学級委員の遠藤がわざわざ挙手して立ち上がった。

「僕《ぼく》としては、とても心配です。クラスのみんながルールをきちんと守り、チツジョを守って学校生活を送ってほしいと［ ii ］願うばかりです」

したり顔で、ご丁寧《ねい》にもケンジとタクヤをことさらに見ながら演説する姿には、二人はほとほと閉口した。「チツジョなんて、書けもしないくせに」とタクヤは馬鹿《か》にするようにつぶやいていた。

その日の帰り道、ケンジとタクヤは示し合わせたわけではなかったが、例の分岐点を自然と曲がった。まもなくおじさんの店というところまで来たとき、うしろに気配を感じた。振《ふ》り返ると、少し離《はな》れた電信柱に隠《かく》れるようにして、遠藤がこちらの様子をうかがっていた。

「尾《び》行だな」二人は同時に言い、顔を見合わせて苦笑した。

「暇《ひま》な奴。でも、これでおじさんのところに寄ると、確実にA面倒《どう》な事になるな」とケンジが言うと、タクヤはうなずく。二人は仕方なく、おじさんの店の前を通り過ぎることにした。一週間以上おじさんのところを訪れていなかったので、何となく気がかりだった二人は、自然と歩く速度が遅《おそ》くなった。おじさんはすぐに二人に気づいた。ぱっと表情が明るくなったおじさんが椅子から立ち上がろうとしたとき、二人は思わず走り出してしまった。ここでおじさんに呼び止められるわけにはいかなかった。ケンジは走りながら、明るくなったおじさんの表情が曇《くも》っていく様子を思い浮《う》かべ、胸がチクリと痛むのを感じた。

翌日、タクヤは「あのスパイは今日も来るのかな」などと笑っていたが、ケンジは一日中、おじさんのことばかり考えていた。休み時間に遠藤がわざわざ近づいてきて、「昨日は未遂《すい》で終わったようだけど、僕はチツジョのためなら最後まで仕事はやりぬくつもりさ」と言ってきたときには［ iii ］腹が立ち、つかみかかりそうになるのを必死に抑《おさ》えた。

その日の放課後、ケンジとタクヤはいつものように帰り道を歩いた。

【国　語】（四五分）〈満点：一〇〇点〉

【一】　次の文章を読んで、後の各問いに答えなさい。

「……というわけですから、みなさん、よくこの話を心に留めておくように」

四年二組のクラス全体を見渡《わた》したあと、「よろしいですね」と念を押《お》す野田先生の話が終わると、帰りの挨拶《あいさつ》に合わせて男子数人が教室から駆《か》け出していく。あちらこちらでざわざわと話し声のする中で、「気をつけて帰るんですよ」と叫《さけ》ぶ先生の声は、クラスのざわめきに飲み込《こ》まれていった。

ケンジはいつものようにタクヤと共に教室を出て、下駄《た》箱に向かった。

「しかし、残念だよな。俺《おれ》たちのオアシスが奪《うば》われちゃうなんてさ」

タクヤはケンジの肩《かた》に手を回しながら、[i]嘆《なげ》かわしいというような表情を作っておどけてみせた。

「え、何のこと」

「何だよ、お前やっぱり話聞いてなかったのか。だから、野田先生がお前の方を何度もにらみつけてたんだな。しょうがない奴《やつ》だ」

タクヤはふん、と[X]で笑い、先生が帰りの会で言っていたことをかいつまんでケンジに話した。それによると、最近、帰り道に通学路を外れて、近所のお店に寄り道をしている者たちがいるが、慣れない道を通ると安全上・防犯上の問題もあるし、何よりルールを破って寄り道をするなど言語道断、決してしないように、とのことだった。

「通りを一、二本はずれたからって何があるってんだよな。勝手知ったるおらが町だっつうの。どうせ、どっかのいい子ちゃんが先生に告げ口したんだろ。

俺、遠藤《どう》が先生のところ行って[Y]打ちしてるとこ見たもん。やれやれだぜ、俺たちの憩《いこ》いの場所だってのに」

二人は校門を出て、いつもの帰り道をとぼとぼと歩き始めた。

なんでも大袈裟《げさ》に文句ばかり言うタクヤだが、ケンジにとっては特別だった。二人は面と向かって〝親友〟などということばを使うほど子どもではなく、かと言ってそれを別のことばで表現できるほど大人でもなかった。最近、タクヤが受験勉強のための塾に通い始めたことで、二人は以前のように毎日遊ぶことはできなくなり、学校帰りにあれこれと話しながら歩くこの時間が大切だった。

二人が三、四日に一度のペースで寄り道をしている鈴《すず》木自転車は、通学路からは二本外れた通りに古くからある店だった。どれくらい古いのかは二人には見当もつかなかったが、その外観と店の名が消えかけたツナギを着たおじさんとの組み合わせが、この店の歴史を雄《ゆう》弁に語っていた。ふだんは仏頂面のおじさんだが、ケンジたちを見つけると、いつも腰《こし》かけているパイプ椅《い》子からすばやく立ち上がり、ぎこちない笑顔で手招きする。ささくれだった古びた木の扉《とびら》をくぐって中に入れば、粗《そ》末なクッションが申し訳程度にくくりつけられた小さな丸椅子に二人は腰かける。昔はきれいな模様が描《えが》かれていたに相違《い》ないすすけた水色の缶《かん》をゆっくりと開き、おじさんは決まってソーダ味の飴《あめ》玉を一つずつくれた。

おじさんの店では、二人はいつも大したことをしているわけではなかった。一緒《しょ》にテレビの相撲《すもう》中継《けい》やワイドショーを見てあれこれとおじ

MEMO

大切なことはメモしておこうネ！

2022年度

解　答　と　解　説

《2022年度の配点は解答欄に掲載してあります。》

＜算数解答＞ ≪学校からの正答の発表はありません。≫

【1】 (1) ア 76　(2) ア 9　イ 10　(3) ア 8　イ 76　ウ 4　(4) 86
(5) 60

【2】 (1) ア 1　イ 13　ウ 24　(2) 30　(3) 720　(4) 15　(5) 88

【3】 (1) 132　(2) ア 5　イ 5　ウ 11　(3) 15　(4) ア 27　イ 28

【4】 (1) 45　(2) 285

【5】 (1) ア 103　イ 5　ウ 6　エ 2492　(2) ア 53　イ 5　ウ 12
エ 2032　オ 25

【6】 (1) 19　(2) 143

○推定配点○

【4】～【6】 各5点×8　他 各4点×15　計100点

＜算数解説＞

【1】 (四則計算，概数，数の性質，場合の数)

(1) $21+6.25\times12-194.8\div9.74=21+75-20=76$

(2) $\dfrac{\boxed{ア}}{\boxed{イ}}=2.4\div\left(2\dfrac{7}{6}-\dfrac{3}{6}\right)=2.4\div\dfrac{8}{3}=\dfrac{9}{10}$

基本 (3) 2.453÷0.28≒8.760は，小数第2位までの概数では約8.76になり，余りは2.453－0.28×8.76＝2.4528より，小数第4位までの数である。

基本 (4) 11で割って9余る数…20，31，42，53，64，75，86，～
したがって，8で割って6余る数は86

重要 (5) 1の位が0の場合…4×3×2×1＝24(通り)
1の位が2または6の場合…3×3×2×1×2＝36(通り)
したがって，全部で24＋36＝60(通り)

重要 【2】 (割合と比，単位の換算，植木算，濃度，相当算，ニュートン算，和差算)

(1) 切る回数…476÷34－1＝13(回)
したがって，5分42秒×12＋5分×1＝65分504秒＝73分24秒＝1時間13分24秒

(2) 270×(1－0.06)÷(1－0.154)－270＝30(g) …水の重さが一定

(3) 下図より，$\left[\left\{\left(5+35\right)\div\left(1-\dfrac{17}{25}\right)-5\right\}\div2\times5-30\right]\div3\times8=720$(ページ)

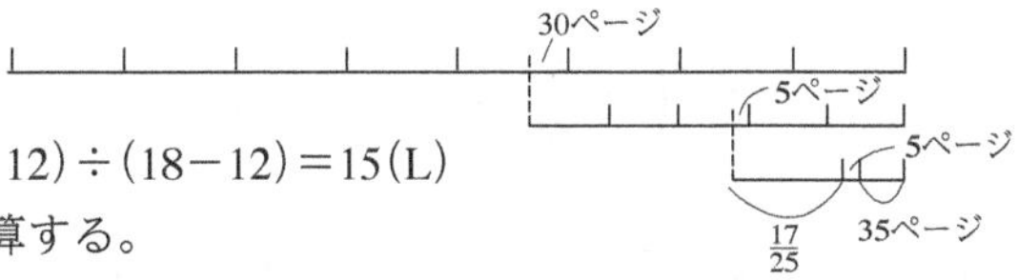

(4) (25×18－30×12)÷(18－12)＝15(L)

(5) 右図より，計算する。

28	76	A
C	D	4
E	F	B

B…28＋76－4＝100　F…28＋100－76＝52　C…52＋100－28＝124
A＋D…52＋100＝152　D＋E…4＋100＝104　A－E…152－104＝48

したがって，A−48+A=28+100=128より，Aは(128+48)÷2=88

重要 【3】（平面図形，立体図形，図形や点の移動，相似，割合と比）

(1) 図1より，㋑は(180−90)÷(7+4×2)×4=24(度)
したがって，χは180−24×2=132(度)

［図1］

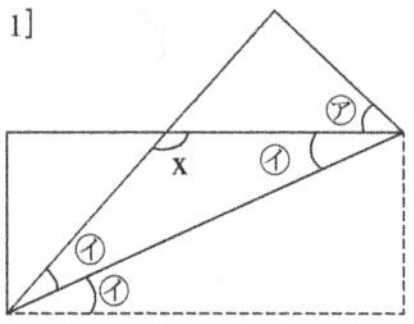

［図2］

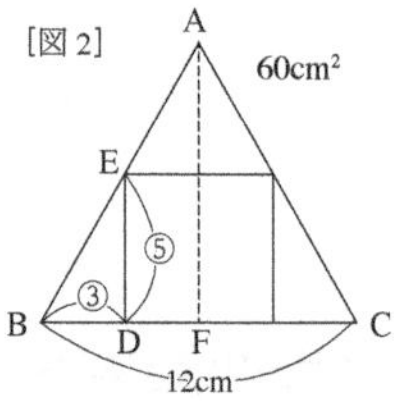

(2) 図2より，AF…60×2÷12=10(cm)
三角形EBDとABFは相似であり，BD：DEは
(12÷2)：10=3：5
したがって，正方形の辺の長さは12÷(3×2+5)×5
$=\frac{60}{11}$(cm)

［図3］

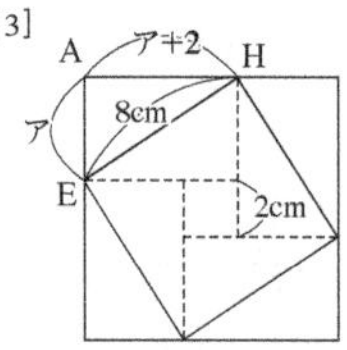

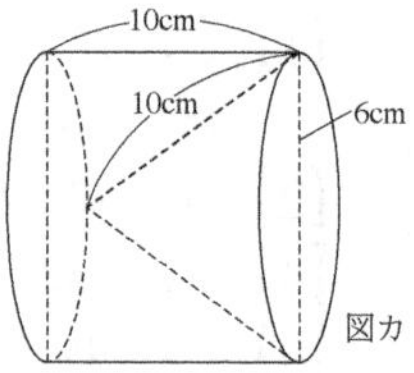

図カ

(3) 図3より，三角形AEHは(8×8−2×2)÷4=15(cm^2)

(4) 図カの表面積…(6×6+6×2×10+6×10)×3.14=
216×3.14(cm^2)
図クにおいて，直角三角形OADとOBCの相似比は
2：10=1：5　面積比は1：25
OC…10÷4×5=12.5(cm)

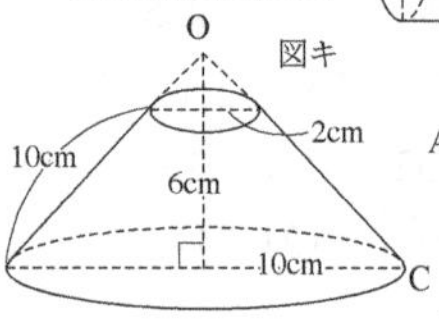

図キ

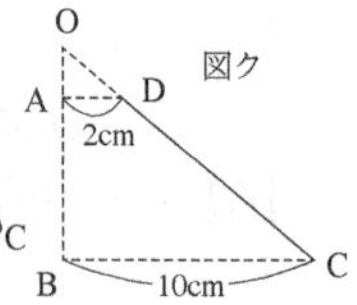

図ク

図キの表面積…{10×10+2×2+12.5×10÷25×(25−1)}
×3.14=224×3.14(cm^2)
したがって，求める割合は216÷224=$\frac{27}{28}$(倍)

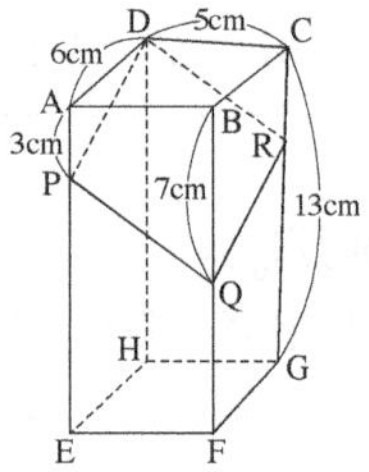

重要 【4】（平面図形，立体図形，割合と比）

(1) 台形QFGR…{13−7+13−(7−3)}×6÷2=45(cm^2)

(2) 大きい立体…6×5×(13+13−7)÷2=285(cm^3)

重要 【5】（速さの三公式と比，旅人算，グラフ，割合と比）

(1) 次郎君の分速…下図より，(565−150)÷5+(650−150)÷(29−5)=83+$20\frac{5}{6}$=$103\frac{5}{6}$(m)
次郎君の家から学校まで
…$103\frac{5}{6}$×24=2492(m)

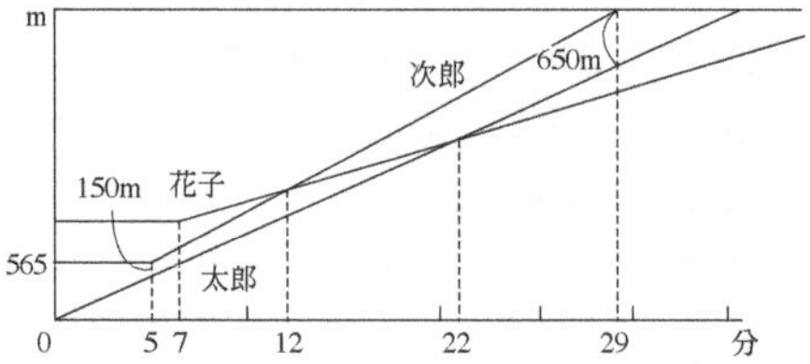

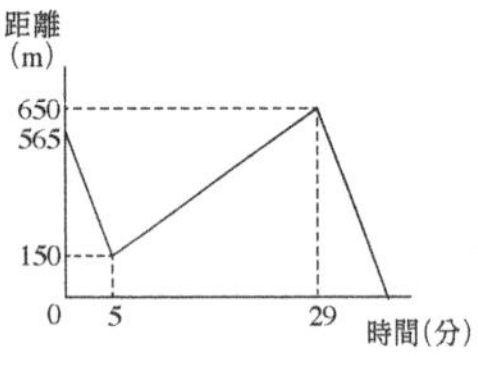

(2) 12分のときの次郎君の位置…次郎君の家から$103\frac{5}{6}$×(12−5)=$726\frac{5}{6}$(m)
22分のときの次郎君の位置…次郎君の家から83×22−565=1261(m)
花子さんの分速…$\left(1261-726\frac{5}{6}\right)$÷(22−12)=$53\frac{5}{12}$(m)
花子さんの家から学校まで…2492−$\left(726\frac{5}{6}-53\frac{5}{12}\times5\right)$=2032.25(m)

【6】（数の性質）

重要 (1) 5，6，5×2=10，5+6=11，6×2=12，5×3=15，11+5=16，11+6=17，6×3=18，
5×4=20より，21以下は整数が連続する。

したがって，5，6を加えてもできない最大の整数は19

やや難 (2)　144＝11×6＋13×6　145＝11×12＋13　146＝11×5＋13×7　147＝11×11＋13×2
148＝11×4＋13×8　149＝11×10＋13×3　150＝11×3＋13×9　151＝11×9＋13×4
152＝11×2＋13×10　153＝11×9＋13×5　154＝11＋13×11　155＝11×7＋13×6
したがって，11×13＋1＝144以下は整数が連続し，できない最大の整数は143

★ワンポイントアドバイス★

【1】から【4】までで，自分にとって解きやすい問題から優先して解いていこう。
【5】「2人の間の距離に関するグラフ」の問題は，それほど難しい問題ではない。
【6】(2)は簡単ではないが，解答自体は想像できやすい。

＜理科解答＞ ≪学校からの正答の発表はありません。≫

【1】 (1)　ア　受精　　イ　養分　　(2)　メダカ　　(3)　1　　(4)　1　　(5)　2　　(6)　2
【2】 (1)　3　　(2)　3　　(3)　6　　(4)　6
【3】 (1)　2　　(2)　1　　(3)　4
【4】 (1)　(ア)　1　　(イ)　7　　(ウ)　5　　(2)　2
【5】 (1)　(日食のとき)　1　　(月食のとき)　2　　(2)　1
(3)　欠け始めの時点で月がまだ出ていないから。　　(4)　31542　　(5)　2，3

○推定配点○
【1】　各2点×7　　【2】　各2点×4　　【3】　各2点×3　　【4】　各2点×4
【5】　(1)・(2)・(5)　各2点×4((5)完答)　　(3)・(4)　各3点×2((4)完答)　　計50点

＜理科解説＞

【1】　(生物的領域―動物)

重要 (1)・(2)　Aは目が顔の高い位置にあると書いてあるのでメダカである。メダカは受精後約11日ほどで孵化する。孵化後2～3日は腹にたくわえてある養分によって生命を維持する。

重要 (3)　メダカのオスの背びれには切れ込みがあり，しりびれは平行四辺形に近い形をしている。
メダカのメスは背びれに切れ込みがなくしりびれは三角形に近い形をしている。

重要 (4)・(5)　Bは水面上に立っているのでアメンボである。アメンボは足の先に油のついた細かい毛が生えているため，水面に浮かぶことができる。

(6)　ニホンジカはかつて保護すべき生物であったが今は急増しているので，絶滅危惧種とはいえない。

【2】　(物理的領域―力のはたらき)

重要 (1)　はさみの力点は3，支点は2，作用点は1である。

基本 (2)　支点と作用点の距離が短いほど，力点に加えた力は大きくはたらくので，刃の元のほうを使えばよい。

基本 (3)　爪切りの7の力点に対応する作用点は6となる。

基本 (4)　爪切りの4の作用点に対応する力点は6となる。

【3】　(化学的領域―状態変化)

(1)　二酸化炭素は水に溶けるので，ポリ袋は混ぜる前よりしぼむ。

(2) ドライアイスが昇華し，二酸化炭素になるので，ポリ袋ははじめよりもふくらむ。

(3) 重そうと酢を混ぜると，二酸化炭素が発生する。

やや難 **【4】 (物理的領域ー電流と回路)**

(1) (ア) 該当する回路はHである (イ) 該当する回路はA，B，C，D，E，F，Gの7つである。(ウ) 該当する回路はA，F，G，H，Iの5つである。

(2) 該当する回路はAとEである。

【5】 (地学的領域ー太陽と月)

重要 (1) 日食のとき 太陽ー月ー地球の順に並んだとき，日食が起こる。
月食のとき 太陽ー地球ー月の順に並んだとき，月食が起こる。

基本 (2) 月は1時間で15度，東から西に移動して見える。満月の月の出は大体18時ころなので，20時ころの月は0度～30度くらいの高度である。

やや難 (3) 夏至に近い時期なので，札幌や福岡，那覇は東京よりも西側に位置する。そのため，月がかけ始めたころにはまだ月がでていなかったと考えられる。

基本 (4) 月食は西から欠け西から明るくなっていく。昇り始めた月がかけていくので3→1→5→4→2の順に欠けて見える。

基本 (5) 太陽が大きく(太陽と地球の距離が小さくなる)，月が小さくなる(月と地球の距離が大きくなる)条件で金環日食が起こる。

★ワンポイントアドバイス★

易しい問題に時間をかけないようにしよう。

＜社会解答＞ ≪学校からの正答の発表はありません。≫

【1】 問1 A 2 B 6 C 5 D 7 E 1 F 3 問2 A 4 B 8 C 7 D 5 E 2 F 1

【2】 問1 5 問2 2 問3 5 問4 2 問5 (1) (あ) 5 (い) 1 (う) 4 (え) 3 (お) 2 (2) 3 (3) (A) 4 (B) 3

【3】 問1 (あ) 5 (い) 6 (う) 4 (え) 7 問2 しもばしら 問3 1，2，4 問4 からっ風，赤城おろし 問5 (A) 水 (B) 熱

【4】 問1 (あ) 4 (い) 1 (う) 2 (え) 8 (お) 7 (か) 3 (き) 6 問2 (A) 入鉄砲 (B) 出女 問3 主要な輸出品の生糸の一大生産地の北関東と貿易港の横浜や東京とを往来しやすくするため。 問4 環状高速道路により都心を経由する車が減り，都心の渋滞や騒音，排気ガスなどが減少すること。

○推定配点○

【1】 各1点×12 【2】 各1点×12 【3】 各1点×10

【4】 問3 3点 問4 4点 他 各1点×9 計50点

＜社会解説＞

【1】 (日本の歴史－歴史の舞台に関連する問題)

基本 問1 A 2 広島にある厳島神社は平家が信仰した神社。 B 6 平泉の中尊寺にある金色堂は金箔が装飾に使われた阿弥陀堂で奥州藤原氏の栄華を示すもの。 C 5 函館の五稜郭はフランスの築城方式を取り入れたもので，類似のものは長野県佐久市にもある。 D 7 日光の東照宮には動物をモチーフとした彫刻が数多くある。 E 1 長崎の出島は，1641年にオランダ商館を設置し，鎖国下にあってもここだけはオランダ人が居留できる場所とされた。 F 3 大阪の適塾で福澤諭吉は蘭学を学んだ。

問2 A 4 平清盛は平治の乱の後，一族の書いた経を厳島神社に納めている。 B 8 平泉の中尊寺金色堂には奥州藤原氏の清衡，基衡，秀衡の遺体が安置されている。 C 7 戊辰戦争の最後の激戦となる五稜郭の戦いで土方歳三は戦死している。 D 5 日光東照宮は徳川家康を東照大権現という神として祀った神社。 E 出島は長崎の港の中につくられた埋立地の島で，オランダ人の前に，来航を禁止される前のポルトガル人を1636年に移し，1639年にポルトガル人の来航を禁じた後，1641年にオランダ人を移した。 F 大阪の適塾は緒方洪庵が開いた蘭学塾で，福澤諭吉の他にも幕末期に活躍した多くの人が学んでいる。

【2】 (日本の歴史と政治の融合問題－戦後の日本史と政治に関連する問題)

重要 問1 4 1945年→2 1951年→5 1956年→3 1960年→1 1972年の順。

問2 2 佐藤栄作首相は歴代首相の中でも在任期間が長い首相で1964年11月に池田勇人首相の後を受けて就任し，1972年の沖縄返還実現まで務めた。

やや難 問3 4 1972年→2 1987年→5 1989年→3 1993年→1 2003年の順。

問4 2 田中角栄は1972年7月に佐藤栄作の後を受けて首相となり，日中共同声明に調印し中華人民共和国との国交正常化を行った。

基本 問5 (1) あ 首相の辞職による次の首相の指名のための国会は臨時国会。 い 衆参両院で国会議員によって首相の指名が行われる。 う 国会での首相指名の後，天皇が皇居で首相の任命を行う。 え 衆議院解散による総選挙の後に召集されるのは特別国会。任期満了による総選挙だと臨時国会になる。 お ふつうは，特別国会が召集される日の午前に内閣が総辞職し，午後に首相指名が行われる。 (2) 3 選挙の公示は国事行為で，告示は異なる。1は選挙運動は選挙期日の前日まで。2は立候補の受け付けは公示，告示の有った当日のみ。4は「公示」が使われるのは衆議院の総選挙と参議院の通常選挙でどちらも天皇が国事行為として行う。 (3) 衆議院で内閣不信任案が可決された場合には，その日から10日以内に内閣は衆議院の解散か内閣総辞職を行わなければならず，解散の日から40日以内に総選挙，総選挙の日から30日以内に特別国会が召集される。

【3】 (日本の地理－関東地方に関する問題)

重要 問1 あ 関東平野の中でも東京都の山手線のあたりから西や埼玉県，群馬県，栃木県はほぼ台地上にある。 い 東京都の山手線より東側の地域は低地になっており，隅田川や江戸川沿いの江東区や葛飾区，江戸川区のあたりから千葉県と茨城県の県境のあたりは低い土地が広がる。

う 関東地方の南側の太平洋を暖流の日本海流が流れており，神奈川県や千葉県，茨城県のあたりは冬でも温暖である。 え フェーン現象は山地を越えてきた熱風が吹き下ろす現象。

問2 しもばしらは冬季に気温が氷点下の時などに，地中の水分が毛管現象で地表に出てきて凍る現象。

問3 3 現在の東京都の東部や千葉県北西部は武蔵，下総，常陸の国があったところで，それぞれの地域の有力な豪族が勢力を持っていた。その一つが平将門の一派。 5 関東ローム層は関東平野の西や北に広がり，東部にはほとんどない。

問4　関東地方に吹く冬の北西からの冷たい季節風は，日本海側から吹き込んできて，新潟県から群馬県のあたりに雪を降らせた後は，乾いた冷たい風として関東地方へ吹いてくるため，からっ風や赤城おろしなどの呼称がある。

やや難　問5　A　ヒートアイランド現象は都会において，夜でも熱がこもり気温が高くなるもの。これを緩和させるには，道路などの舗装の部分に水分を含ませておけば，その水が蒸発する際に熱を奪い気温が下げることを期待できる。　B　空調設備や様々な機械が放熱する熱を少しでも減らせば，ヒートアイランド現象を緩和させることにつながる。

【4】　(日本の歴史－江戸時代から現代までの交通の歴史に関する問題)

問1　あ　街道にもよるが，街道沿いにだいたい8キロから12キロほどの間隔で宿場があった。

い　一里はだいたい4キロメートルほど。　う　かごは乗客は歩く必要はないが，揺れない速さでだとかなり遅い。　え　都市が発達してくると，都市の中の移動手段として自動車がさほどない時代には道路に線路を敷き，その上に電線を張ってあれば走れる路面電車が普及してくる。

お　日本では馬は江戸時代には乗り物としては武士以外には乗るものではなく，明治以降もさほど乗馬は普及せず，馬で荷物を運ぶのにも馬の背に荷物を載せることが多かった。また牛車は貴人の乗り物で一般には縁遠いもので，荷車は人が引くものが中心で，馬や牛が引くものはほとんど無かった。　か　日本の中で自動車が普及するのは高度経済成長期のことで，1955年以後。

き　自動車の普及により，道路を共有する路面電車が減り，代わって地下鉄がまずは路面電車の経路に沿って作られた。

問2　江戸の周りの関所では，鉄砲が江戸に入ってくることは，江戸の中で不穏な動きがおこることにつながるので警戒し，また大名の妻子が実質的には人質として江戸にいるのが逃げ出すことが，その大名が幕府にたいして反乱を起こすことにつながるとして，江戸から出ていく女性には関所が警戒していた。

やや難　問3　現在の高崎線や宇都宮線は，当初は日本鉄道という民営の会社によって開発されたが，日本鉄道は実質的には国策会社であり，最終的には国有化されかつての国鉄が管理した。高崎線は1880年代には開通し，生糸や絹織物の産地がある群馬県と貿易港の横浜を結ぶための路線として開発された。また，横浜と東京の八王子を結ぶ横浜線は江戸時代に横浜が開港した後，八王子の絹織物を運ぶために利用されていた街道沿いに設置された。

やや難　問4　東京の都心に放射線状に集まる高速道路は，他の路線に乗り継ぐためには，いったん都心部を抜けねばならず，その結果都心部の交通量は非常に多い状態となり慢性的な渋滞が発生していた。そこで高速道路を東京の都心よりも外側で結ぶ環状線が設けられ，その結果都心部を通らずに他の高速道路へ乗り入れることが可能になっている。

高速道路ではないが都内の環状線は何本かあり，それらの環状線も車の通行量が多く，慢性的な渋滞に悩まされている。以前よりも軽減はしているが車が出す排気ガスは走行時はもちろんだが渋滞などで停止している時でもエンジンが動いていれば排出されており，またかなりの車の数が走行していると路面の温度もタイヤの摩擦熱で上昇し，環状八号線などではその上空に環状の雲ができるようになり，環八雲などと呼ばれるようにもなっている。こういった問題を解決，緩和するのに，高速道路を環状に結ぶ道路の建設は大いに効果があるとされている。

★ワンポイントアドバイス★

個々の設問自体は難しくはないが，25分という短時間でこなさねばならないことを考えると，悩んでいる時間はない。問題をはやく正確に読み，問われていることを瞬時に把握していかないと，高得点にはつながらないので，過去問での練習が必要であろう。

＜国語解答＞ ≪学校からの正答の発表はありません。≫

【一】 問一 i 7 ii 5 iii 6 問二 X 6 Y 2 問三 あ 6 い 3 う 1 え 5 問四 1 問五 4 問六 (例) おじさんの店に立ち寄るのはおじさんを喜ばせるためだ(と考えること。) 問七 3

【二】 問一 5 問二 2 問三 1 問四 4 問五 4

【三】 ア 4 イ 1 ウ 6 エ 3 オ 2

【四】 カ 4 キ 6 ク 1 ケ 5 コ 2

【五】 ア 唱和 イ 臨時 ウ 欠如 エ 給湯 オ 余(す) カ 難関 キ 心機 ク 細工 ケ 閣下 コ 宙返(り) サ 遊興 シ 頭角 ス 暗雲 セ 事典 ソ 空(く)

○推定配点○

【一】 問一・問二 各2点×5 問三 各3点×4 問六 6点 他 各4点×3

【二】 各4点×5 【三】・【四】 各1点×10 【五】 各2点×15 計100点

＜国語解説＞

【一】 (小説－心情・場面・文章細部の読み取り，空欄補充，慣用句)

問一 空らんⅰは確かにそれに違いないと思われるさまを表す7があてはまる。空らんⅱは心から強く願うさまを表す5があてはまる。空らんⅲは直前の状況をそのまま受け入れられないという意味で6があてはまる。

基本 問二 空らんXの「鼻で笑う」は相手を見下して笑うこと，6の「鼻っ柱が強い」は自信家で気が強いこと。空らんYの「耳打ち」は相手の耳に口を寄せてこっそりと話すこと，2の「耳学問」は人から聞いて得た知識のこと。1の「口裏を合わせる」はあらかじめ相談して話の内容が食い違わないようにすること。3の「舌先三寸」は心がこもらず口先だけであること。4の「肩代わり」は人の借金などをかわって引き受けること。5の「目くじらを立てる」は目をつりあげて人のあらさがしをすること。

問三 空らんあは，おじさんの店に寄り道するのは心地よい時間だったし，おじさんにとっても楽しいものだろうと「ケンジはたしかに思っていた」が，先生に禁止されてしまったので困った，ということなので6があてはまる。空らんいは「タクヤは何度もそのことばを繰り返した」とあるので「オアシス」を繰り返している3があてはまる。空らんうは「自転車を買い替えるわけでもないのに」おじさんがケンジとタクヤをもてなしてくれることを不思議に思うという意味で1があてはまる。空らんえはタクヤの疑問に対するケンジの答えで，「ケンジはおじさんに気に入られてるからな」とタクヤが話していることから5があてはまる。

問四 ――Aは，おじさんの店に寄ると尾行している遠藤が先生に報告して，また先生に注意されることなので1が適切。先生に注意を受けることになることを説明していない2, 3, 4は不適切。「尾行されることを心底楽しんでいることを……叱られる」とある5も不適切。

重要 問五 ——Bに対して「あいつ(＝遠藤)の正義の中での行動という点においては正しいと思う」というケンジの心情が描かれているので4が適切。1の「先生の指示の下で」，2の「うらやましく」，3の「将来の仕事をこんなにも早く見つけて」，5の「執着心に恐れをなしている」はいずれも描かれていないので不適切。

やや難 問六 ——Cは「自分が店に立ち寄ることで，おじさんは喜び，そして笑顔になる。おじさんのためなのだから……自分の行動だって」正しい，という「納得の仕方」なので，C前のケンジの心情を指定字数以内にまとめる。

重要 問七 「木乃伊取り」は「木乃伊取りが木乃伊になる」ともいい，人を探しに行った者が戻ってこないために逆に探される立場になること，あるいは，相手を説得しに行ったにもかかわらず，逆に説得されて相手と同意見になってしまうこと。ここでは，ケンジとタクヤが寄り道をしないか見張るために尾行をしていた遠藤が，結果的におじさんの店に寄り道していることをタクヤが面白がって話しているので3が適切。「木乃伊取り」の意味と遠藤の状況をふまえていない他の選択肢は不適切。

【二】 (論説文－大意・要旨・文章の細部の読み取り)

基本 問一 ——aのことを「いつも心にあって忘れることのない大切な言葉」と述べているので5が適切。a後の説明をふまえていない他の選択肢は不適切。

問二 ——bは,「『花鳥諷詠』や『古壺新酒』は……俳句の本質を明らかにした造語」なので,自分の「座右の銘」としてそぐわない，ということなので2が適切。二つの言葉が俳句の本質を表した言葉であること，また後半で述べているように「座右の銘」は「自分の指針」であることをふまえていない他の選択肢は不適切。

問三 ——cは「欲は物事に悪く作用するととらえがちですが，それを逆手に取ったところ」に対するものなので1が適切。「欲」の悪い面をとらえるのではなく，「逆手に取ったところ」＝良い面を認めていることを説明していない他の選択肢は不適切。

重要 問四 座右の銘を検索すると就職活動向けのページがたくさんヒットしたことに，「座右の銘というのはもっと個人的なものではないか」と——dを覚え，「他人にひけらかすようなものではな」いこと，座右の銘を探し求めることで自覚的な行動につながる可能性もあると述べているので，これらの内容をふまえた4が適切。座右の銘は他人にひけらかすようなものではなく，自覚的な行動につながる可能性があることを説明していない他の選択肢は不適切。

やや難 問五 最後の2段落で「付け焼き刃だとしても，新たに座右の銘を持とうとする」のは悪いことではないのは「言葉と結びつけて自分を理解することが自信につながると思うから」であること,「言葉との出会いが未来の自分を作る，高い心構えで読むもの聞くものに向き合いたい」と述べているので4が適切。渋沢栄一の言葉を「意識することで，山田選手は銀メダルを引き寄せた」と述べているので，1は不適切。四十代の筆者にとって「至言との再会は，後半生をより充実したものにするチャンスかも知れません」と述べているが,2は述べていないので不適切。座右の銘は「他人にひけらかすようなものではな」いと述べているが，3の「下品」「積極的に活用するべき」とは述べていないので不適切。「ことわざや標語みたいなものでは格好がつきません」と述べており,「見識を疑われる」とはのべていないので，5も不適切。

【三】 (短歌)

「熊の……」と「耳は……」の短歌は，子どもがまだお腹の中にいるときのものである。「新生児……」の短歌は生まれたばかりの子どものことなので，アはお腹が大きくなってきたときの4,

イは生まれるのを待ち望んでいる1が適切。「記憶には……」の短歌では離乳食の「一匙の粥」を子どもに与えているので，ウはお乳だけの食事をいやがる6が適切。「この夏は……」の短歌では「つかまり立ち」をしているので，エは少しずつ立つ時間が増えている3が適切。「竹馬の……」の短歌では「初めての靴」をはいて歩いているので，オは「外に出て歩き始めた」とある2が適切。

【四】　(慣用句・ことわざ)

カは「浪エネ」＝エネルギーを浪費することと反対の言葉が入るので，4の「省エネ」＝省エネルギーがあてはまる。キの「二度」は気温を表しているので6があてはまる。クは金額が小さくても効果が大きいという意味で1があてはまる。ケは思いもかけないことが起こるという意味で「ペットボトル」から衣料品の5の「フリース」ができるということ。コは本来食べられるのに捨てられてしまう食品という意味の2の「フードロス」を見て自分の食事を見直せということ。

重要　【五】　(漢字の書き取り)

アは一人がまず唱え，続いて他の人たちが同じ言葉を唱えること。イはあらかじめ定めた時でなく，その時々の状況に応じて行うこと。ウは欠けて足りないこと。エはお湯をわかして供給すること。オの「持て余す」は多すぎて扱いきれないこと。カはそこを越えて通りぬけるのがむずかしい所。キの「心機一転」はある事がきっかけで気持ちが変わること。クの「細工は流々」は「細工は流々仕上げを御覧じろ」ともいい，仕事のやり方はいろいろあるのだから，途中でとやかく言わずに仕上がりを待ちなさいという意味。ケは主に外国の君主以外の国家元首などに対する敬称として用いられる。コは空中で体を回転すること，また，航空機が垂直方向に空中で回転すること。サはおもしろく遊ぶこと，遊び興ずること。シの「頭角を現す」は大勢の中で，ひときわ目立ち始めることのたとえ。スの「暗雲が垂れこめる」は危険なことや落ち着かない不安定なことが今にも起こりそうな気配であるさまを表す。セの「事典」は物や事がらを表す語を集めて一定の順序に並べて説明した書物のこと。ことばや文字の読み方や意味などを記した書物である「辞典(じてん)」と区別する。ソは今までそこにあったものが除かれたりなくなったりすること。

★ワンポイントアドバイス★

慣用句やことわざは，どのようにしてその言葉ができたか，成り立ちも一緒に覚えるようにしよう。

MEMO

大切なことはメモしておこうネ！

2021年度

★★★★★★★★★★★★★★★★★★★★★★★★★★

入　試　問　題

2021年度

慶應義塾中等部入試問題

【算　数】（45分）　＜満点：100点＞

【1】 次の □ に適当な数を入れなさい。

(1) $\left(5\frac{5}{6}-2\frac{2}{3}\right)\div\left\{3.3-\left(2.125-1\frac{1}{5}\right)\right\}=\boxed{ア}\frac{\boxed{イ}}{\boxed{ウ}}$

(2) $5\frac{2}{15}\times\left(\frac{7}{8}-0.15\div\boxed{ア}\frac{\boxed{イ}}{\boxed{ウ}}\right)+0.75=5\frac{1}{8}$

(3) 2021年１月１日は金曜日でした。2021年の20番目の火曜日は $\boxed{ア}$ 月 $\boxed{イ}$ 日です。

(4) 縮尺25000分の１の地図上で60cm^2の広さの土地があります。この土地の実際の面積は $\boxed{ア}.\boxed{イ}$ km^2 です。

【2】 次の □ に適当な数を入れなさい。

(1) ２％の食塩水に食塩を加えて混ぜるとき，元の食塩水の重さの12％にあたる食塩を加えると，$\boxed{ア}.\boxed{イ}$ ％の食塩水ができます。

(2) ３つの店Ａ，Ｂ，Ｃで順に買い物をし，どの店でもそのときに持っていたお金の $\frac{3}{5}$ より200円多く使った結果，最初の所持金 □ 円をすべて使い切りました。

(3) 今年のＡさんの年齢《ねんれい》はＢ君の２倍で，９年前のＡさんの年齢はＢ君の３倍でした。今年のＢ君の年齢は □ 才です。

(4) ある仕事を仕上げるのに，太郎君１人では60日，次郎君１人では40日かかります。今，太郎君がこの仕事に取りかかってから □ 日後に，次郎君が太郎君に変わって仕事をしたところ，太郎君が仕事を始めてから47日後にこの仕事を仕上げました。

(5) ３時から４時までの時間で，時計の長針と短針が作る角が直角になるのは３時ちょうどと３時 $\boxed{ア}\frac{\boxed{イ}}{\boxed{ウ}}$ 分です。

【3】 次の □ に適当な数を入れなさい。ただし，円周率は3.14とします。

(1) ［図１］のような正三角形ABCにおいて，色をつけた３つの角の大きさは等しいとします。このとき，辺ＡＱと辺BRの長さの比を最も簡単な整数の比で表すと，$\boxed{ア}:\boxed{イ}$ になります。

［図１］

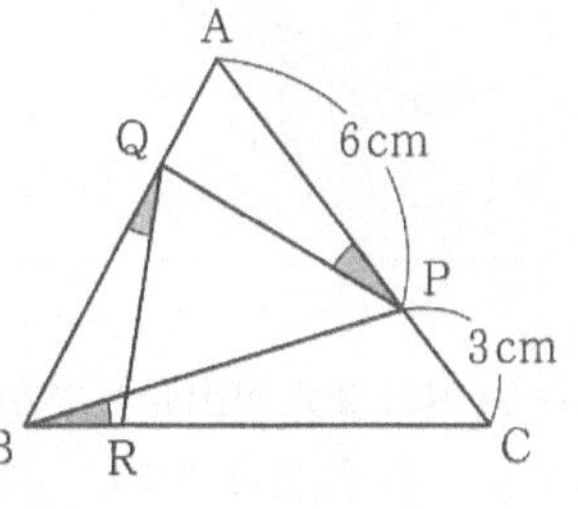

(2) ［図２］のようなおうぎの形を，点Oが円周上の点に重なるように直線ABで折り返しました。このとき，角 x の大きさは □°です。

［図２］
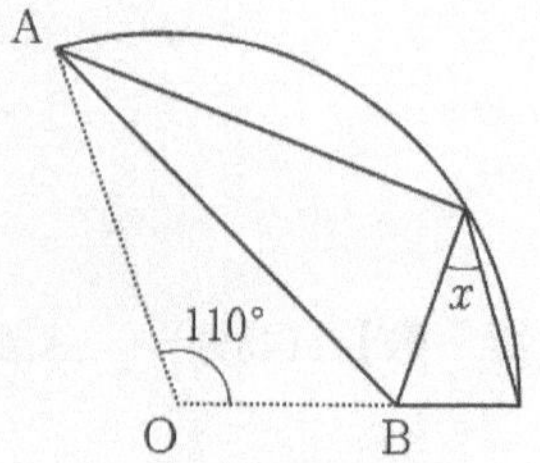

(3) ［図３］のように，１辺の長さが６cmの正六角形を直線で２つに分けました。①の部分と②の部分の面積の比を，最も簡単な整数の比で表すと[ア]：[イ]になります。

［図３］
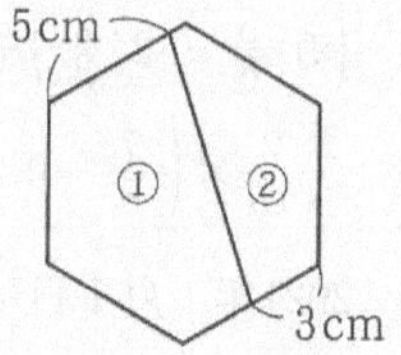

(4) ［図４］のような，たて２cm，横１cmの長方形があります。長さ20cmの糸をたるみがないように引っ張りながら，この長方形に矢印の方向に巻き付けていきます。糸をすべて巻き付けたとき，糸の端《はし》Pが通った長さの合計は[ア].[イ]cmなります。ただし，糸の太さは考えないものとします。

［図４］
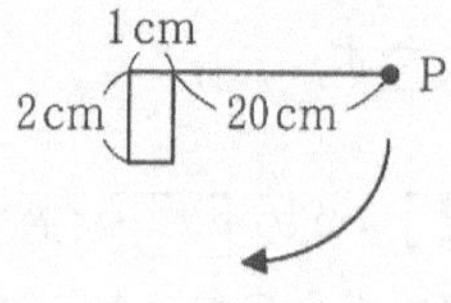

(5) ［図５］のような直角三角形と正方形を組み合わせた図形を，直線ABを軸《じく》として１回転させてできる立体の表面の面積は[ア].[イ]cm²です。

［図５］
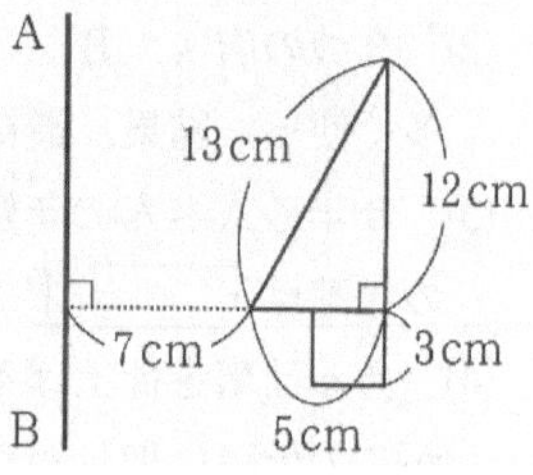

【４】 太郎君はA地を，次郎君はB地を同時に出発して，それぞれ一定の速さでA地とB地の間を何回も往復します。太郎君の歩く速さは次郎君よりも速く，グラフは太郎君と次郎君の間の距離《きょり》と時間の関係を表したものです。次の □ に適当な数を入れなさい。

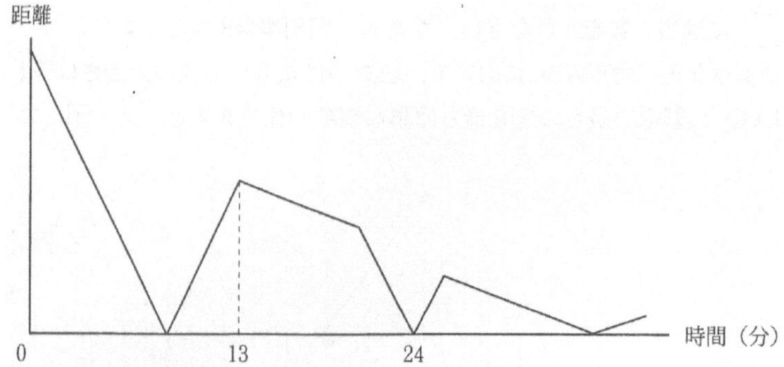

(1) 太郎君と次郎君が初めて出会うのは，２人が出発してから[ア]分後です。また，次郎君が初めてA地に着くのは，２人が出発してから[イ].[ウ]分後です。

(2) 太郎君が次郎君を初めて追いこすのは，２人が出発してから[ア] [イ]/[ウ] 分後です。

【5】 2以上の整数に対して，1になるまで以下の操作を繰《く》り返します。

・偶《ぐう》数ならば2で割る

・奇《き》数ならば3倍して1を加える

例えば，6であれば，次のような8回の操作によって1になります。

$$6 \rightarrow 3 \rightarrow 10 \rightarrow 5 \rightarrow 16 \rightarrow 8 \rightarrow 4 \rightarrow 2 \rightarrow 1$$

このとき，次の □ に適当な数を入れなさい。

(1) 11は □ 回の操作で1になります。

(2) 12回の操作で1になる整数は全部で □ 個あります。

【6】 四角形ABCDを対角線で2つの三角形に分ける方法は，下の［図1］のように2通りあります。また，五角形ABCDEを対角線で3つの三角形に分ける方法は，下の［図2］のように5通りあります。次の □ に適当な数を入れなさい。

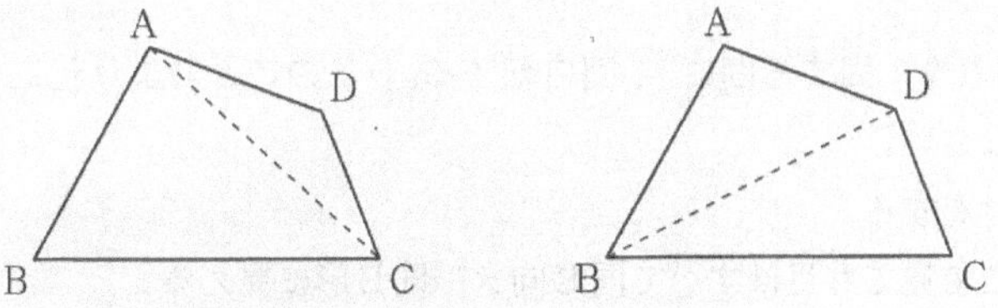

［図1］

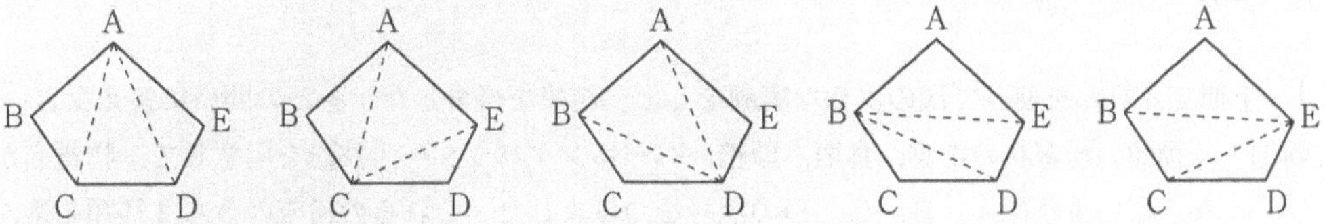

［図2］

(1) 六角形ABCDEFを対角線で4つの三角形に分ける方法は，全部で □ 通りあります。

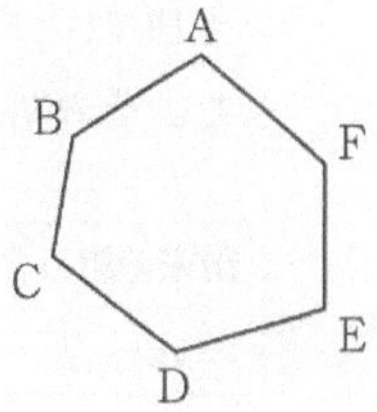

(2) 八角形ABCDEFGHを対角線で6つの三角形に分ける方法は，全部で □ 通りあります。

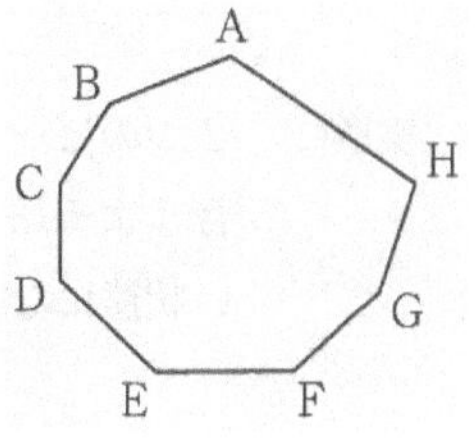

【理　科】（25分）　＜満点：50点＞

【1】 ある日の夜9時に，東京で満月が右の図のように見えました。次の問いに答えなさい。

(1) 満月が見えた日より約1週間前の月は，夕方6時にはどのように見えるか。次の中から選んで，番号で答えなさい。

1

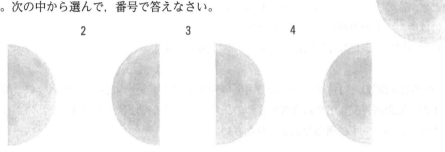

2

3

4

(2) 「月は地球の周りを1周する間に，1回自転する。」このことにより起こることを次の中から選び，番号で答えなさい。

1　月は満ち欠けをする。
2　地球上のどこで見ても月はすべて同じ向き，同じ形に見える。
3　南半球で月を見ると逆さまに見える。
4　月はいつも同じ面を地球に向けている。
5　季節によって月の高さはちがって見える。

【2】 上皿てんびんを使って次のような実験をして，結果を得ました。あとの問いに答えなさい。

実験①　4種類の粉末状の物質，食塩，砂糖，ベーキングパウダー，鉄粉を用意して，物質名がわからないようにA，B，C，Dの記号をつけました。これらの粉末のうち2種類を選んで上皿てんびんの両側のステンレス皿にのせ，つり合わせました。そのあと，それぞれのステンレス皿をガスバーナーの炎で3分間，強く熱しました。このとき，Cは熱しているときにけむりが多く出て甘《あま》いにおいがしました。熱したあと，ステンレス皿をもとのように上皿てんびんにのせたところ，すべての組み合わせで一方が下がるようになっていました。その結果をまとめたものが次の表です。

粉末の組み合わせ	上皿てんびんの下がった方	粉末の組み合わせ	上皿てんびんの下がった方
A　と　B	B	B　と　C	B
A　と　C	A	B　と　D	D
A　と　D	D	C　と　D	D

実験②　2つのビーカーにそれぞれ約80℃の熱湯と氷水を入れててんびんの両側の皿にのせ，つり合うようにすばやく調整しました。その後，1時間ほど置いておいたところ，つり合わない状態になっていました。

(1) 実験①でつり合いが取れなくなった原因として，考えられないものを次の中から１つ選び，番号で答えなさい。

1　粉末からある物質が空気中に出て行った。

2　空気中にある物質が結びついた。

3　粉末が気体に変化した。

4　粉末の温度が上がった。

(2) 実験①のＡ，Ｂ，Ｃ，Ｄがそれぞれ何か，次の中から選び，番号で答えなさい。

1　砂糖　　2　食塩　　3　鉄粉　　4　ベーキングパウダー

(3) 実験②で１時間たったときに下がっているのは，どちらを入れたビーカーですか。次の中から選び，番号で答えなさい。

1　熱湯　　2　氷水

(4) 実験②の後，ビーカーをのせておいた一方の皿がぬれていました。その理由を30字以内で説明しなさい。

(5) 一般に，液体は熱を加えるとわずかながら体積が増え，冷やすと体積が減ります。その性質を利用している器具の名前を漢字３文字で書きなさい。

【３】 ほ乳類に関する次の問いに答えなさい。

(1) 図１はあるほ乳類の頭の骨のスケッチです。この骨の形から，この動物がどのような場所で生活するのに適していると考えられますか。次の中から選び，番号で答えなさい。

1　草原・荒《あれ》地　　2　沼《ぬま》・川・湖　　3　山岳《がく》・高地　　4　樹上　　5　空　　6　深海

(2) 図２はあるほ乳類の頭の骨のスケッチです。この動物の食性として適当なものはどれですか。次の番号で答えなさい。

1　肉食　　　　2　草食

(3) 図３はウマの骨格の一部を示したものです。ヒトのからだの「ひじ」はウマの骨格ではどこにあたりますか。図３の１～４から選びなさい。

図１

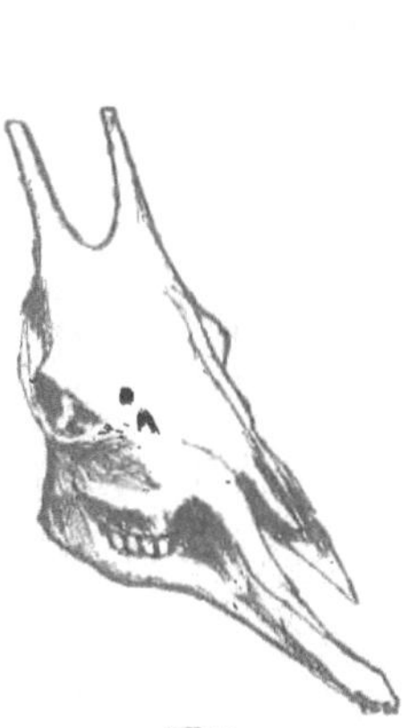

図２

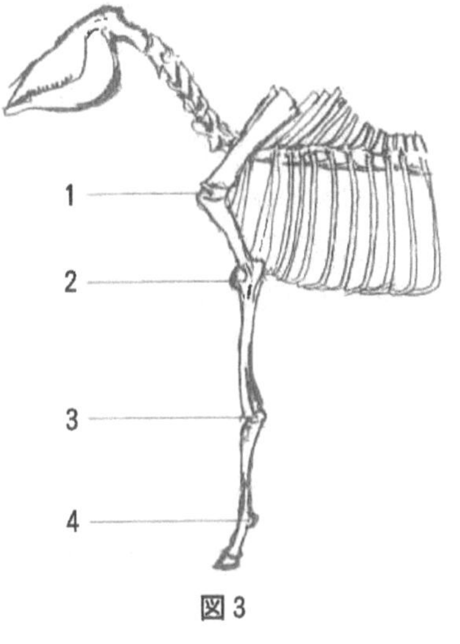

図３

(4) 次のほ乳類の中から，1本の足あたり奇《き》数個のひづめをもっている動物を選び，番号で答えなさい。

1 イノシシ　2 ウシ　3 ヒツジ　4 キリン　5 サイ　6 シカ

(5) ヒトは食べ物を食べ，その中に含まれる養分と（ア）を吸収している。（ア）に入る漢字1文字を書きなさい。

(6) ヒトのからだの中で，食べ物にふくまれる養分を主に吸収するところはどこですか。次の中から選び，番号で答えなさい。

1 胃　2 小腸　3 大腸

(7) 口からこう門までの食べ物の通り道を何というか。漢字3文字で答えなさい。

【4】 水溶《よう》液が酸性，中性，アルカリ性のときにそれぞれ異なる色を示す薬品を指示薬といいます。指示薬の一つ，BTB溶液は酸性で黄色，中性で緑色，アルカリ性で青色になります。また，ムラサキキャベツを煮《に》てできた液は，強い酸性で赤色，弱い酸性で紫《むらさき》色，中性で青色，弱いアルカリ性で緑色，強いアルカリ性で黄色を示し，これも指示薬の一つといえます。これらを使った実験で次のような結果を得ました。これを見てあとの問いに答えなさい。ただし，ちがう記号でも異なる物質とは限りません。

実験1　① 水溶液Aをビーカーに取り，指示薬アを入れると緑色になった。

② これに固体の物質Bを加えると，水溶液は黄色になった。

③ さらに液体の物質Cを加えると，水溶液は青色になった。

④ 最後の水溶液を赤色と青色のリトマス試験紙につけると，どちらも色が変化しなかった。

実験2　① 水溶液Dをビーカーに取り，指示薬イを入れると黄色になった。

② これに液体の物質Eを加えると，水溶液は緑色になった。

③ さらに固体の物質Fを加えると，水溶液は青色になった。

④ 水溶液Dに卵のからを入れると，泡《あわ》がついた。

(1) 指示薬ア，イはそれぞれ何ですか。次の中から選び，番号で答えなさい。

1 アはBTB溶液，イはムラサキキャベツ液

2 アはムラサキキャベツ液，イはBTB溶液

3 アもイもBTB溶液

4 アもイもムラサキキャベツ液

(2) 水溶液A，Dとして考えられるものをそれぞれ次の中から2つずつ選び，小さい番号のものから順に書きなさい。

1 アンモニア水　2 うすい塩酸　3 砂糖水

4 食塩水　5 食酢《す》　6 石けん水

(3) 物質B，C，E，Fにあてはまるものを次の中からそれぞれ1つずつ選び，番号で答えなさい。

1 アルミニウム　2 エタノール　3 塩酸　4 クエン酸

5 食塩　6 水酸化ナトリウム　7 石灰水　8 ドライアイス

【5】 柏《かしわ》木さん，杉浦さん，栃尾さん，藤井さん，松田さんの５人がそれぞれの名字に入っている樹木のことを話題に，話をしています。その会話文を読んであとの問いに答えなさい。会話文中では，自分の名字に入っている樹木のことを「ぼく」や「わたし」と言っています。

ヨシキ： やあ，偶《ぐう》然だけど木の名前が名字に入っている人が集まったね。

ナナミ： わたしのことを知らない人はいないわね。材木としてよく使われるし。

フサル： ぼくのこともみんな知っているだろう。

ヨシキ： でも，ふたりとも花は地味だよね。その点，ぼくはわざわざ花を見に来る人がいるくらいきれいで目立つよ。

マサル： その代わり，ぼくは冬でも葉が青々としている。

ナナミ： わたしもそうよ。春には花粉症《しょう》で人々を悩《なや》ませるけど。

サトミ： わたしのことはみんなあまり見たことないんじゃないかしら。わたしの実はむいてみると栗《くり》によく似た種が入っていて，食用にすることもあるんだけど。

カオル： サトミさんのヨーロッパの親せきが街路樹になっているところもあるよ。ぼくはドングリの仲間だからあまり食べられない。

ナナミ： だけど，カオル君の葉で包んだおもちは毎年こどもの日の頃に食べているね。

マサル： そういえばみんな，葉の形に特徴《ちょう》があるよね。木の姿はどうだろう。

ヨシキ： 他のみんなはしっかりした幹をもっているけど，ぼくは他のものに頼って高いところまで上がっていくよ。

ナナミ： わたしもヨシキ君にからまれることがあるわ。別にいやじゃないけど。

(1) ヨシキ，ナナミ，マサル，サトミ，カオルの名字を次の中からそれぞれ選び，番号で答えなさい。

1 柏木　　2 杉浦　　3 栃尾　　4 藤井　　5 松田

(2) カシワ，スギ，トチ，フジ，マツのそれぞれの葉を次の中から選びなさい。

1

2

3

4

5

6
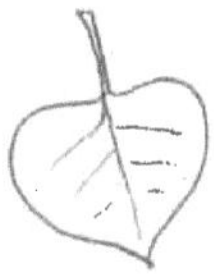
7

8
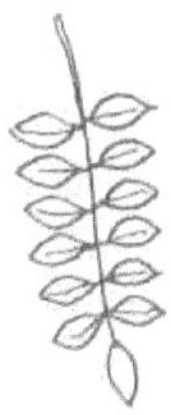
9

⑶　樹木どうしの間隔《かく》が十分開いているとき，右の図４のような姿になる樹木を次の中から選び，記号で答えなさい。

１　カシワ　　２　スギ　　３　トチ　　４　フジ　　５　マツ

⑷　５種類の樹木の中で，「落葉樹」は何種類ありますか。その数を書きなさい。

⑸　大豆や落花生と同じ仲間の樹木を選び，番号で答えなさい。

１　カシワ　　２　スギ　　３　トチ　　４　フジ　　５　マツ

図４

【社　会】（25分）　＜満点：50点＞

【１】 次の先生と諭吉くん，信三くんの会話を読んで，各問に答えなさい。

諭吉「日本では，お金はいつごろから使われていたのかな。」
信三「発掘《くつ》されている一番古いものは，683年ころの（　ア　）だよ。」
諭吉「僕は708年の（　イ　）だと思っていたけれど，もっと古いんだね。」
先生「平安時代には，十数種類の貨幣《へい》が作られました。」
諭吉「そんな昔に，日本ではたくさんの貨幣を作ることができていたんですね。」
信三「でも，貨幣が足りなくて，外国から大量に輸入していましたよね？」
先生「室町時代には，日明貿易で明銭を大量に輸入していました。貨幣経済に早くから注目していたことでも有名な戦国大名の［　A　］は，自軍の旗印にその明銭を使っていました。」
信三「江戸時代に入ると，国産の金・銀・銅の三貨が広く使われるようになりますね。」
諭吉「江戸時代の（　ウ　）はたくさん作られた貨幣だよ。」
先生「そうですね。庶《しょ》民には金貨や銀貨は縁《えん》遠いものでした。もっぱら高額の取引で使われていたようです。また，銀山の多い西国では銀貨中心，江戸に近い東国では①<u>全貨</u>中心と，東西で違いがあったのです。」
信三「江戸時代の貨幣改鋳《ちゅう》※によって，世の中が混乱したという話も聞いたことがあります。」
諭吉「財政難の幕府が，品質を落とした金・銀貨を作ったんですね。」
先生「②<u>５代将軍徳川綱吉のとき</u>に行われた『元禄の改鋳』では，貨幣の価値が下がってしまったことから，物価が上昇して庶民の生活が混乱しました。その後も江戸時代には数回にわたって改鋳がくり返されました。」
信三「紙幣を使い始めたのは，明治時代以降ですよね。」
諭吉「当時のお金のデザインには，どんなものがあったんだろう。③<u>今のお金のデザイン</u>とくらべてみたいね。」
先生「2024年には④<u>新紙幣</u>の発行も予定されています。最新の偽《ぎ》造防止技術に加えて，⑤<u>視覚障害のある方や日本語のわからない外国人観光客を想定して，だれでも金額の違《ちが》いがわかりやすく，使いやすい工夫</u>を取り入れているそうです。こうした点にも注目してみてくださいね。」
※貨幣改鋳…古い貨幣を回収して新しい貨幣に作り直すこと

問１　（ア）～（ウ）に入る貨幣の正しい組み合わせを選び，数字で答えなさい。
　１　（ア）　寛永通宝　　（イ）　富本銭　　（ウ）　和同開珎
　２　（ア）　富本銭　　（イ）　和同開珎　　（ウ）　寛永通宝
　３　（ア）　和同開珎　　（イ）　寛永通宝　　（ウ）　富本銭

問２　［　A　］に入る人物名を**漢字**で答えなさい。

問３　下線部①に関して，当時の金の採掘地として有名な「佐渡金山」の場所を次のページの＜地図＞から選び，数字で答えなさい。

＜地図＞

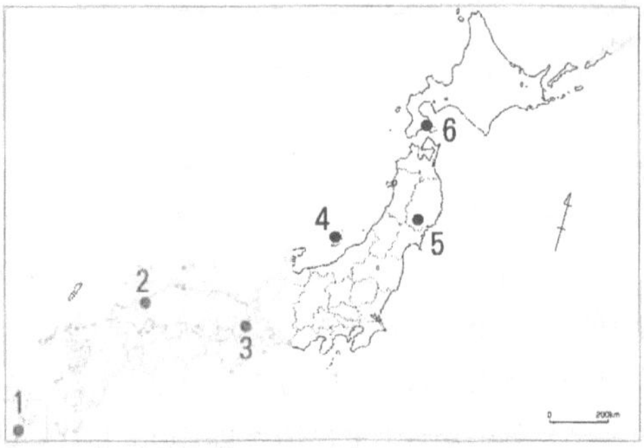

問４　下線部②のころに起きた出来事を選び，数字で答えなさい。

１　赤穂事件が起こる　　　　３　大塩平八郎の乱が起こる

２　日光東照宮が建てられる　４　目安箱が設置される

問５　下線部③についてまとめた次の表１・２を見て，⑴～⑷の問いに答えなさい。

＜表１　現在の紙幣のデザイン＞

	表面	裏面
一万円	Ⓐ	鳳凰像
五千円	Ⓑ	燕子花図
二千円	建物ア	源氏物語絵巻とⒹ
千円	Ⓒ	富士山と桜

＜表２　現在の硬《こう》貨のデザイン＞

	表面	裏面
一円	Ⓔ	金額等
五円	稲穂・歯車・水	双葉
十円	建物イ・唐草	常盤木
五十円	Ⓕ	金額等
百円	Ⓖ	金額等
五百円	Ⓗ	竹・橘

⑴　Ⓐ～Ⓓに入る人物名の正しい組み合わせを選び，数字で答えなさい。

１　Ⓐ　野口英世　Ⓑ　紫式部　Ⓒ　福沢諭吉　Ⓓ　樋口一葉

２　Ⓐ　野口英世　Ⓑ　樋口一葉　Ⓒ　福沢諭吉　Ⓓ　紫式部

３　Ⓐ　福沢諭吉　Ⓑ　樋口一葉　Ⓒ　野口英世　Ⓓ　紫式部

４　Ⓐ　福沢諭吉　Ⓑ　紫式部　Ⓒ　野口英世　Ⓓ　樋口一葉

⑵　Ⓔ～Ⓗに入る植物の正しい組み合わせを選び，数字で答えなさい。

１　Ⓔ　菊　Ⓕ　桜　Ⓖ　桐　Ⓗ　若木

２　Ⓔ　桜　Ⓕ　桐　Ⓖ　若木　Ⓗ　菊

３　Ⓔ　桐　Ⓕ　若木　Ⓖ　菊　Ⓗ　桜

４　Ⓔ　若木　Ⓕ　菊　Ⓖ　桜　Ⓗ　桐

⑶　建物**ア**・**イ**の所在地を＜**地図**＞からそれぞれ選び，数字で答えなさい。

⑷　1948（昭和23）年に発行された五円硬貨の表面にあるデザインは，日本の原動力となる産業を表しています。「水」は水産業を表していますが，「**稲穂**」と「**歯車**」は何を表しているでしょうか，それぞれ**漢字**で答えなさい。

問６　下線部④について，⑴と⑵の問いに答えなさい。

⑴　新紙幣の肖《しょう》像画に使用される人物名の正しい組み合わせとして正しいものをあとから選び，数字で答えなさい。

1　一万円札：北里柴三郎　五千円札：渋沢栄一　千円札：津田梅子
2　一万円札：渋沢栄一　五千円札：津田梅子　千円札：北里柴三郎
3　一万円札：津田梅子　五千円札：北里柴三郎　千円札：渋沢栄一

⑵　新千円札の裏面で使われるデザインを選び，数字で答えなさい。

1　東海道五十三次　2　風神雷神図屏風　3　富嶽三十六景　4　見返り美人図

問7　下線部⑤について，このような工夫を表すものとして正しいものを選び，数字で答えなさい。

1　エコデザイン
2　バリアフリーデザイン
3　プロダクトデザイン
4　ユニバーサルデザイン

【2】 次の福沢諭吉についての年表を見て，各問に答えなさい。

1835年	（　ア　）藩の下級武士の子として、（　イ　）で誕生
1854年	（　ウ　）に出て A 語の初歩を学習
1855年	（イ）で①適塾に入塾し、A 語を本格的に学習
1858年	（　エ　）の築地鉄砲洲で A 語の学塾を開設
1859年	（　オ　）に行くも A 語が役に立たず、独学で英語の習得を開始
1860年	②船でアメリカにわたり、サンフランシスコやハワイに滞《たい》在
1868年	鉄砲洲から芝新銭座に塾を移し、慶應義塾と命名
1872年	③『学問のすゝめ』（初編）を出版

問1　（ア）～（オ）に当てはまる地名をそれぞれ選び，数字で答えなさい。

1　江戸　2　大阪　3　下田　4　長崎
5　中津　6　横浜

問2　A に入る国名を選び，数字で答えなさい。

1　イタリア　2　オランダ　3　ドイツ　4　フランス

問3　下線部①について，この塾を開いた人物を選び，数字で答えなさい。

1　緒方洪庵　2　勝海舟　3　林羅山　4　吉田松陰

問4　下線部②に関して，福沢のように渡《と》米したことのある人物を選び，数字で答えなさい。

1　大久保利通　2　西郷隆盛　3　坂本龍馬　4　吉田松陰

問5　下線部③の冒《ぼう》頭の文について，次の文中の「○」に共通して入る語句を答えなさい。

「天は○の上に○をつくらず○の下に○をつくらずといへ《(え)》り」

問6　福沢は，1901（明治34）年の元旦《たん》に，世界が新しい時代を迎えたことへの感慨《がい》を表し，「独立自尊　迎新 B 」という書を記しました。B に入る言葉を**漢字**2字で答えなさい。

【３】 次の地形図Ⓐ～Ⓒについて，各問に答えなさい。

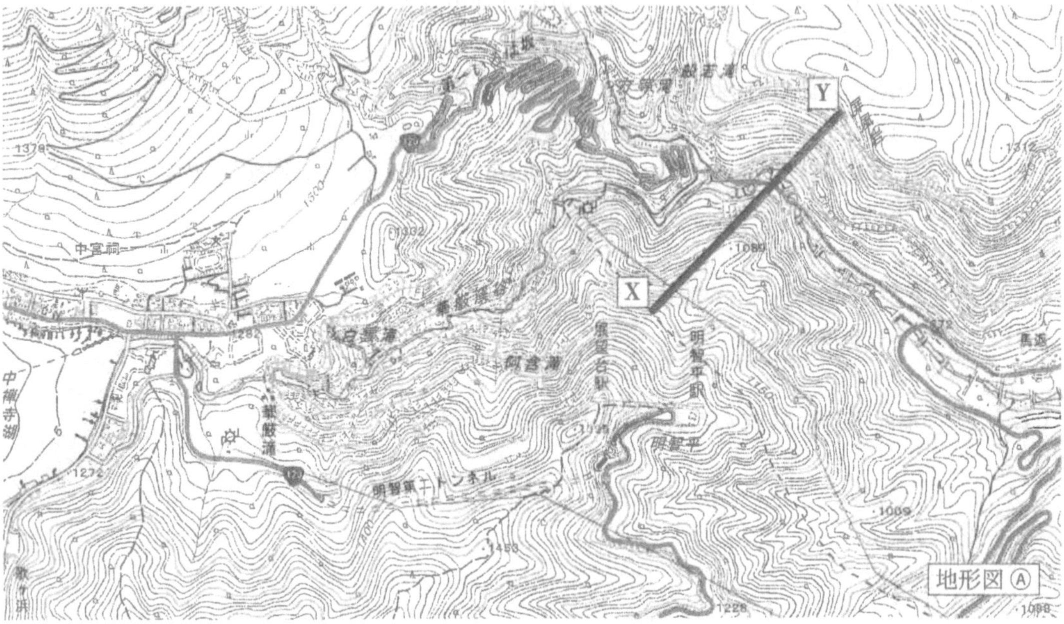

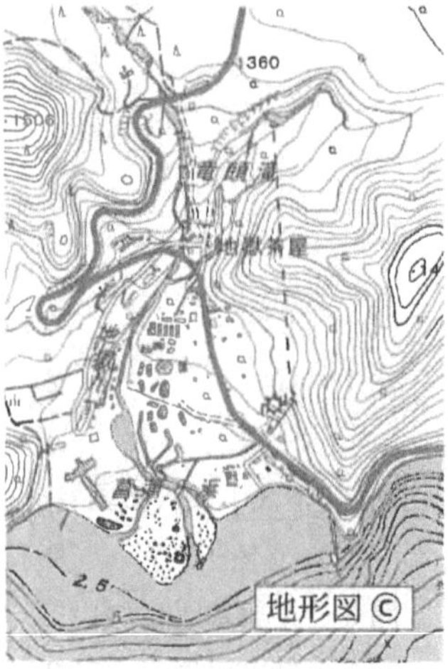

（国土地理院　２万５千分１地形図「日光南部」「男体山」より作成）
（注：編集上の都合により、縮小してあります。Ⓑ と Ⓒ は同じ縮小の割合です。）

問１　地形図Ⓐ上のＸ－Ｙ間の断面を簡略化してあらわした図として正しいものを選び，数字で答えなさい。

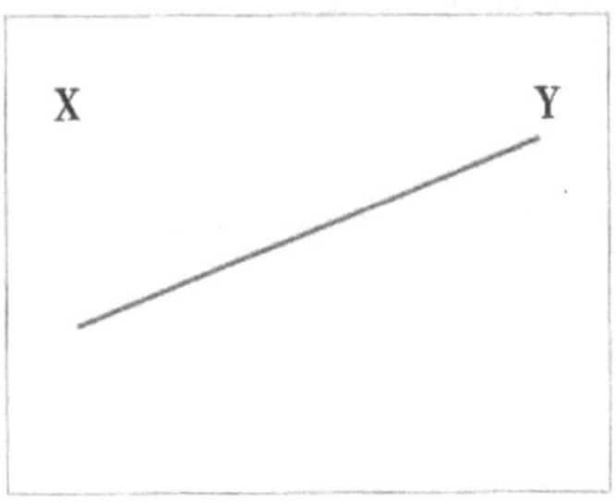

1

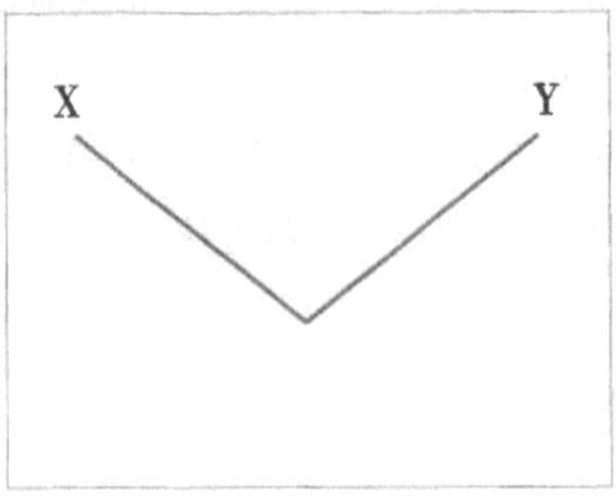

2

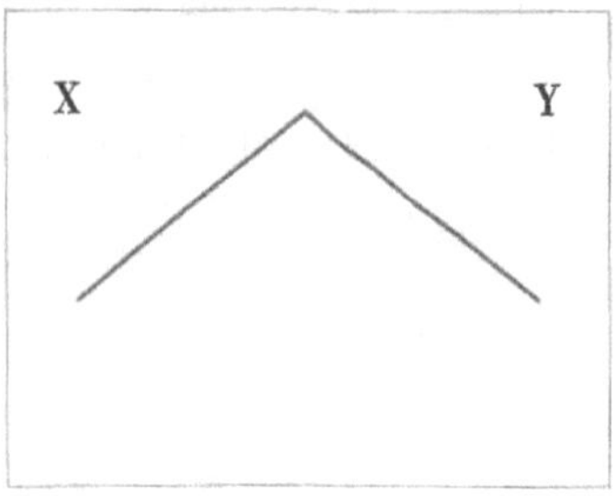

3

問２　地形図Ⓐから読み取れる内容として**正しくないもの**を１つ選び，数字で答えなさい。

　１　明智平駅からロープウェイに乗ると，中禅寺湖畔《はん》に到《とう》着する

　２　湖畔の住宅地には交番や消防署はあるが，病院はない

　３　発電所は川沿いの斜《しゃ》面と，斜面の間の比較《かく》的平たんな場所にある

　４　もっとも標高が高い場所は1450mより高い

問３　地形図Ⓑの湯滝とⒸの竜頭滝について，正しいものを１つ選び，数字で答えなさい。

　１　どちらの滝もすぐ湖に流れ込んでいる

　２　どちらの滝も道路が真上を横切り，車から滝を眺《なが》めることができる

　３　湯滝は急斜面を流れ落ちているが，竜頭滝はゆるい傾《けい》斜を流れる

　４　竜頭滝の方が湯滝よりも標高の高い位置にある

【４】　次の感染症《しょう》の歴史をまとめた年表をみて，各問に答えなさい。

前14世紀	①ツタンカーメンがマラリアで病死する
前５世紀	ペロポネソス戦争中の②アテネで疫《えき》病が流行する
３世紀頃	弥生時代の③古墳に結核《かく》の患《かん》者が埋葬《まいそう》される
７世紀	④仏教とともに中国大陸から天然痘《とう》※が持ち込まれる　※天然痘　ウイルスによる感染症
８世紀	天平の大疫病で天然痘が広がる
752年	社会不安を和らげるため（　ア　）が建立される
1181年	（　イ　）がマラリア※で病死する　※マラリア　蚊《か》が媒介《ばいかい》する原虫の寄生による感染症
14世紀	ヨーロッパでペスト（黒死病）が大流行する
⑤1858年	米国船由来のコレラが日本で流行する
19世紀	⑥日本の近代工業化とともに紡績《ぼうせき》工場で結核が流行する
1892年	初めてウイルスの存在が発見される
1894年	⑦北里柴三郎がペスト菌《きん》を発見する
1918年	⑧アメリカ起源のスペイン風邪《かぜ》が世界で大流行する
1980年	⑨世界保健機関が天然痘の根絶を宣言する
2003年	SARSがアジアに広まる

問１　下線部①について，その人物の説明として正しいものを選び，数字で答えなさい。

　１　古代インドの王です　　　３　古代ギリシャの王です

　２　古代エジプトの王です　　４　古代ローマの王です

問２　下線部②について，現在ではオリンピックが２回開催《さい》された都市としても有名ですが，同様にオリンピックが２回以上開催された都市を選び，数字で答えなさい。

　１　ソチ　　２　ピョンチャン　　３　リオデジャネイロ　　４　ロンドン

問３　下線部③について，その説明として**正しくないもの**を選び，数字で答えなさい。

　１　遺体とともに鏡や玉，剣《けん》やかぶとなどが出土しました

　２　大阪にある大仙古墳は世界最大の面積を持つ墓です

　３　古墳の周辺にはさまざまな形の「どぐう」が並べられました

　４　当時の王や豪族の墓だと言われています

問４　下線部④について，仏教を厚く信仰《こう》した聖徳太子の説明として**正しくないもの**を選び，数字

で答えなさい。

1　家がらにとらわれず能力のある豪族を役人にしようとしました

2　天皇中心の国づくりを目ざして政治の改革を進めました

3　唐と対等のつきあいを求めて手紙を届けました

4　仏教を盛んにしようと法隆寺や四天王寺を建てました

問５　（ア）に入るものを選び，数字で答えなさい。

1　円覚寺舎利殿　　2　興福寺五重塔　　3　中尊寺金色堂　　4　東大寺大仏

問６　（イ）に入る人物を，右の説明文を参考にして，**漢字**で答えなさい。

太政大臣になりました 娘を天皇にとつがせ，政治の実権をにぎりました 厳島神社を厚く尊び，社殿《でん》を造営しました

問７　下線部⑤の年より前の出来事を選び，数字で答えなさい。

1　ペリーが江戸湾（東京湾）を測量する

2　桜田門外で井伊直弼が暗殺される

3　横浜で貿易が始まる

4　生麦村でイギリス人が薩摩藩士にきりつけられる

問８　下線部⑥について，当時の工業の発達や労働問題の説明として**正しくないもの**を選び，数字で答えなさい。

1　日清戦争のころから軽工業が，日露戦争のころから重工業が盛んになりました

2　工業の発展とともに農家の長男が工場労働者として働き一家を支えました

3　工業の発達は足尾鉱毒事件などの公害問題もひきおこしました

4　製糸・紡績工場の女子労働者の多くは貧しい農家の出身者でした

問９　下線部⑦に関して，北里の研究所で助手を勤めたのち，黄熱病研究に力を尽《つ》くした人物を選び，数字で答えなさい。

1　志賀潔　　2　鈴木梅太郎

3　野口英世　　4　森鷗外

問10　下線部⑧に関して，⑴と⑵の問いに答えなさい。

⑴　「スペイン風邪」は，スペインでの流行が広く報道されたことでこの名がつきましたが，現在のスペインについての説明として正しいものを選び，数字で答えなさい。

1　北米大陸にあります

2　首都はバルセロナです

3　モン・サン・ミッシェルが有名です

4　日本と同緯度に位置しています

⑵　右のポスターは，日本でスペイン風邪が流行したころに感染予防をよびかけたものです。［　　］に入る言葉を答えなさい。なお，文字は右から左へ読みます。

（出典：国立保健医療科学院ホームページより
『流行性感冒』（内務省衛生局著　1922.3））

問11　下線部⑨について，その略称名として正しいものを選び，数字で答えなさい。

1　WFP　　2　WHO　　3　WTA　　4　WTO

【5】 次の日本の地震《しん》について次の年表をみて，各問に答えなさい。

1891（明治24）年	濃尾地震
1896（明治29）年	明治三陸地震
1923（大正12）年	①関東地震（関東大震災）
1933（昭和８）年	昭和三陸地震
1946（昭和21）年	②南海地震
1978（昭和53）年	伊豆大島近海地震
1995（平成７）年	③兵庫県南部地震（阪神・淡路大震災）
2004（平成16）年	④新潟県中越地震
2007（平成19）年	新潟県中越沖地震
2011（平成23）年	⑤東北地方太平洋沖地震（東日本大震災）
2016（平成28）年	熊本地震

問１　下線部①について，午前11時58分に発生したこの地震では，揺《ゆ》れによる倒壊《とうかい》のほか，火災による家屋の焼失が多かったのですが，その理由を15字以上25字以内で答えなさい。

問２　下線部②について，この年の４月に行われた衆議院議員総選挙の説明として正しいものを選び，数字で答えなさい。

1　自由民主党が与党第一党となりました

2　一票の格差が問題となり，違《い》憲判決を受けました

3　選挙法が改正され，18歳《さい》以上のすべての男女に選挙権が与えられました

4　初の女性議員39名が誕生しました

問３　下線部③について，この震災後，ボランティア活動の発展を促《そく》進することを目的として，1998年に特定非営利活動促進法が施行されましたが，この法律の略称《しょう》名を選び，数字で答えなさい。

1　ＢＫＳ法　　2　ＮＧＯ法　　3　ＮＰＯ法　　4　ＰＫＯ法

問４　下線部④について，この地震では地すべりや液状化によりライフラインへの被《ひ》害が多く発生しましたが，この「ライフライン」に**あてはまらないもの**を選び，数字で答えなさい。

1　飲料水の供給に必要な河川　　3　電力の供給に必要な電線

2　情報伝達に必要な電話線　　4　物資輸送に必要な鉄道

問５　下線部⑤について，都心で多くの帰宅難民を生んだこの地震以降，東京都内の私立小学校・中学校・高校は，震災発生時に，その学校だけでなく他の私立学校の生徒の避《ひ》難も一時的に受け入れる約束を結びました。この約束を結んだ理由を20字以上50字以内で答えなさい。

オ　小説のジの文

カ　小学校生活六年間のシュウタイセイ

キ　新薬の開発にシンケツを注ぐ

ク　緊《きん》急事態センゲンで生活が一変した

ケ　人気ゼッチョウの歌手

コ　長くアタタめていた論文を発表する

サ　時代コウショウをする歴史家

シ　ユーカラはアイヌにコウショウされてきた叙《じょ》事詩だ

ス　脳裏《り》にキョライするさまざまな思い

セ　試験が終われば思うゾンブン遊ぼう

ソ　問題の解決にツトめる

いながらふりかえって見ましたらそのいままでカムパネルラの座っていた席にもうカムパネルラの形は見えずただ黒いびろうどばかりひかっていました。

D　御釈迦《おしゃか》様は極楽の蓮《はす》池のふちに立って、この一部始終をじっと見ていらっしゃいましたが、やがて犍陀多《かんだた》が血の池の底へ石のように沈《しず》んでしまいますと、悲しそうな御顔をなさりながら、又ぶらぶら御歩きになり始めました。

E　司教は、暖炉《だんろ》のところへいって、二つの銀の燭《しょく》台を取り、それをジャン・ヴァルジャンのところに持ってきた。
ジャン・ヴァルジャンは、からだじゅう、ふるえていた。

F　「ああ、ロミオ様、ロミオ様！なぜロミオ様でいらっしゃいますの、あなたは？　あなたのお父様をお父様でないといい、あなたの家名をお捨てになって！」

問一　A～Eの作品名を、次の1～9からそれぞれ一つずつ選び番号で答えなさい。

1　走れメロス　　2　銀河鉄道の夜
3　ドン・キホーテ　　4　蜘蛛《くも》の糸
5　レ・ミゼラブル　　6　ジャングル・ブック
7　西遊記　　8　ガリヴァー旅行記
9　吾輩《わがはい》は猫《ねこ》である

問二　C～Fの作品の著者を、次の1～9からそれぞれ一つずつ選び番号で答えなさい。

1　ジュール・ヴェルヌ　　2　ヴィクトル・ユーゴー
3　ウィリアム・シェイクスピア　　4　コナン・ドイル
5　夏目漱《そう》石　　6　宮澤《ざわ》賢《けん》治　　7　司馬遼《りょう》太郎
8　太宰《ざい》治　　9　芥《あくた》川龍《りゅう》之介《のすけ》

【四】　次のア～クには、それぞれ後の1～8の■にあてはまる漢字一字が入る。もっともふさわしいものを、1～8から選び番号で答えなさい。なお、1～8の各組の■にはそれぞれ共通の漢字一字が入る。

わたしたちの生きる地球は、環《かん》境破壊《かい》や貧《ひん》困、飢《き》餓《が》など、多くの問題を抱《かか》えています。変わりゆく世界の中で、わたしたちはどのように行動するべきかを真剣《けん》に考えなければなりません。慶應義塾中等部はアイとウエし、オカキクな学校を目指しています。

1　・■学の学校　　・作者の主張に■鳴した
2　・議案が■決された　　・ものごとを■視化する
3　・断■有利だ　　・トキは天■記念物に指定されている
4　・新薬の効■　　・彼《かれ》は■弁だ
5　・独立■尊　　・地方■治体の長
6　・断■的に降る雨　　・さきほどのニュースの■報です
7　・支■基盤《ばん》を固める　　・■久走のレース
8　・■乾《がわ》きの洗濯《たく》物　　・野菜や魚などは■鮮《せん》食品だ

【五】　――のカタカナを、正しい漢字に直しなさい。

ア　四番打者をケイエンする
イ　読書の時間はシフクのときだ
ウ　怪我《けが》が治りチームにフッキする
エ　キンダンの場所に入る

のを、次の1～5から選び番号で答えなさい。

1　つじつまがあわない　2　竿《さお》をもって走る

3　重さをはかる　4　利害などを比較する

5　バランスをとる

問四　――イ「北里柴三郎」について、本文中でどう書かれているか。もっともふさわしいものを、次の1～5から選び番号で答えなさい。

1　慶應義塾医学所を卒業後、ドイツに留学し、ローベルト・コッホに師事した。

2　福澤諭吉の思いを受け継いで、独力で伝染病研究所や土筆ヶ丘養生園を開設した。

3　医療を通じて社会に貢献するという理念を持つテルモ社の創設にかかわった。

4　福澤諭吉とは適塾での親友であり、同じく親友であった長与専齋の推薦《せん》を得た。

5　一八八九年に赤痢《り》菌を発見し、その後、血清療法を確立した。

問五　――ウ「縁の下の功労者たち」は「縁の下の□的存在である功労者たち」を略したものである。□に入る言葉としてもっともふさわしいものを、次の1～5から選び番号で答えなさい。

1　支え人　2　力持ち　3　鞄持《かばん》ち

4　小動物　5　助け舟

問六　本文の内容と照らし合わせて間違《ちが》っているものを、次の1～5から選び番号で答えなさい。

1　小説『ペスト』が出版される六百年ほど前に、実際にペストが流行していた時は、今よりその治療が困難であったであろう。

2　医療機器メーカーのテルモは中国での新型コロナウイルスの感染状況からＥＣＭＯの需《じゅ》要が高まると考えた。

3　小説『ペスト』が現在よく売れている理由は、ペストと新型コロナウイルスの流行には共通点が多いからである。

4　今現在、新型コロナウイルスの感染が広がる中で、私たちは常に医療関係者への感謝の気持ちを忘れてはならない。

5　福澤諭吉が北里柴三郎を支援したのは、柴三郎に慶應大学医学部の学部長になってほしかったからである。

【三】　次のＡ～Ｆは、ある文学作品の一節です。次の文章を読んで、後の各問いに答えなさい。

Ａ　綱《つな》を手からはなし、鉤《かぎ》は船に引っかけたままにしておいて、ナイフを取り出すと、錨《いかり》綱を、力まかせにかたっぱしからたち切っていった。そのさいちゅうには、矢を二百本以上も、顔や手に射かけられた。この作業がすむと、また、鉤のついている綱の結び目を手ににぎって、軍艦《かん》の中でも最も大きいのを五十隻《せき》ほど、らくらくと引っ張ってもどってきた。

Ｂ　「和尚《おしょう》さんは、どこからおいでなすった。」老婆《ば》がこう問うので、三蔵が唐《とう》王の命をうけて、西天《さいてん》へ経《きょう》を取りにゆくのだと話すと、「おやおや！」と、老婆はあきれたようにいう。

「天竺《じく》はここから十万八千里もありますよ。お弟子もつれずに、どうしてゆけます？」

Ｃ　「カムパネルラ、僕たち一緒《しょ》に行こうねえ。」ジョバンニが斯《こ》う云《い》

なぜ、福澤が柴三郎に対してこれまで述べたような手厚い支援をしたのか。それは二人の心に流れていた共通の思いがそうさせたのではないか。福澤と柴三郎に共通する思いは、日本の医療を世界レベルにしていこうということであった。病に苦しんでいる人の数を少しでも減らさなくては、国の発展は望めない。そこには私腹を肥やそうなどという考えは微塵《みじん》も感じられない。

福澤や柴三郎の情熱は今も慶應大学医学部や慶應大学病院に息づいているそうである。

ところで、新型コロナウイルス感染者の、それも重症者の増加に伴《ともな》って一番注目された医療機器がＥＣＭＯ(エクモ)である。この機器はウィルスによって破壊《かい》された人間の肺の代わりに、体の外で血液中に酸素を補充《じゅう》して体に戻《もど》すことができる装置である。一月に中国で発生し始めた新型コロナウイルスの感染状況《きょう》に鑑《かんが》みて早速ＥＣＭＯの増産を始めたのが、日本で初めてＥＣＭＯの生産を始め、今なお出荷台数で国内シェアの七割を占《し》める医療メーカーのテルモである。今回の感染拡大により日本中の重症患者をこのＥＣＭＯが救ってきたと言っても過言ではない。

そのテルモは、第一次世界大戦の影響《えいきょう》でドイツからの体温計の輸入が途《と》絶えていた頃《ころ》に、体温計の国産化を目指して設立された会社である。テルモという社名も体温計のドイツ語名であるテルモメーテルからつけたそうである。その創設にかかわったのも、実は北里柴三郎であった。会社の理念である「医療を通じて社会に貢《こう》献する」には、柴三郎のスピリットが流れているそうである。

マスク姿で道行く人が見られる光景が、非日常から日常になりつつある今日この頃であるが、『ペスト』の登場人物である医師リウー、様々な功績を挙げた北里柴三郎、彼への支援を惜《お》しみなく行った福澤諭吉、その三人の意思を継《つ》ぐかの如《ごと》く頑《がん》張っている人々がいる。それは、感染のリスクと闘《たたか》いながらも、今、この瞬《しゅん》間にも最前線で検査や治療に従事している医療関係者である。私たちはそういうウ縁《えん》の下の功労者たちにも常に感謝の気持ちを忘れることなく、且つ、自分たちでできる範《はん》囲で協力を惜しまず生活していきたいものである。

(注1)「為政者」……政治を行う者。

問一 Ⅰ ～ Ⅲ にあてはまる言葉としてもっともふさわしいものを、次の1～5から選び番号で答えなさい。

1 しかし　2 さて　3 つまり　4 むしろ

5 さらに

問二 次の文章は本文からぬけおちたものである。この文章が入るべき場所としてもっともふさわしいところを、本文中の（1）～（5）から選び番号で答えなさい。ただし、解答らんには数字だけを書くこと。

> ペストというのはペスト菌によって引き起こされる感染症のひとつであり、主にネズミやノミを媒《ばい》介としてヒトにも感染する病気で、一度ヒトに感染すると、ヒトからヒトへと空気感染もする。症状としては、潜伏《せんぷく》期間後突然の高熱、悪《お》寒、頭痛、痛みを伴うリンパ節の腫《は》れが発生し、さらに全身に出血傾《けい》向をきたし、死に至る。ヨーロッパでは十四世紀に「黒死病」として知られ、五千万人以上が死亡したと推定されている。

問三 ――ア「天秤にかけている」の意味としてもっともふさわしいも

それが実際に流行していた時代から六百年くらいの時が過ぎ、人々の記憶《おく》から忘れ去られようとしているこの感染症《しょう》について、作者がなぜ書いたかを推《お》し量るに、その当時、すなわち二十世紀の半ばの社会にペスト菌《きん》が蔓延《まんえん》したらどうなるかを人々に知らしめたかったのではないかと思われる。そこには民衆に対してなりをひそめている病原菌が、再び流《は》行《や》る恐《おそ》れのあることを警告しておきたいという作者の意思が読み取れる。それは小説『ペスト』の最後の部分に以下の表記があることからも言えるのではないか。（2）

「ペスト菌は決して死ぬことも消滅《めつ》することもないものであり、数十年の間、家具や下着類のなかに眠《ねむ》りつつ生存することができ、（中略）そしておそらくはいつか、人間に不幸と教訓をもたらすために、ペストが再びその鼠《ねずみ》どもを呼びさまし、どこかの幸福な都市に彼《かれ》らを死なせに差し向ける日が来るであろうということを。」（新潮文庫・九十四刷）（3）

では、なぜ今この古典的な名作が注目されているかと言うと、新型コロナウイルスの感染拡大がその理由である。現在の新型コロナウイルスの流行とこの小説『ペスト』内でのペスト菌の流行とでは、実に共通点が多いのである。例を挙げると、まずは、未知のウィルスであること。そして、確固たる治療《りょう》法がないこと。為《い》政者(注1)が疾《しつ》病撲《ぼく》滅か経済優先かをア天秤《びん》にかけていること。最後にこれがもっとも重要だと思われるのだが、どちらも医療従事者が、献《けん》身的、且《か》つ、懸《けん》命な努力をし続けていることである。（4）

小説『ペスト』の中でも社会活動や経済活動を優先しようとする行政と比較《かく》されるような形で、ひたすら患《かん》者たちに向き合う医師であるリウーの行動が、彼の周りの人々とともに淡《たん》々と描《えが》かれていく。そんな中、感染の拡大を受けて行政が行ったことは、市を丸ごと封鎖《ふうさ》して、ペスト地区として隔離《かくり》することであった。我々読者はまさに現代の都市を封鎖した「ロックダウン」と重ね合わせることができる。新型コロナウイルスと同じくらい、いや［Ⅰ］当時の医療技術から言えばもっと厄《やっ》介《かい》であったことが想像に難《かた》くないペストであったが、今ではＰＣＲ法により十五分程度で検出でき、世界でも散発的に発生例が報告されるだけとなっている。（5）

［Ⅱ］、日本でも十九世紀末から二十世紀初頭にかけてペストは流行したが、ペスト菌の発見者の一人であるイ北里柴《しば》三郎の指導もあり、九十年間以上発症例はない。実は北里柴三郎は、慶應義塾とのつながりが非常に濃《こ》い人物である。柴三郎は東京医学校（現在の東京大学医学部）を卒業後、ドイツに留学し、ローベルト・コッホに師事して研究に励《はげ》んだ。一八八九年には破傷風菌を発見し、その後、血清療法を確立する。帰国後、伝染病の国立研究所を設立しようと国会に議案を提出したが、開設まで二年以上はかかるといわれた。そこで、柴三郎の支援《えん》者である元内務省衛生局長の長与専斎《ながよせんさい》が、適塾以来の親友である福澤諭吉にその件を相談した。福澤はすぐに芝《しば》公園内の土地を提供し、私財を投じて柴三郎の為《ため》に私立の伝染病研究所を設立した。

［Ⅲ］、福澤は柴三郎に白金《しろかね》の土地も提供し、日本初のサナトリウム（結核感染者のための療養所）である土筆《つくし》ヶ丘養生園を設立させた。これが今の北里病院となる。柴三郎は福澤の死後、生前に受けた恩義に報《むく》いるべく、兼《か》ねてから福澤の念願であった慶應大学の医学部の開設（かつては「慶應義塾医学所」があったが、財政上の理由で廃《はい》校になっていた）に尽《じん》力し、初代学部長になった。

してふさわしくないものを、次の1～5から選び番号で答えなさい。

1 好奇《き》心　2 からかい　3 野次馬根性《じょう》

4 いたわり　5 冷やかし

問七 ——G「救われていただろう」とあるが、それはなぜか。その説明としてもっともふさわしいものを、次の1～5から選び番号で答えなさい。

1 自分に対して非難の目が向けられることで、罪の一部を自覚し償《つぐな》うことができると思ったから。

2 周囲にたくさんのクラスメイトがいる中でも、思っていることをありのままに表現してくれる自分への信頼《らい》の気持ちがうれしいから。

3 怒《いか》りの目を向けられることで、多少言い間違えてしまったことを反省でき忘れることができるから。

4 彼女が素直な思いを自分に対してぶつけてくれることで、あえてみんなの前で謝る必要がなくなるから。

5 まったく表情を読み取ることができない中で、何らかの意思を感じとることは何よりもうれしいことだから。

問八 [H] にあてはまることばとしてもっともふさわしいものを、次の1～5から選び番号で答えなさい。

1 一番かわいそうで、気の毒で、救われるべきなのは

2 一番やさしくて、頼《たよ》りなくて、いじらしいのは

3 一番我慢《がまん》強くて、思いやりがあって、気づかいができるのは

4 一番子供じみてて、大人ぶってて、救いがたいのは

5 一番カッコ悪くて、情けなくて、どうしようもないのは

問九 ——I「ねぇ中川君～思わない？」とあるが、このセリフについて説明したものとしてもっともふさわしいものを、次の1～5から選び番号で答えなさい。

1 本心を言えずにいつまでもまごまごしている僕にあきれ果てた彼女は、一方的に好意を寄せている僕に対して、つよがりはやめて素直な気持ちを伝えるべきだと主張している。

2 自分の本心を周りに知られないために嘘をついた僕のことを許せない彼女は、意気地なしの僕を責め立て、情けない自分を一生忘れることのないようにと強く反省を促《うなが》している。

3 クラスメイトの前ではつよがってしまったものの本心では僕が好意を寄せていることを見透《す》かしている彼女は、僕を強く責め立てることはしないながらも、素直な気持ちになるべきだと伝えている。

4 いつもゴンと暮らしているにもかかわらず、ゴンのことを何一つわかっていない僕を頼りなく感じた彼女は、僕を傷つけないような言い方で、ゴンへの理解を深めてほしいと願っている。

5 僕が心の内をあかさないことに傷ついた彼女は、思いのままに自由にことばを操るよりも、たとえ決まりが悪くても正直に話した方が二人の恋もうまくいくと心の底から訴《うった》えている。

【二】 次の文章を読んで、後の各問いに答えなさい。

皆《みな》さんはフランスの有名な作家カミュが書き、一九四七年に出版された『ペスト』という作品をご存じだろうか。この七十年以上も前に書かれた作品がにわかに注目を浴び、日本だけではなく、ヨーロッパ諸国を中心にほぼ絶版の状態から増刷へとシフトされている。（1）

「だって、ゴンちゃんはいつでも自分の思うままに行動しようとするじゃない。嘘《うそ》がないのよ。自分の心に正直なのって、最大の自由じゃない」

そう言う彼女は、僕の目をしっかりと見つめながらつづけた。

「Iねぇ中川君、人もそんなふうにできたら良いのにって思わない？」

僕は全身がかあっと熱くなった。彼女は僕よりも一枚も二枚も上手で、僕はあまりにも幼かった。どうにも敵《かな》わないことがあるということを僕は学び、そして少しだけ大人になった。

彼女の足元に佇むゴンに、お前もそうなるまでにはいろいろあったのだろう、と僕は心の中でつぶやいてみた。ゴンはもちろん何も答えず、相変わらずヘッヘッと舌を出し、尻尾を振り続けていた。

（注1）「リード」……犬の引き綱《づな》。

問一 ――A「永遠に捕まえられない獲物」とは何のことか。もっともふさわしいものを、次の1～5から選び番号で答えなさい。

1 首輪　2 リード　3 尻尾　4 僕の手　5 母

問二 ――B「問題にするほどのこと」とは何を指しているか。もっともふさわしいものを、次の1～5から選び番号で答えなさい。

1 長い時間をかけてゴンの散歩をしなければならないこと
2 いつも後ろから不意に森本由紀に呼び止められること
3 散歩中のゴンがお尻をぷりぷりと揺らすように進むこと
4 森本由紀の声がうるさくはないが少し高めであること
5 森本由紀が僕の名前よりもゴンの名前を先に呼ぶこと

問三 ――C「少し驚いたような素振りでうまく答えた僕」とあるが、このときの僕の様子の説明としてもっともふさわしいものを、次の1～5から選び番号で答えなさい。

1 嫌がるゴンをいつも連れ回しているのが彼女に会うためであると気づかれないように、あたかもびっくりしたような振る舞《ま》いをしている。
2 彼女に会いたいがためにわざわざこの道を通っていることに気づかれないように、あくまで予期していなかったというような様子を装っている。
3 学校ではぱっとせず目立たない存在の僕であるが、彼女に話しかけられたことで、精一杯《ぱい》勇気を出そうとしている。
4 彼女に会いたがっているゴンをなかなか制することができない情けない姿を隠《かく》し通そうと、何事にも動じない冷静な自分を装っている。
5 いつもは物静かな彼女が積極的に声をかけてくれたことに戸惑《まど》いながらも、何とかうまくごまかそうとしている。

問四 D にあてはまる漢字一字を含《ふく》む熟語としてもっともふさわしいものを、次の1～6から選び番号で答えなさい。

1 平和　2 羽毛　3 車輪
4 手相　5 目算　6 虫歯

問五 ――E「生意気なんだよ、こいつ、と僕は心の中でつぶやいていた」とあるが、僕はゴンのどういう点を「生意気」だと思ったのか。次の文の □ に合うように、僕とゴンを比較《かく》しながら二十五字以上三十五字以内で答えなさい。ただし、句読点や符号《ふ》も一字と数える。

森本由紀に対して［（二十五字以上三十五字以内）］点。

問六 ――F「目配せ」とあるが、このしぐさに含まれている気持ちと

犬に近寄ってきて色々話されてさ。ホント困ってんだよな、こっちは。デートとかやめてくれよな、冗《じょう》談じゃねえぜ。森本なんてマジで勘《かん》弁」

ことばは、不思議なくらいにすらすらとついて出た。それは、絞《しぼ》り出されるのではなく、舌先で瞬時に生まれては消えていくような軽くて淡《あわ》いことばだったが、たしかに僕を守るそれだった。

「何だよ、つまんねぇな」と、周囲の野次馬たちの熱した空気が一気に冷めていった。場を取り繕《つくろ》えたことにひとまず安堵《ど》し、顔を上げたときだった。否《いや》応なく、僕をひきつけるものがそこにあった。

森本由紀だ。森本由紀がそこにいた。教室の入り口の近くで、棒のように立ちすくんでいた。確かに僕の目を見ていたが、その表情には何の色も感じられなかった。ただ、こちらを見ていた。少なくとも、僕には彼女のまなざしから、何ものかを読み取ることはできなかった。そのとき少しでも僕をにらみつけてくれさえすれば、僕は甘《あま》んじてそれを受け入れ、そして多少なりとも G救われていただろう。しかし、それが叶《かな》わない僕は、自分の唯《ゆい》一できることをせざるを得なかった。僕は彼女から目を逸《そ》らした。

リードを持って小屋の前に立つ僕の前で、ゴンはいつもどおりヘッヘッと舌を出している。時折クンクンと甘えるように鳴く声が僕を励《はげ》ましているように感じるが、ずいぶん身勝手な気がしてすぐに打ち消す。それでも、ゴンはいつものとおりに僕に甘え、身を委ね、親愛の情を向けてくる。

僕は自分が許せなかった。いや、本当のことをいえば、自分を許さない、と声高《こわ》に主張する資格すら僕にはなかったはずだ。タケシは悪い、周りのはやし立てた奴らも目配せしていた女子たちも悪い。けれど［　H　］、紛《まぎ》れもなく僕だった。周りのクラスメイトを前にして、ぺらぺらと並べ立てている自分の姿を想像すると、ほとほと嫌《いや》気がさしてくる。

前へ前へと急ぐゴンに引っ張られるように歩いていると、あの曲がり角に差し掛かった。ふと我に返った僕は、そっちはだめだ、そこを曲がると公園通りに行ってしまう、とゴンを制そうとするが、その力強さに圧倒《とう》され、導かれるようにして進んでしまう。

目の前に、森本由紀がいた。僕はまた固まってしまった。あの角を曲がれば彼女がいるかもしれないことくらいは分かっていたはずだが、それでも僕は何もできなかった。リードを持つ僕の手から、みるみる力が抜《ぬ》けていく。ゴンはこちらをちらりと見る。あぁ、行っていいぞ、僕みたいな奴がお前の自由を奪《うば》っていいはずなんかないさ、行ってくれ。へっと舌を出して、ゴンは森本由紀の元へ駆け出す。その後ろ姿を僕はスローモーションで見送る。森本由紀は手を広げてゴンを待ち構え、抱《だ》きとめるとこちらを見上げた。

時が止まるよう、などという表現を聞いたことくらいはあったが、それが現実に起こるものだとは思っていなかった。数秒のことが永遠になることを、僕は十三歳《さい》にして知った。

森本由紀はにこっと微笑《ほほえ》み、ゴンの頭を撫でながら言った。

「ゴンちゃんって、本当に自由でいいわね」

「自由……?」

僕は彼女が何を言っているのかまったくわからなかった。飼い主の都合でしか散歩すらさせてもらえないゴンの何が自由だと言うのだろう。

「あっ、森本さん」とC少し驚《おどろ》いたような素振《ぶ》りでうまく答えた僕の前にいるのは、森本由紀だ。僕の中学は近くの二つの小学校の卒業生の多くが進学するのだが、彼《かの》女は僕とは別の小学校だった。中学で同じクラスになったが、ふだん学校で話すことは決してない。彼女はあまり目立つ方ではなく、物静かなタイプだった。僕はというと、そんな彼女に［D］をかけておとなしく、ぱっとしない平凡《ぼん》な奴《やつ》で、みんなの前で女の子に話しかけるような勇気などあるはずがなかった。そんな僕がゴンの散歩中に偶《ぐう》然声をかけられて以来、彼女とは何度となくここでたまたま会って話をするようになったのだ。

森本由紀は動物が好きで、特に柴犬がお気に入りらしい。僕はふとあの日のことを思い出す。我が家の飼い犬を決めるためにペットショップに行ったとき、いくつかの犬種の中で迷っていたのだが、店内のケースから飛び出して来てオシッコをまき散らした柴犬を見て、元気そうでいいな、と父のひと声で決めたのだった。今さらながら、あのときのゴンには、感謝してもしきれない。

彼女は町中で犬を見るとつい目がいってしまうようで、将来の夢は獣《じゅう》医だと言う。住んでいるマンションの規則で犬が飼えないことが不満で、目下の希望は早く動物を飼える家に引っ越《こ》すことのようだ。

「柴犬って、口が大きくていつも笑ってるみたいで好きなんだよね。表情が可愛い。あれ、ゴンちゃん、前より毛がずいぶん増えてきたみたいね」

彼女はそう言いながら、くしゃくしゃと顎の毛の辺りを掻《か》き回した。

「ここを撫でられるのが、一番気持ちいいんだって。知り合いで柴犬飼ってる人が言ってたよ」

「うん……、僕もよくそうする」

ぎこちない答えしかできぬ自分がうらめしくて仕方がない。うまく気の利いた返答をできるようになる日がはたして来るのだろうか、とすら思う。

「じゃあ、ゴンちゃんきっと喜んでるね」

彼女は両耳のよく立ったゴンの頭を柔らかく撫でながら「お利口さんだね、君は」と嬉《うれ》しそうに言う。ゴンは一層目を細めながら、そうされることがさも当然であるかのようにちょこんと佇《たたず》み身を委ねる。その様子がいかにも自然の姿そのもので、ヘッヘッと舌を出しながら一定のペースで息をしているゴンに、E生意気なんだよ、こいつ、と僕は心の中でつぶやいていた。

翌朝、教室に来てみると、おかしな雰《ふん》囲気にすぐ気がついた。

「おっ、スターのお出ましだぜ」

お調子者のタケシがにやにやしながら近づいて来ると、僕の肩《かた》に手をのせ「森本とお散歩デートしてた中川くんの登場でーす」と大声で言う。すぐに周囲から笑いが起き、何人かの男子はヒューヒューと口に両手を当てる仕草をし、別の女子は「やめなよぉ」と言いながらもお互《たが》いにF目配せしている。

とてつもなく乾《かわ》いている、そんな空気だった。たった二、三十人の視線が集まるだけで、全身身動きが取れなくなるほどの押しつぶされるような感覚になる。耳の裏からも背中からもすーっとつたう汗《あせ》の変な感触とがやがやとした喧騒《けんそう》が、僕を焦《あせ》らせ、僕を追《つ》い詰める。

「何だよ、変なこと言うのやめろよ。迷惑《めいわく》してんだよ。何か急にうちの

【国　語】（四五分）〈満点：一〇〇点〉

【一】　次の文章を読んで、後の各問いに答えなさい。

玄《げん》関にかけてあるリード（注1）に手をかけると、それに呼応するように、庭から小屋中を駆けまわる音が聞こえてくる。ただリードに手を触《ふ》れただけでは、僕《ぼく》の手に生じるそれほどでもない感触《しょく》と僕の心のうちにのみ存在する意思としかないはずだが、なぜだかあいつにはそのことがわかるのか、決まってすさまじく素《す》早い反応をいつも示すのだった。

「あら、あんたが散歩行ってくれるの」

リビングから玄関に向けて訊《き》く母に、多少低めの声で「うん」とだけ返して庭へ出る。さあ、今から連れ出してやるからな、とつぶやきながら犬小屋の前まで行くと、ゴンはうれしくてたまらないというように、自分の尻尾《しっぽ》を追いかけ回している。たいてい十回ほどぐるぐるとやっているのを、僕は黙《だま》って見ている。そのうちに、それが徒労であると気づくわけではないのだろうが、A永遠に捕《つか》まえられない獲《え》物を追うことをやめ、この柴《しば》犬は僕の方にやって来る。ヘッヘッと荒《あら》い息づかいをしながら二、三度吠《ほ》えるこの犬の首輪にリードを何とかして結ぶと、無造作に顎《あご》の辺りの毛と頭を撫《な》でてやる。柔《やわ》らかな感触だ。そう広くはない犬小屋に押《お》し込《こ》められ、こちらの都合でしか外にも出してもらえない不自由な存在であるのに、ゴンはうれしそうに親し気な表情を僕に向け続ける。何がどうあろうと揺《ゆ》るがない親愛の情を感じるたびに、僕はいつも複雑な心持ちになった。それは申し訳なさや悲しさといえばわかりやすいが、苛《いら》立たしさにも似ている気がするし、それともまた違《ちが》う気もする。そんなことを考えている僕を一向気にする様子もなく、当のゴンは早く早くと僕を引っ張るように前を急ぐ。

最近、僕は自らゴンを散歩に連れ出すようになった。頼《たの》まずとも飼い犬の世話をするようになったと母は喜んだが、僕には僕なりの理由があっただけの話で、中学生になった僕の成長などと考えるのは都合のよい妄《もう》信でしかない。僕はその不純な動機を誰《だれ》も知らぬことを、ひそかに楽しんでもいた。

散歩は、短めで十五分程度、長めで三十分程度のコースを僕のきまぐれで選んでいたが、このごろはいつも遠回りをするようになり、むしろゴンに付き合わせているくらいだ。散歩中のゴンの後ろ姿はなかなか様になっていて、見ている僕を楽しませた。お尻《しり》をぷりぷりと揺らすようにしながら進む様子は、いつだかテレビで見たランウェイを歩くモデルを連想させた。また、いつでも自分の好きなところへ進もうとするので、たいていリードがぴんっと張った状態になっているのだが、たまにわざとその張りを緩《ゆる》めるようにすると一瞬《しゅん》つながれていないと錯《さっ》覚するのか、こちらをパッと見てニヤリとし、一気に駆け出す。しかし、リードは当然つながれたままなので逃《とう》亡は失敗と相成り、ゴンは決まってこちらを恨《うら》めしそうにちらちらと見て、すぐに忘れてしまうのか、また前へ前へと急ぐ。今日もゴンとの些《さ》細な攻《こう》防を楽しみながら、いつもの角を曲がり公園通りに差し掛《か》かったところで、僕らを呼び止める声がした。

「ゴンちゃん、中川君、こんにちは」

そう、いつもちょうどこの辺りなのだ。少し高めのキーだが、決してうるさくはないその声が妙《みょう》に落ち着く。呼び止める順番には多少の腹立たしさもあるが、こいつのおかげでこうして会えるのだと思えばB問題にするほどのことではない。

MEMO

大切なことはメモしておこうネ！

2021年度

解　答　と　解　説

《2021年度の配点は解答欄に掲載してあります。》

＜算数解答＞ ≪学校からの正答の発表はありません。≫

【1】 (1) ア 1　イ 1　ウ 3　(2) ア 6　イ 3　ウ 5　(3) ア 5　イ 18
(4) ア 3　イ 75

【2】 (1) ア 12　イ 5　(2) 4875　(3) 18　(4) 21
(5) ア 32　イ 8　ウ 11

【3】 (1) ア 6　イ 7　(2) 15　(3) ア 11　イ 7　(4) ア 219　イ 8
(5) ア 2373　イ 84

【4】 (1) ア 8　イ 20　ウ 8　(2) ア 34　イ 2　ウ 3

【5】 (1) 14　(2) 10　【6】 (1) 14　(2) 132

○推定配点○
各5点×20　計100点

＜算数解説＞

【1】 (四則計算，規則性，植木算，平面図形，縮図，単位の換算)

(1) $3\frac{1}{6}\div 2.375=\frac{19}{6}\times\frac{8}{19}=\frac{4}{3}=1\frac{1}{3}$

(2) $\square=\frac{3}{20}\div\left\{\frac{7}{8}-\left(5\frac{1}{8}-\frac{3}{4}\right)\times\frac{15}{77}\right\}=\frac{3}{20}\div\frac{1}{44}=6\frac{3}{5}$

重要 (3) 2021年の最初の火曜日は1月5日であり，20番目の火曜日までの日数は7×(20－1)＋1＝134(日)である。したがって，31－4＋28＋31＋30＝116(日)より，5月の134－116＝18(日)

重要 (4) 60×25000×25000÷(100×100)÷(1000×1000)＝15×25÷100＝3.75(㎢)

【2】 (割合と比，濃度，相当算，年令算，仕事算，鶴亀算，速さの三公式と比，時計算，単位の換算)

重要 (1) 100g：12g＝25：3であり，右図において，色がついた部分の面積がそれぞれ等しく，98×3÷(25＋3)＋2＝12.5(％)
【別解】(25×2＋3×100)÷(25＋3)＝25÷2

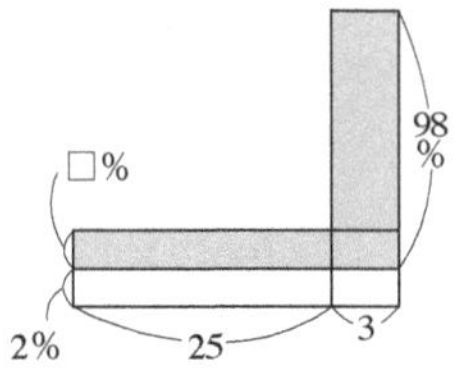

重要 (2) 下図において，Cが使った金額は200÷2×5＝500(円)
Bが持っていた金額は
(500＋200)÷2×5＝1750(円)
したがって，最初の金額は
(1750＋200)÷2×5＝4875(円)

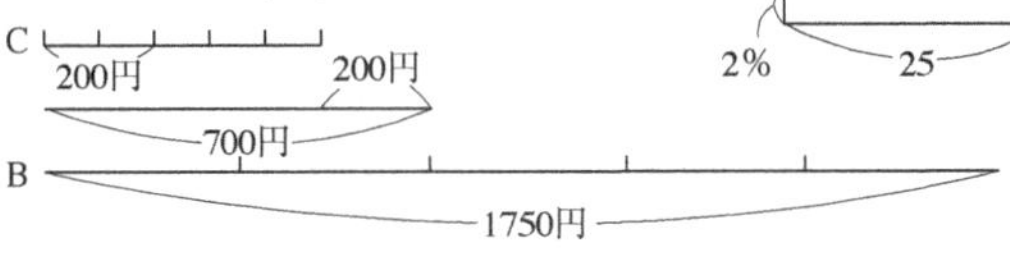

重要 (3) B君の年令が①，Aさんの年令が②のとき，9年前にAさんの年令は②－9であり，これが(①－9)×3＝③－27に等しい。したがって，③－②＝①が27－9＝18(才)である。

重要 (4) 仕事全体の量を60，40の最小公倍数120にすると，太郎君，次郎君それぞれの1日の仕事量は120÷60＝2，120÷40＝3である。
したがって，次郎君が仕事をしたのは(3×47－120)÷(3－2)＝21(日後)

基本 (5) 3時台で2回目に両針の間が直角になるのは$90\times2\div(6-0.5)=\frac{360}{11}=32\frac{8}{11}$(分)

【3】(平面図形，立体図形，図形や点の移動，相似，割合と比，規則性)

重要 (1) 図1において，三角形BCP，PAQ，QBRは相似であり，BC：CP＝PA：AQ＝QB：BRは9：3＝3：1である。したがって，AQは6÷3＝2，BRは$(9-2)\div3=\frac{7}{3}$であり，2：$\frac{7}{3}$＝6：7

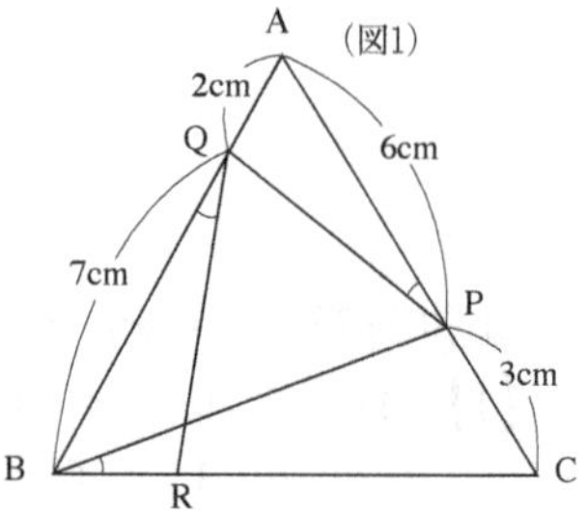

重要 (2) 図2において，三角形ODAは正三角形，三角形BDOは二等辺三角形，三角形OCDも二等辺三角形である。したがって，角DOCは110−60＝50(度)，角OCDは(180−50)÷2＝65(度)，角χは180−(50×2＋65)＝15(度)

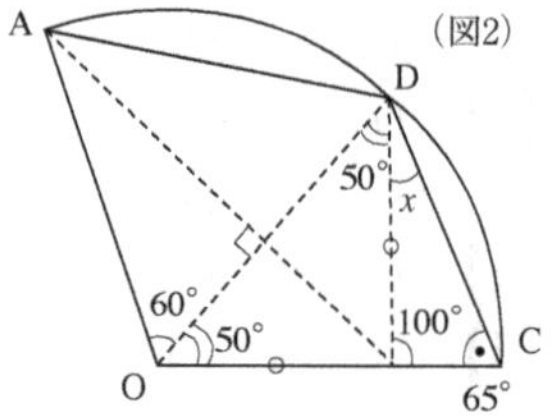

重要 (3) 図3において，正六角形の面積を3×6＝18にすると二等辺三角形ABCの面積は3，直角三角形BQCの面積も3，三角形BPQの面積は3÷(1＋2)＝1である。したがって，これらの和は3×2＋1＝7であり，PQによって分けられた2つの部分の面積比は((18−7)：7＝11：7

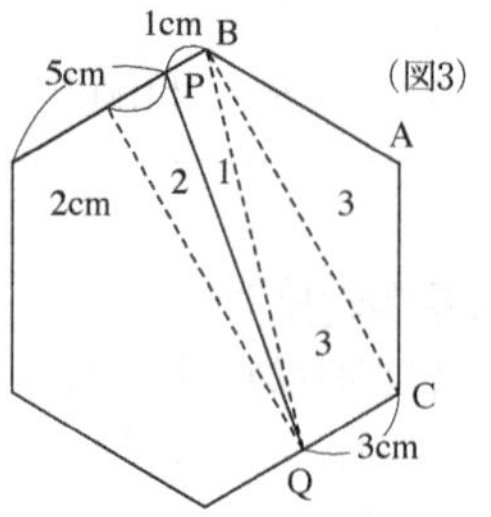

重要 (4) 糸の端Pが描く弧の長さの半径は，順に以下のように変化する。(図4参照)

20cm，18cm，17cm，15cm，14cm，12cm，11cm，9cm，8cm，6cm，5cm，3cm，2cm，0cm

これらの和は70＋46＋24＝140(cm)　したがって，全体の長さは140×2×3.14÷4＝70×3.14＝219.8(cm)

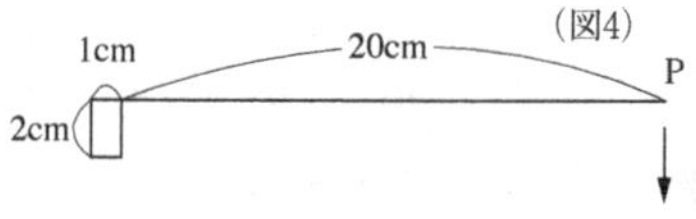

やや難 (5) 右図において，各部分の面積を計算する。

＜内側の円錐台部分の側面＞

AD：ABの辺の比が12：7,

面積比が(12×12)：(7×7)＝144：49

したがって，円錐台部分の側面は

12×13×12／5×3.14÷144×(144−49)

$=247\times3.14(cm^2)$

＜色がついている部分の底面＞

(9×9−7×7＋12×12−9×9)

$=95\times3.14(cm^2)$

＜内側・外側の垂直部分の側面＞

(9×2×3＋12×2×15)×3.14

$=414\times3.14(cm^2)$

したがって，表面積は(247＋95＋414)×3.14＝756×3.14＝$2373.84(cm^2)$

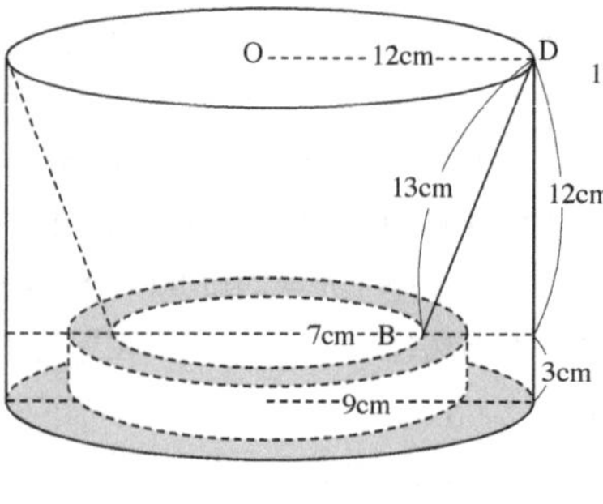

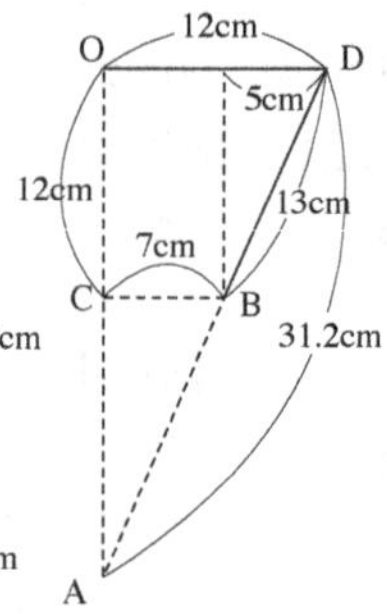

重要 **【4】(速さの三公式と比，旅人算，グラフ，割合と比)**

(1) 次のページの図において，AB間の距離を13にすると24分までに2人が進んだ距離の比は(13×2−2)：(13＋2)＝8：5　したがって，2人が出会うのは13÷(5＋8)×8＝8(分後)　次郎君がA地に着くのは13÷5×8＝20.8(分後)

(2) (1)のグラフにおいて，頂点Pを共有する相似な三角形の対応する辺の比は
(26－20.8)：(20.8×2－39)
＝5.2：2.6＝2：1
である。
したがって，Pの時刻は
$26+13\div(2+1)\times2=34\frac{2}{3}$(分後)

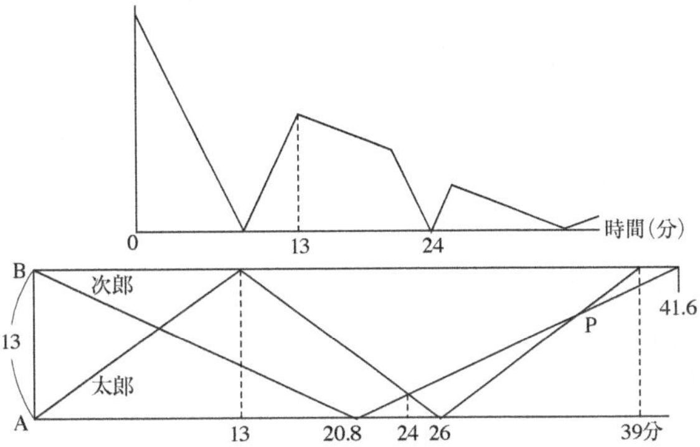

【5】(数の性質)

基本 (1) 以下より，14回
11×3＋1＝34，34÷2＝17，17×3＋1＝52，52÷2＝26，26÷2＝13
13×3＋1＝40，40÷2＝20，20÷2＝10，10÷2＝5，5×3＋1＝16
16÷2＝8，8÷2＝4，4÷2＝2，2÷2＝1

重要 (2) 3の倍数＋1になる数に注意すると，以下の10個がある。

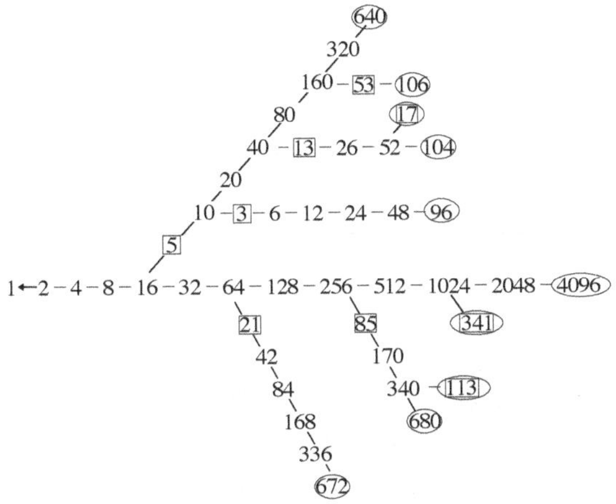

【6】(平面図形，場合の数)

重要 (1) 以下の14通りがある。…6＋2×4

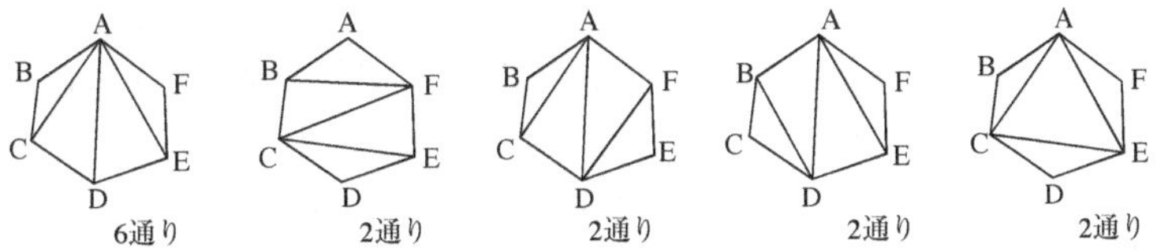

6通り　2通り　2通り　2通り　2通り

やや難 (2) 以下の132通りがある。

・対角線AE，BF，CD，DHのそれぞれによって分けられた両側の五角形において，対角線で三角形に区切る方法　5×5×4＝100(通り)

・三角形ACF，BDG，～，HBEのそれぞれの両側の四角形において，対角線で三角形に区切る方法　2×2×8＝32(通り)

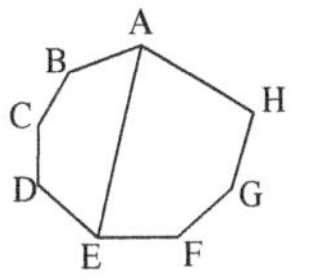

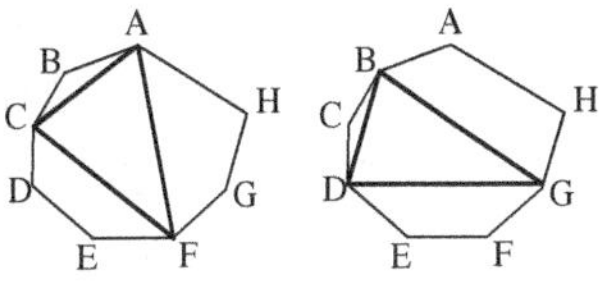

★ワンポイントアドバイス★

【1】から【3】までで自分にとって解きやすい問題から優先して解いていき，【4】「グラフ」，【5】「数の性質」，【6】「対角線による分割」のそれぞれの(1)を正解することを目指そう。【4】，【5】，【6】(1)は難しくない。

＜理科解答＞ ≪学校からの正答の発表はありません。≫

【1】 (1) 3 (2) 4

【2】 (1) 4 (2) A 4 B 2 C 1 D 3 (3) 2

(4) まわりの空気の温度が下がり，空気中の水蒸気が水になったから。(30字)

(5) 温度計

【3】 (1) 2 (2) 2 (3) 2 (4) 5 (5) 水 (6) 2 (7) 消化管

【4】 (1) 2 (2) A 1，6 D：2，5 (3) B 6 C 3 E 7 F 6

【5】 (1) ヨシキ 4 ナナミ 2 マサル 5 サトミ 3 カオル 1

(2) カシワ 7 スギ 2 トチ 9 フジ 8 マツ 1

(3) 2 (4) 3 (5) 4

○推定配点○

【1】 各2点×2 【2】 (4) 2点 他 各1点×7

【3】 各2点×7 【4】 (1)・(2) 各2点×3 (3) 各1点×4

【5】 各1点×13 計50点

＜理科解説＞

【1】 (太陽と月－月の運動と見え方)

(1) 月の満ち欠けの周期は29.53日，つまり，約4週間である。その間に，新月，上弦の月，満月，下弦の月が，約1週間の間隔で移り変わる。満月の1週間前は上弦の月である。

(2) 月の自転周期と公転周期は27.32日で等しい。これにより生じる現象は4である。

1：誤り。周期に関わらず，太陽，地球，月の位置関係の変化により起こる。 2：誤り。場所によって南中時刻や高度が異なるため，空のうちで見える位置も異なる。 3：誤り。南半球では，月は北側に見えるため，同じ形であっても，見た目は北半球と逆さまになる。周期とは関係ない。4：正しい。地球から見て月はいつもほぼ同じ面が見えており，裏側は地球から見えない。逆に，月面上の1つの位置から見ると，地球は空のほぼ同じ位置で満ち欠けしている。 5：誤り。地球の地軸が傾いていることが主な原因で，地球の公転面と月の公転面がずれていることも少し影響する。周期とは関係ない。

【2】 (物質の性質－物質の変化と重さ)

(1) 選択肢1～4のような変化が起こった場合，1は軽くなり，2は重くなる。また，3では気体が逃げていくので軽くなる。しかし，4の場合，物質そのものの出入りはないので，膨張することはあっても，重さが変わることはない。

重要 (2) 食塩を加熱しても，何も変化はない。砂糖を加熱すると，やがて黒くこげて甘いにおいがするので，Cが砂糖である。このとき，二酸化炭素が発生し，重さは軽くなる。ベーキングパウダーを加熱すると，分解して二酸化炭素が発生するため，重さは軽くなる。鉄粉を加熱すると，空気中の酸素と結びついて酸化鉄になるため，重さは重くなる。つまり，はじめより重くなるのは鉄粉で，軽くなるのは砂糖とベーキングパウダーである。

一方，実験結果の表を見ると，加熱後の重さは，D>B>A>Cである。Cは砂糖だから，残りの3つは，重い順に鉄，砂糖，ベーキングパウダーである。

(3) 氷水の氷は，時間が経つと融けて水に変わるが，重さは変わらない。また，(4)が原因で皿に水がたまると，重くなる可能性もある。一方，熱湯は，時間が経つと，冷めると同時に一部は水蒸気となってビーカーの外に出ていく。そのため，熱湯を乗せた方が軽くなり，氷水を入れた方が下がる。

(4) 氷水を入れたビーカーのまわりの空気が冷やされると，空気中に含まれていた水蒸気の一部が水になって，ビーカーの壁につく。これが流れて皿をぬらしたと考えられる。

(5) アルコール温度計や水銀温度計は，ガラス管に封入された液体が膨張したり収縮したりすることで，液面の位置が動くので，温度を測ることができる。

【3】 (動物，人体－ホ乳類の頭骨，ヒトの消化)

(1) 図1は，門歯と犬歯が大きく鋭い形をしている特徴から，カバのなかまと考えられる。基本的には草食なので，臼歯も発達しているが，ときには肉食もする。水面から目を出したり，口を大きく開けたりするのに適した構造である。

(2) 図2は，キリンのなかまと考えられ，草食動物の特徴があらわれている。目が横向きについており，視野を広げることで，敵を早く発見するのに役立つ。また，臼歯が発達しているため，消化しにくい植物を充分にすりつぶすことができる。

(3) 図3のウマの前脚の骨格を，ヒトにあてはめると，それぞれ1が肩，2はひじ，3は手首の関節を表し，4の関節から先が指である。

(4) イノシシ，ウシ，ヒツジ，キリン，シカ，ヤギ，カバ，ラクダなど，ひづめを持つ多くのホ乳類は，偶数個(2本や4本)のひづめを持ち，偶蹄目とよばれることがある。一方，サイ(3本)やウマ(1本)などは，ひづめが奇数個の奇蹄目とよばれることがある。

(5) ヒトは，食物の中から，ブドウ糖やアミノ酸などの栄養分とともに，水を吸収している。水の多くは小腸で吸収され，残りは大腸で吸収される。

(6) 食物中の栄養分は，口，胃などで，吸収される大きさまで分解されたあと，小腸の壁にある柔毛から吸収され，血液やリンパ液に入る。

(7) 口から，食道，胃，小腸，大腸を経て，肛門にいたる通り道は，消化管とよばれる。

【4】 (水溶液の性質－指示薬の色の変化)

(1) 実験1で，③のあとの水溶液は，④のことから中性である。指示薬アは③で中性のとき青色を示しているので，問題文のことから，ムラサキキャベツ液である。実験2の④で，水溶液Dに卵のからを入れたとき，泡がついたのは，溶けて二酸化炭素が発生したためである。つまり，水溶液Dは酸性の水溶液である。指示薬イは，①で酸性のときに黄色を示しているので，BTB溶液である。

(2) 実験1の①で，水溶液Aに対して指示薬ア(ムラサキキャベツ液)が緑色になったことから，水溶液Aは弱いアルカリ性の水溶液である。選択肢のうちでは，アンモニア水と石けん水があてはまる。水溶液Dは，(1)で解説したように酸性の水溶液である。選択肢のうちでは，うすい塩酸と食酢があてはまる。なお，砂糖水と食塩水は中性の水溶液である。

(3) 実験1の②で，固体の物質Bを溶かすと，指示薬ア(ムラサキキャベツ液)が黄色になったことから，物質Bは水に溶かして強いアルカリ性になるものであり，選択肢のうち，水酸化ナトリウムである。また，実験1の③で，液体の物質Cを加えると中性になることから，液体の物質Cは強い酸性の水溶液となるものであり，選択肢のうちでは塩酸である。実験2の①でできた酸性の水溶液に，②で液体の物質Eを加えると中性になることから，Eの水溶液はアルカリ性であり，選択肢では石灰水である。次に③で固体の物質Fを加えるとアルカリ性になることから，Fの水溶液もアルカリ性であり，選択肢では水酸化ナトリウムである。

なお，エタノールと食塩は水に溶かすと中性である。また，クエン酸とドライアイスは，どちらも固体で，水に溶けると酸性を示す。アルミニウムは水に溶けない。

【5】（植物のなかま－5種類の樹木の特徴）

(1)～(5)　ヨシキは，しっかりした幹を持たず，つるが他の棒などにからまって伸びていくフジである。公園などで「藤棚」がつくられていることも多い。春に,房のように小さな花を多数つける。葉は小葉が10枚くらい並んだ形であり，マメ科の一種である。秋には葉は黄色になり落葉する。

ナナミは，材木として使われるが，花粉症の原因となるスギである。2月～4月に花びらのない花が咲くが，風媒花のため多数の小さい花粉が飛ぶ。常緑の針葉樹であり，図4のように，太い幹がまっすぐ伸びて，葉や枝の全体の形が，細長い円すいに近い。

マサルは，冬でも葉がある常緑樹で，スギではないので，マツである。針葉樹であり，針のようにとがった2本で一組の細長い葉が多数つく。5月ごろに花びらのない花が咲く。

サトミは，種子を食用にすることから，トチノキである。秋にできる種子は，あく抜きをして食用となる。5月ごろに穂のような花が咲く。5～7枚くらいのだ円形の葉が，手のひらのように広がっている。秋には葉は黄色になり，落葉する。文中の「ヨーロッパの親せき」は，パリのシャンゼリゼの街路樹として知られるマロニエである。

カオルは，葉でもちをつつむことから，カシワである。葉の形は楕円形だが，りんかくは波打っている。落葉樹で，秋になると葉は茶色になるが，そのまま冬の間は落ちず，春になってようやく落ちる。どんぐりは，クヌギに似ている。

なお，(2)のうち，3はトウカエデ，4はイチョウ，6はポプラである。

★ワンポイントアドバイス★

身近な動植物は，実物を見たり，ポケット図鑑を活用したりして，1つでも多くの知識を得ておこう。

＜社会解答＞ ≪学校からの正答の発表はありません。≫

【1】問1　2　問2　織田信長　問3　4　問4　1　問5　(1)　3　(2)　4　(3)　ア　1　イ　3　(4)　(稲穂)　農業　(歯車)　工業　問6　(1)　2　(2)　3　問7　4

【2】問1　(ア)　5　(イ)　2　(ウ)　4　(エ)　1　(オ)　6　問2　2　問3　1　問4　1　問5　人　問6　世紀

【3】問1　2　問2　1　問3　3

【4】問1　2　問2　4　問3　3　問4　3　問5　4　問6　平清盛　問7　1　問8　2　問9　3　問10　(1)　4　(2)　マスク　問11　2

【5】問1　木造家屋が多く，昼食の用意で火を使っていたため。　問2　4　問3　3　問4　1　問5　電車やバスで遠くから通う生徒が，震災時には安全に帰宅することが困難になる可能性が高いから。

○推定配点○

【1】問2　2点　他　各1点×12　【2】各1点×10　【3】各1点×3

【4】問6，問10　(2)　各2点×2　他　各1点×10

【5】問1，問5　各3点×2　他　各1点×3　計50点

＜社会解説＞

【1】 (日本の歴史－お金に関連する問題)

基本 問1 (ア) 富本銭は日本書紀によると683年頃に鋳造され始めたことはわかるが，その用途は不明。 (イ) 和同開珎は708年に武蔵の国から納められた銅を使って鋳造された。 (ウ) 寛永通宝は江戸時代の1636年(寛永13年)に鋳造が始まった貨幣。当初は江戸幕府のみが鋳造していたが，後にいくつかの藩においても鋳造することが認められた。

問2 織田信長は当時の戦国大名の中では，進歩的な考え方で商業を重視し経済の発達を考えていたとされ，それがこの永楽銭を旗印としていたことにも表れている。

問3 佐渡金山は佐渡島にあり，新潟沖の4になる。

問4 1 赤穂事件は1701年に赤穂藩主の浅野内匠頭長矩が吉良上野介義央を江戸城内で斬りかかったことによって切腹させられ浅野家は赤穂藩を取り上げられ改封され，吉良家は何もとがめを受けなかったことで浅野家の家臣たちが後に吉良上野介を討ち取り復讐をとげたいわゆる忠臣蔵の題材となった事件。日光東照宮が建てられたのは2代秀忠，3代家光の時代。大塩平八郎の乱は11代家斉が12代家慶に将軍職を譲り大御所となった1837年。目安箱が設置されたのは8代吉宗の時代の1721年。

重要 問5 (1) 現在の10000円紙幣には福澤諭吉と平等院鳳凰堂の鳳凰像，5000円紙幣には樋口一葉と燕子花図屏風の燕子花図，2000円紙幣には沖縄の守礼門と紫式部と源氏物語絵図，1000円紙幣には野口英世と富士山と桜が印刷されている。 (2) 1円硬貨には若木，5円硬貨には稲穂と歯車，10円硬貨には唐草と平等院鳳凰堂，50円硬貨には菊，100円硬貨には桜，500円硬貨には桐の花が刻まれている。 (3) 守礼門は沖縄県，平等院鳳凰堂は京都府にある。 (4) 日本の産業として，かつては稲作に代表される農業であったり，機械工業などや機械を使うことがイメージされる工業が水産業と合わせて主要なものであった。

問6 (1) 2024年からの新紙幣の顔として10000円紙幣には経済界の偉人で渋沢栄一，5000円紙幣には教育界の偉人で津田梅子，1000円紙幣には科学者の偉人で北里柴三郎が採用された。
(2) 新千円札の裏に採用されたのは葛飾北斎の「富嶽三十六景」の中の「神奈川沖浦」。

問7 4 どんな人にとっても使いやすいもののデザインがユニバーサルデザイン。障碍のある人や体の不自由な人でも使いやすいというのを狙ったものはバリアフリーデザイン。

【2】 (日本の歴史－福澤諭吉に関連する問題)

問1 ア 福澤諭吉は中津藩(現在の大分県中津市)の出身。 イ 諭吉が生まれたのは諭吉の父が中津藩の大阪の蔵屋敷で仕事をしていたので大阪。 ウ 長崎は当時の日本ではオランダ語を勉強できる場。 エ 築地は現在の東京都中央区なのでかつての江戸。 オ 日米修好通商条約で開港された場所の一つが神奈川で現在の横浜にあたる。

問2 江戸時代，日本が鎖国していた時代に，外国のものを吸収するために使われていた外国語はオランダ語と中国語。

問3 大阪で適塾を開いてオランダ語を教えていたのは緒方洪庵。

重要 問4 大久保利通は岩倉具視らと1871年から73年にかけて条約改正の予備交渉でアメリカやヨーロッパの国々を訪れていた。

基本 問5 福澤諭吉が『学問のすゝめ』に掲げている有名な言葉。

問6 1901年は20世紀最初の年なので，新世紀を迎えるとしている。

【3】 (地理－地形図の読図問題)

やや難 問1 2 地形図AのX地点の右下にある明智平駅の文字の右に1150とされる等高線があるのでXの標高も大体そのあたりとわかる。一方XYの間を結んだ線が通るところの途中に1080とあるので，

Xから低くなっているとわかる。XY線に交わるようにやや太い線があり，この線の先に872とあるので，そこが谷底のようになっている場所と判断できるので，XYは谷型になっていると判断できる。

問2　1　明智平駅とロープウェイでつながっている場所には展望台駅とあり，中禅寺湖畔にはまだ遠い山の上である。

問3　3　地図Bの湯滝は等高線の間隔が狭いところを等高線とほぼ垂直に下るので，急斜面になっていることが読み取れる。これに対して地図Cの竜頭の滝は等高線の間隔が広いところを下るのでゆるい傾斜のところを下る形になっている。

【4】　(日本と世界の歴史－感染症に関する歴史の問題)

問1　2　ツタンカーメン王は古代エジプトの王で，そのミイラや副葬品が発掘されている。

問2　4　ロンドンは過去に1908年，1948年，2012年の3回，オリンピックの開催地となっている。また，1944年のオリンピック開催地の予定でもあったが，この時は第二次世界大戦中で中止となり，終戦後に1948年の開催地となった。

重要　問3　3　古墳に並べられているのは土偶ではなく埴輪。

問4　3　聖徳太子の時代に使者を送ったのは唐ではなく隋。

問5　4　奈良時代の聖武天皇の時代に，感染症の流行や権力争いなどの社会不安を鎮め国を護ってもらうことを仏に祈るために東大寺の大仏がつくられた。

問6　平清盛は保元の乱，平治の乱で権力を握り，平安時代末に武士として初めて太政大臣になった。

問7　1　ペリーが来航したのは1853年，54年なので1858年よりも前。桜田門外の変は1860年，横浜が開港するのは日米修好通商条約によってなので，その後に横浜での貿易が始まる。生麦事件は1862年。

問8　2　戦前の日本では長男が家業を引き継ぐことがほとんどであったので，農家の場合であれば長男は農業をやり，次男や三男が農業以外の仕事に就くことがほとんど。

基本　問9　3　野口英世は黄熱病の研究を行っていたが，野口英世の時代には黄熱病のウイルスが特定できず，後年に電子顕微鏡が登場してから黄熱病のウイルスも特定された。

問10　(1)　スペインはヨーロッパ大陸の南端のイベリア半島にあり，首都はマドリード。イベリア半島のほぼ中央が北緯40度で秋田県の男鹿半島などと同じ。モン・サン・ミシェルはフランスにある修道院。　(2)　設問のポスターはかつての表記方法なので右から左に読む。上にあるのは「恐るべしハヤリカゼのバイキン！」とあり，下には「(空欄)をかけぬ命知らず」とある。絵を見ると座って大口を開けて居眠りをしているような人の周りの人々は黒いマスクをかけているのが分かれば答えとしてマスクが入るのは分かるであろう。

問11　2　WHOは国連の機関の一つで本部はスイスのジュネーヴにある。

【5】　(融合問題―災害に関連する歴史と政治の融合問題)

重要　問1　関東大震災は正午の少し前に発生したため，昼食の用意をして家の中で火を使っていたところが多く，深刻な火災が発生した。また，当時は木造家屋が多く，瞬く間に燃え広がったといわれている。

問2　4　1945年の選挙法改正によって，はじめて女性の参政権も確立され女性の議員も誕生した。

問3　NPOは非営利団体の略で，ボランティア活動を行う団体の多くがこの中に含まれる。

問4　ライフラインとは一般に現代の都市生活を支える電気，ガス，水道，電話などの設備や輸送機関などのこと。基本的には河川の水は衛生面の心配もあるので飲料水として直接的には使わない。

やや難　問5　東京都内の私立学校の間では，児童生徒が帰宅時に災害にあった場合に，近隣の私立学校に避難すれば，そこで保護し学校間のWEBネットワークを活用して本来の在籍校にその児童生徒を預かっていることを連絡するという連携の協定が結ばれている。

★ワンポイントアドバイス★

試験時間が短いのでスピードが大事。設問を正確に把握し，問題が何を求めているのかを瞬時に判断しないと時間がなくなる危険もある。基本的な事柄の正確な知識と照らし合わせていけば解答できる。

＜国語解答＞ ≪学校からの正答の発表はありません。≫

【一】 問一　3　問二　5　問三　2　問四　3　問五　(例)　(森本由紀に対して)ぎこちない返答しかできない僕よりも，自然な様子で彼女と仲良くしている(34字)(点。)
問六　4　問七　1　問八　5　問九　3

【二】 問一　Ⅰ　4　Ⅱ　2　Ⅲ　5　問二　1　問三　4　問四　3　問五　2
問六　5

【三】 問一　A　8　B　7　C　2　D　4　E　5　問二　C　6　D　9　E　2
F　3

【四】 ア　5　イ　3　ウ　1　エ　8　オ　7　カ　6　キ　2　ク　4

【五】 ア　敬遠　イ　至福　ウ　復帰　エ　禁断　オ　地　カ　集大成
キ　心血　ク　宣言　ケ　絶頂　コ　温(めて)　サ　考証　シ　口承
ス　去来　セ　存分　ソ　努(める)

○推定配点○

【一】 問一・問四・問六　各2点×3　問五　5点　他　各4点×5
【二】 問二・問四・問六　各4点×3　他　各2点×5
【三】・【四】 各1点×17　【五】 各2点×15　計100点

＜国語解説＞

【一】 (小説－心情・場面・文章細部の読み取り，空欄補充，慣用句)

問一　傍線部Aは直前で描かれているように，ゴンが追いかけ回している自分の「尻尾」である。

問二　傍線部Bは，ゴンを散歩することで森本由紀に会えるのだと思えば，彼女が「ゴンちゃん，中川君」という順番で呼び止めるのは「問題にするほどのこと」ではない，ということなので5が適切。

重要 問三　傍線部C前で描かれているように，「僕」はいつもの角を曲がり公園通りに差し掛かる道で，森本由紀に会えると思ってゴンを散歩に連れ出しており，そのことを彼女に気づかれないように「少し驚いた素振り」で，偶然であることを装うことをCは表しているので，2が適切。1の「嫌がるゴン」は不適切。森本由紀に会いたいためにゴンと散歩に来ていることを説明していない他の選択肢も不適切。

基本 問四　空らんDの「輪をかけ(る)」は，いっそう激しくなること。音読みは「リン」で，車などの左右にあり，回転して進ませる円形の部品という意味の3が適切。

やや難 問五　傍線部Eは，森本由紀に「ぎこちない答えしかでき」ない自分に対し，「自然の姿そのもので」森本由紀に「身を委ね」ているゴンに対する「僕」の心情である。ぎこちない自分より自然に森本由紀と仲良くしているゴンを「生意気」だと思っている「僕」の心情を説明する。

問六　傍線部Fは，ゴンとの散歩で森本由紀と一緒にいたことを，翌朝教室で「デートしてた」とタケシが大声で言い，周囲の男子も「僕」をからかっている場面である。女子が「目配せ」しているのは，本気で男子たちを止めようとはしていないことを表しているので，「僕」を心配する気持ちを表す4は不適切。

重要　問七　傍線部G前で，自分を守るために森本由紀のことを「……迷惑してんだよ。……ホント困ってんだよな，……森本なんてマジで勘弁」と「僕」が言ったのを，教室の入り口で森本由紀が聞いていたことが描かれている。森本由紀が「少しでも僕をにらみつけてくれさえすれば」それを「受け入れ」，彼女のことを悪く言ってしまったという罪の償いができただろう，ということをGは表しているので，1が適切。「救われていた」＝森本由紀を悪く言ったことに対し，森本由紀が非難の目を向けることで，彼女に償うことができる，という心情を説明していない他の選択肢は不適切。

問八　空らんHは，タケシも女子たちも悪いが，「自分を許さない，と声高に主張する資格すら」ないと思うほど「自分が許せなかった」し，自分に「嫌気がさしてくる」気持ち，すなわち自分自身を批判することばがあてはまるので，5が適切。最後の場面で，森本由紀のことばを聞き，「僕はあまりにも幼かった」ということが描かれているが，この場面では4の「子供じみてて，大人ぶってて」は不適切。

重要　問九　前半のゴンとの散歩の場面で，「僕」は「彼女(＝森本由紀)とは何度となくここでたまたま会って話をするようにな」り，「ぎこちない答えしかでき」ないながらも，二人が話をしている様子からは「僕」の彼女への好意が読み取れる。傍線部Iの「そんなふうにできたら良いのに」は，ゴンちゃんのように自分の心に正直にできたら良いのに，という意味で，からかうクラスメイトの前でつよがってしまった「僕」へのことばでもある。自分のことを悪くいわれたのに「僕」を責めることなく，ゴンちゃんにたとえて「自分の心に正直に」なることを「僕」に伝えようとしているので，3が適切。「僕」を責めずに，「自分の心に正直に」＝素直な気持ちになるべき，ということを説明していない他の選択肢は不適切。

【二】　(論説文－大意・要旨，論理展開，文章の細部の読み取り，接続語，空欄補充，ことばの意味，ことわざ)

問一　空らんⅠは，直前の内容＝現代の新型コロナウイルスより，直後の内容＝当時のペストのほうが厄介だった，という意味で「むしろ」があてはまる。空らんⅡは，直後で「日本」についての話題に移っているので「さて」があてはまる。空らんⅢは，直前の内容に加えてという意味で「さらに」があてはまる。

問二　ぬけおちている文章は「ペスト」という病気についての説明で，冒頭の段落で紹介しているカミュの『ペスト』を補っているので，(1)に入る。

問三　傍線部アは，二つのものの優劣や利害損失などを比較するという意味。

やや難　問四　北里柴三郎が卒業したのは「東京医学校」なので，1は不適切。柴三郎の支援者で元内務省衛生局長の長与専齋が，親友の福澤諭吉に相談したことで伝染病研究所や土筆ヶ丘養生園が設立されたので，2，4も不適切。3は「そのテルモは……」で始まる段落で述べている。柴三郎が一八八九年に発見したのは「破傷風菌」なので，5は不適切。

基本　問五　「縁の下の力持ち」は，人の目につかないところで，他人のために苦労や努力をすること。

重要　問六　冒頭の2段落で，一九四七年に出版されたカミュの小説『ペスト』は，実際に流行していた時代から六百年くらいの時が過ぎて書かれたこと，また「小説『ペスト』の中で……」で始まる段落で，「(ペストが)当時の医療技術から言えばもっと厄介であったこと」を述べているので，1は正しい。2は「ところで……」で始まる段落，3は「では，なぜ…」で始まる段落，4は最後の段落でそれぞれ述べているので正しい。5の「柴三郎に慶応大学医学部の学長になったほしかった」とは述べていないので，間違っている。

【三】（文学史）

やや難 問一・問二　Aはイギリスの長編小説『ガリヴァー旅行記』(ジョナサン・スウィフト著)である。Bは中国の長編小説『西遊記』(呉承恩著と言われている)である。Cは宮澤賢治の童話『銀河鉄道の夜』である。Dは芥川龍之介の短編小説『蜘蛛の糸』である。Eはフランスのヴィクトル・ユーゴーの長編小説『レ・ミゼラブル』である。Fはイングランドのウィリアム・シェイクスピアの戯曲『ロミオとジュリエット』である。問一の他の作品の著者は，1は太宰治，3はスペインのセルバンテス，6はイギリスのキップリング，9は夏目漱石。問二の他の著書の作品は，1は『八十日間世界一周』など，4は『シャーロック・ホームズ』シリーズなど，7は『竜馬がゆく』など。

やや難 【四】（漢字の書き取り，熟語）

1は「共学」「共鳴」。2は「可決」「可視化(見えるようにして分かりやすくすること)」。3は「断然」「天然記念物」。4は「効能」「能弁(しゃべるのが上手なこと)」。5は「独立自尊(自分の力だけで行い，自己の人格や尊厳を保つこと)」「地方自治体」。6は「断続的」「続報」。7は「支持」「持久走」。8は「生乾き」「生鮮」。ア・イは地球の環境などに対するものという意味で，5と3の「自然」，ウ・エは共に生活するという意味で，1と8の「共生」，オ・カ・キ・クは将来にわたって機能を失わずに続けていくことが可能であるという意味で，7，6，2，4の「持続可能」となる。

重要 【五】（漢字の書き取り）

アは，野球で投手が打者との勝負を避けてわざと四球を与えること。イは，この上ない幸せ。ウは，もとの状態や位置にもどること。エは，ある行為をかたく禁止すること。オの「地の文」は，小説などの文章で会話以外の文章のこと。カは，長年の活動の成果をまとめること。キの「心血を注ぐ」は，精神と肉体すべての力をつくすこと。クは，方針などを他にも分かるように表明すること。ケは，物事の最高の状態。コは，自分の手元に置いて大切にすること。気温や室温を表す「暖める」と区別する。サは，昔の資料などを調べ，それに基づいて説明したり解釈したりすること。シは，口から口へと語り伝えること。スは，頭の中に浮かんだり消えたりすること。セは，思うまま，思い通りということ。ソは，努力して行うこと。同音異義語で，職場に勤務するという意味の「勤める」，任務や役割を果たすという意味の「務める」と区別する。

★ワンポイントアドバイス★

文学史では，作品と著者とともに大まかな内容もおさえておこう。

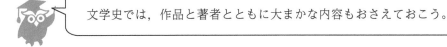

MEMO

大切なことはメモしておこうネ！

2020年度

★★★★★★★★★★★★★★★★★★★★★★★★

入　試　問　題

2020年度

慶應義塾中等部入試問題

【算　数】（45分）　＜満点：100点＞

【1】　次の □ に適当な数を入れなさい。

(1)　$100-\{8.881\div0.83-20.758\div(4-3.1\times0.6)\}=$ □

(2)　$0.2\div0.15\div\frac{16}{51}-\left(\frac{1}{4}+\frac{\boxed{\text{ア}}}{\boxed{\text{イ}}}\right)\div0.65=3$

(3)　$\frac{11}{13}$を小数で表したとき，小数第2020位の数は □ です。

(4)　10円硬《こう》貨が５枚，100円硬貨が３枚，500円硬貨が４枚あります。これらの一部または全部を用いてつくることのできる金額は全部で □ 通りです。

【2】　次の □ に適当な数を入れなさい。

(1)　長さ100mの電車が時速72kmで進んでいます。この電車が長さ800mのトンネルに入り始めてから完全に出るまでに □ 秒かかります。

(2)　132の約数をすべて加えると □ になります。

(3)　ある池の周りを，兄は16分で一周し，弟は24分で一周します。この池の周りを兄弟２人が同じ地点から同時に反対方向に進むと，［ア］分［イ］秒ごとに出会います。

(4)　０でない３つの数Ａ，Ｂ，Ｃがあります。ＢはＡよりＡの25％だけ小さく，ＣはＢよりＣの12.5％だけ大きいとき，ＡとＣの差はＡの$\frac{\boxed{\text{ア}}}{\boxed{\text{イ}}}$にあたります。

【3】　次の □ に適当な数を入れなさい。ただし，円周率は3.14とします。

(1)　［図１］において，AD：DB＝４：５，BE：EC＝７：６のとき，CF：FA＝［ア］：［イ］です。

［図１］

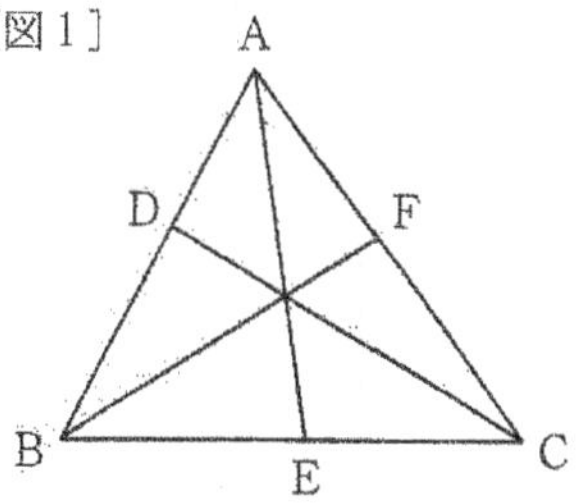

(2)　［図２］の正方形において，角xの大きさは □ °です。

［図２］

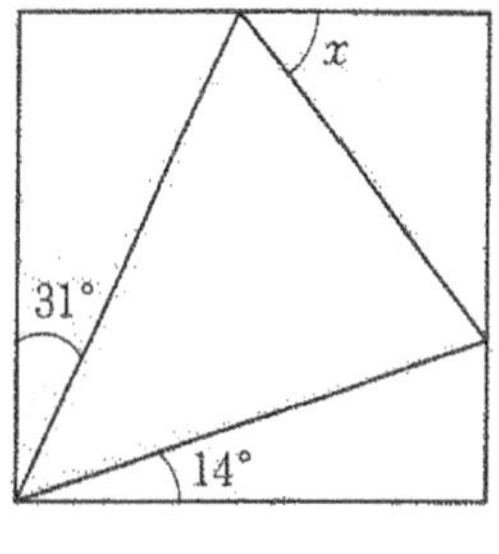

⑶ ［図３］のように，直角三角形と正方形を組み合わせました。この正方形の面積は ア . イ ㎝²です。

［図３］

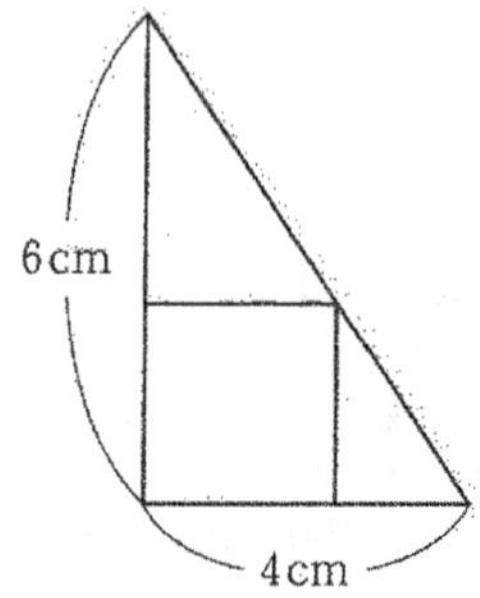

⑷ ［図４］のような直角三角形と長方形を組み合わせた図形を，直線ＡＢを軸《じく》として１回転してできる立体の表面の面積は □ ㎝²です。

［図４］

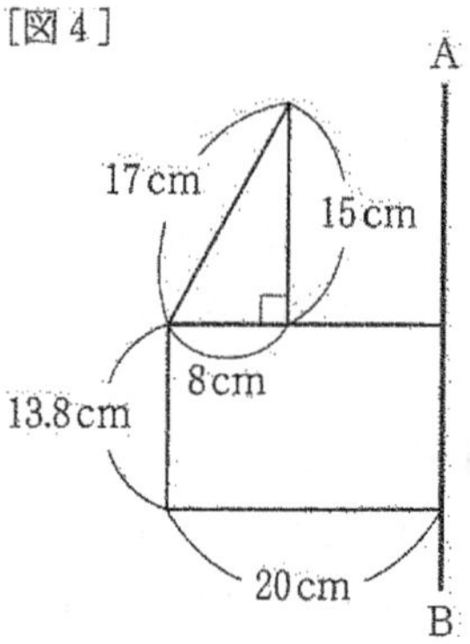

【4】 ［図１］のような２つの直方体を組み合わせた容器に，毎分50㎤の割合で水を入れると，ちょうど70分で満水になります。また，この容器に毎分80㎤の割合で水を20分間入れたとき，水を入れ始めてからの時間と，点Ａから水面までの高さの関係をグラフに表すと［図２］のようになりました。次の □ に適当な数を入れなさい。

［図１］

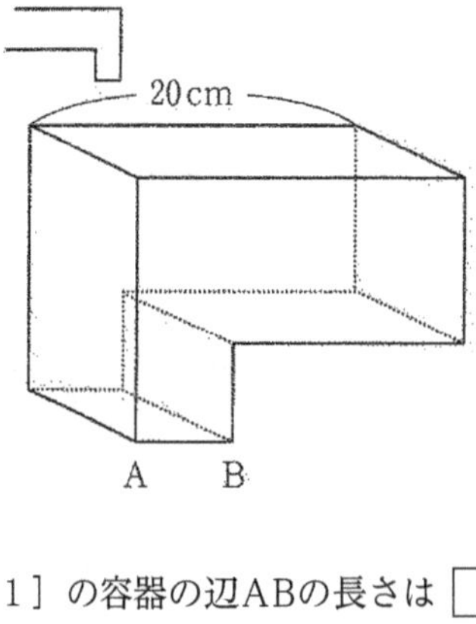

［図２］

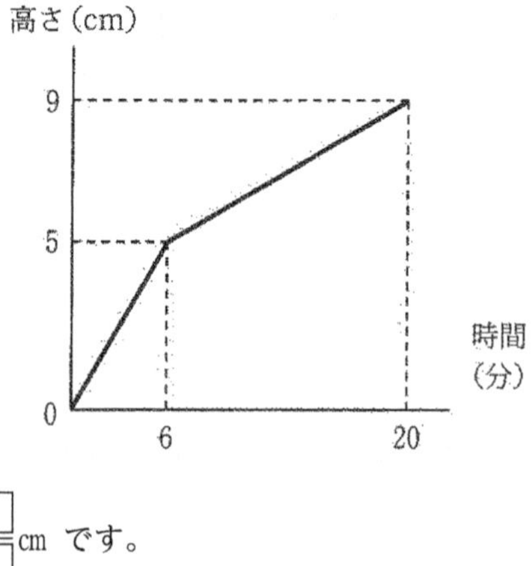

⑴ ［図１］の容器の辺ABの長さは ア $\frac{イ}{ウ}$ ㎝ です。

⑵ 水が入っていない［図１］の容器に，はじめは毎分30㎤の割合で水を入れ，点Ａから水面までの高さが６㎝になったとき，毎分120㎤の割合に変えて水を入れると，水を入れ始めてから ア 分 イ 秒後に容器は満水になります。

【5】 ある決まりに従って，下のように分数を並べました。

$$\frac{1}{2},\ \frac{2}{3},\ \frac{1}{3},\ \frac{3}{4},\ \frac{2}{4},\ \frac{1}{4},\ \frac{4}{5},\ \frac{3}{5},\ \frac{2}{5},\ \frac{1}{5},\ \frac{5}{6},\ \cdots\cdots$$

このとき，次の □ に適当な数を入れなさい。

(1) はじめから数えて203番目にある分数は $\dfrac{\boxed{\text{ア}}}{\boxed{\text{イ}}}$ です。

(2) 1番目から300番目までの分数をすべて加えると □ になります。

【6】 1辺が1㎝の2種類の立方体A，Bがあります。立方体Aは重さが5gで表面が白く塗《ぬ》られていて，立方体Bは重さが7gで表面が黒く塗られています。次の □ に適当な数を入れなさい。

［図1］

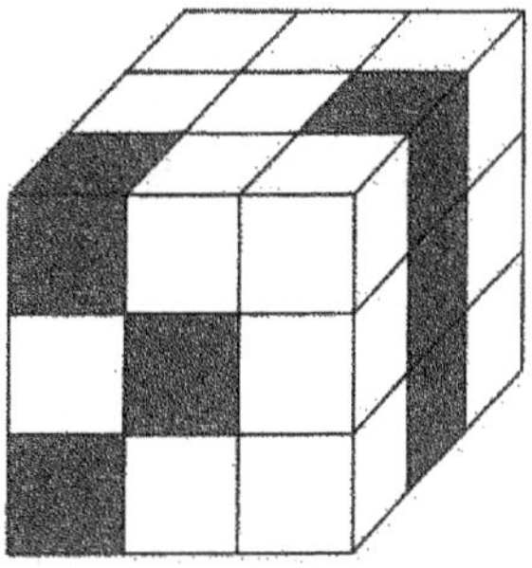

(1) 立方体Aと立方体Bを合わせて27個使って［図1］のような1辺が3㎝の立方体を作りました。この立方体全体の重さは最も軽い場合で [ア] g，最も重い場合で [イ] gです。

(2) 次に，立方体Aと立方体Bを合わせて64個使って，1辺が4㎝の立方体を作ったところ，その重さは378gでした。この立方体の表面全体のうち，黒く塗られている部分の面積の和は，最も小さい場合で [ア] cm^2，最も大きい場合で [イ] cm^2です。

【7】 1個180円のシュークリームと，1個220円のプリンがあります。シュークリーム5個のセットだと800円で買え，プリン6個のセットだと1200円で買えます。さらに，シュークリームとプリン2個ずつのセットだと650円で買うことができます。例えば，シュークリームを5個買う場合，シュークリーム5個のセットで800円で買うこともできますし，1個180円のシュークリームを5個で900円で買うこともできます。次の □ に適当な数を入れなさい。

(1) 5000円以内でプリンを少なくとも5個買うとき，シュークリームは最大 □ 個買えます。

(2) シュークリームとプリンを合わせて50個買って，代金がちょうど10000円になるような買い方を考えます。この条件の下で，プリンをできるだけ多く買いたい太郎君は，プリンを [ア] 個買いました。また，同じ条件の下で，シュークリームをできるだけ多く買いたい二郎君は，シュークリームを [イ] 個買いました。

【理　科】（25分）　＜満点：50点＞

【1】 次の会話文を読んで，あとの問いに答えなさい。

イッペイ：イチゴ，おいしいね。

ナルミ　：うん，甘《あま》酸っぱくてだーい好き。

アキオ　：このイチゴも昭和の頃《ころ》は甘みが少なかったので，砂糖や牛乳をかけたりして食べていたんだ。ナツミカンも酸味をおさえるために（　ア　）をかけたりして食べていたね。

ナルミ　：（　ア　）をかけるとどうなるの？

アキオ　：すっぱい味の成分がそれと反応して少なくなるから，甘く感じるようになるんだ。

イッペイ：……ということは，（　イ　）ができるのかな？

アキオ　：よく気がついたねぇ。その証拠《こ》に，切ったナツミカンに（　ア　）をかけると，シュワシュワって泡《あわ》が出るのがわかるぞ。ところでイチゴってちょっと変わった実だと思わないかい？

イッペイ：そう言えば，表面にたくさんついている小さい粒《つぶ》が果実なんだよね。

アキオ　：そう。サクランボもミカンもカキも，やがて種子になるところを包んでいる（　ウ　）が発達した部分を食べている。イチゴは花たくと呼ばれる花の土台のような部分が発達したところを食べているんだ。

ナルミ　：そうなんだ。全然知らなかったわ。

アキオ　：それじゃあ，イチゴ農家がミツバチを飼っていることがあるのを知っているかい。

ナルミ　：イチゴの花のミツを集めてハチミツを作るのね。

イッペイ：ちがうよ。花から花へ（　エ　）を運ぶ役目しているんだろう。

アキオ　：その通り。花から花へ飛びまわっているはたらきバチのもっている針は産卵管が変化したものだから，はたらきバチはすべて（　オ　）ということになる。ヒトを刺《さ》すこともあるけれど，その針は一度刺すと抜《ぬ》け落ちてしまうんだ。

ナルミ　：何だかかわいそう。

アキオ　：そのミツバチが一度にいなくなるという事件が何年か前にあった。

イッペイ：ミツバチは集団で生活しているから，いなくなるときも一緒《しょ》なのかな。

アキオ　：事件の真相はいまだによくわかっていないようだけど，たしかにミツバチは昆《こん》虫の中でも社会性が発達していて，（　カ　）の字ダンスをして仲間に花のありかを伝えたりするんだ。

イッペイ：ミツバチだけに（　カ　）の字ダンスか。

ナルミ　：そのダンスは一種の信号みたいなものね。

アキオ　：信号と言えば，君たちは平成の頃に道路の信号に，ある変化があったのを知っているかい？

イッペイ：知ってるよ。LEDになったんでしょ。

アキオ　：そうだね。LEDとは発光（　キ　）のことで，それまでの電球を使っていたものにとってかわったんだ。LEDって電球に比べてどんなところが優れているのかな？

ナルミ　：長持ちするから交換《かん》する手間がかからなくなるんじゃない？

イッペイ：あと，光は出すけれど，電球に比べて熱をあまり出さないんじゃなかったかな。

アキオ　：そうだね。そのため，さわっても熱くないし，省エネにもなるというわけだ。さて，それじゃあ最初に発明されたLEDのように真っ赤なイチゴをたべちゃおうか。

⑴　（ア）にあてはまる物質を次から選んで番号で答えなさい。

1　片栗《くり》粉　　2　クエン酸　　3　重そう　　4　消石灰　　5　食塩

6　酢《す》

⑵　（イ）にあてはまる物質を次から選んで番号で答えなさい。

1　塩化水素　　2　塩素　　3　酸素　　4　水素　　5　二酸化炭素

6　水

⑶　（ウ），（エ）にあてはまる言葉を次から選んで，それぞれ番号で答えなさい。

1　おしべ　　2　花粉　　3　子ぼう　　4　がく　　5　デンプン

6　はいしゅ　　7　はい乳　　8　めしべ

⑷　（オ），（カ）にあてはまる言葉をそれぞれカタカナ２文字で書きなさい。

⑸　（キ）にあてはまる言葉をカタカナで書きなさい。

⑹　LEDがもつ性質を次から選んで番号で答えなさい。

1　ある一定の周期で，流れる電流の大きさが変化する。

2　流れる電流の大きさによって光の強さが変化しない。

3　ある一定の向きにしか電流が流れない。

4　ある大きさ以上の電流が流れると発光しなくなる。

5　ある一定の周期で発光する。

6　ある一定の温度を越《こ》えると発光しなくなる。

【2】

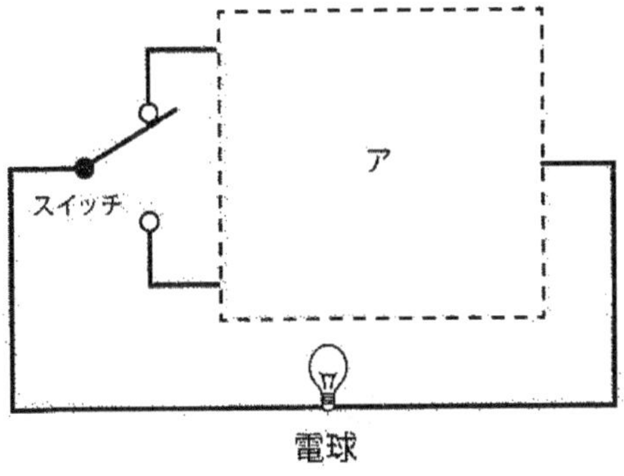

（A）

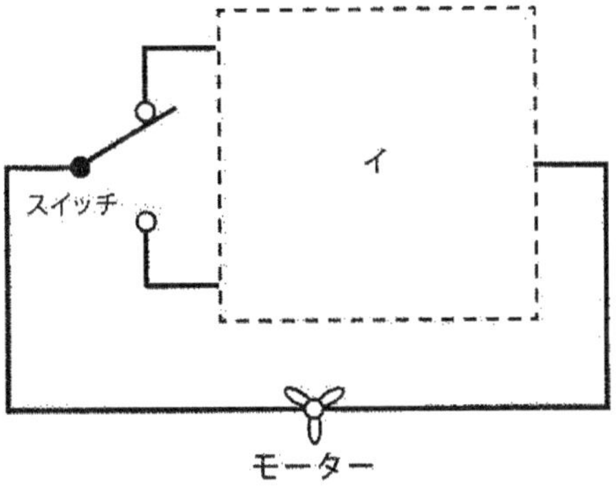

（B）

上の（A）（B）を次のような回路にしたい。ア・イにあてはまる電池のつなぎ方を，次のページの１～８からそれぞれ選びなさい。１～８の中の電池はすべて同じ性能のものとします。

（A）　スイッチの切りかえによって電球の光る明るさが変わる回路（スイッチをどちらにしても電球は点灯するものとする。）

（B）　スイッチの切りかえによってモーターの回転の向きが変わる回路

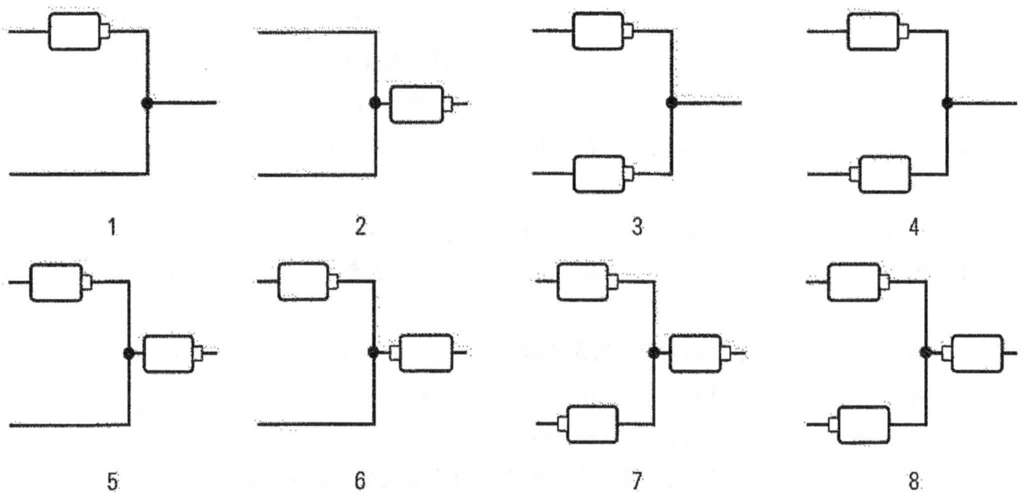

【3】 東京でみる星空について次の問いに答えなさい。

⑴ **図A**は２月・８月の夜８時頃に南の方角から観測者の真上の空にかけて見える星を，星座とみなしたときの線を加えて描《えが》いたものです。８月の夜空に見えるのは**１**・**２**のどちらですか。

⑵ **図A**のうち，より高度が高いところに見えるのは**１**・**２**のどちらですか。

⑶ **図A**の１で，天の川が通っているのはどの方向ですか。次の中から選びなさい。

１　a－d　　**２**　b－e　　**３**　c－f

⑷ **図A**の中にはそれぞれの季節の大三角を構成する星があります。**ア・イ・ウ**の星の名前をカタカナで書きなさい。

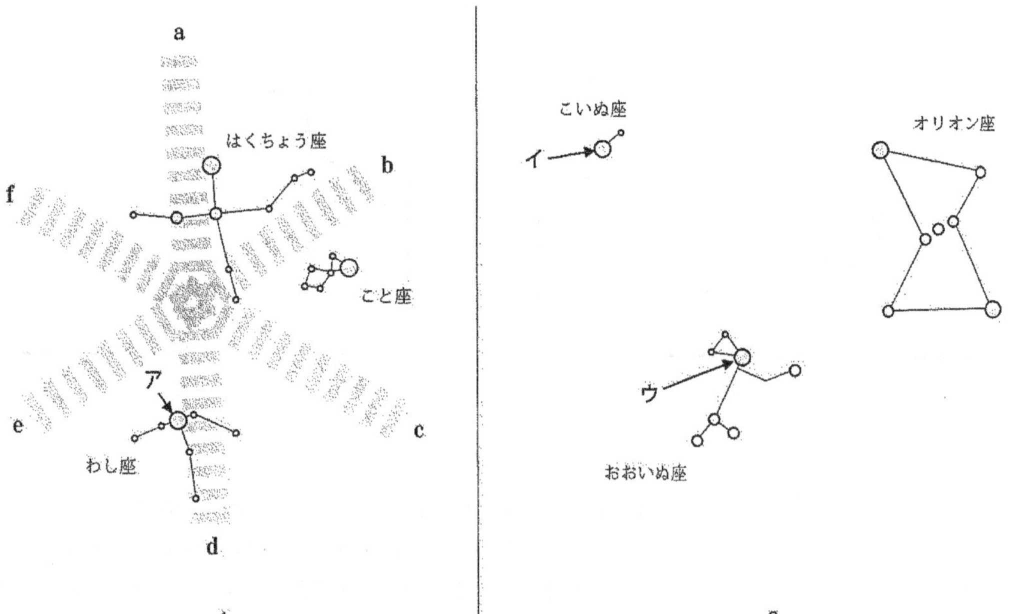

図A

⑸　天の川の正体は銀河系の星々《ほしぼし》です。季節によって，見える天の川の星の数が違うのは，私たちが住んでいる銀河系の別の所を見ているからです。**図B**は銀河系を上（北極星の方角）から見た図と，横から見た図です。天の川が濃《こ》く見える七夕の頃の夜，私たちは太陽系から**図B**の**1**～**4**のどの方向を見ていますか。

⑹　2019年の夏は，夜空に明るく輝《かがや》いている木星と土星を観察することができました。これらの2つの星が並んで見えるとき，より明るく見える星とその理由について正しく述べた文を次の中から選び，番号で答えなさい。

1　木星は土星より太陽に近くて土星より大きいから，木星の方が明るい。
2　木星は土星より太陽から遠いが，土星より大きいから，木星の方が明るい。
3　木星は土星より小さいが土星より太陽に近いので，木星の方が明るい。
4　土星は木星より太陽に近くて木星より大きいから，土星の方が明るい。
5　土星は木星より太陽から遠いが，木星より大きいから，土星の方が明るい。
6　土星は木星より小さいが木星より太陽に近いので，土星の方が明るい。

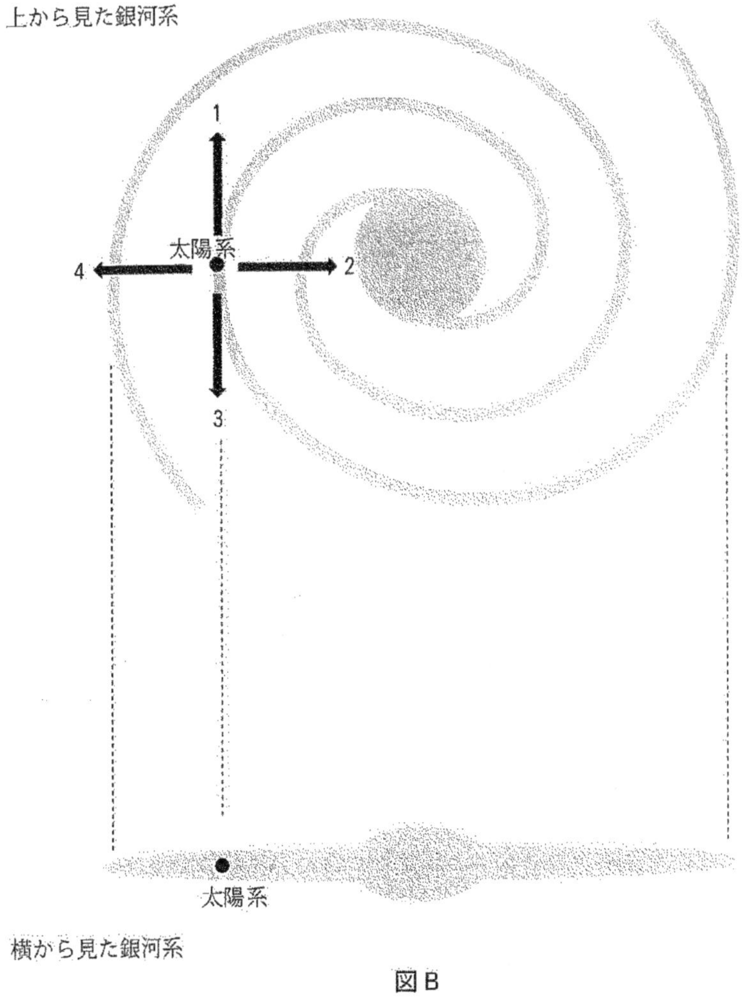

図B

【4】 下の図は，８種類の物質Ａ～Ｈについて，100ｇの水に溶けることができる量（単位:ｇ）の，水の温度による変化を示したものである。これを見てあとの問いに答えなさい。

(1) 図に示した８種類の物質のうち，次の文で述べている条件にあてはまる物質の数をそれぞれ算用数字で書きなさい。

ア 40℃のときより，60℃のときの方が水に溶ける量が少なくなる。

イ 20℃のときには，50ｇの水に30ｇ以上溶かすことはできないが，80℃のときはできる。

ウ 20℃のときと80℃のときで，100ｇの水に溶ける量の差が20ｇより小さい。

エ 溶かす水の量が同じとき，60℃のときに溶ける量が０℃のときに溶ける量の２倍以上になる。

オ 50ｇの水を80℃まで温めて物質10ｇを溶かしてから，20℃まで水温を下げても，固体が出てこないと考えられる。

(2) アンモニアは20℃で100ｇの水に約70リットル溶ける。アンモニアの20℃のときの溶ける量を示す印を図に書き入れるとすると，その位置は◆１～◆５のどこになるか。番号で答えなさい。ただし，アンモニアは20℃のとき，１リットルで約0.7ｇである。

(3) 図のグラフの線が100℃以上のところに書かれていない理由を述べた次の文の（　）に当てはまる言葉を漢字で書きなさい。

私たちが日常生活をしている気圧のもとでは，水は100℃より高い温度のとき，すべて(　　　　)になってしまうので，実際に物質に溶ける量を調べることができないから。

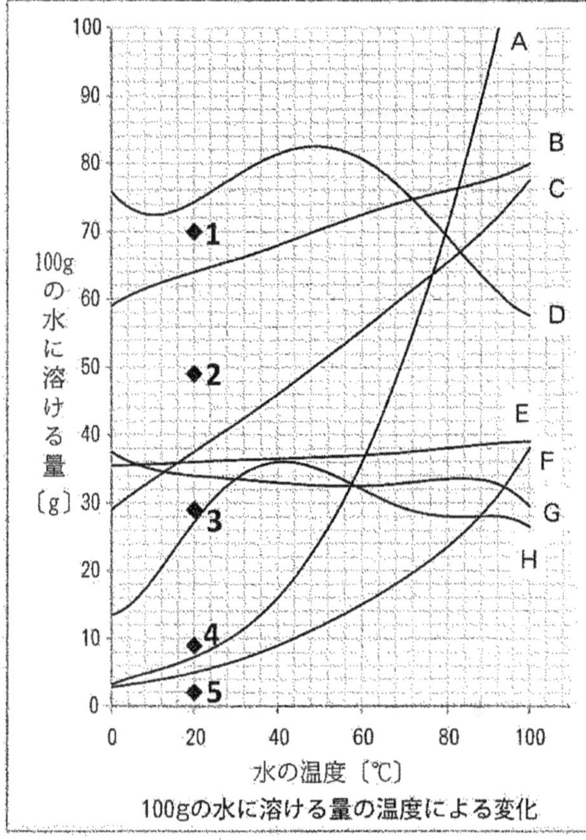

100gの水に溶ける量の温度による変化

【社　会】（25分）　＜満点：50点＞

【1】 次の文章を読んで，各問に答えなさい。

2020年はこれまでと異なる日程で「国民の祝日」が定められています。新たな祝日として2020年からは2月23日が（　ア　）となります。また，2020年に限り，東京オリンピック・パラリンピックの開催《さい》に伴《ともな》う祝日の移動があります。オリンピックの開会式前日の7月23日が（　イ　）に，開会式当日の24日が（　ウ　）になるほか，閉会式の翌日である8月10日は（　エ　）となります。

問1　(ア)～(エ) に当てはまる祝日の正しい組み合わせを選び，数字で答えなさい。

1　ア　平成の日　　イ　海の日　　ウ　オリンピックの日　　エ　山の日
2　ア　平成の日　　イ　山の日　　ウ　スポーツの日　　エ　海の日
3　ア　天皇誕生日　　イ　海の日　　ウ　スポーツの日　　エ　山の日
4　ア　天皇誕生日　　イ　山の日　　ウ　オリンピックの日　　エ　海の日

問2　1966年から1999年まで，10月10日は体育の日という祝日でした。なぜその日が祝日だったのか，10字以上30字以内で理由を答えなさい。

【2】 日本国憲法について，各問に答えなさい。

問1　憲法改正についての条文を読んで，(ア)～(ウ) に当てはまる語句を**漢字**で答えなさい。

第96条　この憲法の改正は，各議院の総議員の三分の二以上の賛成で，（　ア　）が，これを発議し，国民に提案してその承認を経なければならない。この承認には，特別の（　イ　）又《また》は国会の定める選挙の際行は《(わ)》れる投票において，その（　ウ　）の賛成を必要とする。

問2　日本国憲法の条文全103条は11の章に分けられ，章ごとに「天皇」や「戦争の放棄《き》」などの見出しがつけられています。その見出し別に条文の数を整理すると，右のグラフとして表せます。図中のア～エに当てはまる見出しの正しい組み合わせを選び，数字で答えなさい。

日本国憲法の見出し別条文数

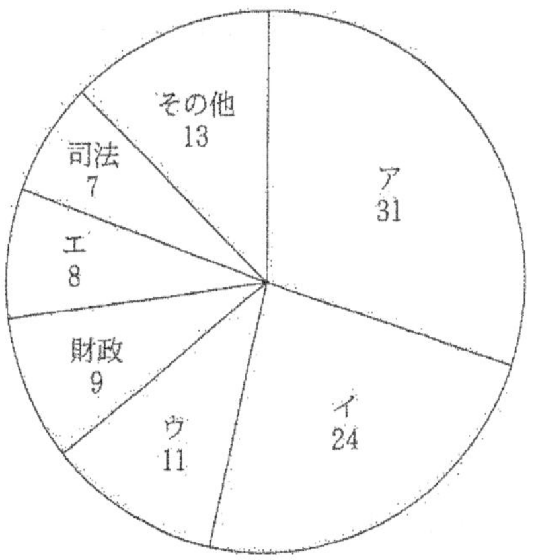

1　ア　国民の権利及び義務　　イ　国会
　　ウ　内閣　　エ　天皇
2　ア　国民の権利及び義務　　イ　国会
　　ウ　天皇　　エ　内閣
3　ア　国民の権利及び義務　　イ　天皇
　　ウ　内閣　　エ　国会
4　ア　天皇　　イ　国民の権利及び義務
　　ウ　戦争の放棄　　エ　国会
5　ア　天皇　　イ　戦争の放棄
　　ウ　国民の権利及び義務　　エ　国会
6　ア　天皇　　イ　国民の権利及び義務
　　ウ　戦争の放棄　　エ　内閣

【3】 次の文章を読んで，各問に答えなさい。

日本にはたくさんの国々との交流の歴史があります。特に①古代から中世にかけては，中国や朝鮮の国々との交流が盛んでした。飛鳥時代から平安時代にかけては，②中国にたくさんの僧侶《そうりょ》や留学生を送って仏教や儒《じゅ》学などを学ばせ，様々な物品と共に日本に持ち帰らせていました。③平安時代の中頃に中国の王朝との交流は中断されましたが，室町時代には幕府が再開させました。さらに，④琉《りゅう》球やアイヌ，ヨーロッパの人々との交流や貿易に力を入れる者も現れました。また⑤東南アジアの国々に多くの日本人が移り住む姿も見られました。ところが江戸時代になると，⑥幕府によって外国との交流が次第に制限されるようになりました。それでも例外的に幕府が交流を認めていた国もありました。しかし江戸時代末期になると，欧《おう》米列強からの開国を求める圧力が高まり，その方針を変えざるを得なくなりました。⑦日本は，自国にとって不利な条約を列強との間に結んだため，条約を改正して列強と対等な関係を築くことを目標に，近代国家を目指す道を選びました。

問1　下線部①について，次の**あ**～**え**は中国の歴史書に登場する古代日本の様子を描《えが》いた文章です。次の⑴と⑵の問いに答えなさい。

あ　武に朝鮮半島で軍隊を指揮する権限と倭王の称号を与えた。(『宋書』倭国伝)

い　邪馬台国の卑弥呼に親魏倭王の称号と金印を与えた。

う　楽浪郡の海の向こうに倭人が住んでいて，100以上の小国に分かれている。彼らは定期的にやってきて貢《みつ》ぎ物を献上している。

え　倭の奴国から貢ぎ物を持った使いがやってきた。奴国は倭国の南の果てにある。皇帝は金印を与えた。

⑴　**あ**～**え**の内容を**古い順**に並べたとき，**3番目**のものを選び，数字で答えなさい。

1　**あ**　　2　**い**　　3　**う**　　4　**え**

⑵　**い**～**え**の文章は次の1～3のどの歴史書に当てはまりますか。それぞれ数字で答えなさい。

1　『漢書』地理志　　2　『魏志』倭人伝　　3　『後漢書』東夷伝

問2　下線部②について，遣唐使として中国に渡り，その後**日本に帰国できなかった人物**を選び，数字で答えなさい。

1　阿倍仲麻呂　　2　小野妹子　　3　鑑真　　4　行基

問3　下線部③について，中国の王朝との交流を中断するよう提案した人物名を**漢字**で答えなさい。

問4　下線部④について，次の各文の（**か**）～（**け**）に当てはまる語句の正しい組み合わせを選び，数字で答えなさい。

勘合貿易は，将軍が皇帝に（　**か**　）を派遣《けん》して認められた。

（　**き**　）は中国の生糸だけでなく，鉄砲などの西洋の品物も日本にもたらした。

幕府は，海外渡航の許可を与えた（　**く**　）のみに貿易を認めた。

北海道の産品は，松前から日本海を経由して（　**け**　）で大阪まで運搬《ぱん》された。

1　**か**　遣明船　　**き**　北前船　　**く**　朱印船　　**け**　南蛮船

2　**か**　遣明船　　**き**　南蛮船　　**く**　朱印船　　**け**　北前船

3　**か**　朱印船　　**き**　北前船　　**く**　遣明船　　**け**　南蛮船

4　**か**　朱印船　　**き**　南蛮船　　**く**　遣明船　　**け**　北前船

問5　下線部⑤について，**誤った内容のもの**を選び，数字で答えなさい。

1　各地に日本町（日本人町）が築かれた

2　キリシタンも多く移り住んだ

3　政治的に高い身分につく者もいた

4　倭寇として現地の人々におそれられた

問6　下線部⑥について，次のできごとを**古い順**に並べたときに**3番目**のものを選び，数字で答えなさい。

1　オランダ商館を出島に移設した　　3　ポルトガル船の来航を禁止した

2　全国に禁教令を出した　　4　日本人の渡航・帰国を禁止した

問7　下線部⑦について，次の⑴と⑵の問いに答えなさい。

⑴　幕府は，日米修好通商条約とほぼ同じ内容の条約をオランダ，ロシア，イギリス，［　　］と相次いで結びました。［　　］に当てはまる国名を答えなさい。

⑵　日米修好通商条約の締《てい》結より**前のできごと**を選び，数字で答えなさい。

1　福沢諭吉が江戸に蘭学塾《じゅく》を開く　　3　福沢諭吉が『学問のすゝめ』を著す

2　福沢諭吉が大阪の適塾で学ぶ　　4　福沢諭吉が咸臨丸で渡米する

【4】 次の文章を読んで，各問に答えなさい。

小泉くんや福沢くんが所属する社会科クラブでは，今年の文化祭で発表するテーマを「持続可能な社会の実現に向けて」に決めました。そこで，小泉くんのグループは「自然と共生した日本の伝統的農業」について，福沢くんのグループは「いま世界で起こっている環《かん》境問題」について調査することにしました。

問1　次の**あ**～**え**は，小泉くんのグループが調べた日本の伝統的農業に関して説明した文章です。**あ**～**え**のような農業が行われている地域を次のページの地図中の1～6からそれぞれ選び，数字で答えなさい。なお，文中の（　）には，下の語群のいずれかの語句が当てはまります。また，同じ文章内の（　）には同じ語句が入ります。

あ　特別天然記念物の（　　）との共生を目指して，餌《えさ》となるドジョウなど多様な生きものが生息できる水田の環境を，年間を通じて保つ「生きものを育む農法」に取り組んでいる。

い　周りの草地からススキなどを刈《か》り取って（　　）畑に敷《し》く「（　　）草場農法」とよばれる伝統的な農法を行っている。畑の土を良好に保ちつつ，草地に生息する生きものの環境を守っている。

う　一年を通して降水量が少なく，農業用水の確保がむずかしいことから，昔からクヌギを植林・伐《ばっ》採して原木《げんぼく》にし，特産の（　　）栽培《さいばい》を行っている。切り株から約15年で再生するクヌギは，周辺のため池の水を保つ働きをしている。

え　山地の斜《しゃ》面に（　　）や薪《しん》炭用の木を数多く植えて，質の高い（　　）の実や備長炭《びんちょうたん》を生産している。木々は土砂くずれを防止し，薪炭用の木々に生息するミツバチが（　　）の花粉を運ぶ役割を果たしている。

語群	うめ　桑《くわ》　しいたけ　タンチョウ　茶　トキ　りんご

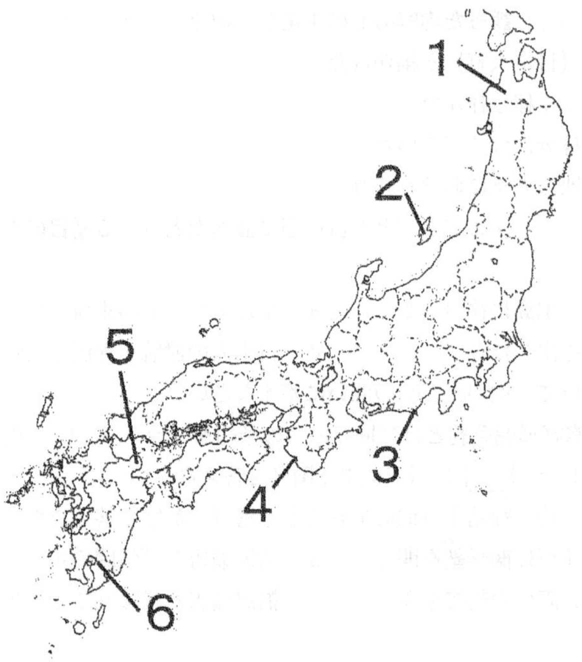

問2　福沢くんのグループが調べた世界の環境問題に関して，地図中のA～Dの地域で起こっているおもな環境問題として正しいものを1～6からそれぞれ選び，数字で答えなさい。

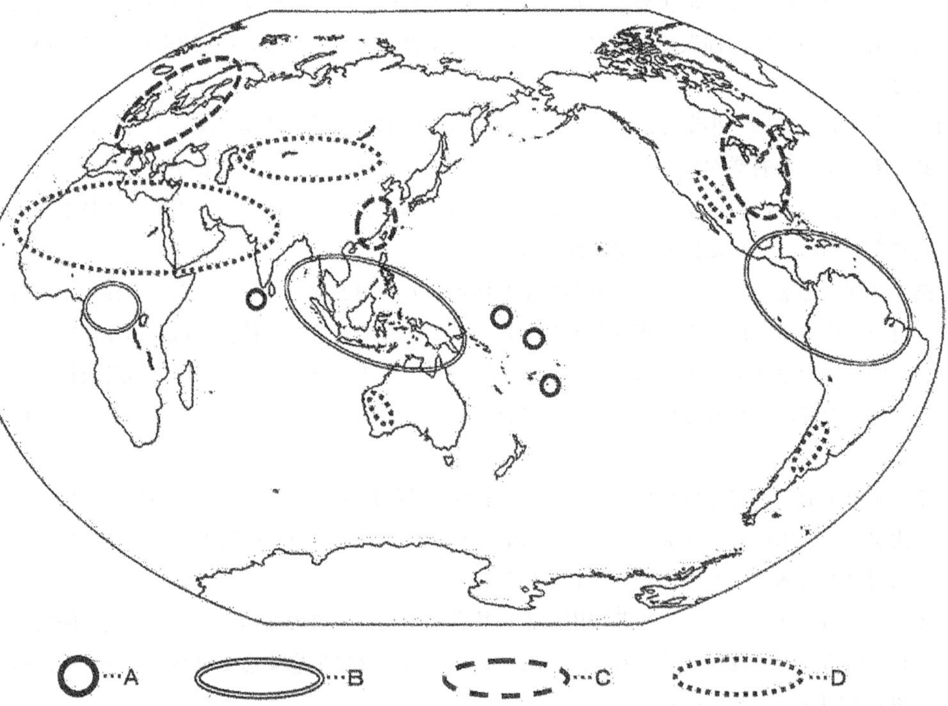

1　オゾン層の破壊	2　海水面の上昇	3　黄砂	4　砂漠化	5　酸性雨
6　熱帯林の減少				

問３　次の**か～け**は，問２の**Ａ～Ｄ**のいずれかの環境問題について説明した文章です。文中の下線部①～④について，**正しいものは１**，**誤っているものは９**，と数字で答えなさい。

か　工場の排煙《はいえん》や自動車の排気ガスにふくまれる①二酸化炭素や窒《ちっ》素酸化物がおもな原因となってる。森林が枯《こ》死する，石造建築物がとけるなどの被《ひ》害が生じている。

き　大気中の②二酸化炭素などの温室効果ガスの増加がおもに影響《きょう》し，世界的に平均気温が上昇したことが原因となっている。世界各地の氷河がとけたり，水温が上がって海水が膨《ぼう》張することによって，満潮時に水没《ぼつ》する地域が拡大している。

く　大量の薪《まき》を採取する，過剰《じょう》に家畜《ちく》を放牧する，休耕しないまま広範《はん》囲で③焼畑農業を行うなどのため，植生が失われて不毛の土地が広がっている。

け　農地や牧場にしたり，木材を輸出するため，過剰に森林を伐採することで起こる。伐採地では，これまでの生活を続けることがむずかしくなり，④貴重な生物種も失われている。

問４　社会科クラブでは，発表のしめくくりとして，日本でも今後取り組んでいけそうな事例を調べました。フランスでの取り組みに注目し，次のようにまとめました。

「日本でも持続可能な社会の実現に向けて，[1]への対策が必要です。
写真のように[2]ことが有効だと考えます。」

手前にはトラム（路面電車）の駅やバスの停留所があります。
奥《おく》には駐《ちゅう》車場が見えています。（フランスのストラスブール）
［ＪＣＣＣＡのホームページより］

⑴　文中の[1]には，どのような**環境問題**が当てはまりますか。10字以内で答えなさい。

⑵　文中の[2]には，どのような**取り組み**が当てはまりますか。40字以上80字以内で答えなさい。

ケ　（　）心の強い子ども
（　）を逃《のが》して敗北する
コ　（　）な判断が求められる
書き上げた文章を（　）する

1 心　2 機　3 正　4 公　5 械
6 性　7 新　8 好　9 気

【五】——のカタカナを、正しい漢字に直しなさい。

ア　私鉄のエンセンに住む
イ　シメイをまっとうする
ウ　空から見るゲカイの様子
エ　シャソウからの景色
オ　不足をオギナう
カ　人のオウライが激しい
キ　俳句にはキゴが必要だ
ク　ショメイ運動に参加する
ケ　人生のシュクズ
コ　釣《つ》り糸をタらす
サ　タアイもない話をする
シ　ハクジは粘《ねん》土を焼いて作られる
ス　庄《しょう》内平野はコクソウ地帯である
セ　シンコクな表情
ソ　人をサバく役職

るのです」の説明としてもっともふさわしいものはどれか。次の1～5から選び番号で答えなさい。

1　令和でしか通用しないような言葉がたくさん出てきたとしても、それは研究者によってのちの時代に語り継《つ》がれるであろうということ。

2　昔の時代もそうであったように、若者がどんどん新しい言葉を生み出して、それが世間に広まって定着していくということ。

3　時代と言葉は常に進化を続けるものであるが、令和に入った今では、そのスピードが過去よりも格段に速くなっているのだということ。

4　言葉は法則から生み出されているのではなくて、いつの時代であっても人々が新しい言葉やその使い方を生み出し続けていくのだということ。

5　言葉の法則や文法は常に最新のものへと上書きされるので、令和以前で習った知識や言葉は温故知新のような驚《おどろ》きを生み出すということ。

問六　「慶應義塾中等部」を読むときに、長音となるところは合計でいくつになるか。次の1～5から選び番号で答えなさい。ただし、「慶」は「ケー」として考え、これも数に含《ふく》めること。

1　一つ　2　二つ　3　三つ　4　四つ　5　五つ

【三】　次のア～オの「　」の語句とよく似た内容の語句を、後の1～9から選び番号で答えなさい。

ア　「サイゲツひとをまたず」とはよく言ったものだ。もうすぐ卒業だ。

イ　さっきの試合はあれだけの体格の差がありながら、まさかの結果になってしまった。まさに「ジュウよくゴウをセイす」だ。

ウ　あの優等生がこんな簡単な失敗をするなんて……「コウボウもふでのあやまり」とはこのことだ。

エ　諸君はみな「トウリュウモン」となる人生の関門を通らねばならない。

オ　形は似ているが比較《かく》にならないことを「チョウチンにつりがね」という。

1　朝令暮《ぼ》改　2　河童《かっぱ》の川流れ
3　ぬかにくぎ　4　石の上にも三年
5　光陰《いん》矢のごとし　6　立身出世
7　雲泥《でい》の差　8　えびで鯛《たい》をつる
9　柳《やなぎ》に雪折れなし

【四】　次のカ～コの（　）にはそれぞれ同じ読みの二字熟語が入る。その両方に共通する漢字としてもっともふさわしいものを、後の1～9から選び番号で答えなさい。

カ　（　）の出来栄え
　怠惰《たいだ》だった人が（　）して働く

キ　（　）体操
　農業の（　）化が進む

ク　関東地方の（　）情報を確認《にん》する
　（　）の荒《あら》い人

な法則やいわゆる文法は、日常的に私たちが言葉を使っている後から追いついてくるものにすぎない、と確認できるのです。文法は確かに知っておくと便利ではあるのですが、それがすべてのルールブックではありません。青信号だから進行可というようなお約束とはものが違うのです。文法先にありきではなく、言葉先にありき。③令和の時代になっても、言葉は常に先んじて進化し続けるのです。（5）

問一 [I]～[IV] にあてはまる言葉としてもっともふさわしいものを、それぞれ次の1～5から選び番号で答えなさい。

I　1 折　2 句　3 首　4 手　5 本

II　1 古事記　2 福翁《おう》自伝　3 若草物語　4 万葉集　5 源氏物語

III　1 風情《ふぜい》のある　2 寒々とした　3 付和雷《らい》同の　4 手に汗《あせ》をにぎる　5 昔懐《なつ》かしい

IV　1 そうゆう　2 そういう　3 そおいう　4 そおゆう　5 そーゆう

問二 次の一文は、本文からぬけおちたものである。この一文が入るべき場所としてもっともふさわしいところを、本文中の（1）～（5）の中から選び番号で答えなさい。ただし、解答らんには数字だけを書くこと。

それが学問の王道とも言えます。

問三 ――①「こういった言葉の隔たり」の説明としてもっともふさわしいものはどれか。次の1～5から選び番号で答えなさい。

1 書き言葉にも長音を用いて、言葉の対応性をしっかりさせるということ。

2 書き言葉とは違い、話し言葉では表現がくだけたり乱れたりすること。

3 日記や作文では、頭で思ったことを言葉でぴたりと表現させづらいということ。

4 話し言葉も書き言葉も、とらえようによっては色々な解釈《しゃく》が可能であるということ。

5 書いた言葉とその言葉の発音が必ずしも同じにはならないということ。

問四 ――②「ここまで来ると、『令和』が『レーワ』化するのも、自ずと納得がいくと思います」とあるが、その理由としてもっともふさわしいものはどれか。次の1～5から選び番号で答えなさい。

1 現代人は姿勢の悪い人が多く、表情筋をうまく利用できないがために、「レーワ」と発音しがちであるから。

2 発音のうえでは、「令」を「レ」「イ」と一語ずつ区切って読むというよりは、「イ」を長音で読むほうが自然であるから。

3 昭和や平成といった元号と比較《かく》すると、「令和」は口にしたときに字数が少なく発音しやすいのがポイントと言えるから。

4 「令和」は漢語で成り立っており、訓読みではないので、「レーワ」とカタカナで表記するのがしっくりくるから。

5 「レイワ」と「レーワ」の二通りの読み方があるとどちらを選ぶべきか分からないので、「レーワ」だけにしたほうがすっきりするから。

問五 ――③「令和の時代になっても、言葉は常に先んじて進化し続け

的な視点で、なるほどと思わせられます。（1）

　しかしながら、ここでは、文字と発音の関係について考えてみることにしましょう。それはすなわち、書き言葉と話し言葉の対応性を考えることと同義です。今の日本語は、文字＝書き言葉と発音＝話し言葉の間に、基本的にずれはありません。つまり、文字で表したものはそのまま読めるということです。難しく言うと、言文一致《ち》と表現できます。（2）

　ただし、中には例外も見られるわけです。例えば、「こんにちは」の「は」は、「ハ」とは読まずに、「ワ」と発音しますよね。同じく、「こちらへどうぞ」の「へ」は「エ」と読んでいます。ここでは、文字と発音がぴたりと対応していないのです。

　では、続いてこれはいかがでしょうか。「王様」。書くのと読むのを迷って、ごちゃごちゃになる人も見られます。書くのは、「おうさま」。読むのは、「オーサマ」。「オウ」が「オー」となっており、厳密にいえばやはり同じにはならないのです。これには訳があって、ひらがなで表記する際には、外来語を除いて長音（伸ばす音）を表す〝ー〟を使用しません。そのために、ずれが生じてややこしくなってくるのです。例えば、「おかあさん」と書いて、読みは「オカーサン」ですし、「おとうさん」と書いても、「オトーサン」と口では言っているのです。みなさんの中にも、普《ふ》段日記を書いたり宿題で作文を書いたりする機会に、①こういった言葉の隔《へだ》たりを発見して、なんとなく不思議に思った人が多いのではないでしょうか。そういった小さな発見をそのままにするのではなく、「なぜそうなるのか」を追求していってほしいと願います。（3）

　実は、これら長音になる言葉は、語中の母音《いん》部分が長音に変わる特徴《ちょう》を持っています。例えば、

「おう」の表記は、「オー」と読む
「いう」の表記は、「ユー」と読む
「せい」の表記は、「セー」と読む
「ちょう」の表記は、「チョー」と読む

などが挙げられます。だから、「おうさま」の「おう」という文字は、「オー」と伸ばして読むのです。みなさんがたまに混乱してしまう「ソーユーことだよね」の「ソーユー」は、表記だと「　Ⅳ　」と書かないとなりません。

　話を戻《もど》して、「令和」について。かいつまんで言うと、これも読みの場合には母音が長音に変化しているのです。これは漢語、すなわち漢字の音読みに見られるパターンとなりますが、枚挙にいとまがありません。学校は「ガッコー」ですよね。先生に話しかける時は「センセー」と声をかけますし、昨年引退したメジャーリーガーの鈴《すず》木一朗選手は、「イチロー」と呼ばれているわけです。「広報部長」と書いて、どう発音しているでしょうか。先の元号、「平成」や「昭和」、「大正」そして「明治」も考えてみてください。②ここまで来ると、「令和」が「レーワ」化するのも、自《おの》ずと納《なっ》得がいくと思います。ポイントは、長音化した発音なのです。（4）

　ただ、私たちはこれらの法則をいちいち考えて言葉を用いているわけではありません。実は考えずとも、できていることなのです。意識して使い分けをしているのではない。それは、もちろん経験の積み重ねが大きい要因ではあります。しかし、本質的な部分でとらえると、文字と発音のこれらの法則は、その形で使うのが無理がなく、自然であるからこそ、発生したものだと言えるでしょう。つまり、言葉に関するいろいろ

2　先生が自宅で生ハムを振る舞い、岩魚釣りをするような未来はまぼろしに終わるかもしれないということ。

3　高原で暖炉の火にあたりながら海に潜る釣りの話をするのは、現実味がなくて無駄《だ》だということ。

4　生ハムや海釣りの話を今は楽しく聞いたとしても、時がたてば全て忘れてしまうだろうということ。

5　私が幸運の持ち主だとすれば、どこかに不運をなげく人がいるはずで喜んでばかりいられないということ。

問七　次の段落は、本文からぬけおちたものである。この段落が入るべき場所としてもっともふさわしいところを、本文中の（1）〜（5）から選び番号で答えなさい。ただし、解答らんには数字だけを書くこと。

> そういえば、あの句会の時もこの壁《かべ》に飾《かざ》ってある高原の写真を眺《なが》めていたのでした。さて、暖炉を囲んでの集まりもそろそろお開きという空気になりました。思い出に浸《ひた》っていた私も、それを潮に部屋に引き上げました。

【二】　次の文章を読んで、後の各問いに答えなさい。

昨年の五月に、元号が新しくなりました。このような節目は、人生の中で数多くあるものではありません。みなさんも元号の変わるときには、平成時代に起こったニュースを振《ふ》り返ったり、これまでの自らの歩みに思いをはせたりすることで何かしらの感慨《がい》を、また新しく来る時代に向けて背筋をしゃんと伸《の》ばされるような、清新な気持ちを持ったことでしょう。

新しい元号の、「令和」。それは、次の一節に拠《よ》ったものです。

梅花の歌三十二　Ⅰ

天平二年正月十三日に、帥老《そちろう》の宅《いえ》に萃《あつ》まりて、宴《えん》会を申《の》べたり。
時に、初春の令月にして、気淑《よ》く風和《やわら》ぐ。
梅は鏡前の粉《ふん》を披《ひら》き、蘭《らん》は珮後《はいご》の香《こう》を薫《かお》らす。

出典は、Ⅱ　となります。天平二年に、帥老（大伴旅人《おおとものたびと》）の家に集まって宴会を開いた。初春のすばらしい月で、気候が良く、風もおだやかである。梅はおしろいのように白く咲《さ》き、蘭は香《かお》り袋《ぶくろ》のごとく匂《にお》っている。この宴会の中で、楽しく和《なご》やかな時間を過ごした参加者は、庭に咲く梅を愛《め》でながら、その心の中を歌に託《たく》すのです。とても、Ⅲ　光景です。

さて、話は変わりますが、みなさんは「令和」をどう発音しますか。今は声に出せないと思うので、頭の中で考えてください。実は、二通りのパターンに分かれるのではないでしょうか。

一つが「レイワ」で、もう一つが「レーワ」。つまり、「イ」をしっかり発音するか、そうせずに「レ」と「ワ」の間を伸ばすかの違《ちが》いです。みなさんは、どちらに当てはまったでしょうか。あるテレビ番組ではこの現象について、現代人の姿勢が関係しているのだと説明していました。現代人は、猫《ねこ》背の人が多い。猫背が習慣になると、表情筋がうまく動かせなくなり、その結果、「イ」がはっきりと発音できない。そのような人は、「レーワ」と言う傾《けい》向にあるのだと。こういった説も、科学

た明るい未来まで見えているのです。それはe蜃《しん》気楼《ろう》かもしれませんが、いま見えているだけでも幸運を感ぜずにはいられませんでした。

問一 Ⅰ ～ Ⅲ にあてはまる漢字としてもっともふさわしいものを、次の1～6から選び番号で答えなさい。

1 手　2 面　3 感　4 命　5 意　6 口

問二 ――a「賢くて忙しい連中は抜けていきました」とあるが、例えばあなたが友人と遊びにいく予定が入っていたので先生の誘《さそ》いを断るとする。この時どのような言い方をすれば角が立たないか、そのセリフを自分で考えて二十字以上二十五字以内で答えなさい。ただし、句読点も字数にふくめるものとする。

問三 ――b「すっかり魔法にかかっていました」とあるが、この比喩《ゆ》の説明としてもっともふさわしいものを、次の1～5から選び番号で答えなさい。

1 先生が帰ってくるまで俳句を続けるしかないと思い込んだ。
2 松明だけでなく二月堂全体が炎に包まれる様子を想像した。
3 今夜のような満月が見えたら先生のことを思い出そうと考えた。
4 フランスに留学する先生をこれまで以上に尊敬したくなった。
5 大学生になったら自分もフランスに留学しようと決めた。

問四 ――c「この時の約束のことはあまり人に話したことがありません」とあるが、「私」が人に話さないのはなぜだと考えられるか。もっともふさわしいものを、次の1～5から選び番号で答えなさい。

1 二十年以上も昔のことで、記憶にあいまいなところがあるから。
2 先生との親密さを口にすれば、人からねたまれることになるから。
3 先生が魔法使いであると言っても、誰も信じてくれないから。
4 俳句をやめられなくなったことに少し後悔《かい》を感じているから。
5 美しい記憶を美しいままとっておきたい気がしているから。

問五 ――d「私は、ロッジに来て良かったと心から思いました」とあるが、「私」がこのように思った理由の説明としてもっともふさわしいものを、次の1～5から選び番号で答えなさい。

1 久しぶりにロッジを訪ねて、昔なじみの草花に親しむことで、わずらわしい日常生活から離《はな》れ、自分の俳句にしっかり向き合うことができたから。
2 ほかの生き物の命を奪い、それを食べることでしか命を保てないことに気がつき、改めて先生の命が長く続いてほしいと願う気持ちを強くできたから。
3 俳句に出会った高校生の頃を思い出すことで、若々しい気持ちを取り戻し、また初心に立ち返って俳句を続けていこうと決意を新たにしたから。
4 懐かしい場所に身を置くことで、私も先生も昔の思い出にひたることができ、これから元気になった先生と俳句を続けていけるような気がしてきたから。
5 雨続きの高原で三人だけの合宿をしたこともあったが、今回は天気も良く、参加者も大勢集まり、稽古会の幹事として充《じゅう》実した時間を過ごせているから。

問六 ――e「蜃気楼」とあるが、この比喩の説明としてもっともふさわしいものを、次の1～5から選び番号で答えなさい。

1 釣りの話をしたことも生ハムをごちそうになったことも、後から振り返れば美しい思い出になるということ。

たことがありました。先輩役の方もうまく集まらず、先生と私と高校生、三人だけの合宿になってしまいました。悪くしたもので高原は雨続き、どこにも出掛けられません。一夜明けてもまだ雨は降り続いていましたが、［Ⅱ］を決して外に歩きに出掛けました。結果はひどいもので、ほんの少し歩いただけでずぶ濡《ぬ》れになってしまい、山小屋でココアを飲んで帰ってきました。その晩も句会をしましたが、先生はあまり機嫌《げん》がよくありませんでした。句会の時は、それぞれが作った俳句を無記名の状態で清書し直して、それを見ながらお互《たが》いの俳句を選びます。ところが、三人しかいない場合は、作者のわからない俳句は二人分しかありません。一人は初めて句会に出る高校生ですから、どちらが作ったのか簡単にわかってしまいます。私は、いわゆる大人の対応で、先生の俳句を三句、高校生の俳句を二句という具合に選んで、作者を明かさない段階で高校生の作った俳句を褒《ほ》めました。ところが、先生は私の俳句ばかり五句選んで、それを褒めるのです。何だかとてもいたたまれない思いをしました。

（4）

翌朝、句会の席で隣《となり》に座った先生から声を掛けられました。

「そういえば、君がまだ若かった頃、あのピアノを弾《ひ》いて、それを俳句に詠んだことがあったね。あの時はたしか、俳句が先に出来ていて、それを本当にするために弾いたんじゃなかったかな」

「そうでした。でもピアノを弾いたのが先で、俳句はちゃんと後から詠んだはずですけど」

思えば、先生とこんな気楽な話ができたのは久しぶりでした。ここのところ、先生は遺《ゆい》言めいた話をすることが多く、私たちは何とも言えない気分でそれを聞くばかりでした。そうでなくても、病気で痩せた先生を目の前にすると［Ⅲ］無量で、会えて良かったという気持ちさえ言葉になりませんでした。懐かしいこの場所で、病気をする以前のような話ができていることに喜びを覚えました。

（5）

その夜は、高校の先輩のMさんが来ていました。先生も私たちが集まる前から暖炉の前で待ち構えていました。釣《つ》りの好きなMさんは、先生と岩魚《いわな》釣りの話をはじめました。遊びの話に花が咲いているのを嬉しく聞いていると、そこにロッジのU社長がやって来ました。見ると、専用の台に取り付けられた大きな生ハムを携《たずさ》えています。U社長は、これまた専用の細いナイフでそれをスライスして振る舞《ま》いながら、釣りの話に加わりました。U社長の釣りは、海に潜《もぐ》って獲《え》物を銛《もり》で突くという釣りで、その瞬《しゅん》間の心持ちを生々しく語って聞かせます。魚の命を奪《うば》うとき、U社長はある快感を覚えると言うのです。誰《だれ》もがある種の背徳感に釣り込《こ》まれるように聞き入っていましたが、やがて話題は目の前の生ハムに移りました。先生は興味津々《しんしん》の様子で、あれこれ尋《たず》ねています。どうやら自宅にその生ハムを用意して大勢招くことを想像しているようで、本当に注文しかねない口ぶりです。d私は、ロッジに来て良かったと心から思いました。十年余り毎年のように通った場所ですが、数えてみると今回は八年ぶりになります。その間、先生とはずっと一緒に句会を続けていましたし、あちこち旅行することもありました。また、その間この高原に来たこともありましたし、東京でU社長に会ったこともありました。それでも、このロッジで、古い記憶を掘《ほ》り起こしながら過ごす時間は特別でした。しかも、その思い出の向こうには鏡うつしになっ

りながら、決まって「そんなに若い頃《ころ》に俳句と出会えて幸せだ」と言ってくれます。俳句の世界は平均年齢《れい》七十代、仕事の定年と前後して始める人が多いのです。今回、稽古会に参加した人たちもだいたい似たような年齢構成で、S君とお世話役の私とが一番年下です。とはいえ、二人ともすっかり中年のおじさんです。

さて、ハイキングと句会に終わった夏合宿の後、似たような機会が何度かありました。その時々の口実はいろいろでしたが、大学生の先輩《ぱい》がいて句会の輪に入れられるという展開は一緒《しょ》でした。そのうちにa賢《かしこ》くて忙《いそが》しい連中は抜《ぬ》けていきましたが、私やS君、そのほか数人のお人好《よ》しが常連になりました。私たちは、エスカレーター式で同じ大学に進学することになっていました。先生のおかげで大学生の仲間に入れてもらえるのは、心強くもありました。はっきり決めたわけではありませんが、このまま大学で俳句研究会に入って、先生の近くにいようという気になっていました。何より、先生に遊んでもらえるのが嬉《うれ》しかったのです。

高校を卒業する直前、大学生の合宿に合流する形で奈良《なら》に出掛けることになりました。その頃には、先輩たちとすっかり顔なじみになっていて、俳句を詠むことにも句会に加わることにも慣れていました。奈良に来たのは、東大寺の修《しゅ》二会《え》という行事を見るためでした。この時期、東大寺では集中的に祈祷《きとう》が行われますが、特に二月堂というお堂の回廊《ろう》で大きな松明《たいまつ》を振《ふ》り回す「お松明」という行事が人気です。二月堂はなだらかな丘《おか》の斜《しゃ》面を利用して建てられており、清水寺のような舞《ぶ》台を持っています。見物客は丘の下に立って、その舞台を仰《あお》ぐのです。やがてお堂の奥《おく》から長い竿《さお》につけられた松明が登場すると、大きな歓《かん》声が上がります。煙《けむり》を上げ炎《ほのお》をまとった松明を舞台の外に振りかざすと、火の粉が盛大にこぼれます。そのまま舞台の端《はし》まで駆《か》け抜けると、今度はまた次の松明が姿をあらわします。次第に動きは派手になり、時にはほとんど炎そのものが崩《くず》れ落ちたりします。何もわからずにその場にいた私たちも、いつしか炎の虜《とりこ》になっていました。

宿まで歩いて帰る道すがら、先生は私たち高校生を集めました。

「実はこの四月から一年間仕事を休んでフランスへ留学することになっている。大学生になった君たちに俳句を教えるつもりだったが、一年待っていて欲しい」

その夜は満月でした。炎の乱舞に心を奪《うば》われた私たちは、bすっかり魔《ま》法にかかっていました。

（1）

暖炉の炎を見ていると、古い記憶《おく》が鮮《せん》明によみがえってきます。今こうしているのは、この時の魔法のおかげなのでした。そういえば、ロッジで俳句と出会った話はあちこちでしゃべっていますが、cこの時の約束のことはあまり人に話したことがありません。S君も忘れていないはずですが、この日やはり口にしませんでした。

（2）

何年か経《た》って、今度は私たちが「大学生の先輩」をやったこともありました。ロッジで自分たちの合宿を行って、そのまま数人が先生とともに延《えん》泊するのです。そして、何もわからずにやって来た高校生たちを、私たちと同じように句会の輪に入れてしまいます。

（3）

ある年、勧誘《かんゆう》がうまくいかなかったのか、高校生がひとりでやって来

【国　語】（四五分）〈満点：一〇〇点〉

【一】次の文章を読んで、後の各問いに答えなさい。

懐《なつ》かしい高原に着いてみると、バス停までロッジの車が迎《むか》えに来ていました。車から降りて昔なじみのU社長に挨拶《あいさつ》をしていると、間もなくバスが到《とう》着しました。二十人余りがどやどや降りてきて、トランクの荷物をロッジの車に積み替《か》えていきます。「こんにちは」「よろしくお願いします」「どうもどうも」などと言葉を掛《か》けながら、ロッジの車に乗ってもらいます。乗りきれなかった三人を私の車に乗せて、さっそく出発しました。

ロッジの前には、先生の車が駐《と》まっていました。今日から三泊《ぱく》四日、ここで俳句の稽《けい》古会を行うのです。玄《げん》関への階段をのぼると、そこのテラスの椅子《いす》に先生は腰《こし》を掛けていました。少し丸くなって、日焼けもしています。二年前に大きな病気をした先生は、ここのところ会うたびに痩《や》せたのがわかるような状態でした。内心、こんな旅行に連れ出して大丈《じょう》夫だろうかと心配していたのです。今日は、二回の入院を挟《はさ》んで三ヶ月ぶりでしたが、今までとは違《ちが》い、体調がはっきり上向いているのが見てとれます。とにかく一安心して、玄関をくぐりました。

食堂のホールで簡単な説明をして、一旦《たん》解散としました。それぞれ俳句を詠《よ》みに出掛けるのです。私もバス停近くの野原に向かいました。マツムシソウが咲《さ》いているはずと思って歩いていると、帽《ぼう》子の形をした薄《うす》紫《むらさき》色の花が見えてきました。その周りには、ぱっちりと瞳《ひとみ》をひらいたようなウメバチソウの花も。昔なじみの草花たちとも再会できて、ふっと心が軽くなりました。

その夜、二回の句会が終わった後、話し足りないメンバーでホールに残って暖炉《だんろ》を囲みました。今日は、高校の同級生だったS君も参加していて、問わず語りに昔話が始まりました。

もう二十年以上も昔になりますが、私たちは高校で先生に習いました。二年生の国語を教えてもらった私たちは、三年生にあがるとき大挙して先生の選択《たく》授業に押《お》しかけたのです。毎学期、自分たちで雑誌を作ってそれを評価されるという授業で、四チームに分けられた私たちは、記事を書き、編集、印刷といった作業を行います。さて、一冊目の雑誌ができあがった頃《ころ》、先生から私たちの文章力を底上げするために夏合宿を行うと発表がありました。そして、有志二十人以上が手を挙げて、このロッジに集まったのでした。集合時間を少し過ぎてから、先生は男女二人の大学生を引き連れて現れました。二人を大学の俳句研究会のメンバーだと紹介し、これから足慣らしのハイキングに出掛けると言われました。そのあと句会を行うから俳句を作るようにと付け加えました。一人に一冊、歳《さい》時記が配られてすぐに出発です。予期しない展開に［I］食らいながら、私は先生に尋《たず》ねました。

「文章の練習はどうなるのですか」

「文章もいいけれど、こんなところまで来てどうして文章なんだ。俳句を作りなさい」

こう言われてしまうと二の句が継《つ》げず、私たちはロッジの裏山に登りました。結局、三日間は高原のハイキングと句会に終わり、私たちはまた雑誌作りに戻《もど》ったのでした。

多少尾《お》ひれがついていますが、私たちはこんな風にして俳句と出会ったのです。暖炉を囲んでいた人はそれぞれの俳句との出会いについて語

2020年度

解　答　と　解　説

《2020年度の配点は解答欄に掲載してあります。》

＜算数解答＞ 《学校からの正答の発表はありません。》

【1】 (1) 99　(2) ア 9　イ 16　(3) 1　(4) 119
【2】 (1) 45　(2) 336　(3) ア 9　イ 36　(4) ア 1　イ 7
【3】 (1) ア 15　イ 14　(2) 62　(3) ア 5　イ 76　(4) 6280
【4】 (1) ア 6　イ 6　ウ 7　(2) ア 48　イ 10
【5】 (1) ア 8　イ 21　(2) 150
【6】 (1) ア 147　イ 163　(2) ア 21　イ 66
【7】 (1) 25　(2) ア 49　イ 25

○推定配点○
各5点×20　　計100点

＜算数解説＞

【1】 (四則計算，規則性，場合の数)

(1) $100-(10.7-20.758\div2.14)=100-1=99$

(2) $\frac{\boxed{\text{ア}}}{\boxed{\text{イ}}}=\left(\frac{4}{3}\times\frac{51}{16}-3\right)\times0.65-\frac{1}{4}=\frac{5}{4}\times\frac{13}{20}-\frac{1}{4}=\frac{9}{16}$

基本 (3) $11\div13=0.846153\sim$より，$2020\div6=336\cdots4$であるから，小数第2020位は1である。

重要 (4) 〈10，20，30，40，50〉，〈100，110，120，130，140，150〉，〈200，～〉，〈300，～〉，〈500，～〉，〈600，～〉，〈700，～〉，〈800，～，850〉…$6\times8-1=47$(通り)
1000台…$6\times8=48$(通り)　2000台…〈2000，～，2350〉$6\times4=24$(通り)
したがって，全部で$47+48+24=119$(通り)　【別解】 10円硬貨の選び方は0枚から5枚まで6通り，同じく100円硬貨の選び方は4通り，500円硬貨の選び方は5通りあり，これらの組み合わせは3種類とも0枚の場合を除いて$6\times4\times5-1=119$(通り)ある。

【2】 (数の性質，速さの三公式，旅人算，通過算，割合と比，単位の換算)

基本 (1) 時速72kmは秒速$72\div3.6=20$(m)　$(100+800)\div20=45$(秒)

基本 (2) $1+132+2+66+3+44+4+33+6+22+11+12=204+93+39=336$
【別解】 $132=11\times4\times3=(1+11)\times(1+2+4)\times(1+3)=12\times7\times4=336$

基本 (3) 池の周りを16，24の最小公倍数48にすると兄弟の分速の和は$48\div16+48\div24=5$であり，反対方向に進むと$48\div5=9.6$(分)ごと，すなわち，9分36秒ごとに出会う。

重要 (4) Aが100のとき，Bは$100\times(1-0.25)=75$である。Cが$75+\text{C}\times\frac{1}{8}$であるとき，Cは$75\div\left(1-\frac{1}{8}\right)$
$=\frac{600}{7}$である。したがって，$\left(100-\frac{600}{7}\right)\div100=\frac{1}{7}$

図1
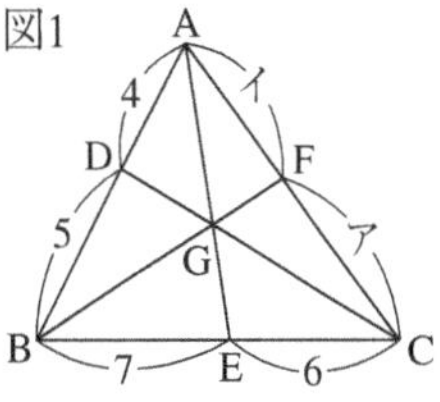

【3】 (平面図形，立体図形，図形や点の移動，相似)

重要 (1) 図1において，三角形AGCの面積が$4\times6=24$のとき，三角形BCGは$24\div4\times5=30$，三角形ABGは$24\div6\times7=28$である。したがって，$\boxed{\text{ア}}$

：[イ]は30：28＝15：14

やや難　(2)　図2において，三角形AF′BとAFDは合同，三角形AF′Fは直角二等辺三角形，三角形EFF′は二等辺三角形である。したがって，角FF′Eは90－31－45＝14(度)，角xは180－(59＋45＋14)＝62(度)

図2

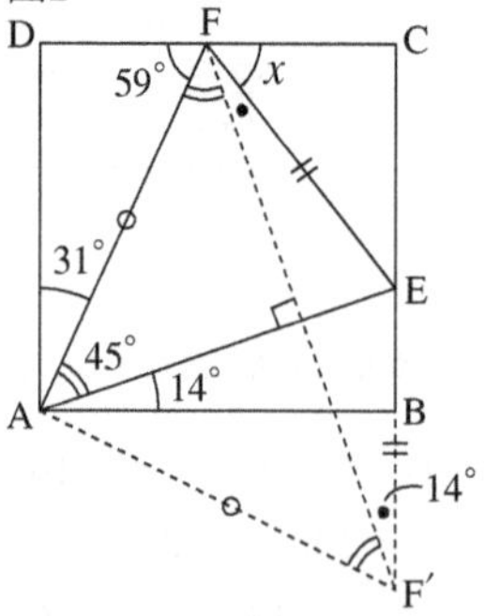

図3

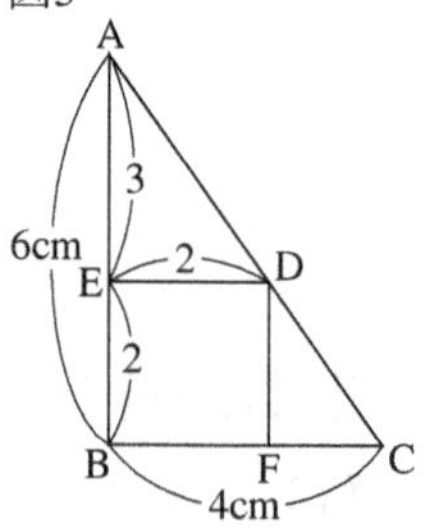

重要　(3)　図3において，三角形AEDとABCは相似でAEが3のとき，EDは4÷(6÷3)＝2であり3＋2＝5が6cmに相当する。したがって，正方形の1辺は6÷5×2＝2.4(cm)，面積は2.4×2.4＝5.76(cm^2)

やや難　(4)　右図において，三角形OCFとODEは相似で対応する辺の比は12：20＝3：5であり，ODは17÷(5－3)×5＝42.5(cm)である。

円錐台部分の外側の側面積…42.5×20×3.14÷(5×5)×(5×5－3×3)＝544×3.14(cm^2)

円錐台部分の内側の側面積…12×2×3.14×15＝360×3.14(cm^2)

円柱部分の側面積…20×2×3.14×13.8＝552×3.14(cm^2)

上面積＋底面積…(12×12＋20×20)×3.14＝544×3.14(cm^2)

したがって，表面積は(544＋360＋552＋544)×3.14＝2000×3.14＝6280(cm^2)

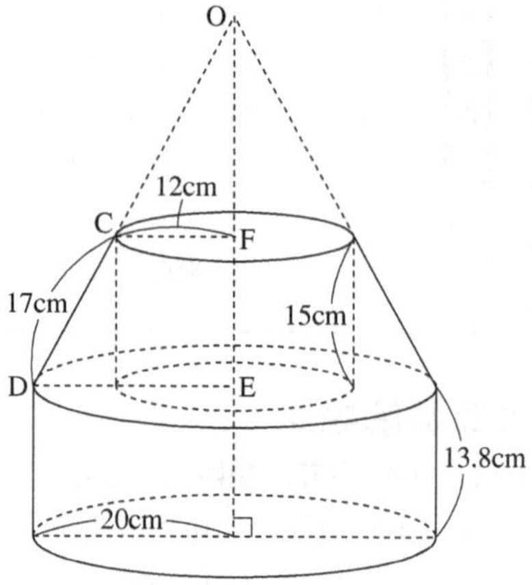

重要　【4】 (平面図形，立体図形，グラフ，割合と比)

(1)　右図において，グラフより，サ：シの面積比は6：(20－6)＝3：7である。したがって，ABは4×20÷7×3÷5＝$\frac{48}{7}$＝$6\frac{6}{7}$(cm)

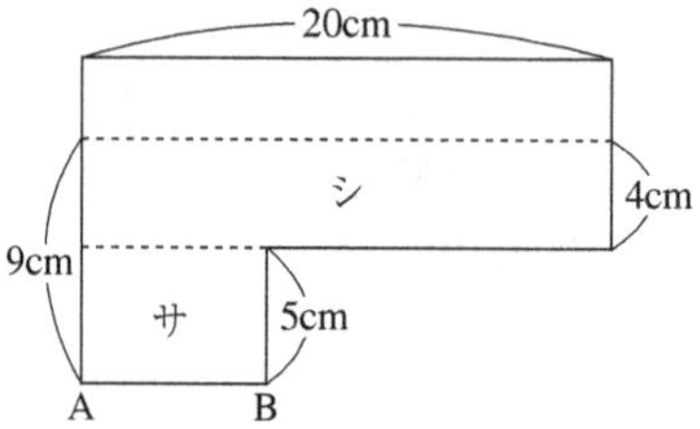

(2)　グラフより，毎分80cm^3で高さ6cmまで水が入る時間は6＋(20－6)÷(9－5)＝9.5(分)であり，同量の水を毎分30cm^3で入れると9.5÷30×80＝$\frac{76}{3}$(分)すなわち25分20秒かかる。したがって，この高さから満水になるまでに入る水量は50×70－80×9.5＝2740(cm^3)であり，全体の時間は25分20秒に2740÷120＝$\frac{137}{6}$(分)すなわち22分50秒を加えた48分10秒である。

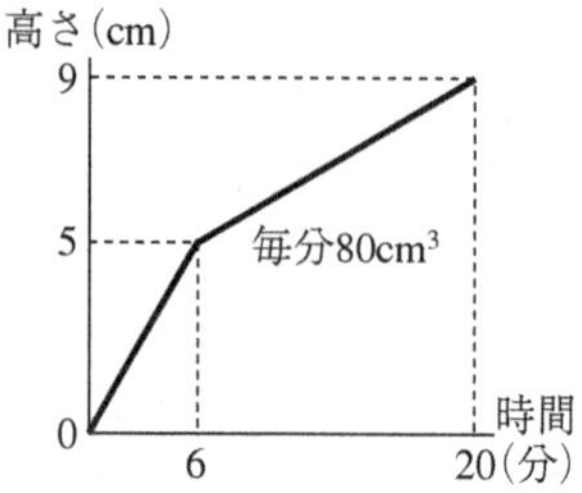

重要　【5】 (数列・規則性)

(1)　分母が2の分数が1個，分母が3の分数が2個，…と続き，1個(分母が2)から19個(分母が20)までの個数の和が(1＋19)×19÷2＝190(個)である。したがって，203番目の分数の分母は21，分子は21－(203－190)＝8

(2)　(1)と同様，1個から24個(分母が25)までの個数の和が(1＋24)×24÷2＝300(個)であり，分母が2の分数は0.5，分母が3の分数の和が1，分母が4の分数の和が1.5，…，分母が25の分数の和が

0.5×(25−1)＝12である。したがって，これらの和は(0.5＋12)×(25−1)÷2＝150

【6】（立体図形，鶴亀算）

基本 (1)　右図において，中段・下段の太線部分がすべて立方体Aで形成される場合…全体の重さは5×(27−2×3)＋7×2×3＝105＋42＝147(g)
太線部分がすべて立方体Bで形成される場合…全体の重さは7×(2＋6×2)＋5×{27−(2＋6×2)}＝98＋65＝163(g)

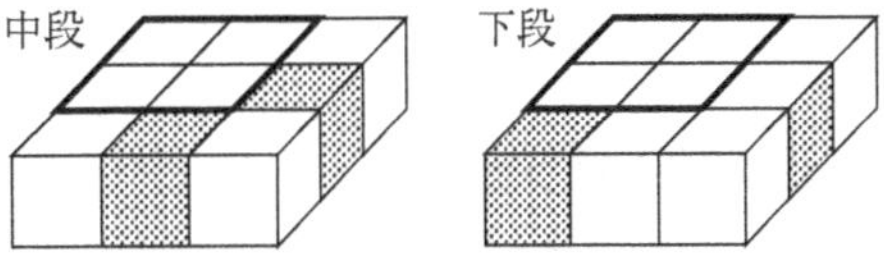

重要 (2)　立方体Bの個数…(378−5×64)÷(7−5)＝29(個)
表面の黒い面の面積の和が最小の場合…上から2・3段目の内側2×2×2＝8(個)を立方体Bで形成すると，黒い面の面積の和は1×1×(29−8)＝21(cm^2)
表面の黒い面の面積の和が最大の場合…右図において，立方体Bの個数は4×2＋2×4×3−3＝8＋21＝29(個)であり，黒い面の面積の和は3×8＋2×21＝66(cm^2)

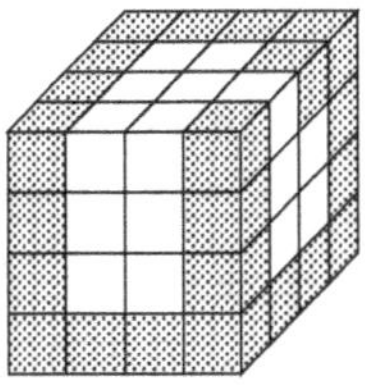

【7】（場合の数，消去算）

重要 (1)「シュークリームとプリン2個ずつセット」を2セットとプリン1個を買うと，残金は5000−(650×2＋220)＝3480(円)　さらに，「シュークリーム5個セット」を4セット買うと，残金は3480−800×4＝280(円)　したがって，シュークリームは最多で2×2＋5×4＋1＝25(個)

やや難 (2)　1個180円のシュークリームの個数を○，1個220円のプリンの個数を□，「シュークリーム5個セット」のセット数を◎で表す。
180×○＋220×□＋800×◎＝10000(円)の各数字を20で割ると，9×○＋11×□＋40×◎＝500…①　○＋□＋5×◎＝50(個)のそれぞれに9をかけると，9×○＋9×□＋45×◎＝450…②
①−②は2×□−5×◎＝50であり，(□，◎)は(25，0)，(30，2)，(35，4)，(40，6)である。これらのうち180円のシュークリームを25個買う場合，220円のプリンを50−25＝25(個)買うことになり，180×25＋220×25＝400×25＝10000(円)で条件にあてはまる。

★ワンポイントアドバイス★

【1】(4)「金額」は容易ではなく，【3】(2)「角度」は「45度」に気づかないと難しく，(4)「表面積」もまちがいやすい。【5】(1)「分数」の問題は，分子が「分母−1」から始まっていることに注意。【6】(2)「最大面積」もミスしやすい。

＜理科解答＞《学校からの正答の発表はありません。》

【1】 (1) 3　(2) 5　(3) ウ 3　エ 2　(4) オ メス　カ ハチ
(5) ダイオード　(6) 3

【2】 (ア) 5　(イ) 4

【3】 (1) 1　(2) 1　(3) 1　(4) ア アルタイル　イ プロキオン
ウ シリウス　(5) 2　(6) 1

【4】 (1) ア 3　イ 2　ウ 6　エ 3　オ 6　(2) 2　(3) 気体[水蒸気]

○推定配点○
【1】 各2点×8　【2】 各2点×2　【3】 各2点×8　【4】 各2点×7　計50点

＜理科解説＞

【1】（植物のはたらき－果物と昆虫）

(1) ナツミカンなどの果物が酸っぱい原因は，酸性となるクエン酸などの水溶液を含むからである。酸味をやわらげるには，アルカリ性の水溶液で中和すればよい。選択肢のうち水に溶けてアルカリ性になるものは重曹(炭酸水素ナトリウム)と消石灰(水酸化ナトリウム)である。このうち，食品として食べられるのは重曹である。実際，かつては重曹をかけて，よく食べられていた。なお，クエン酸と酢は酸性の水溶液に，食塩は中性の水溶液になる。片栗粉はデンプンだから水に溶けない。

(2) 重曹(炭酸水素ナトリウム)は，酸性の水溶液と反応すると，二酸化炭素が発生する。水も発生するが，問題の会話文の文脈で泡が出たことにつながらない。

重要 (3) 花のめしべでは，胚珠のまわりを子房がとりまいている。また，ハチなどの昆虫は，おしべでつくられた花粉をめしべの柱頭に運ぶはたらきをしている。受粉後に，胚珠は種子に，子房は果実になる。

(4) ミツバチには，女王バチ，はたらきバチ，オスバチの3種類があって，社会を作っている。はたらきバチは，産卵管が変化した針を持っており，すべてメスである。また，ミツバチはえさのありかを8の字ダンスでなかまに伝えている。ダンスの向きで，えさのありかと太陽との角度を伝え，ダンスの速さでえさのありかの距離を伝えている。

(5)・(6) LEDは，発光ダイオードのことである。ダイオードは一方向にだけ電流を流す器具である。そのうち，電流が流れたときに光を出すのがLEDである。熱を出さないので，電球に比べて消費電力が小さい。

【2】（電流と回路－乾電池のつなぎ方）

基本 (ア) スイッチを切り替えると明るさが変わるようにするには，一方につないだときに直列つなぎになればよい。もう一方につないだときに電球の灯りが消えないことに注意すると，正解は5である。7や8では，一方は明るくつくが，もう一方だと消えてしまう。

(イ) スイッチを切り替えるとモーターの回転の向きが変わるようにするには，切り替えるごとに電池の向きが逆になればよいので，正解は4である。6，7，8では，一方は回るが，もう一方だと止まってしまう。

【3】（星と星座－夏と冬の星座）

基本 (1) 1は，夏の大三角で知られるはくちょう座のデネブ，こと座のベガ，わし座のアルタイルが描かれており，8月の空である。2は，(4)でも出てくる冬の大三角の星が描かれており，2月の空である。

(2) 東京から見たとき，1のはくちょう座やこと座は，頭の真上に近い場所に見える。一方，2のオリオン座の中央にある三ツ星は赤道の真上にあり，その動きは春分や秋分の太陽の動きと同じであって，南中高度は54°程度である。

(3) 天の川は，図Bのような銀河系の円盤を横から見たものであり，淡い光の帯のように見える。夏は図のa－dの位置にある。つまり，ベガ(織女星)とアルタイル(牽牛星)の間を通って，デネブを含むような位置に見える。

(4) 1で，アはわし座のアルタイルである。2で，イはこいぬ座のプロキオン，ウはおおいぬ座のシリウスであり，オリオン座のうち左上のベテルギウスと結んで冬の大三角である。

(5)　銀河系の円盤は，多数の恒星などさまざまな天体でできており，中心に近い方が恒星が多い。夏に天の川が濃く見えるのは，銀河系の中心に近い方向を見ているからである。

(6)　木星は，太陽に近い方から5番目，土星は6番目の惑星であり，木星の方が太陽に近い。そのため，土星に比べて木星の方が，太陽から来る光が強い。また，大きさは，木星が太陽系でいちばん大きく，土星は2番である。

【4】（ものの溶け方ー物質の溶ける量）

重要

(1)　ア　D，G，Hの3つである。　イ　水100gの場合のグラフだから，溶ける量は60gを読めばよい。A，Cの2つである。　ウ　20gより大きい方を探す方が早い。20gより小さいのは，A，C以外の6つである。　エ　溶かす水の量が100gとして，グラフをそのまま読めばよい。A，F，Hの3つである。　オ　水100gで考えると，物質20gが20℃ですべて溶けているものを，グラフから探せばよい。A，F以外の6つである。

(2)　20℃のアンモニア1Lの重さが0.7gだから，70Lの重さは0.7×70＝49(g)である。グラフでは◆2が当てはまる。

(3)　われわれが生活する地球表面の気圧は，日々細かく変動するものの，およそ1気圧前後である。このとき，水の温度を100℃以上にすると，すべて気体の水蒸気になる。

★ワンポイントアドバイス★

図やグラフは，他との違いに注意しながら，目印となる線を入れるなどして，細かくていねいに読み取ろう。

＜社会解答＞《学校からの正答の発表はありません。》

【1】　問1　3　　問2　東京オリンピックを記念して，開会式の日を体育の日としたから。

【2】　問1　(ア)　国会　　(イ)　国民投票　　(ウ)　過半数　　問2　1

【3】　問1　(1)　2　　(2)　い　2　　う　1　　え　3　　問2　1　　問3　菅原道真　　問4　2
問5　4　　問6　3　　問7　(1)　フランス　　(2)　2

【4】　問1　あ　2　　い　3　　う　5　　え　4　　問2　A　2　　B　6　　C　5　　D　4
問3　①　9　　②　1　　③　1　　④　1　　問4　(1)　地球温暖化の防止
(2)　それぞれの人が自宅から目的地まで自家用車で行くのではなく，途中から電車やバスを利用していくパークアンドライド方式にして，二酸化炭素の排出量を減らす

○推定配点○

【1】　各1点×2　　【2】　各1点×2(問1完答)　　【3】　各2点×11

【4】　問3　各1点×4　　他　各2点×10　　計50点

＜社会解説＞

【1】（時事ー2020年の祝日に関連する問題）

問1　3　平成の時代は天皇誕生日が12月23日であったが，令和になり天皇誕生日は2月23日になった。また，東京オリンピック・パラリンピックの開会式前日の7月22日を海の日に，開会式当日

の7月23日をスポーツの日に，閉会式の日の8月10日を山の日とする。

問2　10月10日は1964年の東京オリンピックの開会式の日で，これにちなんで体育の日とされた。

【2】（政治－日本国憲法に関する問題）

重要　問1　日本国憲法第96条の条文。憲法改正の際の手順としてはまず，国会の衆参それぞれの院で総議員数の3分の2以上の賛成を得て改正案が発議され，その改正案を国民投票にかけて過半数の賛成を得なければならない。国民投票においての過半数というのは，全有権者の過半数ではなく有効票の過半数と考えられている。

問2　日本国憲法の構成に関する問題。日本国憲法は11章103条から成っており，第1章が天皇で第1条から第8条，第2章は戦争の放棄で第9条のみ，第3章は国民の権利義務で第10条から第40条，第4章は国会で第41条から第64条，第5章は内閣で第65条から第75条，第6章は司法で第76条から第82条，第7章は財政で第83条から第91条，第8章は地方自治で第92条から第95条，第9章は改正で第96条のみ，第10章は最高法規で第97条から第99条，第11章は補則で第100条から第103条になっている。

【3】（日本の歴史－外国との交流に関連した問題）

重要　問1　(1)　う　紀元前1世紀→え　紀元後1世紀→い　紀元後2～3世紀→あ　紀元後5世紀の順。

(2)　いは『魏志』倭人伝，うは『漢書』地理志，えは『後漢書』東夷伝。

問2　阿倍仲麻呂は717年に遣唐使とともに唐に渡った留学生で，同時期に渡ったのは吉備真備や玄昉ら。阿倍仲麻呂は757年に帰国しようとしたが，自然条件が悪く帰国できず，その際に「天の原ふりさけみれば春日なる，三笠の山にいでし月かも」の歌を詠んだとされる。

問3　菅原道真は894年に遣唐大使に任ぜられたが，唐が衰退してきていることや，既に唐からかなり多くのことを学んでいること，航海の危険をおかしてまでも行く価値がなくなってきていることなどを挙げて遣唐使の廃止を進言し，遣唐使が廃止された。

重要　問4　か　勘合貿易は足利義満が明へ使者を派遣して認められたもの。　き　鉄砲などの西洋の品を伝えた船なので南蛮船。　く　朱印船は最初は秀吉の時代に出された許可証の朱印状を持つ船で，江戸時代には幕府が朱印状を出したが家康の時代で終わる。　け　北前船は江戸時代中頃から明治にかけて，北海道や東北の物資を日本海側から下関を経て大阪へ運んだ廻船。

問5　4　倭寇は初期は日本に拠点を持つ海賊であったが，後に東南アジアや中国南部出身の海賊が倭寇と呼ばれるようになった。

問6　2　1612年→4　1635年→3　1639年→1　1641年の順。

問7　(1)　日米修好通商条約とほぼ同内容のものを結んだ相手はイギリス，オランダ，ロシアとフランス。日米和親条約の際にはフランスとは条約を結んでいない。　(2)　2　福沢諭吉が大阪の適塾で蘭学を学ぶのは1855年からで，日米和親条約の後で修好通商条約の前。

【4】（地理－世界の環境問題に関する問題）

やや難　問1　いずれも国連のFAOによる世界農業遺産に認定されているもの。　あ　特別天然記念物のトキの保護のために，水田がトキの餌となるような様々な生物も住む環境になるような農法をとるようになったのが2の佐渡島。　い　茶草場農法という農法で茶栽培を行うのが3の静岡県の掛川。　う　クヌギの林を保護し，そのクヌギをシイタケ栽培の原木に使ったり，クヌギの林が水源を守りため池に水を供給する環境を整えているのが5の大分県の国東半島。　え　山の斜面に梅やウバメガシを植え，そのウバメガシは備長炭となったり水源の保護や山の斜面の崩落を防ぎ，梅は特産の梅干しの原料となるようにしているのが4の和歌山県の田辺やみなべ。

問2　地図中のAの地域はオーストラリア東方のオセアニアの島々とインドの南の島々で，ここは温暖化によって海水面の上昇で国土の減少や水没の危機にさらされている。Bの地域はインドネシアやマレーシアなどの東南アジアの地域と中南米のブラジルやコロンビアなどの地域で，熱帯林の減少が深刻な問題となっている。Cの地域はヨーロッパやアメリカ合衆国東部，中国の東部で酸性雨による被害がみられる地域，Dはアフリカから西アジアの地域，中央アジア，北米の西部，南米の南部やオーストラリアの南西部で，砂漠化が進行している地域。

問3　か　酸性雨に関するもので，原因は窒素酸化物や硫黄酸化物などで二酸化炭素ではない。き　二酸化炭素やメタンガスなどが大気圏内の温度が大気圏外に放出されるのを妨げているのが温暖化の原因。　く　砂漠化の進行は森林の伐採，過放牧，農地の過剰使用，焼き畑など。け　熱帯林の減少が深刻な地域では，森林を牧場や畑などにしたり鉱山開発のための道路の開設，あるいは木材資源を輸出などするために過度に森林を伐採して深刻な森林破壊が進んだ。森林破壊により温室効果ガスの吸収源が失われるだけでなく，森林を生育環境としている生物種が消滅してしまう危険もある。

やや難　問4　(1)　設問の写真はフランスの路面電車の駅のもの。路面電車やバスなどが注目されているのは温暖化の原因となる温室効果ガスの排出を防止できる効果があるため。　(2)　それぞれの人が自分の目的のためだけに自家用車を運転していると，その台数だけエンジンが動き温室効果ガスを排出してしまうが，自家用車の使用を減らし，公共の交通機関を利用するようになれば，同時に動いている自動車のエンジンの数は減り，その分，排気ガスの排出も減ることになる。そこで行われているのがパークアンドライドの取り組みで，自宅からバスや路面電車のターミナルまでは自家用車などを利用しても，ターミナルから目的地まではバスや路面電車を使うようにするもので，全面的に自家用車の使用をなくすのではないが，自家用車の利用する区間を減らすことができればそれなりの効果は期待できる。また，これをやることによって都市部への自家用車の流入を抑えることができ，都市部の中の渋滞の緩和の効果もある。

★ワンポイントアドバイス★

試験時間が短いのでスピードが大事。設問を正確に把握し，問題が何を求めているのかを瞬時に判断しないと時間がなくなる危険もある。基本的な事柄の正確な知識と照らし合わせていけば解答できる。

＜国語解答＞ 《学校からの正答の発表はありません。》

【一】　問一　Ⅰ　2　Ⅱ　5　Ⅲ　3　問二　(例)　先約があるので，次回もお声をかけていただけますか。(25字)　問三　1　問四　5　問五　4　問六　2　問七　4

【二】　問一　Ⅰ　3　Ⅱ　4　Ⅲ　1　Ⅳ　2　問二　3　問三　5　問四　2　問五　4　問六　4

【三】　ア　5　イ　9　ウ　2　エ　6　オ　7

【四】　カ　1　キ　5　ク　9　ケ　8　コ　3

【五】　ア　沿線　イ　使命　ウ　下界　エ　車窓　オ　補(う)　カ　往来　キ　季語　ク　署名　ケ　縮図　コ　垂(らす)　サ　他愛　シ　白磁　ス　穀倉　セ　深刻　ソ　裁(く)

○推定配点○

【一】　問一　各2点×3　問二　6点　他　各4点×5

【二】 問一　各2点×4　　他　各4点×5　　　【三】・【四】　各1点×10　　【五】　各2点×15
計100点

＜国語解説＞

【一】（随筆文－心情，段落構成，文章細部の読み取り，空欄補充）

基本　問一　Ⅰは突然の出来事に驚きうろたえる，という意味の「面食らう」。Ⅱは決心する，という意味の「意を決する」。Ⅲは何も言えないほど心に深く感じる，という意味の「感無量」。「感慨無量」ともいう。

問二　目上の人である「先生」に話すので，敬語を用い，「角が立たない」言い方＝おだやかな言い方で，「先生の誘いを断る」セリフを考える。なぜ行けないのかという理由も話しつつ，きっぱりと断るのではなく，「角が立たない」表現で説明しよう。

問三　傍線部b後の「今こうしている」は，ロッジで俳句の稽古会に参加していることで，今も俳句にかかわっているのは，「この時の魔法のおかげなのでした」ということを述べている。筆者が大学生だったbでは，フランスへ留学することになった先生に「俳句を教えるつもりだったが，一年待っていて欲しい」と言われたことをそのまま受け止め，先生が帰ってくるまで当然俳句を続けるものと思い込んだことをbでは表しているので，1がふさわしい。俳句のことを説明していない他の選択肢はふさわしくない。

問四　傍線部cの「この時の約束」とは，「私」や高校の同級生だったS君が先生に「一年待っていて欲しい」と言われたことである。こうして俳句にかかわっていられるのは，「この時の約束」で魔法にかかったおかげであり，この時の「古い記憶が鮮明によみがえって」くるのは，「私」にとって大切な記憶だからなので，5がふさわしい。「この時の約束」を良い記憶として説明していない他の選択肢はふさわしくない。

重要　問五　傍線部d直後で，八年ぶりにロッジに来るまでの間も先生とずっと一緒に句会を続けていたこと，ロッジで古い記憶を掘り起こしながら過ごす時間は特別だったこと，その先も明るい未来が見えていることに幸福を感ぜずにはいられないこと，が「私」の心情として述べられている。この心情をふまえたものとして，4がふさわしい。先生とのかかわりについて説明していない他の選択肢はふさわしくない。

問六　傍線部eは，これまでのように先生と俳句を続けていくことに対するものである。先生は大きな病気をしていたが，(5)直前で述べているように，懐かしいロッジで，病気をする以前のような話ができていることに「私」は喜びを覚えており，(5)後でも，先生がMさんと岩魚釣りの話をしているのを嬉しく聞き，U社長の生ハムを用意して自宅に大勢招くことを想像している先生の様子に，ロッジに来て良かったと心から思っているが，大きな病気をした先生がこの先どうなるかわからないことを，eにたとえているので，2がふさわしい。

やや難　問七　「その夜，二回の……」で始まる段落にあるように，前半は，「私」がロッジでの俳句の稽古会に参加し，その夜は話し足りないメンバーでホールに残って暖炉を囲み，皆で昔話をしているという状況である。ぬけおちている段落の内容から，暖炉を囲んでの集まりもお開きという空気になり，「私」も部屋に引き上げていることから，「翌朝……」の直前の(4)がふさわしい。ぬけおちている段落の「あの句会」が，(3)直後の段落で述べている，「先生と私と高校生，三人だけ」の句会のことであることも手がかりにする。

【二】（論説文－大意・要旨，論理展開，文章の細部の読み取り，空欄補充，文学史）

やや難　問一　Ⅰ　和歌，短歌の数え方は「首(しゅ)」。　Ⅱ　「令和」の出典となったのは，『万葉集』である。Ⅱ直後の説明にある「帥老」＝大伴旅人は，奈良時代の歌人で，万葉集を代表する歌人でもある。　Ⅲ　Ⅲ前で述べているように，「美しく和やかな」光景なので，1がふさわしい。

Ⅳ　Ⅳ前で述べているように，長音になる言葉は，語中の母音部分が長音に変わる特徴を持ち，「おう」の表記は「オー」と読むことから，同じ母音の「そう」の表記は「ソー」と読み，「いう」の表記は「ユー」と読むので，2がふさわしい。

問二　ぬけおちている一文の「それ」は，(3)直前の「(なんとなく不思議に思った)そういった小さな発見をそのままにするのではなく，『なぜそうなるのか』を追求していってほしいと願います」を指しており，このことを「学問の王道とも言えます」と述べている。

問三　「おかあさん」と書いて，読みは「オカーサン」，「おとうさん」と書いて，読みは「オトーサン」となるように，ひらがなで表記する際には，外来語を除いて長音を表す“ー”を使用しないため，ずれが生じる＝表記と読みが同じではないことを，傍線部①のように述べているので，5がふさわしい。

問四　本文前半で，「令和」の発音は，「イ」をしっかり発音する「レイワ」と，「レ」と「ワ」の間を伸ばす「レーワ」の二通りのパターンに分かれることを述べており，このことを傍線部②のある段落で，あらためて考察している。この段落では，「令和」は読みの場合には母音が長音に変化しており，ポイントは長音化した発音であることを述べているので，2がふさわしい。

重要　問五　最後の段落で，私たちは，文字と発音の法則を考えて言葉を用いているわけではなく，その形で使うのが自然であるから発生したものであり，言葉に関する法則や文法は，日常的に私たちが言葉を使っている後から追いついてくるものにすぎないこと，文法先にありきではなく，言葉先にありきであること，を述べているので，4がふさわしい。法則と言葉の関係を説明していない，1，2，3はふさわしくない。傍線部③の「令和の時代になっても」は，令和だからということではなく，いつの時代も，という意味なので，5もふさわしくない。

基本　問六　「慶應義塾中等部」を，母音が長音に変わる法則にあてはめ，「慶」を「ケー」として考えると，「けいおうぎじゅくちゅうとうぶ」→「ケーオーぎじゅくチュートーぶ」と読むので，四つである。

やや難　【三】（ことわざ・慣用句）

アは「歳月人を待たず」と書き，時の流れは人を待たずにどんどん過ぎていく，という意味なので，月日が過ぎるのは，飛ぶ矢のように早いという意味の5と似ている。イは「柔よく剛を制す」と書き，弱い者が時には強い者を倒すことがあることのたとえなので，やわらかくてしなやかなものは，かたいものよりもむしろ強いという意味の9と似ている。ウは「弘法も筆のあやまり」と書き，その道にすぐれている人でも時には失敗することがあるというたとえなので，どんなに上手な人でもたまには失敗することがあるという意味の2と似ている。エは「登竜(龍)門」と書き，そこを通り抜ければ立身出世(＝社会的に高い地位につき，名声を得ること)ができる関門のことなので，6と似ている。オは「提灯につりがね」と書き，比べものにならず，つり合わないことのたとえなので，天と地ほどの非常に大きな違いがあるという意味の7と似ている。1は，朝出した命令が夕方には変更するという意味で，法令や命令が次々に変わって定まらないこと。3は，手ごたえもなく，効果がないこと。4は，根気よく続ければ，いつかは必ず成功すること。8は，わずかな労力や元手で大きな利益を得ることのたとえ。

やや難　【四】（漢字の読み書き）

カは，満足すること，納得することという意味の「会心」，今までの悪い行いを反省して心をいれかえることという意味の「改心」で，どちらも「かいしん」と読む。キは，動力を使わない器具や道具という意味の「器械」，動力によって作動する装置という意味の「機械」で，どちらも「きかい」と読む。クは，大気の状態という意味の「気象」，生まれつきの性質という意味の「気性」で，どちらも「きしょう」と読む。ケは，めずらしいものや未知のものに強い興味を持つことという意味の「好奇」，物事をするのにちょうどよい機会，チャンスという意味の「好機」で，どちらも「こうき」と読む。コは，公平でかたよっていないことという意味の「公正」，文字や文章の誤りを正すことという意味の「校正」で，どちらも「こうせい」と読む。

重要 【五】（漢字の書き取り）

アは鉄道の線路に沿った所。イは与えられた重大な務め。ウは高い所から見下ろした地上。エは電車や自動車などの窓。オの音読みは「ホ」。熟語は「補足(ほそく)」など。カは行ったり来たりすること。キは俳句などで季節を表す語のこと。クは本人が自分の氏名を文書などに書くこと。ケはある物事の全体の様子を，規模を小さくして表したもの。コの音読みは「スイ」。熟語は「垂直(すいちょく)」など。サは「他愛もない」という形で，取るに足らない，という意味。「タワイもない」ともいう。シは白い素地(きじ)と無色とうめいの釉(うわぐすり)の組み合わせで作られる白色の焼き物。スは穀物を多く産出する地域。セは事態が非常にさしせまっていて重大であること。ソの訓読みはほかに「た(つ)」。音読みは「サイ」。熟語は「裁判(さいばん)」など。

★ワンポイントアドバイス★

随筆文では，具体的な体験を通して，筆者がどのように感じているかをしっかり読み取っていこう。

2019年度

★★★★★★★★★★★★★★★★★★★★★★★

入　試　問　題

2019年度

慶應義塾中等部入試問題

【算　数】（45分）　＜満点：100点＞

【1】 次の □ に適当な数を入れなさい。

(1) $\left(1.125+\frac{1}{4}\right)\div0.6+2.4\times\frac{2}{3}-0.065\div0.05\times\left(\frac{1}{2}-\frac{3}{8}\right)=\boxed{\text{ア}}\frac{\boxed{\text{イ}}}{\boxed{\text{ウ}}}$

(2) $1\frac{5}{9}+1.375\div\left(5\frac{3}{8}-\boxed{\text{ア}}\frac{\boxed{\text{イ}}}{\boxed{\text{ウ}}}\div3\frac{3}{5}\right)=1\frac{8}{9}$

(3) 6個の数字0，1，2，3，4，5の中から異なる3個の数字を並べてできる3けたの整数のうち，奇数は全部で □ 個あります。

(4) 今年のAさんの年齢《ねんれい》はBくんの3倍で，16年後には2倍になります。今年のBくんの年齢《ねんれい》は □ 歳《さい》です。

【2】 次の □ に適当な数を入れなさい。

(1) 約数の個数が6個で，90との最大公約数が15である整数は □ です。

(2) 時速45kmの自動車と分速200mの自転車が同じスタート地点から出発しました。3時間走るとして，反対方向に走ったときは $\boxed{\text{ア}}$ km離《はな》れています。また，同じ方向に走った場合は $\boxed{\text{イ}}$ km離《はな》れています。

(3) 午前0時00分から正午12時00分までの12時間の間で，時計の長針と短針のつくる角度が60°になる回数は □ 回です。

(4) 3％の食塩水200gと， □ ％の食塩水500gを混ぜると8％の食塩水ができます。

【3】 次の □ に適当な数を入れなさい。ただし，円周率は3.14とします。

(1) ［図1］のような平行四辺形ABCDにおいて，EFはABと平行です。また，点G，Hはそれぞれ辺DC，EF上の点です。DG＝5cm，EH：HF＝3：2 のとき，辺ABの長さは □ cmです。

［図1］

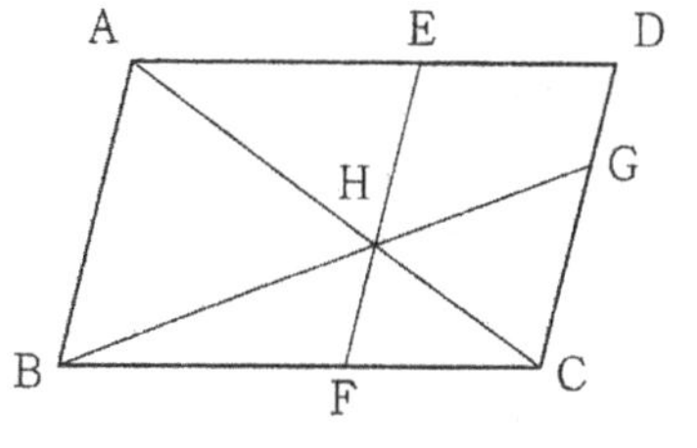

(2) ［図2］のような直角三角形ABCがあります。また，点D，Eはそれぞれ辺AB，BC上の点です。AC＝CD＝DE＝EB のとき，角 x の大きさは $\boxed{\text{ア}}.\boxed{\text{イ}}$ 度です。

［図2］

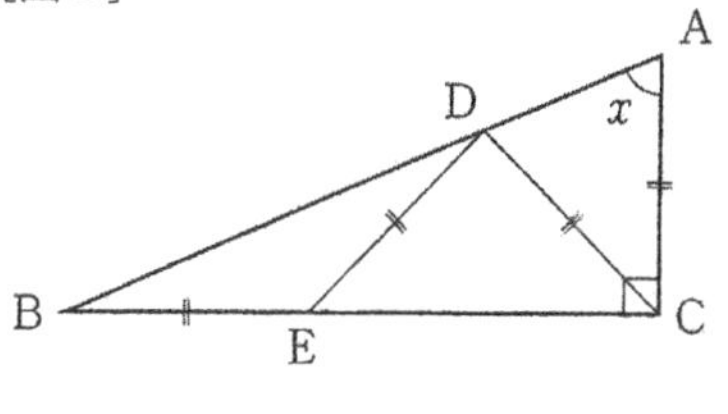

(3) ［図3］は，おうぎ形AOBを点Bを中心に45°回転した様子《ようす》を表しています。色のついた部分の面積は［ア］.［イ］cm^2です。

［図3］

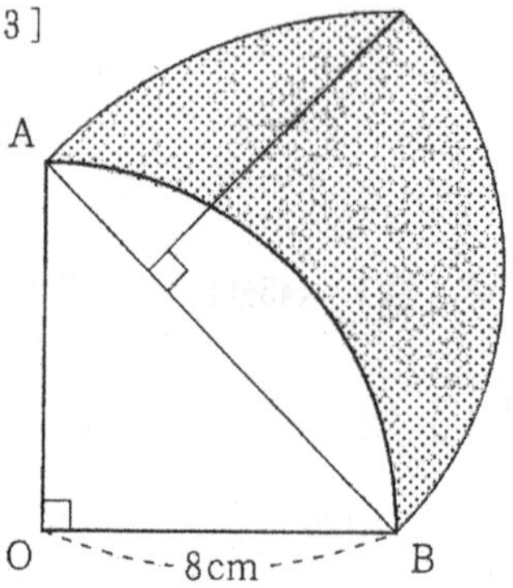

(4) ［図4］のような長方形と直角三角形を組み合わせた図形を，直線ABを軸《じく》として1回転させてできる立体の表面の面積は［　］cm^2です。

［図4］

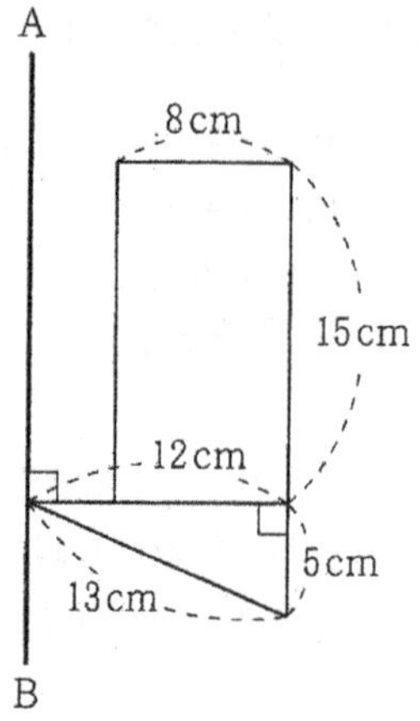

【4】 電車の線路沿いの道を時速4kmで歩いている人がいます。この人は，9分ごとに電車に追いこされ，6分ごとに向こうからくる電車に出会います。電車は等しい時間をあけて，一定の速さでたえず運転しているものとして，次の［　］に適当な数を入れなさい。

(1) 電車の速さは時速［　］kmです。

(2) 電車は［ア］分［イ］秒間隔《かんかく》で運転されています。

【5】 右の図のような，直角三角形と長方形で囲まれた立体の中に水が入っています。いま，面BCFEを下にして，水平な床《ゆか》の上に置いたところ，水面の高さが5$\frac{1}{3}$cmになりました。このとき，次の［　］に適当な数を入れなさい。

(1) 面ABCを下にすると，水面の高さは［ア］$\frac{［イ］}{［ウ］}$cmになります。

(2) 面ACFDを下にすると，水面の高さは［ア］.［イ］cmになります。

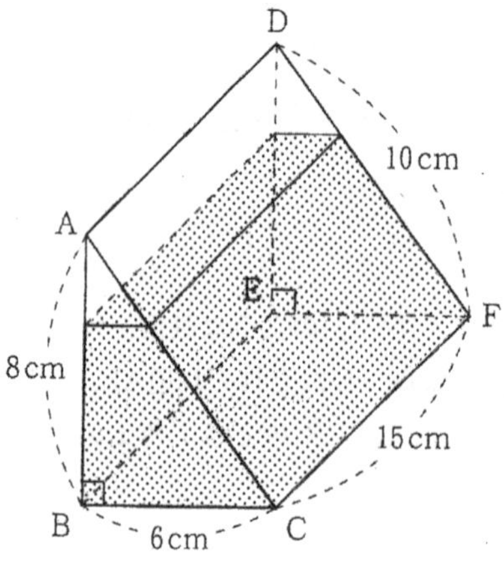

【6】［図1］のような長方形ABCDがあります。点Pは辺AD上を，点Qは辺BC上を何度も往復します。点Pは頂点Aから，点Qは頂点Bから同時に出発します。点Pが動き始めてからの時間と四角形ABQPの面積の関係は［図2］のようなグラフとなりました。点Pより点Qが速く動くとき，次の □ に適当な数を入れなさい。

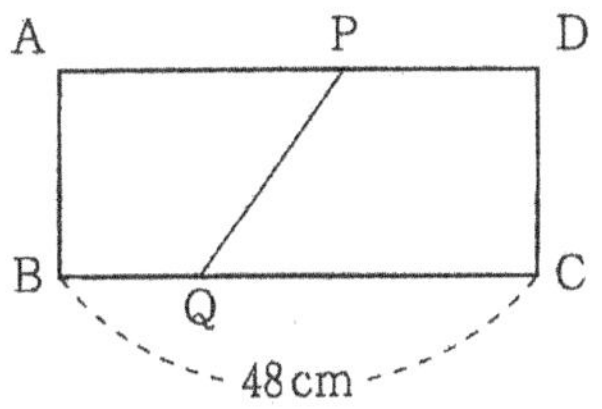

［図1］

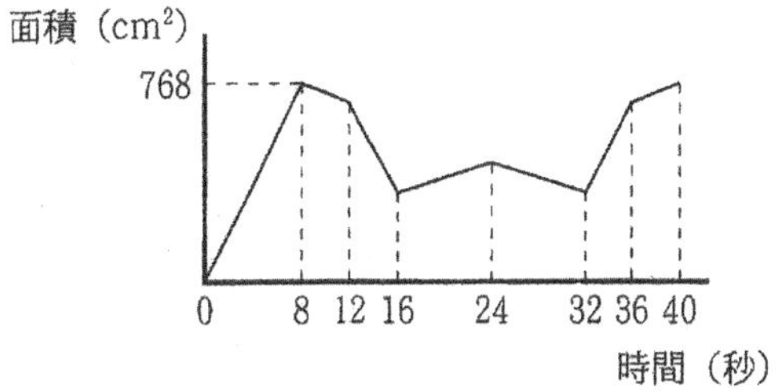

［図2］

(1) 四角形ABQPの面積が長方形ABCDの面積の半分となる2回目の時間は，点Pが出発してから ア . イ 秒後です。

(2) 四角形ABQPが正方形となる2回目の時間は，点Pが出発してから ア . イ 秒後です。

【7】 4チームで，サッカーの総当たり戦を行います。勝ったチームは勝ち点3，引き分けたチームは勝ち点1をそれぞれ獲得《かくとく》し，負けたチームは勝ち点を得られません。勝ち点の合計の多い順に順位を決定し，勝ち点の合計が同じチームは，くじ引きで順位を決めます。このとき，次の □ に適当な数を入れなさい。

(1) 2位になるチームの勝ち点の合計は，最大の場合で ア ，最小の場合で イ です。

(2) 全6試合を終えたとき，4チームの勝ち点の合計の組み合わせは，全部で □ 通りです。

【理　科】（25分）　＜満点：50点＞

【1】 太陽の動きと気象に関する次の問いに答えなさい。

⑴ **図1**のようにして水平な場所に記録用紙を置き，その上に棒を立てて棒の影《かげ》の先の位置に印をつけることで太陽の動きを調べました。東京での夏至・秋分・冬至の日の一日の記録を合わせると**図2**のようになりました。図中のア～エはそれぞれ東西南北のいずれかの方角を示しています。次の問いに答えなさい。

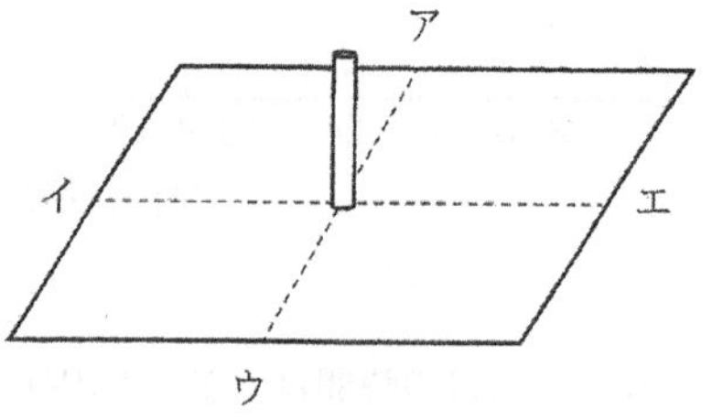

図1

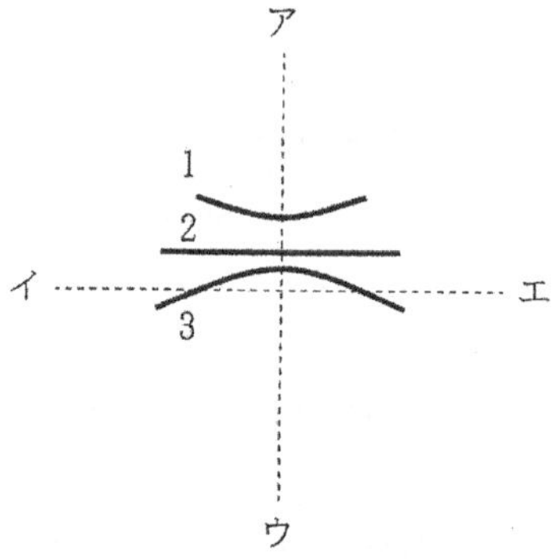

図2

① 冬至の日の影は**図2**の**1**～**3**のどれですか。

② **図2**のエの方角は次のうちどれですか。

1 東　**2** 西　**3** 南　**4** 北

③ **図2**の記録2について，東京で影がアーウの線上にある時，同時刻に福岡で同様に記録をとると，影はどの位置にありますか。

1 アーウの線上よりもイの方角にずれた位置にある

2 アーウの線上よりもエの方角にずれた位置にある

3 アーウの線上にある

⑵ **図3**はある晴れた風のほとんどない日の日中の太陽高度と気温，地温の測定結果です。ア・イ・ウが示しているものは何ですか。次のページの中から選びなさい。

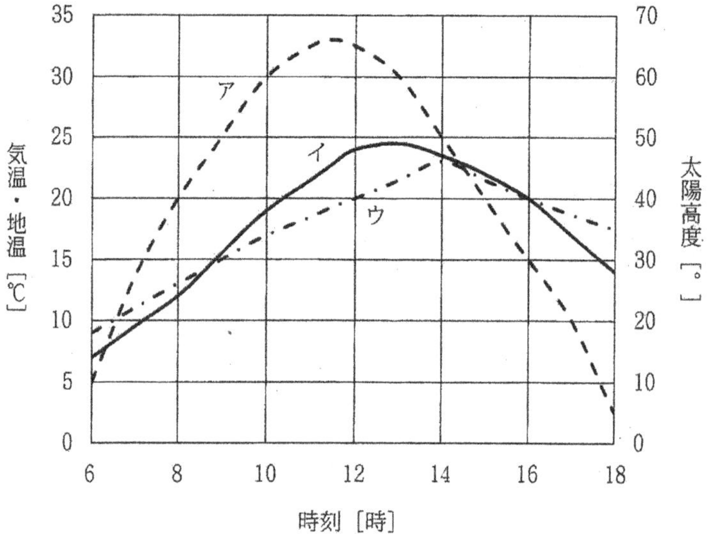

図3

1　ア：太陽高度　　イ：気温　　　ウ：地温
2　ア：太陽高度　　イ：地温　　　ウ：気温
3　ア：気温　　　　イ：太陽高度　ウ：地温
4　ア：気温　　　　イ：地温　　　ウ：太陽高度
5　ア：地温　　　　イ：太陽高度　ウ：気温
6　ア：地温　　　　イ：気温　　　ウ：太陽高度

⑶　⑵の測定のあとも天気は翌日の朝まで晴れて風もほとんどありませんでした。翌日の朝までの気温として予想できるのは次の１～３のどれですか。

1　18時以降はほぼ一定になる
2　日の出の頃まで下がり続ける
3　夜中の12時頃まで下がり，その後一定になる

⑷　次のａ～ｄは，それぞれ東京の春夏秋冬のいずれかの季節の特ちょうを述べたものです。春夏秋冬の順にならべたものを１～４の中から選びなさい。

ａ　天気が周期的に変わり，黄砂が届くことも多い ｂ　天気が周期的に変わり，台風が上陸することもある ｃ　晴れの日が多く，空気が乾燥《かんそう》する ｄ　南よりの風によって湿《しつ》度が高い日が続く

1　ａｃｂｄ　　2　ａｄｂｃ　　3　ｂｃａｄ　　4　ｂｄａｃ

⑸　**図４**は日本付近に来た台風の中心と暴風域，その進行方向を示したものです。最も強い風が吹くと考えられるのはどの地点ですか。１～４の中から選びなさい。

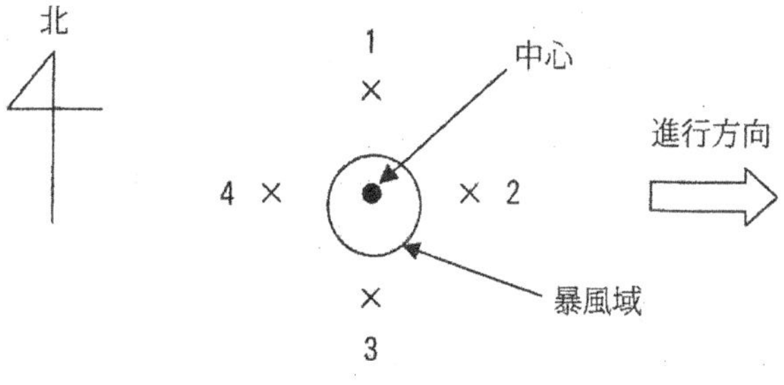

図４

⑹　台風が明け方に通り過ぎ，太陽が東の空に昇ったころに虹《にじ》が見えました。虹が見えた方角を次の１～４の中から選びなさい。

1　東　　2　西　　3　南　　4　北

【２】　次にあげる〈A〉～〈D〉は，物質の変化が起こる実験や物質の性質を調べる実験の方法と結果を示したものです。あとの問いに答えなさい。

〈A〉　うすい塩酸に水酸化ナトリウム水溶液を加えた液，炭酸水素ナトリウム（重そう）にうすい塩酸を注いでできた液，それぞれをゆっくり加熱して水を蒸発させると，同じ形の結晶《しょう》が残った。

〈B〉（　ア　）のつぶにうすい塩酸を注いだとき，（　イ　）片を水酸化ナトリウム水溶液に入れたとき，いずれも気体が発生した。それぞれの気体を試験管に集めてマッチの火を近づけると，いずれもポンッと音がして試験管がくもった。

〈C〉火をつけたろうそくを集気びんに入れて，その火が消えた後，石灰水を入れて振ると白くにごった。炭酸水素ナトリウム（重そう）に塩酸を注いだときに出てきた気体を試験管に集めて石灰水を入れて振ると，同じように白くにごった。

〈D〉うすいアンモニア水にBTB液を加えておき，そこにドライアイスを入れると，白いけむりのようなものが出て，液の色が（　ウ　）を経《へ》て黄色になった。

⑴　〈A〉の実験で結晶として残った物質の名前を漢字２字で書きなさい。

⑵　（ア）と（イ）にあてはまる物質名をそれぞれ次の中から選びなさい。ただし，（ア）と（イ）には同じ物質名は入れないものとします。

1　アルミニウム　　2　石灰石　　3　炭素
4　鉄　　5　銅　　6　ミョウバン

⑶　燃えたときに，〈C〉の実験のように石灰水を白くにごらせる気体ができない物質を次の中から選びなさい。

1　エタノール　　2　紙　　3　砂糖
4　スチールウール　　5　灯油　　6　メタンガス

⑷　〈D〉の実験で出た白いけむりのようなものは何ですか。次の中から選びなさい。

1　アンモニア　　2　水蒸気　　3　水のつぶ
4　空気　　5　二酸化炭素　　6　ドライアイスのつぶ

⑸　（ウ）にあてはまる色の変化を次の中から選びなさい。

1　青から赤　　2　青から緑　　3　赤から青
4　赤から緑　　5　緑から青　　6　緑から赤

⑹　次のうち，加熱して液体を蒸発させたときに固体の物質が残るものを次の中から選びなさい。

1　アンモニア水　　2　エタノール　　3　塩酸
4　オキシドール　　5　石灰水　　6　炭酸水

⑺　BTB液を加えたときに青色になるものを⑹の選択肢《し》から２つ選び，番号の小さいものから順に書きなさい。

【3】　川遊びをしていたところ，水の流れの速さや深さが場所によって違《ちが》うことに気づきました。川の中流を示した次のページの**図５**を見て次の問いに答えなさい。

⑴　**図５の１～５**の中から水の流れが最も速い場所を選びなさい。

⑵　**図５の１～５**の中から水が最も深い場所を選びなさい。

⑶　**図５**の地点**１**と地点**２**を結ぶ場所の川底の断面図として最も適切なものを次の中から選びなさい。選択肢の断面図は下流から見たものとします。

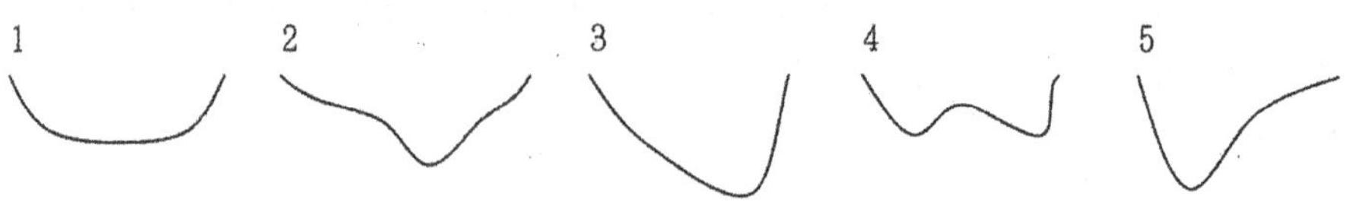

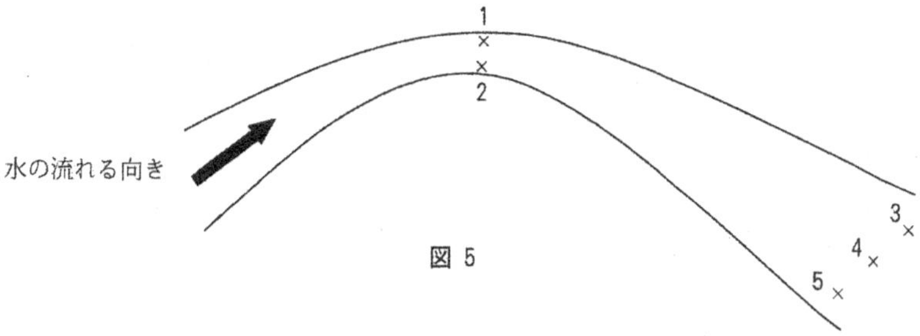

図 5

【4】 植物には光のエネルギーを利用してでんぷんをつくるはたらきがあります。そのはたらきによる物質の変化を次に示しました。これを見てあとの問いに答えなさい。

水 ＋（ ア ）—(光)→ でんぷん ＋（ イ ）

(1) このはたらきで使われる水は植物のどこから取り込むか，次の中から選びなさい。

1 葉　　2 茎《くき》　　3 根　　4 花

(2) （ア）と（イ）にあてはまる気体を次の中からそれぞれ選びなさい。

1 水素　　2 酸素　　3 ちっ素　　4 二酸化炭素

(3) 光のエネルギーを利用してでんぷんをつくる植物のはたらきを漢字３文字で答えなさい。

(4) 夜の間でも，葉に電灯の光が当たればでんぷんが作られるかどうか，つみ取った葉をヨウ素液で染色する方法で調べようと考えました。実験では鉢《はち》植えのジャガイモを使うことにして，それを昼間は外に置き，夕方から翌朝まで電灯をつけた室内に置きました。このとき，どのような条件にしておいた葉の結果を比べるのが最も良いですか。次の中から２つ選んで番号の小さい順に書きなさい。

1 明け方に葉をアルミニウムはくでおおい，夕方室内に入れる時につみ取った

2 明け方に葉をアルミニウムはくでおおい，夕方室内に入れる時にそれをはずし，翌朝つみ取った

3 明け方に葉をアルミニウムはくでおおい，翌朝つみ取った

4 そのままにして，夕方室内に入れる時につみ取った

5 そのままにして，夕方室内に入れる時にアルミはくでおおい，翌朝つみ取った

6 そのままにして，翌朝つみ取った

【5】 底の近くにコックのある下向きのパイプを取り付けたプラスチックの円筒《とう》形の容器と，水を上から落として当てると回転するようにした羽根車を用意しました。これらを**図６**のように，容器のパイプから流れおちた水が羽根車に当たるように設置しました。コックを開いたままにして，時間と流れ出た水の量の関係をグラフにすると，**図７**のような形になりました。あとの問いに答えなさい。

（**図６**，**図７**は次のページにあります。）

(1) 円筒形の容器に深さ30㎝になるように水を入れてコックを開くと，水が流れきるのに120秒かかった。水を流し始めてから20秒後と100秒後の羽根車の回る速さを比べるとどのようになっていたか，次の中から選びなさい。

1 ほぼ同じ速さだった　　2 20秒後の方が速かった　　3 100秒後の方が速かった

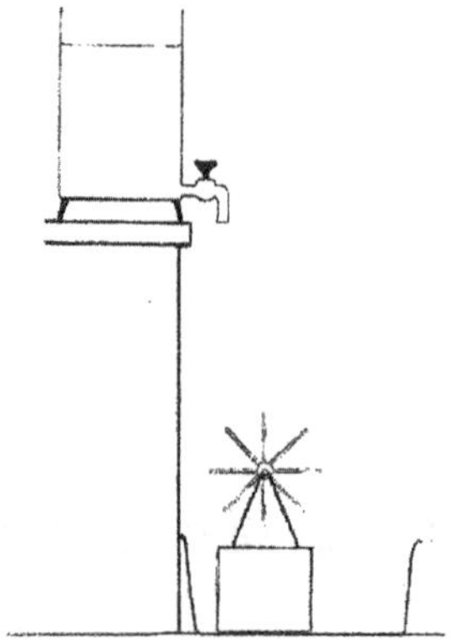

図６

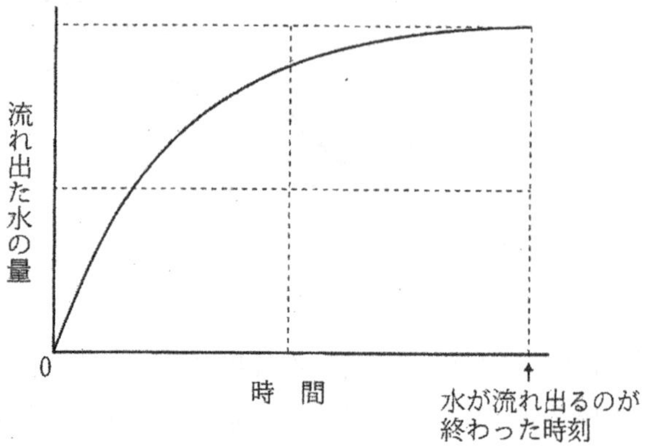

図７

⑵　羽根車から円筒形の容器までの高さが⑴のときの２倍になるように設置して，⑴と同様に水を流したとき，羽根車の最も速いときの回転の速さはどうなるか，次の中から選びなさい。

1　⑴のときと変わらない　　2　⑴のときより速くなる　　3　⑴のときより遅《おそ》くなる

⑶　円筒形の容器に入れる水の深さを⑴のときの半分の15cmにすると，水が流れきるのにかかる時間はどうなるか，次の中から選びなさい。

1　およそ20秒になる　　2　およそ60秒になる　　3　およそ100秒になる

⑷　円筒形の容器を直径が⑴の半分のものにかえて，⑴のときと同じ量の水を入れて水が流れきるのにかかる時間をはかりました。これを⑴のときと比べるとどうなるか，次の中から選びなさい。

1　⑴のときと変わらない　　2　⑴のときより長くなる　　3　⑴のときより短くなる

⑸　**図８ア**のように乾電池をプロペラ付きモーターより25cm高い所に置き，導線でつなぐとプロペラが回転した。これを導線のつなぎ方を変えずに**図８イ**のようにモーターを乾電池より25cm高い所に置くと，プロペラの回転はどうなるか，次の中から選びなさい。

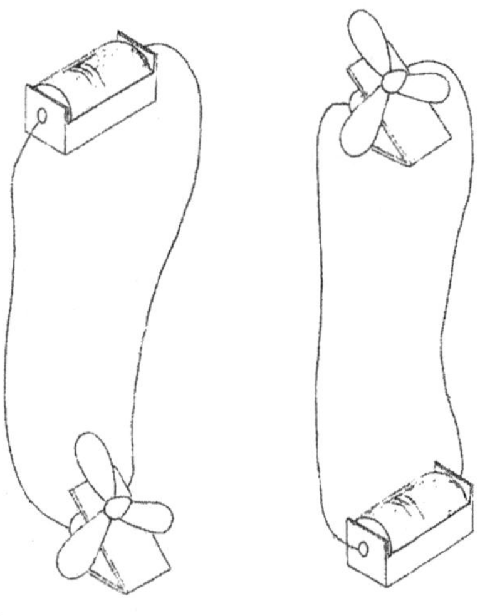

図８　　ア　　イ

1　プロペラの回転する向きが反対になり，回転する速さは変わらない

2　プロペラの回転の向きは変わらず，回転する速さが速くなる

3　プロペラの回転の向きは変わらず，回転する速さが遅くなる

4　プロペラの回転の向きが反対になり，回転する速さが速くなる

5　プロペラの回転の向きが反対になり，回転する速さが遅くなる

6　プロペラの回転する速さも回転の向きも変わらない

7　プロペラは回転しなくなる

【社　会】（25分）　＜満点：50点＞

【1】 次の文章を読んで，各問に答えなさい。

日本の領土は，①北海道，本州，四国，九州の大きい4つの島と，その他の小さな島で構成されます。日本は（　㋐　）大陸の東に位置しており，東（　㋑　）と呼ばれる地域にあります。また，太平洋，オホーツク海，日本海，東シナ海に囲まれています。東端《たん》は（　㋒　），西端は与那国島，南端は（　㋓　），北端は②択捉島です。領土の総面積は約（　㋔　）万km^2で，（　㋕　）とほぼ同じです。気候帯を見ると，ほとんどの地域は明確な四季のある温帯に属していますが，沖縄は（　㋖　），北海道は（　㋗　）に属しています。そのため，多種多様な動植物が生息しています。日本各地には多くの貴重な生態系が残されており，③「小笠原諸島」「白神山地」「知床」「屋久島」の4つの地域は，ユネスコの世界自然遺産に登録されています。

領海は，国連海洋法条約によって海岸から12海里までと定められています。また，排他的経済水域とは，海岸から（　㋘　）海里までの，領海をのぞいた海域です。この水域では，漁業をしたり，石油などの天然資源を掘《ほ》ったり，科学的な調査を行ったりする活動を，他の国に邪魔《じゃま》されずに自由に行うことができます。日本の領土の広さは世界で61番目ですが，④日本の領海と排他的経済水域を合わせた面積は世界で（　㋙　）番目の広さになります。

（外務省「日本の領土をめぐる情勢」ほか一部改変）

問1　下線部①の中で，最も小さい島を選びなさい。

1　北海道　　2　本州　　3　四国　　4　九州

問2（㋐）と（㋑）に入る語句の組み合わせとして正しいものを選びなさい。

1　㋐アジア　㋑シベリア　　2　㋐ユーラシア　㋑アジア

3　㋐アジア　㋑ユーラシア　　4　㋐ユーラシア　㋑シベリア

問3（㋒）と（㋓）に入る語句の組み合わせとして正しいものを選びなさい。

1　㋒小笠原諸島　㋓隠岐諸島　　2　㋒沖ノ鳥島　㋓南鳥島

3　㋒南鳥島　㋓小笠原諸島　　4　㋒南鳥島　㋓沖ノ鳥島

問4　下線部②についての説明文として正しいものを選びなさい。

1　1945年からロシア（当時はソ連）に占拠《せんきょ》されたままになっていて，自由に行き来できない

2　サンゴ礁《しょう》の島で，定住者はおらず，気象庁や国土交通省などの職員が交代で駐《ちゅう》在している

3　人口は約1500人で，漁業や農業がさかんであり，空港もあって自由に行き来できる

4　無人島だが観測所があり，国が約300億円をかけて護岸工事を行った

問5　下線部②の正しい地形を選びなさい。

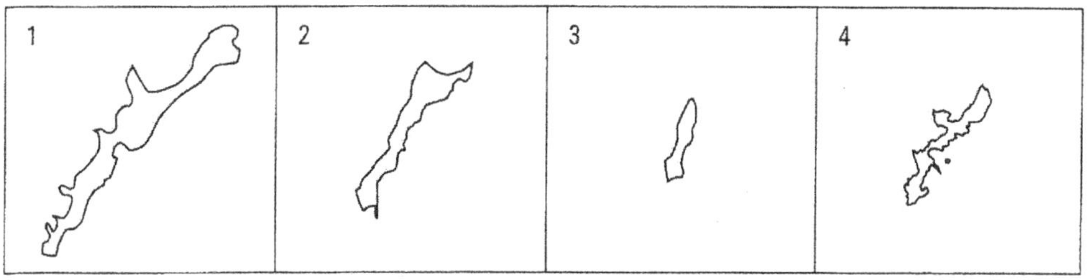

問6 (㋔) と (㋕) に入る数字と国名の組み合わせとして正しいものを選びなさい。

1 ㋔24 ㋕ドイツ　　2 ㋔24 ㋕イギリス

3 ㋔38 ㋕ドイツ　　4 ㋔38 ㋕イギリス

問7 (㋖) と (㋗) に入る語句の組み合わせとして正しいものを選びなさい。

1 ㋖亜熱帯 ㋗亜寒帯（冷帯）　　2 ㋖亜熱帯 ㋗寒帯

3 ㋖熱帯 ㋗亜寒帯（冷帯）　　4 ㋖熱帯 ㋗寒帯

問8 下線部③の中で，最も南に位置するものを選びなさい。

1 小笠原諸島　2 白神山地　3 知床　4 屋久島

問9 (㋘) と (㋙) に入る数字の組み合わせとして正しいものを選びなさい。

1 ㋘24 ㋙6　　2 ㋘200 ㋙6

3 ㋘24 ㋙60　　4 ㋘200 ㋙60

問10 下線部④に関して，日本の領海と排他的経済水域を合わせた面積は，日本の領土の面積の約何倍ですか，正しいものを選びなさい。

1 1.2倍　2 2倍　3 12倍　4 120倍

【2】 次の先生と信三くんの会話を読んで，各問に答えなさい。

先生 「2018年は『明治維新150年』として，各地で様々なイベントが行われましたね。それでは当時，どのようなできごとがあったのか振《ふ》り返ってみましょう。」

信三 「1868年に江戸は東京と改められました。それから天皇が（ ア ）から移り，東京が首都となりました。」

先生 「ペリーが（ イ ）に来航したのが1853年のことですから，①その後の15年間で社会を大きく変えるできごとが次々と起こりましたね。」

信三 「明治維新後は，社会はどのように変わっていったのですか？」

先生 「新政府は，早く欧《おう》米諸国に対抗《こう》できるように，産業を盛んにして，強い軍隊をつくろうと努めました。」

信三 「そのころ，福沢諭吉先生は何をしていたのですか？」

先生 「福沢先生が蘭《らん》学塾《じゅく》を開いたのは1858年のことでした。（ ウ ）を見学して，オランダ語が役に立たないことがわかると，西洋文化を知るために独学で英語を勉強し始めました。1860年には咸臨丸でアメリカへ渡りました。この咸臨丸の艦《かん》長が，江戸無血開城で有名な（ エ ）です。ちなみに，アメリカではほとんどの国民が初代大統領である（ オ ）の子孫が，今何をしているのかを知らないことに，福沢先生はたいへん驚《おどろ》いたそうです。またヨーロッパを訪れた際には，イギリスの議会や病院を見学しました。社会の仕組みを学び，日本で広めようと，帰国後に次々と本を出版しました。」

信三 「大日本帝国憲法が発布されたのは，それからだいぶ後のことですね。」

先生 「そうですね。西南戦争後に国会を開くことを求める自由民権運動が盛んになり，1881年には（ カ ）が自由党を，大隈重信が立憲改進党をつくりました。政府も憲法づくりに取り掛《か》かり，1889年に憲法が発布され，1890年には第1回帝国議会も開かれました。」

問1 （ア）～（ウ）に入る地名をそれぞれ選びなさい。

1 浦賀　2 大阪　3 京都　4 長崎　5 函館　6 横浜

問2　（エ）～（カ）に入る人名をそれぞれ選びなさい。

1　板垣退助　　2　大久保利通　　3　勝海舟　　4　西郷隆盛

5　リンカーン　　6　ワシントン

問3　下線部①に関して，次のできごとを古い順に並べなさい。

1　薩長同盟の締《てい》結　　2　大政奉還　　3　生麦事件　　4　日米修好通商条約の調印

【3】　次のできごとがおきた時の年号（元号）を選びなさい。

ア　政治改革がおこなわれ，日本で初めての年号が定められました。

イ　文武天皇のとき，中国を手本に政治の基本がまとめられました。

ウ　源氏と平氏の対立が表面化し，源義朝に勝利した平清盛が政治の実権をにぎりました。

エ　執権北条泰時は，武士の間での土地をめぐる争いをさばく基準として法律を定めました。

オ　元の大軍が博多湾《わん》に上陸しましたが，暴風雨によって大損害をうけました。

カ　京都を主な戦場とし，足利将軍家や有力大名が東西ふた手に分かれて大乱が始まりました。

キ　幕末維新の多くの指導者を育てた吉田松陰が，反幕府の思想をとがめられ処刑《けい》されました。

ク　倒《とう》幕運動が高まる中，将軍徳川慶喜は政権を朝廷《てい》に返しました。

ケ　初めて「政府」により定められた年号が使われ始めました。

1　安政　　2　応仁　　3　慶応　　4　貞永　　5　大化

6　大宝　　7　文永　　8　平治　　9　平成

【4】　次の文が説明しているものを語群から，またその位置を地図の中からそれぞれ選びなさい。

ア　現存する日本最古のキリスト教建築物で，原爆《ばく》の被《ひ》害にもあいました。

イ　16世紀以降に開発され，戦国大名たちが激しく奪《うば》いあった鉱山です。

ウ　伊達政宗によって造営された，仙台藩《はん》62万石の居城です。

エ　徳川家康を神としてまつる神社です。

オ　5世紀ころにつくられた，日本最大の古墳《ふん》です。

＜語群＞

1　青葉城　　2　稲荷山古墳

3　石見銀山　　4　大浦天主堂

5　大阪城　　6　大山古墳

7　日光東照宮　　8　姫路城

9　佐渡金山

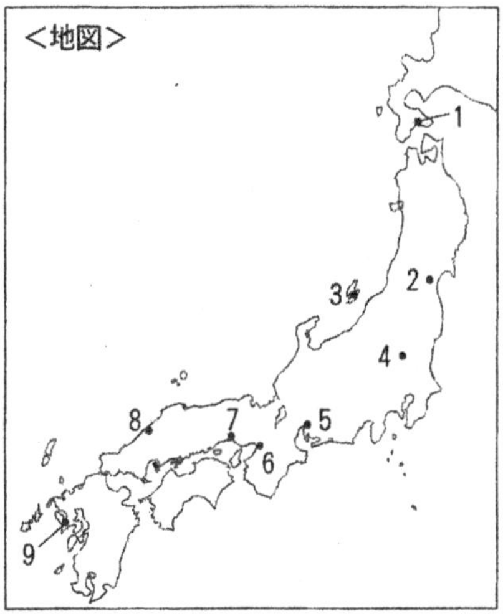

【5】　次のできごとについて，次のページの各問に答えなさい。

A　日本が国際連合へ加盟しました。

B　アジアで初めてとなる東京オリンピックが開催《さい》されました。

C　日中平和友好条約が結ばれました。

D　サミットが開催され，これを記念して2000円札が発行されました。

E　訪日外国人観光客が2800万人を超《こ》え，過去最高となりました。

問1　Aのできごとと同じ年に日本が国交を回復させた国を選びなさい。

1　アメリカ　　2　イギリス　　3　ソ連　　4　フランス

問2　Bのできごと同じ年に開業した日本初の高速鉄道の名前を**漢字**で答えなさい。

問3　Cのできごとに関して，国交正常化を記念して1972年に中国から日本に贈《おく》られた動物名を答えなさい。

問4　Dのできごとについて，「サミット」が開催された場所を選びなさい。

1　伊勢志摩　　2　九州・沖縄　　3　東京　　4　洞爺湖

問5　Eのできごとについて，「訪日外国人観光客」と同じ意味の言葉を選びなさい。

1　インバウンド　　2　グローバル　　3　バイリンガル　　4　ボランティア

【6】　次の先生と諭吉くん，信三くんとの会話を読んで，各問に答えなさい。

先生　「2018年は様々な国際競技大会が開催された年でした。皆《みな》さんはどの大会が興味深かったですか？」

諭吉　「僕《ぼく》は2月に韓国の（　ア　）で行われた冬季オリンピックが面白かったです。特にフィギュアスケートの羽生結弦選手の演技に感動しました。将棋《ぎ》棋《き》士の羽生善治さんと囲碁《ご》棋士の井山裕太さんに続いて［　A　］を受賞しました。」

先生　「そうでしたね。冬季オリンピックの第1回大会は1924年にフランスのシャモニーで行われましたが，当時の参加国はわずか16ヵ国でした。（　ア　）大会では90ヵ国を超えたので，とても盛り上がっていました。」

信三　「中国の首都（　イ　）で行われる予定の2022年大会では，100ヵ国を突《とっ》破するかもしれませんよ！」

先生　「楽しみですね。ちなみに，日本では1972年と1998年の2回，冬季オリンピックが開催されました。1998年の（　ウ　）大会は，新たに運行を開始した『あさま』に乗って現地まで観戦しに行きましたよ。」

諭吉　「（　ウ　）大会は［　B　］世紀最後のオリンピックでした。」

先生　「2018年6月には，サッカーのワールドカップがロシアで開かれましたが，決勝戦は首都の（　エ　）で行われ，フランスが2度目の優勝を果たしましたね。テレビで観《み》た人はいますか？」

諭吉　「①日本時間の7月16日午前0時にキックオフということだったので，がんばって起きていようと思ったのですが，次の日が学校だったので寝《ね》てしまいました。」

先生　「6時間の時差があるのでしかたがなかったですね。先日，②テニスの四大大会のひとつである全米オープンで，大坂なおみさんが日本選手としてシングルスで初めて優勝しましたが，この試合をテレビで観た人は？」

信三　「はい！決勝は③日本時間の9月9日午前5時に始まるとのことでしたので，早起きして応援《えん》しました。」

諭吉　「（サマータイムで）13時間の時差があるので，今度は早朝の観戦でした。」

先生　「今年はラグビーのワールドカップ，そして来年にはオリンピック・パラリンピックが日本で開催される予定です。日本の文化を世界に発信するよい機会でもあります。『④おもてなしの精神』で，今度は海外からのお客さんに喜んでもらいましょう！」

問１　（ア）～（エ）に入る地名を選びなさい。

1　札幌　　2　サンクトペテルブルク　　3　シャンハイ　　4　長野

5　ピョンチャン　　6　ピョンヤン　　7　ペキン　　8　モスクワ

問２　A に入る語句を選びなさい。

1　敢闘《かんとう》賞

2　国民栄誉《よ》賞

3　殊勲《しゅくん》賞

4　文化勲章

問３　B に入る数字を答えなさい。

問４　下線部①について，ワールドカップの決勝は現地時間で何日の何時に始まりましたか。

1　７月15日午前６時

2　７月15日午後６時

3　７月16日午前６時

4　７月16日午後６時

問５　下線部②について，南半球で開催される大会を選びなさい。

1　全豪《ごう》オープン

2　全仏オープン

3　全英オープン

4　全米オープン

問６　下線部③について，全米オープンの決勝は現地時間で何日の何時に始まりましたか。

1　９月８日午後４時

2　９月８日午後６時

3　９月９日午後４時

4　９月９日午後６時

問７　下線部④について，日本を訪れる外国人観光客に対して，あなたができる「おもてなし」を，具体的に１つ答えなさい。

【7】　次の文章を読んで，各問に答えなさい。

近年，世界的に「食品ロス」が問題になっています。日本における「食品ロス」は年間600万トン以上で，これは世界中で飢《き》餓《が》に苦しむ人々への食料援助量の２倍を上回りますが，そのうちの半分近くが家庭から出されています。

問１　家庭から出る「食品ロス」とはどのような食品のことですか，次のページの資料１，２をもとに，解答欄におさまる程度で答えなさい。

問２　家庭から出る「食品ロス」を減らすためにできることを，資料１，２をもとに，解答欄におさまる程度で答えなさい。

問３　家庭以外から出る「食品ロス」の原因を，解答欄におさまる程度で１つ挙げなさい。

資料１　食卓《たく》に出した料理を食べ残した理由（複数回答）

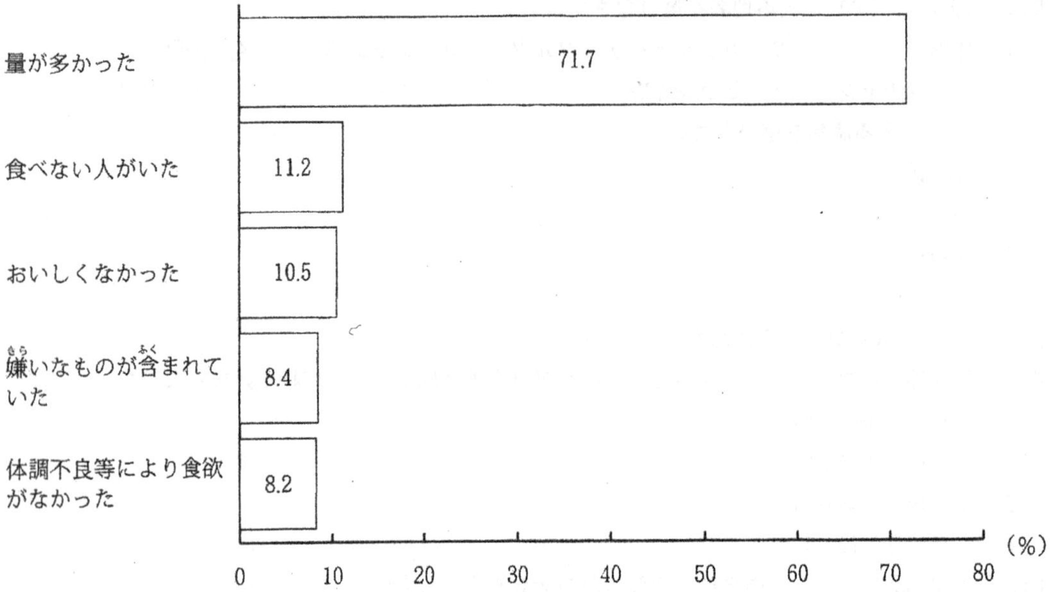

資料２　食べ残した料理を廃棄《はいき》した理由（複数回答）

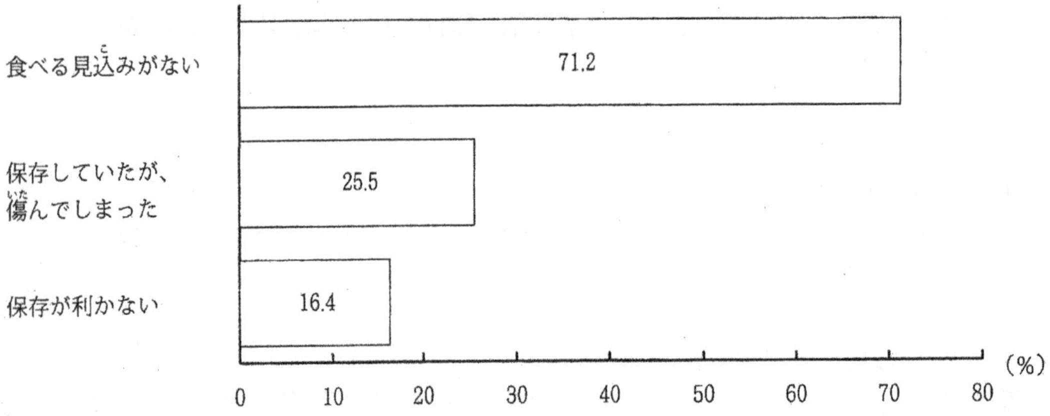

※資料は政府広報オンライン（平成28年10月11日）をもとに作成

考にして考え、■部分に入るひらがなを後の1～5から選び番号で答えなさい。ただし、□・■・○はそれぞれひらがな一文字分を示し、同じ記号には共通したひらがなが入る。なお、濁《だく》点がつく場合にも同じひらがなと考える。必ず例を参考にすること。

（例）□■□■な種類のスポーツをたしなむ。〔いろいろ〕

→空らんには「さまざま」が入るので、答えるべきひらがなは「ま」となる。

ア　彼《かれ》が犯人だと□■□■感づいていた。〔かすかに、ほのかに〕

1 す　2 こ　3 み　4 な　5 ま

イ　新製品であるにも関わらず、□○■□○■傷がある。〔いくつかの箇《か》所〕

1 ひ　2 さ　3 ろ　4 つ　5 か

ウ　□■□■心配していたことが起きてしまった。〔前もって〕

1 す　2 ね　3 つ　4 る　5 こ

エ　散歩□■□■買い物に行く。〔ついでに〕

1 に　2 き　3 り　4 た　5 お

オ　思いがけず□■□■な目に遭《あ》う。〔ひどく悪いさま〕

1 ふ　2 え　3 せ　4 ぬ　5 ん

【五】 ——のカタカナを、正しい漢字に直しなさい。

ア　シュタイ的に行動する

イ　トクイな才能の持ち主

ウ　セソウの移り変わり

エ　自然ケイカンを保つ

オ　タダちに向かう

カ　彼《かの》女の専門リョウイキだ

キ　ジョウセキ通りに行う

ク　あれこれシアンする

ケ　レンジツの猛《もう》暑

コ　若気のイタり

サ　先見のメイ

シ　タダイな貢献《こうけん》が認められる

ス　富士山頂のソッコウ所

セ　彼《かれ》はチクバの友だ

ソ　教育というイトナみ

3　外国語を勉強するときは、はじめにその外国語を母語とする人に実際にどのような場面で使っているのか確かめてからその意味を理解すべきだ。

4　ことばの意味には幅があるので、外国語を学ぶときには、日本語だけの意味にとらわれてしまうのではなく、外国語からの視点もとりいれて双《そう》方向で学ぶ姿勢を持ちたい。

5　海外で通用する英語を身につけるために海外旅行にでかけて、積極的に現地の人々と交流すると思わぬ発見があるかもしれない。

【三】　次の文章を読んで文中の（ア）～（カ）に入る言葉としてもっともふさわしいものを、後の1～9から選び番号で答えなさい。（同じ番号は二度使わないこと）

先日、ある学校の教室の前で子どもたちが以下のような会話をしていました。

太郎「やばいよ。計算ドリルの宿題がまだ終わってないよー。」

花子「わたし電卓持っているから、これで今やっちゃいなよ。」

次郎「さすが花子。その切りぬけ方、かなりやばいぜ。」

お気づきのように、太郎の「やばい」と次郎の「やばい」は意味が違《ちが》うように考えられます。太郎の方は（　ア　）と置き換《か》えられる方で昔からの意味、次郎の方は（　イ　）と置き換えられる言い方で、最近使われるようになった新しい意味での使い方です。

さて、言葉は「生き物」です。使う人が多くなれば、意味も変わってきてしまいます。その良し悪しはこの際置いておくとして、近ごろ、新聞などのマスコミで取り上げられる、昔の使い方と変わりつつある言葉が右の例の他にもいくつか見受けられます。

○（コンビニでお惣菜《そうざい》を買って）店員「お箸《はし》はご入り用ですか」客「あっ、大丈《じょう》夫です。」

「大丈夫」という言葉は本来（　ウ　）などの意味で使われていたものが、（　エ　）という返答のかわりに使われているところがおかしいですね。

○テレビのバラエティー番組が普《ふ》通に面白かった。

ここで使われる「普通」にという言葉は本来（　オ　）という言葉が使われるべきですね。

○「今のオレの発言、ちょっとイタかった？」「いや別に」

彼は、どこか怪我《けが》をして「イタかった」わけではなく、ここでは（　カ　）という意味で使っているのでしょう。

どうですか。全てが悪い言い方とは限りませんが、中には使いたくない言い回しもあったかと思います。大切なことは日々の生活の場面場面で、どういう表現を使うのが適当なのかを考える力を身につけることです。そのためには日ごろから良く考えてから言葉を発する習慣をつけることです。そのことがこれから君たちが生きていくうえでのコミュニケーション力を形成するための一助となることでしょう。

1　すごく　　2　結構だ　　3　なかなか
4　はなはだしい　　5　問題ない　　6　ぶざまだ
7　あぶない　　8　必要だ　　9　かっこいい

【四】　日本語には、畳《じょう》語と呼ばれる同一の単語を重ねて一語とした言葉がある。次の各文の空らんにあてはまる畳語を〔　〕内の意味を参

食物。」（注『三省堂国語辞典』による）とあります。私たちにとっては、飲食にかかわる場面で使うのがふつうです。

　ここで両者に共通する意味を考えてみると、空っぽの容器を満たすことでもいえそうです。このように「おかわり」と「refill」の意味を比べてみると共通するところと異なるところがみえてきます。二つのことばの意味が重なり合う部分では納得《なっとく》できるけれども、意味が重ならない部分ではしっくりこないという人もいるのではないでしょうか。

　わたしたちが外国語を理解しようとするときに日本語を基準にして考えるのは当然です。しかし、ことばであらわそうとするものをどのようにとらえるかは日本語や英語で異なるので、日本語の立場からだけで考えてしまうと、そのとらえ方の違《ちが》いに気づきにくくなることもあります。この違いに気づきにくい状態にある時が違《い》和感が生じている時といえそうです。しかし、この違和感をヒントに変えられるようになれば外国語の発想に気づく感覚が養われていくと思います。外国語を学ぶときに、その言語に基準をおいた視点を取り入れて学ぶことも大切です、日常生活の中にさきほどの違和感を解きほぐしてくれるヒントが潜《ひそ》んでいることを忘れたくないものです。

問一　＝＝＝1～5のうち、次の（例）と同じ使い方をしているものを選び、番号で答えなさい。

（例）幼い頃《ころ》に外国で過ごしたことがある。

問二　A・Bにあてはまる漢字としてもっともふさわしいものを、それぞれ次の1～5から選び番号で答えなさい。

A　1 最　2 再　3 採　4 細　5 才

B　1 信　2 身　3 真　4 新　5 心

問三　――ア「腑に落ちない」の意味としてもっともふさわしいものを、次の1～5から選び番号で答えなさい。

1 心にしっかりと留める　2 魂《たましい》がぬけたようになる

3 心に響《ひび》かない　4 納得できない

5 理解できる

問四　――イ「両方の場面」とはどんな場面か、その説明としてもっともふさわしいものを次の1～5から選び番号で答えなさい。

1 飲食物をおかわりする場面で使うが、飲み物の場合と食べ物の場合ではっきりと区別する。

2 自分が好きな食べ物をおかわりする場面と自分が好きな飲み物をおかわりする場面で使う。

3 口に入れられるものや口に入れられないものに関係なく、容器を再び満たす場面で使う。

4 シャンプーや洗剤《ざい》のように何かを洗うときに必要なものを詰め替える場面で使う。

5 自分がのぞむものが欲しい場面と相手に何かをしてもらいたい場面で使う。

問五　本文を通じて作者の言いたかったことはどんなことか、もっともふさわしいものを、次の1～5から選び番号で答えなさい。

1 外国語を勉強しながら日本語に対応している外国語の意味に違和感を覚えたら、間違って理解していると気づいたほうがよい。

2 ことばとその意味の関係は一対一で対応しているので、自分には難しいと思われる外国語でも日ごろから努力していれば理解できるようになる。

を不気味に感じている。

3　松尾芭蕉と同じようにこの地を目指して旅した人たちのことを思い、そうした人々が歴史に埋もれて忘れ去られていくことを悲しんでいる。

4　弱まっているとはいえ殺生石は今なお毒ガスを吐き続けており、この場所の空気を吸ってしまったことがだんだん不安になってきている。

5　殺生石を訪ねたことで、玉藻の前の存在が急に親しく感じられ、九尾の狐に取り殺された悲運にあらためて同情を寄せている。

【二】　次の文章を読んで、後の各問いに答えなさい。

みなさんはどんなときに「おかわり」をしますか。元気のいい「おかわり」は、それをいう方もいわれる方もうれしくなることばの一つだと思います。本当はもうおなかいっぱいなのに止められるまで何度もおかわりした1ことはありませんか。本当においしいものに出会ったときのことはだれしも忘れられないものです。

これからそんな「おかわり」にまつわる話をします。唐突《とうとつ》ですが、英語に「refill」《「リフィル」と発音します》ということばがあります。英語を習っていない人にとっては、このような文字が現れて驚《おどろ》いてしまうかもしれません。これは英語版「おかわり」ということばなのですが、日本語の「おかわり」と英語の「refill」、どこが似ていてどこが異なるのかみていきましょう。

英語圏《けん》のある国を訪れたときのこと、友人宅に招待され食事をする機会がありましたが、何という飲み物だったか名前は忘れてしまいましたが、思わず「おかわりっ！」といいたくなる飲み物をいただきました。たどたどしい英語でなんとかその気持ちを伝えようとして余計に丁寧《ねい》な言い回しになってしまうことはよくあると思いますが、とにかくおかわりをしたいという2ことは相手に伝わったらしく「refillしたいのか」と聞き返されました。その時にこのことばに出会ったのです。短く簡単なことばだったので受け売りでさっそく使ってみたところ相手も笑顔で答えてくれました。それから「おかわり」の場面では、このことばを重宝して使うようになりました。

つぎに「refill」に出会ったのは日本に帰ってからの3ことでした。シャンプーが切れてしまい、中身を補充《じゅう》するために詰《つ》め替《か》え用と書かれた袋《ふくろ》を手に取りました。ふと見るとそこには「refill」の文字がみえます。なかの液体をこぼさないように[A][B]の注意を払《はら》いながら、4ことをなしとげましたが、ふと考えてみるとア腑《ふ》に落ちない点があります。「そうだ、さっき『refill』とあったけど、こんなとき日本語では『おかわり』とは言わないな、『refill』にはもう一つ別の意味があるのかな」と気づいたのです。この場合の「refill」に相当する日本語はまさしく「詰め替え」とか「補充」であって、「おかわり」はふさわしくありません。

そこで「refill」はどんな使い方をするのか、英語を母語とする人に尋《たず》ねてみたところ、これまで述べてきたイ両方の場面で使っているという5ことでした。つまり、「refill」はもう一度その容器をいっぱいにするということに意味の重点をおいているようです。だから「refill」は、日本語の「おかわり」と「詰め替え（用）」に相当する二つの役割を果たすことができるのです。一方、「おかわり」を国語辞典で調べてみると、「同じ食器で同じものを、もう一杯《ぱい》食べる（飲む）こと。またそのときの飲

問四 （あ）にあてはまる言葉としてもっともふさわしいものを、次の1～5から選び番号で答えなさい。

1 からくり　2 けれん　3 化け物
4 文楽　5 持ち味

問五 ――c「人形浄瑠璃では」とあるが、人形浄瑠璃の玉藻の前の物語の説明として間違っているものを、次の1～5から一つ選び番号で答えなさい。

1 九尾の狐は、玉藻の前を殺した後で、玉藻の前になりすました。
2 右大臣の娘は、和歌の才能を認められて天皇のお后に迎えられた。
3 玉藻の前は天皇に寵愛されていたが、もともと出身のはっきりしない女性だった。
4 九尾の狐が玉藻の前に化けていることを表すのに、人形のからくりが活躍する。
5 天皇の兄が天皇の暗殺を計画し、玉藻の前を利用しようとした。

問六 次の文は、本文からぬけおちたものである。この文が入るべき場所としてもっともふさわしいところを、本文中の（1）～（5）から選び番号で答えなさい。ただし、解答らんには数字だけを書くこと。

> なるほど、合わせた手のひらの間に持ったストローが、両手をこすり合わせるとまわり出すようなイメージです。

問七 ――d「唐突に鳴門海峡のうず潮を思い出しました」とあるが、それはなぜか。その説明としてもっともふさわしいものを、次の1～5から選び番号で答えなさい。

1 那須野が原の殺生石と同じように、うず潮で有名な鳴門海峡も松尾芭蕉が旅の途中に立ち寄った土地と言われているから。
2 九尾の狐の怨念がこもった殺生石には、今でも鳴門海峡のうず潮のような力が秘められているから。
3 玉藻の前の人形の頭の早変わりと、鳴門海峡に発生するうず潮と、どちらも不思議なからくりであることに違いはないから。
4 実在の人物が歴史に埋もれていくのと、船を吸い込んでしまいそうなうず潮のイメージに重なるものがあるから。
5 時間差によって生まれるうず潮と、伝説上の人物である玉藻の前が実在したかのように思われたいきさつに共通するものを感じたから。

問八 ――e「松尾芭蕉」とあるが、このときの旅についての紀行文の題名としてもっともふさわしいものを、次の1～5から選び番号で答えなさい。

1 源氏物語　2 おくのほそ道　3 西遊記
4 草枕《まくら》　5 雨ニモマケズ

問九 ――f「私はその場に茫然と立ち尽くしていました」とあるが、この時の「私」の心境の説明としてもっともふさわしいものを、次の1～5から選び番号で答えなさい。

1 古くから伝わる伝説をまるで現実の出来事のように感じた経験が、大自然の不思議な現象と重なってイメージされ、そのスケールの大きさに圧倒《とう》されている。
2 伝説にまつわる名所を前にするうち、まるで九尾の狐が実在したかのように思われ、いつの間にか自分が迷信にとらわれていること

囲まれていて、そこに注連縄《しめなわ》を巻かれた岩があります。これが殺生石でした。その由来はといえば、あの玉藻の前に関係するものなのでした。

　玉藻の前の物語には続きがあります。都を追われた九尾の狐は、下野《しもつけ》の国の那須野が原へ逃《に》げたのです。そこへ、天皇は、上総《かずさ》の介《すけ》、三浦《みうら》の介の二人を追っ手としてつかわします。二人は、家来たちに狐退治の訓練を積ませて、那須野が原に乗り込みます。そして、大軍で九尾の狐を取り囲み、とうとう矢を命中させました。インド、中国、日本と国を滅ぼそうと悪事を働いてきた九尾の狐は、ここに討たれたのです。ところが、その怨《おん》念はなおこの地に残りました。大きな石に姿を変えて、毒ガスを吐《は》き出すようになったのです。この石に近づいたものは、人間でも動物でもたちまち命を落としてしまいます。土地の人はこれを殺生石と呼ぶようになりました。

　それから長い時間が経《た》ち、源翁《げんのう》という高名な僧がこの地にやって来ました。殺生石のいわれを聞いた和尚《おしょう》は、法力によって石の怨念を鎮《しず》め、毒を弱めることに成功しました。今ある殺生石は、この時に割られた石の一部なのです。

　私は、思いがけずこの遺跡《せき》に導かれてきたことを面白く思いました。そして、d唐突《とうとつ》に鳴門海峡のうず潮を思い出しました。海流が淡路島の外側を遠回りする時間差によって生まれる、あの不思議な現象を思い出していました。淡路島では、玉藻の前も九尾の狐も人形でした。それが、数週間を隔《へだ》てて那須に再会してみると、荒涼《こうりょう》とした岩場の石に姿を変えています。遠い昔の物語の登場人物だった玉藻の前が、急に現実のものであるかのように思われたのです。実は、九尾の狐はもちろん、玉藻の前も伝説上の存在です。たとえ実在していた人物であっても、徐々《じょじょ》に歴史に埋《う》もれ忘れられていくのは普通のことです。それなのに、玉藻の前や九尾の狐の事跡はこうしてここに伝えられ、この石を前にしたとき、まるで九尾の狐が実在したかのように思われるのです。昔から、本や絵、あるいはお芝《しば》居で物語に接した人々が、はるばるこの殺生石を訪ねています。俳句で有名なe松尾芭蕉《まつおばしょう》も、旅の途《と》中わざわざここに立ち寄っています。そのとき、おそらくは私と同じような感覚におそわれたのではないでしょうか。時と所をかえた伝説との再会には、印象を鮮《あざ》やかにさせる力があるのです。それは、海流が迂回し出会うことで得られる力によって、うず潮が生み出されるようなものかも知れない。そんなことを思いながら、f私はその場に茫《ぼう》然と立ち尽《つ》くしていました。

問一　Ⅰ ～ Ⅳ にあてはまる言葉としてもっともふさわしいものを、次の1～5から選び番号で答えなさい。

1　ところが　　2　まさか　　3　では
4　そればかりでなく　　5　さて

問二　――a「玉藻の前はみずから本性をあらわして」とあるが、玉藻の前はどうなったのか。その説明としてもっともふさわしいものを、次の1～5から選び番号で答えなさい。

1　原因不明の病気にかかった。
2　体から金色の光を放った。
3　九尾の狐に姿を変えた。
4　音楽の才能を発揮した。
5　毒ガスを吐き出すようになった。

問三　――b「こうした特徴」とあるが、その指し示す内容はどのようなことか、四十字以上五十字以内で説明しなさい。

利用しようとしたのです。玉藻の前は、皇子に自分の正体を明かして、協力することを約束します。その様子をこっそり覗《のぞ》いていたのが、安倍泰成です。神聖な鏡の威《い》力で九尾の狐を追い払い、何とか天皇の危機を救うのでした。クライマックスでは、先ほどの人形のかしらのからくりが大活躍《やく》しました。薄雲皇子とのやり取りから安倍泰成との決闘《とう》にいたるまで、玉藻の前が客席から顔を背《そむ》けるたびに、化け物の顔になったり人間の顔に戻《もど》ったりします。まさに、淡路人形浄瑠璃の持ち味である「けれん」を堪《たん》能した一幕でした。

　公演が終わって外に出ると、日が傾《かたむ》いて涼《すず》しい風も吹いていました。人形座の正面は港になっていて、鳴門海峡《きょう》に向けて観光船も発着しています。名物のうず潮を見るのにちょうど良い時刻だと言うので、船に乗りこみました。船は後進で岸壁《べき》を離《はな》れると、港の中で半回転して舳《へ》先を沖《おき》へ向けました。桟《さん》橋には、なんと人形座の人形が見送りに出てきています。人形に手を振《ふ》りながら、港を後にしました。

　しばらく右に左に島を見ながら進んでいくと、海峡にかかる大鳴門橋が見えてきます。今日一番うず潮が発生しやすい時間帯ということで、橋のまわりには大小の観光船が群れをなしています。(1)そのあたりの海面は川のような流れがあり、その間にうずが生まれては消え、消えては生まれしています。あまり近づくと、船が吸い込《こ》まれてしまいそうに見えます。(2)けれども、慣れたもののようで、ぎりぎりまで船を寄せて見せてくれます。潮の満ち引きに関係して生まれるものだと聞いたことはありましたが、おぼろげな知識しか持たない私には、ただただ不思議な光景でした。

　帰りの船室では、うず潮発生の仕組みをわかりやすく解説した映像を流していました。海には潮の満ち引きが一日二回ずつあります。満ち潮の時間帯になると、太平洋から淡路島の方へ海水が流れ込んできます。(3)そして、四国と淡路島の間の鳴門海峡を通って、瀬戸《せと》内海の方へさらに流れ込もうとします。Ⅳ、鳴門海峡は幅《はば》が狭《せま》いので、海水の多くは淡路島を迂《う》回して大阪湾《わん》を通って瀬戸内海へ流れ込むことになります。(4)この迂回に五時間ほどかかるそうです。海水が五時間かけてようやくたどり着く頃には、鳴門海峡はすでに引き潮の時間になっています。狭い海峡で、流れ込もうとする海水と流れ出そうとする海水がすれ違《ちが》う状況《きょう》が生まれ、ここにうず潮が発生するのです。(5)ただただ不思議だった自然現象のからくりに初めて納得《なっとく》がいきました。

　淡路島から帰って以来、相変わらずの猛《もう》暑のせいで外出する気になれないでいました。休みの間にせめてもう一度どこかへと考えて、山へキャンプに出かけることにしました。なるべく涼しそうな場所を探して、栃木県の那須《なす》を目的地としました。朝のうちに那須岳《だけ》の山頂を踏《ふ》んで、昼から麓《ふもと》のキャンプ場で過ごすつもりで出発しました。ところが、那須高原に差し掛《か》かると雨が降り出しました。それほどひどい降りではありませんが、すぐに晴れそうにはありません。残念ですが、山に登るのはあきらめて、麓の神社にお参りしながら一日どう過ごすか練り直すことにしました。

　お参りを済ませて参道を振り返ると、脇道の奥《おく》へ案内看板が出ています。この先に殺生石《せっしょうせき》という名勝があるというのです。枯《か》れかかったあじさいの間を進んでいくと、広い岩場があらわれました、温泉のガスが噴《ふ》き出しているようで、独特の匂《にお》いもしてきます。岩場の奥の斜《しゃ》面が柵《さく》で

【国　語】（四五分）〈満点：一〇〇点〉

【一】　次の文章を読んで、後の各問いに答えなさい。

むかし、鳥羽《とば》天皇の頃《ころ》と言いますから、平安時代の終わりのことでしょうか。天皇のお后《きさき》に玉藻《たまも》の前《まえ》と呼ばれる方がいました。出身のはっきりしない女性でありましたが、それは美しい方だったそうです。Ⅰ、仏教や文学、音楽に通じていて、天皇の寵愛《ちょうあい》を独り占《じ》めにしていました。ところが、実はこの玉藻の前、人間ではなく九つの尾《お》を持つ狐《きつね》の妖怪《ようかい》、九尾《きゅうび》の狐の化けた姿だったのです。九尾の狐は、インドや中国で国を滅《ほろ》ぼそうとして失敗し、日本に逃《のが》れてきました。そして、今度は日本の国を滅ぼそうとして、天皇に近づいたのでした。

中秋の名月の晩、天皇は住まいに大勢の貴族たちを招いて盛大な宴《えん》会を開きました、音楽の得意な者たちに合奏させて、天皇は月をめでておりました。すると、にわかに空はかき曇《くも》り、そればかりか雨まで降り出しました。そして、しまいには風のせいで御殿《ごてん》の明かりという明かりが吹《ふ》き消されてしまいました。慌《あわ》てた警備の者たちが松明《たいまつ》を持って駆《か》けつけると、何と玉藻の前の体が金色の光を放って輝《かがや》いています。その姿はまるで月のようでした。

天皇はそれ以来、病気になり床《とこ》から起き上がれなくなってしまいました。何しろ病気の原因は誰《だれ》にもわからず、どうすることもできません。家来の中に、安倍泰成《あべのやすなり》という者がおりました。占《うらな》いに長《た》けた男で、その力で天皇の病気の原因をすっかり明らかにしました。天皇の病気は玉藻の前の仕業《わざ》で、インド、中国から渡《わた》ってきた妖怪だということまでわかったのです。泰成は、天皇にこれを申し上げて、玉藻の前を追い払《はら》うことを進言しました。それまで玉藻の前のとりこになっていた天皇も、今は目が覚めました。妖怪を追い払うことを決心し、家来に命令を下しました。すると、a玉藻の前はみずから本性をあらわして、宮殿《きゅうでん》を去っていったのでした。

この夏、淡路《あわじ》島に残る人形浄瑠璃《じょうるり》を見ようと、淡路人形座を訪ねました。人形浄瑠璃とは、伝統的な人形劇のことです。大阪に国立文楽劇場という専用の劇場があり、その一座が大阪と東京で公演を行っています。人形は人の背丈《たけ》の三分の二ほどのサイズで、それを三人で操《あやつ》ります。また、人形はセリフをしゃべれませんので、舞台《ぶたい》の脇《わき》に太夫《たゆう》と呼ばれる人が座り、セリフや物語を語ります。淡路人形浄瑠璃も大阪の文楽も、bこうした特徴《ちょう》は共通しています。Ⅱ、淡路人形浄瑠璃の独特なところは何かと言うと、（　あ　）と呼ばれる奇抜《きばつ》で大がかりな演出が挙げられます。人形座では、公演に先立って実演をまじえた人形の解説がありました。その中で、頭の部分に隠《かく》されているからくりも披露《ひろう》されました。穏《おだ》やかな女性の顔が化け物の顔に早変わりする様子に、私は思わず驚《おどろ》きの声を漏《も》らしてしまいました。

Ⅲ、お楽しみの公演では、玉藻の前の物語の一部が舞台にかけられました。c人形浄瑠璃では、玉藻の前は右大臣の娘《むすめ》で、和歌の才能を認められて天皇のお后に迎《むか》えられたという設定です。ある日、玉藻の前が天皇に差し上げる和歌を詠《よ》んでいると、九尾の狐があらわれて襲《おそ》いかかります。狐は玉藻の前を殺してしまうと、自分が玉藻の前になりすまします。そこへ、天皇の兄の薄雲皇子《うすぐものおうじ》という悪者があらわれます。天皇の座を弟に奪《うば》われた皇子は、天皇の暗殺を企《たくら》み、その計画に玉藻の前を

2019年度

解 答 と 解 説

《2019年度の配点は解答欄に掲載してあります。》

＜算数解答＞ 《学校からの正答の発表はありません。》

【1】 (1) ア 3 イ 35 ウ 48 (2) ア 4 イ 1 ウ 2 (3) 48
(4) 16

【2】 (1) 75 (2) ア 171 イ 99 (3) 22 (4) 10

【3】 (1) 15 (2) ア 67 イ 5 (3) ア 50 イ 24 (4) 2826

【4】 (1) 20 (2) ア 7 イ 12

【5】 (1) ア 13 イ 1 ウ 3 (2) ア 3 イ 2

【6】 (1) ア 14 イ 4 (2) ア 28 イ 8

【7】 (1) ア 7 イ 2 (2) 40

○推定配点○

各5点×20　計100点

＜算数解説＞

【1】 (四則計算，数の性質，場合の数，年令算，消去算)

(1) $\left(1\frac{1}{8}+\frac{1}{4}\right)\times\frac{5}{3}+1.6-1.3\times\frac{1}{8}=1\frac{3}{8}\times\frac{5}{3}+\frac{8}{5}-\frac{13}{80}=2\frac{7}{24}+1\frac{7}{16}=3\frac{35}{48}$

(2) $\boxed{ア}\frac{\boxed{イ}}{\boxed{ウ}}=\left\{5\frac{3}{8}-1\frac{3}{8}\div\left(1\frac{8}{9}-1\frac{5}{9}\right)\right\}\times\frac{18}{5}=\left(5\frac{3}{8}-\frac{33}{8}\right)\times\frac{18}{5}=\frac{5}{4}\times\frac{18}{5}=4\frac{1}{2}$

基本 (3) 一の位に入る数は3通り，百の位に入る数は4通り，十の位に入る数も4通りあり，3ケタの整数は4×4×3＝48(個)ある。

重要 (4) 今年のBくんの年令をアにすると，ア×3＋16がア＋16の2倍，ア×2＋32に等しいのでア×3－ア×2＝アは32－16＝16(歳)である。

【2】 (数の性質，速さの三公式，旅人算，時計算，割合と比，濃度，単位の換算)

基本 (1) 15の倍数のうち，75＝3×5×5は約数が2×3＝6(個)ある。

基本 (2) 分速200mは，時速200×60÷1000＝12(km)である。
反対方向に走る場合…(45＋12)×3＝171(km)　同じ方向に走る場合…(45－12)×3＝99(km)

重要 (3) 両針の角度が60度になる場合は，午前0時台と午前9時台が1回ずつあり，他は午前11時台まで1時間に2回ずつあるので，全部で1×2＋2×(12－2)＝22(回)ある。

基本 (4) 200gと500gの比は2：5であり，2×3＋5×□＝(2＋5)×8＝56　したがって，□は(56－6)÷5＝10(％)

重要 【3】 (平面図形，立体図形，図形や点の移動，相似)

図1

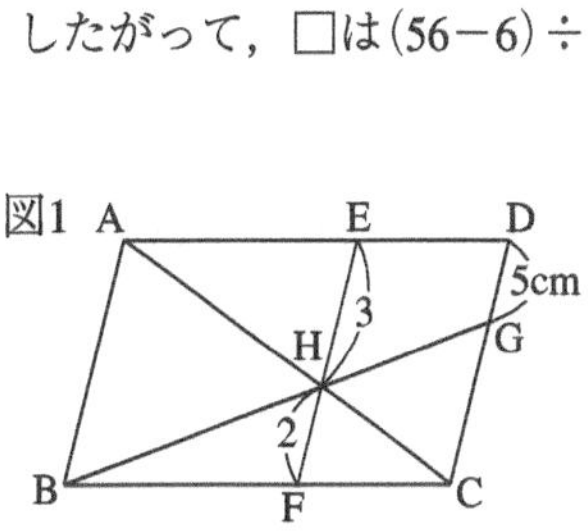

(1) 図1において，三角形AHEとCHFは相似でAH：HCが3：2であり，三角形ABHとCGHも相似でAB：CGも3：2である。したがって，AB：DGは3：(3－2)＝3：1であり，ABの実際の長さは5×3＝15(cm)である。

(2)　図2において，二等辺三角形EDBの底角が1のとき，二等辺三角形DECの底角が2であり，角xは1＋2＝3である。したがって，直角三角形ABCにおいて角Bと角Aの和1＋3＝4が90度に相当し，角xは90÷4×3＝67.5(度)

図2

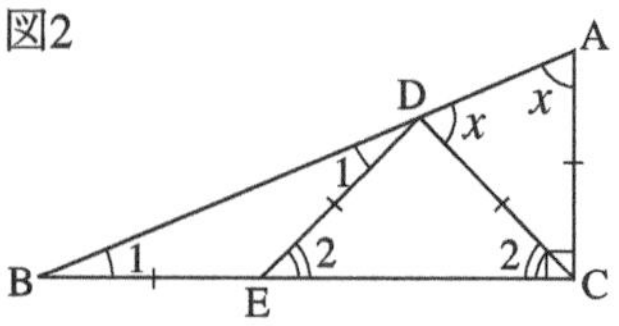

(3)　図3において，弧BCの弓形部分と弧BAの弓形部分は合同であり，扇形BCAの半径×半径は直角二等辺三角形AOBの面積の2×2＝4(倍)の大きさに等しい。したがって，求める面積は8×8×2×3.14÷8＝25.12×2＝50.24(cm^2)

図3

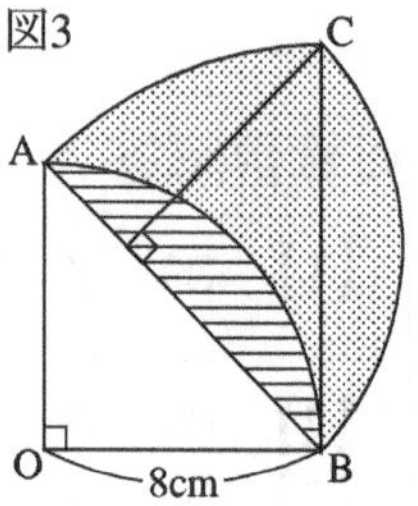

(4)　右図より，表面積は12×12×3.14＋12×2×3.14×20＋4×2×3.14×15＋12×13×3.14＝(144＋480＋120＋156)×3.14＝9×314＝2826(cm^2)

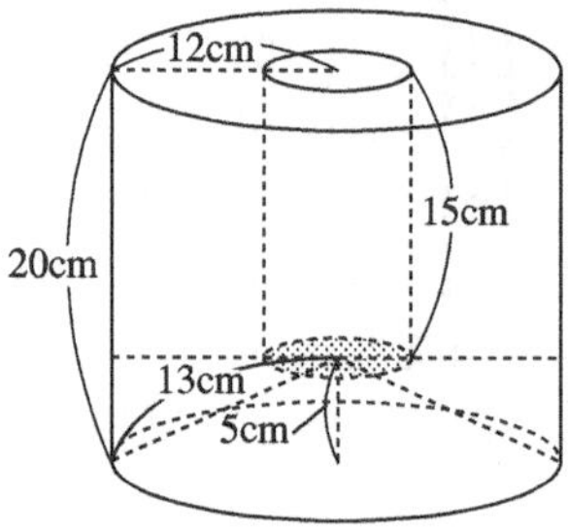

重要【4】（速さの三公式と比，割合と比，単位の換算）

(1)　右図において，ABは電車間の間隔を示し，ABに9分で歩いた距離4÷60×9＝0.6(km)を加えた距離「AB＋0.6」と，ABから6分で歩いた距離4÷60×6＝0.4(km)を引いた距離「AB－0.4」との比が9：6＝3：2に等しい。したがって，3－2＝1が0.6＋0.4＝1(km)に相当するので電車が6分で進む距離は1×2＝2(km)，電車の時速は$2\div\frac{6}{60}=20$(km)である。【別解】電車と歩きの時速の和とこれらの差の比が9：6＝3：2であり，3－2＝1が4×2＝8(km)に相当し，電車の時速は8×2＋4＝20(km)

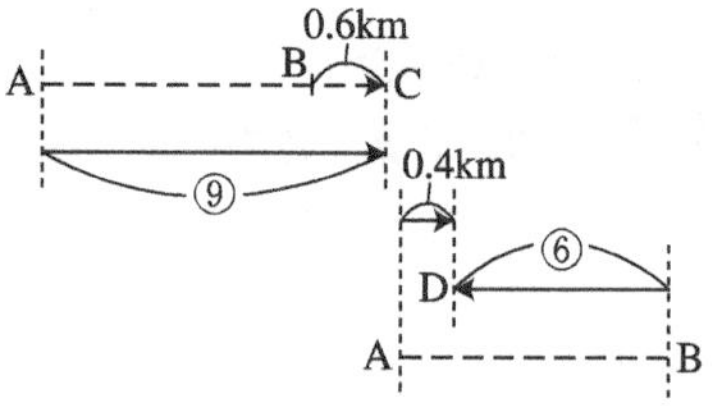

(2)　(1)より，ABの距離は2.4kmであり，電車の時間間隔は2.4÷20×60＝7.2(分)すなわち7分12秒である。

重要【5】（平面図形，相似，立体図形）

(1)　右図において，直角三角形AHJとABCは相似で対応する辺の比は$\left(8-5\frac{1}{3}\right)$：8＝1：3，面積比は1：9である。したがって，容器内の空き部分の容積は1×15＝15に相当し，容器を起こすと水面の高さは$15-15\div9=13\frac{1}{3}$(cm)になる。

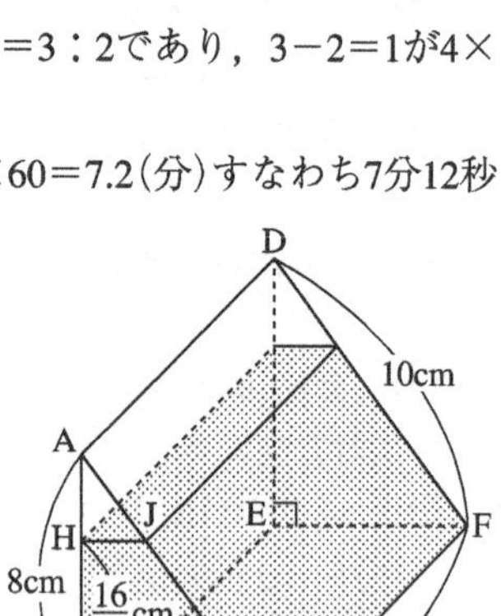

(2)　右図において，高さBKは6×8÷10＝4.8(cm)であり，(1)の辺の比より，水面の高さは4.8÷3×(3－1)＝3.2(cm)

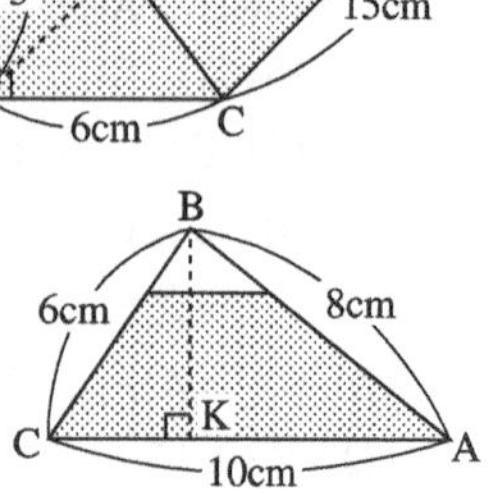

重要 **【6】（平面図形，図形や点の移動，グラフ，速さの三公式と比，旅人算）**

(1)　グラフより，Qの秒速は48÷8＝6(cm)，Pの秒速は48÷12＝4(cm)である。四角形ABQPの面積が長方形の面積の半分になるとき，1回目は8秒より前であり，2回目は12秒～16秒の間である。12秒のとき，APとBQの長さの和は48＋48÷2＝72(cm)であり，この和が48cmになる時刻は12＋(72－48)÷(6＋4)＝14.4(秒)である。

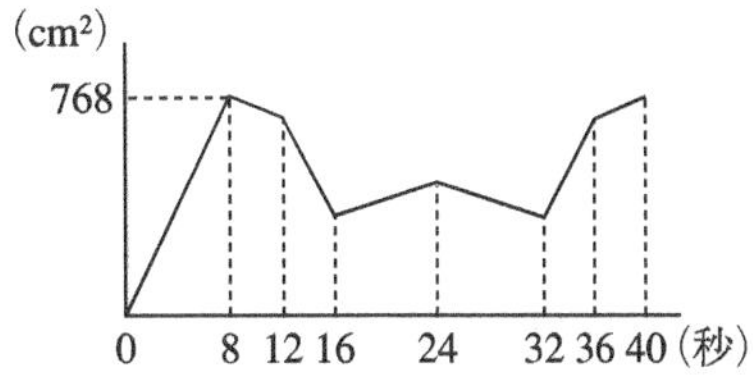

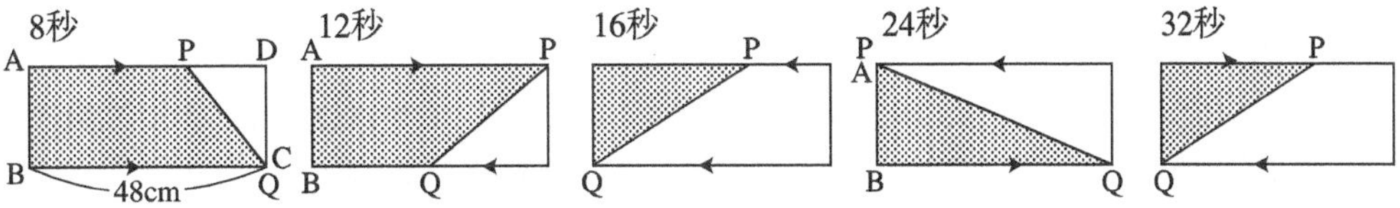

(2)　(1)より，8秒のとき，台形ABQPの「上底＋下底」は(6＋4)×8＝80(cm)，高さABは768×2÷80＝19.2(cm)であり，APとBQの長さの和が19.2cmになるとき，1回目は16秒～24秒の間，2回目は24秒～32秒の間である(グラフも参考にする)。したがって，24秒のとき，BQが48cmであり，1秒ごとに台形の「上底＋下底」は6－4＝2(cm)ずつ短くなるので，「上底＋下底」が19.2×2＝38.4(cm)になるのは24＋(48－38.4)÷2＝28.8(秒)である。

【7】（場合の数，推理）

重要 (1)　表ア・イの例の場合

1位も2位も勝ち点の合計は[ア]7点である。

表ウの例の場合

2位～4位は勝ち点の合計が[イ]2点である。

表ア

	A	B	C	D	
A	＼	○	○	△	7
B	×	＼	○	×	3
C	×	×	＼	×	0
D	△	○	○	＼	7
					17

表イ

	A	B	C	D	
A	＼	○	○	△	7
B	×	＼	△	×	1
C	×	△	＼	×	1
D	△	○	○	＼	7
					16

表ウ

	A	B	C	D	
A	＼	○	○	○	9
B	×	＼	△	△	2
C	×	△	＼	△	2
D	×	△	△	＼	2
					15

やや難 (2)　勝ち点の合計の組み合わせは，以下の40通りがある。

9・6・3・0　9・6・1・1　9・4・4・0　9・4・2・1　9・4・3・1　9・3・3・3
9・2・2・2　…7通り
7・7・3・0　7・7・1・1　7・6・4・0　7・6・3・1　7・6・2・1
7・5・4・0　7・5・3・1　7・5・2・1　7・4・4・1　7・4・3・3　7・4・3・2
7・4・3・1　7・4・2・2　7・3・2・2　…14通り
6・6・6・0　6・6・4・1　6・6・3・3　6・5・4・1　6・5・2・2
6・4・4・3　6・4・4・2　…7通り
5・5・5・0　5・5・4・1　5・5・3・2　5・5・3・1　5・5・2・2
5・4・4・3　5・4・4・2　5・4・3・2　5・3・3・2　…9通り
4・4・4・4　4・4・4・3　…2通り　3・3・3・3　…1通り

★ワンポイントアドバイス★

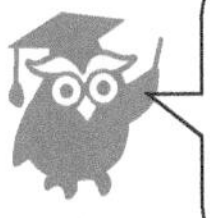

最後の問題を除くと難問はないが，【6】(1)・(2)は，「2回目」の時刻を求める問題になっているので単純ではなく，【7】(1)「2位の最低勝ち点」も間違えやすい。【4】「電車の間隔」の問題で，差がつきやすい。

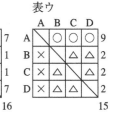

＜理科解答＞ 《学校からの正答の発表はありません。》

【1】 (1) ① 1 ② 1 ③ 1 (2) 2 (3) 2 (4) 2 (5) 3 (6) 2

【2】 (1) 食塩 (2) ア 4 イ 1 (3) 4 (4) 3 (5) 2 (6) 5
(7) 1, 5

【3】 (1) 1 (2) 1 (3) 3

【4】 (1) 3 (2) ア 4 イ 2 (3) 光合成 (4) 2, 3

【5】 (1) 2 (2) 2 (3) 3 (4) 3 (5) 6

○推定配点○

【1】 (1)・(2) 各1点×4 (3)〜(6) 各2点×4 【2】 各2点×7((2)・(7)は各完答)
【3】 各2点×3 【4】 各2点×4((2)・(4)は各完答) 【5】 各2点×5 計50点

＜理科解説＞

【1】 (気象－季節と太陽，天気)

(1) ① 12月下旬にある冬至の日は，一年で最も太陽の南中高度が低く，棒の影は最も長い。そのため，棒の影の先の位置を結んだ曲線(日影曲線)は，棒から最も離れた位置にできる。
② 太陽は南の空を通って移動するので，影は北の地面を通る。図2で影ができていないウが南，逆に，影ができるアが北である。よって，イが西で，エが東である。 ③ 東京に比べて福岡は西にある。だから，東京に比べ福岡では，日の出，南中，日の入りともに時刻が遅い。そのため，同時刻の太陽は，東京に比べ福岡では，少し東の方に位置する。よって，影は少し西の方，つまりイの方にずれる。

(2) 図3で，正午ごろに最も高くなっているアが太陽高度で，南中高度は65°ほどである。その少しあと，13時ごろに最も高くなっているイが地温である。さらにそのあと，14時ごろに最も高くなっているウが気温である。イとウを比べて，昼間はイが高く，夜間はウが高いことからも，温度の変化が大きいイが地温と判断できる。

重要 (3) 晴れた夜は雲がないので，地面からの熱(赤外線)は雲にさえぎられることなく逃げる。そのため，翌日の朝に太陽が出てくるまで気温は下がり続ける(放射冷却)。

(4) 春や秋は，高気圧と低気圧が交互に，偏西風に乗って西から東へ移動し，日本列島を通過する。そのため，天気は周期的に変化する。黄砂は大陸の砂漠で巻き上げられた砂が飛来する現象で，春に多い。また，台風は風速が17.2m/秒以上の熱帯低気圧で，夏〜秋に多い。夏は，太平洋高気圧(小笠原気団)が発達し，日本列島には南東からの暖かく湿った季節風が吹く。そのため，日本列島の大半は，高温で多湿の気候になる。冬は，西高東低の気圧配置となり，日本列島には大陸のある北西からの季節風が吹く。そのため，日本海側では雪が多く，東京を含む太平洋側は乾燥した晴天が続く。

重要 (5) 台風のまわりの空気の動きは，上から見て左回り(反時計回り)である。台風自体も動いているため，台風の進行方向を向いて右側では，風速に台風自体の速度が足し算され，より風速が速くなる。逆に，左側は引き算で風速が遅くなる。これは，図4の暴風域が，中心よりも南側で広いことからもわかる。一般に，台風の進行方向右側は，危険半円とよばれる。

(6) 虹は，大気中に浮かんでいる細かな水滴に太陽の光が当たり，水滴の中で屈折と反射をすることで生じる。太陽光にはさまざまな色の光が混ざっているが，色によって屈折の仕方がわずかにちがうので，色に分かれた虹が見える。虹は，自分から見て太陽と真反対にできる。本問のように太陽が東の空にあるならば，虹は西の空にできる。

【2】（水溶液の性質－酸とアルカリ）

基本 (1) 塩酸に溶けているのは塩化水素である。塩化水素と水酸化ナトリウムが反応すると，中和して水と塩化ナトリウムができる。一方，炭酸水素ナトリウム(重曹)は水に溶かすと弱いアルカリ性である。塩化水素と炭酸水素ナトリウムが反応すると，中和して，水と二酸化炭素と塩化ナトリウムができる。どちらの場合も塩化ナトリウム(食塩)ができる。乾燥させてルーペで観察すると，立方体に近い形の結晶がみられる。

(2) 発生した気体は，火を近づけると燃えて水ができて試験管がくもったので，水素である。選択肢のうち，塩酸を加えると溶けて水素が発生するのは，金属のアルミニウムと鉄である。金属でも銅は溶けない。石灰石は溶けるが発生するのは二酸化炭素である。一方，水酸化ナトリウム水溶液に溶けて水素が発生するのは，アルミニウムだけである。設問で，(ア)と(イ)に同じ物質は入らないので，(ア)が鉄，(イ)がアルミニウムである。

(3) 石灰水を白く濁らせるのは，二酸化炭素である。燃焼して二酸化炭素が発生するのは，もとの物質に成分として炭素が含まれているものである。その多くは有機物である。選択肢では，スチールウール(鉄の繊維)以外はすべて炭素を含む有機物で，燃焼させると二酸化炭素が発生する。スチールウールは酸素と結びついて酸化鉄になる。二酸化炭素は出ず，燃焼後に重くなる。

(4) ドライアイスは二酸化炭素が固体になったものである。アンモニア水にドライアイスを入れると，ドライアイスが気体の二酸化炭素の泡となり，一緒に細かな水滴が空中にたくさん飛び出して，煙のように見える。空気中の水蒸気が冷やされて細かな水滴になったものも混ざっている。これは，水やお湯にドライアイスを入れたときと同じである。

(5) アンモニア水はアルカリ性なので，BTB液を加えると青色になる。一方，ドライアイスを水に入れると二酸化炭素が水に溶けて酸性になる。そのため，アンモニア水にドライアイスを入れると，中和してBTB液の色は青色から緑色へ，さらに入れると黄色へと変化する。

(6) 選択肢のうち，固体が溶けている水溶液は，石灰水だけである。石灰水は，消石灰(水酸化カルシウム)の水溶液である。1，3，6は気体が溶けた水溶液であり，加熱すると気体が逃げて，何も残らない。2を引火しないようにおだやかに加熱すると，液体そのものが蒸発する。4は液体の過酸化水素が溶けている。

(7) BTB液が青色になるのは，アルカリ性の水溶液である。選択肢では，アンモニア水と石灰水があてはまる。なお，2そのものは水溶液でないが，水と混ぜて水溶液にすると中性である。3，4と6は酸性である。

【3】（地層と岩石－川のはたらき）

(1) 図5では，川幅が細いところで流れが速い。そのうち，カーブの外側に当たる地点1が最も流れが速い。地点3～5のうちでは中央の4が速いが，川幅が広いので，地点1ほどではない。

(2) 図5で，最も流れの速い地点1では，侵食作用が強くはたらき，川底は深くけずられ，川岸は崖になる。地点3～5のうちでは中央の4が深いが，川幅が広いので，地点1ほどではない。

基本 (3) 断面を下流側から見ることは，図5の右側から見ることなので，左側が地点2，右側が地点1である。地点1は川底が深く，川岸は崖である。反対に，地点2は河原である。

【4】（植物のはたらき－光合成）

(1) 花をつける植物は，水を根の表皮にある根毛から取り入れ，道管を通して全身に運んでいる。その一部は，問題文で説明されている光合成に使われる。

(2)・(3) 植物が光エネルギーを使ってデンプンをつくるはたらきを光合成という。植物の細胞にある葉緑体で，二酸化炭素と水を原料にして，酸素とデンプンをつくっている。

重要 (4)　電灯の光で光合成をするかどうか調べたいので，昼間の太陽光には当てない。昼間の太陽光に当てると，デンプンが昼間できたのか夜間できたのかわからなくなる。昼間は太陽光に当てないように葉をアルミニウムはくでおおい，夜はアルミニウムはくを外して室内で電灯の光を当てる(選択肢2)。これと比較するために，夜もアルミニウムはくを外さないものも準備する(選択肢3)。実験の結果，選択肢2でデンプンができて，選択肢3でデンプンができないことが確認できれば，夜に電灯の光でも光合成をすることが証明できる。

【5】（物体の運動－羽根車の回転）

(1)　図7を見ると，コックを開いてはじめのうちは，水の量が大きく増加しており，1秒あたりに流れ出る水の量が多いことを示している。しかし，時間が経つと，水の量があまり増加しなくなり，1秒あたりに流れ出る水の量が減ったことを示している。つまり，最初は水の勢いはが強いが徐々に弱まっている。そのため，羽根車の回転は，最初は速いが徐々に遅くなっていく。

(2)　より高いところから水を落とすと，羽根車に当たる水の速さが増し，羽根車を回すはたらきが大きくなる。そのため，羽根車はより速く回る。

やや難 (3)　円筒形の容器に入れる水の深さが半分になると，コックにかかる水圧も半分で，最初に出てくる水の勢いは弱い。そのときに流れ出る水の量の変化は，右図のAから始まるのと同じになり，全部流れ出る時間は120秒の半分よりも長い。

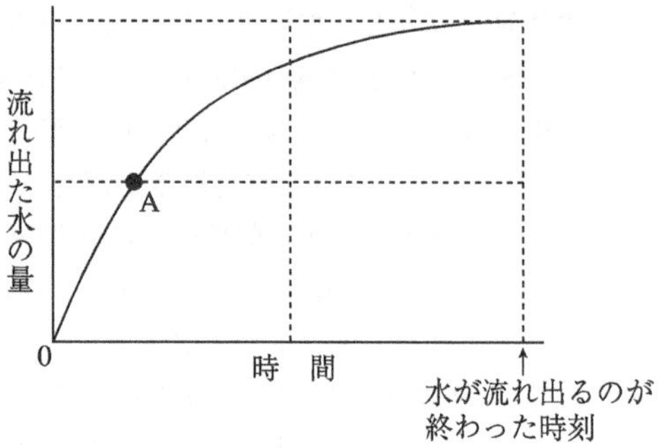

(4)　円筒形の容器の直径を半分にすると，底面積が4分の1になる。同じ量の水を入れると，深さは4倍になる。コックにかかる水圧も4倍になるので，コックを開いたときの水の勢いは強く，短時間で水が流れ出る。

(5)　導線の中を流れる電流は，水の流れとちがって重力で動いているのではない。だから，上下のどのように置こうと，流れる電流の大きさに変わりはなく，モーターの回転の速さも向きも変わらない。

★ワンポイントアドバイス★

それぞれの設問で聞かれている基本事項は何か，しっかり理解して順を追って考えていこう。

＜社会解答＞《学校からの正答の発表はありません。》

【1】問1　3　問2　2　問3　4　問4　1　問5　1　問6　3　問7　1　問8　1
問9　2　問10　3

【2】問1　ア　3　イ　1　ウ　6　問2　エ　3　オ　6　カ　1　問3　4・3・1・2

【3】ア　5　イ　6　ウ　8　エ　4　オ　7　カ　2　キ　1　ク　3　ケ　9

【4】ア　(語群)　4　(地図)　9　イ　(語群)　3　(地図)　8
ウ　(語群)　1　(地図)　2　エ　(語群)　7　(地図)　4
オ　(語群)　6　(地図)　6

【5】 問1 3　問2 東海道新幹線　問3 ジャイアント・パンダ[パンダ]　問4 2
問5 1
【6】 問1 ア 5　イ 7　ウ 4　エ 8　問2 2　問3 20　問4 2　問5 1
問6 1　問7 (例) 道に迷っている外国人がいたら，道案内をしてあげる。
【7】 問1 (例) 家庭で出された料理の食べ残しで，廃棄されるもののこと。
問2 (例) 料理の食べ残しが出ないように，料理の量を少なめにしたり，料理の味付けを工夫したりする。　問3 (例) スーパーやコンビニにならぶ弁当や惣菜が，賞味期限が切れて大量に廃棄されてしまう。

○推定配点○
【1】 各1点×10　【2】 各1点×7(問3は完答)　【3】 各1点×9
【4】 各1点×5(「語群」と「地図」の組み合せで，それぞれ完答)　【5】 各1点×5
【6】 各1点×10　【7】 問2 2点　他 各1点×2　計50点

＜社会解説＞

【1】 (日本の地理－日本の国土と自然)

基本 問1 四大島の面積は，本州，北海道，九州，四国の順に大きい。

問2 ユーラシア大陸は世界最大の大陸。日本は，ユーラシア大陸の東に位置している。東アジアには，日本のほか，中国，韓国，北朝鮮，モンゴルなどが含まれる。

重要 問3 日本の東端は，南鳥島で，東経154度付近に位置。日本の南端は，沖ノ鳥島で，北緯20度付近に位置。いずれも，東京都に属している。

問4 ロシアは，ポツダム宣言が，日本の領土を本州，九州，四国，北海道とその周辺の島々に限定していること，およびサンフランシスコ平和条約において，日本が千島列島を放棄したことを理由として，択捉島を含む北方領土の返還を拒否している。2は南鳥島，3は与那国島，4は沖ノ鳥島。

問5 択捉島は，北東から南西に細長く伸び，面積(約3,180km^2)は本州，北海道，九州，四国を除いて最も大きい。2は国後島，3は種子島，4は沖縄島。

基本 問6 日本の面積は，37.8万km^2。ドイツの面積は，これよりわずかに小さい，35.7万km^2。なお，イギリスの面積は，24.2万km^2。

問7 沖縄は年中温暖な亜熱帯の気候。雪が降ること，氷が張ることはまずない。一方，北海道は，寒さの厳しい長い冬，短いが高温になる夏が存在する亜寒帯(冷帯)の気候。気温の年較差が大きい。

問8 小笠原諸島は，東京の南南東約1,000kmの太平洋上に点在する島々。北緯20度25分～27度40分付近に位置する。白神山地(青森県・秋田県)は北緯40度30分付近，知床(北海道)は北緯44度付近，屋久島(鹿児島県)は北緯30度30分付近に位置する。

問9 ㋘－1海里は約1,852m。よって，200海里は約370km。㋙－日本の排他的経済水域は，アメリカ合衆国，オーストラリア，インドネシア，ニュージーランド，カナダに次いで世界で第6位の広さである。

やや難 問10 日本の領海面積は約43万km^2，日本の排他的経済水域は約405万km^2。両者を足すと，約448万km^2で，日本の国土面積約38万km^2のほぼ12倍となる。

【2】 (日本の歴史－『明治維新150年』を題材にした日本の歴史)

問1 ア 明治新政府は，1868年9月3日，遷都を決定。明治天皇は同年11月26日東京に到着。江戸城を東京城と改め，以後東京が首都となった。　イ　浦賀は神奈川県横須賀市内の一地域で，三浦半島の東端に位置する。1853年，ペリーが来航して開国を求めた地として知られる。　ウ　横浜は，1859年，日米修好通商条約に基づき横浜港が開港して以来，急速に発展。神戸と並ぶ日本を代表する国際港湾都市となった。

重要　問2　エ　勝海舟は，幕末・明治時代の政治家。1860年，咸臨丸の艦長として太平洋横断に成功。戊辰戦争において，西郷隆盛と交渉して，江戸城無血開城を実現した。　オ　ワシントンは，アメリカ合衆国初代大統領。1775年以来独立戦争を指揮し，1783年独立を達成。アメリカ建国の父とよばれる。　カ　板垣退助は土佐藩出身の政治家。倒幕運動，戊辰戦争に参加し，明治新政府では参議となるが，征韓論政変で下野。1874年に民撰議院設立建白書を提出し，自由民権運動の指導者となる。1881年に自由党を創設した。

やや難　問3　1は1866年，2は1867年，3は1862年，4は1858年。

【3】（日本の歴史ー年号を題材にした日本の歴史）

基本　ア　大化の改新。645年(大化元年)の蘇我氏打倒に始まる一連の政治改革をいう。中大兄皇子，中臣鎌足らが中心。

イ　大宝律令。文武天皇の命で，刑部親王，藤原不比等らが編集，701年(大宝元年)に成立した。

ウ　平治の乱。1159年(平治元年)，平清盛と源義朝の間に起こった内乱　清盛は勝利をおさめ，平氏の全盛を迎えた。

やや難　エ　御成敗式目。1232年(貞永元年)に制定されたことから貞永式目ともよぶ。鎌倉幕府の基本法で，最初の武家法。3代執権北条泰時が制定した。

オ　文永の役。1274年(文永11年)，モンゴル(元)・高麗軍は九州北部を侵攻。元の集団戦法や火器の威力に日本の武士は悩まされたが，暴風雨もあって，これを撃退した。

カ　応仁の乱。1467年(応仁元年)，室町幕府8代将軍足利義政の後継者争いに，守護大名の勢力争いがからみ，11年間の大乱が始まる。この結果，戦場となった京都は焼け野原になってしまった。

キ　安政の大獄。1858年(安政5年)から翌年にかけて，大老井伊直弼が反対派をきびしく弾圧，吉田松陰，橋本左内などが刑死した。

ク　大政奉還。江戸幕府15代将軍徳川慶喜は，1867年(慶応3年)，政権を朝廷に返上した。

ケ　1979年に制定された元号法で，元号は政令で定め，皇位の継承があった場合に限り改元することが初めて法的に規定された。この法律に基づき，1989年1月8日，昭和が平成に改元された。

【4】（日本の歴史ー歴史的の重要な建築物や鉱山など）

ア　大浦天主堂は，長崎市南山手にある日本最古のカトリック教会堂。1864年に建設された。国宝。

やや難　イ　石見銀山は島根県大田市の銀山。16世紀以降，博多商人らにより灰吹法が導入されてから生産が増大し，大内，尼子，毛利らの戦国大名が激しく争奪を繰り返した。

ウ　青葉城は，仙台城の別名。現在の宮城県仙台市青葉区にあった平山城で，伊達氏の居城。第二次世界大戦時の空襲で焼かれ，石垣が残るのみである。

エ　日光東照宮は，徳川家康を東照大権現としてまつる神社。栃木県日光市にある。

基本　オ　大山(大仙)古墳は，大阪府堺市にある前方後円墳。日本最大の古墳で，陵墓の面積では世界最大級とされる。

【5】（総合ー近代の歴史，時事的用語など）

問1　1956年10月，日本はソ連と，日ソ共同宣言を結び，国交を回復。これにより，ソ連は，日本の国際連合加盟について賛成に転じ，同年12月，日本の国際連合加盟が実現した。

基本　問2　1964年10月1日，日本初の高速鉄道である東海道新幹線が開通。同年同月10日，東京オリンピックの開会式が行われた。

問3　1972年9月，日本と中国は，日中共同声明を結び，国交を正常化。これを記念して，中国から日本へ，カンカンとランランの2頭のジャイアント・パンダが贈られた。

問4　2000円札が発行されたのは2000年。また，2000年には第26回主要国首脳会議（九州・沖縄サミット）が沖縄県名護市を中心に開催された。

問5　インバウンド（inbound）は，訪日外国人観光客の意味で使われる。なお，アウトバウンド（outbound）は，日本から海外に行く旅行者をさす。

【6】（総合－世界地理，時事的問題など）

重要　問1　ア　ピョンチャン（平昌）は，韓国北部，江原道（カンウォンド）にある郡の名称。2018年の冬季オリンピックの開催地。　イ　ペキン（北京）は中国の首都。河北省中央部に位置し，中央政府直轄市。　ウ　1998年の冬季オリンピックは長野市で開催。これに合わせ，長野新幹線（現在は北陸新幹線の一部）が開業した。　エ　モスクワはロシア連邦の首都。ヨーロッパ・ロシアのほぼ中央に位置し，ヴォルガ川の支流であるモスクワ川に臨む。ロシアの政治，経済，文化の中心地。

問2　国民栄誉賞は，広く国民に敬愛され，社会に明るい希望を与えることに顕著な業績があった人に，内閣総理大臣の決定により贈られる表彰。1977年，プロ野球の王貞治選手が初めて受賞。

基本　問3　世紀は，百年を一つの区切りとして年代を数える方法。西暦1年～100年が1世紀，101年～200年が2世紀。以下，同様で，1901年～2000年が20世紀。

問4　日本とロシアのモスクワでは，「6時間の時差」があるとの発言に注目。日本とロシアのモスクワでは，日本が時刻が進んでいるので，日本時間の7月16日午前0時は，モスクワでは，時計の針を6時間ほど遅らせた7月15日午後6時である。

問5　全豪オープンはオーストラリア，全仏オープンはフランス，全英オープンはイギリス，全米オープンはアメリカ合衆国で開催される。この4か国のうち，南半球に位置するのはオーストラリアだけである。

問6　「（サマータイムで）13時間の時差がある」との発言に注目。日本とアメリカ合衆国では，日本が時刻が進んでいるので，日本時間の9月9日午前5時は，アメリカ合衆国の全米オープン開催地では，時計の針を13時間ほど遅らせた9月8日午後4時である。

問7　解答例のほか，「折り紙の折り方を教えてあげる。」など，「あなた」ができる「おもてなし」を具体的に書けばよい。

【7】（総合－食品ロスをテーマにした問題）

問1　食品ロスとは，食べることができるのに，捨てられてしまう食品をいう。家庭からでる食品ロスの多くは，料理の食べ残しとして，捨てられてしまう食品である。

問2　資料1から，料理の食べ残しの最大の理由が，「量が多かった」ことであることが，資料2から，食べ残した料理を廃棄した最大の理由が，「食べる見込みがない」ことであることが読み取れる。よって，家庭からでる食品ロスを減らすためには，量を減らすことが最大のポイントであると考えられる。

問3　解答例のほか，「レストランの食べ放題メニュー」，「パーティーや旅館の夕食などの食べきれない量の料理」なども考えられる。

★ワンポイントアドバイス★

「食品ロス」について，資料を参考に色々考えさせる新しい傾向の問題が出題された。来年度以降も，このような傾向の問題が出題されると予想される。

＜国語解答＞《学校からの正答の発表はありません。》

【一】 問一　Ⅰ　4　Ⅱ　3　Ⅲ　5　Ⅳ　1　問二　3　問三　（例）人形は人の背丈の三分の二ほどのサイズで，それを三人で操り，セリフや物語は舞台脇の太夫が語ること。　問四　2　問五　3　問六　5　問七　5　問八　2　問九　1

【二】 問一　1　問二　A　4　B　5　問三　4　問四　3　問五　4

【三】 ア　7　イ　9　ウ　5　エ　2　オ　3　カ　6

【四】 ア　1　イ　3　ウ　2　エ　4　オ　5

【五】 ア　主体　イ　特異　ウ　世相　エ　景観　オ　直(ち)　カ　領域
キ　定石　ク　思案　ケ　連日　コ　至(り)　サ　明　シ　多大
ス　測候　セ　竹馬　ソ　営(み)

○推定配点○

【一】 問一　各3点×4　問三　10点　問八　2点　他　各4点×6

【二】 問一　3点　問二・問三　各2点×2(問二は完答)　問四・問五　各4点×2

【三】 各2点×6　【四】 各2点×5　【五】 各1点×15　計100点

＜国語解説＞

【一】 （随筆文ー心情・場面・論理展開・細部表現の読み取り，空欄補充，記述，文学史）

問一　Ⅰ　空欄の前に書かれた「美しい方」という要素に，「仏教や文学，音楽にも通じていて」という要素が加えられているのである。加えるという意味を持つ，4の「そればかりでなく」があてはまる。　Ⅱ　「淡路人形浄瑠璃」と「大阪の文楽」の共通点を説明した後に，その説明をもとに，「淡路人形浄瑠璃」の独特なところの説明を始めているのだ。前に述べたことがらをもとに，次の内容を導く役割を持つ言葉，3の「では」があてはまる。　Ⅲ　人形浄瑠璃などの説明ではなく，それまでとは話がかわり，実際の人形浄瑠璃の様子が描かれている。別な話題に移ることを意味する，5の「さて」があてはまる。　Ⅳ　空欄の前後をおさえる。海水は鳴門海峡を通って瀬戸内海に流れ込もうとする。だが，海峡の幅が狭い。そのため，海水の多くは迂回して大阪湾に向かうのだ。この部分で，空欄の前後は逆接的な関係である。逆接的な意味を持つのは，1の「ところが」である。

基本　問二　文章の後半に「玉藻の前の物語には続きがあります……」で始まる段落がある。その段落内に，解答の手がかりになる部分がある。「都を追われた九尾の狐は……」という表現である。玉藻の前は，都で美しい女性として過ごしていたが，追われたときには，「九尾の狐」の姿だったのだと，考えることができる。傍線部分には「本性をあらわして」とあり，その後，「宮殿を去っていった」と続く。この部分の「本性をあらわして」は，「九尾の狐」としての姿をあらわしたということだとわかる。解答は3になる。

重要　問三　傍線bがさしている内容を判断して，共通した特徴を考える。傍線bが含まれる段落内の，「大阪と東京で公演を行っています」の部分は，同じ文の中に「国立文楽劇場」とあり，「文楽」の話だとわかる。だが，それ以降の「背丈」「三人で操る」「太夫」に関わる内容が共通しているのである。記述の際には，「人形の背丈が人の三分の二」「三人で操る」「セリフや物語は太夫が語る」という内容を中心にする。

問四　空欄Ⅲで始まる段落の最後の部分に着目する。「淡路人形浄瑠璃の持ち味である『けれん』を堪能した」とある。ここでの「持ち味」とは，独特の味わいという意味である。つまり，「けれん」が人形浄瑠璃の独特なところなのだ。空欄あには，2の「けれん」があてはまる。

問五　傍線cが含まれる段落に，すべての選択肢を判断するための手がかりがある。1は，九尾の狐が玉藻の前を殺害して，その後，自分が玉藻の前になりすましたと書いてあり，正しい。2は，和歌の才能を認められて，お后に迎えられたと書いてあり，正しい。3は，傍線の直後に「右大臣の娘」とある。「もともと出身のはっきりしない女性」とある，3は間違いになる。つまり，解答は3になる。4は，文章中の「からくりが大活躍しました」とあり，正しい。5は，「天皇の兄の薄雲皇子」「天皇暗殺を企み」とあり，正しい。

問六　ぬけおちた文には「なるほど……」とある。水の流れをすべて確認して，うず潮が発生する仕組みがわかったから，「なるほど」といえるのである。水の流れの確認が終わり，うず潮の流れがわかったといえるのは，(1)～(5)の中では，(5)の部分である。 (5)の直前では「……うず潮が発生するのです」と，発生の仕組みがわかっている。そして，(5)で，「なるほど」の言葉の後にイメージを再現して，「……初めて納得がいきました」という表現に続くのである。

問七　私は淡路島で人形浄瑠璃を観たあと，しばらくしてから，玉藻の前に関係する遺跡に導かれた。以上の点を，まずおさえる。また，傍線部より後には，玉藻の前に淡路島で出会ったあと，数週間隔てて，那須にある玉藻の前の遺跡に導かれた。そのため，遠い昔の物語である玉藻の前が現実のもののように思われた。以上のようなことが書かれている。傍線部直後の「時間差」はうず潮を生み出すもとになる。だが，私が玉藻の前を現実のもののように思い始めるいきさつにも，「時間差」が関係している。うず潮の発生の仕組みと，玉藻の前が現実のように思われるいきさつには，「時間差」という共通点がある。だから，思い出されることになったのだ。解答は，時間差について書かれている5になる。

基本　問八　1の「源氏物語」は，平安時代の紫式部の作品である。2の「おくのほそ道」が江戸時代の松尾芭蕉の作品である。3の「西遊記」は，中国の話である。4の「草枕」は，明治時代の夏目漱石の作品である。5の「雨ニモマケズ」は，宮沢賢治の作品である。

やや難　問九　傍線f直前の内容に目を向けて，解答を考えていきたい。私は，玉藻の前のできごとを現実のように感じる経験をした。そして，時間差によって生み出されるうず潮にその共通点を見出し，心を動かされた。さらに，著名人を含めた過去の人々も，同じような体験をしたのではないかと，その思いを広げた。そのような私の様子が，呆然と立ち尽くすという状況につながるのである。解答は，「伝説をまるで現実の出来事のように感じた」「大自然の不思議な現象と重なってイメージされ」「スケールの大きさに圧倒」とある，1になる。2は，「自分が迷信にとらわれていることを不気味に」などが，文章の内容にあわない。誤答になる。3は，玉藻の前の話，うず潮の話にふれていない。誤答になる。4は，殺生石の話だけになっている。誤答になる。5は，玉藻の前に対する同情が中心になっている。誤答である。

【二】（論説文ー旨・細部の読み取り，ことばの意味，慣用句，ことばの用法）

問一　設問内の例文の「こと」は，「ことがある」「ことがない」など，経験のあるなしを問う形になっている。二重傍線1の「こと」が同じように，経験を問う形になっている。

基本　問二　「細心」となる。「細心の注意」とは，細かいところにまで気を配っている様子を意味する。

問三　「腑に落ちない」とは，納得できない様子を意味する。ここでは，「おかわり」と「refill」の微妙な違いに納得できないのである。

問四　傍線イの直後に着目する。「『refill』はもう一度その容器をいっぱいにするということに意味の重点をおいている」とある。つまり，「おかわり」であろうが「詰め替え」であろうが，容器を満たすことにポイントが置かれているのである。「……に関係なく，容器を再び満たす場面で使う」とある，3が正解になる。

重要 問五　最後の段落内に解答の手がかりを見出すことができる。外国語を理解するときに，日本語の立場からだけでなく，外国語に基準をおいた視点を取り入れて学ぶことも大切だ，と作者は主張しているのである。「外国語を学ぶときには，日本語だけの意味にとらわれてしまうのではなく，外国語からの視点もとりいれて……」とある，4が文章の内容と共通していて，正解になる。

重要 **【三】（説明文－ことばの意味，ことばの用法）**

ア　宿題が終わっていないから，やばいのである。つまり，困ったことがあるという意味なのである。選択肢の中では，7の「あぶない」になる。　イ　困りごとをあっさりと解決したことに対して，「やばい」と言っているのである。解決したことを評価しているのだから，9の「かっこいい」になる。　ウ　「大丈夫」は，本来，危険や心配がない様子を意味する。選択肢の中では，5の「問題ない」になる。　エ　客は，いらないという意味で「大丈夫」を使っているのだ。2の「結構だ」が解答になる。「結構」は，ここでは，これ以上必要ないという意味になる。　オ　「面白かった」ことを肯定しているが，強く肯定するつもりがないため，「普通に」という言葉を用いている。1の「すごく」は，強く肯定する意味になるため，あてはまらない。解答は，思った以上ではあったと肯定はしている，3の「なかなか」になる。　カ　発言が不適切であったかどうかを確認しているのである。つまり，ここでの「イタかった」は，よくなかったというような意味になる。選択肢の中では，6の「ぶざまだ」があてはまる。「ぶざま」とは，みっともないという意味である。

【四】（国語の知識：畳語）

重要 ア　「うすうす」となる。例文では，彼が犯人であることは，何となくわかっていたのである。

イ　「ところどころ」となる。「あちこち」という意味でもある。

ウ　「つねづね」となる。つねひごろ，いつも，という意味でもある。

やや難 エ　「かたがた」となる。名詞の後につき，「……のついでに」という意味になる。「お礼かたがたご挨拶申し上げます」など。

オ　「さんざん」となる。この言葉は，特に，「不快になるほど激しく悪い様子」に用いる。

【五】（漢字の書き取り）

基本 ア　「主体」となる。「主体的」とは，自らの意志や判断によって行動する様子を意味する。「自主的」と言い換えることもできる。

イ　「特異」となる。普通の状態に比べて，特に異なっている様子を意味する。

ウ　「世相」となる。世の中のありさまを意味する。「相」自体に，かたちやありさまという意味がある。その意味で，「人相」「手相」などの言葉もある。

エ　「景観」となる。特に，すぐれた景色を意味する。「景」自体に，けしきという意味がある。その意味で，「夜景」「風景」などの言葉もある。

重要 オ　「直ち」となる。すぐに，という意味である。「即座に」と言いかえることができる。

カ　「領域」となる。ここでは，特に学問などで，関係する範囲を意味する。研究に関係する範囲は，「研究領域」という。

キ　「定石」となる。物ごとを行う上で，一般的に最善と考えられる方法のこと。

ク　「思案」となる。あれこれと考えることを意味する。深く考えているときの顔を，思案顔という。

ケ　「連日」となる。ここでは，同じような日が続いているという意味で，つまり毎日のことである。戦いが続くことは「連戦」という。

コ　「至」となる。「若気(わかげ)の至り」とは，若さにまかせて，無分別な行動をしてしまうことを意味する。

サ　「明」となる。「先見の明」とは，将来のことを前もって見抜く見識(けんしき)のこと。

シ　「多大」となる。数量や程度がきわめて大きい様子を意味する。多くて，大きいのである。

ス　「測候」となる。「測候」とは，気候を観測すること。「測候所」とは，気候観測の場所を意味する。

重要　セ　「竹馬」となる。「竹馬の友」とは，幼いときからの友を意味する。つまり，幼なじみである。

ソ　「営み」となる。「営む」とは，ここでは，ある作業を行うこと。「営」の同じような意味を使った言葉に，「経営」「国営」などがある。

★ワンポイントアドバイス★

言葉の知識に関して，難度がかなり高いものが出題されている。この分野に関しては，毎年さまざまな出題がある。この傾向は今後も続くと思われる。対策は十分に進めておきたい。

MEMO

大切なことはメモしておこうネ！

平成30年度

★★★★★★★★★★★★★★★★★★★★★

入　試　問　題

平成30年度

慶應義塾中等部入試問題

【算　数】（45分）　＜満点：100点＞

【１】 次の □ に適当な数を入れなさい。

(1) $(70.2 \times 69.8 + 1.25 \times 0.032) \div (3.5 \times 63 - 3.5 \times 43) = \square$

(2) $1.875 \div \left(3\frac{1}{4} - \frac{\boxed{ア}}{\boxed{イ}} \times 2\frac{4}{5}\right) - 1\frac{1}{6} = 1\frac{2}{3}$

(3) 10％の食塩水500ｇに３％の食塩水 □ ｇを加えたところ，7％の食塩水になりました。

(4) 西暦《れき》2018年１月１日は月曜日でした。西暦2018年の23番目の日曜日は［ア］月［イ］日です。

【２】 次の □ に適当な数を入れなさい。

(1) 2.25Ｌの重さが4.23kgの油があります。この油を75.2kg用意すると，その体積は □ Ｌです。

(2) 原価 □ 円の商品に３割増しの定価をつけ，その後，定価の２割引きで売ったところ，利益は34円でした。

(3) １周400ｍの池の周りをＡ君とＢさんが同じ方向に同時に走り始めました。Ａ君は分速250ｍ，Ｂさんは分速220ｍの速さで走るとき，Ａ君がＢさんに初めて追いつくのは，２人が走り始めてから［ア］分［イ］秒後です。

(4) はじめに兄が □ 円の$\frac{1}{4}$を受け取り，その残りの金額を兄と弟で３：２の割合に分けて受け取り，さらに兄が弟に100円渡したところ，弟が受け取った金額の合計は700円になりました。

【３】 次の □ に適当な数を入れなさい。ただし，円周率は3.14とします。

(1) ［図１］のように，長方形を対角線で折り返しました。角㋐と角㋑の大きさの比が８：５であるとき，角ｘの大きさは □ °です。

［図１］

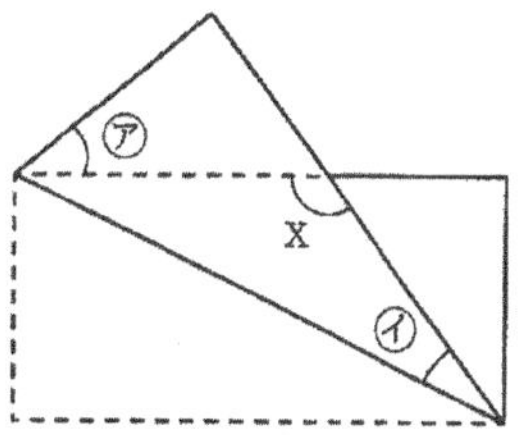

(2) ［図２］のように，正方形を４つの長方形㋐～㋓に分けました。長方形㋐の面積が72㎠で，長方形㋑，㋒，㋓の面積の比がこの順に３：２：１であるとき，もとの正方形の１辺の長さは □ ㎝です。

［図２］

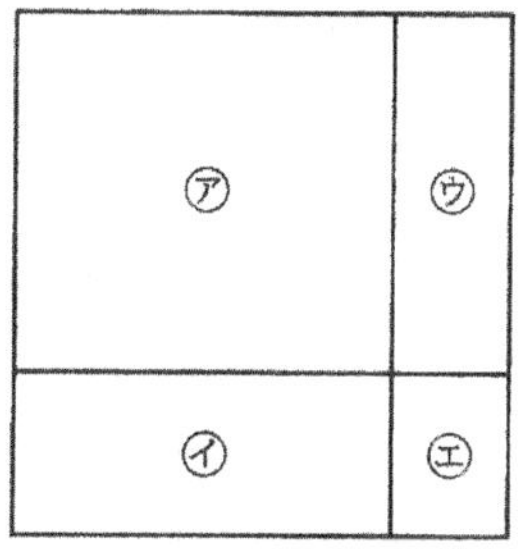

⑶　［図3］のように，1辺の長さがそれぞれ21cmと27cmの正三角形が重なってできる六角形に色をつけました。色をつけた六角形の向かい合う辺がそれぞれ平行であるとき，色をつけた六角形の周りの長さは □ cmです。

［図3］

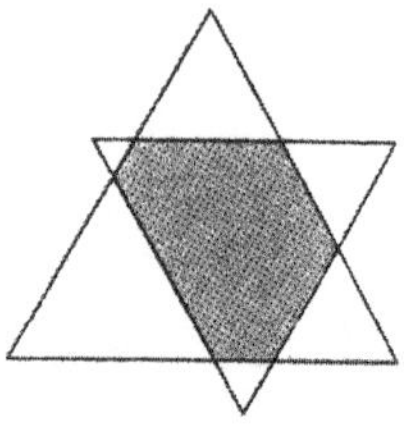

⑷　［図4］のような長方形と台形を組み合わせた図形を，直線ABを軸《じく》として1回転してできる立体の表面の面積は [ア].[イ] cm^2です。

［図4］

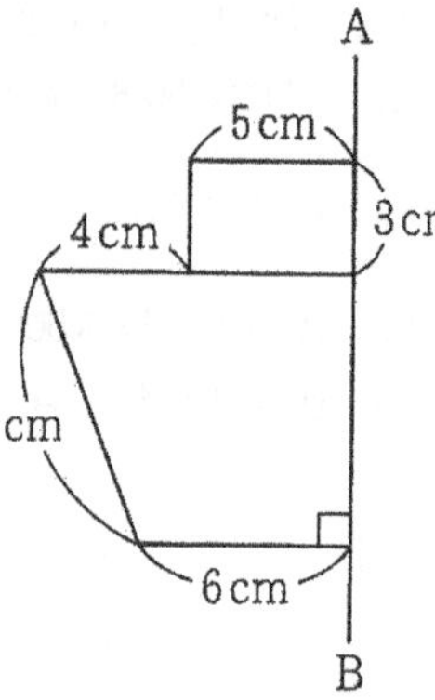

【4】　A町とB町の間は20km離《はな》れています。太郎君はA町を8時に出発し，歩いてB町に向かいます。次郎君はA町を9時に出発し，自転車でB町に向かい，B町で30分間休んでからA町へ戻ってきます。下のグラフはその様子《ようす》を表しています。次の □ に適当な数を入れなさい。

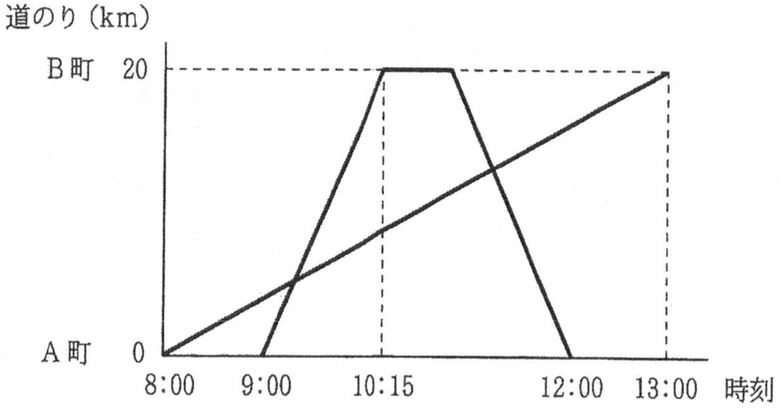

⑴　次郎君が太郎君に追いつく時刻は[ア]時[イ]分です。

⑵　次郎君がB町から戻る途《と》中で太郎君に出会うのは，A町から[ア].[イ]kmの地点です。

【5】　9枚の札《ふだ》に1から9までの数字が1つずつ書かれています。この中から3枚の札を抜き出し，3桁《けた》の整数Aをつくります。次に残った6枚の札の中から3枚の札を抜き出し，3桁の整数Bをつくります。次の □ に適当な数を入れなさい。

⑴　整数Aが奇《き》数になり，整数Bが偶《ぐう》数になるような整数A，Bの組み合わせは，全部で □ 通りあります。

⑵　整数Aと整数Bの差は，最も小さい場合で[ア]，最も大きい場合で[イ]になります。

【６】　２つの電球Ａ，Ｂがあります。電球Ａは45秒間点灯して30秒間消灯し，以後これをくり返します。電球Ｂは60秒間点灯して40秒間消灯し，以後これをくり返します。電球Ａ，Ｂが同時に点灯し始めたときから84分間観察するとき，次の □ に適当な数を入れなさい。

⑴　この84分間に，電球Ａ，Ｂが同時に点灯し始めるのは，あと □ 回あります。

⑵　この84分間に，電球Ａ，Ｂがどちらも点灯している時間は，合計ア分イ秒間です。

【７】　同じ大きさの正三角形のタイルが140枚あります。このタイルをすき間なく並べて，正三角形または正六角形をつくります。［図１］，［図２］はそれぞれ４枚，６枚のタイルを使ってつくった例です。次の □ に適当な数を入れなさい。

［図１］

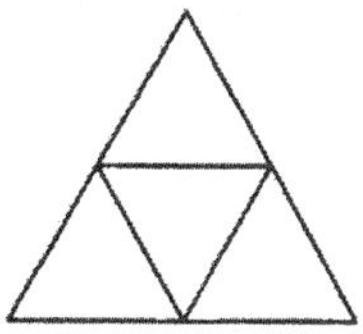

［図２］

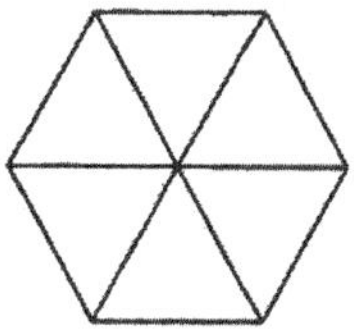

⑴　できるだけ大きな正三角形をつくるとき，タイルは全部で □ 枚使います。

⑵　できるだけ多くのタイルを使って，正三角形と正六角形を１つずつつくるとき，正三角形をつくるのに使うタイルはア枚，正六角形をつくるのに使うタイルはイ枚です。

【理　科】（25分）　＜満点：50点＞

【1】 月は地球の周りをおよそひと月で１周し，地球から見ていると満月から次の満月までにおよそ29日かかります。また，地球は太陽の周りをおよそ365日で１周しています。そのため，毎日同じ時刻に同じ場所で月を観察していると，少しずつ見える方角や形が変わっていきます。次の問いに答えなさい。

⑴ ある日の午後６時に半月が見えました。月が見える方角は，３日前の午後６時と比べてどちらにずれていますか。次の中から選びなさい。

1　東　　2　西

⑵ ある日の午後６時に半月が見えました。翌日に見える月の形はどのようにかわりますか。次の中から選びなさい。

1　少しふくらむ　　2　少し欠ける

⑶ ある年の７月20日午後９時に真南に月が見えました。同じ年の９月20日午後９時の月が見える方角はどうなっていると考えられますか。次の中から選びなさい。

1　南東の方角になっている　　2　南西の方角になっている　　3　真南で変わらない

⑷ ある年の２月20日午後６時に半月が見えました。翌年の２月20日午後６時の月について正しいものを次の中から選びなさい。

1　東の方角に見える　　2　南東の方角に見える　　3　南の方角に見える
4　南西の方角に見える　　5　西の方角に見える　　6　どの方角にも見えない

【2】 **図１**はろうそくが燃えている様子を示したものです。これについて次の問いに答えなさい。

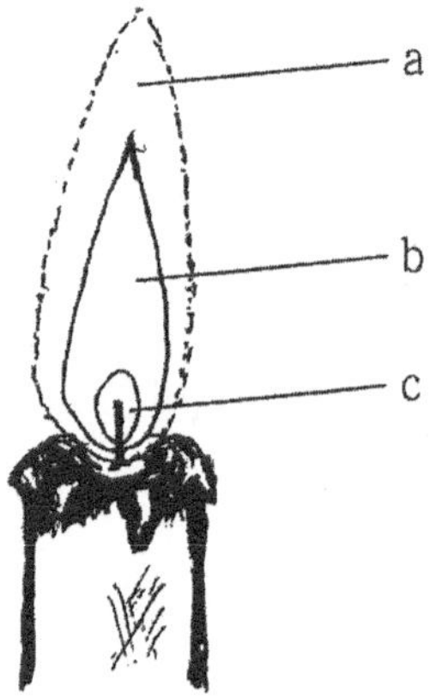

図 1

⑴ 炎《ほのお》の部分ａ～ｃの呼び名を次の中から選びなさい。

1　炎《えん》心　　2　炎周　　3　外炎　　4　内炎

⑵ ａ～ｃを温度の高い部分から順に並べたものを，次の中から選びなさい。

1　ａｂｃ　　2　ａｃｂ　　3　ｂａｃ
4　ｂｃａ　　5　ｃａｂ　　6　ｃｂａ

⑶ ｂの部分が明るいのは，ろうそくから出てきたある物質が他の物質に変わるときに光っているからです。ある物質とは何か，次の中から選びなさい。

1　いおう　　2　エタノール　　3　塩素　　4　炭素
5　ちっ素　　6　水　　7　メタン

⑷ ろうそくが燃えているとき，ａ～ｃの部分にガラス管を差し込んで，ガラス管の先から出てくるものを観察しました。ａの部分にガラス管を差し込んだときの様子を述べたものを，次の中から選びなさい。

1　白い煙《けむり》が出る　　2　黒い煙が出る　　3　煙が出ない

⑸ 50mLの石灰水を入れた集気ビンに，火をつけたろうそくを燃焼さじにのせて入れ，フタをしました。ろうそくの火が消えてからろうそくを取り出し，フタを手でおさえながら10回ほど振《ふ》り

ました。その後，さかさまにして，フタをおさえていた手を離《はな》しても，フタは落ちませんでした。その理由として最も適するものを，次の中から選びなさい。

1　集気ビンの中の気圧が大気圧より小さくなるので，集気ビンの外の空気にフタがおさえられるから

2　集気ビンの中の気圧が大気圧より大きくなるので，集気ビンの外の空気にフタがおさえられるから

3　集気ビンの中の気圧が大気圧より小さくなるので，集気ビンの中の気体にフタがおさえられるから

4　集気ビンの中の気圧が大気圧より大きくなるので，集気ビンの中の気体にフタがおさえられるから

【3】 たがいに異なる種類の金属でできた100ｇの重りＡ，Ｂ，Ｃと等間隔《かく》にめもりの入ったさおを使って実験しました。ただし，それぞれの重りに空どうはないものとします。なお，図では同じ大きさに描《か》いている重りの体積は実際にはたがいに異なります。

⑴ **図２**のようにさおの中央をつり下げ，左側のめもり２のところに重りＡを，めもり４のところに重りＢをつり下げたとき，重りＣを右側のどのめもりのところにつり下げればさおが水平になりますか。めもりの数字を書きなさい。

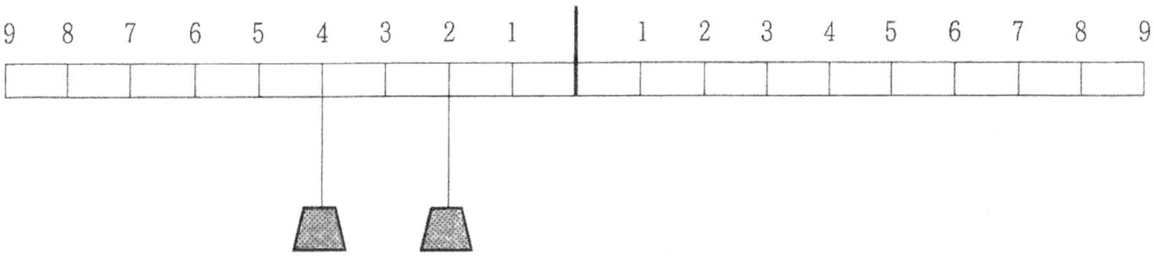

図 2

⑵ **図３**のように重りＡをさおの左側のめもり３のところに，重りＢを右側のめもり８のところにつり下げたとき，重りＣをどこにつり下げればさおが水平になりますか。左側なら10の位に１を，右側なら10の位に２を書き，1の位にめもりの数字を書きなさい。（例えば，左側のめもり９のところであれば19と書く。）

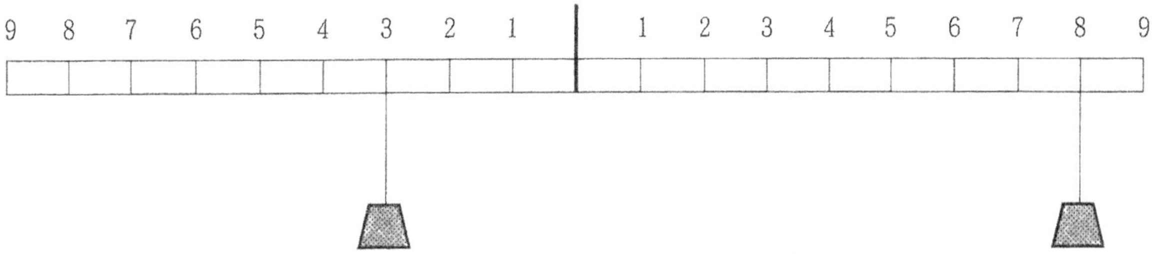

図 3

⑶　**図4**のように左右の同じめもりのところに重りAとBをつり下げて，それぞれの重りをビーカーの水に入れると，重りBの側が上がりました。また**図4**の重りAの代わりに重りCをつけて，両方の重りを水に入れると，こんどは重りCの側が上がりました。重りA，B，Cを体積の大きいものから順に書いたものを，次の中から選びなさい。

1　ＡＢＣ　　**2**　ＡＣＢ　　**3**　ＢＡＣ　　**4**　ＢＣＡ　　**5**　ＣＡＢ　　**6**　ＣＢＡ

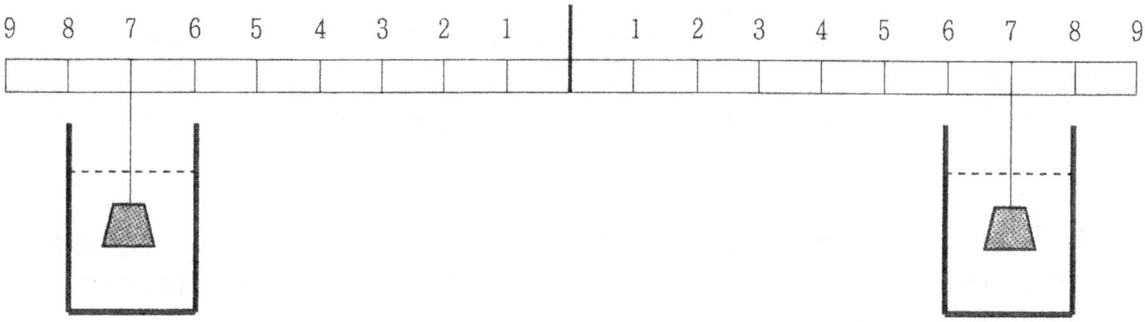

図 4

⑷　**図4**のビーカーの水を20％の食塩水にかえて重りAとBで実験を行うと，さおの傾《かたむ》きは水の場合と比べてどうなりますか。次の中から選びなさい。

1　重りBの側がさらに上がる　　**2**　水平に近くなる　　**3**　水の場合と変わらない

⑸　**図5**のように，重りAをさおの左側のめもり５に，重りBをさおの右側のめもり６につり下げ，重りBだけをビーカーの水に入れると，さおがちょうど水平になりました。重りAとBのつり下げる位置を入れかえて，重りAだけを水に入れると，さおの傾きはどうなりますか。次の中から選びなさい。

1　重りAの側が下がる　　**2**　重りBの側が下がる　　**3**　水平になる

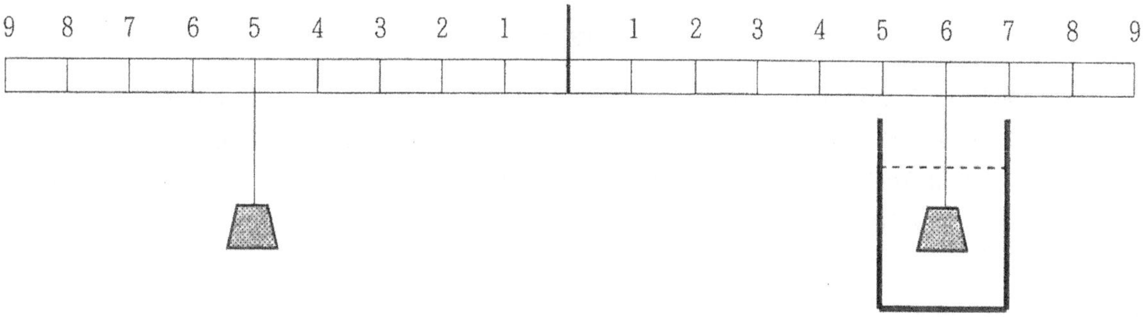

図 5

【4】　昆《こん》虫には，様々な姿をしたものや独特の口や脚《あし》をもったものがいますが，その理由の一つに，その昆虫のすみかや食べ物，生活の仕方に適したからだのつくりになっていることがあげられます。次の会話文を読んで，あとの問いに答えなさい。

先　生　　あそこに飛んでいる昆虫の食べ物はわかるかな。

ヒロキ　花の蜜《みつ》ですよね。

先　生　そうだ。食べ物というより飲み物かもしれないけれど。他に昆虫のエサになる液体というとどんなものがあるだろう。

アオイ　樹液とか，ヒトの血液もそうじゃない？

先　生　そういう液体をエサとしている昆虫の口はどんなつくりになっているだろう。

ツバサ　液体を吸うのだから，ストローみたいになっているかな。

先　生　そうだね。一方，木や草の葉を食べる昆虫の口は，かじってかみくだくのに適しているね。

ヒロキ　先生，脚の形も昆虫の種類によって違いますよね。

先　生　そうだね。脚のつくりはその昆虫の生活場所に関係していることが多い。例えば，空を飛んでいる時間の長い昆虫の脚は，じゃまにならないように短くて細いことが多い一方，草原にすむトノサマバッタの後ろ脚は（　**ア**　）のに都合がいいように太くて長い。

ツバサ　水や土の中で暮らしている昆虫はどうなのですか？

先　生　いい質問だね。池などにいるマツモムシという昆虫は，後ろ脚に毛が密生していて，ボートをこぐオールのようになっているのが特徴《ちょう》だ。からだを逆さまにして後ろ脚で（　**イ**　）。それからマツモムシに限らず，水中で暮らす昆虫の多くは，だ円形のからだつきをしている。土の中で穴を掘《ほ》って暮らすケラという昆虫は，前脚だけが大きく，熊《くま》手のようになっていたり，からだ全体が円筒《とう》形にまとまっていたりするなど，同じように穴を掘って生活するモグラと共通するからだの特徴をいくつももっているんだ。

アオイ　昆虫のからだのつくりを見ると，どんな生活をしているか想像できますね。

⑴　樹液や体液，花の蜜を吸うのに適したストロー形の口をもつ昆虫を，次の中から３つ選び，番号の小さいものから順に書きなさい。

1　アカイエカ　　**2**　アブラゼミ　　**3**　エンマコオロギ　　**4**　クロオオアリ
5　シオカラトンボ　　**6**　スズメバチ　　**7**　マメコガネ　　**8**　モンシロチョウ

⑵　草の葉を食べるトノサマバッタの顔を描いたものを，次の中から選びなさい。

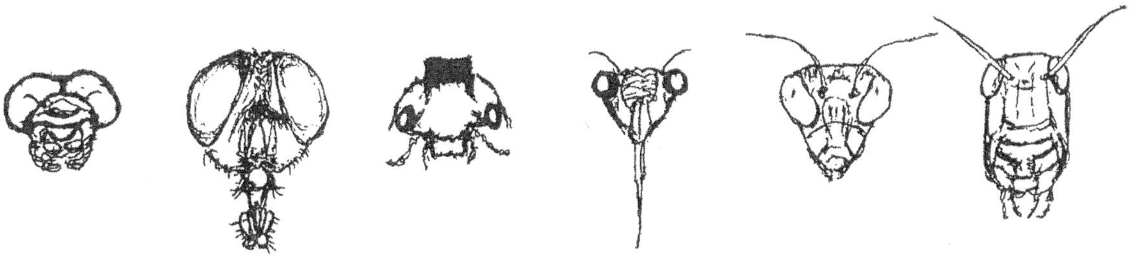

1　　2　　3　　4　　5　　6

⑶　会話文の（**ア**），（**イ**）にあてはまる語句を，次の中からそれぞれ選びなさい。

1　えものをつかまえる　　**2**　草につかまる
3　地面をはう　　**4**　ジャンプする
5　土を掘って進む　　**6**　水の上に浮《う》かぶ
7　水をかいて進む

⑷　マツモムシとケラの絵を，次のページの中からそれぞれ選びなさい。

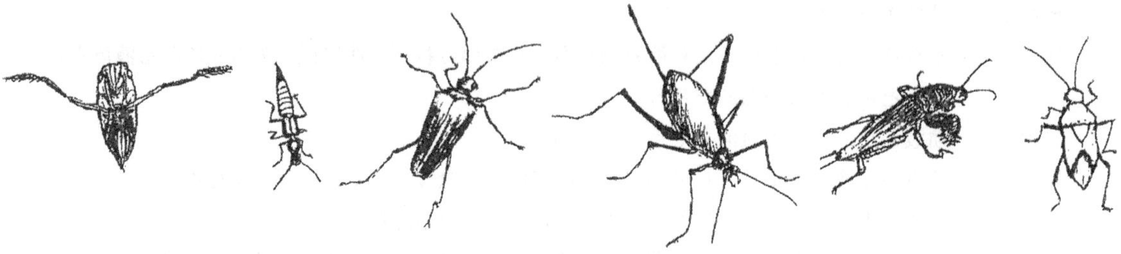

1　　2　　3　　4　　5　　6

【5】 **図6**は，私たちが食べる野菜を，主に食べる部分で**A**，**B**，**C**の3つに分け，同じ仲間同士を囲んで示しています。これを見てあとの問いに答えなさい。

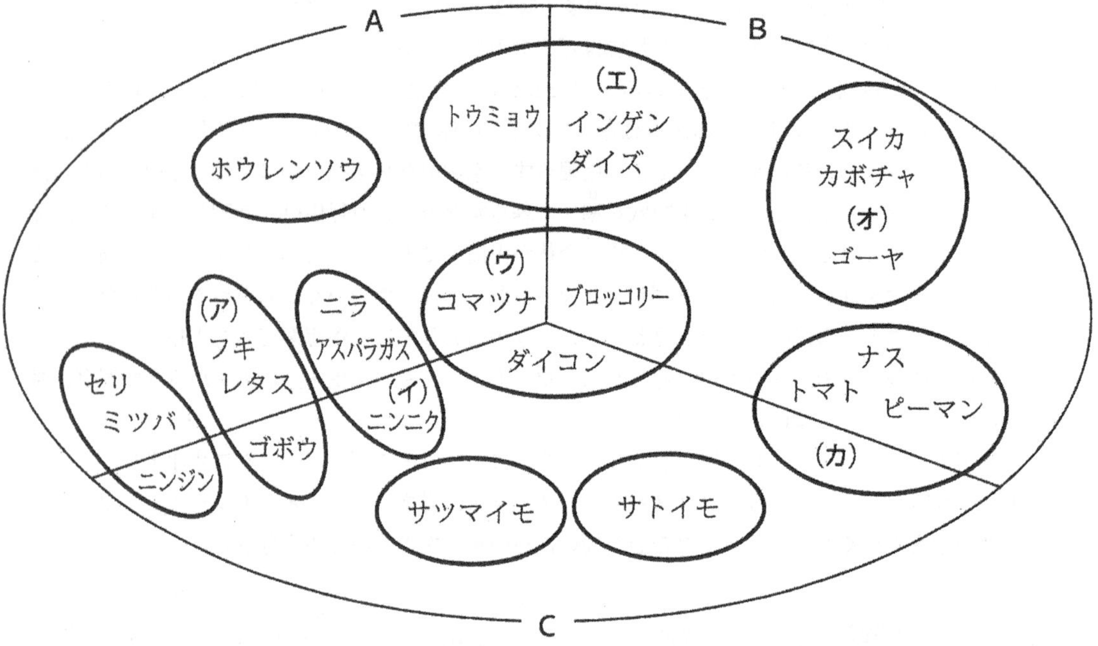

図 6

⑴　**B**には主に植物のどの部分を食べる野菜が入っていますか。次の中から選びなさい。

1　葉，茎《くき》　　2　つぼみ，実，種子　　3　根，地下茎《けい》，球根

⑵　**(ア)**～**(カ)** にあてはまる野菜を，次の中からそれぞれ選びなさい。

1　エンドウ　　2　オクラ　　3　キャベツ　　4　キュウリ

5　ジャガイモ　　6　シュンギク　　7　タマネギ　　8　レンコン

⑶　フキ，レタス，ゴボウの属する仲間の花がもっている特徴を，次の中から選びなさい。

1　1つの花の花びらが分かれている　　2　お花とめ花がある

3　多くの花が集まって，1つの花のように見える　　4　花びらがない

5　1つの花から多くの種子ができる

【社　会】（25分）　＜満点：50点＞

【1】 次の国宝に関する文章について，（ア）～（コ）に入る語句を0～9の中から選びなさい。

A　福岡県の志賀島では，倭の奴国の王が後漢の皇帝《てい》から授けられたとされる（　ア　）が見つかりました。

B　古墳からは，円筒《とう》や動物の形をしたもののほか，かぶとや鎧《よろい》をつけた武人（　イ　）も見つかりました。

C　埼玉県では「ワカタケル大王」と刻まれた（　ウ　）が出土しました。

D　法隆寺金堂の（　エ　）には，聖徳太子の病が治ることを祈《いの》り，渡来人の子孫につくらせたことが書かれています。

E　（　オ　）は仏像を安置する入れ物で，光り輝《かがや》くはねを使った細工が見られます。

F　奈良県の興福寺には，仏教における守護神の（　カ　）が安置されています。

G　宇治にある平等院の阿弥陀《あみだ》堂の屋根に飾《かざ》られている（　キ　）は，天下太平をもたらす想像上の鳥です。

H　厳島神社には，一族の繁《はん》栄を願った（　ク　）が納められています。

I　東大寺南大門にある（　ケ　）は，寺を守る木造の仁王《におう》像で，運慶らが制作しました。

J　金などの産物や北方との貿易によって栄えた奥州藤原氏は，浄土《じょうど》へのあこがれから（　コ　）を建てました。

0　阿修羅《あしゅら》像　　1　金印　　2　金剛力士像　　3　釈迦《しゃか》三尊像　　4　玉虫厨子《ずし》

5　中尊寺金色堂　　6　鉄剣　　7　はにわ　　8　平家納経　　9　鳳凰《ほうおう》

【2】 次の史料を読んで，その条約名を1～5の中から選びなさい。史料はわかりやすく書き改めています。

ア　日本は，アメリカ船が薪《まき》・水・食料・石炭などの不足する品物を買う目的に限って，伊豆の下田と松前（北海道）の函館の港に来航することを許す。

イ　清国は朝鮮国の独立を認める。
清国は遼東《りょうとう》半島・台湾《わん》・澎湖《ほうこ》諸島を日本に譲《ゆず》り渡す。

ウ　ロシアは，日本の韓国における政治・経済・軍事上の優越《えつ》権を認め，干渉《しょう》しないことを約束する。
南満州の鉄道の利権と，鉱山の採掘《くつ》権を日本に譲る。

エ　日本国内にアメリカ軍の駐留《ちゅうりゅう》を認める。
アメリカ軍は，東アジアの平和と安全を守るためや，外国の攻撃《こうげき》から日本の安全を守るために出動する。

1　サンフランシスコ平和条約

2　下関条約

3　日米安全保障条約

4　日米和親条約

5　ポーツマス条約

【3】 次の文章について，（ア）～（カ）に入る旧国名・地名を１～９の中から選びなさい。

A　織田信長は，（　ア　）国の新興大名の子として生まれました。（　イ　）国の今川義元を桶狭間の戦いでやぶり，天下に名を広め，（　ウ　）国の琵琶湖の近くに安土城をつくりました。

B　江戸幕府最後の将軍である徳川慶喜は，一橋家の出身ですが，もともとは御三家である（　エ　）の徳川家の出身です。慶喜は1867年に（　オ　）の二条城に大名らを集め，政権を朝廷《てい》に返上しましたが，（　カ　）藩の西郷隆盛らは新政府の樹立を宣言し，幕府勢力を排《はい》除しようとしました。

1　江戸　　2　近江　　3　尾張　　4　紀伊　　5　京都　　6　薩摩　　7　駿河
8　長州　　9　水戸

【4】 次のア～カについて，内容が間違《ちが》っている文章を選びなさい。ただし，**すべて正しい場合は**５と答えなさい。

ア　1　常会（通常国会）は毎年１回，1月中に召《しょう》集され，会期は150日間です。
　　2　臨時会（臨時国会）は内閣が必要と認めたとき，または，いずれかの議院の総議員の４分の１以上の要求があった場合に召集されます。
　　3　特別会（特別国会）は，衆議院解散後の総選挙の日から60日以内に召集されます。
　　4　参議院の緊《きん》急集会は，衆議院の解散中に緊急の必要があるとき，内閣の求めによって開かれます。

イ　1　条約の締《てい》結は内閣の仕事です。
　　2　天皇の国事行為に対する助言と承認は内閣の仕事です。
　　3　法律の制定は国会の仕事です。
　　4　国会の召集は国会の仕事です。

ウ　1　日本国憲法が定める自由権には，「思想・良心の自由」「奴隷《どれい》的拘束《こうそく》・苦役《くえき》からの自由」「居住・移転・職業選択《たく》の自由」などがあります。
　　2　日本国憲法が定める社会権には，「生存権」「教育を受ける権利」「勤労の権利」などがあります。
　　3　日本国憲法が定める参政権には，「選挙権」「被《ひ》選挙権」「最高裁判所裁判官の国民審査《しんさ》権」などがあります。
　　4　日本国憲法に直接的には規定されていない新しい人権には，「環境《かんきょう》権」「知る権利」「プライバシーの権利」などがあります。

エ　1　公正な裁判《さいばん》が行われるよう，日本では１つの事件について３回まで裁判を受けることができます。
　　2　裁判員制度とは，国民が裁判員として民事裁判に参加し，裁判官といっしょに被告人の有罪・無罪や刑罰《けいばつ》の内容を決める制度です。
　　3　最高裁判所長官の指名とその他の裁判官の任命は内閣の仕事です。
　　4　最高裁判所の裁判は通常５人の裁判官からなる小法廷で行われますが，重要な裁判は15人全員の裁判官からなる大法廷で行われます。

オ　1　都知事の選挙権は18歳以上，被選挙権は25歳以上です。
　　2　都議会議員の選挙権は18歳以上，被選挙権は25歳以上です。

3　都議会は，都の独自の法である条例を定めることができます。

4　都知事や都議会議員は，直接請《せい》求権により，住民による解職請求を受けることがあります。

カ　1　国際連合の本部は，アメリカのニューヨークにあります。

2　国際連合の総会では，すべての加盟国が平等に１票を持っています。

3　国際連合の安全保障理事会の非常任理事国は，任期２年の５ヵ国で構成されています。

4　国際連合の収入にあたる分担金について，日本の負担は加盟国の中で第２位です（2016年）。

【5】　次の文章の（ア）～（ウ）に入る言葉を答えなさい。

A　（　ア　）自衛権とは，自国が攻撃を受けていなくても，同盟関係にある国が攻撃を受けたときに，その国の防衛活動に参加する権利です。

B　日本は，核《かく》兵器を「持たず，（　イ　），持ち込《こ》ませず」という非核三原則をかかげてきました。

C　国の主権がおよぶ領海の外には（　ウ　）経済水域と大陸棚《だな》があり，漁業資源や鉱山資源などを開発し保全する権利が沿岸国に認められています。

【6】　福沢くんは，神戸市について調べ，学校で発表することになりました。

問１　発表までの手順について，（ア）～（エ）に入る語句を１～４の中から選びなさい。

一、（　ア　）を決め，調査する地域を選ぶ

二、（　イ　）を立て，調査内容を計画する

三、（　ウ　）を収集し，必要に応じて現地で調査を行う

四、（　ウ　）を整理して，（　イ　）が正しいかどうかを確かめる

五、調査結果や問題の解決策を，（　エ　）などの形式にまとめて発表する

1　仮説（結果の予想）　　2　資料やデータ

3　テーマ（学習問題）　　4　報告書（レポート）

問２　資料❶において，①神戸市（県庁所在地），②日本標準時子午線，③阪神・淡路大震《しん》災の震源地について，正しい組み合わせを１～６の中から選びなさい。

1　①　あ　②　ア　③　A

2　①　あ　②　イ　③　B

3　①　い　②　ア　③　A

4　①　い　②　イ　③　B

5　①　う　②　ア　③　A

6　①　う　②　イ　③　B

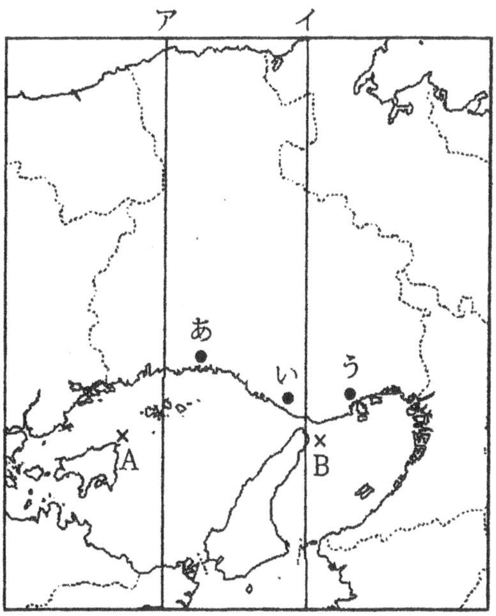

（資料❶）

問３　次の文章は，神戸市の特徴《ちょう》について，福沢くんが次のページの資料❷から読み取ったものです。下線部１～６の中から，**正しくないものを３つ**選び，それぞれ**正しい語句**に直しなさい。

> 神戸市の市街地は，南が大阪湾《わん》に面していて，北は標高600～900mの六甲山地が連なっています。この海と山にはさまれた平野部は，南西から１南東の方向に数kmにわたって帯状にのびています。六甲山地からはいくつもの河川が流れ出ていて，その河川がつくった扇状地と三角州が組み合わさって，この平野はできました。また，山地と平野部の境目は直線的なので，２河岸段丘群があると思われます。
>
> この平野部では，JRと私鉄が並行するように走っています。また，山のふもとの六甲トンネルや神戸トンネルには，３高速道路が通っています。平野部の中心にある三宮《さんのみや》駅周辺には，４市役所や官公署，税務署などもあり，大規模な商業地区となっています。臨海部は，５ふ頭や人工島などの埋《うめ》立地が多く，港湾・工業都市として発達しています。丘陵《きゅうりょう》地には，宅地造成による６住宅地が多く見られます。

問４　問３の文章に関して，地形・土地利用の特徴から，神戸市はどのような災害に備える必要があると考えられますか，１つ答えなさい。

問５　次に福沢くんは，阪神・淡路大震災後の神戸市の様子を調べ，下のようにまとめてみました。この内容を発表する時に使用する資料として適したものの組み合わせを１～４の中から選びなさい。

> 阪神・淡路大震災の直後には，神戸市でもたくさんの仮設住宅が建てられました。仮設住宅は，まとまった土地を確保しやすい郊《こう》外に建てられたので，被災者は住み慣れた地域を離《はな》れなければいけませんでした。これは，地域社会と関わりの深い高齢《れい》者にとってはとくにきびしく，仮設住宅での孤《こ》独死が問題となりました。
>
> （中略）2000年までに復興住宅が４万戸以上建てられましたが，復興住宅の入居者は65歳《さい》以上の高齢者が30％を超《こ》えています。さらに，地域社会の基本となる自治会の結成は半数以下のままです。

＜資料＞

ア　「神戸市の面積と人口の推移」の棒グラフ・折れ線グラフ

イ　「震災直後に建設された第一次仮設住宅」の略地図

ウ　「仮設住宅入居世帯数の推移」の折れ線グラフ

エ　「阪神・淡路大震災における神戸市の被災状況《きょう》」の一覧表

１　アとイ　　２　アとウ　　３　イとウ　　４　イとエ

(資料 ❷)

国土地理院　５万分の１地形図「神戸」（平成19年発行）

【7】 福沢くんの中学校では，年に１回，自分たちの学校生活をより快適にするための提案を，生徒から学校に対して出すことができます。学校（先生）側は，その提案が持つ問題点を生徒が十分に理解していて，それについての有効な対策案が示せていると判断できれば，原則としてその提案を受け入れることにしています。

さて今年度は，「携《けい》帯電話・スマートフォンの学校への持ち込みを許可してほしい」という提案でまとまりました。そこで，あなたがこの学校の生徒であるとして，この提案にはどのような問題点があるかを１つ挙げ，それに対する有効な対策案を考え，解答欄《らん》の枠《わく》内におさまる程度で述べなさい。解答する時には，解答欄からはみ出さないように気をつけましょう。

3 不釣《つ》り合いであること。
4 近くにあるものの方が、かえってわかりにくいということ。
5 人の話よりも、自分の目で一回見る方が確実であること。
6 実際よりも、美しく見えること。
7 間違ってしたことが、思いもかけずよい結果となること。
8 表面に見えるところより、見えないところが大事だということ。
9 いきあたりばったりで対処すること。

【四】 次の各問いに答えなさい。

問一 次のア～カの□にあてはまる漢字としてもっともふさわしいものを、後の1～9からそれぞれ一つずつ選び番号で答えなさい。その際、（ ）内を参考にすること。

ア 台□（重箱読み）
イ 側□（人に対して「右腕《うで》」という言葉が使われるとき）
ウ 弱□（意気地《く》のない人）
エ 成長□（将来の活躍《やく》が期待される人）
オ 下□評（うわさ）
カ □談判（面と向かって交渉《しょう》すること）

1 虫　2 株　3 所　4 近　5 遠
6 馬　7 牛　8 直　9 詞

問二 次のア～エの漢字の濃《こ》い線で示された部分は、何画目に書くべきか。もっともふさわしいものを、後の1～9から選び番号で答えなさい。（同じ答えを何度用いてもよい）

1 一画目　2 二画目　3 三画目
4 四画目　5 五画目　6 六画目
7 七画目　8 八画目　9 九画目

【五】 ――のカタカナを、正しい漢字に直しなさい。

ア 文豪《ごう》のシュツジを調べる
イ 『奥の細道』はキコウ文だ
ウ 彼はセイジツな人だ
エ 罪人をサバく
オ ゾウショ検索《さく》システム
カ ツバメはエキチョウだ
キ 古典にシュザイした文章
ク 同じタグいの事件
ケ シャオン会に参加する
コ 本のラクチョウを見つける
サ それはシュウチの事実だ
シ 手をあわせてオガむ
ス 悪者のシュリョウが捕《つか》まる
セ 神社ブッカクにお参りする
ソ カンテンが続いて水不足だ
タ ノベ百万人の動員

3　ライバルがミスをすればよいと考えるなど、人間というのはとても悪いことをつい考えてしまう生き物だ。

4　人間の発達段階のある時期に一定の知識を詰め込むことは必要なことであるので、入試制度はこのままでよい。

5　体育科の先生の話が私の人生を変えたように、年長者の話は常に傾聴《けいちょう》に値するものである。

【三】　次の文章を読んで、後の各問いに答えなさい。

かなの種類を覚えるのに、「[あ]」で遊んだことがある人も多いでしょう。「[あ]」は、文字《も》で書かれた読み札と、読み札の先頭のかなと絵とが描《えが》かれた取り札に分かれています。読み手が札を読み始めると同時に、対応した取り札を一番早く取りに行くゲームです。札の文句は、「い」……「いぬも歩けば棒に当たる」のように、それぞれのかなで始まることわざが用いられています。これは、江《え》戸、京都、大坂（大阪《さか》）などによって違《ちが》うことわざとなる場合もあり、その地方の特色が見られます。また、時代ごとにも違いがあり、さまざまなことわざが登場しています。

かなの種類を表したものと言えば、A「いろは歌」も興味深いです。これは、七・五調でかなの種類をすべて使って一つの歌にしたものですが、[い]という制約がありつつも、言葉をパズルのようにうまく並べて無常な世の中を表現した、たいへん芸術的なものです。

問一　[あ]にあてはまる言葉としてもっともふさわしいものを、次の1～5から選び番号で答えなさい。

1　いろはすごろく　　2　いろはあわせ　　3　いろはならべ
4　いろはくじ　　5　いろはがるた

問二　――A「『いろは歌』」の冒頭《ぼう》は、次のようになる。[　]にあてはまる言葉としてもっともふさわしいものを、後の1～5から選び番号で答えなさい。

「いろはにほへと　[　]　わかよたれそ　つねならむ……」

1　ちりぬるを　　2　けふ《（きょう）》こえて　　3　ふるさとは
4　ゑ《（え）》ひ《（い）》もせす　　5　しろたへ《（え）》の

問三　[い]にあてはまる言葉としてもっともふさわしいものを、次の1～5から選び番号で答えなさい。

1　同じかなをくりかえさない
2　七字または五字のかたまりを決して崩《くず》さない
3　漢字に直せる言葉は用いない
4　韻《いん》を踏《ふ》むところを作る
5　ひらがなとカタカナを単語により区別する

問四　次のア～カのことわざの意味としてもっともふさわしいものを、後の1～9からそれぞれ一つずつ選び番号で答えなさい。

ア　とうだいもとくらし（灯台下暗し）
イ　ぬすびとをとらえてなわをなう（盗人を捕らえて縄を綯う）
ウ　よめとおめかさのうち（夜目遠目笠のうち）
エ　けがのこうみょう（怪我の功名）
オ　きをみてもりをみず（木を見て森を見ず）
カ　みずはほうえんのうつわにしたがう（水は方円の器に従う）

1　環《かん》境や付き合う人いかんで、人は良くも悪くもなること。
2　小さいところにこだわるあまり、全体を見失っていること。

問一 あ にあてはまる言葉としてもっともふさわしいものを、次の1～5から選び番号で答えなさい。

1 既《き》視感　2 悲壮《そう》感　3 嫌悪《けんお》感　4 満腹感
5 成就《じょうじゅ》感

問二 ――A「手放しに祝福できる気持ちは持ち合わせていないんだ」とあるが、それはなぜか。その説明としてもっともふさわしいものを、次の1～5から選び番号で答えなさい。

1 高校入試で合格することは、長い人生の中ではたいしたことではないから。
2 祝福したい気持ちとしたくない気持ちが半分半分ではっきりしないから。
3 体育科の先生は受験で失敗したことがあるので、後悔《かい》の念にさいなまれたから。
4 受験のために勉強するなどという行為《い》は学問追究の姿勢と離《はな》れているから。
5 自分が合格するために努力してきたことはそれほど偉いことではないから。

問三 次の文は、本文からぬけおちたものである。この文が入るべき場所は本文中の（Ⅰ）～（Ⅴ）のうちのどれか。もっともふさわしいものを、後の1～5から選び番号で答えなさい。

つまり何が言いたいのかというと、人よりミスを少なくして、一点でも多く点数を取った者の勝つ世界での勝利者が君たちだということだ。

1 （Ⅰ）　2 （Ⅱ）　3 （Ⅲ）　4 （Ⅳ）　5 （Ⅴ）

問四 ――B「しめしめと思ってしまったり」とあるが、なぜ「しめしめ」と思ってしまうのか。それを説明したものとしてもっともふさわしいものを、次の1～5から選び番号で答えなさい。

1 その子がエラーしたことによって、エラーした選手が自分一人だけではなくなるから。
2 その子がエラーしたことによって、自分がレギュラーになる可能性が高くなるから。
3 その子がエラーしたことによって、延長戦になっていた試合がようやく終了《りょう》になるから。
4 その子がエラーしたことによって、試合時間が伸びて行きたくない塾を休めるから。
5 その子と仲たがいをしていたので、その子が監督《かんとく》から怒《おこ》られていい気味だと思ったから。

問五 い にあてはまる言葉としてふさわしくないものを、次の1～5から選び番号で答えなさい。

1 出し抜く　2 蹴《け》落とす　3 打ち負かす
4 追い落とす　5 押《お》しのける

問六 本文を通じて、筆者が言いたいことは何か。もっともふさわしいものを、次の1～5から選び番号で答えなさい。

1 今の入試制度は精神的に悪影響《えいきょう》しか与《あた》えないので、抜《ばっ》本的な改革が必要である。
2 他人と競り勝つことで合格できたかもしれないが、これからは別の生き方も考えてみてほしい。

考えを抱《いだ》いたことはないだろうか。

一つ目。塾の模擬《ぎ》テストでいつも自分より点数が少しだけ高い子がいて、その子が受験で実力が発揮できなかったら自分が志望校に合格する可能性が高くなるとき、受験者であるその子が咳《せき》をしている様子を発見し、その子のことを心配しながらも、ひそかにラッキーと思ってしまった。

二つ目。同じく模擬テストで自分と同じくらいの実力の子がいて、たまたまその子に意地悪をされたことがあったので、心の中でその子がミスしないかなと一瞬《しゅん》考えてしまった。(V)

そのどちらにも当てはまらない人も、例えば同じ野球部員でレギュラーを争っているやつがいて、そいつがエラーしたときに、Bしめしめと思ってしまったり、なんてことは多かれ少なかれ誰でも経験のある事じゃないかと思う。だから、僕は決してそのことで君たちを責めようという訳ではない。ただ、人間という生き物は実に罪深い生き物であり、競争原理の中で追い込《こ》まれてしまうと、普《ふ》段はとても温和な性格の持ち主でもふとした瞬間、とても利己的な考えを持ってしまうことがあるということは認識してほしいんだ」

なるほど、それで殺人者のバッヂか。

「さて、その認識に立ったうえで、これから我が校で生活を送っていく中での心構えのようなことを伝えておきたいと思う」

それからの高校三年間はあっという間であった。大学受験の必要がない、言い換《か》えれば、こと勉強に関しては他人を［い］必要のない三年間は、自分のペースで、しかも自分の興味関心にのっとって勉強でき、非常に充《じゅう》実したものであった。そして何よりも自分の人格形成上大きかったなと思われるのは、病気などの理由や部活での全国大会出場など、やむを得ない理由で授業に出席できなかった友達を、周りのみんなで助ける雰《ふん》囲気を生で味わえたことである。勉強に限らず、困っている友人、後輩《はい》などに惜しみなく手を差し伸《の》べる塾内の雰囲気が、こういう一貫《かん》教育校の雰囲気によって作られているように思う。学習面で、友人は良い意味でのライバルではあったが、決して［い］相手ではなかったのだ。

私は受験制度そのものを否定するつもりは毛頭ない。人間の成長過程のある時期に一定の知識を記憶《おく》として詰《つ》め込むことや、論理的な思考力を集中して養うことは必要なことであろう。しかし、その一方で、主に精神面での弊《へい》害もあると考える。

先日、新聞で黒柳徹《やなぎてつ》子さんが書いた『窓ぎわのトットちゃん』が中国でなぜ一千万部も売れたのかについての記事を読んだ。中国語への翻《ほん》訳者が「子どもは努力してくれれば、必ずしも他人に勝たなくていい。人生を豊かに送ってくれればいい。そう思えるようになったのが、この本の価値だと思う」と述べていたことがとても印象に残った。

一生、他人に打ち勝つことを考えて走り続けることも一つの生き方だと思う。が、しかし、自分のペースで自分で立てた目標に向かって向上していく生き方の楽しさを、私はその体育科の先生に学んでよかったと、人生の後半に入ってつくづく思う今日この頃《ごろ》である。

(注1)「塾内」……慶應《けいおう》義塾では一貫教育を行っている小中高校、大学を含《ふく》めて、すべての教育機関を塾内と呼ぶことが多い

(注2)「忖度」……人の意向を他の事柄《がら》を元に推し量ること

つ分かってきたからである。先生は続けた。

「君たちは受験者の競争率がとても高い我が校を受験するにあたって、それ相応の受験勉強を頑《がん》張ってきたことは間違《ちが》いないであろう。それはよく頑張ったねと言ってあげたいところだし、たぶんみんなのお父さん、お母さんや親戚《せき》の方々は、我が校に合格した君に対して祝福の言葉をかけてくれたことだろう。祝福を受けた君たちのほうも、少なくとも、俺《おれ》ないし私が頑張ったから合格できたんだと、多少なりとも人生における戦いで勝利をつかむことができたという［あ］を味わえたのではないだろうか。

僕《ぼく》は君たちが味わったであろう［あ］を否定するつもりはないけど、A手放しに祝福できる気持ちは持ち合わせていないんだよ」と。

いちいち、どうしてそういうことを言うのか、話を聞く気にさせる先生だった。他人が遊び呆《ほう》けている時に寝《ね》る間も惜《お》しんで勉強し、努力を続けたからこその合格である。なんのケチのつけようがあるものか。先生の話は続く。

「君たちに今日改めて聞きたいのは、受験勉強は誰《だれ》のためにやるのだろうということだ。ほとんどの人は自分のために、自分が合格するために努力するのではないか。まあ、中には親や親戚のどうしてもその学校に入ってほしいという思いを忖度《そんたく》（注2）して頑張る人もいるかもしれないが。ここで君たちにぜひ考えてほしいのは、果たして『合格』という、いわば自分の利益を得るために努力をしたことは、そんなにみんなから褒《ほ》められるべきことなのかということなんだ。（Ⅰ）

世の中には自分の生活、財産、時には生命までも差し出して、人のために努力している人がたくさんいる。例えば、僕の教え子で戦争で破壊《かい》された街にボランティアで行って、子どもたちが通うための学校の建設を手伝っている人がいる。こういう人に対しては大抵《てい》の人は偉《えら》いなぁと思うだろう。またそんなに大げさなことでなくても、学校で修学旅行とかに行ったとき、旅館のトイレのスリッパが乱雑に脱《ぬ》ぎ捨てられているのを、先生に言われなくても並べなおす人。こんな人はちょっと偉いよね。（Ⅱ）

もう一度、話を元《もと》に戻して、自分が志望校に合格するために必死で努力している人のことを考えてみよう。まぁ、目標に向かって努力しない人よりは偉いといえるけど、自分が合格するためにだけ頑張っているわけだから、みんなの称《しょう》賛に値するほどのことでもないことはわかっていただけたと思う」なんていう話が続く。

そう言われてしまうと、確かに自分のために愛験勉強を頑張っていたということを再認識させられた。なんだか私利私欲のために頑張ってきたみたいな言われ方で、釈《しゃく》然としないむかむかとした感情が心の中に湧《わ》き上がってきた。僕のそんな気分などお構いなしに先生は続けた。

「そこで話をもう一歩進めて、殺人者のバッヂの話に戻そう。君たちは高い倍率の中を勝ち残った者たちだ。これは誰にも否定されない事実である。（Ⅲ）

当然、本番でのたった一問のケアレスミスが受験の合否を左右する状況《きょう》を潜《くぐ》り抜《ぬ》けてきたわけである。愛験のための塾に通っていた人たちは、いかにミスをしないで、効率よく、最短の時間で問題を解けるようになるかというテクニックを教わりながら、トレーニングされたはずである。（Ⅳ）

そんな環《かん》境の中で他の受験生とともに切磋《さ》琢《たく》磨《ま》してきて、次のような

問二 甲・乙・丙 にあてはまる言葉としてもっともふさわしいものを、それぞれ次の1～5から選び番号で答えなさい。

甲　1 一　2 三　3 五　4 十　5 千

乙　1 身　2 気　3 目　4 手　5 尾《お》

丙　1 証　2 論　3 義　4 勇　5 考

問三 ――A「お前の方が……」の後に省略されている言葉としてもっともふさわしいものを、次の1～5から選び番号で答えなさい。

1 間違いをいちいち指摘《てき》されて頭に来ちまうぞ

2 どうかしたんじゃないかって変に思われちまうぞ

3 いつまでも執《しゅう》念深い奴だって嫌《いや》がられちまうぞ

4 嫉妬《しっと》されて嫌な思いをすることになっちまうぞ

5 自慢《まん》してると思われて気まずくなっちまうぞ

問四 ――B「何だか皮肉な話だ」とあるが、どういうことか。その説明としてもっともふさわしいものを、次の1～5から選び番号で答えなさい。

1 ただでさえ大変なときに、僕をいつも困らせる父ちゃんがやって来たということ。

2 父ちゃんの言葉をただ一人聞くことができる僕が、実はもっとも父ちゃんのことをよく知らないということ。

3 父ちゃん以外の家族に内緒で、父ちゃんとの共同生活を始めなくてはならないということ。

4 せっかく父ちゃんの言葉を聞くことができるのに、会話が一向にかみ合っていないということ。

5 二人で正面から向き合う機会を持てたのが、父ちゃんが死んでしまってからだったということ。

問五 ――C「大変なとき」とあるが、このとき僕は何かに悩《なや》んでいる。そのことがわかる僕の行動が描《えが》かれた一文を本文から探し、その最初の五字を抜《ぬ》き出しなさい。ただし、句読点や符《ふ》号も一字と数える。

問六 ――D「僕は黙って見ていることしかできなかった」とあるが、このときの僕の気持ちを表した言葉としてもっともふさわしいものを、次の1～5から選び番号で答えなさい。

1 情けなさ　2 腹立たしさ　3 徒労　4 納《なっ》得

5 諦《あきら》め

問七 ――E「お前が一番分かってねぇことをお前に教えるために来た」とあるが、「父ちゃん」は「僕」にどのような行動をとることが大切だと伝えたかったのか。本文中の言葉を用いて、「ことが大切だということ。」に続く形で二十字以上二十五字以内で答えなさい。ただし、句読点や符号も一字と数える。

【二】 次の文章を読んで、後の各問いに答えなさい。

「君たちは殺人者のバッヂをつけているんだよ」

晴れて塾《じゅく》内（注1）の高校に入学して間もない時にいきなり体育科の先生に言われてぶったまげたことがある。いやいやこれはけっして自慢《まん》ではないが、これまでの人生を振《ふ》り返ってみても、人を憎《にく》むことはあったとしても、殺《あや》めたいと本気で考えたことは一度もない。一体何を根拠《きょ》にこの先生はこんなことを言うのだろうかと正直思った。

しかし、その時の疑問は大学に進学するころにはすっかり解決していた。その後の人生を送るうちにその先生に言われたことの意味が少しず

「それでお前はどうするんだ。もと爪弾き《つまはじ》のハジメってのが言うように、正しいと思うことを言わずに、やかましい連中に恐《おそ》れをなして黙ってるつもりなのか。ユウキ、義を見てせざるは［丙］無きなりだぞ」

静かな低い声で突《とつ》然言うので、僕は少しばかりc気圧《けお》された。

「お前は俺に似ず慎《しん》重で賢《かしこ》い奴だよ。だけど、ちょっとばかし頭でっかちになっちまってるところがいけねぇな。お前はそのヒロシとかいう坊が犯人じゃないと確信してるんだろ。お前なりにそう思う根拠《きょ》もあれば、直感もあるはずだ。俺はお前のその直感を大事にしてほしいね。つまりはお前がお前自身を信じることができるかってことだ。いいか、ユウキ。お前にはことばがある。身体もある。お前が本当の気持ちでもって話をすれば、お前のことばは相手に伝わるはずだ。それはヒロシが犯人だろうとそうでなかろうと関係ないんだよ。お前の強いまっすぐな気持ちとことばがあれば、人を馬鹿にしたりいじめたり責めたりすることが愚《おろ》かなことだとそいつらも気がつくはずさ。少なくとも、周りの奴らは分かるだろう。人は環《かん》境によっていくらでも変わる。そのやかましい連中も、本当の悪人じゃねぇだろう。お前のことばでそいつらを変えてやれ。いいか、そのためにはお前自身が強くならなきゃダメだ。頭で考えるより、まずは自分の感じたことを信じるんだ。勇気と自信を持て。お前が思っっているほど、お前は弱くてダメな奴じゃないぞ」

「父ちゃんは簡単にそう言うけど、僕だっていろいろ考えてるんだよ」

何とか言い返さなければならないと思って、無理やりことばを出してみる。「だから考えるな。お前は考えることで、いつも自分を弱くしてるんだ。父ちゃんにはもうことばもなければ身体もない。誰かを変えてやることもできねぇし、家族を守ってやることもできねぇ。いくら望んでも、もう父ちゃんは誰とも関われねぇんだ。だけど、お前はちがうだろ」

「何言ってんだよ。父ちゃんだって、今ここにいるじゃないか」

「それはきっと神様のちょっとしたいたずらか気まぐれだろう。もうじきあの世へ戻るさ。俺はお前と話をしたかったのかもしれねぇな。だから、ここへやって来たのかもしれねぇ。Eお前が一番分かってねぇことをお前に教えるために来た気がするよ。それが今分かった」

「勝手にやって来て、何勝手に解決してるんだよ」

「ユウキ、自分と周りを信じるんだ。いいな」

そう言って、父ちゃんは突然姿を消した。

教室の前に僕は立つ。中からは昨日と同じ喧《けん》騒が聞こえてくる。震《ふる》えがないと言えば嘘になるが、これは武者震いって奴だと自分に言い聞かせてみる。扉《とびら》に手をかける僕は、たしかに父ちゃんの息子《むすこ》の眼《め》をしている。

問一 〰〰a〜cの言葉の意味としてもっともふさわしいものを、それぞれ次の1〜5から選び番号で答えなさい。

a 「にわかに」

1 思いのほか　2 おもむろに　3 突然

4 あわただしく　5 すぐに

b 「懸念」

1 心配　2 期待　3 予想　4 想像　5 祈《き》念

c 「気圧された」

1 恐れられた　2 気分が損《そこ》なわれた　3 驚かされた

4 圧倒《とう》された　5 反抗《こう》された

僕は少しげんなりした気持ちで、隣《となり》にいたハジメに話しかけた。ハジメはおとなしい僕にも引けを取らないほどの静かな奴で、僕らはうるさい連中があまり好きではなかったから、いつも距離《きょり》を置いて見ていた。

「でも、あいつが犯人なんだろ。だったら仕方ないさ」

ハジメは意外にもはっきりとそう答えた。声は小さいながらも、きわめて冷たい言い方に感じ、僕は少したじろいだ。

昨日の五時間目の直前、クラスの教室の後ろに置いてあったきれいなバラの花の一部が無くなっているのを、女子の一人が気づいた。すぐにみんなが集まって来て、いつ盗《ぬす》まれた、誰《だれ》が犯人だ、せっかく先生が置いてくれたのに、などとあれやこれや言い、そのうち、誰かが「ヒロシが犯人だ」と言い出した。

「あいつはのろまだし、貧乏《ぼう》だぞ」

「そうだ、きっとどっかで売るつもりだ」

「この間無くなった僕のペンも、きっとあいつが盗《と》ったんだ」

騒《そう》々しい男子たちが口々にヒロシに詰め寄る。女子の何人かも加勢する。当のヒロシはか細い声で「違《ちが》うよ。僕じゃないよ」と言うだけだ。そのあと先生が来て授業が始まったので、昨日はそれで終わったが、やはり今日もみんなの攻撃《こうげき》が続いていた。僕は周りに聞かれないようにハジメに言った。

「本当にヒロシが犯人なのかな。僕、実は違うんじゃないかと思ってて」

「どうしてだよ。みんな言ってるじゃないか」

「そうなんだけど、みんなが花が盗まれたっていう昼休みの時間は、ヒロシは教室にいなかったはずなんだ。僕、保健室に用事があってしばらくいたんだけど、その間ヒロシはずっと校庭の隅《すみ》の花壇《だん》の近くにいたんだよ。保健室の窓からちょうど見えるんだ。ヒロシはいつも昼休みはあそこにいるんだ。そのあとは僕も教室に戻ったし、みんながいうように、誰にも見られずに花を盗むなんてことは難しいし無理だよ。それにヒロシはそんなことをする奴じゃ……」

「だったらさ、今みんなの前でそう言えるの？　ヒロシは犯人じゃない、みんなが間違ってるって。大山や井《い》原や古川たちに、お前らがおかしいって、罪なき人を犯人にするなって面と向かって言えるの」

ハジメは語気を強める。

「以前の僕みたいに君はなりたいの？」そう付け足して教室を出て行く後ろ姿を、D僕は黙《だま》って見ていることしかできなかった。

「なるほどな。お前のいうように、そのヒロシって坊《ぼん》は犯人じゃないかもしれねぇな」

「父ちゃん、幽霊《ゆうれい》だったらさ、誰が犯人かくらい分かるんじゃないの」

「馬鹿《か》野郎《ろう》。父ちゃんをそんな都合のいい幽霊と一緒《しょ》にするな。父ちゃんはな、意外といろんなことが分かってないんだ」

「威《い》張るところじゃないよ」と僕は笑う。

確かに父ちゃんはあんまり分かっていない。「あいつは冷てぇな。長年連れ添《そ》ったのに、俺の声が聞こえねぇんだもの」などと愚痴《ぐち》っぽく言っていたが、本当は母ちゃんはときどき夜に父ちゃんの遺影《いえい》に向かって「あんた、何で死んじゃったのよ」と泣いている。そんなとき、僕はいつもどうすれば良いのか分からずにいる。「母ちゃん、心配ないよ」と声をかけてあげられれば、どれだけ良いか。

【国語】（四五分）〈満点：一〇〇点〉

【一】 次の文章を読んで、後の各問いに答えなさい。

覚えようと書き写された漢字の練習の跡《あと》が、まばらにノートの上に踊《おど》っている。スタートもゴールもどこだか分からない迷路のような線の集合体を、僕《ぼく》はいたずらになぞってみる。そうすることで靄《もや》が晴れるわけでもなく、むしろ自分にはどうすることもできない思いが身に沁《し》みてくる。

夜も更《ふ》けて、外の通りを歩く人の気配も感じない。暗闇《やみ》のしんとした静けさが一人の部屋に伝わってくる。明日のテストの勉強が一向にはかどらない僕の背後でaにわかに声がした。

「そんなのも分からねぇのか。中学生にもなって情けねぇな」

驚《おどろ》いた僕は振《ふ》り返った。

「お、何だ、お前には聞こえるのか。そんなに怯《おび》えるなよ。いや、気づいてもらえると嬉《うれ》しいもんだな」

「父ちゃん、嘘《うそ》だろ……」

僕が小さい頃《ころ》に亡くなった父ちゃんが、いま目の前にいる。

「ユウキ、久しぶりだな。大きくなりやがった。驚くのも無理はねぇ。父ちゃんだって同《おな》じだ」

「何、どういうこと」

「俺《おれ》にも分からねぇんだが、何でだか、あの世からここへ来ちまったようだ。さっきお前以外の奴《やつ》らにも話しかけてみたんだが、どうやら気づかないらしい」

父ちゃんは少し恨《うら》めしそうに言う。

「本当に父ちゃんなんだよね。どうしよう……。そうだ、とりあえず母ちゃんたちに知らせないと」

「いや、それはやめておいた方がいいんじゃねぇかな。俺の声に気づかないあいつらに俺が来てるなんて言ったら、Aお前の方が……」

「信じてもらえるわけないか。けど、じゃあ、どうするのさ」

「そうだな、一度渡《わた》ったはずの［甲］途《ず》の川をまた戻《もど》って我が家にやって来たんだから、何かをしなくちゃいけないんだろうけど、父ちゃん何すりゃいいんだろ」

「僕に分かるわけないよ」

「困っちまったなぁ」

そう言いつつも、父ちゃんは少し嬉しそうに僕を見る。

「どういうわけだか分からねぇが、お前とだけは会話ができるらしい。こりゃあ、鍵《かぎ》を握《にぎ》っているのはお前かもな」

笑って話されてもまともに納得できる状況《きょう》ではないが、これはこれでそうおかしなことでもないような気がしてくるから不思議だ。考えてみれば、僕は父ちゃんとじっくり話をすることなんてなかった。B何だか皮肉な話だ。ただでさえC大変なときに、僕は父ちゃんとの秘密まで抱《かか》えることになってしまった。

翌朝学校へ行くと、やはり前日の一件が［乙］を引いているようだった。僕がb懸《け》念していたとおり、教室で「泥《どろ》棒、泥棒」とはやし立てている奴らがいる。そういう輩《やから》はヒロシの机の周囲や黒板の前に集まって、やいのやいのと言っていた。

「やっぱりこうなったか」

MEMO

大切なことはメモしておこうネ！

平成30年度

解答と解説

《平成30年度の配点は解答用紙に掲載してあります。》

＜算数解答＞《学校からの正答の発表はありません。》

【1】 (1) 70 (2) ア 110 イ 119 (3) 375 (4) ア 6 イ 10
【2】 (1) 40 (2) 850 (3) ア 13 イ 20 (4) 2000
【3】 (1) 130 (2) 12 (3) 48 (4) ア 838 イ 38
【4】 (1) ア 9 イ 20 (2) ア 12 イ 8
【5】 (1) 16800 (2) ア 14 イ 864 【6】 (1) 16 (2) ア 30 イ 50
【7】 (1) 121 (2) ア 81 イ 54

＜算数解説＞

【1】(四則計算，濃度，規則性)

(1) (70.2×69.8＋0.04)÷(3.5×20)＝{(70＋0.2)×(70－0.2)＋0.04}÷70＝(70×70＋70×0.2－70×0.2－0.2×0.2＋0.04)÷70＝70×70÷70＝70(右図参照)

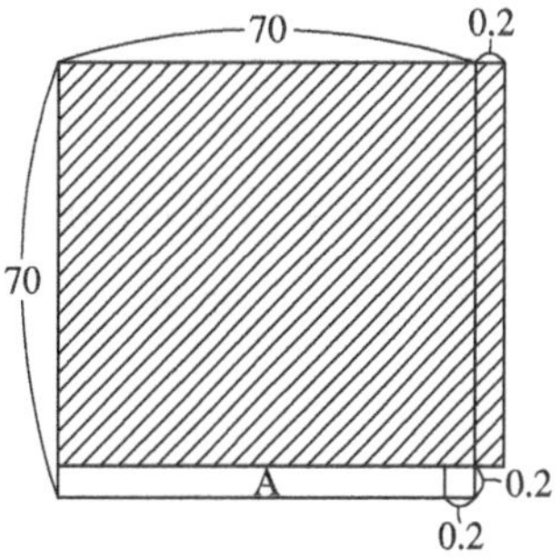

(2) $\frac{\boxed{ア}}{\boxed{イ}}=\left\{3\frac{1}{4}-\frac{15}{8}\div\left(1\frac{1}{6}+1\frac{4}{6}\right)\right\}\times\frac{5}{14}=\left(3\frac{1}{4}-\frac{45}{68}\right)\times\frac{5}{14}=\frac{44}{17}\times\frac{5}{14}=\frac{110}{119}$

重要 (3) 500×(10－7)÷(7－3)＝375(g)…10％と7％の食塩水500gずつに含まれる食塩の量の差が，7％と3％の食塩水□gずつに含まれる食塩の量の差に等しい。

重要 (4) 1番目の日曜日は1月7日で，7×23＝161(日)であり，元日から5月末までは31＋28＋31＋30＋31＝151(日)ある。したがって，6月の161－151＝10(日)が23番目の日曜日。

【2】(割合と比，売買算，旅人算，単位の換算)

基本 (1) 2.25×75.2÷4.23＝9×75.2÷4÷4.23＝18.8÷0.47＝40(L)

基本 (2) 原価の1.3×0.8－1＝0.04(倍)が34円であり，原価は3400÷4＝850(円)

基本 (3) 400÷(250－220)＝$13\frac{1}{3}$(分)すなわち13分20秒

重要 (4) 最初の金額の$\frac{1}{4}$を兄が受取った後に兄が受取った額を9，弟が受取った額を6にすると，最初の金額は(9＋6)÷(4－1)×4＝20である。したがって，弟の額6が700－100＝600(円)に相当し最初の金額は600÷6×20＝2000(円)である。

重要【3】(平面図形，立体図形，図形や点の移動，相似，割合と比，数の性質)

(1) 図1において，三角形DABは二等辺三角形であり，㋐＋㋑×2＝180－90＝90(度)である。したがって，㋐は90÷(8＋5×2)×8＝40(度)，角xは40＋90＝130(度)である。

図1

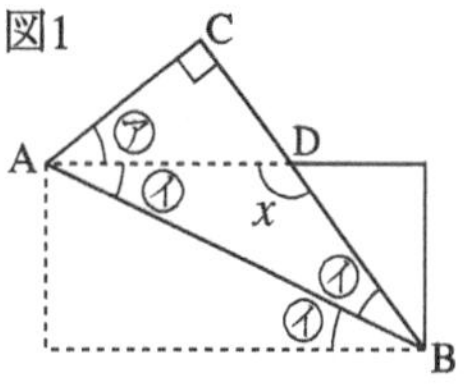

(2)　図2において，正方形の面積は72÷3×(3+1)÷2×(2+1)＝144＝12×12(cm²)である。したがって，正方形の1辺は12cmである。

(3)　図3において，六角形の周はア＋イ＋ウ＋エ＋オ＋カに等しく，27＋21＝48(cm)である。

図2

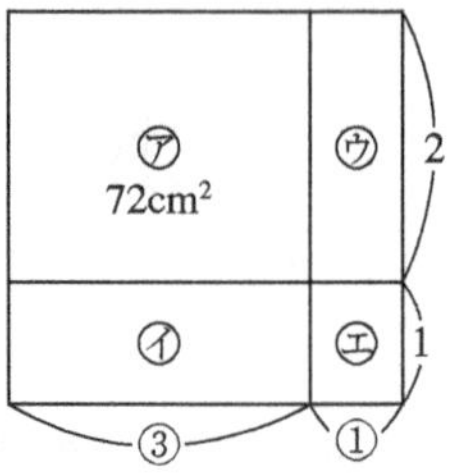

図3

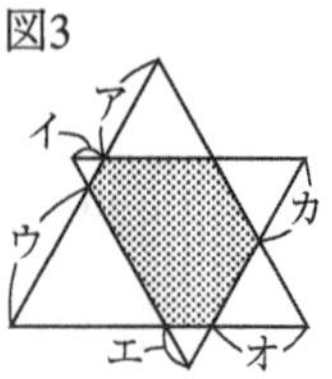

(4)　右図の立体から計算する。

真上から見える部分の面積…9×9×3.14＝81×3.14(cm²)

底面積…6×6×3.14＝36×3.14(cm²)

円柱部分の側面積…5×2×3×3.14＝30×3.14(cm²)

円錐台の側面積…高さがOHの円錐と高さがOGの円錐の対応する辺の比は9：6＝3：2，面積比は9：4であり，OAは8÷(3−2)×3＝24(cm)であるから9×24×3.14÷9×(9−4)＝120×3.14(cm²)

したがって，表面積は(81＋36＋30＋120)×3.14＝267×3.14＝838.38(cm²)である。

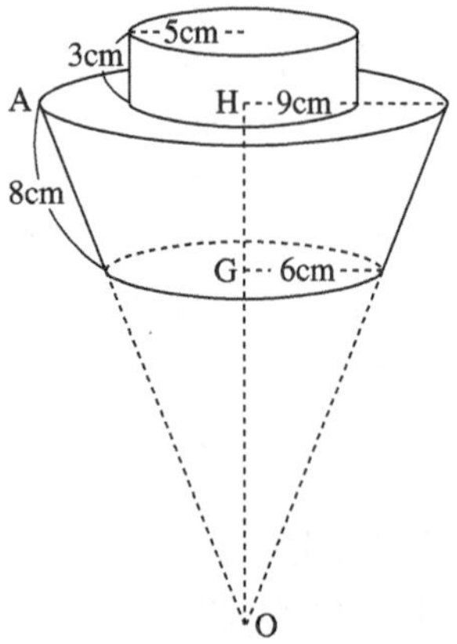

重要【4】（グラフ，速さの三公式と比，単位の換算）

(1)　下図において，PQを1辺とする三角形とQSを1辺とする三角形の辺の比は9時−8時＝60分と13時−10時15分＝165分の比4：11に等しい。したがって，PQの時間は(13−8)÷(4＋11)×4＝$1\frac{1}{3}$(時間)すなわち1時間20分であり，この時刻は9時20分である。

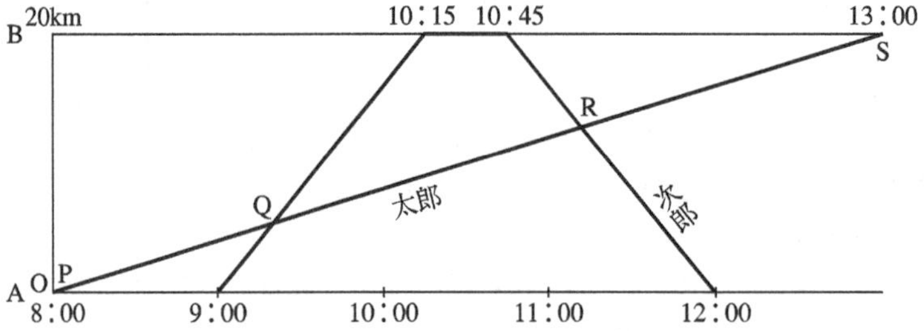

(2)　上図において，PRを1辺とする三角形とRSを1辺とする三角形の辺の比は12時−8時＝240分と13時−10時45分＝135分の比16：9に等しい。したがって，RはA町から20÷(16＋9)×16＝12.8(km)の位置である。

【5】（数の性質，場合の数）

やや難　(1)　1～9の奇数は5個，4個あるので，Aの一の位の奇数とBの一の位の偶数の組合せは5×4＝20(通り)あり，残りの整数9−2＝7(個)のうち4個を選んでそれぞれの上2桁に並べると全部で20×7×6×5×4＝16800(通り)になる。

重要　(2)　最小…412−398などの例より，14　　最大…987−123＝864

重要【6】（規則性，単位の換算）

(1)　45＋30＝75(秒)と60＋40＝100(秒)の最小公倍数は300秒＝5分であり，84÷5＝16…4より，16回，同時に点灯する。

(2)　次ページ図において，AもBも点灯する時間は45＋120−100＋160−150＋260−225＝45＋20＋10＋35＝110(秒)すなわち1分50秒あり，(1)より，80分までに1分50秒×16＝16分800秒すなわち

29分20秒ある。また，残りの4分すなわち240秒で110－(260－240)＝90(秒)すなわち1分30秒ある。したがって，全部で29分20秒＋1分30秒＝30分50秒になる。

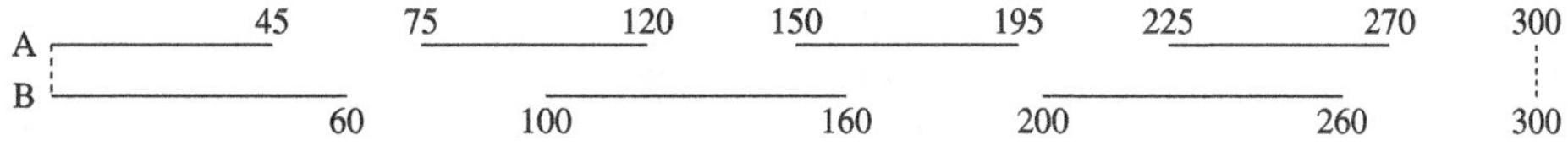

重要 **【7】（平面図形，相似，数の性質）**

(1)　正三角形の枚数は1＋3，1＋3＋5，1＋3＋5＋7など，2×2＝4，3×3＝9などの平方数の枚数になるので11×11＝121(枚)使う。

(2)　(1)より，正六角形の枚数は1×6＝6，4×6＝36，9×6＝54，16×6＝96と変化し，正三角形に81枚，正六角形に54枚使うと81＋54＝135(枚)で140枚以下の最多になる。

★ワンポイントアドバイス★

まず，最初の計算問題で失点することがないように，毎日，少しずつ難しめの計算に挑戦しよう。一度で正解するという，集中と点検が必要である。【3】(4)「円錐台の側面積」，【7】(1)「正三角形の枚数」に注意しよう。

＜理科解答＞《学校からの正答の発表はありません。》

【1】 (1) 1　(2) 1　(3) 1　(4) 6

【2】 (1) a 3　b 4　c 1　(2) 1　(3) 4　(4) 3　(5) 1

【3】 (1) 6　(2) 1，5　(3) 6　(4) 1　(5) 1

【4】 (1) 1，2，8　(2) 6　(3) (ア) 4　(イ) 7　(4) (マツモムシ) 1　(ケラ) 5

【5】 (1) 2　(2) ア 6　イ 7　ウ 3　エ 1　オ 4　カ 5　(3) 3

＜理科解説＞

【1】（太陽と月―月の見え方）

(1)　月は，毎日約50分ずつ遅く南中する。そのため，同じ時刻に観察すると，毎日12～13°程度ずつ東へ移動する。

(2)　午後6時に見える半月は，右半分が明るい上弦の月である。このあと，月は満月に向かってふくらんでいく。翌日の同じ時刻には，上弦よりややふくらんだ形で，12～13°東側に見える。

基本 (3)　午後9時に南中する月は，上弦と満月の間の形である。月は，約29日で同じ形になる。7月20日から9月20日までは62日間である。これは，満月の周期の2倍と4日である。同じ形の日よりも4日後なので，同じ午後9時に見ると，月は真南よりも東の方へ移っている。月の形は満月に近い形である。

(4)　午後6時に見える半月は，右半分が明るい上弦の月である。ちょうど1年後，つまり365日後までに，月の形は365÷29＝12あまり17，つまり，12周期と17日間経っている。月は上弦の17日後の月，つまり，下弦の月より少し欠けた月である。朝方に南中するので，午後6時には見えない。

【2】（燃焼－ろうそくの炎）

基本 (1)・(2)　ろうそくの炎は，3つの部分に分かれている。外側のaは外炎という。外炎は酸素とよく触れて完全燃焼しているので，1000～1400℃と最も温度が高い。中間のbは内炎という。内炎では酸素が不足しているため，ろうの気体は不完全燃焼しており，温度は500～900℃程度である。内側のcは炎心といい，ろうの気体があるが，あまり燃えておらず，温度は300℃程度と低い。

(3)　ろうそくの成分には，炭素と水素が含まれている。bの部分は，酸素が不足するので不完全燃焼をしている。炭素が充分に酸素と結びつかないため，炭素の黒い粒が「すす」として舞っており，そのすすが加熱されて光る。そのため，bの内炎は，ろうそくの炎のうち最も明るい。

(4)　ガラス管を差し込むと，aの外炎は完全燃焼しているため，二酸化炭素や水蒸気が出てくるだけで，目に見える変化は小さく，ガラス管に水滴がつく程度である。bの内炎は不完全燃焼しているので，黒いすすが出てくる。cの炎心はろうの気体や，その気体が冷えた小さな固体である煙が出てくるので，ガラス管のもう片方に火を近づけると，炎を出して燃える。

(5)　集気ビンの中でろうそくが燃えると，酸素が減って二酸化炭素ができる。二酸化炭素は石灰水に溶けるので，集気ビンの中の気体の全体量は減る。ふたの内側の気圧は減り，外側は通常の大気の気圧なので，外側から内側へ押す力が生まれる。

【3】（力のはたらき－てんびんのつりあい）

(1)　A，B，Cの重りは，材質はちがうがどれも100gである。さおの左側を下げようとするはたらきは，4×100＋2×100＝600である。右側を下げようとするはたらきも600になればよいので，つり下げる位置は，600÷100＝6である。

(2)　図3の状態で，さおの左側を下げようとするはたらきは，3×100＝300である。右側を下げようとするはたらきは，8×100＝800である。つりあわせるには，左側のはたらきが500足りないから，500÷100＝5で，左側の5の位置に，重りCを下げればよい。

重要 (3)　左右の同じめもりの位置に同じ重さのAとBをつるして，Bの方が上がったのだから，Bにはたらいている水の浮力が大きいことが分かる。水中に沈んだ体積が大きいほど浮力が大きいから，AとBではBの体積が大きいことが分かる。同様に，BとCで比べると，Cにはたらく浮力が大きいので，Cの体積が大きいことが分かる。まとめると，体積の大きい順に，C，B，Aである。

(4)　20％の食塩水の密度は，水の密度よりも大きいから，同じ体積の物体にはたらく浮力も大きい。食塩水で実験すると，AもBも浮力が増えるが，Bの体積が大きいので，浮力の増え方はBの方が大きい。よって，さおはより大きく傾くようになる。

やや難 (5)　AとBは同じ重さだが，Aの方が体積が小さいので，水中に入れたときの浮力も小さい。よって，図5の右側6の位置にかかる力は，BのときよりもAのときの方が，より強い力がかかる。そのため，AとBを入れ替えたあとは，Aのある右側の方が下がる。

【4】（動物・昆虫－昆虫の口や脚）

(1)　液体を吸うためにストローのような細長い口を持つのは，動物の血液を吸う1のカ，樹液を吸う2のセミ，花の蜜を吸う8のチョウである。他は，草食でも肉食でも固形のものを食べるので，ストロー形の口ではない。

(2)　1は肉食のトンボ，2は物をなめるハエ，3は樹液などを吸い取るカブトムシ，4は樹液を刺して吸うセミ，5は肉食のカマキリ，6は草をかむバッタである。

(3)　(ア)　バッタは，草むらで飛びはねながら動くために，後ろ脚が長く太く発達している。

(イ)　マツモムシは水面に浮いて，後ろ脚をオールのように使うという説明から，後ろ足を使って水をかいて進むことがわかる。

(4)　マツモムシは1で，水面に浮いて，後ろ脚でこぐように動く。ケラは5で，地面に穴を掘るために，前脚が太く熊手のようになっている。なお，2は羽のない昆虫であるトビムシである。3はカミキリムシ，4はスズムシのメス，6はカメムシである。

【5】（植物のなかま－食用の野菜の植物）

(1)　ブロッコリーはアブラナ科で，花のつぼみを食べる。ナス，トマト，ピーマンはナス科で果実を食べる。スイカ，カボチャ，ゴーヤはウリ科で，これも果実を食べる。インゲン，ダイズはマメ科で，種子を食べる。なお，Aは茎や葉を食べ，Cは根や地下茎や球根を食べる。

重要　(2)　(ア)のなかまはキク科であり，葉を食べるシュンギクが入る。(イ)のなかまは単子葉類で，従来はユリ科とされており，球根を食べるタマネギが入る。ただし，最近は異なる分類も使われる。(ウ)のなかまはアブラナ科で，葉を食べるキャベツが入る。(エ)のなかまはマメ科で，種子を食べるエンドウが入る。(オ)のなかまはウリ科で，果実を食べるキュウリが入る。(カ)のなかまはナス科で，地下茎を食べるジャガイモが入る。

(3)　フキ，レタス，ゴボウのなかまはキク科の植物であり，タンポポやヒマワリと同じつくりの花を咲かせる。キク科の花は，多数の花が集まって，まるで1つの花のように見える。1枚の花びらに見えるものは，5枚の花びらが合わさったものであり，合弁花といえる。1つの花には，おしべとめしべがあり，1つの種子ができる。ただし，おしべもめしべもない花もあれば，種子ができない花もある。

★ワンポイントアドバイス★

基本事項は，丸暗記するのではなく，なぜそのようになるのか，それがどのように役に立っているのか，関連事項をまとめて知識にしていこう。

＜社会解答＞《学校からの正答の発表はありません。》

【1】　ア　1　イ　7　ウ　6　エ　3　オ　4　カ　0　キ　9　ク　8　ケ　2
コ　5

【2】　ア　4　イ　2　ウ　5　エ　3

【3】　ア　3　イ　7　ウ　2　エ　9　オ　5　カ　6

【4】　ア　3　イ　4　ウ　5　エ　2　オ　1　カ　3

【5】　ア　集団的　イ　作らず　ウ　排他的

【6】　問1　ア　3　イ　1　ウ　2　エ　4　問2　6
問3　（番号）　1　（正しい語句）　北東　（番号）　2　（正しい語句）　断層
（番号）　3　（正しい語句）　新幹線[山陽新幹線]
問4　（例）　土石流　問5　3

【7】　（例）　携帯電話やスマートフォンを学校へ持ち込むと，授業に集中できないという問題点がある。この対策として，授業中は鍵のかかるロッカーに入れるという対策が考えられる。

＜社会解説＞

【1】（日本の歴史ー国宝を題材にした日本の通史）

基本 ア　1787年，筑前国(現在の福岡県)糟屋郡志賀島(現在の福岡市東区)で金印が出土。印面は2.3cm四方で，「漢委奴国王」の文字がある。『後漢書』東夷伝に，57年，後漢の光武帝が倭の奴国の使節に印綬を与えたとあり，この金印のこととされる。福岡市博物館蔵。

イ　埴輪は素焼きの焼物で，円筒・形象の2種に大別される。古墳の表土に列をなして並べ飾られた。製作理由は，土留め，葬列模倣，殉死代用など諸説ある。

ウ　「ワカタケル大王」と刻まれた鉄剣は，1968年，埼玉県行田市の稲荷山古墳から出土し，1978年に銘文が発見された。鉄剣の両面に115文字の金象嵌《きんぞうがん》がなされている。銘文によると，この鉄剣は辛亥の年(471年)に地元の豪族であるオワケが，ワカタケル大王の統治を助けた記念としてこれを作らせたという由来が記されている。

重要 エ　法隆寺釈迦三尊像は，法隆寺の本尊で，飛鳥時代の代表的な仏像彫刻の一つ。623年，聖徳太子の菩提を弔うため，鞍作鳥につくらせたという。杏仁形の目をもち，古拙の微笑(アルカイック・スマイル)を口元に浮かべる。

オ　玉虫厨子は法隆寺にある飛鳥時代の厨子(厨子は仏像や経巻などを安置するための箱)。檜造の宮殿型の厨子で，高さは2m余り。まわりの透かし彫り金具の下に1万近い玉虫の羽が敷かれていた。黒漆の地に，朱・緑・黄の3色で描かれた「捨身飼虎《しゃしんしこ》図」などの絵はこの時代の遺品として貴重である。

やや難 カ　興福寺阿修羅像は，光明皇后の発願による興福寺西金堂の八部衆像の一つ。三面六臂の脱活乾漆造で，細身の体つき，少年を思わせる清純な容貌などに特色がある。像高は153cm。

キ　鳳凰は，古来，中国で，麒麟《きりん》・亀・竜とともに四瑞として尊ばれた想像上の瑞鳥。聖人が世に出るときに出現するとされる。平等院の阿弥陀堂は，鳳凰堂とよばれる。

ク　平家納経は，厳島神社に奉納された平家一門の手による写経。法華経など32巻と平清盛の願文1巻。清盛が一門の繁栄を祈って発願。経典は豪華優美で，装飾経中の逸品とされる。

ケ　東大寺南大門金剛力士像は，運慶，快慶らが，1203年，わずか70日足らずで造立した仁王像。鎌倉時代初期の活力に満ちた世相を反映する高さ8mを超える巨像である。

コ　中尊寺金色堂は，岩手県平泉町にある平安時代末期の阿弥陀堂。藤原清衡が自らの葬堂として1124年に建立し，阿弥陀三尊を安置。黒漆塗りの上に金箔を押したので，この名がある。堂内には，藤原清衡・基衡・秀衡　3代の遺体を安置する。

【2】（日本の歴史ー史料を題材にした日本の外交史）

ア　日米和親条約は，1854年，江戸幕府がアメリカ合衆国との間に結んだ条約。下田・函館の開港，漂流民の救助，寄港船への燃料，食料，水の供給などを内容とする。

基本 イ　下関条約は，1895年に調印された日清戦争の講和条約。清国は李鴻章，日本は伊藤博文・陸奥宗光を全権として山口県下関で結ばれた。内容は，朝鮮の独立の確認，清国の遼東半島・台湾・澎湖諸島の割譲，賠償金2億両(約3億円)の支払いなどを規定している。

基本 ウ　ポーツマス条約は，1905年にアメリカ合衆国北東部のポーツマスで調印された日露戦争の講和条約。アメリカ合衆国大統領セオドア・ルーズベルトの仲介により，日本全権小村寿太郎とロシア全権ウィッテとの間で結ばれた。内容は，韓国における日本の優越権の承認，旅順・大連の租借権，南満州の鉄道の日本への割譲，樺太南部の譲渡などを規定している。

エ　日米安全保障条約は，1951年9月8日，日本とアメリカ合衆国との間で結ばれた条約。サンフランシスコ平和条約調印と同日，日本全権吉田茂首相とアメリカ合衆国全権アチソンがサンフランシスコで調印。アメリカ軍は，極東の平和維持に必要なときや日本に外部から攻撃があったときなどに出動できるとし，そのためのアメリカ軍の日本駐留を日本政府は認めるとした。

【3】（日本の歴史ー歴史的な事件と旧国名・地名）

基本 ア　尾張は旧国名の一つで，現在の愛知県西部に相当する。この地から織田信長や豊臣秀吉らが出た。なお，愛知県東部の旧国名は三河である。

イ　駿河は旧国名の一つで，現在の静岡県中央部に相当する。なお，静岡県東部の旧国名は伊豆，西部の旧国名は遠江。

ウ　近江は旧国名の一つで，現在の滋賀県に相当する。「おうみ」は「あはうみ」（淡水湖）が転じたもので，琵琶湖を指す。

エ　水戸は現在の茨城県の県庁所在地で，もと徳川氏35万石の城下町。水戸徳川氏は，尾張徳川氏，紀伊徳川氏とともに徳川御三家と称される。

やや難 オ　二条城は京都市中京区にある江戸時代初期の平城。1603年，徳川家康が二条堀河に創建し，1626年までに家光のもとで整備された。大広間・白書院などの大規模な書院造と狩野探幽らの大障壁画を残す。徳川慶喜の大政奉還もここで決定された。

カ　薩摩は旧国名の一つで，現在の鹿児島県西部に相当する。なお，鹿児島県東部の旧国名は大隅である。

【4】（政治ー日本の政治，国際政治に関する正誤判定）

やや難 ア　特別国会（特別会）は，衆議院解散後の総選挙の日から30日以内に召集される（日本国憲法第54条）。

イ　国会の召集は天皇の国事行為の一つである（日本国憲法第7条）。

重要 ウ　1－日本国憲法は，「思想・良心の自由」を第19条，「奴隷的拘束・苦役からの自由」を第18条，「居住・移転・職業選択の自由」を第22条で，それぞれ認めている。2－日本国憲法は，「生存権」を第25条，「教育を受ける権利」を第26条，「勤労の権利」を第27条でそれぞれ認めている。3－日本国憲法は，「選挙権」，「被選挙権」を第15条，「最高裁判所裁判官の国民審査権」を第79条で，それぞれ認めている。4－「環境権」，「知る権利」，「プライバシーの権利」などは憲法の条文に明記されているものではないが，社会の変化とともに，裁判の判例などを通して認められるようになってきている。

重要 エ　裁判員裁判で，国民が裁判員として参加するのは，民事裁判ではなく，刑事裁判である。最高刑が死刑または無期懲役になる可能性がある重大な刑事事件を担当する。

オ　都知事選挙の被選挙権は30歳以上である。

カ　国際連合の安全保障理事会の非常任理事国は10か国。

【5】（政治ー日本の政治，時事的用語など）

ア　集団的自衛権は，外国からの武力攻撃が発生した場合，被攻撃国がもつ本来の自衛権（個別的自衛権）と並んで，この国と密接な関係にある他国がその攻撃を自国の安全を危うくするものと認め，必要かつ相当の限度で反撃する権利。国連憲章はその第51条で，安全保障理事会が有効な措置をとるまでの間，各国に個別的，集団的自衛権の行使を認めている。

基本 イ　非核三原則は，核兵器を「持たず，作らず，持ち込ませず」という核兵器に関する日本の基本的な方針。1967年12月，佐藤栄作首相が初めて表明，さらに沖縄返還交渉の中で明確化された。

ウ　排他的経済水域は，国連海洋法条約において，領海の外側にあって，海岸の基点から200海里（約370km）の距離内に設定されている水域。資源の探査，開発，保存，管理について，沿岸国の主権を認めている。ただし，船舶の航行，上空飛行，国際コミュニケーションの面では公海と同じ性格をもつ。

【6】（日本の地理ー神戸市の地域調査，地形図の読み取りなど）

問1　地域調査は，一般に，準備(課題の設定，調査地域の選定，文献などを使用した予備調査)→実施(調査の計画，現地調査)→整理(調査内容の分析，報告書の作成，発表)といった手順で行われる。

問2　「あ」は姫路市，「い」は明石市，「う」は神戸市。日本標準時子午線(東経135度の経線)は明石市付近を通過している。また，阪神・淡路大震災の震源地は，淡路島の北部付近(北緯34度35分7秒，東経135度2分2秒)。

やや難　問3　1　国土地理院が発行している地形図は，上が北，下が南，右が東，左が西。平野部は，地形図の左下(南西)から右上(北東)の方向にのびている。　2　神戸市の市街地の北側から一気に六甲山地が立ち上がっており，その境界線は東西に一直線に続いている。このような直線的な地形は，断層がつくる地形の大きな特徴である。　3　六甲トンネルや神戸トンネルは，高速道路用ではなく，新幹線(山陽新幹線)用のトンネルである。

問4　神戸市は，市街地のすぐ背後に山地が迫っているので，土石流に備える必要がある。土石流は，砂，泥，岩塊などが水と一体となって高速で流下する現象で，集中豪雨や急激な融雪などによって発生する。

やや難　問5「仮設住宅は，まとまった土地を確保しやすい郊外に建てられた」ということは，イの「震災直後に建設された第一次仮設住宅の略地図」を示しながら説明する。また，「2000年までに復興住宅が4万戸以上建てられたが，復興住宅の入居者は60歳以上の高齢者が30％を超えている」ということは，ウの「仮設住宅入居世帯数の推移の折れ線グラフ」を示しながら説明する。

【7】（総合ー携帯電話などの学校への持ち込みの問題とその対策）

解答例以外に，「携帯電話・スマートフォンが紛失したり，壊れたりするのが心配」などの問題点が考えられる。

★ワンポイントアドバイス★

携帯電話などの学校への持ち込みの問題とその対策を論じさせる，新しい傾向の問題が出題された。今後もこのような傾向の問題が出題される可能性が高い。

＜国語解答＞《学校からの正答の発表はありません。》

【一】問一　a 3　b 1　c 4　問二（甲）2　（乙）5　（丙）4　問三　2
問四　5　問五　スタートも　問六　1　問七（例）自分が正しいと信じることを，勇気と自信を持って話す(ことが大切だということ。)

【二】問一　5　問二　5　問三　4　問四　2　問五　3　問六　2

【三】問一　5　問二　1　問三　1　問四　ア 4　イ 9　ウ 6　エ 7
オ 2　カ 1

【四】問一　ア 3　イ 4　ウ 1　エ 2　オ 6　カ 8　問二　ア 7
イ 5　ウ 2　エ 2

【五】ア　出自　イ　紀行　ウ　誠実　エ　裁(く)　オ　蔵書　カ　益鳥
キ　取材　ク　類　ケ　謝恩　コ　落丁　サ　周知　シ　拝(む)
ス　首領　セ　仏閣　ソ　干天　タ　延(べ)

＜国語解説＞

【一】（物語文－心情・場面・細部表現の読み取り，ことばの意味，記述）

基本 問一　a「にわかに」とは，物ごとが突然起こる様子を意味する。ここでは，死んでいなくなったはずの「父ちゃん」の声が突然したのである。　b「懸念」とは，心配という意味である。ここでは，バラの花の一部が無くなった件に関して，今後どのようになっていくのか，心配しているのである。　c「気圧された」とは，相手の勢いに圧倒されるという意味である。ここでは，4の「圧倒された」が正解になる。父ちゃんの静かな低い声が突然出てきたので，圧倒されたのである。

問二　甲「三途の川」となる。仏教で，人が死後の世界に行く途中に渡る川のこと。　乙「尾を引く」となる。影響が残るという意味。　丙「義を見てせざるは勇無きなり」となる。人として当然行うべきことを実行しないのは，真の勇気のないことだという意味。

問三　父ちゃんは，死んでいて，いないのである。ところが，ユウキだけには見えている。ユウキが「母ちゃんたち」に，父ちゃんがいると知らせるとどのようになるのか。傍線直後に「信じてもらえるわけないか」とあることなどから，類推して考える。選択肢の中では，「変に思われちまうぞ」とある2が正解になる。1は「間違いをいちいち指摘」という表現などがおかしい。「いちいち」というのは，指摘する内容が複数あることを意味するが，ここでは父ちゃんのことだけである。3の「執念深い」はおかしい。父ちゃんに対して深い恨みがあるわけではない。4の「嫉妬」，5の「自慢」も，見えないはずの父ちゃんが見えているという話につながりにくい。

重要 問四「皮肉」とは，ここでは，思い通りにいかないこと。傍線B直前から読み取れるように，父ちゃんが生きているときは，父ちゃんとじっくり話し合うことはなかったのである。ところが，父ちゃんの死後，二人の秘密を抱えるまでにじっくりと話し合うことができた。このような状況をユウキは「皮肉」ととらえたのである。二人で正面を向いて話し合えたのが，父ちゃんの死後のこと，とある5が正解になる。

やや難 問五　設問の中にある「このとき」とは，具体的には，ユウキが部屋の中にいたときを指している。つまり，この設問では，部屋の中にいたとき何かに悩んでいたことがわかる，ユウキの具体的な行動を抜き出す必要があるのだ。文章の最初の部分には，部屋の中でユウキがいたずらに線をなぞっている様子が書かれている。「いたずら」にとは，むなしい様子を表す。悩みを抱えて，でもどうすればいいのかわからず，ただ意味もなく線をなぞっていたのである。解答は，文章最初の部分の，ユウキが線をなぞっている部分になる。その一文の最初の五字を抜き出す。

問六　ユウキはヒロシが犯人ではないと思いながらも，みんながヒロシを犯人だと決めている状況を前にして，何もできないのである。「黙って見ていることしかできない」には，そのような状況におけるユウキの気持ちが含まれる。そのため，1の「情けない」が正解になる。2の「腹立たしい」は，見ていることしかできない自分の状況に対する，この部分の気持ちとしてはふさわしくない。腹立たしいにつながる表現はない。3の「徒労」は，苦労したことが報われないという意味だが，ユウキは見ているだけなのだから，苦労しているとはいえない。4の「納得」，5の「諦め」は，その後も父ちゃんと相談していることから，正しいとはいえない。

重要 問七　傍線Eが含まれる場面で，父ちゃんがユウキに話した内容から解答がわかる。ユウキはヒロシが犯人ではないと考えている。そう確信している自分の直感や考えを大切にして，自分のことばを相手に伝えよ，と父ちゃんは言っている。それが伝えたかったことである。解答の際には，「自分が正しいと信じること」＋「相手に話す」という内容を中心にするとよい。

【二】（随筆文－要旨・理由・細部表現の読み取り，空欄補充，慣用句）

問一　アの「既視感」は，一度経験したことがあるように感じられるという意味。イの「悲壮感」

は，悲しさの中にも雄々しく勇ましい感じがあるという意味。ウの「嫌悪感」は，ひどく嫌う感情のこと。エの「満腹感」は，お腹がいっぱいである様子。オの「成就感」は，願いが思い通りにかない，満足する気持ちである。空欄直前に書かれているように，受験勉強を頑張って合格したのだ。願いがかなったのだ。解答は5の「成就感」になる。

基本　問二　傍線A以降の部分に解答の手がかりが見つかる。「自分の利益を得るために努力をしたことは，そんなにみんなから褒められるべきことなのか」とある。そこから，自分のためにした行為はそれほど偉いものではないと筆者がとらえていることがわかる。「自分が合格するために努力」「それほど偉いことではない」とある，5が正解になる。

問三　設問の枠内にある文の，「ミスを少なくして」「一点でも多く点数を取った……勝利者」などの表現に着目する。また，文の最初には，「つまり」という言葉があることにも注意する。「つまり」は、前の文の内容を言い換えてまとめる働きがある言葉だ。そのため，設問の枠内の文とつながる内容が，その前に書かれていることがわかる。(Ⅳ)直前には，ケアレスミスをなくし，効率よく，最短の時間で問題を解けるようになるテクニックをトレーニングされてきた，ということが書かれている。ここが，設問の枠内にある文とつながる内容であり，正解となる。

問四　傍線B直前に着目する。野球部のレギュラー争いをしている場面である。「自分がレギュラーになる可能性が高くなる」とある，2が正解になる。2以外の選択肢は，レギュラー争いについて述べていない。

重要　問五　1の「出し抜く」は，他人の油断につけこんだりして，他人よりも先に物ごとを進めるという意味。2の「蹴落とす」は，競争相手を強引に退かせるという意味。3の「打ち負かす」は，相手を完全に負かすという意味。4の「追い落とす」とは，上の者をその地位から追い払うという意味。5の「押しのける」は，相手を強引に退けるという意味。3の「打ち負かす」のみ，完全に負かすという意味で，他の言葉とは異なる。ほかの言葉は，他人を退けて競争に勝つことを意味していて，完全に負かすという意味まではない。空欄に当てはまらない言葉は，3である。

問六　例えば最後の段落。「他人に打ち勝つことを考えて走り続けることも一つの生き方」「しかし，自分のペースで自分で立てた目標に向かって向上していく生き方の楽しさ……学んでよかった」とある。この辺りと選択肢の内容を比較して，解答を導くことができる。筆者は，高校に合格して入学する生徒に対して，自分のペースで自分で立てた目標に向かって進むという生き方も，考えて欲しいのである。「他人と競り勝つことで合格」「これからは別の生き方も考えてみてほしい」とある，2が正解になる。1や4のように，「入試制度」のことが言いたいわけではない。3のように，「人間」を否定したいわけでもない。5のように，年長者から学べということを特に言いたいわけではない。

【三】（説明文一細部表現の読み取り，ことばの知識）

問一　「いろはかるた」とは，古典的な室内遊具である。それぞれの札に，「(い)犬も歩けば棒にあたる」「(ろ)論より証拠」「(は)花より団子」などの短い言葉が書かれている。ルールに合わせて，数人で札を取り合い，より多くの札をとった人の勝ちになる。解答は5の「いろはがるた」になる。

問二　次のようになる。

いろはにほへと	ちりぬるを	色は匂へど	散りぬるを
わかよたれそ	つねならむ	我が世誰そ	常ならむ
うゐのおくやま	けふこえて	有為の奥山	今日越えて
あさきゆめみし	ゑひもせす	浅き夢見じ	酔ひもせず

重要　問三　問二の解説に記したように，同じ文字を二度は使わないのである。「同じかなをくりかえさない」とある，1が正解になる。

問四　それぞれのことわざの意味が問われている。ただし，意味がわからないものでも，選択肢と照らし合わせて，判断できるものがある。　ア　灯台の直下は，照らされている遠方よりも暗いのである。4が正解になる。　イ　盗人を捕まえてから，盗人をしばりあげる縄を準備するということである。きちんと準備をしていないということから，9が正解になる。　ウ　女性は，夜の暗がりで見るとき，遠目に見るとき，笠をかぶった顔を見るときなどが，特に美しい，という意味。そこから，6が正解になる。　エ　功名とは，手柄を立てて名をあげるという意味。怪我をしたのに，手柄になって名があがるのである。そこから，7がわかる。　オ　森の全体は見ていないということ。2が正解になる。　カ　水は器に合わせて，丸くも四角くもなるということ。1が正解になる。

重要

【四】（熟語の知識・書き順）

問一　ア　「重箱読み」とは，音読み＋訓読みという熟語の読み方のこと。解答は「台所」となる。「ダイ」が音読み，「どころ」が訓読みである。　イ　権力者の近くに仕える人物を意味する。

基本　ウ　主に，弱い者をののしるときにこの言葉を使う。　エ　人物だけでなく，将来の成長が期待される企業に対してもこの言葉を用いる。　オ　昔，馬の上に乗る主人を待つ間，お供のものが主人の批評をし合ったことから生まれた言葉といわれる。　カ　「直」は，直接。つまり，面と向かってという意味である。談判は，交渉するという意味である。

基本　問二　ア　内側の「米」の次に書く。　イ　横向きの動きが三回続き，その後，縦線を書く。　ウ　最初にはらい，その次である。　エ　最初にはらい，その次である。

【五】（漢字の書き取り）

重要　ア　その人の生まれ，物ごとの出所を意味する。例文では「出身」に近い。　イ　「紀行(文)」とは，旅行中の行動や感想などをまとめた文のこと。言い換えると「旅行記」である。　ウ　偽りがなく，真心がこもっていること。「誠」という言葉自体に，いつわりのないこと，という意味がある。　エ　ここでは裁判などをして，よい悪いの区別をつけること。魚などを解体する行為も「さばく」というが，「捌く」という表記になる。　オ　書物を所蔵していること。また，その書物を意味する。書物をたくさん集めている人を「蔵書家」という。　カ　人間の生活に役立つ鳥を意味する。反対

基本　の言葉は「害鳥」である。　キ　記事や作品の題材を，人の話や物ごとなどから集めることである。

重要　つまり，材料を取ることである。　ク　性質が似ていることを意味する。性質が似ている言葉を，「類」という文字を用いて，類義語という。　ケ　受けた恩に対してありがとうの気持ちを持つことである。似た意味の言葉が「感謝」である。　コ　書籍のページが一部抜け落ちていることを意味する。　サ　広く知れ渡っていることを意味する。すでに知られているという意味の言葉は「既知(きち)」である。　シ　ここでは，神仏などに向かって手を合わせたりひざまずいたりして礼することを意味する。つまり，「参拝」である。　ス　集団のボス・指導者を意味する。ふつう悪い集団の場合に用いる。　セ　寺院を意味する。「寺社」は，仏寺と神社を表すため，同じ意味には

やや難　ならない。　ソ　長い間雨が降らないことを意味する。つまり，「ひでり」である。　タ　何回もかさなることがあっても，それぞれを別のものとして数えて，という意味である。例えば，延べ百万人。1回入場した1名を1人，5回入場した1名を5人，10回入場した1名を10人などのように数えた場合に，延べ計百万人になる。

★ワンポイントアドバイス★

読解問題は基礎的な設問が多い。解答の手がかりを正確に見つけることができれば，解答できるものがほとんどである。ケアレスミスは命取りになる。十分に注意していきたい。

MEMO

大切なことはメモしておこうネ！

平成29年度

★★★★★★★★★★★★★★★★★★★★★★★

入　試　問　題

平成29年度

慶應義塾中等部入試問題

【算　数】（45分）　＜満点：100点＞

【1】 次の □ に適当な数を入れなさい。

(1) $\frac{8}{35}-\left(\frac{7}{18}\div 3\frac{8}{9}-\frac{1}{30}\right)=\frac{\boxed{ア}}{\boxed{イ}}$

(2) $0.6-\left(0.875\div\frac{\boxed{ア}}{\boxed{イ}}-\frac{5}{9}\right)\times\frac{3}{14}=\frac{13}{30}$

(3) 4人がじゃんけんをします。1回で2人の勝者が決まるような4人の手の出し方は全部で □ 通りあります。

(4) 124を割ると4余り，77を割ると5余る最も大きい整数は □ です。

【2】 次の □ に適当な数を入れなさい。

(1) 8㎞の道のりを往復するのに，行きは2時間，帰りは3時間かかりました。往復の平均の速さは時速$\boxed{ア}.\boxed{イ}$㎞です。

(2) 14％の食塩水200ｇに5％の食塩水を混ぜて □ ％の食塩水を作るには，5％の食塩水が160ｇ必要です。

(3) はじめに太郎君と次郎君がそれぞれ持っていたお金は，合わせて6000円でした。太郎君は600円の商品を買い，次郎君は自分の持っていたお金の$\frac{1}{3}$を使ったところ，2人の持っている金額が同じになりました。太郎君がはじめに持っていたお金は □ 円です。

(4) ある遊園地では，1つの窓口で午前10時から入場券を売り出します。ある日，午前10時に窓口にはすでに160人が入場を待っていました。その後，この遊園地には毎分1人の割合で来園し，午前11時20分に入場を待っている人はいなくなりました。もし2つの窓口で午前10時から入場券を売り始めていたら，午前$\boxed{ア}$時$\boxed{イ}$分に待っている人はいなくなります。

【3】 次の □ に適当な数を入れなさい。ただし，円周率は3.14とします。

(1) 1辺の長さが16㎝の立方体があります。底面に平行な平面で切断して8つの直方体をつくりました。8つの直方体の表面の面積の合計は，もとの立方体の表面の面積の$\boxed{ア}\frac{\boxed{イ}}{\boxed{ウ}}$倍です。

(2) ［図1］で，長方形の周の長さが126㎝のとき，色のついた部分の面積は □ cm^2です。

［図1］

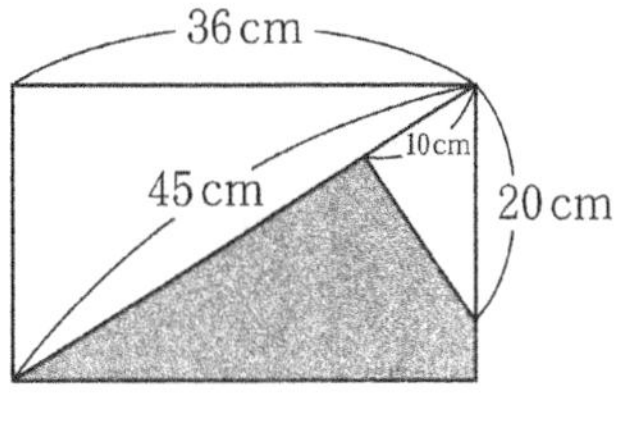

⑶ ［図２］のように，正方形ABCDと正三角形EADと正三角形FBDを組み合わせました。このとき角ｘの大きさは □ °です。

［図２］

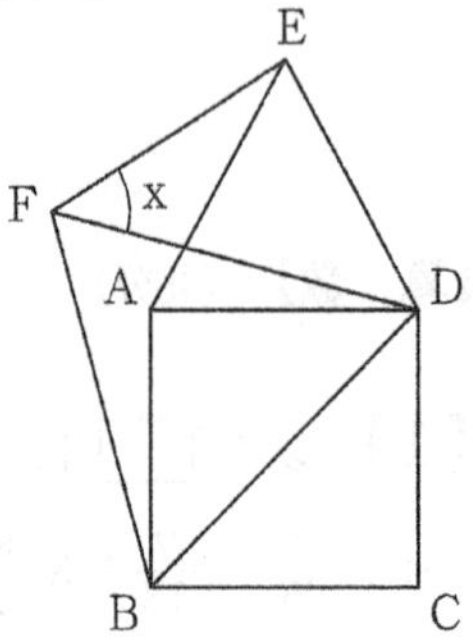

⑷ ［図３］のような長方形と台形を組み合わせた図形を，直線ABを軸《じく》として１回転してできる立体の表面の面積は ア . イ cm²です。

［図３］

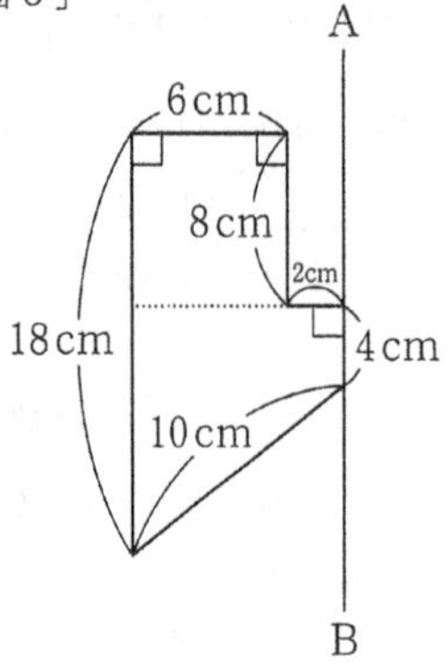

【４】 太郎君は家から自転車に乗ってA駅まで行き，A駅で電車を待った後，電車に乗ってB駅まで行き，B駅から歩いて学校まで行きました。下のグラフはそのときの時間と速さの関係を表したものです。次の □ に適当な数を入れなさい。

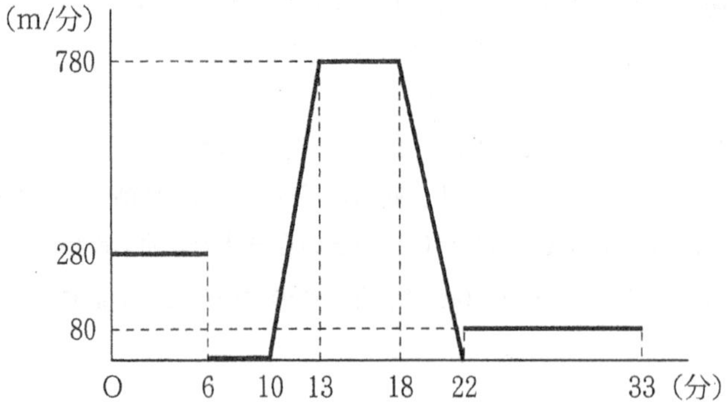

⑴ 電車がA駅を出発し，加速して一定の速さになるまでに，電車は □ m走りました。

⑵ 太郎君の家から学校までの道のりは □ mです。

【5】 AD＝20㎝，AB＝15㎝，AE＝30㎝の直方体の形をした容器に，はじめに4.5Lの水が入っていました。この容器の中に，［図1］のように三角柱のおもりを沈《しず》めます。次の □ に適当な数を入れなさい。

［図1］

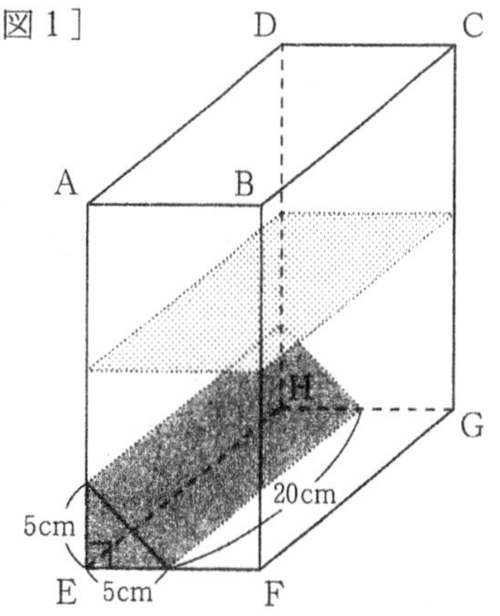

⑴ おもりを沈めると，水面の高さは$\dfrac{\boxed{ア}}{\boxed{イ}}$cm上昇《しょう》します。

⑵ ［図2］のように，辺EHを床《ゆか》につけたまま，底面EFGHの辺FG側を静かに持ち上げました。面APQDがこのときの水面を表しているとき，PFの長さは$\boxed{ア}\dfrac{\boxed{イ}}{\boxed{ウ}}$cmです。ただし，水はこぼれていないものとします。

［図2］

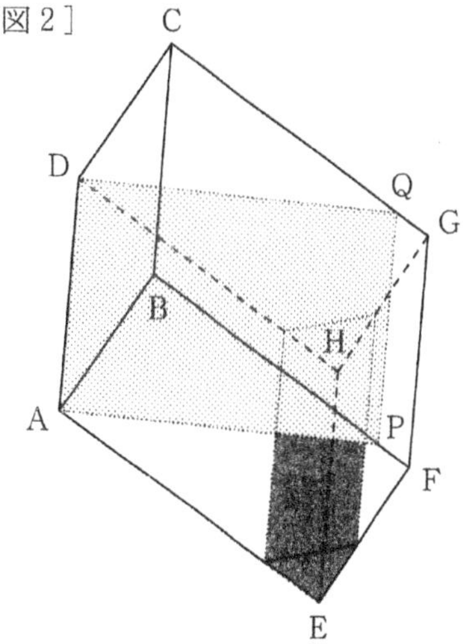

【6】 図のようなかけ算九九の表の中で，横に隣《とな》り合う3つの数を四角の枠《わく》で囲むとき，枠で囲まれた3つの数の和について考えます。例えば，図の四角の枠の場合は，3つの数の和は36＋42＋48＝126です。ただし，かける数，かけられる数は枠では囲みません。次の □ に適当な数を入れなさい。

⑴ 和が24以下になる四角の枠は全部で □ 個です。

⑵ 和が15でも27でも割り切れない四角の枠は全部で □ 個です。

かける数

かけられる数

	1	2	3	4	5	6	7	8	9
1									
2									
3									
4									
5									
6						36	42	48	
7									
8									
9									

【7】 次の □ に適当な数を入れなさい。

(1) 右の筆算が成り立つような４桁《けた》の整数ABCDを考えます。４桁の整数ABCDが最も小さくなるのはA＝[ア]，B＝[イ]，C＝[ウ]，D＝[エ]のときです。ただし，A，B，C，Dは異なる１桁の整数を表しているものとし，■は，筆算の中の１桁の整数を塗《ぬ》りつぶしたものです。

```
   A B C D
＋ A B C D
──────────
   B C D ■
```

(2) 右の筆算が成り立つような４桁の整数ＡＢＣＤを考えます。４桁の整数ＡＢＣＤが最も小さくなるのはＡ＝[ア]，Ｂ＝[イ]，Ｃ＝[ウ]，Ｄ＝[エ]のときです。ただし，Ａ，Ｂ，Ｃ，Ｄは異なる１桁の整数を表しているものとし，■は，筆算の中の１桁の整数を塗りつぶしたものです。

```
          A B C D
       ×  A B C D
─────────────────
        ■ ■ ■ ■ D
      ■ ■ ■ ■ C
    ■ ■ ■ ■ B
  ■ ■ ■ ■ A
─────────────────
  ■ ■ ■ ■ ■ ■ ■ D
```

【理　科】（25分）　＜満点：50点＞

【1】 次の□内に示した物質のうち，いずれか一つが溶《と》けている9種類の水溶《よう》液A～Ｉを用意して実験をしました。次の実験1～4の結果をもとにして，あとの問いに答えなさい。

アンモニア，塩化水素，過酸化水素，砂糖，食塩，水酸化ナトリウム，重そう，二酸化炭素，ホウ酸

＜実験1＞　においをかぐと，水溶液A，Bにだけにおいがあった。

＜実験2＞　リトマス紙につけると，水溶液A，F，Hは青色リトマス紙が赤色に変わり，水溶液B，D，Eは赤色リトマス紙が青色に変わり，水溶液C，G，Ｉはどちらの色のリトマス紙も色が変わらなかった。

＜実験3＞　水溶液を少量，蒸発皿に入れて加熱すると，水溶液D，E，F，G，Ｉは固体が残ったが，他の水溶液は何も残らなかった。また，そのとき，水溶液A，B，Hでは，加熱を始めてすぐに泡《あわ》が出てきた。

＜実験4＞　水溶液AとEを混ぜ，水を蒸発させて残った固体の粒を観察すると，実験3で水溶液Gの残った固体の粒と同じ形だった。水溶液AとEを混ぜたときに，泡は出なかった。

⑴ 水溶液A～Ｉのうち，溶けている物質が固体であるもの，液体であるもの，気体であるものの数をそれぞれ書きなさい。

⑵ 水溶液A～Ｉをそれぞれ，1～9から選びなさい。

1　アンモニア水　　2　塩酸　　3　過酸化水素水　　4　砂糖水
5　食塩水　　6　水酸化ナトリウム水溶液　　7　重そう水　　8　炭酸水
9　ホウ酸水

⑶ 水溶液A～Ｉのうち2つを選び，混ぜ合わせたときに，泡が発生する組み合わせを1～5から選びなさい。

1　AとD　　2　AとF　　3　EとF　　4　EとG　　5　GとＩ

【2】 ソメイヨシノが咲く頃のある日の夕方，東京の南の空に半月が見えました。その日から天気の良い日には毎日，月の観察をしました。観察は東京で続けたとして，あとの問いに答えなさい。

⑴ 観察初日の半月の向きを，1～4から選びなさい。

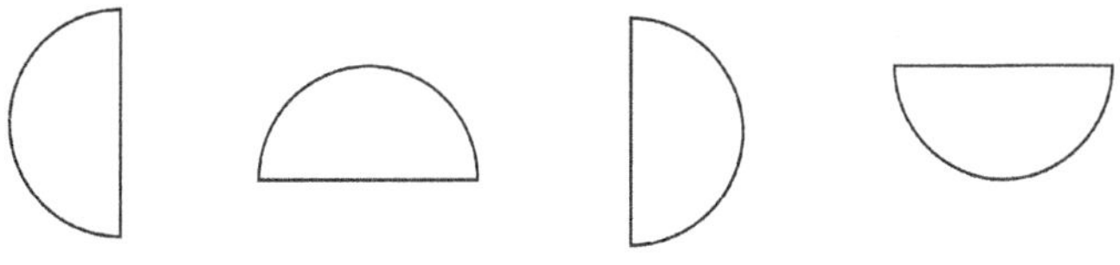

1　　2　　3　　4

⑵ 観察初日の半月が西に沈む時刻に南の空に上がっている星座を，1～4から選びなさい。

1　ふたご座　　2　おとめ座　　3　さそり座　　4　オリオン座

⑶ 観察を始めてからどれくらいたつと満月が見られますか。1～4から選びなさい。

1　約1週間　　2　約2週間　　3　約3週間　　4　約4週間

⑷ あるときの満月がスーパームーンと呼ばれる月で，いつもより大きく見えました。大きく見えた理由を次のページの1～4から選びなさい。

1　月が膨《ぼう》張していたから

2　月が地平線近くを通ったから

3　月が地球に近づいたから

4　月の明るさが増したから

⑸　夏至のころと冬至のころの満月の通り道を比べたときの説明として正しいものを，1～4から選びなさい。

1　夏至のころの満月は冬至のころの満月より空の高いところを通る

2　夏至のころの満月は冬至のころの満月より空の低いところを通る

3　夏至のころの満月と冬至のころの満月は空の同じところを通る

4　満月の通り道の変化に，季節は関係ない

【3】　次の動植物についての問いに答えなさい。

⑴　次の中で，おっぱい（ちくび）の数が最も多いものを，1～4から選びなさい。

1　ウシ　　2　サル　　3　ゾウ　　4　ネコ

⑵　次の中で，一度に産む卵の数が最も多いものを，1～4から選びなさい。

1　スズメ　　2　ウミガメ　　3　カエル　　4　コイ

⑶　次のA～Eにあてはまる樹木を，1～9から選びなさい。

A　花が咲《さ》いた後に葉が出るもの　　B　秋にだけ花が咲くもの

C　ドングリがなるもの　　D　1つの実に10個以上の種が入っているもの

E　種が風で飛ばされるもの

1　アジサイ　　2　イチョウ　　3　ウメ　　4　キウイ　　5　キンモクセイ

6　クヌギ　　7　ツバキ　　8　トウカエデ　　9　ビワ

【4】　図1のようなドーナツ形の磁石を用いた実験をしました。あとの問いに答えなさい。

図1

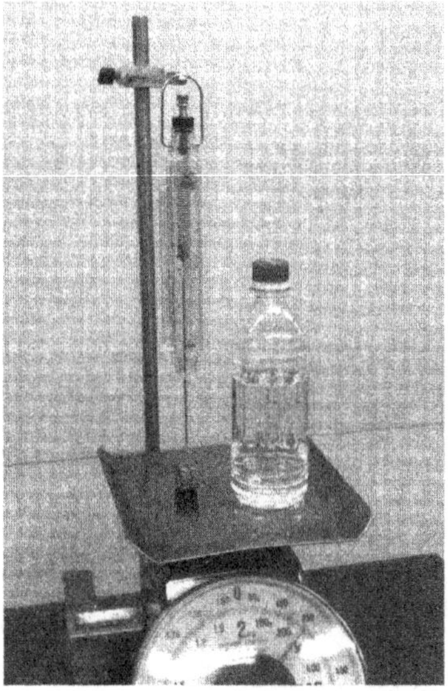

図2

＜実験1＞　スタンドにつりさげたばねはかりのフックに2個の磁石を引っかけたところ，30gを示した。一方，台はかりに水を入れたペットボトルをのせたところ，340gを示した。そのあと，図2のようにばねはかりのフックを引っ張り，台はかりののせ台に磁石をくっつけて，台はかりとばねはかりの示す値をみた。台はかりが310gを示したとき，ばねはかりは60gを示した。

＜実験２＞　**図３**のように木製の棒のついた台に２つの磁石Ａ，Ｂを同じ極を向い合わせにのせると，上の磁石Ｂが浮《う》き上がって止まる。そこで，**図４**のように下の磁石の数を増やしていったときと，**図５**のように上の磁石の数を増やしていったときの，下の磁石と浮いている磁石の間隔《かく》をはかって，**表１**，**表２**のような結果を得た。

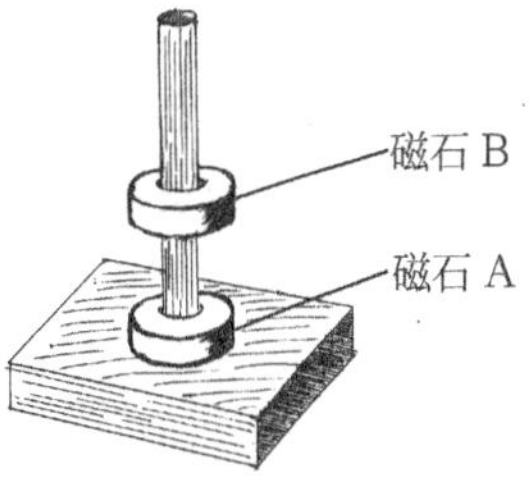

図３

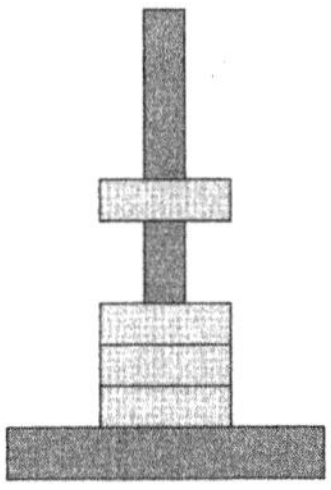
図４

表１

下の磁石の数	間隔［cm］
1	2.4
2	2.8
4	3.0
6	3.2
8	3.4
10	3.5

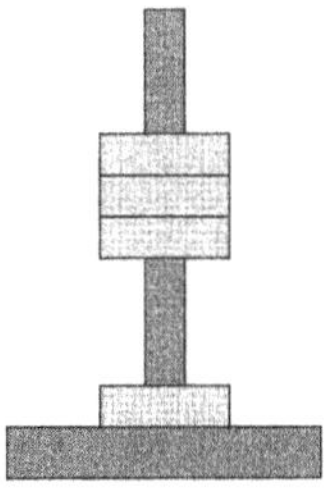
図５

表２

上の磁石の数	間隔［cm］
1	2.4
2	2.1
4	1.6
6	1.3
8	1.1
10	1.0

＜実験３＞　**図６**のように一端《たん》を固定した糸にクリップを結びつけ，そのクリップをつけた磁石を持ち上げると，クリップが磁石から離《はな》れても，糸が張った状態でクリップが静止する。さらに磁石をゆっくりと持ち上げると，やがてクリップは落ちる。持ち上げる磁石の数を変えて，クリップが落ちる瞬《しゅん》間の磁石とクリップの間隔をはかった。

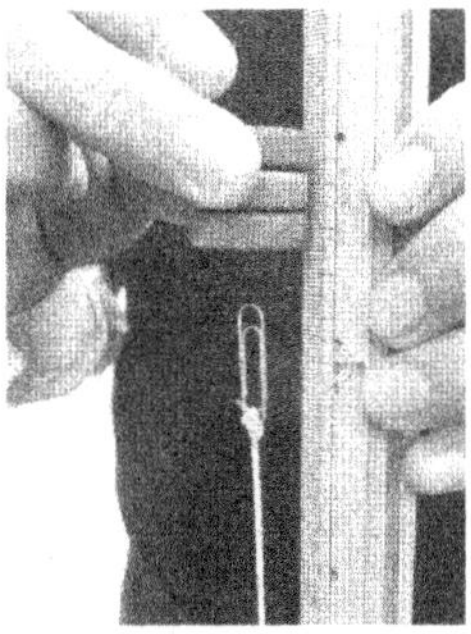
図６

⑴　実験１で磁石を台はかりののせ台にくっつけたとき，ばねはかりの示す値が108ｇになったとすると，このときの台はかりの示す値は何ｇになりますか。３けたの数で答えなさい。

⑵　実験１で，ばねはかりをつるす高さを変えて，台はかりの示す値を横軸《じく》，ばねはかりの示す値を縦軸にとってグラフに表すと，どのような形になりますか。**１～６**から選びなさい。

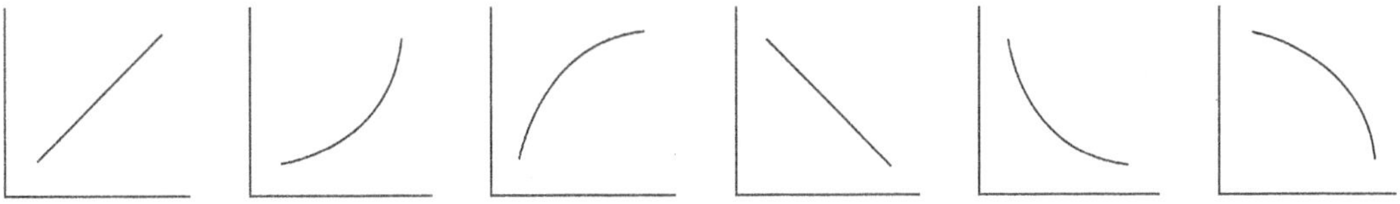
1　2　3　4　5　6

⑶　**表１**，**表２**の値を用いて，磁石の数を横軸，間隔を縦軸として棒グラフを作ると，どのような形になりますか。それぞれ**１～６**から選びなさい。

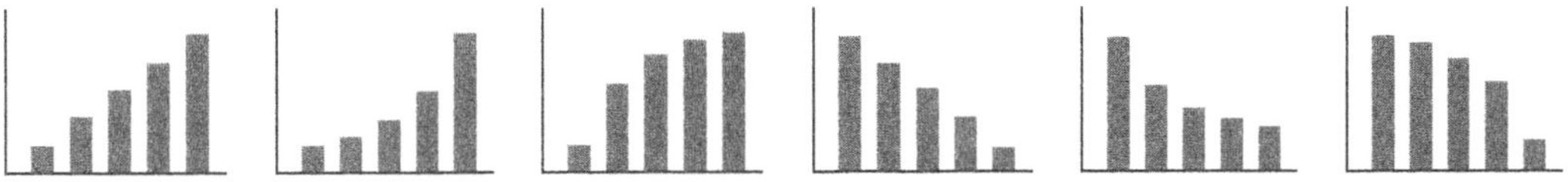
1　2　3　4　5　6

⑷　**図3**の磁石Bの上に，磁石Bと同じ極を向かい合わせで磁石Cをのせると，磁石Cも浮いて止まります。このとき，磁石AとBの間隔（AB）と，磁石BとCの間隔（BC）を比べるとどうなると考えられますか。**1**～**3**から選びなさい。

1　(AB) ＞ (BC)　　**2**　(AB) ＝ (BC)　　**3**　(AB) ＜ (BC)

⑸　実験3の磁石の数を横軸，クリップが落ちる瞬間の磁石とクリップの間隔を縦軸として棒グラフに表すと，その形はどのようになりますか。⑶の**1**～**6**から選びなさい。

【社　会】（25分）　＜満点：50点＞

【1】 次の説明文の内容にふさわしい史跡《せき》名を**漢字**で答えなさい。また，それぞれの場所を地図中の０～９の中から選びなさい。

ア （遺跡） 約5500年前から約4000年前の，日本最大級の縄文時代のむらで，長年にわたって定住生活が営まれていました。多い時には数百人もの人々が住んでいたと考えられます。

イ （神社） 古くから海上の守護神として信仰《こう》をあつめていましたが，平清盛が寝殿造の様式を取り入れた御《ご》社殿《でん》に修造しました。海面にそびえる朱塗《ぬ》りの大鳥居が有名で，1996年にはユネスコの世界文化遺産に登録されました。

ウ （城） 加藤清正により築城されました。美しいカーブを描《えが》く武者返しとよばれる石垣《がき》をはじめ，籠《ろう》城に備えた数多くの井戸や食料備蓄《ちく》の工夫が有名です。2016年４月に起きた地震《しん》で大きな被《ひ》害を受けました。

エ （鉱山） 江戸幕府が直轄《かつ》地として経営した鉱山で，金を多く産出しました。1869年に明治政府の官営鉱山になり，1896年には民間企《き》業に払い下げられました。

オ （工場） 近代産業の育成を目指した明治政府によって，1872年に建設された官営の製糸場です。 2014年にユネスコの世界文化遺産に登録され，その後，国宝にも指定されました。

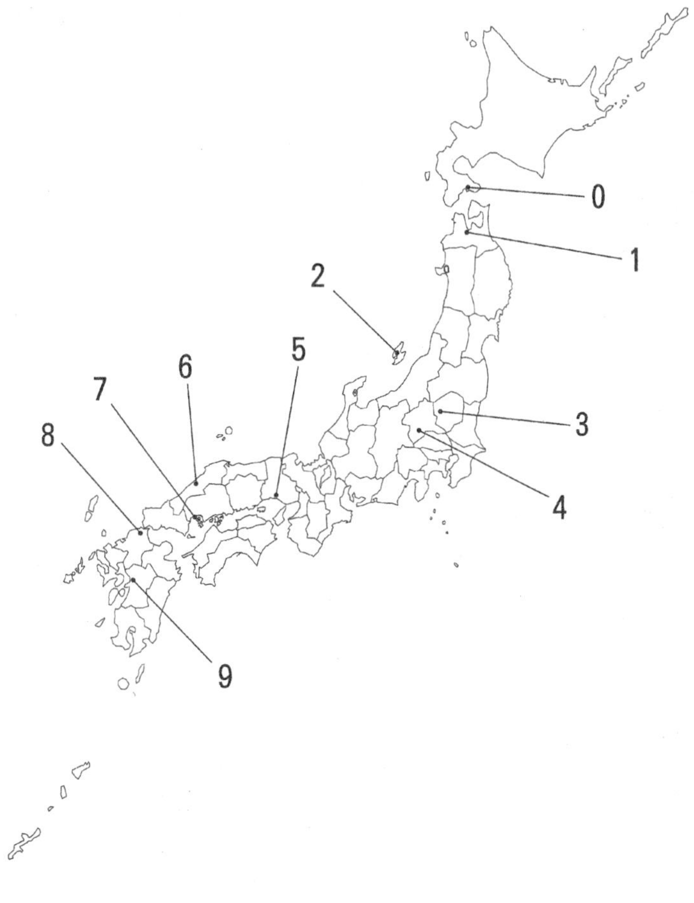

【2】 各問の1～5の出来事を年代の古い順に並びかえたとき，**2番目**と**4番目**にくる出来事を選びなさい。

問1　1　ペリーが浦賀に来航する　　2　モリソン号事件が起きる
　　3　中国でアヘン戦争が起きる　　4　渡辺崋山や高野長英が幕府に処罰《ばつ》される
　　5　幕府が外国船打払令を出す

問2　1　伊藤博文が初代内閣総理大臣に就任する　　2　秩父事件が起きる
　　3　板垣退助や大隈重信が政党をつくる　　4　大日本帝国憲法が発布される
　　5　第一回帝国議会が開かれる

問3　1　日本が領事裁判権の廃《はい》止に成功する
　　2　日清戦争が起きる
　　3　ノルマントン号事件が起きる
　　4　日本が関税自主権を回復し，条約改正を達成する
　　5　日露戦争が起きる

問4　1　日中戦争が始まる　　2　満州事変が起きる
　　3　第二次世界大戦が始まる　　4　日本が国際連盟を脱《だっ》退する
　　5　太平洋戦争が始まる

問5　1　日本が国際連合に加盟する　　2　日本国憲法が公布される
　　3　日ソ共同宣言が発表される　　4　日中共同声明が発表される
　　5　サンフランシスコ平和条約が結ばれる

【3】 次の日本家屋に関する先生と福沢君の会話を読んで各問に答えなさい。

先生　「普《ふ》段，私たちが日常生活を営む『家』には，快適に過ごすための様々な工夫がみられます。では，伝統的な日本家屋にはどのような特徴《ちょう》があるのでしょうか。さっそく玄《げん》関扉《とびら》を開けて中に入ってみましょう。」

福沢　「玄関にしてはかなり広い空間だなあ。あれ？あそこに台所のようなものがありますね。」

先生　「まず，この床《ゆか》を張らずに土足で歩いてもよい空間を（　①　）といいます。古くから農作業の場ともされてきました。そして台所と続いていることが多く，このように調理するための（　②　）や井《い》戸などが設けられたりもしたんですよ。それと福沢君，（　①　）と床との境の中央あたりを見て何か気がつきませんか？」

福沢　「あっ，あそこにみがき上げられた太い柱がありますね。」

先生　「その通り！あの柱は（　③　）と呼ばれ，建物の中央に最初にたてられる特別なものです。あれはケヤキですね。家全体を支えているその様子から『一家の（　③　）』などという言葉も生まれました。」

先生　「それでは履《はき》物を脱《ぬ》ぎ，板張りの廊《ろう》下を進んでいきましょう。この部屋は家族が集い，生活の中心となる（　④　）です。たいていの場合，このように日当たりのよい場所にあり，障子《しょうじ》や［　ア　］で囲まれています。障子は閉じたままでも外の光を取り込《こ》めるようにするためのものです。部屋と部屋の仕切りは［　ア　］で行い，部屋を広く使いたければ取り払《はら》います。一般《ばん》的に（　④　）では床に座って過ごすため，い草を用いた［　イ　］やござを敷《し》きます。中央にちゃぶ台が置いてありますが，座卓《たく》を囲んで家族で食事をしていたんですよ。寒冷地域では居間の

床を四角にくり抜《ぬ》き，灰を敷き詰《つ》めて薪《たきぎ》を燃やした（　⑤　）で調理や食事をしました。寒い日には暖をとるなど家族の憩《いこ》いの場でもあったのです。」

福沢　「先生，あの障子を開けてみてもいいですか？」

先生　「いいですよ。この（　④　）の窓は大きく，縁側《えんがわ》があるので外に出られるようにもなっています。近所の方が靴《くつ》を脱がずに縁側に腰《こし》をかけて，いっしょにお茶を飲んでおしゃべりをしたり，ネコが昼寝《ね》をしている姿を思い浮《う》かべる人が多いでしょう。」

福沢　「あれ？いま気がついたのですが，日本家屋の扉は開き戸ではないんですね。」

先生　「そうそう。どれも引き戸であることによく気づきましたね。うまく開け閉めができるようにそれらにも工夫がなされています。上の部分の枠《わく》を鴨居《かもい》といい，下の部分の（　⑥　）と対になっていますが，溝《みぞ》があるので滑りやすくなっているのです。『（　⑥　）をまたぐ』とか，『（　⑥　）が高い』などと言いますよね。では，今度は屋外に出てみましょう。」

先生　「まず，縁側の下をのぞいてみてください。床は地面から数十cmほど上に渡した木材の上に張られ，地面との間にあえて空間を作っているのが分かりますね。これを❶縁の下といい，日本においては特に重要な意味があります。」

福沢　「そういえば，他人のために陰《かげ》で努力や苦労をすることを『縁の下の力持ち』と表現しますよね。」

先生　「そうですね。それから屋根の先を見てみましょう。軒《のき》を深くすることで夏の直射日光が部屋の中に差し込《こ》まないように工夫がしてあります。鎌倉時代に吉田兼好が著した徒然草に『家をつくるときには，夏の住みやすさを優先してつくるべきである。冬はどんなところにも住むことができる。けれども，暑い日において悪い住まいであるのは耐《た》え難いことだ。』※とあります。❷クーラーや扇《せん》風機のない時代，夏の暑さをいかにしてしのぐかは当時の人々にとって大きな悩《なや》みの種であったようですね。」

福沢　「日本家屋は隅々《すみずみ》に至るまで，さまざまな工夫がなされているのですね。先生，今日はどうもありがとうございました。」

※徒然草には『家のつくりやうは，夏をむねとすべし。冬は，いかなる所にも住まる。暑き比《ころ》わろき住居《すまひ》は，耐へ難き事なり。』とある

問1　ア と イ に入る語句を**ひらがな**で答えなさい。

問2　⑴　（①）と（④）に入る語句を選びなさい。

1　客間《きゃくま》　　2　茶《ちゃ》の間《ま》　　3　土間《どま》　　4　仏間《ぶつま》

⑵　（②）と（⑤）に入る語句を選びなさい。

1　囲炉裏《いろり》　　2　かまど　　3　暖炉《だんろ》　　4　火鉢《ひばち》

⑶　（③）と（⑥）に入る語句を選びなさい。

1　敷居《しきい》　　2　大黒柱《だいこくばしら》　　3　床板《とこいた》　　4　床柱《とこばしら》

問3　下線部❶について，なぜ日本家屋には縁の下が必要なのでしょうか。20字以内で答えなさい。

問4　下線部❷について，暑い夏の日々を少しでも快適に過ごすため，日本人が古くから行ってきた「工夫や慣習」をひとつ挙げなさい。

【4】 次の文章を読んで各問に答えなさい。

日本は国土の４分の３が山地，残りが平地ですが，河川の流れや火山活動などによって，各地では

様々な地形や地質がみられます。三大河川といえば「信濃川・利根川・石狩川」，三大急流というと「最上川・富士川・球磨川」になります。また，三大暴れ川を「❶坂東太郎・筑紫次郎・四国三郎」と呼んだりもします。これらの河川の洪水には悩《なや》まされることもありますが，流域に広がる平野では古くから農業が営まれてきました。例えば，信濃川は（　①　）を，最上川は（　②　）を流れます。三大暴れ川のうちの「筑紫次郎」とは筑後川のことですが，筑紫平野を流れています。いずれもお米の産地として有名です。また，筑紫平野では小麦，球磨川流域の八代平野ではい草などの【　A　】が行われてきました。

一方で，稲作が適さない地域の人々はその土地を改良しながら，その地域に適した農業や畜産業を営んできました。例えば，秋吉台は石灰岩の白い岩肌《はだ》があちこちで露《ろ》出している［ア］台地です。くぼ地もたくさんあることから家畜の放牧には向きません。そのため，刈《か》りとった草を家畜の飼料や有機肥料にしたり，屋根の材料として大切に用いてきました。また，世界最大級のカルデラをもつ（　③　）の広大な草原には，多くのあか牛が放牧されています。美しい草原が広がる秋吉台と（　③　）ですが，どちらも害虫対策として年に一度，【　B　】が行われています。

霧島山や（　④　）などからの火山灰が積み重なってできた［イ］台地は，水持ちが悪いので稲作には適しません。そこで，稲作の代わりとしてサツマイモやお茶の栽培が行われてきました。一方，富士山や浅間山の噴《ふん》火による火山灰などが積もってできた関東地方の台地には，赤土と呼ばれる関東ローム層が広がっており，野菜作りが盛んに行われています。❷都心に近いことから，市場でより高く売ることのできる新鮮《せん》な農作物を効率的に作っています。

北海道では地域ごとに特徴《ちょう》をいかした農業が行われています。（　⑤　）ではパイロットファーム計画によって大規模な酪《らく》農が行われてきました。また，（　⑥　）ではじゃがいも，小麦，大豆，てんさいなどが大規模に栽培《ばい》されています。上空から見ると畑ごとに色が異なるのは，育てている作物が畑ごとに違《ちが》うためです。このように，同じ畑で連続して同じ作物を栽培しないようにすることを【　C　】といいます。

問1　［ア］と［イ］に入る語句を**カタカナ**で答えなさい。

問2　（①）と（②）に入る平野を選びなさい。

1　越後平野　　2　庄内平野　　3　仙台平野　　4　能代平野

問3　（③）と（④）に入る山を選びなさい。

1　阿蘇山　　2　雲仙岳　　3　九重山　　4　桜島

問4　（⑤）と（⑥）に入る地域を選びなさい。

1　根釧台地　　2　天塩平野　　3　十勝平野　　4　富良野盆地

問5　【A】～【C】に入る語句の組み合わせで正しいものを選びなさい。

1　A　二期作　　B　除草剤《ざい》の散布　　C　連作
2　A　二期作　　B　山焼き・野焼き　　C　輪作
3　A　二毛作　　B　山焼き・野焼き　　C　輪作
4　A　二毛作　　B　山焼き・野焼き　　C　連作

問6　❶坂東太郎とは三大河川と三大急流で挙げた河川のうちのどれですか。

1　信濃川　　2　利根川　　3　石狩川　　4　最上川　　5　富士川　　6　球磨川

問7　下線部❷を何農業といいますか。**漢字**で答えなさい。

問8　次のA～Dはある農作物に関する内容ですが，それらの農作物の（「産出額と構成比（1～5位）」

を表しているのはどのグラフですか。１～８の中から正しいものをそれぞれ選びなさい。

Ａ　甲府盆地では，扇状地をいかした果樹栽培が盛んに行われています。背たけほどの高さで枝を横にはわせるようにして育てられます。「もも」や「すもも」とともに日本一の生産量を誇《ほこ》っています。

Ｂ　水はけの良い牧ノ原では，南側に向けて広がる緩《ゆる》やかな斜《しゃ》面を利用した栽培が盛んに行われています。春先の霜《しも》による被《ひ》害を防ぐため，畑には「防霜《ぼうそう》ファン」と呼ばれる扇風機が設置されています。

Ｃ　野辺山などの八ヶ岳周辺では，「高原野菜」の畑が一面に広がっています。夏の冷涼《りょう》な気候をいかした栽培が行われており，その出荷量は毎年夏にピークを迎《むか》えます。

Ｄ　石狩平野やその上流にある上川盆地で盛んに作られています。石狩川流域はかつて泥《でい》炭地であったため，農業に不向きでしたが，「客土」によって土地を改良してきました。

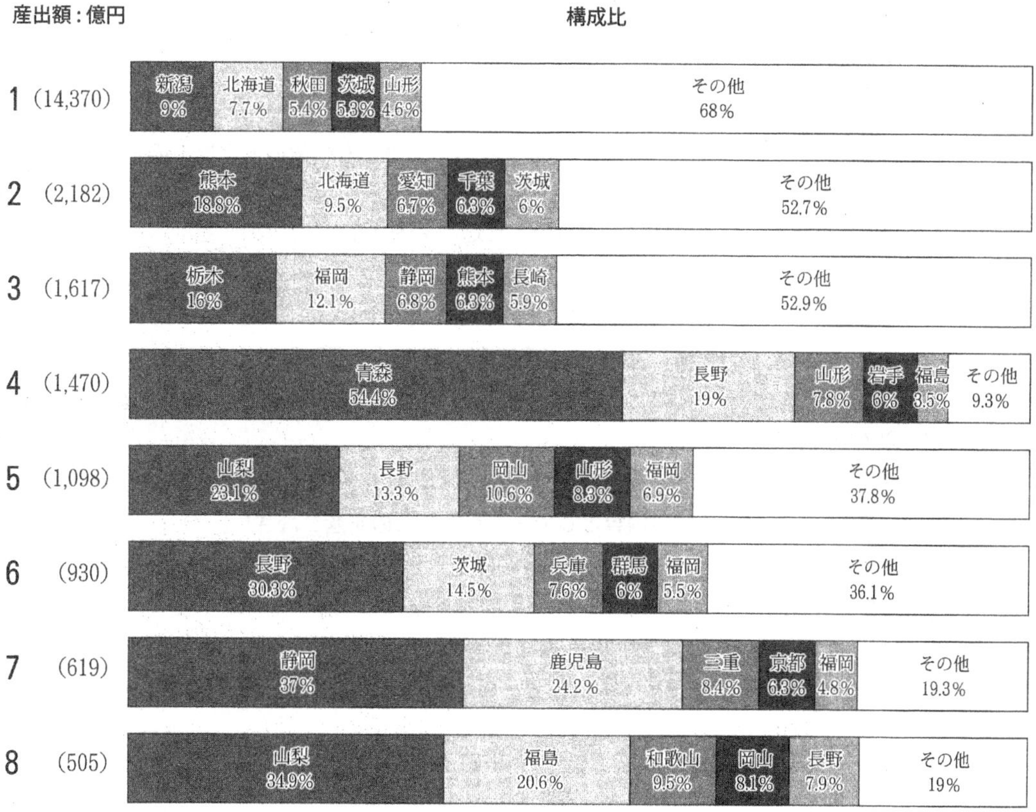

2016年３月31日に公表された2014（平成26）年生産農業取得統計「主要農産物の産出額及び構成比」を元に作成

【５】　次の文章を読んで各問に答えなさい。

2016年，ブラジルのリオデジャネイロで夏季オリンピック・パラリンピックが開催《さい》されました。南アメリカ大陸では初の開催都市となります。開会前には，会場施《し》設の建設などの大幅《はば》な遅《おく》れ，悪化する治安や（　①　）の感染の危険性などがメディアによって取り上げられ，多くの心配がありました。

ブラジルのおもな言語と宗教は（　②　）で，リオデジャネイロと日本では時差が12時間もあります。ブラジルには日系人が多いこともあって，日本とは貿易以外でもつながりが強い国です。近年では日本に移り住むブラジル人も多くなっています。また，ブラジルでは環《かん》境問題を話し合う国際会議が過去に数回開かれ，最近ではさとうきびを使った（　③　）とよばれる石油代替《たい》燃料の生産がさかんです。

問１　赤道はブラジルのアマゾン川の河口のあたりを通りますが，次の国の中で赤道が通る国を選びなさい。

1　イギリス　　2　インドネシア　　3　オーストラリア　　4　サウジアラビア

問２　(①) に最もよく当てはまる病名を選びなさい。

1　エボラ出血熱　　2　ジカ熱　　3　デング熱　　4　マラリア

問３　(②) に当てはまる言語と宗教の組み合わせで，正しいものを選びなさい。

1　スペイン語・イスラム教　　2　スペイン語・キリスト教

3　ポルトガル語・イスラム教　　4　ポルトガル語・キリスト教

問４　リオデジャネイロが８月10日午前10時の時，日本は８月**何日何時**になるか選びなさい。ただし，サマータイムは考えないこととします。

1　９日午前10時　　2　９日午後10時　　3　10日午後10時　　4　11日午前10時

問５　日本がブラジルから輸入している品目（2015年）で，もっとも金額の大きいものを選びなさい。

1　鉄鉱石　　2　大豆　　3　さとうきび　　4　コーヒー

問６　日本からブラジルへの集団的な移民が開始された年を選びなさい。

1　1868（明治元）年　　2　1908（明治41）年

3　1924（大正13）年　　4　1941（昭和16）年

問７　1990年以降，大泉町（群馬県），浜松市（静岡県），豊田市（愛知県）ではブラジルから移り住む日系人が急増しました。その理由として考えられる，これら３つの町・市に**共通すること**は何ですか。20字以内で説明しなさい。

問８　リオデジャネイロでは1992年に国連環境開発会議（地球サミット）が開催されました。この会議で採択《たく》・調印された宣言・条約の内容として**正しくないもの**を選びなさい。

1　地球温暖化の防止　　2　生物多様性の保全

3　持続可能な社会の実現　　4　フロンガスの全廃《ぱい》

問９　(③) に当てはまる語句を**カタカナ**10字以内で答えなさい。

D〔漢数字一字〕

・□日の長　・悪事□里を走る　・親の□光り　・□日天下

・□鬼《き》夜行

問二　次の1～5のア・イの□に入る二字熟語は、それぞれの二字熟語の上下の漢字を入れ替《か》えてできた言葉である。このとき、上下を入れ替えると、二字熟語を構成するそれぞれの漢字の読み方が変わるものを、1～5から一つ選び番号で答えなさい。

(例)　ア　風潮（ふうちょう）→イ　潮風（しおかぜ）

※「ふう」は「かぜ」に、「ちょう」は「しお」に読み方が変わる。

1　ア　人生の□が訪れる

　　イ　□が利く人

2　ア　□を超《こ》えた大きな存在

　　イ　出先で□に会う

3　ア　君の提案は□的ではない

　　イ　理想の□は困難だ

4　ア　往復の□時間

　　イ　□を締《し》めるピッチング

5　ア　□を据《す》える

　　イ　□を叩《たた》き直す

【五】　――のカタカナを、正しい漢字に直しなさい。

ア　国連ケンショウについて学ぶ

イ　多角的なシザを持つ

ウ　メイジョウし難《がた》い心境だ

エ　テサゲ袋《ぶくろ》を持って買い物に行く

オ　別の策をコウじる

カ　売店でシュウカンシを買う

キ　帝国のコウボウをかけた戦い

ク　彼女《かの》はホガらかに笑った

ケ　研究にジュウジする

コ　私の祖父はハクシキだ

サ　本を読んでキョウヨウを身につける

シ　志ナカばであきらめるな

ス　福澤諭吉のキョウリを訪ねる

セ　卒業式でシュクジを述べる

ソ　ピアノをチョウリツする

タ　大自然が人をハグクむ

イ　今の世の中は、国境をはじめ、いたるところに線が引かれているが、線の引かれていない場所に開発の余地がある。

ウ　時間や空間を区切り便利にしていくことで、はじめて人間にゆとりが生まれ、生き方を見つめなおせる。

【三】　次のア～オの俳句の内容に合うものを、後の1～6からそれぞれ一つずつ選び番号で答えなさい。

ア　冬の水一枝の影《かげ》も欺《あざむ》かず　　中村草田男
イ　鳥羽殿《とばどの》へ五六騎《き》いそぐ野分《のわき》かな　　与謝蕪村《よさぶそん》
ウ　噴《ふん》水や東風《こち》の強さに立ちなおり　　中村汀《てい》女
エ　雪解けて村いっぱいの子どもかな　　小林一茶
オ　匙《さじ》なめて童たのしも夏氷　　山口誓子《せいし》

1　私の目の前にいる子どもは、自分の目の前にそびえたつ山をどこからどうやって攻略《こう》しようかと思案顔。小休止もいいけど早くしないと山がなくなってしまうよ。

2　風雲急を告げる中、武者はスピードに命を懸《か》ける。今まさに嵐が吹き荒《あ》れている。その風よりもはやく伝えようとひたすら急ぐのである。

3　張りつめた空気の中では一陣《じん》の風も吹《ふ》いていない。目の前にある水面はまるで鏡のようだ。そこに映った姿もまた細部にいたるまで輪郭《かく》がはっきりとしている。

4　添《そ》い寝してくれている母にいつまでもいっしょにいてほしいとひたすら願っているかのようだ。矢継《つ》ぎ早に話しかけている。

5　ふだん人間の目には見えないものがまるで時が止まったかのように、一瞬《しゅん》だけ別の物の形を借りてその姿を見せた。

6　長い間、屋内で辛抱《しんぼう》しつづけていたのだろう。ようやく外で遊べる喜びをみんなでわかちあっている様子。汚《よご》れることなんてへっちゃらだ。

【四】　次の各問いに答えなさい。

問一　次のA～Dにはことわざや慣用句、四字熟語などがそれぞれ五つ挙げられており、□には〔　〕内の条件に合った漢字一字を入れることができる。五つすべてに異なる漢字一字が入る場合は1を、五つのうち二つに共通する漢字一字を入れることができる場合は2を、五つのうち三つに共通する漢字一字を入れることができる場合は3を、五つのうち四つに共通する漢字一字を入れることができる場合は4を、五つすべてに共通する漢字一字を入れることができる場合は5を解答欄《らん》に記入しなさい。

A〔身体の一部を表す漢字一字〕
・空いた□がふさがらない　・牛□を執《と》る　・老□に鞭《むち》打つ
・鶏《けい》□となるも牛後となる勿《なか》れ　・食□が動く

B〔色を表す漢字一字〕
・□菜に塩　・□眼視《し》　・□貧洗うが如《ごと》し　・□二才
・□息吐《と》息

C〔動物を表す漢字一字〕
・竹□の友　・閑《かん》古□が鳴く　・□脚《きゃく》を露《あら》わす　・□芝《しば》居
・生き□の目を抜《ぬ》く

を、次の1～5から選び番号で答えなさい。

1 子どもが初めて線を引く様子は、ほほえましいもので、自然と笑みがこぼれてしまうから。
2 国語の授業の中だけで、書道を扱《あつか》っていることは不自然で、納得いかないから。
3 線を引いて区切ることと、「切っても切れない動作」という表現が正反対のものだから。
4 社会が細かく分けられてしまったため、混乱をきたしているから。
5 「一」をゆらぎなく、まっすぐ書くことは実に難しいことだから。

問三 [い] にあてはまる漢字一字が含まれる熟語を、次の1～5から選び番号で答えなさい。

1 直角　2 画質　3 正確　4 拡大　5 知覚

問四 ――B「線を引くことは、魔法のようなものである」とあるが、どういうことを言いたいのか。その説明としてもっともふさわしいものを、次の1～5から選び番号で答えなさい。

1 線を引くだけで、線のこちら側とあちら側の世界を作り出せるということ。
2 線は一様ではなく、直線、曲線、長いもの、短いものといろいろな表現を可能にするということ。
3 自分の陣地を作り、そこに誰かを立ち入らせない権利があるということ。
4 線を引く遊びをすることで、遊びの天才になれるということ。
5 公園にいる知らない子とも、線引き遊びで仲良くなれるということ。

問五 ――C「線を引かれる前は、線を引かれていない状態があったということに」とあるが、「線を引かれていない状態」に当てはまるものはどれか。本文中の波線部1～6の中からふさわしいものを二つ選び、番号で答えなさい。

1 舵の効かない小舟　2 面白い遊び　3 ふだん歩いている道
4 広大な陸と海　5 小さな部屋　6 一枚の真っ白な紙

問六 ――D「それを理解しない限り、勉強なんてちっとも楽しくないのではないか」とあるが、筆者がそう考える理由としてもっともふさわしいものを、次の1～5から選び番号で答えなさい。

1 受験のために学ぶ勉強と、生きていくために必要な勉強は、まったく違うものであるから。
2 国語の時間、算数の時間、と決まった時間割ができることで、興味のある勉強以外にも時間を取られるから。
3 授業の時間だけでなく、遊びの時間にも学びはあるのに、授業だけが勉強だと決めつけているから。
4 もともとの勉強は、国語なら国語というように教科に分けられたものではなく、教科をまたいだ奥《おく》ゆきや広がりを持つものであるから。
5 勉強の楽しさを理解するのは、時間がかかるもので、大人になってようやく気付くものだから。

問七 次のア～ウが、本文の内容に合っていれば1を、合っていなければ2を記入しなさい。

ア 五年生から六年生になったときに、改まって目標を立てたのならば、それは生き方に線を引いていることに他ならない。

かれる。文字通り、一大事だ。

　そして、線を書けるようになると、それを使いたがるものである。みんなで公園に遊びに行く。こどもは遊びの天才である。遊具を使って遊ばずとも、何気なく木の棒を持って、線を引く。これだけで、2面白い遊びとなるのだから。みんなで線の書き合いとなる。真っすぐなものがあれば、曲がったものもあり、長く引いたのもあれば、短いのもある。ただ、線を引くうちに、線のこちらとあちらの世界が違うことを誰《だれ》かが発見する。長く線を引き出して、「ここからここまでがぼくの陣《じん》地だから、勝手に入っちゃだめだよ」。そんな言葉がにわかに飛びだした。まさに、「一線を［い］す」。B線を引くことは、魔《ま》法のようなものである。

　さて、当たり前のようにあるから気付かないだけで、世の中はどこもかしこも線だらけだ。3ふだん歩いている道、電車の路線図、プールのコース、家の中の間取り……。しかし、立ち止まって考えてみてほしい。C線を引かれる前は、線を引かれていない状態があったということに。

　空間や時間に、人間は線を引くことで意味付けをし、また便利さを追求していった。世界地図には、国境が引かれ、様々な国がある。しかし、その線の正体は一体何だろう。実際はそんな線は目に見えず、4広大な陸と海にすぎない。歴史でも、ここからが平安時代、ここからが鎌《かま》倉時代、そして古代や近代、なんて教わったが、一体誰が線引きしたのだろうか。クラス分けだってそうだ。もともとは、その学校に集まった同級生の全員が、一人ひとり5小さな部屋に勝手に移動させられたわけである。

　学校の授業も不思議なものだ。国語・算数・理科・社会・体育・図工・音楽。本当は、そんな名前を付けられて、線を引かれてなんかいないはずだ。その前の状態がある。Dそれを理解しない限り、勉強なんてちっとも楽しくないのではないか。

　少し前のことは、どうだろう。桜の季節を迎《むか》え、五年生から、六年生に進級した。六年生になって、いっそう勉強に、スポーツに励《はげ》もう、友達ともっと仲よくしよう、そんな目標を立てるのは確かに素晴らしい。ただ、五年生の三月と、六年生の四月の自分。そこに階段らしきものはあったのか。はたして何かが目に見えて変わったのだろうか。

　要するに、最初からそんな線は存在しないのである。6一枚の真っ白な紙があるだけのような、空間や時間とは何かを意識しないような、そんな状態があった。それが、線を引くことにより、否応《いやおう》なく分けられただけである。そこに線を引けば引くほど、細かく分けられてしまって、すでにそういうものだったのだと錯《さっ》覚しているのだ。このように、私たちは、線を引かれに引かれ、細分化した社会に生きている。線を引くことで、ものごとは小さく、かつ明瞭《りょう》になった。そういった利便性を失《な》くすことはもうできない。しかし、それに慣れきってしまうのではなく、線のない状態に思いを寄せることで、より根源的な生き方を探し出せるのではないだろうか。

問一　［あ］にあてはまる言葉としてもっともふさわしいものを、次の1～5から選び番号で答えなさい。

1　むしろ　　2　だから　　3　とりわけ
4　全然　　5　なるほど

問二　――A「この後述べることの意味を含めると、実におかしくもある」とあるが、筆者がそう考える理由としてもっともふさわしいもの

4　朝、眠《ねむ》いので、答えるのが面倒な気持ち。

5　はやりのセリフなので、得意な気持ち。

問八　――G「足取り軽く」とあるが、なぜ足取りが軽いのか。それを説明したものとしてもっともふさわしいものを、次の1～5から選び番号で答えなさい。

1　私のノートの素晴らしさを、早く学校に行って、絵美に見せつけてやりたいから。

2　前の日の夜、十分によく眠《ねむ》れて、体全体がなんだか軽く感じられたから。

3　お母さんの作ってくれた朝ご飯がおいしくて、感謝の気持ちでいっぱいだったから。

4　ようやくクラスに自分の居場所が見つかりかけて、学校に行くのが楽しくなったから。

5　天気が快晴なので、気分がうきうきして、走り出したい気持ちだったから。

【二】　次の文章を読んで、後の各問いに答えなさい。

小学生の書写の教科書を見ると、毛筆の力強い楷《かい》書で書かれたお手本が並んでいた。「人」・「川」・「大」・「木」……。どれもお馴染《なじ》みの字だ。「息を静めて、トメやハライに、神経を使ったっけな」そんなふうに、懐《なつ》かしく思った。ふと気づいたが、最初は、漢字一字から始まっている。ひらがなでなく、漢字なのだ。［あ］、漢字のほうがひらがなよりもはるかに書きやすい。とすれば、もっとも書きやすい字は何であろうか。ぱっと頭に思いつくのは、漢数字の「一」であった。単純に、横棒の一本。「一」を書くにあたり、そのことが、筆を手にする彼《かれ》ら彼女《かの》らに与える衝撃《しょうげき》など、まったくもってないであろう。特別に、習うほどのことでもない。漢字の部分部分を書くにも必要不可欠である。ただ、この「一」を書くことは、Aこの後述べることの意味を含《ふく》めると、実におかしくもあるのだが、人生にとって切っても切れない動作を叩《たた》き込《こ》んでいるようにも思えるのである。何も、「一」でなくともよい。一本の、縦でも横でも斜《なな》めでも構わない。その一つの線を引くということの意味をよくよく考えてもらいたいのである。

書でも、絵でも、最初は真っ白な紙に、一つの線を描《か》くところから始まる。ある書家に、「始めの一手を入れるのは緊《きん》張しますか」とお話を聞いてみた。いわく、「そうですね。ちょっとした体のゆらぎや乱れが、そのまま形になってしまいます」と。「どこまで線を引くか、分からないと手が遅《おく》れますし、ゆれが大きいと心に不安があるものです」。何もないところに、筆を入れる。それは、思った以上に勇気の要る行動に違《ちが》いない。

小さいころを思い出してみよう。詳《しょう》細には覚えてなくとも、こんな経験があったはずだ。二才か三才くらいの時のことだったろうか、生まれて初めてペンを手に取り、線を引いた日。その手は緊張でわななき、指と指にぎこちなく支えられたペンが、危ういバランスで紙に接地する。そして、1舵《かじ》の効かない小舟《こぶね》のように、ゆらゆら、ふらふらと進んでいく。進んだところには、何を表しているのかはよくわからないが、確かにその跡《あと》ができた。そうして出来上がった一本の線。さりげないが、それを引く前と引いた後で、まったく紙の様子は変わってしまうものだ。縦に線を引けば、左と右に余白が作られ、横に線を引けば、上と下に分

方でいいのかと思う気持ち。

5　小学校では必ず選手候補になっていたのに、自分が推薦《せん》されず、悔しく思う気持ち。

問二　――B「笑顔の仮面」とあるが、この話の中でその仮面が果たす役割はなにか。もっともふさわしくないものを、次の1～5から選び番号で答えなさい。

1　他人に対していつも好印象を与えられる。

2　他人の自分への評価があまり気にならない。

3　自分の本心を他人に悟《さと》られずにすむ。

4　個性的な自分を見せることができる。

5　とりあえず、人間関係が円滑《かつ》に進む。

問三　――C「こんなはずじゃなかった」とあるが、私が自分をどう夢見て入学したのかを説明したものとしてもっともふさわしいものを、次の1～5から選び番号で答えなさい。

1　勉強よりも、スポーツでスター選手として活躍《やく》できる自分。

2　クラスの話し合いなどをてきぱきと進められる自分。

3　小学校の時と同じかそれ以上に、様々な場面で活躍できる自分。

4　何事にもあまりしゃしゃり出ず、目立たぬ存在の自分。

5　スポーツよりも勉強で目立てる存在になる自分。

問四　――D「『ちゃんと』は余計だと思った」とあるが、なぜ余計だと思ったのか。それを説明したものとしてもっともふさわしいものを、次の1～5から選び番号で答えなさい。

1　『ちゃんと』という言葉づかいが子どもっぽい言い方なので、あとで馬鹿《か》にされそうだから。

2　『ちゃんと』をつけることで、相手をあまり信用していない気持ちが見透《す》かされるから。

3　『ちゃんと』をつけない方が、より笑顔の仮面をかぶっていることが強調されるから。

4　『ちゃんと』を省略した方が、日本語としてかっこいい言い方になるから。

5　『ちゃんと』という言葉をいう必要がないくらい、二人の仲は信頼《らい》できる関係だったから。

問五　［あ］にあてはまる言葉としてもっともふさわしいものを、次の1～5から選び番号で答えなさい。

1　ふさぎこんだ　2　はっとした　3　おこった

4　うぬぼれた　5　よろこんだ

問六　――E「いつにもまして余計まぶしく見えた」とあるが、私はなぜ「余計にまぶしく見えた」のか。それを説明した次の文の［　］にあてはまる言葉を二十字以上二十五字以内で答えなさい。ただし、句読点も一字と数える。

絵美は病気の友人や私のことを考えてくれていたのに対して、

［（二十字以上二十五字以内）］から。

問七　――F「べつに」とあるが、このときの私の気持ちを説明したものとしてもっともふさわしいものを、次の1～5から選び番号で答えなさい。

1　言い当てられて、照れくさい気持ち。

2　余計なことを言われて、うるさいと思う気持ち。

3　機嫌が悪く、いらついている気持ち。

と』は余計だと思ったが、もう、遅《おそ》かった。

「そういうのとはちょっと違うんだけど、私のノートと曜子のものと両方を突《つ》き合わせて、良い情報を全部合わせたものを作って渡《わた》したいんだ。でも、そんな面倒《どう》なことを頼むの、なんだか頼みづらくって。いやなら、いやってはっきり断ってね」

まったく予想しない話の展開に［あ］私は、笑顔の仮面にかまっていられず、自分でも素の表情になっていると思った。

「どっ、どうして私に」

明らかに狼狽《ろうばい》しながらも、ふつふつと沸《わ》き起こる疑問をそのまま口にした。

「ほら、前に国語の授業で先生が曜子のノートの取り方はいいって誉《ほ》めていたじゃない」

そういえばそんなこともあったっけ。

「私ね。真奈美が困っているのを何とかしたいって考えていたら、曜子のノートのことを思い出して。で、一緒にノートを見せ合いっこしてまとめたら、曜子とも仲良くなれるし、真奈美も助かるしいいかなって。ちょっと思いついたのよ。でも、嫌ならいいんだからね。ちょっと時間がかかるし、面倒くさいことだしね。でもそれで、曜子と私と真奈美と三人で仲良くなれたらいいかなって、ちょっと考えただけだから。クラスに仲の良い人がたくさんいた方がいいかなって。私、欲張りだから」

「そんなことないよ。是《ぜ》非協力させて」

「やったー。曜子ならオーケーだと思っていたんだ。じゃあ、とりあえず明日数学と理科のノートから始めよう。私、これから部活だから行くね」

悔《くや》しいかな、栗毛の絵美の顔がEいつにもまして余計まぶしく見えた。

絵美と別れてからも私は教室で一人ぼーっと突っ立っていた。頬に流れている涙をぬぐうのも忘れて。

「曜子、朝ご飯よ。降りてらっしゃーい」

「はーい」私は急いで階段を駆《か》け降りる。

「いただきまーす」

「あら、今日はご機嫌《げん》だわねぇ」

「Fべつに」

まいった。お母さんはなんでもお見通しだ。

「行ってきまーす」

私は玄《げん》関を出て、よく晴れ渡った初夏の空のもと、G足取り軽く学校に向かった。

問一　――A「えっ、というのが私の正直な気持ちだった」とあるが、このときの私の気持ちを説明したものとしてもっともふさわしいものを、次の1～5から選び番号で答えなさい。

1　ドッジボールはあまり得意でないから、本当にやらなくていいのかしらと思う気持ち。

2　たいして話し合いもなされずに決定してしまい、もう終わりなのかと思う気持ち。

3　話し合いを強引に進めていた絵美に対して、ちょっと自分勝手じゃないかと思う気持ち。

4　私だったらもう少し公平な決め方ができるのに、本当にこの決め

いったいなぜドッジボールの選手の中に私の名前がないのか。小学校の時はいつもいつも真っ先に選手に選ばれていたのに。クラスのみんなが曜子しかいないって。花一匁《もんめ》で真っ先にほしがられる子さながらの人気だったのに。いったいどうしたことだろう。

本当は入学して二週間ぐらいたったころから、その答えは自分でもわかっていた。天は二物を与《あた》えずと世間では言われているけれど、この学校に入学して以来、二物どころか三物も四物も与えられた子がたくさんいることを思い知らされた。付属小学校からきた子たちはとにかくスポーツはなんでもできた。そして、スタイルが良くて洗練された子が多い。やはりもともとのＤＮＡが違《ちが》うのかと思ってしまう。その上、世間慣れしていて、人間関係を作っていくのがすごく上手なのだ。知識よりも知恵《え》があるって言い方が言い得て妙《みょう》か。授業中も積極的に発言する子が多い。一方、受験で入った子たちの中にはめちゃくちゃ勉強ができる子が何人もいた。その人たちは持っている知識もすごいけど、その前に地頭がいい人が多いように思われた。

そんな環《かん》境の中、さて自分はと考えると気持ちのカーブはどんどん下り坂になってしまう。お母さんにはそんな気持ちを察せられてしまったのだろう。

ある日、例の栗毛の絵美が話しかけてきた。

「ねー、曜子。頼《たの》みがあるんだけどな」

って、ファーストネームで呼ばれるほど二人の距離《きょり》は近くない。今までだって、まともに二人だけで話したことはないのに。私は困惑《わく》を悟《さと》られないように、すぐに笑顔の仮面をかぶって答えた。

「頼みって」

「うん。今、真奈美がインフルエンザで休んでいるでしょう」

げっ、絵美の付属小学校から一緒《しょ》の友達の話だ。何を頼まれるんだろうか。なんだか嫌《いや》な予感がする。

「うん。結構長びいているね」

「それでね。真奈美、授業がどんどん進んじゃうことを気にしていて……」

嫌な予感が当たりそうな状況《きょう》になってきた私は、笑顔の仮面がはがれないように必死だった。

「それで、真奈美にノートのコピーとか送ってあげたいなって思ってて、曜子、よかったら協力してくれるかなあ」

ほら、来たぞ。私が授業中に先生の強調したことまで一生懸《けん》命しっかりメモったノートを貸してほしいってことか。まあ、コピーさせるくらいいいけど。私はそれほどケチでもないし、このことでなんかケチな子だなと絵美に思われたくないし……。

「協力って、私のノートをコピーさせてほしいってこと」

思い切ってストレートに聞いてみた。

「もちろんコピーもさせてもらいたいんだけど……」絵美の表情が少し曇《くも》る。

何か言いよどんでいるみたい。いったい、コピーの他に何を要求されるんだろう。おっと、いけないいけない。危うく笑顔の仮面が外れそうになる。

「ちゃんと返してくれるなら、ノート貸してもいいよ」

と私はおずおずと言った。言ってからしまったと思った。Ｄ『ちゃん

【国　語】（四五分）〈満点：一〇〇点〉

【一】 次の文章を読んで、後の各問いに答えなさい。

「これで校内ドッジボール大会の選手決めは確定するけど、いい」と話し合いを進めていた絵美がクラスに呼びかける。付属の小学校から受験なしでそのまま進学してきた、栗《くり》色の毛の活発な子だ。リカちゃん人形そのままのきれいな顔をしている。

Aえっ、というのが私の正直な気持ちだった。だって、私の名前が選手として書かれてないんだもん。クラスの女子一六人のうち、選手に選ばれるのは一二人だ。正確には選手一〇名と補欠二名。つまり、四人は選手にならなくて良いシステムになっている。

私は他の人に気づかれないように選手にならなかった私以外の三人の表情を盗《ぬす》み見た。どの子もパッとしない感じに見える。と思ったのと同時に、自分では認めたくない考えがこみ上げてきた。もしかしたら、他の三人と同じように自分も周りからパッとしないように見られているのかも。

気がつくと頰《ほお》に何か温かいものを感じた。ということは、私、この瞬《しゅん》間に泣いているの。知らぬ間にかみしめていた唇《くちびる》を緩《ゆる》め、周りに気づかれないように普《ふ》通の笑顔の状態に戻した。ここですぐにB笑顔の仮面をかぶったような状態に戻《もど》せるなら、私はまだまだ行ける。そんな自分のことを励《はげ》ますような言葉を自分に言い聞かせた。

「曜子、ごはんができたから早く降りていらっしゃい」

「はーい」

いただきますとは言ったものの、食が進まない。

「曜子、最近食欲ないみたいだけど、大丈《じょう》夫」

「……」

「何かあるんだったら、お母さんにちゃんと話すのよ」

「はーい」

まさか、お母さんに気づかれていたとは思わなかった。さすがだ。お母さんが心配した通り、Cこんなはずじゃなかったという強い思いが私の胸につかえていた。そんな状態が、もうかれこれ二週間も続いていた。

憧《あこが》れの鉄砲《ぼう》洲《ず》学園付属中学部合格を目指して小学校二年生の時から週三回進学塾《じゅく》に通い始めた。通い始めは要領を得ないこともあったが、慣れていくにつれて塾でも頭角を現し始め、小六のころには全国模試でも上位に名前を連ねるようになった。そして合格発表の日。私は自信満々だった。

一次試験の学力試験も手ごたえ十分だったし、スポーツも得意な私は二次試験の体育実技の試験もばっちり。面接も自慢《まん》じゃないけど私のかわいい笑顔を振《ふ》りまき、面接官の先生たちの私の受け答えに対する反応も、上々だった。

互いの探り合いで緊《きん》張していた入学の日から二、三日が過ぎると、私たちクラスの女子同士はすでに打ち解けはじめていた。特に女子の半分を占《し》めている鉄砲洲学園付属小学校から進学してきた子たちが気軽に声をかけてくれたことが純粋《すい》に嬉《うれ》しかったし、クラスの子たちが仲良くなることに対しての、その子たちの貢献《こうけん》度はすごく大きかった。

MEMO

大切なことはメモしておこうネ！

平成29年度

解答と解説

《平成29年度の配点は解答用紙に掲載してあります。》

＜算数解答＞《学校からの正答の発表はありません。》

【1】 (1) ア 17 イ 105 (2) ア 21 イ 32 (3) 18 (4) 24
【2】 (1) ア 3 イ 2 (2) 10 (3) 2760 (4) ア 10 イ 32
【3】 (1) ア 3 イ 1 ウ 3 (2) 406 (3) 45 (4) ア 1456 イ 96
【4】 (1) 1170 (2) 9190
【5】 (1) ア 5 イ 6 (2) ア 1 イ 2 ウ 3 【6】 (1) 12 (2) 38
【7】 (1) ア 1 イ 2 ウ 4 エ 9 (2) ア 8 イ 2 ウ 4 エ 6

＜算数解説＞

【1】（四則計算，場合の数，数の性質）

(1) $\frac{8}{35}-\left(\frac{7}{18}\times\frac{9}{35}-\frac{1}{30}\right)=\frac{8}{35}-\left(\frac{1}{10}-\frac{1}{30}\right)=\frac{8}{35}-\frac{1}{15}=\frac{17}{105}$

(2) $\frac{\boxed{ア}}{\boxed{イ}}=\frac{7}{8}\div\left\{\left(\frac{6}{10}-\frac{13}{30}\right)\times\frac{14}{3}+\frac{5}{9}\right\}=\frac{7}{8}\div\left(\frac{7}{9}+\frac{5}{9}\right)=\frac{7}{8}\times\frac{3}{4}=\frac{21}{32}$

基本 (3) 4人から2人を選ぶ組合せは4×3÷2＝6(通り)，勝負の手の出し方は3通りあるので，2人が勝つ手の出し方は3×6＝18(通り)ある。

基本 (4) 124－4＝120と77－5＝72の公約数のうち5より大きい最大の数は，24である。

【2】（速さの三公式と比，平均算，割合と比，濃度，相当算，ニュートン算，単位の換算）

基本 (1) 8×2÷(2＋3)＝3.2(km)…往復の距離÷往復の時間

基本 (2) 200：160＝5：4であり，(14×5＋5×4)÷(5＋4)＝10(％)になる。

重要 (3) 次郎…最初の金額を③にすると，最後の金額は③－③÷3＝②
太郎…最後の金額が②であり，最初の金額は②＋600
したがって，③＋②＋600＝⑤＋600が6000であり，太郎の最初の金額は(6000－600)÷5×2＋600＝2760(円)

重要 (4) 11時20分－10時＝80(分)であり，1つの窓口を通る人は1分で160÷80＋1＝3(人)である。したがって，2つの窓口を開くと160÷(3×2－1)＝32(分後)に待つ人がいなくなる。

重要 【3】（立体図形，植木算，平面図形，相似，図形や点の移動）

(1) 最初の立方体の1面の面積を1にすると，立方体の表面積は1×6＝6である。立方体を8つの直方体に切り分けると，7回の切断によって表面積が2×7＝14増える。したがって，表面積は1＋14÷6＝$3\frac{1}{3}$(倍)になる。

図1

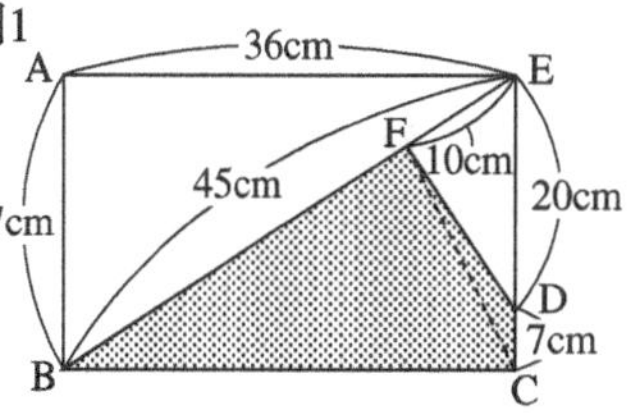

(2) 図1のABの長さは126÷2－36＝27(cm)であり，三角形ABEの面積は27×36÷2＝486(cm^2)である。
三角形BCF…BE：BFは45：(45－10)＝9：7であり，486÷9×7＝378(cm^2)

三角形CDF…(486－378)÷27×7＝28(cm^2)

したがって，色がついた部分の面積は378＋28＝406(cm^2)

(3)　図2において，三角形FDEとBDAは合同であり，角xは，角ABCに等しく45度である。

図2

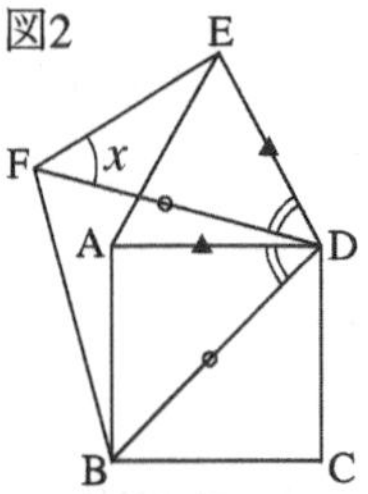

(4)　右図の立体から計算する。

真上から見える部分の面積…8×8×3.14＝64×3.14(cm^2)

底の部分の面積…8×10×3.14＝80×3.14(cm^2)

側面積の和…(2×2×8＋8×2×18)×3.14＝320×3.14(cm^2)

したがって，この立体の表面積は(64＋80＋320)×3.14＝464×3.14＝1456.96(cm^2)である。

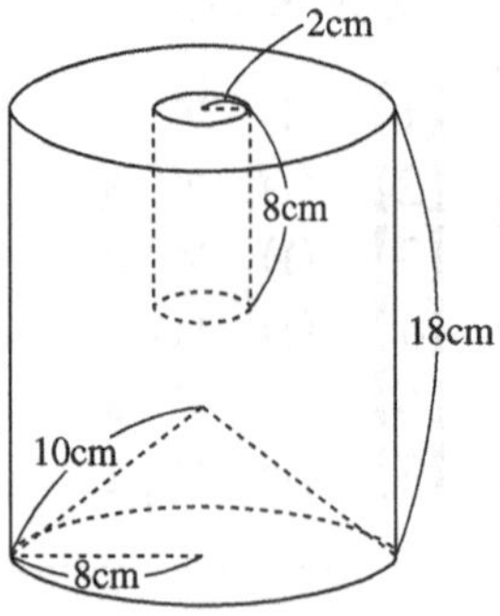

重要 **【4】（グラフ，速さの三公式と比，単位の換算）**

(1)　例えば，自転車に乗って進んだ距離は280×6で表され，これは，グラフの左下の長方形の面積に相当する。したがって，グラフより，電車は10～13分の3分で分速0～780mまで加速したので，この間に電車が進んだ距離は直角三角形の面積に相当し780×3÷2＝1170(m)である。

(2)　グラフと(1)より，280×6＋780×{(13－10＋22－18)÷2＋18－13}＋80×(33－22)＝1680＋780×8.5＋880＝9190(m)である。

重要 **【5】（立体図形，平面図形，単位の換算）**

(1)　三角柱の体積に等しい水の体積が増えた場合に，水面の高さは5×5÷2×20÷(20×15)＝$\frac{5}{6}$(cm)上がる。

(2)　(1)より，図1の水面の高さは$\frac{5}{6}$＋4500÷(20×15)＝$15\frac{5}{6}$(cm)である。したがって，図2のPFの長さは$15\frac{5}{6}$×2－30＝$1\frac{2}{3}$(cm)である。

図1

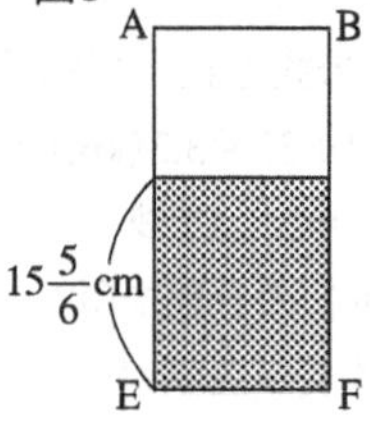

図2

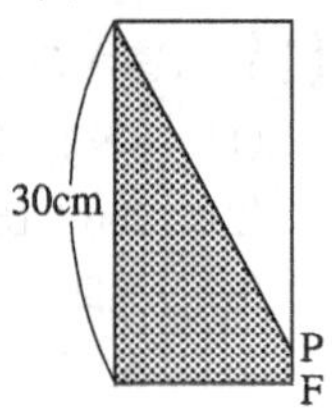

【6】（数の性質，統計と表）

重要 (1)　24÷3＝8より，連続する3つの数のうち中央の数が8以下になる場合を計算すると以下の12通りがある。

1の段…1・2・3～7・8・9の7個　　2の段…2・4・6～6・8・10の3個

3の段…3・6・9の1個　　4の段…4・8・12の1個

やや難 (2)　連続する3つの数の組は，全部で7×9＝63(個)ある。

連続する3つの数の和が15の倍数→中央の数が15÷3＝5の倍数であり以下の15通りがある。

4・5・6　8・10・12　12・15・18　16・20・24

5・10・15　10・15・20　15・20・25　20・25・30　25・30・35　30・35・40　35・40・45

24・30・36　28・35・42　32・40・48　36・45・54

連続する3つの数の和が27の倍数→中央の数が27÷3＝9の倍数であり以下の10通りがある。

36・45・54は，重複するので数えない。

6・9・12　15・18・21　12・18・24　30・36・42

9・18・27　18・27・36　27・36・45　45・54・63　54・63・72　63・72・81

したがって，連続する3つの数の和が15の倍数でも27の倍数でもない数の組は63－(15＋10)＝38(個)ある。

【7】 (数の性質，推理，四則計算)

重要 (1) Aが1のとき，Bは1＋1＝2，Cは2＋2＝4であり，Dが5以上の場合，D＋Dは10以上になるので，Dは4×2＋1＝9である。…1249

やや難 (2) A～Dのどの数も0ではない。

D×Dの一の位もD…Dは1ではない(ABCD×1が5ケタにならない)ので，Dは5か6

Dが5のとき，5×Cの一の位もCであり，Cは0か5になるので，Dは6である。

6×Cの一の位もC…Cは2か4か8である。→ 同様に，AもBも2か4か8

したがって，ABC6×2が5ケタになるとき，Aは8であるから，最も小さい整数の場合，Aが8，Bが2，Cが4，Dが6である。

★ワンポイントアドバイス★

【2】(4)「ニュートン算」，【4】「グラフ・道のり」，【6】(2)「数の性質」，【7】(2)「数の性質」で差がつきやすいが，難問はない。【1】～【2】の問題数が全体の4割を占めており，これらで着実に得点することが第一である。

＜理科解答＞《学校からの正答の発表はありません。》

【1】 (1) (固体) 5　(液体) 1　(気体) 3

(2) A 2　B 1　C 3　D 7　E 6　F 9　G 5　H 8　I 4

(3) 1

【2】 (1) 3　(2) 2　(3) 1　(4) 3　(5) 2

【3】 (1) 4　(2) 4　(3) A 3　B 5　C 6　D 4　E 8

【4】 (1) 262　(2) 4　(3) (表1) 3　(表2) 5　(4) 3　(5) 3

＜理科解説＞

【1】 (水溶液の性質－9種類の水溶液の区別)

(1) 実験3で，固体が残ったD，E，F，G，Iは，固体が溶けた水溶液である。また，A，B，Hは，加熱後すぐに泡が出ているので，気体が溶けた水溶液である。残るCが液体が溶けた水溶液である。このことは，(2)を解くとはっきりする。

重要 (2) 各水溶液の性質を，水溶液ごとにまとめると，次ページの通り。

においのあるA，Bのうち，酸性のAは塩化水素が溶けた塩酸，アルカリ性のBはアンモニアが溶けたアンモニア水である。残った酸性の水溶液F，Hのうち，固体が残ったFはホウ酸水，気体が溶けているHは二酸化炭素が溶けている炭酸水である。また，中性の水溶液のうち，固体が残らなかったCが過酸化水素水である。実験4で，AとEを混ぜてGができることから，Eは水酸化ナトリウム，Gは食塩が溶けている。残ったアルカリ性のDは重そうが，Iは砂糖が溶けている。

	実験1	実験2	実験3	溶けているもの
A	においあり	酸性	すぐに泡が出る	塩化水素
B	においあり	アルカリ性	すぐに泡が出る	アンモニア
C		中性		過酸化水素
D		アルカリ性	固体が残る	重そう
E		アルカリ性	固体が残る	水酸化ナトリウム
F		酸性	固体が残る	ホウ酸
G		中性	固体が残る	食塩
H		酸性	すぐに泡が出る	二酸化炭素
I		中性	固体が残る	砂糖

(3)　塩酸と重そう(炭酸水素ナトリウム)を混ぜると，二酸化炭素が発生する。他の選択肢の組み合わせでは気体は発生しない。

【2】 (太陽と月ー月の見え方)

基本 (1)　夕方，南の空に見える月は，右半分(西半分)が光る上弦の月である。

(2)　ソメイヨシノが咲くのは3月下旬から4月上旬である。上弦の月が沈むのは真夜中0時ごろであり，冬の星座は沈んで，春の星座が見えている。夏の星座が見えるのは3時～4時過ぎである。選択肢では，1は冬，2は春，3は夏，4は冬の星座であり，2が解答である。

(3)　上弦の月から満月までは，約1週間である。

やや難 (4)　地球と月の距離は，平均で38万km程度だが，月の公転軌道は楕円だから，2万km程度接近したり遠ざかったりする。接近したときに満月となると大きく見え，スーパームーンとよばれる。

(5)　地球から見て，満月は太陽と反対の向きにある。そのため，太陽の南中高度が高い夏至のころは，満月の南中高度は低い。逆に，太陽の南中高度が低い冬至のころは，満月の南中高度は高い。

【3】 (動物・植物ー動植物の殖え方)

(1)　一般に，一度に産む子の数が多いほど，乳首の数が多い傾向にある。種によっても，個体によっても差はあるが，およそ1は4個，2は6個，3は2個，4は8個の乳首がある。

(2)　一般に，親が子の世話をする鳥類の卵の数は少なく，他の動物に食べられる可能性の高い魚類の卵の数は多い。種によっても，個体によっても差はあるが，1は4～8個程度，2は100個程度，3は1000個程度，4は数十万個の卵を産む。

(3)　A　多くの植物では，光合成によって栄養分をつくったあと，つまり，葉が広がった後に花が咲く。しかし，ウメやサクラなどは，前年の栄養分を使い，葉が出る前に花が咲く。　B　選択肢のうち，秋に花が咲くのはキンモクセイである。庭木として多く植えられ，秋に多くの小さな黄色っぽい花を咲かせる。各選択肢の開花時期は，春に咲くのが2，3，4，6，8，夏に咲くのが1，冬に咲くのが7，9である。　C　ドングリは，主にブナ科の樹木の硬い果実である。選択肢のクヌギのほか，コナラ，シイ，カシなどもドングリができる。　D　キウイの果実の中には，数百個の黒い種子が含まれている。　E　トウカエデは，イロハカエデなどと同じく，種子に羽がついており，回転するように飛んで散らばる。

【4】 (磁石ー磁石の力の測定)

(1)　ばねはかりには30gの磁石がつり下げられている。そのばねはかりが108gを指しているから，台はかりののせ台を磁石が引く力は，108－30＝78(g)である。のせ台には340gのペットボトルが乗っているが，磁石が上向きに78g引き上げているので，台はかりの目盛りは，340－78＝262(g)

となる。

重要 (2) ばねはかりの指す値と，台はかりの指す値の合計は，いつも磁石の30gとペットボトルの340gの合計370gである。だから，台はかりの指す値の増えた分だけ，ばねはかりの指す値は減る関係となり，グラフは右下がりの直線になる。

(3) 表1をグラフにすると，磁石の個数が増えるほど間隔は大きくなるが，増え方は小さくなっていく。表2をグラフにすると，磁石の個数が増えるほど間隔は小さくなるが，減り方は小さくなっていく。

(4) BC間は1個ずつの磁石の反発する力によるものであり，間隔は2.4cmとなる。一方，AB間は，Aの上に磁石が2個乗っているのと同じことになり，間隔は表2から2.1cmと推定できる。

やや難 (5) 実験3では，磁力が強いほど磁石とクリップの間隔は広くなる。磁石を増やしたときの磁石の力は，実験2の図4，表1が参考になる。磁石を増やすと磁力は強くなるが，その強くなり方はにぶくなっていく。

★ワンポイントアドバイス★

日頃から，身のまわりの動物，植物，月，星座などに目を向け，多くのものを吸収して知識を増やしていこう。

＜社会解答＞ 《学校からの正答の発表はありません。》

【1】 ア (史跡名) 三内丸山(遺跡) (場所) 1
イ (史跡名) 厳島(神社) (場所) 7
ウ (史跡名) 熊本(城) (場所) 9
エ (史跡名) 佐渡(金山) (場所) 2
オ (史跡名) 富岡(製糸場) (場所) 4

【2】 問1 (2番目) 2 (4番目) 3 問2 (2番目) 2 (4番目) 4
問3 (2番目) 1 (4番目) 5 問4 (2番目) 4 (4番目) 3
問5 (2番目) 5 (4番目) 1

【3】 問1 ア ふすま イ たたみ 問2 (1) ① 3 ④ 2 (2) ② 2 ⑤ 1
(3) ③ 2 ⑥ 1 問3 (例) 降水量が多く，湿気を防ぐ必要があるから。(20字)
問4 (例) 打ち水

【4】 問1 ア カルスト イ シラス 問2 ① 1 ② 2 問3 ③ 1 ④ 4
問4 ⑤ 1 ⑥ 3 問5 3 問6 2 問7 近郊(農業)
問8 A 5 B 7 C 6 D 1

【5】 問1 2 問2 2 問3 4 問4 3 問5 1 問6 2 問7 (例) 自動車工業が盛んで，工場労働者が多い。(19字) 問8 4 問9 バイオエタノール

<社会解説>

重要 【1】（日本の歴史－史跡とその所在地）

ア 「日本最大級の縄文時代のむら」から青森市の三内丸山遺跡。竪穴住居跡約500軒，大型住居跡約20棟，巨大な木柱を使用した大型の掘立柱建物跡などが発掘されている。

イ 「平清盛が寝殿造の様式を取り入れた御社殿に修造」，「海面にそびえる朱塗りの大鳥居」，「ユネスコの世界文化遺産に登録」などから広島県廿日市市の厳島神社。航海の安全をつかさどる市杵島姫命(いちきしまひめのみこと)を主神として祀る。

ウ 「加藤清正により築城」，「2016年4月に起きた地震で大きな被害」などから熊本城。名城とうたわれたが，西南戦争，太平洋戦争で大部分が焼失。天守閣は1960年に復元されたもの。

エ 「江戸幕府が直轄地として経営した鉱山で，金を多く産出」，「1869年に明治政府の官営鉱山」などから新潟県の佐渡金山。1989年に閉山し，現在は史跡佐渡金山として観光名所になっている。

オ 「1872年に建設された官営の製糸場」，「2014年にユネスコの世界文化遺産に登録」などから富岡製糸場。フランスの技術を導入し，養蚕のさかんな群馬県に建設された。

やや難 【2】（日本の歴史－年代の並びかえ）

問1 5(1825年)→2(1837年)→4(1839年)→3(1840年)→1(1853年)。

問2 3(1881～1882年)→2(1884年)→1(1885年)→4(1889年)→5(1890年)。

問3 3(1886年)→1(1894年7月)→2(1894年8月)→5(1904年)→4(1911年)。

問4 2(1931年)→4(1933年)→1(1937年)→3(1939年)→5(1941年)。

問5 2(1946年11月)→5(1951年)→3(1956年10月)→1(1956年12月)→4(1972年)。

【3】（日本の地理－日本の家屋）

問1 ア 襖(ふすま)は建具の一種で，木で骨を組み，両面から紙や布を貼ったもの。部屋の間仕切り，防寒などのためのもので，夏は風通しをよくするために取り外すことがある。 イ 畳(たたみ)は，藁を糸で刺しかためた床に，藺(い)で編んだ表(たたみ表)をつけ，家の床に敷くもの。部屋全体にたたみを敷きつめるようになったのは室町時代以降，書院造が完成されてからである。

重要 問2 (1) ① 土間は，家の中で床を張らず，土足で歩く場所。古くから農作業の場所とされ，通常，台所の続きにあり，かまど，井戸が設けられているところもある。 ④ 茶の間は住宅の中で家族が集まって食事をし，くつろぐための部屋。普通，台所の隣にある。 (2) ② かまどは，なべ，かまなどをかけ，下から火を燃やして煮炊きをするための設備。土，石，煉瓦などで築く。 ⑤ 囲炉裏は，床の一部を四角に切り，灰を敷いて薪や炭を燃やせるようにしたところ。炊事や暖房につかう。 (3) ③ 大黒柱は，伝統的な日本の民家建築で，土間と床上との境目の中央にある柱。けやき材などを使った最も太い柱で，念入りに磨かれることが多い。 ⑥ 敷居は，引き戸，障子，襖などを開け閉めするために，部屋の開口部の下に敷く溝のある横木。

問3 日本は降水量が多く，湿度が高い。地面に近い場所に床を張ると，地面からの湿気によって床が腐ってしまう。これを防ぐため，地面との間にあえて空間をつくっているのである。

問4 打ち水は，ほこりをしずめたり，涼しくするために，庭や道路に水をまくこと。打ち水のほか，行水，簾(すだれ)の使用などが例としてあげられる。

【4】（日本の地理－日本の地形，農業など）

基本 問1 ア カルスト地形は，地表に露出した石灰岩が，二酸化炭素を含んだ雨水によって溶食されてできる地形。カルスト地形の呼称は，スロベニア，クロアチアのカルスト地方に由来する。日本最大のカルスト台地は，山口県の秋吉台である。 イ シラス台地は，鹿児島県から宮崎県にかけて広がる台地で，地表がシラスとよばれる白色の火山灰によって覆われている。

問2　①　越後平野は，新潟県中部～北部の日本海に面する地域に広がる平野。信濃川や阿賀野川などが流れる。　②　庄内平野は山形県北西部に広がる平野。最上川などの河川の堆積作用によって形成された沖積平野で，海岸沿いに砂丘が発達する。

基本　問3　③　阿蘇山は熊本県北東部に位置する複式火山。中央火口丘の一つである中岳には大噴火口があり，現在も活動を続けている。外輪山に囲まれたカルデラは東西約18km，南北約24kmで，世界最大級。　④　桜島は，鹿児島湾内の活火山島で，北岳，中岳，南岳の3火山体から成る。しばしば噴火を繰り返し，1914年の噴火では溶岩の流出によって大隅半島と陸続きとなった。

問4　⑤　根釧台地は，北海道東部，根室地方，釧路地方に広がる台地。濃霧のため夏季の日照時間が短く，稲作や畑作には向かない。　⑥　十勝平野は，北海道南東部，十勝川の流域に広がる平野。日本有数の畑作地帯で，豆類，じゃがいも，てんさいなどの生産が盛ん。中心都市は帯広市。

問5　A　同じ耕地に1年間に同じ作物を2回作付け，収穫することを二期作，同じ耕地に1年間に異なる作物を2回作付け，収穫することを二毛作という。　B　山焼き・野焼きをすることで，害虫の発生や雑草の生育を抑えることができる。　C　同じ耕地で同じ作物を何年も連続して栽培すると，土地がやせたり，病害虫が発生しやすくなる(連作障害)。これを防ぐために，同じ耕地に性質の異なる作物を，一定の順に栽培を繰り返し栽培する農法(輪作)がとられる。

問6　板東太郎は利根川の別名。板東は関東地方の旧称である。なお，筑紫次郎は筑後川，四国三郎は吉野川の別名である。

基本　問7　近郊農業は，大都市の近くで商品生産を目的として，野菜，果実，花卉などを栽培する農業。一般に小規模経営であるが，土地生産性はきわめて高い。

重要　問8　Aはぶどう，Bは茶，Cはレタス，Dは米。また，1は米，2はトマト，3はいちご，4はりんご，5はぶどう，6はレタス，7は茶，8はもも。

【5】（総合ー地理，時事問題など）

問1　インドネシアでは，スマトラ島，カリマンタン島などを赤道が通過している。

問2　ジカ熱は，蚊が媒介する感染症。感染すると，発熱や発疹など風疹やはしかに似た症状があらわれる。妊婦が感染すると，流産や死産の原因になったり，子どもが小頭症の障害を持って生まれたりする可能性が示唆されている。

問3　ブラジルは，ポルトガルの植民地支配を受けた歴史的経緯から，ポルトガル語が公用語となっている。また，国民の多数はキリスト教(カトリック)の信者である。

問4　日本とリオデジャネイロとの間には12時間の時差がある。日本の方が時刻が進んでいるので，リオデジャネイロが8月10日午前10時のとき，日本は12時間時計の針を進めた8月10日午後10時となる。

問5　2015年現在，日本のブラジルから輸入している品目で最も金額が大きいのは鉄鉱石で，輸入総額の38.1%を占める。

やや難　問6　2008年はブラジルへの集団的な移民が始まってから100周年にあたった。

問7　3つの町・市はいずれも自動車工業が盛んで，工場労働者が多い。そのため，ブラシルから出稼ぎに来ている日系人が多く，ブラジル料理のレストランやブラジルの食材を扱うスーパーもみられる。

問8　フロンガスの規制を定めたモントリオール議定書は，1987年，カナダのモントリオールで開催された会議で採択された。

重要　問9　バイオエタノールは，サトウキビやトウモロコシなどの植物を発酵させてつくるアルコール。ガソリンに混ぜて自動車の燃料として使う。原料となる植物がその成長の過程で二酸化炭素を吸収するので，石油代替エネルギーとして燃焼させた際の二酸化炭素排出量はゼロとみなすことができる。

★ワンポイントアドバイス★

日本の家屋に関する問題が地理の問題として出題されている。これは，一般常識がどのくらいあるかを問うものである。

＜国語解答＞《学校からの正答の発表はありません。》

【一】 問一　5　問二　4　問三　3　問四　2　問五　2　問六　(例)　自分の事だけしか考えていない自分が恥ずかしかった(24字)　問七　1　問八　4

【二】 問一　5　問二　3　問三　2　問四　1　問五　4・6　問六　4
問七　ア　1　イ　2　ウ　2

【三】 ア　3　イ　2　ウ　5　エ　6　オ　1

【四】 問一　A　2　B　3　C　3　D　1　問二　5

【五】 ア　憲章　イ　視座　ウ　名状　エ　手提　オ　講　カ　週刊誌
キ　興亡　ク　朗　ケ　従事　コ　博識　サ　教養　シ　半　ス　郷里
セ　祝辞　ソ　調律　タ　育

＜国語解説＞

【一】 (小説−心情，文章細部の読み取り，空欄補充)

問一　傍線部Aは校内のドッジボール大会の選手決めで自分の名前がなかったときの「私」の心情である。これより後「いったいなぜ」で始まる段落で，小学校の時はいつも真っ先にドッジボールの選手に選ばれていたのに，いったいどうしたことだろう，という「私」の心情が描かれており，Aの時も選手に選ばれると思っていたので，選ばれなかったことが悔しくてAのようになっている。

重要　問二　「笑顔の仮面」は傍線部B直前にあるように，自分の本当の感情を「周りに気づかれないように」するためのものである。他に「ある日」で始まる場面の「困惑を悟られないように，すぐに笑顔の仮面をかぶって」，「笑顔の仮面にかまっていられず，自分でも素の表情になっている」という描写からも，「笑顔の仮面」は自分の本心を他人に悟られないようにする役割を果たしていることがわかる。また本心にかかわらず「笑顔」であるので，周りに好印象を与えて敵を作ることもなく，人間関係を円滑に進める役割も果たしている。自分の本心を笑顔で隠すものであるので，4はふさわしくない。

問三　「憧れの鉄砲洲学園」で始まる段落で，「私」の小学校時代は塾での成績も上位に名前を連ね，スポーツも得意だったことが描かれている。中学に入っても小学校時代のように，勉強やスポーツなど様々な場面で活躍できることを夢見ていたが，冒頭の場面で描かれているようにドッジボール大会の選手に選ばれなかったので，傍線部Cのような心情になっている。

問四　傍線部D前で，インフルエンザで休んでいる真奈美のためにノートのコピーを送ってあげたいので協力してほしいという絵美に対し，「嫌な予感」がして「私が授業中に……しっかりメモったノートを貸してほしいってことか。まあ，コピーさせるくらいいいけど」と思っているのは，それほど親しくないのにノートのコピーを頼む絵美を快く思っておらず，コピーの他にも何か要求されるのではないかと疑っているからである。絵美をあまり信用していないため，「私」は「ちゃんと返してくれるなら」と言ったが，絵美を信用していない本心が絵美に伝わったかもしれないと思い，Dのように思ったのである。

基本 問五 [あ]は，絵美の話が「私」の予想とは違っていたため，思いがけなく，驚いたので2があてはまる。

やや難 問六 問四でも考察したように，「私」はノートのコピーを頼んできた絵美を信用していなかったが，絵美が「私」に頼んだのは真奈美を思ってのことであり，「私」とも仲良くなりたいからであった。絵美の話を聞いて，絵美の頼みを快く思わず，ノートのコピーだけでなく他にも要求されるのではないかと自分のことしか考えていなかったことに気づき，周りのことを考えられる絵美に対して自分が恥ずかしくなり，傍線部Eのようになったのである。

問七 傍線部F直前の場面で，問六でも考察したように，「私」は自分のことしか考えていなかったことに気づいたと同時に，絵美と協力して真奈美のためにノートを作ることを喜んで受け入れている。そのように明るくなった気持ちを，F直後に「お母さんはなんでもお見通しだ」とあるように母親に言い当てられたため，照れくさくなってFのように答えたのである。

重要 問八 本文前半で描かれているように，絵美にノートのことを頼まれるまではドッジボール大会の選手にも選ばれず，「こんなはずじゃなかった」という思いとともに，自分よりスポーツもでき，地頭のいい人も多いクラスの中で，パッとしないように見られている自分のことを考え，「私」は気持ちが沈んでいた。しかし絵美に話しかけられたことで自分を反省し，ノートを通じて友人関係が広がったことでクラスの中で自分の居場所が見つかり，学校に行くことが楽しくなったので傍線部Gのようになっている。

【二】（論説文－大意・要旨，文章の細部の読み取り，空欄補充，漢字の書き取り）

問一 [あ]は，直前の内容（小学生の書写の教科書は漢字一字から始まっていること）を受け，確かにその通りであるという内容（漢字のほうがひらがなより書きやすいこと）が続いているので「なるほど」が入る。

問二 傍線部Aは直前で述べられているように，漢数字の「一」を書くことである。「一」を書くこと＝一つの線を引くことは，A直後の段落最後にもあるように，左右や上下に分けて区切ることである。「一」を書くことは線を引いて区切ることでもあり，そのことが人生にとって「切っても切れない動作」というふうに，区切ることと正反対の表現をしていることを「おかしくもある」と述べている。

基本 問三 [い]には「画」が入り，「一線を画（かく）す」は境界線を引いて区切りをつける，はっきり区別する，という意味。

問四 傍線部Bのある段落前半で，線を書けるようになったこどもはみんなで公園に行って線を書き合い，線を引くうちに「線のこちらとあちらの世界が違うこと」を誰かが発見することが述べられている。線を引いただけでそのようになることを，Bのように述べている。

重要 問五 傍線部Cのある段落で，世の中の「線」で区切られている例として「ふだん歩いている道」＝3，「電車の路線図」，「プールのコース」，「家の中の間取り」が挙げられている。1は初めて線を引いたときの様子なのでふさわしくない。2も線を引く遊びのことなのでふさわしくない。5も学校のクラスのことで，分けられているものなのでふさわしくない。4は「実際にはそんな線は見えず」とあり，6も「最初からそんな線は存在しない」もののたとえであるので，4と6が「線を引かれていない状態」に当てはまる。

やや難　問六　傍線部D直前で，学校の授業では国語や算数などの名前を付け，線を引いて区切っているが，その前の状態がある，と述べている。「その前の状態」とは，本来勉強とは国語や算数など区切られたものではなく，そうした区切りをこえてさまざまなものについて考えたり，学んだりするものであるということである。このような考えにふさわしいのは4である。

重要　問七　アは「少し前のことは」で始まる段落～次段落前半で，五年生から六年生に進級することで目標を立てるのは素晴らしいが，五年生の自分と六年生の自分に階段らしきものはあっただろうか，最初からそんな線は存在しない，と述べている。これは，五年生から六年生に進級したとき，改まって目標を立てることは生き方に線を引いていることに他ならない(＝まさしくそうである)ということなのでアは合っている。イの「線のひかれている場所に開発の余地がある」とは述べていないので合っていない。ウは「空間や時間に」で始まる段落で，人間は線を引くことで意味付けをし，便利さを追求していったと述べているが，そのことで「人間にゆとりが生まれ，生き方を見つめなおせる」とは述べていないので合っていない。

【三】（俳句―鑑賞）

やや難　アは，冬の張りつめた空気の中，鏡のような水面に枯れた木の枝がありのままの姿を写し出している様子を詠(よ)んだものなので3。イの「野分」は秋に吹く暴風のことで，吹き荒れる野分の中を五，六騎の騎馬武者が鳥羽殿を目指して急いで駆けていく様子を詠んだものなので2。ウの「東風」は春に東から吹く風のことで，噴水が東風の強風に吹かれた瞬間，風の形に変化したが，すぐに元の噴水の形にもどった様子を詠んだものなので5。エは雪解けの季節になり，冬の間家に閉じこめられていた子供たちがいっせいに外に出て，村いっぱいに広がり遊んでいる様子を詠んだものなので6。オの「夏氷」はかき氷のことで，器いっぱいのかき氷の山を前にした子供が，匙(＝スプーン)をなめながらどこから食べようかと楽しそうにしている様子を詠んでいるので1。

【四】（四字熟語，ことわざ・慣用句）

やや難　問一　A「空いた口がふさがらない(あきれること)」「牛耳(ぎゅうじ)を執る(集団の中心人物となって主導権をにぎること)」「老骨に鞭打つ(年老いた体に鞭を打つようにして，力のかぎり物事に当たること)」「鶏口となるも牛後となる勿れ(大きな団体で人に使われるよりも小さな団体で長になる方がよい)」「食指(しょくし)が動く(物事に興味や関心を持つこと)」。　B「青菜に塩(元気をなくしてぐったりしているさま)」「白眼視(はくがんし，冷たい目つきで見ること)」「赤貧(せきひん)洗うが如し(これ以上ないほどひどく貧しい様子)」「青二才(年が若く経験の浅い人のこと)」「青息吐息(ほとほと困り果てること)」。　C「竹馬(ちくば)の友(幼なじみ)」「閑古鳥が鳴く(客が来なくてさびれている様子)」「馬脚を露わす(正体がばれてしまうこと)」「猿芝居(すぐに見すかされてしまうようなおろかなたくらみ)」「生き馬の目を抜く(すばやく人を出し抜き，抜け目ないこと)」。　D「一日(いちじつ)の長(技術や経験などが少しすぐれていること)」「悪事千里を走る(悪いうわさはたちまち広まってしまうこと)」「親の七(なな)光り(親のおかげで子が大きな恩恵を受けること)」「三日天下(きわめて短い期間しか権力を保てないこと)」「百鬼夜行(多くの悪者たちがのさばってわがもの顔にふるまうこと)」。

問二　1はア「転機(てんき，変わり目)」，イ「機転(きてん，状況に応じた適切な心の働き)」。2はア「人知(じんち，人間の知恵や知能)」，イ「知人(ちじん，知り合い)」。3はア「現実(げんじつ)」，イ「実現(じつげん)」。4はア「所要(しょよう，必要とするもの)」，イ「要所(ようしょ，重要なところ)」。5はア「性根(しょうね，心がまえ)」，イ「根性(こんじょう)」。

重要　**【五】（漢字の書き取り）**

アは重要で根本的なことを定めた取り決め。イは物事を見る視点や立場。ウは物事のありさまを言葉で表現すること。エの「提」を「下」とまちがえないこと。オは問題を解決するために考えをめぐらして実行すること。カの「刊」を「間」,「誌」を「紙」とまちがえないこと。キはおこること(＝興)とほろびること(＝亡)。クの音読みは「ロウ」。熟語は「朗読(ろうどく)」など。ケはその仕事にたずさわること。コは広い知識をもっていること。サは学問や知識を身につけることで得られる心の豊かさや物事の理解力。シの音読みは「ハン」。熟語は「半分(はんぶん)」など。スは故郷，ふるさとのこと。セの「祝」は「礻(しめすへん)」であることに注意。ソの「律」を「立」などとまちがえないこと。タの訓読みはほかに「そだ(つ，てる)」。

★ワンポイントアドバイス★

ことわざや慣用句，四字熟語などは，その言葉ができた由来も覚えると，理解しやすい。

MEMO

大切なことはメモしておこうネ！

データ対応

収録から外れてしまった年度の
問題・解答解説・解答用紙を弊社ホームページで公開しております。
巻頭ページ＜収録内容＞下方のQRコードからアクセス可。

※都合によりホームページでの公開ができない内容については，
　次ページ以降に収録しております。

【四】 次のA～Eの文章を読んで、――のことばの使い方が正しければ1を、まちがっていれば2を記入しなさい。

A　僕は学校の遠足で、ある工場に見学にきています。説明をしてくれる工場長さんが重そうな荷物を持っていたので、その中の一つを持って助けたいと思い声をかけました。
「工場長さん、その荷物お持ちになりましょうか」

B　僕は近所のコンビニへ買い物に行きました。合計百五十円のお菓《か》子を買うのに小銭がなくて千円札を店員さんにわたしました。すると店員さんが「千円からお支払《はらい》ですね」と言いました。

C　わたしは、クラスの仲の良い友達といっしょに、学校で禁止されているコンビニへの寄り道をしたところ、先生に見つかってしまいました。先生に「君たち、こんなところで何しているんだ」と聞かれたので、「いえ、大丈《じょう》夫です」と答えました。

D　お母さんの田舎《いなか》からりんごがたくさん送られてきました。お母さんが隣《となり》の奥《おく》さんにおすそ分けとして七個もっていって、「田舎から送ってきたものですけど、どうかいただいて下さい」と言ってわたしました。

E　わたしはお父さんといっしょに旅行会社の窓口に行き、沖縄《おきなわ》旅行の予約をしました。お父さんが「それでは、よろしくお願いします」というと、旅行会社の人が「かしこまりました。ご希望の飛行機のチケットをすぐに手配いたします」と答えました。

【五】 ――のカタカナを、正しい漢字に直しなさい。

ア　日用ザッカのお店
イ　ともだちをシンヨウする
ウ　感動してアツいものがこみ上げてきた
エ　色のハイゴウを工夫してみる
オ　食べ物のショウミ期限をたしかめる
カ　台風で車がオウテンした
キ　北上のキシベ目に見ゆ
ク　まもなく運転サイカイいたします
ケ　ボウサイの日
コ　TPPの交渉《しょう》はシンヤにまでおよんだ
サ　大軍をヒキいる将軍
シ　大事にホカンする
ス　ビルのカイタイ作業
セ　胃にやさしいセイブン
ソ　ユウヤけが美しい
タ　米中シュノウ会談

つの(注1)ほとんと別な意味に、使っているようなことがありました。それに気がつくということは好《よ》い修養で、少なくとも将来は、なるたけそういうことをしなくなります。

アリガタイという言葉などもその一例で、一方には神仏を(注2)尊《とうと》む場合にも、アリガタイといっておりながら、他の一方には毎日の小さな事にも、女はことにアリガトウを連発しております。双《そう》方とも感謝を表《ひょう》するのだから、差し支《つか》えないじゃないかというかもしれませんが、それでは神様のほうへ少し失礼になるのであります。

この二つの用い方のうち、どちらが古くからあったものかを知りたい人は辞書をご覧なさい。最初は言葉どおり、あり得ないもの、あるのがふしぎなものという意味で、人間わざを越えた神様の御《おん》徳御《おん》力を讃《たた》えてそう言っていたのが、いつからまた人と人との間のお礼の言葉になったものか、少なくとも後のほうは(注3)中世以前の記録にはないようです。多分は神仏に対して、しきりにこの言葉を口にした時代を通って、何でもうれしいときにはつねにそういったのが、後々これをお礼の言葉に使うようになった起こりだろうと思います。

外国にもこれによく似た例は、たとえばフランス人のメルシ、イタリー人の(注4)グラチエなどがあり、この二つの語はともにもと「神の恵《めぐ》みよ」という意味でありました。ありがとうもこれと同様に、楽しいにつけうれしいにつけて、神または仏を讃えたのであります。それを「どういたしまして」だの、「何のあなた」だのと、Aまるで自分に言われたように否《ひ》定するのは、考えてみるといい気なものでありました。

しかし、今日《こんにち》となっては言うほうもその気なのだから、今さら神仏を信ぜざる者は、「ありがとう」というべからずとも言えません。が、少なくともこうなってきた歴史だけは知っているほうがよいのです。古い日本人は、人に対する感謝の場合に、そうは言わなかったにちがいないからであります。

（柳田国男『毎日の言葉』）

※問題作成の都合上、本文表記を一部改めたところがある。

(注1)「ほとんと」……ほとんど、に同じ。
(注2)「尊《とうと》む」……尊《とうと》ぶ、に同じ。
(注3)「中世」……日本史では、一般的に鎌《かま》倉時代以降を指す。
(注4)「メルシ、グラチエ」……メルシーとグラッチェ。いずれも、「ありがとう」を表す言葉。

問一 ――A「まるで自分に言われたように否定するのは、考えてみるといい気なものでありました」とあるが、筆者はなぜそう言ったのか。その理由を、解答らんの「から。」に続く形で、十五字以上二十五字以内で答えなさい。ただし、読点も一字と数える。

問二 次のA～Cが、本文の内容に合っていれば1を、合っていなければ2を記入しなさい。

A ありがとうには、あるのがふしぎなものという語義があり、一つは修養、一つは感謝という二つの意味に派《は》生《せい》していった。

B 毎日のささいな出来事や他人に感謝する意味でありがとうと言うのを、日本人は中世より後に行うようになった。

C 神様に向けて感謝することがなくなってきたのは、日本人の信心深さが薄《うす》れてきたためである。

3　叔父さんの家にさらにもう一泊してもよいということ。

4　叔父さんに打ち負かされても、両親が助けに来てくれるということ。

5　飛び切りおいしいものをご馳《ち》走してもらえるということ。

問四　――B「それ」の指す内容としてもっともふさわしいものを、次の1～5から選び番号で答えなさい。

1　うなぎを丁寧《ていねい》に焼く店の主人の手さばきに感動し、ほめたたえること。

2　めったにできない経験をしたことを喜び、周囲の者に誇《ほこ》らしげに語ること。

3　叔父さんの問いに対して自分なりによく考え、納《なっ》得する答えを導き出すこと。

4　学校で習ったばかりの難解な表現を用いて、うなぎのおいしさを伝えようとすること。

5　両親のいない寂しさを紛《まぎ》らわすため、周囲の者につらくあたり散らすこと。

問五　――C「鼻先を人差し指で撫でる僕の顔は、知らず知らずのうちにはにかんでいた」とあるが、このときの僕の気持ちとしてもっともふさわしいものを、次の1～5から選び番号で答えなさい。

1　僕の発言に対して、思った通りの反応を叔父さんがしてくれたため、とても満足している。

2　あえて得意げな素振《ぶ》りを見せることで、叔父さんとの距離《きょり》を縮めようとしている。

3　何気なく言った僕の言葉が叔父さんに認められた気がして、少し恥《は》ずかしくもあるがうれしく思っている。

4　冷ややかな叔父さんの反応を寂しく思い、自分の情けなさを歯がゆく思っている。

5　自分が期待していた以上に叔父さんにほめられたことがうれしく、感情を抑《おさ》えられないでいる。

問六　本文を通じて、「食べる」ということに対して叔父さんはどのように考えているか。その説明としてもっともふさわしいものを、次の1～5から選び番号で答えなさい。

1　食べることは大切なことではあるが、それ以上に作り手の心意気を味わう人になってほしい。

2　さまざまな食べ物の歴史をきちんと勉強したうえで、ふだんの食生活を見直してほしい。

3　食べ物を粗《そ》末にしてはいけないと改めて強く意識したうえで、さまざまな食文化に触れてほしい。

4　作り手の愛情を知ることで、食べることが幸せを運んでくるということを理解してほしい。

5　食べることは生きる上で欠かせないことだからこそ、その過程をもふくめて楽しんでほしい。

【三】　次の文章を読んで、後の各問いに答えなさい。

アリガトウ

日本人は案外のんきに、たとえば礼というような大切な言葉でも、二

父さんの顔を見ることができなかった。5試験に合格できなかった情けない甥《おい》っ子の顔など見せたくない。

　叔父さんは少し間を置き、いつもより幾《いく》分やさしい口調で、「なあ健次、お前さんはあの店でうな重が出されるまでに何をしていた」と問うた。僕は正直に、そのとき頭に描《えが》いていた下らぬ目論見《もくろみ》のことを言った。

「Bそれもいい。大人の世界に首を突っ込んだときは、正直に喜んでいいのさ。ただ、俺はお前さんにもう少し食べることを楽しんでもらいたい。いや、生きることを楽しんでもらいたいと思っているんだ。俺はあのとき、あの店でうなぎが出てくるまで、親爺《おやじ》さんがうなぎを焼く一挙手一投足を逃《のが》さず眺《なが》めていた。うなぎを蒸す。時間が来たら取り出してみて硬《かた》さを確認する。炭火にかける。タレをつけて、また炭火にかける。その繰り返しだ。腰《こし》の曲がった職人が繰り広げるそれらの営みの果てが、俺たちの目の前に出されるわけさ。いいか、俺たちはただうなぎを食べてるんじゃないんだよ。うなぎが目の前に出されるまでの［Ｖ］も一緒に味わうんだ。生きるためには食わなきゃいけない。だったらどうやって飯を食うか、どういう心持ちで食に対峙するかが大事なんだよ。分かるか」

　僕は叔父さんの言うことが少し分かった気がした。確かに自分も、ああいう雰《ふん》囲気の空間で初めて食べたことに感動を覚えていたはずだと思った。

「うなぎの歴史まで丸ごと食べるってことかな」なんだか大袈《げ》裟《さ》な気もするが、自然と口をついて出た言葉がそれだった。

「歴史か。その通りだ、健次。歴史とはいい表現だ。目の前にあるものの［Ｖ］にある広大な世界に目を向けることを忘れちゃいけない。歴史を食べてやるんだ」

　僕の言葉に叔父さんは急に語気を強め、まっすぐなまなざしと笑顔を向けた。C鼻先を人差し指で撫《な》でる僕の顔は、知らず知らずのうちにはにかんでいた。

（注Ⅰ）「孕んだ」……内部に含《ふく》み持った

（注2）「対峙」……対立する二者がにらみ合ったまま動かないでいること

（注3）「ペペロンチーノ」……イタリアのパスタ料理の一種

問一　［Ｉ］～［Ｖ］にあてはまる言葉としてもっともふさわしいものを、それぞれ次の1～5から選び番号で答えなさい。

Ⅰ　1 川　2 雪　3 山　4 水　5 時

Ⅱ　1 青　2 赤　3 黒　4 白　5 黄

Ⅲ　1 だらだら　2 まざまざ　3 ほのぼの　4 どしどし　5 しみじみ

Ⅳ　1 虎《こ》視眈《たん》眈　2 不承不承　3 意気消沈《ちん》　4 疑心暗鬼《き》　5 戦戦恐《きょう》恐

Ⅴ　1 先端《たん》　2 背景　3 原因　4 結果　5 状況

問二　〰〰1～5のうち、本文中における意味が他と異なるものはどれか。1～5から一つ選び番号で答えなさい。

問三　――A「神は簡単には見捨てていなかった」とあるが、どういうことか。その説明としてもっともふさわしいものを、次の1～5から選び番号で答えなさい。

1　叔父さんに挑《ちょう》戦するチャンスがめぐって来たということ。

2　叔父さん特製の料理をお代わりすることができるということ。

出した。叔父さんはすかさず「健次少年、なかなかどうしていい息子を演じていましたぞ」とからかうように言った。叔父さんにかかれば、両親ですら見抜《ぬ》けないこともお見通しなのだ。「やはり只《ただ》者ではないぞ、心して(注2)対峙《じ》しなければ、この老練《れん》な策士にしてやられるぞ」と、僕は最近2学校の授業で覚えた「対峙」ということばを心の中で使ってみる。この一泊二日の小旅行は、自分が大人への階段を着実に昇《のぼ》っているかどうかを確認する絶好の機会であると思い、3天下分け目の戦いを控《ひか》えた武者のようなつもりで叔父さんの家に入った。

勇んで飛び込んだ僕の思惑《わく》とは裏腹に、叔父さんは何とも穏《おだ》やかでまっとうな時間を僕に与えた。特に昼食の特製(注3)ペペロンチーノはおいしくて、不覚にもお代わりをしてしまった。胃袋を鷲掴《わしづか》みにされた僕は、早くも叔父さんに最初の［Ⅱ］星を喫《きっ》するという体《てい》たらくだった。そんな僕ではあったが、A神は簡単には見捨てていなかった。

叔父さんは「夕食は飛び切りいいものを食べさせてやろう」と言い、行きつけらしい一軒《けん》のうなぎ屋に入った。中は八人程度が座れるカウンターと四人用のテーブル席が二つの、そう大きくはない店だった。カウンターの中では、その店の年季の入った暖簾《のれん》に相応《ふさわ》しい、七十歳《さい》は優に超《こ》えているだろうおじいさんが黙々《もくもく》とうなぎを焼いていた。そのまた横を甲斐甲斐《かいがい》しくおばあさんとその娘らしき人が働いている。叔父さんは慣れたように「俺《おれ》はいつもの串《くし》セットをお願い。この子にはお重を一つ」と注文した。

僕はこういういかにも大人の男が通っていそうな店に入ったことはなかった。さらりと「いつもの」と注文できる叔父さんを純粋《すい》にカッコいいと思い、「カウンターでうなぎを食べたんだぞ」と学校で自慢《まん》する計画をぼんやりと練り始めていた。しばらくして、僕の前にうな重がやって来た。

一口食べて、僕は夢の世界の住人になってしまった。今までもうなぎを食べたことはあったが、口いっぱいに広がるタレの甘辛《あまから》い風味が一生分の食欲を刺《し》激する。経験したことのない何とも言えぬ幸福を［Ⅲ］と感じ始めた時、不意に叔父さんが言った。

「健次、今お前さんが食べているものは一体何だと思う」

僕は、一瞬《しゅん》何を言っているのか分からなかった。「一体何だ」と言われても、「うなぎ」という以外に答えようがない。しかし、あまりにも答えが明白な問いを叔父さんが発するわけはないのだから、頭がいよいよ混乱してくる。

結局、その場で僕は何とも答えることができず、ついにやって来た4好敵手を打ち負かすチャンスは逸《いっ》せられ、未熟な僕を満足そうに笑って見ながらうなぎとビールを掻《か》き込《こ》む叔父さんを睨《にら》んでやることすらできなかった。

それからしばらくの間、叔父さんに出された宿題を考える毎日が続いた。あんなに叔父さんに会うのが楽しみだったのに、今はむしろ叔父さんがいつやって来るかと［Ⅳ］としている。いくら考えても、叔父さんを満足させるような答えが見つからなかった。神にも見放された気分だった。

一月《ひとつき》ほどして、ついに叔父さんが我が家にやって来た。夕食を一緒に食べた後、叔父さんは僕の部屋に入って来た。

「あの問題の答えは分かったか」

僕は正直に「分からない」と答えた。悔しさで顔は歪《ゆが》み、まともに叔

る世界を頭に思い描《えが》くこと。

4　作品に表現されたことばの意味を辞書でひいて確認しながら、自分のイメージを重ねること。

5　作品の一語一語を丁寧に読むことで、頭の中で情景や登場人物の気持ちに寄りそうこと。

問四　本文中にあるA・B・Cの詩を春から冬の順に並びかえるとすると、もっとも正しいのはどの組み合わせか。次の1～6から選び番号で答えなさい。

1　A・B・C　2　A・C・B　3　B・A・C
4　B・C・A　5　C・A・B　6　C・B・A

問五　次の文は本文からぬけおちたものである。この文が入るべき場所は本文中の（a）～（e）のうちのどれか。もっともふさわしいものを、後の1～5から選び番号で答えなさい。

> そのためにも、まずは自国の歴史、経済、文化などを正確に〈知る〉必要がある。

1　（a）　2　（b）　3　（c）　4　（d）　5　（e）

問六　――C「無限に広がる世界のすべてをおおいつくしてゆく感覚」とはどのような感覚か。もっともふさわしいものを、次の1～5から選び番号で答えなさい。

1　ここで降る雪は豪雪《ごうせつ》であり、森羅万象《しんらばんしょう》をもおおいつくしてしまうほどの自然の力を感じること。

2　ここで降る雪は水分を多くふくんだべた雪で、命あるものないものをすべて眠らせまいとする力強さを感じること。

3　ここで降る雪は人工雪であり、比喩《ゆ》表現を用いて自然のすべてをも手にいれたいとする作者の思いを感じること。

4　ここで降る雪はぼたん雪であり、断続的に降り続く雪によって民家の倒壊《とうかい》など異常気象の恐怖《きょうふ》を感じること。

5　ここで降る雪は静かに降る小雪であり、地球全体を温かく優しくつつみこむような幻想的な世界観を感じること。

【二】　次の文章を読んで、後の各問いに答えなさい。

母から突然「お父さんと久しぶりに夫婦［Ⅰ］入らずで旅行に行くから、和洋叔父《かずひろおじ》さんのところに一泊《ぱく》してね」と言われたとき、僕《ぼく》は思いがけない幸運の到《とう》来にほくそ笑んでしまった。中学一年の子どもを置いて楽しく旅行かよ、とほんの少しだけ不満に思わないでもなかったが、むしろ和洋叔父さんと過ごせることへの期待が優《まさ》っていたので、僕は両親を快く送り出すことにした。

和洋叔父さんというのは父の弟のことで、僕が小さい頃から時折家にやって来ては、いつもちょっとした謎《なぞ》を（注1）孕《はら》んだ好奇《き》心をくすぐる話をしてくれた。叔父さんの話はいつも僕を悩ませ、叔父さんは苦悶《もん》する僕の表情を見ては「来た甲斐《かい》があったもんだ」と笑った。その度に僕は悔《くや》しさで胸をいっぱいにしていたから、中学生になって初めての1叔父さんとの攻防《こう》に腕《うで》が鳴らないわけがなかった。

叔父さんに預けられるとき、「たった一泊だけだからね。いい子にしているのよ」と繰り返す母親に、少し寂《さび》しそうな表情をたたえながらも物分かりのよい模範《はん》的な少年という大役を演じ切って、僕は両親を送り

時の社会背景をふまえて〈読む〉必要があろう。（ｄ）

Ｂの詩は現代詩の出発点とされる作品であり、漢語で表記された「韃靼」は広大でゆるぎない存在感を示し、ひらがな表記の「てふてふ」は、危ういバランスで飛び、舞っているかのような印象である。まさに［う］的、微《び》視的といった極端《たん》な対比で詩の世界を幻《げん》想的に表現している。音読した時の「ダ」音と「タ」音のリズムの繰り返しもおもしろい。

Ｃの詩も小学校の国語教科書でよくみかける作品だ。一般的な解釈《しゃく》では、雪夜の情景と、子どもを眠らせる母性的な愛情を書いた詩とされているが、はたしてそのような〈読み〉でよいのであろうか。確かにしんしんと断続的に降る雪が「太郎」や「次郎」を眠らせているのに違いないが、この作品は、同じことばを反復することからくる［え］的な響《ひび》きが、時間芸術のような趣きを演出しているといえる。「太郎」、「次郎」は、すべての命の代表であり、しんしんと降り積もる雪のイメージは、そのような命あるものをすべて眠らせる［お］的な力として、幻想的な世界をかもし出しているのだ。さらに言えば、命を持たない岩や村や川や山や、Ｃ無限に広がる世界のすべてをおおいつくしてゆく感覚にとらえられる。

（ｅ）このように、少ない字数の中に、ことばの持つイメージのふくらみを用いて無限に広がる奥行きを感じさせるのは、まさに［か］的手法であって、三好達治の作品にはこうした詩歌形式が数多く見受けられる。

文学作品を〈読む〉時は、表現の一つ一つに立ち止まり、語句の内容を正確に理解し、そこから広がる奥行きを頭の中にいかに思い浮かべることができるかが重要である。残念ながら、先人たちが愛し、人々の心を慰《なぐさ》めてきた日本の古き良き風景は、時代とともに消えつつある。しかし、目に見える故郷の原風景がなくなっても、人々の「思い」は記憶《おく》とともに、これからも生き続けていくことであろう。

※問題作成の都合上、本文表記を一部改めたところがある。

（注1）「心ざし」……ある方向を目指す気持ち。信念。

問一　［あ］～［か］にあてはまる語句としてもっともふさわしいものを、それぞれ次の1～9から選び番号で答えなさい。

1　写真　2　感覚　3　神秘　4　感動　5　真実
6　配列　7　音楽　8　俳句　9　巨《きょ》視

問二　――Ａ「理解したようなそぶり」とあるが、この言葉にふくまれる意味としてふさわしくないものを、次の1～5から選び番号で答えなさい。

1　動作　2　態度　3　一挙一動　4　いたずら
5　ふるまい

問三　――Ｂ「文学はことばからイメージをすることで〈読み〉が深まっていく」とあるが、この場合の〈読む〉とはどのようなことか。その説明としてもっともふさわしいものを、次の1～5から選び番号で答えなさい。

1　作品の行間から読み取れる思いを、頭の中で自分なりに整理をして解釈すること。
2　作品世界のことばを自身の想像力を使い自由に解釈して、独自の主題にせまること。
3　作品世界の表現の一語一語に立ち止まり、そのことばの先に広が

【国　語】（四五分）〈満点：一〇〇点〉

【一】　次の文章を読んで、後の各問いに答えなさい。

　つい先日のこと。ある女生徒から「『趣《おもむき》』、『風情《ふぜい》』ってどういう意味ですか」と質問を受けた。「辞書をひいても感覚的にわからない」という。すかさず「何かを見た時に、ああ趣深いなって思わないかな。情緒《じょうちょ》があって心を動かされる景色。日本の古典芸能や伝統的な建造物を見ても感じるよ。視覚や聴覚だけでなく、においで感じることもあるよね」と答えた。女生徒はなんとなくA理解したようなそぶりを見せてお辞儀《じぎ》をして去っていった。

　学生時代、和歌の名所めぐりをしたことを思い出した。（a）それまでなんとなくことばや写真を通して理解していた和歌の景勝地を、実際に自分の目で見て、自分の足で訪れることによって、自然の佇《たたず》まいに心高ぶる経験をしたが、こうした感情もほろびつつあるのだろうか。現代の中学生には薄《うす》れゆく [あ] のようだ。B文学はことばからイメージをすることで〈読み〉が深まっていく。そのイメージがわかないとなると、教室であつかう文学作品の読解にも限界が生じよう。（b）知識があっても知性を感じない大人にならないためにも、教育者自らが教科や専門性の枠《わく》組みにとらわれず、日ごろから見聞を広め、人間としての質を深めておかねばならないと思わされた問いであった。

　これからの時代、外国語教育や情報教育はとても大切なことではあるが、世界の先導者として時代を引っ張っていくことになる若い世代の「子どもたち」には、かつての日本社会を形成した人々が、逆境にあい苦悩しながらも新しい時代を開拓《たく》したように、まずは現状に満足することなく、あらゆる社会の現実に対して常に問いを持ち続け、[い] を追求する謙虚《けんきょ》な姿勢を持ち続けてほしい。（c）さらに、先人たちが各々《おのおの》生きてきた当時の「(注1)心ざし」、「思い」を知るには文学作品を通してでしか〈知る〉ことができない。歴史や社会の裏側にあった人々の気持ちを〈知る〉こともまた、歴史的な過《あやま》ちを二度と繰《く》り返さないために必要なことであるともいえる。人間が生きている限り、文学は永久になくならない。

　さて、日本の古き良き風景を頭に思い浮かばせる詩を鑑《かん》賞してみよう。いずれも明治・大正・昭和という激動の時代に活躍《やく》した三人の詩人である。

A　虫が鳴いている
いま　鳴いておかなければ
もうだめだというふうに鳴いている
しぜんと
涙をさそわれる
（八木重吉『八木重吉詩集』）

B　てふてふ《チョウチョウ》が一匹《びき》韃靼《だったん》海峡《きょう》をわたって行った。
（安西冬衛《え》『軍艦茉莉《ぐんかんまり》』）

C　太郎を眠らせ、太郎の屋根に雪ふりつむ。
次郎を眠らせ、次郎の屋根に雪ふりつむ。
（三好達治『測量船』）

Aの詩は小学校の国語教科書にも採録されているなじみ深い詩である。作者が自然と「涙をさそわれる」のは虫の命に対する向き合い方である。虫の命は極端《たん》に短い。虫は自分が生きたあかしを残すべく必死に、懸《けん》命に鳴く。作者はその虫の生き方に共感し、自分に照らす。いつ死んでも良いように、今という時間を精一杯《ぱい》生きようとする姿勢は、当

セ　対立する意見をロンパする

ソ　すみやかにゼンショする

タ　審《しん》議会がトウシンする

チ　ジンゴに落ちない

ツ　味にテイヒョウのある店

テ　サイショク兼《けん》備の人

ト　キュウコウを温める

【四】次のA～Eの文章の[a]～[e]にあてはまる漢字としてもっともふさわしいものを、後の1～9からそれぞれ一つずつ選び番号で答えなさい。

A　この事件には何か[a]がありそうだ。

B　あんな言い訳ばかりして、まったく反省の[b]が見えない。

C　「よかった。あの人ようやく一位をとれたね」「いつもみんなによくつくしてくれているから、今回は[c]を持たせたんだ」

D　今年の展覧会では納得のいく展示ができたけれども、実は予算オーバーで[d]が出てしまった。

E　「こんにちは、○○さんいますか」「あら、そういえばしばらく顔を見ていないわね。○○さんのことだから、どこかで[e]を売っているんだと思うわよ」

1　花　　2　腹　　3　油
4　角　　5　泡《あわ》　　6　色
7　肩《かた》　　8　裏　　9　足

【五】次のA～Eの文章の（a）～（e）にあてはまる動物の鳴き声としてもっともふさわしいものを、後の1～5からそれぞれ一つずつ選び番号で答えなさい。

A　柿《かき》主「犬ならこう鳴くぞ」
山伏《ぶし》「はあ。又《また》こりや。（注1）鳴かざなるまい。（　a　）」

B　吾輩《わがはい》は猫《ねこ》である。名前はまだない。どこで生まれたか頓《とん》と見当つかぬ。何でも薄《うす》暗いところで（　b　）泣いていたことだけは記憶《おく》している。

C　ずいずい　ずっころばし　胡麻《ごま》味噌《そ》　ずい　茶壷《つぼ》に追われて　ドッピンシャン　抜《ぬ》けたら　ドンドコショ　俵の鼠《ねずみ》が米食って（　c　）

D　橋がかり、中頃《ごろ》までつるつると這《は》い出《い》でて、狐《きつね》の鳴くまねをして（　d　）という。

E　（　e　）と鳴く　尻《しり》声悲し　夜の鹿《しか》

（注1）鳴かなくてはいけない

1　かいかい　　2　にゃーにゃー
3　びょうびょう　　4　びい
5　ちゅう

【六】——のカタカナを、正しい漢字に直しなさい。

ア　理想をグゲン化する
イ　物見ユサンに出かける
ウ　将来の日本のニナい手
エ　情勢がスイイする
オ　コンジョウの別れ
カ　相手に無理ジいをしてはいけない
キ　駅前のスーパーがシンソウ開店する
ク　サイゼンから雨が降り出した
ケ　アマからプロにテンコウする
コ　漱《そう》石には多くのモンカがいた
サ　ワキを帯びた口調
シ　ヤコウ列車で帰郷する
ス　首尾《び》がショウオウする

そのイメージのように　のんびりという訳にはいかず
今は来月に迫《せま》った中学受験の追い込《こ》みで
昼夜勉強に励《はげ》んでおります
「③冬来たりなば　春遠からじ」と言います
卒業までに残された時間もあとわずか
クラスの仲間と楽しい思い出を一つでも多く残したいです
そして　桜の咲《さ》くころには中学校へ進学します
新たな学校　また友人との出会いを待ち遠しく思います
それでは　本年もご指導よろしくお願い申しあげます
二〇一五年一月一日　元旦《たん》　慶應　国男

問一　――①「謹賀新年」とはどのような意味か、もっともふさわしいものを次の1～5から選び番号で答えなさい。

1　新たな気持ちで新年のスタートを切ること。
2　つつしんで新年の喜びを申し上げること。
3　神様に願いや祈《いの》りをささげつつ、良い年にしようということ。
4　初日の出のまばゆさにあふれて、新年を迎《むか》えること。
5　新年を迎え、冬の寒い時期に体を労《いた》わってほしいということ。

問二　（A）に入れるのにふさわしい表現を考え、十五字以上二十字以内で書きなさい。ただし、句読点は使用しないこと。

問三　――②「干支は（　B　）ですね」について、次の問いに答えなさい。

a　「支」には動物が割り当てられるが、その種類は全部でいくつあるか、もっともふさわしい数を次の1～5から選び番号で答えなさい。

1　六　2　八　3　十　4　十二　5　十四

b　（B）に入る動物としてもっともふさわしいものを、次の1～5から選び番号で答えなさい。

1　いぬ　2　うさぎ　3　ひつじ
4　うし　5　ねこ

問四　――③「冬来たりなば　春遠からじ」の意味としてもっともふさわしいものを、次の1～5から選び番号で答えなさい。

1　冬が過ぎ去って、春が訪れた。
2　冬の長さに比べて、春の期間は短い。
3　冬が無かったら、春も来ない。
4　冬は来たけれど、春まではまだ遠い。
5　冬が来たら、春はそう遠くはない。

問五　次の1～5の指摘《てき》について、正しいものを一つ選び番号で答えなさい。

1　「〇〇先生」の下に、敬称《しょう》である「様」が必要である。
2　「謹賀新年」の前に、冒《ぼう》頭文として「明けましておめでとうございます」という一行を入れるべきである。
3　「桜の咲くころ」ではなく、「梅の咲くころ」と書くほうが時期としてふさわしい。
4　「ご指導」より、「ご指導のほうを」と置きかえたほうが丁寧《ねい》な表現となる。
5　「一月一日」と書いているが、これは不要である。

用時間や使用場所などのルールを決めておいたり、普段の会話の中でよく利用しているサイトの情報などをつかんでおくことが大事である。日本メディア(注3)リテラシー教育推進機構の藤《ふじ》川教授は、日ごろは緩《ゆる》やかに見守り、異変を感じたらじっくり話し合う姿勢が大事だと述べている。

さて、今まで述べてきたように、携帯やスマホはもとより、最近ではある種のゲーム機などもネットへの入り口となっている状況がある。大切なことはそれらの道具を親もよく理解して、子どもの発達段階に応じて、万が一の時に子ども一人ひとりの気持ちに寄り添《そ》える関係を作っておくことであるといえよう。

(注1) プロフィールのこと、簡単な人物紹介《しょうかい》
(注2) あべこべに
(注3) ある分野に対する知識や能力

問一 (ア)~(エ)にあてはまる言葉としてもっともふさわしいものを、次の1~6から一つずつ選び番号で答えなさい。

1 しかし　2 だから
3 また　4 まず
5 では　6 もし

問二 次の文章は、本文からぬけおちたものである。この文章が入るべき場所としてもっともふさわしいところを、本文中の(1)~(5)の中から選び番号で答えなさい。

小学生や中学生の子どもを育てている保護者も、決して子どもたちのほしいという声のままに、携帯やスマホを買い与えているわけではない。むしろその怖《こわ》さをある程度知っているだけに、できれば買い与えたくないというのが本音の親が、大多数であろう。事実、スマホがそれほど普及《きゅう》していなかった五年くらい前までは、高校生でも携帯はまだ早いという考えの親は多かったのである。

問三 この文章に書いてある事がらとしてもっともふさわしいものを、次の1~5から選び番号で答えなさい。

1 親は子どもが犯罪に巻き込まれるのを未然に防ぐために子どもの携帯やスマホを時々点検するべきである。
2 東日本大震災は、親が子どもに携帯やスマホを持たせるようになったことに、大きな影響《えいきょう》を与えた。
3 文部科学省は、携帯やスマホの利用時間と全国学力テストの平均正答率との間には、大して関連性はないとの結論を出した。
4 個人情報の流出を防ぐためには、携帯やスマホを持っている一人一人が、ウイルス対策のソフトを購《こう》入すればよい。
5 日ごろから、親は子どもが悪いサイトを見ていないかどうかなど徹《てっ》底的に調べ上げるべきである。

【三】 慶應国男くんは都内の小学校に通う六年生です。今年、先生に次のような年賀状を書いて送りました。その年賀状を読んで、後の各問いに答えなさい。

○○先生
①謹《きん》賀新年
旧年中は(　A　)
さて　今年の②干支《えと》は(　B　)ですね

災であった。特に関東地方では、まだ余震が多かった半年間に、万一の時に連絡《らく》がとれないと心配なことから、自分の子どもに携帯を持たせるようになった家庭が多かったのである。

（ア）、親の心配とは(注2)裏腹に、携帯は緊《きん》急連絡用に用途《と》を限定されたままではすまなかった。名古屋市の生徒が編集した携帯手引書には、携帯にはまってしまった体験談が載《の》っている。それによるとメールが一日四十通以上で、しかもすぐに返信する「即《そく》レス」が当たり前。月額料金は三万円に達したこともあったという。

（イ）、先日の全国学力テストの結果から、文部科学省は、携帯を長時間使った場合、学習時間が減少する可能性があるとしている。文科省の学力テストは、小学六年生と中学三年生が対象で、今年から、平日にどのくらいスマホなどの携帯電話を使って通話やメール、インターネットを利用しているのかアンケート調査も行われた。その結果、使用時間が長い子どもほど平均正答率が下がる傾向がみられたというのである。

こう考えてみると、携帯やスマホを持たせることはお金と時間の無駄《だ》に結びつくといえる。

さらに個人情報流失の危険性の面でも不安は拭《ぬぐ》えない。自分からネットに情報を公開しないようにするのはもちろんのことだが、たとえ、自分で注意していても、実行すると同時に、記憶《おく》されている電話帳やその機器の電話番号などの情報が自動的に外部に送信される仕組みになっているアプリの存在もある。また、ソーシャルネットワークを運営している会社自体が外部から不正アクセスを受け、大量のＩＤやパスワードが流失する事故も現に何件か起きている。

携帯やスマホはそもそもコミュニケーションをとるための道具であるのに、メールとかＬＩＮＥとかで自分だけ連絡を飛ばされて無視されるなど、逆にコミュニケーションを阻《そ》害して、個人を仲間はずれにするような使い方をしていじめる事件も多数起きている。

（ウ）、こうした状況《きょう》の中で、親は子どもと携帯をどう付き合わせていったらよいのだろうか。

（エ）、考えなければならないのは、インターネットも含《ふく》めた形で段階的に利用の仕方を広げていくことであろう。つまり、いきなり、全機能を使わせるのではなく、四段階に分けて、徐々《じょじょ》に使える機能を増やしていくやり方である。

子どもたちのインターネット利用について考える研究会によると、Ⅰ体験期、Ⅱ初歩的利用期、Ⅲ利用開始期、Ⅳ習熟期に分けて説明されている。ⅠⅡの段階では保護者が隣《となり》で見守る中、通話や特定の相手とのメールだけに限って利用する。この時期、特に大切なことは読み手の気持ちに配慮《りょ》した文章を書く力を養うことである。

Ⅲの利用開始期に入ったら、保護者の目の届く場で利用することを条件に使わせるが、閉鎖《さ》性が高く、見守りにくい携帯・スマホからのメールなどの発信はⅣの習熟期まで待った方が良いそうだ。

次に準備をしておかなければならないことは、もしもの時の備えである。子どもが事件事故に巻き込まれないことに越《こ》したことはないが、巻き込まれそうになった時にいち早くキャッチできる親子関係を作っておくことが大事である。

それには、普《ふ》段から親が子どものネット利用に関心を持っていることを子ども本人に伝えておくことが第一である。例えば、前述のように使

4　手放して　　5　北海道

問八　次のタ～ナが、本文の内容に合っていれば1を、合っていなければ2を記入しなさい。

タ　親戚の反対を押《お》し切って、私の父は眺めの良い場所に墓を移した。

チ　久しぶりの墓参を通して、私は北見の墓に親しみを感じるようになった。

ツ　私の父は、私が祖父の最期に立ち会わなかったことを、今でも不満に思っている。

テ　私と息子は、北海道に到着した日の午後、叔母に連れられて墓参りをした。

ト　私の祖父は東京オリンピックの頃までは、奈良で僧侶をしていた。

ナ　私は、父の生家を訪ねた印象を詠《よ》んだ俳句の出来ばえに満足していない。

【二】　次の文章を読んで、後の各問いに答えなさい。

先日、中央大学理工学部教授の竹内健さんが『自分はエレクトロニクス・ＩＴの研究者だけど、子供にはスマホもパソコンも使わせない理由』と題してご自身の研究室のブログで子どもに端《たん》末を与《あた》える前に教育が先決であるというような内容を発信したところ、コメント欄《らん》には賛否の意見が多数書き込《こ》まれたという記事が朝日新聞に掲載《けいさい》されていた。

（　　1　　）

その記事によると、児童・生徒にタブレット端末を配付して授業をする学校が増え、子どもにスマートフォン（以下、スマホ）や携《けい》帯電話（以下、携帯）をせがまれ、悩《なや》む親も多いだろうということだ。

（　　2　　）

おそらく、親たちの悩みの大部分は、自分の子どもにスマホや携帯を持たせることによって起きる、マイナスの面を心配してのことだと思われる。それらの機器を使って、いじめの加害者や被《ひ》害者になってしまったり、知らない人に与えてはいけない情報を渡《わた》してしまうこともありえる。また、交流サイトなどを通じて事件に巻き込まれたり、最悪、被害に遭《あ》ってしまうことも考えられる。

（　　3　　）

警察庁の資料によると、交流サイトに起因する子どもの被害者は、年々増加傾《けい》向にあるそうである。また、そのうち九割近くが携帯やスマホを通して交流サイトにアクセスしている。被害に遭った子どもたちを容疑者が選んだ理由として、容疑者のうちの約四分の一が子どもからメールの返信が来たからだと答えているという。また、容疑者の四割が偽《にせ》の（注1）プロファイルを使っている。つまり、子どもは最初、相手は女の子だと思っていたら、実はオジサンだったということが四割もありえるということである。

（　　4　　）

以上のように、思春期の子どもがいる家庭の親にとって、心配の種は尽《つ》きない現状ではあるが、ここで、携帯電話やスマホにはいったいどんな問題があるのか、少し整理してみよう。

（　　5　　）

その考え方が一気に変わったきっかけが、平成二十三年の東日本大震《しん》

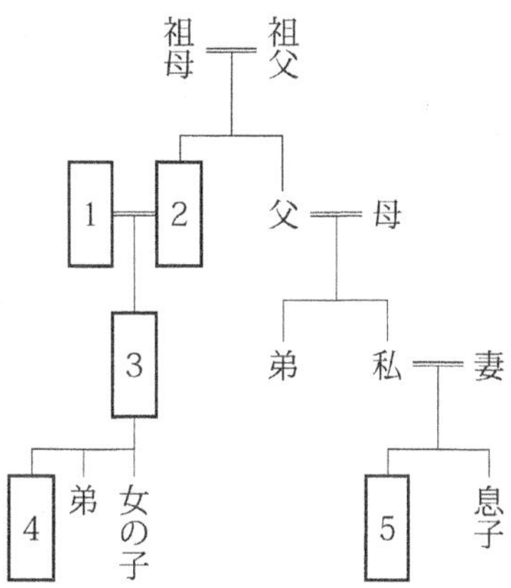

問四　══A「祖父の最期に立ち会うことを思いつかなかった」とあるが、それはなぜか。その説明としてもっともふさわしいものを、次の1～5から選び番号で答えなさい。

1　大勢の親戚に会わなければならず、気がすすまなかったから。

2　ほとんど会ったこともない祖父を、身近な存在と感じていなかったから。

3　口数の少なかった祖父が、どうしても好きになれなかったから。

4　病状が悪化するまで祖父を見舞わなかったのが、後ろめたかったから。

5　長く会わないうちに、祖父のことを忘れてしまっていたから。

問五　══B「心の中で口籠もってしまった」とあるが、この時の「私」の気持ちの説明としてもっともふさわしいものを、次の1～5から選び番号で答えなさい。

1　こんなに気持ちの良い場所にある墓を父が移そうとしたことに、いきどおりを感じている。

2　物怖じして私から離《はな》れられなくなっている息子のことが気がかりで、心が落ち着かない。

3　自分が死んだ時に入るかも知れない墓ではあるが、愛着を感じることができないでいる。

4　祖父の最期に立ち会わなかったことを後悔《かい》し、いつまでも申し訳なく思っている。

5　墓に車を乗りつけたせいで、心の準備が出来る前に手を合わせることになり、とまどっている。

問六　══C「しかるべき時期にしかるべき決断をする」とは、どういうことか。その説明としてもっともふさわしいものを、次の1～5から選び番号で答えなさい。

1　百年も残る仕事をした先祖を尊敬し、これからも感謝しながら生きていくこと。

2　小中学校時代の同窓会に出席するのに合わせて、墓参りを続けていくこと。

3　墓を受け継ぐ人のいなくなった時には、共同墓地で永代供養してもらうようにすること。

4　父が生きている間に、原野になってしまった先祖代々の土地を水田や畑に戻《もど》すこと。

5　親戚の反対がなくなる頃を見計らって、今の住まいの近くに墓を移すこと。

問七　（甲）にあてはまる言葉としてもっともふさわしいものを、次の1～5から選び番号で答えなさい。

1　原野かな　　2　馬鹿馬鹿し　　3　鬼やんま

足りなかったかも知れない。半分は我が事であるだけに感慨《がい》が湧《わ》いて来ないではない。

屯田の百年保《も》たず（　甲　）

こんな俳句にしてみたが、もう半分が他人《ひと》事であるせいか出来は今一だ。そして、こう思い直した。失われた状態を見るから哀《あわ》れでもあり馬鹿《か》馬鹿しいようでもあるが、百年残る仕事をした先祖の勇気と努力は大したものだったに違いない。その最後の記念碑《ひ》があの墓だ。しかるべくしかるべくと言いながら、いざ決断を下す時になればｄ後ろ髪《がみ》を引かれるに違いない。

（注1）北海道の警備・開拓《たく》のために設けられた農業経営の兵士。
（注2）シソ科の多年草。香料、薬用に栽培《さいばい》される。
（注3）寺で金銭の布施《せ》を受けて、故人の冥《めい》福のため、忌日や彼《ひ》岸などに永久に継《けい》続して供養すること。

問一　～～ａ「食い詰めた」、ｂ「臨終」、ｃ「元の木阿弥」、ｄ「後ろ髪を引かれる」の語句の意味としてもっともふさわしいものを、それぞれ後の1～5から選び番号で答えなさい。

ａ「食い詰めた」
1　生活に困った　　2　たくさん食べた
3　仕事をかえた　　4　農業をやめた
5　つらい思いをした

ｂ「臨終」
1　とても悲しい　　2　病気が重くなる
3　重大で急ぐ必要がある　　4　亡くなる
5　思いがけない

ｃ「元の木阿弥」
1　大事な物がこわれる　　2　僧侶になる
3　苦労が無駄《だ》になる　　4　木が生えてくる
5　予想通りになる

ｄ「後ろ髪を引かれる」
1　苦々しく思う　　2　思い出したくない
3　思い切れない　　4　ひどく緊《きん》張する
5　忘れられてしまう

問二　（あ）～（か）にあてはまる文としてもっともふさわしいものを、次の1～6から一つずつ選び番号で答えなさい。
1　祖父が亡くなると、我が家に仏壇《だん》がやって来た。
2　我が家の墓は、北海道の北見にある。
3　旭川を過ぎる頃から、田んぼにかわって蕎麦畑が目立つようになってきた。
4　それから数年経《た》って、祖父が亡くなった時、私は間に合わなかった。
5　北海道入りしたその日の午後にも墓参する計画だったが、寝《しん》台列車の遅れで出鼻をくじかれた。
6　墓参りは学生時代以来十数年ぶりのことで、鉄道好きの息子の寝台列車に乗りたいという希望に乗る形で実現することになった。

問三　――サ「娘」、シ「叔母」、ス「妹」、セ「いとこ」、ソ「叔父」の人物は、次のページの系図の 1 ～ 5 のうちどこにあてはまるか、もっともふさわしいものを選び番号で答えなさい。

翌朝、ホテルまで叔母が迎《むか》えに来てくれた。思いがけず良い天気だ。車には四歳《さい》の息子のはとこにあたる小学四年生の女の子も乗っている。息子が来ることを楽しみにしてくれていたようで、年を聞いたりしてはス妹と一つ違《ちが》いだとか言って喜んでいる。予定が一日ずれ込んだことを詫《わ》びたり、家族の近況《きょう》を聞いたりするうち、市街地を抜《ぬ》けて森に入る。北見も今年は暑くて、三十五度近くまで上がった日もあったと言う。やがて、丘《おか》に出て再び景色がひらけてくると、一面の玉ねぎ畑になった。その中に、一棟《とう》目立つ建物が丸裸《はだか》で建っている。昔この地域の特産品だった（注2）ハッカ農家の建築を移してきたものだそうで、一帯が公園になっている。その裏が、墓地だった。とうとうやって来た。墓地の入口を折れると、車はそのまま墓の間を進んでいく。てっきり駐《ちゅう》車場に入るものと思い込んでいたが、叔母が「ここ」と言って車を停《と》めたのは、もう我が家の墓の前だった。空も大地も果てしなく見渡せる気持ちの良い場所だ。叔母が数日前に来て掃《そう》除してくれたそうで、まだ色鮮《あざ》やかなリンドウやキクの花が供えてあった。さらに新しい花を足した叔母は、私に線香《こう》を持たせてくれた。息子にも促《うなが》して、手を合わせる。あまりにあっけなくて、「どうも」とか「ご無沙汰《さた》しました」とかB心の中で口籠《ご》もってしまった。

家では、女の子の母親で久しぶりに会うセいとこ、女の子の弟、妹も待っていてくれた。初めて会った大勢の親戚を前に、すっかり物怖《お》じしてしまった息子は私にべったりくっついている。そこへソ叔父《おじ》も帰ってきた。トラクターに乗せてやろうかと言ってくれたが、これにも息子は首を横に振る。結局、半日遊んでもらって、それでもなお打ち解けられないでいるうちに、札幌《さっぽろ》へ戻る列車の時間が来てしまった。今度は一家揃《そろ》って来ると、別れの挨拶《あいさつ》をする。そして、車中のおやつまで持たせてもらって改札を通った。

帰宅後、ついでの機会があって、父に墓参の報告をした。北見に墓を持っている人の中にも、受け継《つ》ぐ人がいなくなって（注3）永代供養の共同墓地に移す人があるとか、そんな話を聞かせてもらう。還暦《かんれき》を過ぎて小中学校時代の同窓会に顔を出すようになった父は、故郷でそんな話を耳に入れてくるらしい。我が家の墓も祖父の兄弟の反対で移せなかったが、いずれ強い反対はなくなるだろうとも言う。今回の訪問でようやく親しみを感じられるようになった墓ではあるが、一生の間のCしかるべき時期にしかるべき決断をすることになりそうだ。

父の生家の跡《あと》、祖父の亡くなった家の跡を見てきたことも話した。祖父が離《り》農したのは東京オリンピックの頃のことで、当時は農協の力が強くて農地を自由に処分することはできなかったそうだ。一部を手もとに残すこともできず、遂《つい》に全《すべ》ての土地を手放すことになったとのことだった。これは、初めて聞いた話だった。父の生家はかなり起伏《ふく》のある土地で、低い土地は水田、傾斜《けいしゃ》地は畑にしていたと聞いた。現在のようにトラクターを何台も使い分けるような農作業ではなかっただろうが、素人目にもあまり耕作しやすい土地には見えなかった。祖父が手放してから、どれだけ耕作が続けられたのかはわからない。それでも、以前に訪ねた時にはまだ物置小屋か何かが残っていた。今度はそれもなくなっていて、思い入れのある人が見るのでなければ原野としか言いようがない状態だった。私たちを警戒《かい》しているのか、一匹《びき》の鬼《おに》やんまが盛んに飛び回っていた。考えてみれば、明治十年頃に切り拓《ひら》いた土地が、百年ちょっとでc元の木阿弥《あみ》になったわけだ。農地としての寿《じゅ》命は、百年に

【国 語】〈四五分〉〈満点：一〇〇点〉

【一】次の文章を読んで、後の各問いに答えなさい。

（　あ　）その白い花もだんだん夕焼けに染まってくる。さっきまで熱心に車窓を眺《なが》めていた息子もぐっすり眠《ねむ》っている。

（　い　）生後間もないサ娘《むすめ》と妻はどこへも出掛《か》けられないので、この夏はちょうど良い機会だった。それに、今年は祖父の十七回忌《き》でもあった。父たちが法要を行ったが、私は駆《か》け付けることができなかった。だから、旧盆《ぼん》に墓参できることになって、何とか申し訳が立つようで安心した。

（　う　）何でも、先祖は奈良《なら》で僧侶《そうりょ》をしていたそうだ。それが、明治の初年、仏教に対する風当たりが強くなってa食い詰《つ》めたのだろう、(注1)屯《とん》田兵として北海道に渡《わた》ったもののようだ。祖父の代に、農地を引き払《はら》って北見の市街に出てきた。父は、大学入学の際に東京へ出てきて、そのままこちらでサラリーマンになった。私は、父が仕事人間だったせいか父の故郷へ連れていってもらうこともなく育った。祖父にも、生まれて間もない頃《ころ》に対面したきりだった。毎年お年玉を送ってもらっていたが、ほとんどそれだけしか接点がなかった。中学生になって、友達と北海道一周旅行に出掛けた時のこと。北見へも立ち寄って、農家をしているシ叔母《おば》の家に二晩泊《と》めてもらった。一人暮らしをしていた祖父も、昼間は叔母の家で過ごしていて、久しぶりの対面を果たした。とはいえ、その時がほとんど初対面みたいなもので、お互《たが》い口数少ないまま終わってしまった。しかも、それが、私が祖父と話をした最後になってしまった。

（　え　）というか、そんな関係だったA祖父の最期に立ち会うことを思いつかなかった。先に到《とう》着していた母からb臨終の報《しら》せが入って、今後のことを聞かされて、やっと弟と二人、飛行機に乗った。病院から家に帰されていた祖父に対面し、その後葬儀《そうぎ》があった。大勢の親戚《せき》の間にあって、取り残されたような私と弟とは、どう振《ふ》る舞《ま》って良いのか分からず大人しくしていた。その時に、初めて墓参りをした。六月のことで、曇《くも》っていてうすら寒いような日だった。だだっ広い砂利の墓地の中に我が家の墓があった。

（　お　）仏間となった部屋には、祖父と祖母の遺影《えい》も飾《かざ》られた。私の生まれる前に亡くなった祖母の写真は、初めて見た。紋《もん》付きの着物を着たその姿は、歴史上の人物のように見えた。遅《おそ》まきながら、それ以来祖父母が少し身近になった。反対に、北海道からは足が遠ざかった。たくさんの親戚を素通りしながら旅することが、ひどく窮屈《きゅうくつ》に思われたのだ。

（　か　）ようやく夕方の特急に乗り込《こ》んで、北見へ向かっているのだった。旭《あさひ》川からが遠くてまだまだ三時間以上かかる。蕎麦《そば》畑が尽《つ》きれば、あとは原野が広がるばかりだ。四、五十分に一度ずつ駅に停車するが、どこも寂《さび》しそうな土地だ。通過する駅はなおさらだ。八月の夕べとはいえ、だんだんに暮れてくる。車窓に気を紛《まぎ》らわせることができなくなって、曇り空の下の我が家の墓のことが思い出されてきた。祖父の死後、父は墓を移そうとしたそうだ。結局、その企《くわだ》ては失敗に終わって、今は近くの農家に嫁《とつ》いだ叔母が墓を守ってくれている。当時は、父や母はあの墓に入るつもりでいるのかと信じられない気持でいたが、この頃はそういう考え自体から遠ざかっていた。

⑥ 「風立ちぬ」

1 風一つない　2 風流だ　3 嵐《あらし》がやってくる

4 風が吹《ふ》いた　5 病にかかった

問二 A・B・D・Eの作者はだれか。次の1～9から一つずつ選び番号で答えなさい。

1 川端《ばた》康《やす》成　2 芥《あくた》川龍《りゅう》之介《すけ》　3 司馬遼《りょう》太郎《ろう》

4 石川啄《たく》木　5 金子みすゞ　6 太宰《ざい》治

7 堀《ほり》辰《たつ》雄《お》　8 菊《きく》池寛《かん》　9 宮澤《ざわ》賢《けん》治

【五】 ――のカタカナを、正しい漢字に直しなさい。

ア 木の実が赤くウれる

イ ヒタイに鉢《はち》巻き

ウ チュウショクの用意

エ タンシン赴《ふ》任

オ ショウケイ文字

カ 優秀《しゅう》なジンザイ

キ デバナをくじかれる

ク かぐや姫《ひめ》がアラワれた

ケ ヒャクブンは一見にしかず

コ ヒョウリ一体

サ 心がチヂに乱れる

シ ソッセンして実行する

ス 問題用紙をスる

セ 発注者にノウヒンする

ソ ホネオり損のくたびれもうけ

タ イサギヨく罪を認める

チ 源平のカッセン

ツ 菊《きく》にワタをかぶせる

テ ロウドク発表会

ト ゲンカンの冬の到《とう》来

老人は②審《いぶか》しそうな眼つきをしながら、じっと杜《と》子春の顔を見つめました。

「何、贅沢に飽きたのじゃありません。人間というものに愛想がつきたのです」

杜子春は不平そうな顔をしながら、突慳貪《つっけんどん》にこう言いました。

C

「いざ、実之《の》助殿《どの》、約束の日じゃ。お斬《き》りなされい。かかる法悦《えつ》の真中に往生致《いた》すなれば、極楽浄《じょう》土に生《うま》るること、必定疑いなしじゃ。いざお斬りなされい。明日ともなれば、石工共が、妨《さまた》げ致そう、いざお斬りなされい」と、彼《かれ》のしわがれた声が洞窟《どうくつ》の夜の空気に響《ひび》いた。が、実之助は、了《りょう》海の前に③手を拱《こま》ねいて坐《すわ》ったまま、涙《なみだ》に咽《むせ》んでいるばかりであった。

D

やは《（わ）》らかに柳《やなぎ》④あを《（お）》める
北上の岸辺目に見ゆ
泣けとごとくに

E

祝宴《えん》は、夜に入っていよいよ乱れ華《はな》やかになり、人々は、外の豪《ごう》雨を全く気にしなくなった。メロスは、一生このままここにいたい、と思った。この佳《よ》い人たちと生涯《がい》暮《くら》して行きたいと願ったが、いまは、自分のからだで、自分のものでは無い。⑤ままならぬ事である。メロスは、わが身に鞭《むち》打ち、ついに出発を決意した。

F

⑥風立ちぬ、いざ生きめやも。

ふと口を衝《つ》いて出て来たそんな詩句を、私は私に靠《もた》れているお前の肩《かた》に手をかけながら、口の裡《うち》で繰《く》り返していた。それからやっとお前は私を振《ふ》りほどいて立ち上がって行った。

問一　①～⑥の意味としてもっともふさわしいものを、それぞれ次の1～5から選び番号で答えなさい。

①「眼を皿のようにして」
1　ぱちぱちとまばたきをして　2　めまいがするほど
3　目を下に落として　4　眼光するどく
5　目を大きく開いて

②「審しそうな」
1　困り果てた　2　不安そうな
3　疑わしそうな　4　確信に満ちた
5　あわれんでいるような

③「手を拱ねいて」
1　考え込んで　2　脱《だつ》力して　3　落ち着きなく
4　術中にはまって　5　握《あく》手して

④「あをめる」
1　まぶしく映る　2　風にそよいでいる
3　手に集める　4　緑に色づく
5　枯《か》れてしまいそうだ

⑤「ままならぬ」
1　思い通りにならない　2　信じられない
3　自分で決められる　4　時間の経過が早い
5　友人に気を遣《つか》わせる

【三】 次の文章は、昨年五月の朝日新聞のコラム（天声人語）である。後の各問いに答えなさい。

（天声人語）女性手帳、立ち消えに

先週、内閣府が検討していた「生命《いのち》と女性の手帳」（仮称《しょう》）について書いたところ、多くのご意見を頂いた。74歳《さい》の女性からのお便りには、妊娠《にんしん》や出産についての知識を高校でしっかり教えるべきだとあった▼ご自身は32歳で一子を授かったが、その後は望んでも得られなかった。40代の娘《むすめ》さんは子どもに恵《めぐ》まれず、体外受精も成功しなかった。女性の年齢《れい》と妊娠の関係は大きいと［あ］している。〈娘も私も知識がなかったのです。もう間に合いません。残念です〉という文字に胸を突《つ》かれた▼もっとたくさんの家族がほしかった。同じ思いを持つ人も、多くおられるに違《ちが》いない。若い人たちに知識を広める。そのことの［い］は大きい。子を望む人が安全に、安心して産むことができる環《かん》境を整える。誰《だれ》もが願う方向だろう▼それでもきのう、手帳を配る［う］は立ち消えになった。様々な批判にさらされたからだ。少子化は女性だけの責任なのか、対策なら雇《こ》用や保育などが先ではないか、と。何より大きかったのは個人の選択《たく》の自由という問題ではなかったか▼家族のあり方や人と人の結びつき方はとても［え］になってきている。結婚《こん》や出産を選択しない人、できない人もいる。性的少数者もいる。互《たが》いの違いを認め合って生きていく。一人ひとりの人生をどれだけ［お］に尊ぶのか。それが今回、問われた▼夫婦別姓《せい》の問題にも相通じる。別姓を認めない今の民法は個人の尊重をうたう憲法に適《かな》うのか。きょう、東京地裁で判決が出る。

問一 ［あ］～［お］にあてはまる言葉としてもっともふさわしいものを、次の1～6から一つずつ選び番号で答えなさい。

1 痛感　2 曲解　3 多様
4 意義　5 細心　6 構想

問二 本文に書かれている内容の説明としてもっともふさわしくないものを、次の1～5から選び番号で答えなさい。

1 74歳の女性は「生命と女性の手帳」（仮称）の配布に賛成である。
2 「生命と女性の手帳」（仮称）の配布の事案は、様々な批判にさらされた。
3 安心して出産できる環境は、個人の責任で実現させるのが望ましい。
4 互いの違いを認め合って生きていくことが、現在、社会的に求められている。
5 今の民法では夫婦別姓は認められていない。

【四】 次に挙げるA～Fは、ある文学作品の中の一節（一首）である。後の各問いに答えなさい。

A トランペットは一生けん命歌っています。
ヴァイオリンも二いろ風のように鳴っています。
クラリネットもボーボーとそれに手伝っています。
ゴーシュも口をりんと結んで①眼《め》を皿のようにして楽譜《ふ》を見つめながらもう一心に弾《ひ》いています。

B 「金はもういらない？　ははあ、では贅沢《ぜいたく》をするにはとうとう飽《あ》きてしまったと見えるな」

Aそこまで披講にこだわる必要があるのかとお思いになるかも知れない。しかし、俳句会では、しばしばこんな経験をする。披講で読み上げられて、初めてその俳句の良さに気が付くことがある。時には、初めて出合ったような気になることさえある。もちろん、清記がまわってきた段階でその俳句を読んでいるはずなのだが、その時は全然目に止まらなかったのだ。Bなぜ、こんなことが起こるのだろうか。一つには、披講にかけた時間が読み飛ばしていた俳句の良さを教えてくれたのだと考えられる。だが、それ以上に、声に出して読み、聞くことの意味が大きいのではないだろうか。俳句は詩であり、歌だ。歌である以上、音とは切っても切れない関係にある。だから、披講を通じて音にすることが、歌としての俳句を味わうためには重要なのだ。そのことを自覚しているので、俳人は披講を大切にするのだろう。

問一　（あ）・（い）にあてはまる言葉としてもっともふさわしいものを、それぞれ次の1～5から選び番号で答えなさい。

（あ）　1　うけたまわる　2　差し上げる　3　いらっしゃる　4　うかがう　5　ご存じ

（い）　1　参る　2　おいでになる　3　存じ上げる　4　おっしゃる　5　おる

問二　（う）～（か）にあてはまる言葉としてもっともふさわしいものを、次の1～5から一つずつ選び番号で答えなさい。

1　投句　2　披講　3　講評　4　清記　5　選句

問三　――A「そこ」の指す内容としてもっともふさわしいものを、次の1～5から選び番号で答えなさい。

1　披講で読み上げられたことでその俳句の良さに気がつくこと
2　自分の俳句が読み上げられるのを期待して披講に聞き入ること
3　味気ないやり方しかできないのに俳句会を開こうとすること
4　会場にいない人にテレビ電話を通して披講に参加してもらうこと
5　参加者が多くて時間がかかるのに全員の選句を披講しようとすること

問四　――B「なぜ、こんなことが起こるのだろうか」とあるが、その理由を筆者はどのように考えているか。ふさわしいものを、次の1～7から二つ選び番号で答えなさい。

1　パソコンやスマートフォンの進歩で、今まで興味のなかった俳句に親しみを持てるようになったから
2　まわってきた清記を読む時には、自分の俳句が選ばれるかどうかばかり気にしていたから
3　仕事や家庭の都合でなかなか予定が合わず、俳句会に参加することができなかったから
4　Eメールやスカイプは確かに便利だが、俳句はやはり手書きの文字で味わうべきものだから
5　披講によって目だけでなく耳を通じて俳句を味わい、その俳句の別の良さを認識できたから
6　清記に目を通し、さらに披講を聞いたことで、その俳句を味わうための時間が増えたから
7　歌としての俳句は文字で読む俳句とは別物であり、清記を読むことは無意味だから

6　老人には変わりないし、もしかしたら……

問七　甲・乙・丙 にあてはまる言葉としてもっともふさわしいものを、それぞれ次の1～5から選び番号で答えなさい。

甲　1 目をむいて　2 目を光らせて　3 目を細めて
　　4 目を配って　5 目の色を変えて

乙　1 悔《くや》しさ　2 憐《あわ》れみ　3 興奮
　　4 焦《あせ》り　5 憂《うれ》い

丙　1 他人行儀　2 意志薄《はく》弱　3 傍《ぼう》若無人
　　4 厚顔無恥《ち》　5 優柔《じゅう》不断

問八　――E「あのときのように決して目を背けまい」とあるが、「あのとき」の勇人はなぜ「目を背け」てしまったのか。本文中の言葉を用いて、「から。」に続く形で二十五字以上三十字以内で答えなさい。ただし、句読点も一字と数える。

【二】　次の文章を読んで、後の各問いに答えなさい。

披《ひ》講という言葉を（ あ ）だろうか。披露《ろう》の披、講演の講と書くが、詩歌の会で詩歌を読み上げることを言う。私が出席している俳句会でも、必ず披講がある。

俳句会とは一体どんなことをするのか、思いも寄らないという方も（ い ）だろう。少し長くなるが、大略を紹介《しょうかい》したい。俳句会には、参加者が自分で作った俳句を持ち寄って集まる。持ち寄った俳句は、細長い紙切れに一句ずつ書いて、それぞれ五句とか七句とか同じ数ずつを無記名で提出する。これを投句と言う。次に、集まった俳句を清記する。清記とは、提出された俳句を分担して清書することだ。これで、いよいよ誰《だれ》の作った俳句かわからなくなる。清記の次は、選句だ。清記した紙をまわして、すべての俳句の中から自分の気に入った俳句を手もとの用紙に書き写していく。最後に、選んだ俳句を決められた数にしぼって提出する。そして、全員が選句を終えたところで、いよいよ披講に移る。披講の係にあたった人が、全員の選句を読み上げていく。自分の俳句が読み上げられたら、その人は大きな声で名乗る。ここで、選んだ人は初めて作者を知ることになる。当たり前だが、自分の俳句が他人に選ばれるのはうれしいので、披講の時はみな耳をすまして聞き入っている。披講が終われば俳句会もたけなわで、先生がいれば講評があることもあるし、参加者同士が選んだ俳句について話し合うこともあるが、省略してしまうこともある。

私たちの世代は、仕事や家庭の都合もあって予定を合わせて俳句会ができないこともある。そんな時はインターネット上で俳句会をする。参加者からEメールなどで（ う ）された俳句を、幹事が（ え ）の形に整えてEメールで送り返す。参加者は（ お ）を返信し、幹事は（ か ）の代わりに作者名入りの選句一覧を作って再送信する。少し味気ないが、こんなやり方でも俳句会は成り立つ。ただ、残念ながら、耳をすまして披講を聞くようには、選句一覧を読めないようだ。ついつい自分の俳句だけを拾い読みして、おしまいにしてしまうこともある。

そこへ、画期的なソフトがあらわれた。スカイプというインターネットを使ったテレビ電話のソフトで、パソコンやスマートフォンで利用できる。これを使うと、同じ場にいなくても、披講を聞きお互《たが》いに名乗ることができる。最近は、俳句会の会場まで来られない人にこのスカイプを経由して参加してもらい、披講の場を共有している。

b「矢継ぎ早に」
1 続けざまに　2 目まぐるしく　3 けたたましく
4 問答無用に　5 恭《うやうや》しく

c「間髪をいれずに」
1 間をおいて　2 すぐさま
3 頭髪を掻《か》きむしって　4 恥《は》ずかしがらずに
5 二人の距離を空けずに

d「高を括る」
1 高く評価する　2 適切であると考える
3 あなどって軽く見る　4 問題がないと安心する
5 十分に検討する

e「無造作に」
1 たやすく　2 いい加減に　3 力強く
4 したたかに　5 にわかに

問二 ——A「しかし、すぐに微笑を浮かべながら、『元が大きい人だからね』と声の調子をわざと変えるようにして言う」とあるが、このときの母の様子を説明したものとしてもっともふさわしいものを、次の1～5から選び番号で答えなさい。

1 勇人の笑顔を裏切ることができないので、微笑み返している。
2 勇人をあとで驚《おどろ》かせようとして、ひとまずおどけてみせている。
3 勇人の心配する気持ちを察して、母親らしく温かく見守っている。
4 勇人に祖父の病に対して真面目に向き合ってもらおうとしている。
5 勇人にあまり心配させたくないので、つとめて明るく装っている。

問三 ——B「いつもの決まった歓迎」とは、勇人にとってどのようなものか。本文中より九字で抜《ぬ》き出して答えなさい。

問四 ——C「勇人は一瞬ことばを失った」とあるが、それはなぜか。その説明としてもっともふさわしいものを、次の1～5から選び番号で答えなさい。

1 母の強い否定のことばによって、事の重大さを自覚したから。
2 祖母から祖父の病状の悪化を伝えられるとは思っていなかったから。
3 痩せ細った祖父をどう元気づけてよいか分からなかったから。
4 祖母と母との間に挟《はさ》まれ、どちらの味方をすればよいか分からなかったから。
5 祖母の祖父に対する愛情に感動し、言うべきことばが見つからなかったから。

問五 ——D「勇人の胸の鼓動は高まっていった」とあるが、このときの勇人の心情を表した二字の言葉としてもっともふさわしいものを、次の1～5から選び番号で答えなさい。

1 感傷　2 期待　3 狼狽《ろうばい》　4 緊《きん》張　5 高揚《よう》

問六 [ア] ～ [オ] にあてはまる言葉としてもっともふさわしいものを、次の1～6から一つずつ選び番号で答えなさい。

1 まだまだ、そうはならないよ
2 じいちゃん、また来るね
3 じいちゃん、来たよ
4 じいちゃんのことだから、きっと大丈《じょう》夫だ
5 じいちゃんの具合、そんなに悪いの？

は、力なく聞き取りづらかった。勇人はそのことを悟《さと》られぬように、「こだよ」とつとめて明るく言った。間近で見る祖父の手足は、勇人の想像の範疇《はんちゅう》をはるかに超《こ》えて痩せ細っていた。それは、決して軽くはない衝撃《しょうげき》を勇人に与《あた》えた。

祖父は、ゆっくりと勇人がいる方角に手を伸《の》ばした。母が「手、握《にぎ》ってあげなさい」と言う。いつもと変わらない孫らしい笑顔を見せなければ、という［乙］にも似た気持ちに急《せ》き立てられながら、「［オ］」と祖父を見た。なるべく自然に微笑《ほほ》もうとすればするほど、ひきつった不自然なものになる。「今の僕《ぼく》の笑顔はひどいもんだろうな」と、勇人自身も思った。

祖父は、まっすぐに一点の濁《にご》りもない純粋《すい》なまなざしを勇人に向けた。勇人は、自分のひきつった笑顔が祖父の麗《うら》らかな微笑みに比べ、どうしようもなく情けないものに感じられた。自分は卑屈《ひくつ》であるとも思われた。祖父の目は、それほどきれいだった。

「勇ちゃん、わしはえらい目に遭《お》うたわ」

勇人は耐《た》えきれずに、祖父から目を背けた。祖母と母は、祖父の身の回りの整理を何だかんだと言いながら行っていた。いつの間にか、祖父は再び眠りについていた。

それから一月ほど経《た》った頃、大阪の祖母から祖父が亡くなったという連絡《らく》を受け、すぐに母と三人の兄弟で大阪へ向かった。祖母は至って落ち着いた様子で、「わざわざ遠い所から、ありがとうございます」と半ば［丙］な言い方で勇人たちに深々と挨拶《あいさつ》した。長年連れ添《そ》った二人にしか分からない、他者の入り込む余地のない連帯がそうさせたのだろう。勇人は、ごく自然に祖母のことばを受け入れることができた。

祖父の生前の願いをなるべく叶《かな》えるために、葬儀《そうぎ》は密葬とした。葬儀会社の人が式の準備を進めている中で、勇人は祖父の棺《ひつぎ》の前に立ち、遺影《えい》を眺めた。それは、見覚えのある顔だった。たしか祖父の家に飾《かざ》られていた写真で、愛車の前に立つ祖父と勇人が写っていたものだ。祖父にしては珍《めずら》しい、満面の笑みだった。隣《となり》に来た母が、「昔《むかし》は本当にきびしい人だったけど、あんたたち孫には甘《あま》かったわね」と言い、勇人は笑う。さびしく悲しいはずなのに、なぜだか涙《なみだ》は出てこない。

「本当《ほんま》に、ええ写真やな」

祖母が言いながら、勇人に一枚の写真を渡《わた》す。勇人が受け取ると、それは件《くだん》の写真だった。何気なく裏返すと、そこには祖父の字でこう書かれていた。

「父なくとも、すくすく育つ子。勇人の笑顔は最高。お気に入りの一枚」

そのメモの日付けは、勇人の父が亡くなった三日後だった。そのことばは、孫に対する祖父の偽《いつわ》らざる愛情の証《あかし》だった。勇人は涙が止まらなくなった。祖父が亡くなって、初めて流した涙だと気づいた。この祖父の笑顔からは、Eあのときのように決して目を背けまいと勇人は思った。

問一 a〜eの言葉の意味としてもっともふさわしいものを、それぞれ次の1〜5から選び番号で答えなさい。

a 「漫然と」

1 片手間で　2 ゆっくりと　3 熱心に

4 一心不乱に　5 ただなんとなく

もんやな」と祖母はb矢継《つ》ぎ早に話しかけてくる。「お母ちゃん」と、母が呼びかけた。

「お父ちゃんの具合、どうなん？」

大阪へ帰ると、母はその土地のことばづかいに戻《もど》る。勇人は母親の関西弁を聞くと、いつもと異なる地へ赴《おもむ》いたことを実感する。祖母は、母の問いにc間髪《はつ》をいれずに答えた。

「どないもこないも、あらへん。何《なん》も変わらへんで」

そう答える祖母の相変わらずのはきはきとした物言いに、勇人は妙《みょう》な安心感を覚えた。祖母の健在ぶりは、祖父の無事を意味するように感じられた。何の保証もない思い込《こ》みのような安心だが、勇人には大切なことだった。夕刻に迫《せま》っていたので、祖父の見舞いは翌日になった。勇人は祖母の豪《ごう》勢な手料理に腹を膨《ふく》らませ、その日はぐっすりと眠《ねむ》った。

翌日の午前、三人で祖父が入院する市民病院へ向かった。夏の盛りを思わせる日差しからやっと逃《のが》れ、病院の入口に着いたとき、祖母は勇人の右肩《かた》に手をかけ、諭《さと》すように言った。

「痩せたね、なんて、言《ゆ》うたらあかんよ」

「えっ……」

C勇人は一瞬《しゅん》ことばを失った。

「そんなこと、この子が言うわけ無いやろ」

すかさず母が怒《おこ》ったように言うと、「そうやな」と祖母も答える。しかし、勇人は何と言ってよいか分からぬままだった。

大柄でいつも豪快に冗《じょう》談を言う祖父の痩せ細った姿など、勇人は想像できなかった。いくら調子が悪いと聞かされていても、どこかで「それほどでもないだろう」とd高を括《くく》る自分がいた。そういう中で、常に溌《はつ》剌《らつ》とした様子の祖母が突然声色を変えて、祖父の衰《おとろ》えを予告してきたために、勇人はまともに答えることができなかった。勇人は、まったく準備ができていなかったのだ。さらに、祖母のことばを強く否定する母の態度が、勇人に重大な事態であることを改めて自覚させ、昨日の妙な安心は脆《もろ》くも打ち崩《くず》された。病室への足取りは、重くならざるをえなかった。

白く無機質なエレベーターの液晶《しょう》の数字が、ゆっくりと祖父への距離《きょり》が縮まっていくことを知らせるにつれて、D勇人の胸の鼓《こ》動は高まっていった。六階で降りると、右手に少し進んでいったところで祖母が立ち止まり、「ここやで」と言う。

祖父の病室の扉は開け放たれており、白いカーテンがかすかに揺《ゆ》れていた。祖母が、何のこだわりもないかのようにe無造作にカーテンを開けると、勇人は廊《ろう》下側とは反対の窓側に向かって横たわる祖父の後ろ姿を認めた。祖母や母の言うほどに、勇人にはその姿が変化しているようには見えなかった。

「おとうちゃん、勇ちゃんが来たで」

祖母が慣れた手つきで二人掛《が》けのソファにバッグを置きながら話しかけるが、祖父の反応はない。「よう寝《ね》とるわ」と言い、窓側に向いていた祖父の身体を廊下側に向くようにひっくり返そうとする。勇人は初めて「床擦《とこず》れ」ということばを教えられ、寝ている人の身体の向きを定期的に変えてやる必要があることを知った。

祖母に身体を動かされたため、祖父は「ううん」という声を出しながら目を覚ました。寝起きのため、なかなかことばが出てこない。

「勇ちゃん、来とるんか？」と絞《しぼ》りだすように呼びかける祖父のことば

【国　語】（四五分）〈満点：一〇〇点〉

【一】　次の文章を読んで、後の各問いに答えなさい。

「おじいちゃんの調子、あんまりよくないみたいだから、一緒《しょ》にお見舞《ま》いに行こうか」

七月も終わりに近づいたある日の昼過ぎ、扇《せん》風機にあたりながらa漫《まん》然とテレビを見ていた勇人《ゆうと》は、突《とつ》然の母のことばに不意をつかれた。いましがた大阪で離《はな》れて暮らしている祖母から電話があり、祖父の病状が芳《かんば》しくないことを聞かされたらしい。いつもはお盆《ぼん》の頃《ころ》に母の実家である大阪へ里帰りするのだが、今年は時期を早めることになった。

「［ア］」

勇人の問いに、母は「そうね、少し痩《や》せちゃってるみたいだけど……」とつぶやくように答えた。Aしかし、すぐに微《び》笑を浮《う》かべながら、「元が大きい人だからね」と声の調子をわざと変えるようにして言う。

勇人は、祖父の大きな身体《からだ》を想像した。齢《よわい》八十を目前にした老人にしてはずいぶんしっかりとした身体つきで、一般《ぱん》的に言われるような、老人とは労《いたわ》られるべき人であるという感じはしなかった。かつて水道工事屋の敏腕《びんわん》経営者であったと母から聞かされていたが、三年前に勇人の父が病気で亡くなってからは、父の代わりに一家を支えてくれもした。頼《たの》もしい存在である祖父の痩せている姿など、勇人には到《とう》底想像できなかった。

「［イ］」と安心しようとする心と、「［ウ］」と心配する気持ちが、勇人の中で混在していた。大学生の兄と高校生の姉を残し、母と勇人の二人は身支度を済ませ、大阪へ向かった。

新幹線は、案外空《す》いていた。夏休みといってもまだ始まって一週間ほどの平日なので、家族旅行や帰省する人たちの数も少なく、勇人と母のような親子連れよりも、パソコンを開いて仕事をするサラリーマンたちの方が多かった。母は黙《だま》って目をつむっていたが、時折どこか遠くを眺《なが》める人のように目線を先にやり、しばらくすると勇人にも聞こえないくらいの小さなため息をつく。車窓から流れゆく景色をぼんやりと見ながら、勇人は祖父のことを考えていた。

祖父は一見すると、大柄《がら》な体躯《く》といかめしい顔つきによって近寄りがたく思わせるが、勇人たち孫にはとにかく優しかった。東京に住んでいる勇人は休みのたびに祖父母のいる大阪を訪れていたが、祖父は必ず新幹線の到着するホームで並ぶ人たちの最前列に、そのどっしりとした巨《きょ》大な体躯で陣《じん》取っていた。扉《とびら》が開くやいなや、力強くたくましい大人の手で勇人を引き寄せ、でっぷりとしたお腹《なか》に押《お》しつけるようにして歓迎《かんげい》してくれる。そういうとき、勇人の身体はいつも不自然なほどに折れ曲がっていて苦しかった。しかし、会うたびに祖父が嬉《うれ》しそうに「勇ちゃん、またえらい大《おお》きなったな。もうすぐ、わしも越《こ》されるかも知れん」と言うのを聞くと、「［エ］」と思いながらも悪い気はしなかった。それは他《ほか》の誰《だれ》とでもない、祖父との親密な対話だった。

新大阪駅に着くと、ホームで祖母が待っていた。久しぶりの再会のため、祖母は［甲］勇人を見た。勇人も嬉しかったが、Bいつもの決まった歓迎が行われないために、何だか満たされない思いを感じた。

「元気にやっとるか？　背も高《たこ》うなったな。もうすぐ中学生や。立派な

それでは、試験時間が終わるまで、喜んでいる人、喜ばしい出来事を想像してください。

問　本文の説明をよく読んで、「喜びにけり喜びにけり」という前句の、付句を考えて答えなさい。ただし、音数については、次の注意を参考にしなさい。

一音に数える文字　　「ん」「っ」「ー」など
一音には数えない文字　「ゃ」「ゅ」「ょ」など

【五】　——のカタカナを、正しい漢字に直しなさい。

ア　『方丈記《ほうじょうき》』には、ムジョウ観が感じられる
イ　ハクサイのおつけもの
ウ　ジュドウ喫煙《きつえん》が問題視される
エ　新しい薬品をセイセイする
オ　水はホウエンの器にしたがう
カ　建物のキコウ式を行う
キ　コウカク泡《あわ》を飛ばしてけんかする
ク　親がホウニン主義で育てる
ケ　セイサンがあってやったのではない
コ　あまりのショックにキゼツした
サ　フトウなあつかいを受ける
シ　キテンを利かせる
ス　日の光をアびる
セ　人生のメイアンを分けるできごと
ソ　ツウセツにこだわった対応しかできない
タ　一番線の急行がセンパツだ
チ　宅配便の倉庫では荷物のシュウサンが行われる
ツ　ミレンがましい行動
テ　今日までのケシインが有効だ
ト　命を軽く見る傾《けい》向はカンシンにたえない

ウ　彼は気の置けない友人なので、腹を割って話すことができる。
エ　君に教えてもらった答えだけど、実際は違かったよ。
オ　かつての友人の活躍《やく》を風のうわさに聞く。
カ　彼は押《お》しも押されもせぬ球界の四番打者だ。
キ　明治の文豪《ごう》である漱石《そうせき》は、先見の明がある作家だった。
ク　第一志望の学校に入学するため、寸暇《か》を惜《お》しまず学問に励《はげ》む。
ケ　有名人の突《とつ》然の訪問で、会場は上を下への大騒ぎとなった。

1　ア・イ・エ・キ　　2　ア・ウ・オ・ケ　　3　ア・ウ・カ・ケ
4　ア・エ・オ・ク　　5　イ・ウ・ク・キ　　6　イ・エ・カ・キ
7　イ・カ・ク・ケ　　8　ウ・オ・カ・ケ　　9　エ・オ・キ・ク

問二　次のア～ウは、有名な文学作品の冒《ぼう》頭である。これらの作品の登場人物を、後の1～9からそれぞれ一つ選び番号で答えなさい。

ア　親譲《ゆず》りの無鉄砲《ぼう》で小供《こども》の時から損ばかりして居る。
イ　「ではみなさんは、そういうふうに川だと云《い》われたり、乳の流れたあとだと云われたりしていたこのぼんやりと白いものがほんとうは何かご承知ですか。」先生は、黒板に吊《つる》した大きな黒い星座の図の、上から下へ白くけぶった銀河帯のようなところを指しながら、みんなに問《とい》をかけました。
ウ　越後《えちご》の春日《かすが》を経て今津《いまづ》へ出る道を、珍《めず》らしい旅人の一群が歩いている。母は三十歳を踰《こ》えたばかりの女で、二人の子供を連れている。姉は十四、弟は十二である。

1　厨子王《ずしおう》　　2　犍陀多《かんだた》　　3　仙吉《せんきち》
4　瀬《せ》川丑《うし》松　　5　善太　　6　ジョバンニ
7　赤シャツ　　8　メロス　　9　コペル君

【四】　次の文章を読んで、後の問いに答えなさい。

江戸時代、庶《しょ》民の間で「前句付《づけ》」という文芸が流行しました。これは、現在の俳句のご先祖様である俳諧《かい》から生まれた遊びで、後に川柳《りゅう》に発展していきます。ごく簡単に説明すれば、七七、十四音の前句をお題にして、おもしろい五七五、十七音の付句《つけ》を作るというものでした。言葉で説明してもわかりにくいので、例をあげてみましょう。まずは、お題となる前句です。

くたびれにけりくたびれにけり

「くたびれにけり」というのは、ああくたびれた、という意味です。ですから、何かくたびれている人や、くたびれる出来事を想像して、それを五七五にまとめます。江戸時代の人は、こんな付句を作っています。

船嫌《ぎら》い一人は川のへりを行き

昔は自動車がなかったので、川を行く船が重要な交通機関でした。ここでは、何人かで船に乗って出掛《か》ける様子を句にしています。ところが、仲間のうちに船の苦手な人がいて、一人だけ川べりの道を走って追いかけているのです。船に乗れば楽ですが、走ったのでくたびれてしまったというわけです。

このように、前句からおもしろおかしい出来事を連想して付句にまとめるのが「前句付」です。皆《みな》さんにもできそうですか。「前句付」のルールは簡単です。一つは、五七五の音数を守ること。もう一つは、前句に使われている言葉を使わずに作ること。この二つに気をつけて、「前句付」を楽しんでみてください。さっそく私から皆さんにお題の前句を出します。

喜びにけり喜びにけり

問三　――2「日数えて重ね夜半の旅衣立ち別れつついつかきてみん」の和歌の区切れについて説明した次の文の空欄にあてはまる言葉としてもっともふさわしいものを、次の1～5から選び番号で答えなさい。

本文中の現代語訳を参考にして考えてみると、三十一文字（五・七・五・七・七）のリズムと意味の区切れとしてもっとも適切な場所は、「□」の直後であろう。

1　日数えて　　2　重ね夜半の　　3　旅衣
4　立ち別れつつ　　5　いつかきてみん

問四　――3「上の空」とあるが、この返歌の作者が「上の空」であるのはなぜか。もっともふさわしいものを、次の1～6から選び番号で答えなさい。

1　正体を知られて動揺《よう》が隠《かく》せないから。
2　浦島太郎と別れたくないから。
3　変わり果てた故郷の様子に驚愕《きょうがく》したから。
4　最愛の妻と別れたくないから。
5　約束を破って玉手箱を開けてしまったから。
6　竜宮城を離れたくないから。

問五　――4「商業主義が芽生えてきた時代背景が反映された作品」とあるが、その内容としてもっともふさわしいものを、次の1～5から選び番号で答えなさい。

1　ある日海辺へ出てみると、子どもが大勢で亀を捕《つか》まえておもちゃにしています。浦島はかわいそうに思って、子どもからその亀を海へ離してやりました。
2　その亀を爺さんにくれないか。お銭をあげるから、つまりその亀を爺さんが買うんだ。ね、よしか！　それでお前達はこのお銭で、何でも好きなものを買って遊びやあ。
3　昔々浦島は、助けた亀に連れられて竜宮城へ来て見れば、絵にもかけない美しさ。乙姫様のごちそうに、鯛《たい》やひらめの舞い踊《おど》り、ただめずらしくおもしろく、月日のたつも夢の中。
4　美しい箱を開くと、白雲が箱から出て、常世《とこよ》の方へたなびいて行ったので、飛び上がり、叫《さけ》び、袖《そで》を振り、転げまわり、地団駄《じだんだ》を踏《ふ》み続け、たちまちのうちに失神してしまった。
5　昔、丹後《たんご》の国に、浦島という一家が住んでいた。そこには二十四歳《さい》になる息子《むすこ》がいて、両親を養うために、毎日漁に出て漁をして生計を支えていた。

問六　次の一文は、本文からぬけおちたものである。この一文が入るべき場所としてもっともふさわしいところを、本文中の（1）～（5）から選び番号で答えなさい。（解答欄《らん》には番号のみ書くこと）

さて、『桃太郎』と同じく国民的作品としてなじみ深い『浦島太郎』もまた、実にさまざまな結末があることを知っているだろうか。

【三】　次の各問いに答えなさい。

問一　次のア～ケの文のうち、ことばの使い方に誤りがあるものが四つある。その組み合わせとしてもっともふさわしいものを、後の1～9から一つ選び番号で答えなさい。

ア　世間を騒《さわ》がせた事件の真相が明るみになる。
イ　何を言ってもまともに相手にしてもらえず、とりつく島もない。

腰《こし》も立たなくなってしまいましたとさ。めでたしめでたし」と締めくくっている。

（3）『御伽草子』では、浦島太郎がいじめられた亀《かめ》を助ける場面はなく、磯《いそ》で釣《つ》りをしていた際に亀が釣れて、その亀を海に帰してあげるところからお話が始まる。翌日、いつものように浦島太郎が海辺へ出ると、小さな船に美女が一人波に揺《ゆ》られていて、この美女を送り届けた先が、竜《りゅう》宮城。そこで二人は1仲むつまじい夫婦生活を送る。月日が流れて三年後、両親が気がかりゆえ故郷に戻りたいことを告げると、妻の正体が、実は乙姫《おとひめ》であることが明かされ、和歌の贈《ぞう》答をする。

2日数えて重ねし夜半《よわ》の旅衣立ち別れつついつかきてみん

（長い年月をともに重ねてきた旅の衣だけれど、今、別々の衣を着て分かれる時がきた。またいつ同じ衣を着る日が来るのでしょうか）

それに対する返歌、

別れ行く3上《うわ》の空なるから衣ちぎり深くはまたもきて見ん

（別れて行くわたしは、上の空で唐《から》衣を着ます。二人の縁《えん》は深いのだから、また再び訪れて会えるでしょう）

この後、浦島は妻から「絶対に開けてはならない」と戒《いまし》められた箱をもらって故郷へと帰る。［い］、浦島の目にした故郷は以前の面影《かげ》すらない変わり果てた荒《こう》野。なんと七百年の月日が経過していたのだ。茫《ぼう》然自失の状態に陥《おちい》った浦島は、妻の言葉も忘れて箱を開けると、紫《むらさき》色の雲が立ち上り、たちまちのうちに老人の姿となってしまった。その後、浦島は鶴《つる》になり、虚空《こくう》高く舞《ま》い上がって蓬莱《ほうらい》の山へと向かう。深い愛と絆《きずな》で固く結ばれていた浦島と乙姫は、鶴と亀として末永く結ばれ、両者は夫婦の明神となった。［う］、めでたいものを「鶴亀」というのである。

（4）平安時代に始まる物語文学は、表現、題材ともに貴族たちの読み物であった。その後、室町時代から江戸初期にあたる十四世紀から十七世紀にかけて、革新的な作り物語が生まれ、絵と文字でストーリーを楽しむ文化として人々に広く浸透《しんとう》していく。それが『御伽草子』なのだ。

（5）今回述べてきた『浦島太郎』には、明治二十年代の4商業主義が芽生えてきた時代背景が反映された作品がある。そこには貨幣《へい》でもって売買をするような描写があるなど、作品の内容と展開は、時代とともに変化を繰《く》り返しながら読み継がれている。昔話に限らず古典であれ、現代文学であれ、文学作品を読む時には、その作品が、同時代の人々にどのように受け取られていたのか、そして、現代を生きる我々がその作品をどう読み、どう評価するのかという観点を忘れずに持っていてほしい。そうすれば、作品の読解がより一層深まり、あらゆる文学作品を通して当時の時代性をも知る事ができるに違いない。

※本文中の作品名は、すべて二重括弧《かっこ》で表記した。また、問題作成の都合上、表記を一部改めたところがある。

問一 ［あ］・［い］・［う］にあてはまる言葉としてもっともふさわしいものを、次の1～5からそれぞれ一つ選び番号で答えなさい。

1 それゆえ　2 確かに　3 また
4 たとえば　5 ところが

問二 ――1「仲むつまじい」とあるが、この意味にもっともふさわしくない言葉を、次の1～5から選び番号で答えなさい。

1 比翼《よく》の鳥　2 偕《かい》老同穴　3 犬猿《えん》の仲
4 水魚の交わり　5 鴛鴦《えんおう》の契《ちぎ》り

2　先生にあいさつを返すことで、自分の株が上がるのを期待すること。
3　先生へ返事をしないとき、先生がさみしい気持ちになること。
4　あいさつの順番は、先生が先でも生徒が先でもどちらでも良いということ。
5　先生の立場になって考えると、あいさつの大切さがよく分かるということ。

問十　――⑧「暴走すれば、交通事故を引き起こすのは目に見えていますし、相手からの赤信号を見落としてしまったら、いちじるしい過失を招きます」とは、どういうことか。もっともふさわしいものを、次の1～5から選び番号で答えなさい。
1　相手の発言を待たずに矢継《つ》ぎ早に言葉をあびせかけたら、相手は言いたいことも言えないため心を閉ざしてしまうということ。
2　相手の心を理解しようとせず、ひとりよがりの言葉を投げかけるだけでは、相手を傷つけてしまうことになりかねないということ。
3　相手が思ってもいないような意外な言葉を使っておどろかせないように、言葉は慎《しん》重に選ばなければいけないということ。
4　言ったことが誤解されて相手に受け止められると、その言葉を発した責任を相手から問われてしまうということ。
5　乱暴な言葉を相手に言ってしまったら、素直に反省して、相手に謝ることで関係が修復されるということ。

問十一　次のア～オについて、本文の内容に合っていれば1を、合っていなければ2を記入しなさい。
ア　言葉よりも、体の動きや目線のほうが瞬《しゅん》間的で、細かい伝達が可能だ。
イ　ものの形や姿で連想されるイメージから、その名前が付けられることがある。
ウ　「あれ」や「それ」などの指示語は、通じたとしても漠《ばく》然としていて、コミュニケーションとして不完全だ。
エ　言葉には力があり、使い方次第で良い関係にも悪い関係にも導くものである。
オ　相手の気持ちをおしはかることなしに、コミュニケーションは生まれない。

【二】　次の文章を読んで、後の各問いに答えなさい。

絵と文字でお話を楽しむ『御伽草子《おとぎぞうし》』には、我々が絵本などで慣れ親しんできた有名な物語の原型がある。そして、それらの多くが「めでたし、めでたし」で完結する。［　あ　］、昔話の終わり方の典型的なパターンであるが、物語の中には、何をもって「めでたし」なのかわからないものも少なくない。**（1）**

『桃太郎《ももたろう》』はどうだろう。福澤諭吉は、子育てのために記した家訓『ひゞのをしへ』（日々の教え）の中で、桃太郎が鬼《おに》退治の末、宝をとりに行った事を「けしからぬこと」と評している。鬼にとっては、自分の領地の財宝を横取りされたのだから「めでたし」であるはずがない。だが、物語の結末は時代とともに変化をしており、現代の絵本で描《えが》かれる『桃太郎』は、桃太郎が鬼退治をせず、話し合いによる和解で「めでたし」と締《し》めくくるものもある。

（2）　例えば、明治時代、巌谷《いわや》小波《さざなみ》がまとめた『日本昔話』では、「今まで十四、五であった浦《うら》島が、にわかにしわだらけのお爺《じい》さんになって

1 aとbは正しい表記で、cは正しい表記ではない。
2 aとcは正しい表記で、bは正しい表記ではない。
3 bとcは正しい表記で、aは正しい表記ではない。
4 aのみ正しい表記で、bとcは正しい表記ではない。
5 bのみ正しい表記で、aとcは正しい表記ではない。
6 cのみ正しい表記で、aとbは正しい表記ではない。

問三 ――①「言葉は乗り物だ」について、ここにはある表現技法が使われているが、その表現技法と同じものが使用されている文を、次の1～5から選び番号で答えなさい。
1 すやすやと赤ちゃんが眠《ねむ》っていた。
2 天気予報によると、明日は雨のようだ。
3 メーとひつじが鳴いた。
4 はずかしくて顔から火が出た。
5 パソコンはとても便利な道具だ。

問四 ――②「コミュニケーション」と同義で本文中に使われている言葉を、次の1～9（本文中に〰〰で示してある）から二つ選び番号で答えなさい。（順不同）
1 思いや考えや意志　2 やりとり　3 イメージ
4 魔法　5 あいさつ　6 キャッチボール
7 いじって、いじられるという関係　8 自己満足
9 追従のしるし

問五 ――③「体の動きやジェスチャー、目線などでもコミュニケーションは取れるのでしょうが、思う通りの輪郭をそのまま相手に伝えることは相当至難になります」とあるが、この内容に当てはまる事例はどれか。もっともふさわしいものを、次の1～5から選び番号で答えなさい。
1 友達と仲直りしたかったが、表情はこわばってかたいままだったので、結局打ち解ける雰《ふん》囲気にならなかった。
2 遠く離《はな》れた子どもたちに手を振《ふ》ったところ、向こうでも子どもたちが手を振って応《こた》えてくれた。
3 その場の空気を乱さないように周囲に合わせて意見を述べたが、私の本心は実は別のところにあった。
4 彼とは、何かをしゃべるよりじっとだまって目を合わせている時の方が、思いのほか感情が通じる。
5 うちのサッカーチームの二人は、あうんの呼吸でパスをつないでいく。

問六 ④ にあてはまるもっともふさわしい言葉を考えて、漢字二字で書きなさい。

問七 ⑤ にあてはまるもっともふさわしい漢字一字を、本文中から抜《ぬ》き出して書きなさい。

問八 ⑥ にあてはまるもっともふさわしい四字熟語を、次の1～5から選び番号で答えなさい。
1 我田引水　2 当意即妙《そくみょう》　3 五里霧《む》中
4 一心不乱　5 以心伝心

問九 ――⑦「立場が逆でもまた、同じこと」とは、どういうことか。もっともふさわしいものを、次の1～5から選び番号で答えなさい。
1 先生に返事をしなかったら、こちらに罪悪感が生まれるということ。

実際にコミュニケーションが取れています。極端《たん》な話ですが、「あれ」と言っただけで、「はい」と持ってきてもらえる場合さえあると思います。すなわち、通じたことに対する答え、応答が要《かなめ》になるのです。

朝、「おはようございます」と先生にあいさつをする。そうしたら、先生からも「おはようございます」と返ってきた。言葉のキャッチボール、これが普通です。もしもここで、先生からのあいさつの返事がなかったら、どう感じますか。きっと、複雑な気持ちになるでしょう。⑦立場が逆でもまた、同じこと。返事がこなくては、コミュニケーションは成り立ちません。

しかしながら、言葉が通じただけでは、真のコミュニケーションができていることにはなりません。言葉というものは、たとえ伝わったとしても、使いようによってその効果がまったく反対に表れることもあります。つまり、コミュニケーションにマイナスに働く側面も持ち合わせています。みなさんは、相手から受け取った言葉で、嫌《いや》な気持ちになったり、傷ついたり、落ち込《こ》んだりしたことはないですか。おそらく、あるのではないかと思います。先に述べたように、言葉には力があります。ですから、その扱《あつか》い方には十分気をつかわなければなりません。

しばしば、「いじる」という言葉を耳にします。言葉で相手をもてあそぶという意味でしょう。この、いじって、いじられるという関係はほとんどコミュニケーションとは言えないのではないでしょうか。いじる側は相手のことをこっけいに表現して、Ⅲあくまでも自己満足を得るだけですから、いじられる側にとっては、苦痛が伴《ともな》うばかりなのです。「いじられて、喜んで笑っているやつだっているよ」と言っている人は認識を根底から変えるべきでしょう。その笑いは苦笑いか、追従のしるしなのです。心から、満面に笑うそれではありません。

コミュニケーションの成立は、相手の表情や気持ち、心に沿うことから始まります。一方的ではなく双《そう》方向のものなのです。くどいですが、言葉は乗り物です。あなたは、その乗り物をうまく扱えていますか。⑧暴走すれば、交通事故を引き起こすのは目に見えていますし、相手からの赤信号を見落としてしまったら、cいちじるしい過失を招きます。言葉という乗り物を見事に乗りこなしてはじめて、相手とのつながりや信頼《らい》が築けるのです。

問一　――Ⅰ～Ⅲの言葉の意味としてもっともふさわしいものを、それぞれ次の1～5から選び番号で答えなさい。

Ⅰ「つゆも知らず」
1　半信半疑で　2　少しは知っていても
3　知ってはいるが　4　ほとんど知らず
5　まったく知らず

Ⅱ「閑話休題」
1　ようするに　2　ところが
3　とりわけ　4　それはさておき
5　そもそも

Ⅲ「あくまでも」
1　どこまでも　2　いつまでも
3　間を少しおいて　4　悪気があって
5　悪くなくても

問二　――a「少しづつ」・b「こうゆう」・c「いちじるしい」の表記について適切に説明したものを、次の1～6から選び番号で答えなさい。

【国　語】（四五分）〈満点：一〇〇点〉

【一】　次の文章を読んで、後の各問いに答えなさい。

①言葉は乗り物だ、とよく表現されます。その乗り物が自分と相手の間を行ったり来たりして、②コミュニケーションを形成しています。「今日は友達と一緒《しょ》に下校したいな」と思った時には、予《あらかじ》め友達に「授業が終わったら一緒に帰ろうよ」と口に出して約束しないとその子はこちらの気持ちをⅠつゆも知らず帰っちゃうでしょうし、「夜ごはんはカレーが食べたい」と思っても、親に言っておかなければ、違《ちが》う食べ物が出てきてがっくりすることでしょう。今こうして、この文章をみなさんが読んでいるということは、私が乗り物を通じてみなさんに私の考えを伝えているわけです。もしも、私たちに言葉がなかったとしたら……。もちろん、③体の動きやジェスチャー、目線などでもコミュニケーションは取れるのでしょうが、思う通りの輪郭《かく》をそのまま相手に伝えることは相当至難になります。自分の内部にある、思いや考えや意志といったものは、自発的に相手へ向かっていくのではありません。言葉という乗り物を用いて、外に送り出し、相手に届くようにしているのです。普《ふ》段はまったく意識しませんが、言葉が持つ力は大きく、私たちはそれに頼《たよ》って生きているといっても過言ではありません。

江戸時代の話を一つ紹介《しょうかい》します。東北の武士と、西国の武士が江戸で話した際に、互《たが》いに言葉が通じなかった。なぜなら［④］のせいで、なまりがきつかったからです。相手の話すことがあたかも外国語のようで分からない。そこで、能の詞章《ししょう》（台詞《せりふ》や地の文）を使って、a少しづつコミュニケーションを図ったそうです。当時、武士が教養として学んでいたのが能の言葉で、その共通項《こう》でもって、なんとかやりとりできたのだとか。それがなかったら、二人は言葉で理解することができなかった。とても興味深いエピソードと言えます。

余談ですが、ちょっと考えても言葉というのは不思議です。どら焼きと言われれば、円盤《ばん》形の甘《あま》い生地が上と下に二枚あって、その間にあんこがはさまった、おなじみのおやつを思い出すことができて、桜と文字に書けば、春に咲《さ》くピンク色の花とその枝や木の幹をイメージすることができます。「どら焼き」や「桜」という言葉を音で聞いたり、文字で表したりするだけで、その実像が浮《う》かび上がってくる。まさに、名は［⑤］を表します。これはすごいことだと思いませんか。そんな魔《ま》法のような言葉を、みなさんは使うことができるのです。

Ⅱ閑《かん》話休題、自分の言葉が相手に届き、受け入れられ、相手からも言葉や反応が返ってくる、それがコミュニケーションです。あなたは親とbこうゆう会話をしたことはないですか。

「カバンにあれを入れ忘れちゃった。あれ知らないかな」

「あれって何」

「あれだよ、あれ」

「ああ、あれなら部屋のあそこで見たよ」

「そうか、あそこに置きっぱなしだったか。ありがとう」

この会話、文字にするとなんとなくおかしく感じますが、日常、ありふれた光景でしょう。事実、二人は［⑥］、話が通じているのです。「あれ」とか「あそこ」は具体的な何かを示している訳ではありません。「あれ」はカバンに詰《つ》めるものですから、筆箱なのでしょうか、それともノートなのでしょうか。でも、二人の間では、共通認識ができていて、

【五】 ――のカタカナを、正しい漢字に直しなさい。

ア　大統領のソッキン
イ　シュウサン両院で可決される
ウ　選挙でミンイを問う
エ　コンメイの度を深める
オ　事実からのスイロン
カ　キョシュウを明らかにする
キ　キワどいコースに投球する
ク　フジチャクした飛行機
ケ　ネンピの良い自動車
コ　神社ブッカク
サ　きれいなソウテイの本
シ　たき火でダンを取る
ス　オウネンの名選手
セ　責任をツウカンした
ソ　ブナンな人選
タ　全作品中のアッカン
チ　うそもホウベン
ツ　カホウは寝《ね》て待て
テ　縁《えん》はイなもの
ト　アクセン身につかず

1　草むらで足場が悪くて下駄が脱《ぬ》げたから。
2　下駄を飛ばして明日の天気をうらなったから。
3　下駄で缶《かん》けりなどの遊びをしていたから。
4　下駄をマアに取ってこさせるために投げたから。
5　戦争中で遊ぶ道具がなく下駄を飛ばす遊びがはやっていたから。

問二　――②と――③のような関係の表現技法をなんというか。もっともふさわしいものを、次の1～5から選び番号で答えなさい。

1　対句法　　2　倒《とう》置法
3　反復法　　4　擬《ぎ》人法
5　体言止め

問三　――④でなぜ連れていけないのか。もっともふさわしいものを、次の1～5から選び番号で答えなさい。

1　マアを毎日、朝夕と散歩に連れて行くのが面倒《どう》だから。
2　戦争中の食糧《りょう》難で犬を連れだす体力が残っていないから。
3　戦争中の物資不足で、犬を連れ歩く綱《つな》がなかったから。
4　みんながマアを散歩に連れて行きたがり、けんかになるから。
5　マアを死なせに行くのはつらいから。

問四　――⑤で母はなぜいつまでも顔を洗っていたのか。もっともふさわしいものを、次の1～5から選び番号で答えなさい。

1　悲しくて涙が止まらなかったから。
2　毎晩の空襲《しゅう》のため、夜ねむれないことが多く、寝《ね》不足で目が覚めないから。
3　毎日の空襲のため、防空壕《ごう》で過ごすことが多く、よごれが落ちにくいから。
4　顔を洗いながら近所の人たちとの世間話が長引いたから。
5　井戸端で過ごす時間が、娯《ご》楽のない戦争中は一番のいやしの時間だったから。

問五　――⑥で胸に焼きついている理由は何か。その時の「わたし」の気持ちをふくめて、「から。」に続く形で十五字以上二十字以内で答えなさい。

【四】　次にあげるア～オは、ことわざ・故事成語の意味にあたる。ことわざ・故事成語自体を考え、その中に使われている漢字の組み合わせとしてもっともふさわしいものを、後の1～9からそれぞれ一つずつ選び番号で答えなさい。

ア　特別でない、ごく普《ふ》通の親から能力の高い子が生まれること。
イ　大きな集団で下位に甘《あま》んじるより、小さな集団の長になるほうがよいということ。
ウ　災難や幸福は思いがけずやってくるもので、予測ができないということ。
エ　弱者が強者の力を背景にしていばること。
オ　弱いものでも追い込《こ》まれると強いものに反撃《げき》することがあるということ。

1　犬・猿《さる》　　2　鶏《にわとり》・牛　　3　鶴《つる》・亀《かめ》　　4　虻《あぶ》・蜂《はち》
5　鼠《ねずみ》・猫《ねこ》　　6　人・馬　　7　鯨《くじら》・馬　　8　鳶《とび》・鷹《たか》
9　虎《とら》・狐《きつね》

の中から選び番号で答えなさい。
したがって、わたしたちの知ることができる「歴史」が「過去そのものだ」とはやはりいえないでしょう。

【三】　次の詩を読んで、後の各問いに答えなさい。

「マア」という犬がいた　**丸山博光**

「寒い満州の地で戦っている兵隊たちの毛皮にするため、お宅の犬を供出せよ。」
お役所から一通の手紙が届いた。

明日天気になあれ・・・・・・
①草むらに飛んだ下駄《げた》の先、
小さな茶色のマアがいた。
ぬれた瞳《ひとみ》のマアがいた。
ブルブル震《ふる》えるマアがいた。
わたしに抱《だ》かれたマアを見て、
「まあ可哀想《かわいそう》に」とつぶやいて、
母は「マア」と名をつけた。

②マアと過ごした春の午後、黄色い菜の花首輪にかざし、
マアと二人で駆《か》けっくら。
③マアと過ごした夏の朝、利根《とね》川ぞいに川遊び、
マアと二人で魚釣《つ》り。
マアと過ごした秋の夕、もち竿《ざお》持ってトンボ取り、
マアと二つの長い影《かげ》。
マアと過ごした冬の夜、囲炉裏《いろり》で聞いた子守唄《うた》、
マアを抱きしめ夢のなか。

みんなで可愛《かわい》がっていたマア、
誰《だれ》が連れて行く、誰が連れて行く、
④誰も連れて行かれない、誰も連れて行かれはしない。

母は最期のごはんをやった。
マアは食べなかった。
温かい舌でわたしの涙《なみだ》にぬれた頬《ほお》をなめ、
母に曳《ひ》かれてマアは行った。

⑤その日、井戸端《いどばた》でいつまでも顔を洗っていた母。
母は死ぬまで「マア」という名を口にしなかった。

戦争が終わって五十年
未《いま》だに、
わたしの涙にぬれた頬をなめ、
ふりかえり、
ふりかえり行ったマアの姿が
⑥胸に焼きついている。

（一九九五年作）

問一　――①でなぜ下駄は草むらに飛んだのか。もっともふさわしいものを、次の1～5から選び番号で答えなさい。

分にしか過ぎず、その裏にはまだ知ることのない未知なるものがあふれています。その未知なるものへの探求の視点を養《やしな》うことは、とても大切です。中学生になったら、「文学史」に記されているような名作をたくさん読んで感受性を養うのと同時に、「文学史」には表れてこない自分なりの隠《かく》れた名作を探すことの楽しさも味わってほしいと思います。（5）

問一　「たとえば」で始まる段落【A】は、どのようなことを主張するために記されたものか。もっともふさわしいものを、次の1～5から選び番号で答えなさい。

1　芥川賞作家は、あらゆる国で翻訳されるほど人気があるということ。
2　すでに亡くなっている作家でも、後の世で有名になることもあるということ。
3　有名な作家は、名作といわれる作品をたくさん持っているということ。
4　あまり有名ではない作家や作品の中にも、評価されるべきものがあるということ。
5　「文学史」というものが、不完全なものであるということ。

問二　――B「枚挙にいとまがありません」（枚挙にいとまがない）とは、どのような意味か。もっともふさわしいものを、次の1～5から選び番号で答えなさい。

1　数えきれないほど多い。　　2　数え上げることができる。
3　数える必要がない。　　4　数える必要がある。
5　数えてはならない。

問三　C にあてはまることばとしてもっともふさわしいものを、次の1～5から選び番号で答えなさい。

1　また　　2　つまり　　3　だから
4　ところで　　5　しかし

問四　――D「そのこと」の指す内容としてもっともふさわしいものを、次の1～5から選び番号で答えなさい。

1　古今の名作を学んだり読んだりしなければならないこと。
2　文学史に記される作家や作品は、無数にあるものの一部に過ぎないこと。
3　文学史を学ぶことは、名作を学ぶ際に有用であるということ。
4　未知なるものへの探求の視点を養う必要があるということ。
5　目にふれるものへの疑問こそ、未知なるものへの探求の視点を持つ出発点であること。

問五　ア～カの文が、本文の説明として正しければ1を、正しくなければ2を記入しなさい。

ア　日常生活の中で、わたしたちが文学にかかわることはほぼない。
イ　文学史に記録される作家や作品は、ほんの一にぎりの存在にすぎない。
ウ　文学史に記録される作家や作品は、必ず評価されなければならない。
エ　文学史に記録されない作家や作品に目を向けることも必要である。
オ　名作について学ぶ際は、文学史というものはたいへん役に立つ。
カ　私たちの目にふれるものは、物事の一部分でしかない。

問六　次の一文は、本文からぬけおちたものである。この一文が入るべき場所としてもっともふさわしいところを、本文中の（1）～（5）

【二】 次の文章を読んで、後の各問いに答えなさい。

みなさんは「文学史」ということばを聞いたことがありますか。「文学史」とは、文字どおり文学の歴史ということです。日本で「国文学史」といえば、『古事記』や『日本書紀』、『万葉集』の時代から現代にいたるまでの日本の文学作品、および作家の歴史を指します。また、「近現代文学史」といえば明治、大正、昭和、平成の文学の歴史を指し、森鷗外《おうがい》や夏目漱石《そうせき》などは、この「近現代文学史」の中にふくまれます。では、こうした「文学史」というものは、一体どのようにして作られているのでしょうか。「歴史」を「作る」というと違《い》和を覚えるかもしれませんが、少し考えてみたいと思います。

そもそも、「歴史」とは何を意味しているのでしょうか。たとえば、一つの答えとしては、「過去そのものだ」といえるでしょう。しかし、わたしたちは過去に起きたすべてのことを知ることは当然できません。いくら教科書を開いたとしても、千年前の祖先の日常生活を知ることなど到《とう》底不可能です。（1）

では、我々が知りうる「歴史」とは何か。それは、歴史家が大事だと考えて選びぬいた過去の出来事（歴史的事実）についての記述です。「文学史」に置きかえていえば、それぞれの時代において重要と思われる作家や作品を文学史家（研究者や評論家）が選んで記したものだということになります。つまり、「文学史」に刻まれ、教科書にも紹介《しょうかい》される有名な作家や作品というのは、無数の文学作品や作家たちから選ばれたほんの一にぎりの存在であり、その裏には、文学史家に選ばれなかったおびただしい数の作家や作品が埋《う》もれているのです。そして、この埋もれた作家や作品の中にも、十分評価されてよいものがたくさんあるのです。（2）

【A】たとえば、記憶《おく》に新しい平成二十二年度下半期の芥川《あくたがわ》賞受賞作家の西村賢太《けんた》氏が、自分を没《ぼつ》後弟子といって紹介した藤澤《ふじさわ》清造という明治生まれの作家も、一般《ぱん》的な「文学史」ではあまり紹介されてこなかった作家です。西村氏の存在がなければ、今後も一部の文学愛好家を除いて知られることのなかった作家かもしれません。ほかにも、戦後生まれで初めて芥川賞を受賞した中上健次という作家など、海外で何ヵ国語にも作品が翻《ほん》訳されているにもかかわらず、現代の若い人たちの中ではあまり知られていません。あるいは、有名な作家の中にも、知られていない作品がたくさんあるのは当然で、こうした例はB枚挙にいとまがありません。（3）

では、「文学史」に選ばれるものと選ばれないものとの間にある違《ちが》いとは何でしょうか。当時、どれほど評判だったかの違いかもしれません。あるいは、当時の評判はそれほどではなくても、後の世の人が評価をしたかどうかの違いかもしれません。明確な違いは定かではありませんが、「文学史」をまとめるために作家や作品を選ぶ人がいて、選ばれる作家や作品があり、歴史から埋もれてしまう無数の作家や作品があるということだけは確かです。（4）

みなさんが古今の名作を学ぼう、あるいは実際に読んでみようと思ったとき、「文学史」というものは非常に有用なものです。［C］、それは「文学史」が万能であるということを意味するのではありません。そこで紹介されている作家や作品は、長い文学の歴史の中の一にぎりの存在でしかなく、わたしたちはDそのことを自覚しなければならないのです。わたしたちの目にふれるものというのは、あくまで広い世界の一部

（注1）そばかすの仕事仲間。材木泥棒と通じている。
（注2）材木泥棒のリーダー。
（注3）熱病を起こさせる山川の悪気。

問一 ――1「そばかすは」とあるが、仕事中の「そばかす」の気持ちとしてもっともふさわしくないものを、次の1～5から選び番号で答えなさい。

1 警戒心　2 忠誠心　3 恐怖《きょうふ》心　4 好奇心
5 自尊心

問二 ――2「あの子は僕とは世界がちがう」とあるが、「僕」の仕事場を「あの子」はどのように認識しているか。もっともふさわしいものを、次の1～5から選び番号で答えなさい。

1 「あの子」は、リンバロストの森での運命的な出会いに対して、わざわざ話す必要がないと考えている。
2 「あの子」は、材木泥棒からの復讐におびえてしまっており、もう二度と足を踏み入れたくないと考えている。
3 「あの子」は、「そばかす」との奇跡的な出会いに感謝の念をいだき、人生で最高に幸せな日だと考えている。
4 「あの子」は、バードレディに内緒《しょ》で勝手に侵入したので迷ってしまい、恐ろしい一角だと考えている。
5 「あの子」は、リンバロストの森に対する危険を知らないので、まさに楽園のような場所だと考えている。

問三 ［ア］～［カ］に入る会話文としてもっともふさわしいものを、次の1～6からそれぞれ一つずつ選び番号で答えなさい。

1 なにかあったんですか？
2 そんな！　いけない、だめです、マクリーンさん
3 いまどき珍《めずら》しいわね、感心するわ
4 確かにそのとおりだよ、そばかす
5 お前を愛しているからだよ、そばかす
6 でも、どうしてそんなことをしてくださるんですか？

問四 ――3「雌馬に乗っているマクリーンが見えた」とあるが、マクリーンがそばかすの将来的な人間性に期待し、願望もこめてそばかすを比喩《ゆ》的に表現する部分がある。本文中から五字以上八字以内でぬき出しなさい。

問五 ――4「人生計画のひとつ」とあるが、マクリーンの「人生計画のひとつ」とは何か。それについて説明した次の文の［A］～［C］にあてはまる言葉として、もっともふさわしいものを、後の1～9からそれぞれ一つずつ選び番号で答えなさい。ただし、同じ番号は入らないものとする。

マクリーンはそばかすと仕事上の関係を越《こ》えて、強い［A］関係で結ばれており、やがて自分の［B］として、町で［C］を受けさせようと計画している。

1 弟子　2 奴隷《どれい》　3 父親　4 信頼《らい》　5 教育
6 敬虔　7 主従　8 罰　9 息子

問六 ［①］・［②］にあてはまる言葉としてもっともふさわしいものを、次の1～9からそれぞれ一つずつ選び番号で答えなさい。ただし、同じ番号は入らないものとする。

1 敬愛　2 妖《よう》精　3 天使　4 満月　5 悪魔
6 羽根　7 仕事　8 幸福　9 湿原

だ、僕はほぼ毎日ここで寝泊《ねとま》りをするべきです。マクリーンさんもわかっていらっしゃるはずですよね」

「［ウ］」マクリーンが言った。「そこで、私たちが移動してくるまでのあいだ、見張りをふたりにすることに決めた。もうたった二週間の話だ。お前のことが心配なんだよ、これ以上ひとりにしておくべきじゃない。お前にもしもなにかあれば、私が大事にしている4人生計画のひとつがだいなしになってしまう」

そばかすは、二人目の番人を置くという提案を聞いて、動揺《よう》してしまった。

「［エ］」そばかすは叫《さけ》んだ。「ぜったいにいやだ！　知らない人間がうろついて、僕の鳥たちを追い払い、僕の書斎《さい》を踏み荒《あ》らして、僕の行き先を邪《じゃ》魔するなんて、ぜったいにごめんです！　あなたに必要な見まわりは僕ひとりです！　忠実に守りますから！　木をただの一本も失わずに土地をお返しできますから！　命にかけて、やり遂《と》げます！　ああ、どうか、ほかの者をよこすのはやめてください。僕が臆《おく》病者になってしまって援《えん》助を求めたなんて言われるのはごめんです。そんなことをされてしまったら、胸のなかの誇りが死んでしまいます」

支配人は、しばらく考えこみながら座っていた。

「そばかす」マクリーンがようやく口を開いた。「もし人の心を材木にたとえるとしたら、深く切りこまれて木目がすっかりあらわにならないと、その真価はわからないものだ。そばかす、お前はすばらしい家具になるだろうね。これから先の二週間ほどのあいだは、好きなようにやりなさい。時期が来れば、町に連れて行って教育を受けさせようと思っている。そしてお前は私の息子になるんだよ、そばかす。正式な子どもにね！」

そばかすは、ネリーのたてがみに指先をからめるようにして、からだを支えた。

「［オ］」と声を震《ふる》わせた。

マクリーンが、少年の肩《かた》に腕《うで》をまわして、しっかりと抱《だ》き寄せた。

「［カ］」

そばかすが青ざめた顔を上げた。「そんな！」と、かすれた声でつぶやいた。「ああ、神さま！」

マクリーンは肩を抱いた手にぎゅっと力をこめてから、小径を馬に乗って去っていった。

そばかすが、帽子を持ち上げて、夜空に顔を向けた。美しい満月が見下ろし、湿原を銀色の光で染めている。リンバロストの森は夜の歌をうたっている。くぼ地の草が風のなかで、さらさらと穏《おだ》やかな音を立てていた。羽を持つ夜の生き物が顔のそばをかすめていったが、そばかすはそのまま天をあおぎながら、自分の身の上に起きたことをつきつめて考えようとしていた。天ははるか遠くにあり、冷たく、青い。花が咲《さ》き、天使たちが歩き、愛が見つかる大地のほうがいい。しかし、天上にいるあの神さまに、この奇跡《きせき》をもらったことを感謝しなければ。そばかすのくちびるが動き、静かにつぶやきはじめた。

「僕のところにやってきた素晴らしいもののひとつひとつに感謝します。とりわけ、あの［①］が落ちてきたことに。たとえあれが［②］の落としものではなかったにせよ、あの［①］が、僕の［②］を連れてきてくれたんです。あなたさまの大きな御心《みこころ》が、これ以上のことを僕にしてくださるのなら、ああ、どうかエンジェルをお守りください！」

（ポーター／鹿田昌美・訳『そばかすの少年』）

家に戻《もど》る道中に、エンジェルはバードレディに、楽園のような小さな一角に迷いこんだことと、つけてもらった新しい名前の話をした。バードレディはエンジェルを見つめ、なるほどこの子にふさわしい名前だわ、と思った。

「ねえおばさま、マクリーンさんに息子がいるって、ご存知だった?」エンジェルがたずねた。「あの人、少し訛《なま》りがあって、こねくり回した話し方をするところが、とてもかわいいと思いません? それから、自分のお父さんを『さん』づけで呼ぶなんて、ちょっと古風でおもしろくない?」「[ア]」バードレディは、二番目の質問に先に答えている。「私はね、最近の若者が偉《えら》そうな口調で、自分の父親を『パパ』とか『おやじ』とか『じいさん』とか『おいぼれ』とか呼ぶのにはうんざりなのよ。だから、あの少年の敬意を払《はら》って従う態度には、上質の絹みたいな魅《み》力を感じましたよ。まちがいないわ、あの若者は、たぐいまれななにかを持っている」

バードレディは、そばかすの父親だと誇《ほこ》らしげに宣言した男が、独身でスコットランド人であることを、もう何年も前から知っているのだが、わざわざそれをエンジェルに教える必要はないと考えていた。他人のことにはけっして口を出さないという立派な信条の持ち主なのだ。

そばかすは小径に戻ったが、野ばらを見つけるたびに立ち止まっては、なめらかに光るピンクの花びらを、しげしげと見つめた。2あの子は僕《ぼく》とは世界がちがう。誰《だれ》よりも、僕自身が一番よく知っていることだ。でも、僕の天使かもしれないし、僕が望むのは、ただ黙《だま》ってひたすらに崇《すう》拝することだけだ。人生で最高に幸せな日が終わり、夜になると、そばかすは、見えない力に引きずられるように湿原へと引き返した。(注1)ウェスナーが復讐《しゅう》をたくらむのはわかっているし、裏で(注2)ブラック・ジャックが糸を引いているのはほぼ確実だが、そんな恐れは、そばかすの幸福な心から逃《に》げ去っていった。僕は信用を守りとおしてきた。支配人の尊敬を勝ち取ったのだ。エンジェルの到《とう》来によって胸からわきだした、あふれんばかりの聖なる敬愛は、誰も僕の心からぬぐい去ることはできない。最善をつくして、自分の強さを信じよう。遅《おそ》かれ早かれやってくる、恐ろしい日に向き合うために。そばかすはくねった小径を進み、鉄条網を元気よく叩《たた》きながら、たとえようがないほど甘《あま》い声で歌をうたった。

開墾《こん》地のはずれにやってきたそばかすが、まぶしい月明かりの下に出ると、3雌《めす》馬に乗っているマクリーンが見えた。そばかすは、急いで近づいていった。

「[イ]」そばかすが心配そうにたずねた。

「こっちがききたいよ」と、マクリーンが言った。「眠《ねむ》る前に顔を見ようと小屋に立ち寄ったら、こっちに出かけたと言うじゃないか。こんなことをしてはいけないよ、そばかす。湿原はどんな時間帯でも健康によくないし、とくに夜は(注3)瘴《しょう》気が出ているからね」

そばかすが立ったまま、ネリーのたてがみを手ぐしでとかしてやると、優美な姿をした馬は、なでてもらおうと首をひねった。そばかすは、帽《ぼう》子をうしろに押《お》しやって、マクリーンの顔をのぞきこんだ。「マクリーンさん、もうじき、前におっしゃっていた『片目を開けて眠る』ときがやってきます。あと、一、二週間はなにも起きないと思いますが、必ずそのときは来ますし、それはまもなくのことです。マクリーンさんと自分自身に誓《ちか》ったことを守るのであれば、作業員が来るまでのあい

【国　語】〈四五分〉　〈満点：一〇〇点〉

【一】　次の文章を読んで、後の各問いに答えなさい。（問題作成の都合上、省略、および表記を改めた箇《か》所がある）

> 孤《こ》児の少年「そばかす」は、大人でも恐《おそ》れるリンバロストの森の中、材木会社支配人の「マクリーン」に雇《やと》われて、孤独とたたかいながらも、命の危険性もかえりみず泥《どろ》棒から木を守る仕事をしている。厳しい大自然の中、人々との出会いを通して、少年はたくましく成長する。

1そばかすは、橋から鉄条網《もう》へと続く道を、ゆっくりと歩いていった。ここは警戒《かい》心を多少はゆるめることができる場所である。湿《しつ》原に忍《しの》びこもうとするどんなに大胆《たん》な材木泥棒でも、視線をさえぎる木立がなく、水が流れている河口からは、ぜったいに侵《しん》入してこないからだ。伸《の》び放題の雑草をこん棒でなぎ倒《たお》しながら、もっと木の生い茂《しげ》った湿原なら日陰《かげ》も多いのに、と考えていたとき、そばかすがハッとして身をかわした。こん棒が鋭《するど》い音を立てて空を切り、そばかすはうしろに飛びのいた。

頭上の澄《す》み切った空から、まずは顔の位置まで落ちてきて、そのまま水平に飛んだと思ったら、また下降して、ひらり、ふわり、くるくると遊びながら、軸《じく》を下にして小径《こみち》の目の前に突《つ》き刺《さ》さったのは、虹《にじ》色に輝《かがや》く大きな黒い羽根だった。そばかすは、着地した羽根をひっつかみ、そのまま天をあおいだ。大きな空が広がり、一本の木も見あたらない。羽根を飛ばすような風もまったく吹《ふ》いていない。この羽根は、晴れわたる空から落ちてきたのだ。そばかすは、六月の青空をようやく眺《なが》めてみた。天空高く雲がふたつみっつ、のんびりと浮《う》かんでいるだけだ。鳥が空中で凍《こお》ったみたいに静止するなんて、聞いたこともないし、あるわけがない。そばかすは、大きな羽根を不思議そうに見つめてから、もう一度おそるおそる空をあおぎ見た。

「羽根が空から降ってきた！」そばかすが、敬虔《けん》な思いにかられてためいきをついた。「聖なる天使の羽毛が生え変わる時期なのか？　いやちがう。もしそうだとしても、羽は白いはずだ。それとも、すべての天使の羽が白いわけではないのか。神さまの使いは白で、悪魔《ま》の使いは黒だったらどうする？　でも、黒いなら天空に用などないはずだ。それとも哀《あわ》れな黒い天使が、天国の門にこっそり近づこうとして罰《ばつ》を受け、それがあんまり辛《つら》いので、神さまに聞こえるように、ばさばさと翼《つばさ》を羽ばたかせているのかな！」

しつこく空を探してみたが、金色に輝く門があらわれて答えをくれることはなく、空を横切る鳥の姿も見えない。そばかすは羽根をひっくり返してしみじみと物思いにふけりながら、ふたたびゆっくりと歩きはじめた。

……中略……

> 「そばかす」は、森の中で、町の社長令嬢《じょう》「エンジェル」と出会う。彼女は写真家「バードレディ」とともに馬車で森を訪れていたが、途《と》中、切り株《かぶ》や丸太を踏《ふ》んで車軸がはまり、立ち往生。バードレディは、助けを呼びに行くため、エンジェルに一人馬車の中で待機するように告げる。しかし、彼《かの》女は言いつけを守らず、馬車を降り、アゲハ蝶《ちょう》を追っているうちに道に迷う。心身ともに疲《ひ》労しているところに、そばかすが現れ、彼女を助ける。運命的な出会いをしたそばかすは、美しく可憐《れん》な少女に、エンジェルと名づけ、馬車を探し出し、無事にバードレディのもとに届けた。

解答用紙集

○月×日　△曜日　天気（合格日和）

◆ご利用のみなさまへ
＊解答用紙の公表を行っていない学校につきましては，弊社の責任において，解答用紙を制作いたしました。
＊編集上の理由により一部縮小掲載した解答用紙がございます。
＊編集上の理由により一部実物と異なる形式の解答用紙がございます。

人間の最も偉大な力とは，その一番の弱点を克服したところから生まれてくるものである。――カール・ヒルティ――

東京学参株式会社

慶應義塾中等部　2024年度

◇算数◇

【1】

(1)			(2)		(3)	(4)	(5)	
ア	イ	ウ	ア	イ			ア	イ

【2】

(1)	(2)	(3)	(4)		(5)
			ア	イ	

【3】

(1)	(2)			(3)		(4)	
	ア	イ	ウ	ア	イ	ア	イ

【4】

(1)	(2)		
	ア	イ	ウ

【5】

(1)	(2)		(3)		
	ア	イ	ア	イ	ウ

【6】

(1)	(2)

【1】

(1)	(2)					(3)
	A	B	C	E	I	

(4)		(5)			(6)
F	J	G	H	K	
					右欄《らん》

【2】

(1)				
ア	イ	ウ	エ	オ

(2)		(3)	(4)
			右欄《らん》

【3】

(1)	(2)				(3)
	①	②	③	④	

【4】

(1)		(2)	(3)	(4)	(5)	(6)

【1】

(6)

【2】

(4)									

◇社会◇

【1】

問1	問2								
	ア	イ	ウ	エ	オ	カ	キ	ク	ケ
右らん									

問3	問4	
	2番目	4番目

【2】

問1	問2	問3	問4	
			省庁	移転先
	右らん	右らん		

【3】

問1	問2	問3
		右らん

【4】

問1	問2	問3	問4	問5		問6	問7	問8	問9
				青森県	福島県				
	右らん	右らん							

問10	問11	問12	問13
	右らん		

【5】

問1	問2	問3	
		（1）	（2）
			右らん

【1】

問1			
A		D	
B		E	
C		F	

【2】

問2

問3										
										20

【3】

問3

【4】

問2

問11

問3

【5】

問3（2）										
										20

◇国語◇

【一】 問一　問二　問三　問四　問七

【二】 問一

問二

A	B	C	D	E

問三　問四

問五　問六　問七

問八

ア	イ	ウ	エ

【三】 問一　問二　問三　問四　問五

問六

問七

(1)	(2)	(3)

【四】 問一

A	B	C	D

問二

ア	イ	ウ

【一】 問五

～

問六

20

こと。

【五】

ア	カ	サ

イ	キ	シ

ウ	ク	ス

エ	ケ	セ

オ	コ	ソ
み	せず	す

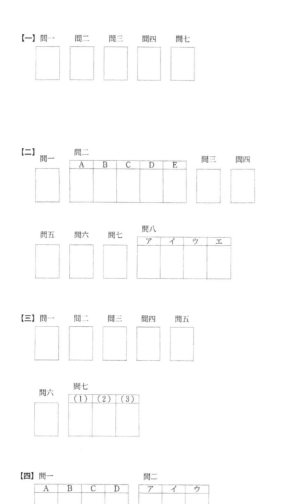

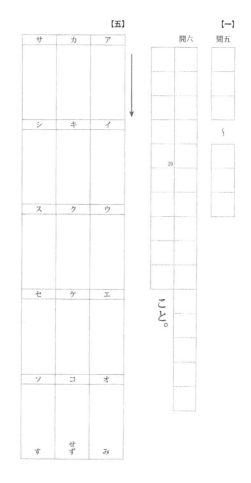

慶應義塾中等部　2023年度

◇算数◇

【1】

(1)		(2)		(3)	(4)	(5)
ア	イ	ア	イ			

【2】

(1)	(2)		(3)	(4)	(5)
	ア	イ			

【3】

(1)		(2)			(3)		(4)	
ア	イ	ア	イ	ウ	ア	イ	ア	イ

【4】

(1)		(2)	
ア	イ	ア	イ

【5】

(1)		(2)		
ア	イ	ア	イ	ウ

【6】

(1)	(2)

慶應義塾中等部　2023年度

◇理科◇

【1】

(1)	(2)	(3)	(4)	(5)	(6)
					右欄《らん》

(7)	(8)	(9)	(10)	(11)
			右欄《らん》	右欄《らん》

【1】

(6)

(10)	(11)

【2】

(1)			(2)		

(3)	(4)	(5)

【3】

(1)	(2)	(3)

【4】

(1)	(2)	(3)	(4)	(5)	(6)	(7)

◇社会◇

【1】

問1	問2	問3	問4

【2】

問1		問2	問3	問4	問5	問6
遺跡A	遺跡B					
		右らん	右らん		右らん	

問7		問8	問9
(1)	(2)		
		右らん	

【3】

問1	問2	問3	問4	問5	問6
			右らん		

【4】

問1	問2	問3	問4	問5	問6	問7
			右らん		右らん	

【2】

問2

20

35

問3

問5

問8

【3】

問4

権

【4】

問4

30

60

問6

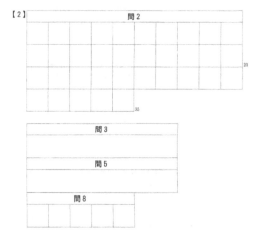

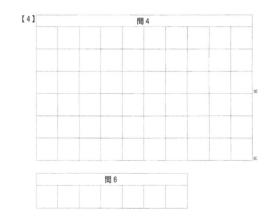

慶應義塾中等部　2023年度

◇国語◇

【一】 問一　問二　問三　問四　問五　問六

【二】 問一　問二　問三　問四　問五

問六

Ⅲ	Ⅳ

問七　問八

【三】 問一　問二　問三　問四　問五　問六

【四】

A	B	C	D	E	F	G	H	I

【五】

ア	カ	サ
イ	キ	シ
ウ	ク	ス
エ	ケ	セ
オ	コ	ソ
い	る	く

【一】 問七

ということ。

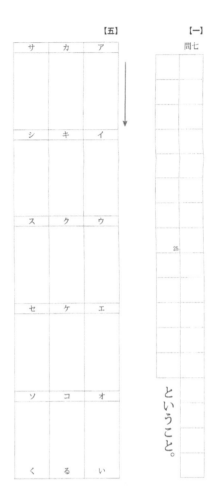

【1】

(1)	(2)		(3)			(4)	(5)
	ア	イ	ア	イ	ウ		

【2】

(1)			(2)	(3)	(4)	(5)
ア	イ	ウ				

【3】

(1)	(2)			(3)	(4)	
	ア	イ	ウ		ア	イ

【4】

(1)	(2)

【5】

(1)				(2)				
ア	イ	ウ	エ	ア	イ	ウ	エ	オ

【6】

(1)	(2)

【1】

(1)	(2)	(3)	(4)	(5)	(6)
右欄《らん》	右欄《らん》				

【2】

(1)	(2)	(3)	(4)

【3】

(1)	(2)	(3)

【4】

(1)			(2)
(ア)	(イ)	(ウ)	

【5】

(1)		(2)	(3)
日食のとき	月食のとき		
			右欄《らん》

(4)					(5)	

【1】

(1)		(2)
ア	イ	

【5】

(3)									

【1】

問1					
A	B	C	D	E	F

問2					
A	B	C	D	E	F

【2】

問1	問2	問3	問4

問5							
(1)					(2)	(3)	
(あ)	(い)	(う)	(え)	(お)		(A)	(B)

【3】

問1				問2	問3	問4	問5
(あ)	(い)	(う)	(え)				
				右らん	右らん	右らん	右らん

【4】

問1						
(あ)	(い)	(う)	(え)	(お)	(か)	(き)

問2	問3	問4
右らん	右らん	右らん

【3】

問2				

問3

問4	

問5	
(A)	(B)

【4】

問2	
(A)	(B)

問3										
										20
										50

問4										
										20
										50

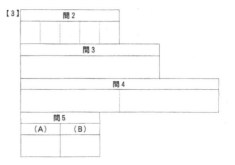

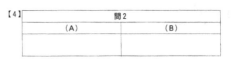

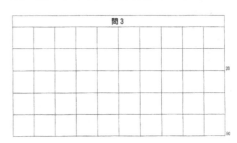

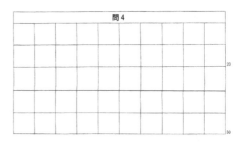

【一】

問一

i	ii	iii

問二

X	Y

問三

あ	い	う	え

問四

問五

問七

【二】

問一　問二　問三　問四　問五

【三】

ア	イ	ウ	エ	オ

【四】

カ	キ	ク	ケ	コ

【一】

問六

20

と考えること。

【五】

ア	カ	サ

イ	キ	シ

ウ	ク	ス

エ	ケ	セ

オ	コ	ソ
す	り	く

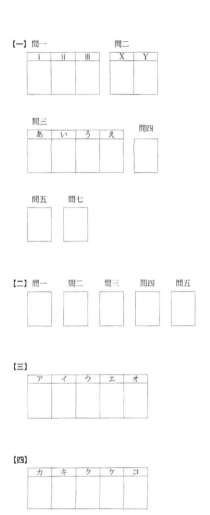

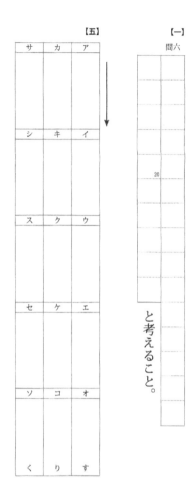

慶應義塾中等部　2021年度

◇算数◇

【1】

(1)			(2)			(3)		(4)	
ア	イ	ウ	ア	イ	ウ	ア	イ	ア	イ

【2】

(1)		(2)	(3)	(4)	(5)		
ア	イ				ア	イ	ウ

【3】

(1)		(2)	(3)		(4)		(5)	
ア	イ		ア	イ	ア	イ	ア	イ

【4】

(1)			(2)		
ア	イ	ウ	ア	イ	ウ

【5】

(1)	(2)

【6】

(1)	(2)

慶應義塾中等部　2021年度　◇理科◇

【1】

(1)	(2)

【2】

(1)	(2)				(3)	(4)	(5)
	A	B	C	D			
						右欄《らん》	右欄《らん》

【3】

(1)	(2)	(3)	(4)	(5)	(6)	(7)
				右欄《らん》		右欄《らん》

【4】

(1)	(2)		(3)			
	A	D	B	C	E	F

【5】

(1)				
ヨシキ	ナナミ	マサル	サトミ	カオル

(2)					(3)	(4)	(5)
カシワ	スギ	トチ	フジ	マツ			

【2】

(4)									

(5)		

【3】

(5)

(7)		

慶應義塾中等部　2021年度

◇社会◇

【1】

問1	問2	問3	問4	問5				
				（1）	（2）	（3）		（4）
						ア	イ	
	右欄《らん》							右欄

問6		問7
（1）	（2）	

【2】

問1					問2	問3	問4	問5	問6
（ア）	（イ）	（ウ）	（エ）	（オ）					
								右欄	右欄

【3】

問1	問2	問3

【4】

問1	問2	問3	問4	問5	問6	問7	問8	問9
					右欄			

問10		問11
（1）	（2）	
	右欄	

【5】

問1	問2	問3	問4	問5
右欄				右欄

【1】

問2

問5（4）			
稲穂		歯車	

【2】

問5

問6

【4】

問6

問10（2）

【5】

問1										
										20
					25					

問5										
										20
										50

慶應義塾中等部　2021年度

◇国語◇

【一】

問一　問二　問三　問四　問六　問七

問八　問九

【一】問五

森本由紀に対して

点。

【二】問一

I	II	III

問二　問三　問四　問五　問六

【三】問一

A	B	C	D	E

問二

C	D	E	F

【四】

ア	イ	ウ	エ	オ	カ	キ	ク

【五】

ア	イ	ウ	エ	オ

カ	キ	ク	ケ	コ
				めて

サ	シ	ス	セ	ソ
				める

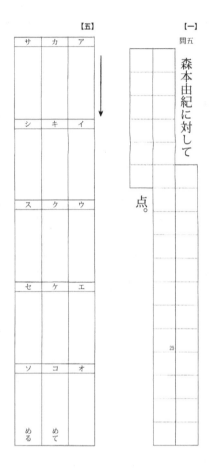

◇算数◇

【1】

(1)	(2)		(3)	(4)
	ア	イ		

【2】

(1)	(2)	(3)		(4)	
		ア	イ	ア	イ

【3】

(1)		(2)	(3)		(4)
ア	イ		ア	イ	

【4】

(1)			(2)	
ア	イ	ウ	ア	イ

【5】

(1)		(2)
ア	イ	

【6】

(1)		(2)	
ア	イ	ア	イ

【7】

(1)	(2)	
	ア	イ

慶應義塾中等部　　2020年度　　◇理科◇

【1】

(1)	(2)	(3)		(4)	(5)	(6)
		ウ	エ			
				右欄《らん》	右欄《らん》	

(4)		(5)
オ	カ	

【2】

（ア）	（イ）

【3】

(1)	(2)	(3)	(4)	(5)	(6)
			右欄《らん》		

(4)		
ア	イ	ウ

【4】

(1)					(2)	(3)
ア	イ	ウ	エ	オ		
						右欄《らん》

(3)

◇社会◇

【1】

問1	問2
	右欄《らん》

【2】

問1	問2
右欄	

【3】

問1				問2	問3	問4
(1)	(2)					
	い	う	え			
					右欄	

問5	問6	問7	
		(1)	(2)
		右欄	

【4】

問1				問2			
あ	い	う	え	A	B	C	D

問3				問4	
①	②	③	④	(1)	(2)
				右欄	右欄

【1】

問2										
										10
										30

【2】

問1	
(ア)	
(イ)	
(ウ)	

【3】

問3	
問7	
(1)	

【4】

問4 (1)										
										10

問4 (2)										
										40
										80

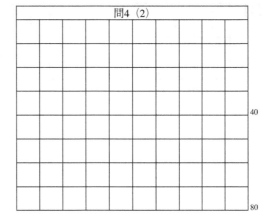

◇国語◇

【一】

問一

Ⅰ	Ⅱ	Ⅲ

問二

20

問三　問四　問五　問六

問七

【二】

問一

Ⅰ	Ⅱ	Ⅲ	Ⅳ

問二　問三　問四

問五　問六

【三】

ア	イ	ウ	エ	オ

【四】

カ	キ	ク	ケ	コ

【五】

ア	カ	サ

イ	キ	シ

ウ	ク	ス

エ	ケ	セ

オ	コ	ソ
う	らす	く

◇算数◇

【1】

(1)			(2)			(3)	(4)
ア	イ	ウ	ア	イ	ウ		

【2】

(1)	(2)		(3)	(4)
	ア	イ		

【3】

(1)	(2)		(3)		(4)
	ア	イ	ア	イ	

【4】

(1)	(2)	
	ア	イ

【5】

(1)			(2)	
ア	イ	ウ	ア	イ

【6】

(1)		(2)	
ア	イ	ア	イ

【7】

(1)		(2)
ア	イ	

慶應義塾中等部　2019年度

◇理科◇

【1】

(1)			(2)	(3)	(4)	(5)	(6)
①	②	③					

【2】

(1)	(2)		(3)	(4)
	ア	イ		
右欄《らん》				

(5)	(6)	(7)
		番号の小さい順に書く

【2】

(1)

【3】

(1)	(2)	(3)

【4】

(1)	(2)		(3)
	ア	イ	
			右欄

(4)
番号の小さい順に書く

【4】

(3)

【5】

(1)	(2)	(3)	(4)	(5)

慶應義塾中等部　2019年度

◇社会◇

【1】

問1	問2	問3	問4	問5	問6	問7	問8	問9	問10

【2】

問1			問2			問3
ア	イ	ウ	エ	オ	カ	

【3】

ア	イ	ウ	エ	オ	カ	キ	ク	ケ

【4】

ア		イ		ウ		エ		オ	
語群	地図	語群	地図	語群	地図	語群	地図	語群	地図

【5】

問1	問2	問3	問4	問5
	右欄《らん》	右欄		

【6】

問1				問2	問3	問4	問5	問6	問7
ア	イ	ウ	エ						
									右欄

【7】右欄

【5】

問2	
問3	

【6】
問7

【7】
問1

問2

問3

慶應義塾中等部　2019年度

◇国語◇

【一】

問一

I	II	III	IV

問二　問四　問五　問六

問七　問八　問九

問三

40

【二】

問一

問二

A	B

問三　問四　問五

【三】

ア	イ	ウ	エ	オ	カ

【四】

ア	イ	ウ	エ	オ

【五】

ア	イ	ウ	エ	オ
				ち

カ	キ	ク	ケ	コ
				り

サ	シ	ス	セ	ソ
				み

慶應義塾中等部　　平成30年度

◇算数◇

※この解答用紙は114％に拡大していただくと，実物大になります。

【1】

(1)	(2)		(3)	(4)	
	ア	イ		ア	イ

【2】

(1)	(2)	(3)		(4)
		ア	イ	

【3】

(1)	(2)	(3)	(4)	
			ア	イ

【4】

(1)		(2)	
ア	イ	ア	イ

【5】

(1)	(2)	
	ア	イ

【6】

(1)	(2)	
	ア	イ

【7】

(1)	(2)	
	ア	イ

○推定配点○　各5点×20　　計100点

／100

慶應義塾中等部　平成30年度　　　　◇理科◇

※この解答用紙は実物大になります。

【1】

(1)	(2)	(3)	(4)

【2】

(1)			(2)	(3)	(4)	(5)
a	b	c				

【3】

(1)	(2)		(3)	(4)	(5)

【4】

(1)			(2)	(3)		(4)	
番号の小さい順に書く				(ア)	(イ)	マツモムシ	ケラ

【5】

(1)	(2)						(3)
	ア	イ	ウ	エ	オ	カ	

○推定配点○　【1】　各2点×4　【2】　各2点×5（(1)は完答）　【3】　各2点×5（(2)は完答）
【4】　各2点×6（(1)は完答）　【5】　(1)・(3)　各2点×2　(3)　各1点×6
計50点

/50

慶應義塾中等部　平成30年度

◇社会◇

※この解答用紙は158％に拡大していただくと，実物大になります。

【1】

ア	イ	ウ	エ	オ	カ	キ	ク	ケ	コ

【2】

ア	イ	ウ	エ

【3】

ア	イ	ウ	エ	オ	カ

【4】

ア	イ	ウ	エ	オ	カ

【5】 右欄

【6】

問1				問2	問3	問4	問5
ア	イ	ウ	エ				
					右欄	右欄	

【7】 右欄

【5】

ア	
イ	
ウ	

【6】

問3	
番号	正しい語句

問4

【7】

○推定配点○　【1】 各1点×10　【2】 各1点×4　【3】 各1点×6　【4】 各1点×6
【5】 各2点×3
【6】 問1　各1点×4　他　各2点×6（問3は番号と正しい語句の組み合せで各完答）
【7】 2点　計50点

50

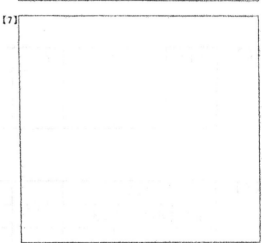

慶應義塾中等部　平成30年度　　　　◇国語◇

※この解答用紙は146％に拡大していただくと，実物大になります。

【一】 問一

a	b	c

問二

甲	乙	丙

問三

問四

問五

問六

問七

（20）

ことが大切だということ。

【二】 問一　問二　問三　問四　問五　問六

【三】 問一　問二　問三

問四

ア	イ	ウ	エ	オ	カ

【四】 問一

ア	イ	ウ	エ	オ	カ

問二

ア	イ	ウ	エ

【五】

ア	イ	ウ	エ
			く

オ	カ	キ	ク
			い

ケ	コ	サ	シ
			む

ス	セ	ソ	タ
			べ

○推定配点○　【一】　問一～問三　各2点×7　　問四～問六　各3点×3　　問七　5点
【二】　各3点×6　　【三】　各2点×9　　【四】　各2点×10　　【五】　各1点×16
計100点

／100

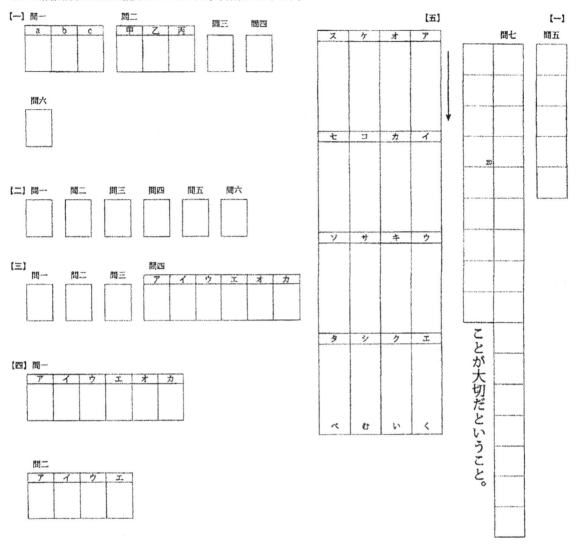

慶應義塾中等部　　平成29年度

◇算数◇

※この解答用紙は117%に拡大していただくと，実物大になります。

【1】

(1)		(2)		(3)	(4)
ア	イ	ア	イ		

【2】

(1)		(2)	(3)	(4)	
ア	イ			ア	イ

【3】

(1)			(2)	(3)	(4)	
ア	イ	ウ			ア	イ

【4】

(1)	(2)

【5】

(1)		(2)		
ア	イ	ア	イ	ウ

【6】

(1)	(2)

【7】

(1)				(2)			
ア	イ	ウ	エ	ア	イ	ウ	エ

○推定配点○　各5点×20(【7】各完答)　　計100点

／100

慶應義塾中等部　　平成29年度

◇理科◇

※この解答用紙は128％に拡大していただくと，実物大になります。

【1】

(1)			(2)									(3)
固体	液体	気体	A	B	C	D	E	F	G	H	I	

【2】

(1)	(2)	(3)	(4)	(5)

【3】

(1)	(2)	(3)				
		A	B	C	D	E

【4】

(1)			(2)	(3)		(4)	(5)
				表1	表2		

○推定配点○　【1】（1）・（2）　各1点×12　　（3）　2点　　【2】　各2点×5　　【3】　各2点×7
【4】　各2点×6　　　計50点

／50

慶應義塾中等部　平成29年度　　　　◇社会◇

※この解答用紙は160％に拡大していただくと，実物大になります。

【1】 史跡名は右側の解答欄に記入

ア	イ	ウ	エ	オ

【2】

問1		問2		問3		問4		問5	
2番目	4番目	2番目	4番目	2番目	4番目	2番目	4番目	2番目	4番目

【3】

問1	問2						問3	問4
	(1)		(2)		(3)			
	①	④	②	⑤	③	⑥		
右側の解答欄に記入							右側の解答欄に記入	右側の解答欄に記入

【4】

問1	問2		問3		問4	
	①	②	③	④	⑤	⑥
右側の解答欄に記入						

問5	問6	問7	問8			
			A	B	C	D
		右側の解答欄に記入				

【5】

問1	問2	問3	問4	問5	問6	問7	問8	問9
						右側の解答欄に記入		右側の解答欄に記入

【1】

	史跡名
ア	遺跡
イ	神社
ウ	城
エ	金山
オ	製糸場

【3】

問1			
ア		イ	

問3									

20

問4

【4】

問1			
ア		イ	

問7
農業

【5】

問7									

20

問9									

10

○推定配点○　【1】 各2点×5(史跡名と場所で完答)　【2】 各2点×5(問いごとに完答)
【3】 各2点×6(問1は完答，問2は(1)～(3)それぞれ完答)
【4】 各1点×8(問1～問4，問8は問いごとに完答)
【5】 問7　2点　他　各1点×8　　計50点

／50

※この解答用紙は136％に拡大していただくと，実物大になります。

【一】

問六

絵美は病気の友人や私のことを考えてくれていたのに対して、

から。

問一　問二　問三　問四　問五

問七　問八

【二】 問一　問二　問三　問四　問五

問六

問七

ア	イ	ウ

【三】

ア	イ	ウ	エ	オ

【四】 問一

A	B	C	D

問二

【五】

ア	イ	ウ	エ
			げ

オ	カ	キ	ク
			らか

ケ	コ	サ	シ
			ば

ス	セ	ソ	タ
			む

○推定配点○　【一】 問五　2点　　問六　5点　　他　各3点×6
【二】 問一・問三　各2点×2　　他　各3点×8　　【三】 各2点×5
【四】 各1点×5　　【五】 各2点×16　　計100点

/100

MEMO

大切なことはメモしておこうネ！

MEMO

大切なことはメモしておこうネ！

MEMO

大切なことはメモしておこうネ！

MEMO

大切なことはメモしておこうネ！

東京学参の

中学校別入試過去問題シリーズ

＊出版校は一部変更することがあります。一覧にない学校はお問い合わせください。

東京ラインナップ

あ　青山学院中等部(L04)
麻布中学(K01)
桜蔭中学(K02)
お茶の水女子大附属中学(K07)
か　海城中学(K09)
開成中学(M01)
学習院中等科(M03)
慶應義塾中等部(K04)
啓明学園中学(N29)
晃華学園中学(N13)
攻玉社中学(L11)
国学院大久我山中学
　(一般・CC)(N22)
　(ＳＴ)(N23)
駒場東邦中学(L01)
さ　芝中学(K16)
芝浦工業大附属中学(M06)
城北中学(M05)
女子学院中学(K03)
巣鴨中学(M02)
成蹊中学(N06)
成城中学(K28)
成城学園中学(L05)
青稜中学(K23)
創価中学(N14)★
た　玉川学園中学部(N17)
中央大附属中学(N08)
筑波大附属中学(K06)
筑波大附属駒場中学(L02)
帝京大中学(N16)
東海大菅生高中等部(N27)
東京学芸大附属竹早中学(K08)
東京都市大付属中学(L13)
桐朋中学(N03)
東洋英和女学院中学部(K15)
豊島岡女子学園中学(M12)
な　日本大第一中学(M14)
日本大第三中学(N19)
日本大第二中学(N10)
は　雙葉中学(K05)
法政大学中学(N11)
本郷中学(M08)
ま　武蔵中学(N01)
明治大付属中野中学(N05)
明治大付属八王子中学(N07)
明治大付属明治中学(K13)
ら　立教池袋中学(M04)
わ　和光中学(N21)
早稲田中学(K10)
早稲田実業学校中等部(K11)
早稲田大高等学院中学部(N12)

神奈川ラインナップ

あ　浅野中学(O04)
栄光学園中学(O06)
か　神奈川大附属中学(O08)
鎌倉女学院中学(O27)
関東学院六浦中学(O31)
慶應義塾湘南藤沢中等部(O07)
慶應義塾普通部(O01)
さ　相模女子大中学部(O32)
サレジオ学院中学(O17)
逗子開成中学(O22)
聖光学院中学(O11)
清泉女学院中学(O20)
洗足学園中学(O18)
捜真女学校中学部(O29)
た　桐蔭学園中等教育学校(O02)
東海大付属相模高中等部(O24)
桐光学園中学(O16)
な　日本大中学(O09)
は　フェリス女学院中学(O03)
法政大第二中学(O19)
や　山手学院中学(O15)
横浜隼人中学(O26)

千・埼・茨・他ラインナップ

あ　市川中学(P01)
浦和明の星女子中学(Q06)
か　海陽中等教育学校
　(入試Ⅰ・Ⅱ)(T01)
　(特別給費生選抜)(T02)
久留米大附設中学(Y04)
さ　栄東中学(東大・難関大)(Q09)
栄東中学(東大特待)(Q10)
狭山ヶ丘高校付属中学(Q01)
芝浦工業大柏中学(P14)
渋谷教育学園幕張中学(P09)
城北埼玉中学(Q07)
昭和学院秀英中学(P05)
清真学園中学(S01)
西南学院中学(Y02)
西武学園文理中学(Q03)
西武台新座中学(Q02)
専修大松戸中学(P13)
た　筑紫女学園中学(Y03)
千葉日本大第一中学(P07)
千葉明徳中学(P12)
東海大付属浦安高中等部(P06)
東邦大付属東邦中学(P08)
東洋大附属牛久中学(S02)
獨協埼玉中学(Q08)
な　長崎日本大中学(Y01)
成田高校付属中学(P15)
は　函館ラ・サール中学(X01)
日出学園中学(P03)
福岡大附属大濠中学(Y05)
北嶺中学(X03)
細田学園中学(Q04)
や　八千代松陰中学(P10)
ら　ラ・サール中学(Y07)
立命館慶祥中学(X02)
立教新座中学(Q05)
わ　早稲田佐賀中学(Y06)

公立中高一貫校ラインナップ

北海道　市立札幌開成中等教育学校(J22)
宮　城　宮城県仙台二華・古川黎明中学校(J17)
市立仙台青陵中等教育学校(J33)
山　形　県立東桜学館・致道館中学校(J27)
茨　城　茨城県立中学・中等教育学校(J09)
栃　木　県立宇都宮東・佐野・矢板東高校附属中学校(J11)
群　馬　県立中央・市立四ツ葉学園中等教育学校・
市立太田中学校(J10)
埼　玉　市立浦和中学校(J06)
県立伊奈学園中学校(J31)
さいたま市立大宮国際中等教育学校(J32)
川口市立高等学校附属中学校(J35)
千　葉　県立千葉・東葛飾中学校(J07)
市立稲毛国際中等教育学校(J25)
東　京　区立九段中等教育学校(J21)
都立大泉高等学校附属中学校(J28)
都立両国高等学校附属中学校(J01)
都立白鷗高等学校附属中学校(J02)
都立富士高等学校附属中学校(J03)
都立三鷹中等教育学校(J29)
都立南多摩中等教育学校(J30)
都立武蔵高等学校附属中学校(J04)
都立立川国際中等教育学校(J05)
都立小石川中等教育学校(J23)
都立桜修館中等教育学校(J24)
神奈川　川崎市立川崎高等学校附属中学校(J26)
県立平塚・相模原中等教育学校(J08)
横浜市立南高等学校附属中学校(J20)
横浜サイエンスフロンティア高校附属中学校(J34)
広　島　県立広島中学校(J16)
県立三次中学校(J37)
徳　島　県立城ノ内中等教育学校・富岡東・川島中学校(J18)
愛　媛　県立今治東・松山西中等教育学校(J19)
福　岡　福岡県立中学校・中等教育学校(J12)
佐　賀　県立香楠・致遠館・唐津東・武雄青陵中学校(J13)
宮　崎　県立五ヶ瀬中等教育学校・宮崎西・都城泉ヶ丘高校附属中学校(J15)
長　崎　県立長崎東・佐世保北・諫早高校附属中学校(J14)

公立中高一貫校「適性検査対策」問題集シリーズ

総合編　作文問題編　資料問題編　数と図形編　生活と科学編　実力確認テスト編

私立中・高スクールガイド

THE《ザ》 私立

私立中学＆高校の学校生活がわかる！

東京学参の

高校別入試過去問題シリーズ

＊出版校は一部変更することがあります。一覧にない学校はお問い合わせください。

東京ラインナップ

あ　愛国高校(A59)
　　青山学院高等部(A16)★
　　桜美林高校(A37)
　　お茶の水女子大附属高校(A04)
か　開成高校(A05)★
　　共立女子第二高校(A40)★
　　慶應義塾女子高校(A13)
　　啓明学園高校(A68)★
　　国学院高校(A30)
　　国学院大久我山高校(A31)
　　国際基督教大高校(A06)
　　小平錦城高校(A61)★
　　駒澤大高校(A32)
さ　芝浦工業大附属高校(A35)
　　修徳高校(A52)
　　城北高校(A21)
　　専修大附属高校(A28)
　　創価高校(A66)★
た　拓殖大第一高校(A53)
　　立川女子高校(A41)
　　玉川学園高等部(A56)
　　中央大高校(A19)
　　中央大杉並高校(A18)★
　　中央大附属高校(A17)
　　筑波大附属高校(A01)
　　筑波大附属駒場高校(A02)
　　帝京大高校(A60)
　　東海大菅生高校(A42)
　　東京学芸大附属高校(A03)
　　東京農業大第一高校(A39)
　　桐朋高校(A15)
　　都立青山高校(A73)★
　　都立国立高校(A76)★
　　都立国際高校(A80)★
　　都立国分寺高校(A78)★
　　都立新宿高校(A77)★
　　都立墨田川高校(A81)★
　　都立立川高校(A75)★
　　都立戸山高校(A72)★
　　都立西高校(A71)★
　　都立八王子東高校(A74)★
　　都立日比谷高校(A70)★
な　日本大櫻丘高校(A25)
　　日本大第一高校(A50)
　　日本大第三高校(A48)
　　日本大第二高校(A27)
　　日本大鶴ヶ丘高校(A26)
　　日本大豊山高校(A23)
は　八王子学園八王子高校(A64)
　　法政大高校(A29)
ま　明治学院高校(A38)
　　明治学院東村山高校(A49)
　　明治大付属中野高校(A33)
　　明治大付属八王子高校(A67)
　　明治大付属明治高校(A34)★
　　明法高校(A63)
わ　早稲田実業学校高等部(A09)
　　早稲田大高等学院(A07)

神奈川ラインナップ

あ　麻布大附属高校(B04)
　　アレセイア湘南高校(B24)
か　慶應義塾高校(A11)
　　神奈川県公立高校特色検査(B00)
さ　相洋高校(B18)
た　立花学園高校(B23)
　　桐蔭学園高校(B01)
　　東海大付属相模高校(B03)★
　　桐光学園高校(B11)
な　日本大高校(B06)
　　日本大藤沢高校(B07)
は　平塚学園高校(B22)
　　藤沢翔陵高校(B08)
　　法政大国際高校(B17)
　　法政大第二高校(B02)★
や　山手学院高校(B09)
　　横須賀学院高校(B20)
　　横浜商科大高校(B05)
　　横浜市立横浜サイエンスフロンティア高校(B70)
　　横浜翠陵高校(B14)
　　横浜清風高校(B10)
　　横浜創英高校(B21)
　　横浜隼人高校(B16)
　　横浜富士見丘学園高校(B25)

千葉ラインナップ

あ　愛国学園大附属四街道高校(C26)
　　我孫子二階堂高校(C17)
　　市川高校(C01)★
か　敬愛学園高校(C15)
さ　芝浦工業大柏高校(C09)
　　渋谷教育学園幕張高校(C16)★
　　翔凜高校(C34)
　　昭和学院秀英高校(C23)
　　専修大松戸高校(C02)
た　千葉英和高校(C18)
　　千葉敬愛高校(C05)
　　千葉経済大附属高校(C27)
　　千葉日本大第一高校(C06)★
　　千葉明徳高校(C20)
　　千葉黎明高校(C24)
　　東海大付属浦安高校(C03)
　　東京学館高校(C14)
　　東京学館浦安高校(C31)
な　日本体育大柏高校(C30)
　　日本大習志野高校(C07)
は　日出学園高校(C08)
や　八千代松陰高校(C12)
ら　流通経済大付属柏高校(C19)★

埼玉ラインナップ

あ　浦和学院高校(D21)
　　大妻嵐山高校(D04)★
か　開智高校(D08)
　　開智未来高校(D13)★
　　春日部共栄高校(D07)
　　川越東高校(D12)
　　慶應義塾志木高校(A12)
さ　埼玉栄高校(D09)
　　栄東高校(D14)
　　狭山ヶ丘高校(D24)
　　昌平高校(D23)
　　西武学園文理高校(D10)
　　西武台高校(D06)
た　東京農業大第三高校(D18)
は　武南高校(D05)
　　本庄東高校(D20)
や　山村国際高校(D19)
ら　立教新座高校(A14)
わ　早稲田大本庄高等学院(A10)

北関東・甲信越ラインナップ

あ　愛国学園大附属龍ヶ崎高校(E07)
　　宇都宮短大附属高校(E24)
か　鹿島学園高校(E08)
　　霞ヶ浦高校(E03)
　　共愛学園高校(E31)
　　甲陵高校(E43)
　　国立高等専門学校(A00)
さ　作新学院高校
　　　(トップ英進・英進部)(E21)
　　　(情報科学・総合進学部)(E22)
　　常総学院高校(E04)
た　中越高校(R03)＊
　　土浦日本大高校(E01)
　　東洋大附属牛久高校(E02)
な　新潟青陵高校(R02)
　　新潟明訓高校(R04)
　　日本文理高校(R01)
は　白鷗大足利高校(E25)
ま　前橋育英高校(E32)
や　山梨学院高校(E41)

中京圏ラインナップ

あ　愛知高校(F02)
　　愛知啓成高校(F09)
　　愛知工業大名電高校(F06)
　　愛知みずほ大瑞穂高校(F25)
　　暁高校（3年制）(F50)
　　鶯谷高校(F60)
　　栄徳高校(F29)
　　桜花学園高校(F14)
　　岡崎城西高校(F34)
か　岐阜聖徳学園高校(F62)
　　岐阜東高校(F61)
　　享栄高校(F18)
さ　桜丘高校(F36)
　　至学館高校(F19)
　　椙山女学園高校(F10)
　　鈴鹿高校(F53)
　　星城高校(F27)★
　　誠信高校(F33)
　　清林館高校(F16)★
た　大成高校(F28)
　　大同大大同高校(F30)
　　高田高校(F51)
　　滝高校(F03)★
　　中京高校(F63)
　　中京大附属中京高校(F11)★
　　中部大春日丘高校(F26)★
　　中部大第一高校(F32)
　　津田学園高校(F54)
　　東海高校(F04)★
　　東海学園高校(F20)
　　東邦高校(F12)
　　同朋高校(F22)
　　豊田大谷高校(F35)
な　名古屋高校(F13)
　　名古屋大谷高校(F23)
　　名古屋経済大市邨高校(F08)
　　名古屋経済大高蔵高校(F05)
　　名古屋女子大高校(F24)
　　名古屋たちばな高校(F21)
　　日本福祉大付属高校(F17)
　　人間環境大附属岡崎高校(F37)
は　光ヶ丘女子高校(F38)
　　誉高校(F31)
ま　三重高校(F52)
　　名城大附属高校(F15)

宮城ラインナップ

さ　尚絅学院高校(G02)
　　聖ウルスラ学院英智高校(G01)★
　　聖和学園高校(G05)
　　仙台育英学園高校(G04)
　　仙台城南高校(G06)
　　仙台白百合学園高校(G12)
た　東北学院高校(G03)★
　　東北学院榴ヶ岡高校(G08)
　　東北高校(G11)
　　東北生活文化大高校(G10)
　　常盤木学園高校(G07)
は　古川学園高校(G13)
ま　宮城学院高校(G09)★

北海道ラインナップ

さ　札幌光星高校(H06)
　　札幌静修高校(H09)
　　札幌第一高校(H01)
　　札幌北斗高校(H04)
　　札幌龍谷学園高校(H08)
は　北海高校(H03)
　　北海学園札幌高校(H07)
　　北海道科学大高校(H05)
ら　立命館慶祥高校(H02)

★はリスニング音声データのダウンロード付き。

都道府県別 公立高校入試過去問 シリーズ

- 全国47都道府県別に出版
- 最近数年間の検査問題収録
- リスニングテスト音声対応

公立高校入試対策 問題集シリーズ

- 目標得点別・公立入試の数学(基礎編)
- 実戦問題演習・公立入試の数学(実力錬成編)
- 実戦問題演習・公立入試の英語(基礎編・実力錬成編)
- 形式別演習・公立入試の国語
- 実戦問題演習・公立入試の理科
- 実戦問題演習・公立入試の社会

高校入試特訓問題集 シリーズ

- 英語長文難関攻略33選(改訂版)
- 英語長文テーマ別難関攻略30選
- 英文法難関攻略20選
- 英語難関徹底攻略33選
- 古文完全攻略63選(改訂版)
- 国語融合問題完全攻略30選
- 国語長文難関徹底攻略30選
- 国語知識問題完全攻略13選
- 数学の図形と関数・グラフの融合問題完全攻略272選
- 数学難関徹底攻略700選
- 数学の難問80選
- 数学　思考力―規則性とデータの分析と活用―

〈ダウンロードコンテンツについて〉

本問題集のダウンロードコンテンツ、弊社ホームページで配信しております。現在ご利用いただけるのは「2025年度受験用」に対応したもので、**2025年3月末日**までダウンロード可能です。弊社ホームページにアクセスの上、ご利用ください。

※配信期間が終了いたしますと、ご利用いただけませんのでご了承ください。

中学別入試過去問題シリーズ

慶應義塾中等部　2025年度

ISBN978-4-8141-3142-6

[発行所] 東京学参株式会社
〒153-0043　東京都目黒区東山2-6-4

書籍の内容についてのお問い合わせは右のQRコードから　⇒

※書籍の内容についてのお電話でのお問い合わせ、本書の内容を超えたご質問には対応できませんのでご了承ください。

2024年4月17日　初版